Die Freistellungsmethode in deutschen Doppelbesteuerungsabkommen und ihre Vereinbarkeit mit dem EG-Vertrag

Bochumer Schriften zum Steuerrecht

Herausgegeben von Roman Seer

Band 9

PETER LANG

Frankfurt am Main · Berlin · Bern · Bruxelles · New York · Oxford · Wien

Björn Kahler

Die Freistellungsmethode in deutschen Doppel- besteuerungsabkommen und ihre Vereinbarkeit mit dem EG-Vertrag

Betrachtung der Freistellungsmethode
in deutschen Doppelbesteuerungsabkommen,
Untersuchung ihrer Folgen im Ertragsteuerrecht
und Prüfung ihrer Vereinbarkeit
mit dem EG-Vertrag

PETER LANG
Internationaler Verlag der Wissenschaften

Bibliografische Information der Deutschen Nationalbibliothek
Die Deutsche Nationalbibliothek verzeichnet diese Publikation in der Deutschen Nationalbibliografie; detaillierte bibliografische Daten sind im Internet über <http://www.d-nb.de> abrufbar.

Zugl.: Bochum, Univ., Diss., 2007

Abbildung auf dem Umschlag:
Siegel der Universität Bochum.

Abdruck mit freundlicher Genehmigung
der Universität Bochum.

D 294
ISSN 1613-939X
ISBN 978-3-631-57372-3

www.peterlang.de

Meinen Eltern

Vorwort

Die vorliegende Arbeit ist im Sommersemester 2007 von der juristischen Fakultät der Ruhr-Universität Bochum als Dissertation angenommen worden. Das Manuskript wurde im Mai 2006 fertiggestellt und berücksichtigt die bis dahin ergangene Rechtsprechung und Literatur.

Mein herzlicher Dank gilt an erster Stelle meinem Doktorvater, Herrn Prof. Dr. Roman Seer, an dessen Lehrstuhl ich vor und während der Anfertigung der Arbeit tätig sein durfte. Er hat das Thema angeregt, mich fachlich wie persönlich stets geduldig unterstützt und den Antrieb zur Vertiefung wichtiger Aspekte gegeben.

Besonders zu danken habe ich daneben Herrn Prof. Dr. Heinz-Klaus Kroppen (LL.M.), der das Zweitgutachten zügig erstellt hat und mir wertvolle Hinweise erteilt hat. Zudem möchte ich Herrn Dr. Kai Thulfaut und Frau Susanne Stiewe dafür danken, dass sie mir als Diskussionspartner stets zur Verfügung standen und die Arbeit durch zahlreiche Anregungen gefördert haben. Mein Dank gilt ferner Frau Andriani Latsi, die mir mit viel Verständnis den nötigen Freiraum und Rückhalt gegeben hat, um die Arbeit abzuschließen.

Schließlich möchte ich mich ganz besonders bei meinen Eltern bedanken, die mich während meiner gesamten Ausbildung bis zum Abschluss der Promotion vorbehaltlos auf jede erdenkliche Weise unterstützt haben und mir immer eine große Hilfe waren.

Bochum, im Mai 2007

Inhaltsübersicht

Inhaltsverzeichnis

Einführung und Gang der Untersuchung

Das Europarecht bestimmt in den letzten Jahren in zunehmendem Maße über den Bereich der indirekten Besteuerung hinaus auch das Ertragsteuerrecht der Mitgliedstaaten[1]. Die Impulse zu dieser Entwicklung kamen bisher allerdings nicht etwa vom Gesetzgeber, sondern vielmehr von der Rechtsprechung. Nachdem sich die Legislative im Bereich des europäischen Steuerrechts in Zurückhaltung übte, übernahm es die Judikative, die Steuerrechtsordnungen der Mitgliedstaaten einer „stillen Harmonisierung“[2] zu unterziehen[3]: Der EuGH beeinflusst die nationalen Steuerrechtsordnungen mittelbar, indem er den nationalen Gerichten Interpretationsmaßstäbe für die Prüfung der Vereinbarkeit der bestehenden Steuervorschriften der Mitgliedstaaten mit dem EG-Vertrag vorgibt[4]. Erst die nachhaltigen Konsequenzen dieser Rechtsprechung[5] für die nationalen Steuerrechtsordnungen erweckten ein Bewusstsein über den Einfluss des Europarechts auch auf das Steuerrecht[6]. Seitdem wird der Bestand vieler Vorschriften der nationalen Steuerrechtsordnungen in Frage gestellt[7], was wiederum die nationalen Gerichte zu weiteren Vorlagen an den EuGH veranlasst und der Entwicklung so eine gewisse Eigendynamik verleiht. Nur langsam geraten dabei auch

---

[1] Das erste auf eine Vorlage des BFH (Beschl. v. 14.4.1993, I R 29/92, BStBl. II 1994, 27) zurückgehende Vorabentscheidungsverfahren zur Einkommensteuer entschied der EuGH am 14.2.1995. Es handelte sich um die Rs. C-279/93, Schumacker (EuGHE 1995, I-225). Ihren Ursprung findet die Judikatur des EuGH zur direkten Besteuerung allerdings bereits neun Jahre zuvor in der Rs. 270/83, Kommission/Frankreich, im Folgenden genannt „avoir fiscal“ (EuGH, Urt. v. 28.1.1986, EuGHE 1986, 273).

[2] Vgl. dazu *Hey*, StuW 2005, 317 [324].

[3] Zur geschichtlichen Entwicklung und der Rolle der Kommission dabei noch unten 3. Kapitel B. IV. Ergebnis der gemeinschaftsrechtlichen Betrachtung zur Freistellung von Erwerbsbezügen und positiven Einkünften.

[4] Der EuGH prüft nicht etwa selbst die Europarechtskonformität der nationalen Rechtsnormen, vgl. noch unten 3. Kapitel A. III. Mittelbare Bezugnahmen des Europarechts auf DBA.

[5] Zur Kritik am EuGH *Vogel*, StuW 2005, 373 ff. m. w. N.

[6] Bemerkenswert insoweit das Eingeständnis des BFH, Beschl. v. 13.11.2002, I R 13/02, BStBl. II 2003, 795 797, der seine Anfang der 1990er Jahre bekundeten Einschätzung hinsichtlich der Europarechtskonformität einer Rechtslage „in Anbetracht der zwischenzeitlichen Entwicklung des Europarechts und der dazu ergangenen Rechtsprechung des EuGH“ nunmehr ausdrücklich aufgab. *Hahn* konstatierte mit der Entscheidung des EuGH zur Rs. C-324/00, Lankhorst-Hohorst (Urt. v. 12.12.2002, EuGHE 2002, I-11779) einen Bewusstseinswechsel in der Finanzverwaltung, siehe dazu *Drüen/Kahler*, StuW 2005, 171 [175 f.]. Vgl. auch *Ahmann*, DStZ 2005, 75 ff.; zur Unternehmensbesteuerung *Rödder*, DStR 2004, 1629 ff.

[7] Vgl. dazu die nunmehr schon regelmäßig von *Kessler/Spengler* aktualisierte Checkliste potentiell EG-rechtswidriger Normen des deutschen direkten Steuerrechts, zuletzt Update 2006, DB 2006, Beilage 1.

die Regelungen der DBA in den Fokus der Diskussion[8], obwohl sich gerade bei ihnen die Frage der Vereinbarkeit mit dem EG-Vertrag aufdrängt, setzten sie zu ihrer Anwendbarkeit doch gleichermaßen stets einen grenzüberschreitenden Sachverhalt voraus. Indes hat der EuGH mittlerweile klargestellt, dass die Mitgliedstaaten weniger bei der Ausgestaltung der Vorschriften der DBA selbst, als bei ihrer Anwendung die Vorgaben des Europarechts zu berücksichtigen haben[9]. So gelangt man schließlich zur Frage der Europarechtskonformität der Freistellungsmethode, als der DBA-Vorschrift, welche die Brücke zur Rechtsanwendung schlägt.

Die *Freistellungsmethode* ist noch immer die vom deutschen Gesetzgeber favorisierte Methode zur Vermeidung der Doppelbesteuerung. In ihrer von der OECD vorgeschlagenen Form beruht die Freistellungsmethode verkürzt auf folgendem Wortlaut[10]:

> „Bezieht eine in einem Vertragsstaat ansässige Person Einkünfte ... und können diese Einkünfte ... nach diesem Abkommen im anderen Vertragsstaat besteuert werden, so nimmt der erstgenannte Staat ... diese Einkünfte ... von der Besteuerung aus."

So schlicht diese Vorschrift auf den ersten Blick scheint, so vielschichtig sind die Probleme, die sie aufwirft. Zunächst bereitet schon ihre *Formulierung* insofern Probleme, als in den von der Bundesrepublik Deutschland vereinbarten DBA kaum noch die ursprüngliche Form der Freistellungsklausel zu finden ist. Die deutschen DBA erweitern einerseits und beschränken andererseits die Wirkung der Freistellungsmethode durch Schachtelprivilegien, Aktivitätsvorbehalte, switch-over-Klauseln und weitere Regelungskonstrukte. Diese beeinträchtigen allein schon die Lesbarkeit der Vorschrift[11]. In der innerstaatlichen *Anwendung* der Freistellungsmethode treten weitere Probleme hinzu: Was genau ist freizustellen, nur die Einnahmen oder auch die Aufwendungen? Welche Aufwendungen können trotz Freistellung der Einnahmen bzw. Einkünfte im Wohnsitzstaat abgezogen werden, und was, wenn gar keine freizustellenden Einnahmen vorliegen? Ist es möglich, im Ausland erwirtschaftete Verluste mit inländischen

---

[8] Grundlegend zum Einfluss des Europarechts auf die DBA bereits *Scherer*, der den Einfluss des Primärrechts allerdings nach eigenen Angaben nur „angerissen" hat, *Scherer*, DB und EG-Recht, 112 ff.

[9] Siehe dazu ausführlich unten 3. Kapitel I. Verhältnis DBA - Vertrag der Europäischen Gemeinschaft.

[10] Art. 23 A OECD-MA.

[11] Sehr deutlich *Wassermeyer*, IStR 2000, 65 der von einem „Teilbereich des deutschen Steuerrechts" spricht „..., der an Kompliziertheit nicht mehr zu überbieten ist..." und „den im Abkommensrecht erfahrenen Rechtsanwender dazu" zwingt, „die einzelnen Klauseln regelmäßig zwei- bis dreimal zu lesen, um sie nur in ihrem Kerngehalt zu verstehen. Der unerfahrene Rechtsanwender hat praktisch keine Chance des Verstehens."

Einkünften zu verrechnen? Wie verhält es sich, wenn Verluste auftreten und eine der eben beschriebenen Vorbehaltsklausel anzuwenden ist? Und welchen Einfluss auf die gefundenen Antworten hat schließlich das *Europarecht*?

Zur Untersuchung dieser Fragen wird im *1. Kapitel* grundlegend die Funktion, der Charakter und der Inhalt von DBA erläutert. Dabei wird insbesondere dargestellt, wie sich die Freistellungsmethode in die Systematik der übrigen Vorschriften des DBA einfügt. Das *2. Kapitel* erörtert zunächst den Inhalt der Freistellungsmethode im OECD-MA und zeigt anschließend die Besonderheiten ihrer Ausgestaltung in deutschen DBA auf. Darauf aufbauend werden die Folgen der Freistellungsmethode im deutschen Ertragsteuerrecht untersucht[12]. Berücksichtigt werden dabei die Abkommensvorschriften zur Einkommen- und Körperschaftsteuer, wie sie sich in deutschen DBA darstellen sowie die innerstaatlichen Vorschriften des deutschen EStG und KStG, die daran anknüpfen. Keine Rolle sollen dagegen die ebenfalls in den DBA oftmals mit geregelten vermögensrechtlichen Verhältnisse noch gewerbesteuerliche Aspekte spielen. Auch verfahrensrechtliche Gesichtspunkte sind nur am Rande angesprochen. Als für die Rechtsanwendung letztlich entscheidender Maßstab orientiert sich dieser Teil der Arbeit stets an der Rechtsprechung des BFH. Dabei werden die von der Rechtsprechung bisher gefundenen Antworten insbesondere im Bereich der Aufwands- und Verlustproblematik dargestellt und anschließend, soweit sich Divergenzen innerhalb der Judikatur zeigen, der Versuch unternommen, sie auf eine einheitliche Linie zu führen. Abschließend wird die Interpretation der Rechtsprechung und der ihr folgenden Literatur kritisch hinterfragt und ein alternativer Ansatz aufgezeigt.

Das Europarecht bleibt bis hierhin gänzlich ausgespart. Nachdem auf diese Weise die rechtlichen Gegebenheiten zur Freistellungsmethode in DBA mit Nicht-EU-Mitgliedstaaten aus deutscher Sicht verdeutlicht sind, soll es im *3. Kapitel* darum gehen, die gefundenen Ergebnisse am Maßstab des EG-Vertrages zu prüfen. Erst in diesem zweiten Schritt wird der Einfluss des Gemeinschaftsrechts auf die gefundenen Resultate untersucht. Hierbei fließen einerseits die beihilferechtlichen Vorschriften des EG-Vertrages ein sowie andererseits die Grundfreiheiten in der durch den EuGH gefundenen Interpretation. Legte sich im 2. Kapitel noch die Freistellungsmethode gewissermaßen als Lochschablone[13] auf das nationale Recht, überlagert im 3. Kapitel das Europarecht das zuvor gefundene Ergebnis. Abschließend wird im *4. Kapitel* aufgezeigt, welche Maßnahmen zur Behandlung der Problemlagen insbesondere von gesetzgeberischer Seite denkbar sind.

---

[12] Die Ausführungen basieren stets auf der von der Freistellungsmethode vorausgesetzten Konstellation der Ansässigkeit des Steuerpflichtigen in der Bundesrepublik Deutschland.

[13] Vgl. *Lang*, Einführung[2], Rn. 47 und *Vogel*, DBA[3], Einl. Rn. 56 und in V/L[4], Rn. 90.

1. Kapitel - Vermeidung der Doppelbesteuerung durch bilaterale Abkommen - Grundlegung

A. Funktion von DBA

Will man eine den Regelungsbereich der DBA möglichst umfassende Begriffsbestimmung geben, so sind darunter solche zwischenstaatlichen Verträge zu verstehen, die zur Regelung steuerlicher Probleme bei den direkten Steuern vereinbart werden[14]. Damit sind gleichermaßen Funktion, Charakter und Inhalt der DBA angesprochen[15].

I. Steuerliche Probleme

Die von DBA geregelten steuerlichen Probleme sind vielfältiger Natur. Geht es in erster Linie um die *Vermeidung der Doppelbesteuerung*, so finden sich ebenso Vorschriften zur *Vermeidung der Nicht- oder Minderbesteuerung*[16]. Ursprünglich bestand in der Bekämpfung der verschiedenen Formen der Minderbesteuerung sogar der Hauptzweck der DBA[17]; diesen Aspekt hat der Steuerausschuss der OECD nunmehr erneut aufgegriffen, indem er als Hauptfunktion der DBA gleichermaßen die Vermeidung der Doppelbesteuerung wie der doppelten Nichtbesteuerung benannt hat[18]. Eine weitere Funktion besteht darin, die steuerliche Diskriminierung von Ausländern insbesondere durch benachteiligend wir-

---

[14] So *Menck* in B/H/G/K, Teil 1, Absn. 2, Rn. 6 (Stand: 10. Lfg. 2002).

[15] Die Darstellungen im ersten Kapitel orientierten sich am Gesamtkontext der vorliegenden Arbeit und beschränken sich daher auf die im Zusammenhang mit der Freistellungsmethode und dem Europarecht relevanten Gesichtspunkte. Eine allumfassende Erläuterung der DBA würde diesen Rahmen sprengen und die Zielsetzung der Arbeit verfehlen.

[16] Beispielsweise zur Gewinnberichtigung Art. 9 OECD-MA, zur Begrenzung des Betriebsausgabenabzuges bei Zinsen bzw. Lizenzgebühren Art. 12 Abs. 4 OECD-MA. *Jacobs*, Unternehmensbesteuerung[5], 87 f. nennt in diesem Bereich ferner die Anrechnungsmethode mit nur begrenzter Steueranrechnung, den Progressionsvorbehalt im Rahmen der Freistellungsmethode, sog. Anti-treaty-shopping-Klauseln sowie Aktivitätsvorbehalte.

[17] *Kruse*, Steuerrecht[3], 54; grundlegend *Vogel*, StuW 1985, 369 ff.

[18] OECD, Partnership-Bericht, Tz. 51 f. und 109; *Wacker/Seibold* in FS Fischer, 286; kritisch und zu den Konsequenzen *Wolff*, IStR 2004, 542 [545]. Vgl. auch *Lang, M.*, Einführung[2], 48; *ders.* in Lang, M., Diskussion, 437, zustimmend *Wassermeyer* und *Reich* in Lang M., Diskussion, 438, aber auch BFH, Urt. v. 11.10.2000, I R 44-51/99, BStBl. II 2002, 271, 273 (dazu auch unten 1. Kapitel B. II. 2. Auslegung von deutschen DBA).

kende innerstaatliche Steuervorschriften zu verhindern (vgl. Art. 24 OECD-MA[19]).

Über den *materiell-rechtlichen Bereich* hinaus, ergeben sich für die Finanzverwaltungen bei grenzüberschreitenden Sachverhalten regelmäßig bereits Schwierigkeiten auf der Ebene des Ermittlungsverfahrens. Neben den Mitteln[20] der nationalen[21] Verfahrensvorschriften[22] und den europarechtlichen Instrumenten[23] sieht auch das OECD-MA in seinen Art. 26, 27 die Möglichkeit vor, dass die zuständigen Finanzbehörden Informationen, die zur Durchführung des Abkommens erforderlich sind, austauschen bzw. *Amtshilfe* bei der Vollstreckung von Steueransprüchen leisten. Aber selbst wenn der Sachverhalt geklärt und das Abkommen zur Anwendung gekommen ist, bleiben Fälle, in denen die zuständigen Behörden der Vertragsstaaten zu einer unterschiedlichen steuerrechtlichen Beurteilung kommen und dieses Ergebnis auch nach Ausschöpfung der jeweiligen Rechtsmittel bestehen bleibt. Um auch dieses steuerliche Problem im Sinne der Abkommensvorschriften zu lösen, gibt Art. 25 OECD-MA den Finanzverwaltungen der Vertragsstaaten die Möglichkeit, ein *Verständigungsverfahren* durchzuführen. Auf diesem Wege sollen bestehende Schwierigkeiten, die sich bei der Anwendung des Abkommens ergeben im gegenseitigen Einvernehmen Schwierigkeiten beseitigt werden, ohne dass es der Einschaltung der jeweiligen diplomatischen Vertretungen bedarf[24].

In erster Linie dienen die DBA aber zweifellos der materiell-rechtlichen *Vermeidung*[25] *doppelter Besteuerung*[26] von Wirtschaftsvorgängen und Vermögens-

---

[19] Art. 24 OECD-MA gilt gemäß dessen Abs. 7 ungeachtet des Art. 2 OECD-MA für Steuern jeder Art. Das Diskriminierungsverbot hat somit für das gesamte Steuerrecht Bedeutung, vgl. *Lang, M.*, Einführung[2], Rn. 515.

[20] Vgl. zum Ganzen *Hendricks*, Internationale Informationshilfe im Steuerverfahren, Köln 2004.

[21] Im Folgenden wird begrifflich vereinfacht das innerstaatliche oder auch nationale Steuerrecht den DBA gegenübergestellt, obgleich dieses freilich Teil von jenem ist, vgl. auch *Reith*, IntStR, Rn. 4.62.

[22] In der deutschen Verfahrensordnung sind dies beispielsweise die erweiterte Mitwirkungspflicht des Steuerpflichtigen gemäß § 90 Abs. 2 und 3 AO.

[23] Im Bereich der direkten Besteuerung ist insbesondere die Richtlinie 77/799/EWG des Rates über die gegenseitige Amtshilfe zwischen den zuständigen Behörden der Mitgliedstaaten im Bereich der direkten Steuern, bestimmter Verbrauchsteuern und der Steuern auf Versicherungsprämien (RL 77/799/EWG v. 9.12.1977, ABl. EG 1977 L Nr. 336, S. 15) zu nennen.

[24] Vgl. dazu insbesondere *Kerath*, Maßstäbe, 203 ff.; zuletzt auch im Hinblick auf die EU-Schiedskonvention *Eicker/Stockburger*, IWB, F. 11, Gr. 2, 661 ff.; ferner *Gloria*, Verständigungsverfahren.

[25] Der Begriff der „*Vermeidung*" ist zwar allgemein gebräuchlich, gemeint sind damit im Folgenden aber auch solche Regelungen, die nachträglich eine Doppelbesteuerung *ausschalten*.

werten. Voraussetzung für die typische und bedeutendste Konstellation[27] der Doppelbesteuerung[28] ist es, dass eine Person[29] in einem Staat, in dem sie nicht ansässig ist, Einkünfte erzielt. Sieht sich der Steuerpflichtige nun dem Steuerzugriff sowohl von der Steuerhoheit[30] ausgesetzt, in der die Einkünfte gewonnen werden (Quellenprinzip[31]), zugleich aber auch von der Steuerhoheit, in der der Steuerpflichtige zwar nicht die betroffenen Einkünfte erzielt, aber seinen Wohnsitz innehat (Wohnsitz- oder auch Welteinkommensprinzip[32]), so wird der Wirtschaftsvorgang von beiden Staaten, mithin doppelt besteuert[33]. Die häufigste[34]

Anders dagegen erstmals *Flick*, FA Bd. 21 (1961), 90; vgl. aber auch *Schaumburg*, IntStR[2], Rn. 14.3 m. w. N.

[26] Terminologisch ist die „Doppelbesteuerung“ von der „Doppelbelastung“ zu unterscheiden, bei der derselbe wirtschaftliche Vorgang *innerhalb einer* nationalen Steuerordnung durch mehrfache Besteuerung belastet wird, beispielsweise ein gewerblicher Gewinn durch Einkommen- und Gewerbesteuer, vgl. *Lang, J.* in T/L[17], § 7, Rn. 41; *Kluge*, IntStR[4], B Rn. 20 m. w. N.

[27] Die übrigen Hauptfälle sog. juristischer (zur Unterscheidung sogleich Fn. 33) Doppelbesteuerung - Wohnsitz in mehreren Staaten, Besteuerung aufgrund der Staatsangehörigkeit auch ohne entsprechenden Wohnsitz sowie Zurechnungskonflikte - brauchen an dieser Stelle nicht weiter erläutert zu werden, vgl. dazu *Flick*, FA Bd. 21 (1961), 88 f.; *Grotherr* in B/H/G/K, Teil 1, Absn. 1, Rn. 33 (Stand: 12. Lfg. 2003).

[28] Umfassend zum Streit um die rechtliche Bedeutung dieses Begriffs *Grotherr* in B/H/G/K, Teil 1, Absn. 1, Rn. 1 ff. (Stand: 12. Lfg. 2003); ihm beipflichtend *Kluge*, IntStR[4], B, Rn. 21.

[29] Gleichgültig, ob man dies auf eine natürliche Person, eine Betriebsstätte oder die Tochtergesellschaft einer im Inland ansässigen Muttergesellschaft bezieht.

[30] Auf den Rang der steuererhebenden Hoheit kommt es nicht an. In Betracht kommen daher nicht nur Staaten, sondern auch untergeordnete Körperschaften wie Gemeinden; vgl. *Grotherr* in B/H/G/K, Teil 1, Absn. 1, Rn. 33 (Stand: 12. Lfg. 2003); *Kluge*, IntStR[4], B, Rn 23. Dementsprechend knüpfen auch unilaterale Maßnahmen zur Vermeidung der Doppelbesteuerung nicht an den Rang der Steuerhoheit an, siehe z. B. zu § 34c *Handzik* in L/B/P, EStG[15], § 34c Rn. 29 (Stand: 66. Lfg. 5/2005).

[31] Besteuerung nicht ansässiger Personen, soweit sie Einkünfte aus inländischen Quellen haben; in der BRD als beschränkt Steuerpflichtige; vgl. *Birk*, Steuerrecht[6], Rn. 201; *Lang, J.* in T/L[17], § 2 Rn. 44.

[32] Besteuerung der ansässigen Personen mit ihrem Welteinkommen; in der BRD als unbeschränkt Steuerpflichtige, *Birk*, Steuerrecht[6], Rn. 201; *Lang, J.* in T/L[17], § 2, Rn. 44; *Kluge*, IntStR[4], B, Rn. 29 f.

[33] Angesprochen ist damit die sog. *juristische* Doppelbesteuerung, wie sie Einleitung Nr. 1 des MK definiert; für eine weite Auslegung dieser Definition allerdings *Grotherr* in B/H/G/K, Teil 1, Absn. 1, Rn. 11 ff. (Stand: 12. Lfg. 2003); *Wassermeyer* in D/W, Vor Art. 1 MA, Rn. 2 (Stand: 82. Lfg. 9/2000). Die sog. *wirtschaftliche* Doppelbesteuerung erweitert die juristische auf solche Fälle, bei denen zwar derselbe Wirtschaftsvorgang im selben Zeitraum von mehreren Staaten steuerlich belastet wird, dies jedoch nicht denselben Steuerpflichtigen trifft, etwa weil die Einkünfte nach dem Recht der beteiligten Staaten verschiedenen Personen zugerechnet werden (fehlende *Steuersubjektidentität*). Erfasst wird so auch die wirtschaftliche Einheit von Tochter- und Muttergesellschaft. Zu weiteren Fallgruppen s. *Vogel* in V/L[4], Einl., Rn. 4.

Ursache der Doppelbesteuerung ist demnach das Zusammenwirken von Quellen- und Wohnsitzprinzip: Die meisten Steuerhoheiten erheben Anspruch auf die Besteuerung zum einen des gesamten Welteinkommens der in ihrem Gebiet ansässigen Steuerpflichtigen, zum anderen aber auch auf die Einkünfte, die von Nichtansässigen aus inländischen Quellen bezogen werden[35]. Sie dehnen damit zwar ihre territoriale und persönliche Steuerhoheit sehr weit aus[36], um ihren Steueranspruch zu sichern[37]. *Völkerrechtlich* ist diese Vorgehensweise indes nicht zu beanstanden: Der dem Quellenprinzip folgende Steuerzugriff auf inländische Wirtschaftsvorgänge - selbst soweit sie durch Personen ausländischer Nationalität getätigt werden - wird durch die völkerrechtliche Souveränität der Staaten legitimiert[38] und steht damit nicht in Frage. Aber auch die Besteuerung von auf ausländischem Territorium verorteten Wirtschaftsvorgängen und Vermögenswerten gemäß dem Wohnsitzprinzip ist nach geltendem Völkerrecht zulässig, weil und soweit die besteuerte Person durch ihren Wohnsitz oder gewöhnlichen Aufenthalt eine hinreichend enge Beziehung mit der zugreifenden Steuerhoheit aufweist[39]. Es gibt keine völkerrechtliche Pflicht zur reinen Quellenbesteuerung, die einer Besteuerung nach dem Wohnsitzprinzip entgegenstehen würde[40]. Entsprechende nationale Gesetze, die auch ausländische Einkünfte der Besteuerung unterwerfen[41], sind daher völkerrechtlich zulässig[42]. Sind nun

---

[34] Zu den Ursachen der Doppelbesteuerung in anderen Konstellationen umfassend *Kluge*, IntStR[4], B, Rn. 29 ff.

[35] Diskutiert wird allerdings eine Abkehr vom Welteinkommensprinzip hin zum Territorialitätsprinzip, so dass die Gefahr einer Doppelbesteuerung schon dadurch vermieden wird, dass der Ansässigkeitsstaat nur das auf sein Territorium entfallende Steuergut besteuert, vgl. *Lang, M.* in Lang, M., Diskussion, 434 f. Vgl. auch *Vogel* in V/L[4], Einl., Rn. 26. Ferner *Beiser*, StuW 2005, 295 ff.; dazu noch unten 4. Kapitel B. IV. Europäisches Musterabkommen.

[36] *Flick*, FA Bd. 21 (1961), 89; *Menck* in B/H/G/K, Teil 1, Absn. 2, Rn. 2 (Stand: 10. Lfg. 2002).

[37] Vgl. *Birk*, Steuerrecht[6], Rn. 202; *Ebling*, DStR 1976, 231; *Flick*, FA Bd. 21 (1961), 98 f.; *Kruse*, Steuerrecht[3], 53.

[38] Allgemeine Ansicht, s. *Martha*, Jurisdiction, S. 88 ff. und *Mössner*, ÖZöffR 1974, 262 ff. jeweils m. w. N.

[39] BVerfG, Beschl. v. 22.3.1983, 2 BvR 475/78, BVerfGE 63, 343, 369; BFH, Urt. v. 18.12.1963, I 230/61 S, BStBl. III 1964, 253, 256; Urt. v. 16.12.1964, II 154/61 U, BStBl. III 1965, 134, 135; Urt. v. 1.4.1969, II R 75/67, BFHE 95, 345, 348 f.; *Martha*, Jurisdiction, S. 66 ff. m. w. N. Voraussetzung für sog. extraterritoriale Gesetze ist demnach ein inländisches Anknüpfungsmoment, umfassend dazu *Müller*, Steuerhoheit, 76 ff. und *Schrettl*, Steuerpflicht, 85 ff.

[40] Die besonders in Lateinamerika um 1956 vertretene Gegenauffassung eines strengen Quellenprinzips konnte sich nicht durchsetzen; *Vogel* in V/L[4], Einl., Rn. 12; *Mössner*, ÖZoffR 1974, 265 m. w. N.

[41] Indes steht einer Durchsetzung dieser Regelungen durch nationale Hoheitsakte auf fremdem Hoheitsgebiet nach allgemeiner Ansicht das völkerrechtliche Prinzip der „formellen" Territorialität entgegen, so bereits RFH Urt. v. 22.9.1925, II A 417/25, RFHE 17, 159, 160 f.;

die jeweiligen innerstaatlichen Gesetze, die Regeln des Quellen- und Wohnsitzprinzips normieren, völkerrechtskonform, so ist auch die sich aus ihrem Zusammenwirken ergebende Doppelbesteuerung völkerrechtlich nicht zu beanstanden[43]. Das Völkerrecht steht einer doppelten Besteuerung mithin nicht entgegen[44], beruht sie doch auf völkerrechtskonformen Gesetzen.

Nichtsdestotrotz sprechen insbesondere *ökonomische Gründe* dafür, eine doppelte Besteuerung desselben Wirtschaftsvorganges zu vermeiden: Für den Exporteur bzw. (bei Weitergabe der Kosten) den Importeur bedeutet eine Doppelbesteuerung finanziell zusätzlichen Aufwand, welcher dazu führt, dass die Rentabilitätsschwelle im internationalen Handel höher ist, als bei einer auf den nationalen Markt beschränkten Tätigkeit[45] - dies vor allem auch im Vergleich zu den im Ausland ansässigen Konkurrenzunternehmen. Eine solche Schlechterstellung von Steuerpflichtigen mit Auslandsbeziehungen hemmt die Weltwirtschaft in ihrer wachsenden wirtschaftlichen Verflechtung und führt zu Wettbewerbsverzerrungen[46]. Insbesondere die unterschiedliche Steuerbelastung konkurrierender Unternehmen wirkt sich wettbewerbsverzerrend aus[47]. Auf diese Weise wirkt die steuerliche Doppelbelastung einer grenzüberschreitenden Aktivität der ökonomischen Zielsetzung entgegen, mittels der Teilnahme an internationalen Handelsbeziehungen und den damit einhergehenden In- und Auslandsinvestitionen eine Wohlfahrtsverbesserung zu bewirken; denn dieses Ziel lässt sich nur realisieren, wenn die Wirtschaftsordnungen von den Maximen des freien Handelns ohne staatliche Eingriffe, insbesondere durch Steuern bestimmt

---

BFH Urt. v. 11.2.1959, II 15/58 U, BStBl. III 1959, 181, 182; *Kluge*, IntStR[4], D, Rn. 7; *Vogel* in V/L[4], Einl., Rn. 16. Diese Regel schließt allerdings nicht aus, dass diese Gesetze nur durch Hoheitsakte im Inland realisiert werden, *Vogel*, DStR 1968, 430.

[42] *Vogel*, DStR 1968, 430 m. w. N.

[43] Den gleichen Schluss zieht *Gloria*, Verständigungsverfahren, 195 m. w. N.; *Kluge*, IntStR[4], D, Rn. 10.

[44] Dieses Ergebnis entspricht der ganz überwiegenden Ansicht: BFH, Urt. v. 14.2.1975, VI R 210/72, BStBl. II 1975, 497, 498; *Cordewener/Schnitger*, StuW 2006, 50 [56]; *Ebling*, DStR 1976, 231; *Schaumburg*, IntStR[2], Rn. 14.4 m. w. N.; *Schrettl*, Steuerpflicht, 78 ff.; *Seiler*, StuW 2005, 25 [27]; *Vogel* in V/L[4], Einl., Rn. 14; entgegen der h. M. entnimmt *Vogel*, Rücksichtnahme, 771 ff. allerdings dem Grundsatz internationaler Rücksichtnahme ein völkerrechtlich verbindliches Gebot zur Vermeidung der Doppelbesteuerung; ebenso *Ritter*, BB 1984, 1112 f.

[45] So bereits der Steuerausschuss der *OEEC* in seinem ersten Bericht, Seite 13; *Kluge*, IntStR[4], B, Rn. 32.

[46] *Debatin*, StbJb. 1964/1965, 399 [404]; *ders.*, DB 1965, 1023; *Ebling*, DStR 1976, 231; *Flick*, FA Bd. 21 (1961), 86; *Schaumburg*, IntStR[2], Rn. 14.12.

[47] *Jacobs/Schmidt*, Intertax 1997, 232 [236]; *Schreiber*, StuW 1987, 1 f.

sind[48]. Dies gilt gerade für Deutschland als export- und importabhängiger Nation[49]. Die Vermeidung der Doppelbesteuerung ist daher ein sowohl einzel- als auch volkswirtschaftlich bedeutsames Anliegen[50].

Schließlich beruht das Ziel, die Doppelbesteuerung zu vermeiden, nicht nur auf ökonomischen Aspekten, sondern ebenso auf solchen der *Gerechtigkeit*[51]: Eine nicht korrigierte doppelte Besteuerung liefe den Besteuerungsgrundsätzen der Leistungsfähigkeit, Gleichmäßigkeit und Wettbewerbsneutralität zu wider[52]. Unabhängig von diesen grundgesetzlichen Gesichtspunkten fordert auch der EG-Vertrag in Art. 293 2. Spiegelstrich EG[53] ausdrücklich, die Doppelbesteuerung zu beseitigen[54]. DBA zielen daher auch auf eine an diesen verfassungsrechtlichen und europarechtlichen Prinzipien orientierte Besteuerung internationaler Sachverhalte. Diese neben den wirtschaftlichen Gesichtspunkten bestehende Begründung für DBA, zielt in zwei Richtungen: Zum einen geht es um eine angemessene Besteuerung des Einzelnen (sog. interindividual equity), zum anderen darum, eine gerechte Aufteilung der Steuerquellen unter den beteiligten

---

[48] *Schön*, Wettbewerb, 196. An die Erkenntnis höherer Wohlfahrt durch internationalen Handel knüpft schließlich auch das Ziel eines Gemeinsamen Marktes in der Europäischen Union an, *Kluge*, IntStR[4], B, Rn. 14 ff.

[49] *Ebling*, DStR 1976, 231; *Menck* in B/H/G/K, Teil 1, Absn. 2, Rn. 4 (Stand: 10. Lfg. 2002); *Schaumburg*, IntStR[2], Rn. 14.13.

[50] Vgl. MK, Einleitung, Nr. 2; z. T. benannt als Gebot wirtschaftlicher Vernunft, *Schaumburg*, IntStR[2], Rn. 14.14 m. w. N.

[51] Bereits *H. Dorn* wies darauf hin, dass die doppelte Besteuerung auch im Widerspruch zur materiellen Gerechtigkeit steht, VJSchrStFR 1927, 197. Dennoch wurde bis etwa 1923 vor allem von anglo-amerikanischen Staaten die Auffassung vertreten, dass internationale Doppelbesteuerung unter dem Aspekt der Erhebung doppelter Steuer für doppelten Staatsschutz nicht zu beanstanden sei, *Dorn*, VJSchrStFR 1927, 196. Eine Abkehr von dieser Auffassung leiteten die Arbeiten der IFA und der Internationalen Handelskammern, insbes. auch die im Auftrag der UN vorgenommenen Studien der Havard Law School ein, *Flick*, FR 1961, 172.

[52] *Flick*, FR 1961, 172; *Lang, J.* in T/L[17], § 2 Rn. 45; *Menck* in B/H/G/K, Teil 1, Absn. 2, Rn. 2 ff. (Stand: 10. Lfg. 2002); *Schaumburg* in FS Tipke, 144 ff.; *Tipke*, AWD 1972, 590.

[53] Vertrag zur Gründung der Europäischen Gemeinschaft v. 7.2.1992 in der Fassung des Vertrages von Amsterdam v. 2.10.1997 zur Änderung des Vertrages über die Europäische Union, der Verträge zur Gründung der Europäischen Gemeinschaften sowie einiger damit zusammenhängender Rechtsakte - EG -, ABl. EG 1997 C Nr. 340, S. 173 ff.; Zustimmungsgesetz des Bundesrepublik Deutschland v. 8.4.1998, BGBl. II 1998, 386; Bekanntmachung v. 28.4.1999, BGBl. II 1999, 416. In dieser Fassung in Kraft getreten am 1. Mai 1999, Bekanntmachung v. 6.4.1999, BGBl. 1999, 296.

[54] Dazu noch im 3. Kapitel - Einfluss des EG-Vertrages auf die DBA. Zu den Überlegungen, ob sich auch aus den Grundfreiheiten ein Verbot der Doppelbesteuerung ableiten lässt, *Cordewener/Schnitger*, StuW 2006, 50 [56 f.].

Staaten zu erreichen (sog. inter-nation-equity)[55]. Bezweckt wird mithin eine sachgemäße Gesamtregelung internationaler Steuersachverhalte[56].

II. Regelung

In einem zweiten Schritt nehmen die Steuerhoheiten aus diesen Gründen den zu weit gefassten Besteuerungsanspruch (zumindest teilweise) zurück[57].

1. Einseitige Maßnahmen

Dies geschieht zunächst durch einseitige Maßnahmen des nationalen Steuergesetzgebers. Ihm bleibt - anknüpfend an die bisher herausgestellte Ursache der Doppelbesteuerung - die Wahl zwischen zwei Möglichkeiten: entweder die Besteuerung nach dem Wohnsitzprinzip einzuschränken auf solche Einkünfte, die von im Inland Ansässigen tatsächlich im Inland erzielt wurden, statt auf die gesamten Welteinkünfte zuzugreifen. Oder man wirkt dem Quellenprinzip entgegen, indem auf die Besteuerung im Inland erzielter Einkünfte von Nichtansässigen verzichtet wird. Gegen letzteres spricht allerdings, dass die Besteuerungsbefugnis[58] des Quellenprinzips gerade an der territorialen Souveränität des Quellenstaates[59] und dem Umstand anknüpft, dass die Einkünfte erst durch Ausnutzen der inländischen Wirtschaftsstrukturen erzielt werden konnten. Dem widerspräche es, wenn der Quellenstaat[60] seinen Steueranspruch zugunsten des Wohnsitzstaates[61], der seine Besteuerungsbefugnis weit weniger profund ableiten kann, einseitig beschränken würde[62]. Unilaterale Maßnahmen zur Vermei-

---

[55] Dazu bereits *Flick*, FR 1961, 172 ff. und *van Hoorn*, StuW 1960, Sp. 206. Vgl. auch *Menck* in B/H/G/K, Teil 1, Absn. 2, Rn. 155 f. (Stand: 10. Lfg. 2002) in Anlehnung an *R.* und *P. Musgrave*, Public Finance[5], 568 f.

[56] Im Sinne eines ius universale, vgl. ausführlich *v. Hoorn,* StuW 1960, Sp. 201 f.

[57] *Birk*, Steuerrecht[6], Rn. 202; *Vogel* in V/L[4], Einl., Rn. 32 und 70.

[58] Der Ausdruck „Besteuerungsrechte" wird weithin als staatstheoretisch falsch angesehen, weil die Souveränität des modernen Staates sich nicht in einzelne „Rechte" aufspalten lasse, *Vogel* in FS Klein, 362. Nichtsdestotrotz hat er sich zumindest in der Praxis, nicht zuletzt der des BFH durchgesetzt und wird sowohl in der amtlichen Übersetzung des OECD-MA (beispielsweise in MK, Art. 23, Nr. 5) als auch vom Gesetzgeber (beispielsweise im neuen § 50d Abs. 8 EStG) verwandt.

[59] Kritisch zur gängigen Bezeichnung „Quellenstaat" zuletzt *Vogel* in FS Loukota, 623 ff.

[60] Quellenstaat ist der jeweils andere Vertragsstaat, vgl. sogleich Fn. 61.

[61] Die Begriffe Wohnsitzstaat und Ansässigkeitsstaat werden im Folgenden Synonym behandelt, vgl. beispielsweise auch *Debatin*, BB 1992, 1181. Gemeint ist damit der Vertragsstaat, in dem der Steuerpflichtige nach nationalem Recht unbeschränkt Steuerpflichtig ist (vgl. Art. 4 Abs. 1 OECD-MA). Im Zweifel ist die ständige Wohnstätte des Steuerpflichtigen bzw. sein Lebensmittelpunkt entscheidend (siehe Art. 4 Abs. 2 OECD-MA).

[62] Vgl. *Debatin*, StbJb. 1964/65, 399 [408]. So gingen auch die OECD- und UN-Expertengruppen bei den Überlegungen für eine Methode zur Vermeidung der Doppelbesteu-

dung der Doppelbesteuerung finden sich daher in der Praxis durchweg nur für die Besteuerung im Wohnsitzstaat[63]; der sich aus dem Quellenprinzip ergebende Steueranspruch bleibt unberührt. Dem folgend sieht die Bundesrepublik Deutschland[64] als grundlegende[65] unilaterale Maßnahme zur Vermeidung der Doppelbesteuerung die Anrechnung der im Ausland entrichteten Steuer auf die gemäß dem Wohnsitzprinzip an sich bestehende Steuerschuld an[66].

2. Mehrseitige Maßnahmen

Indes genügen unilaterale Maßnahmen nicht, um den benannten Zielsetzungen gerecht zu werden. Schon im Hinblick auf die oben angesprochene *inter-nation-equity* ist zu bedenken, dass gegen allzu weit gehende einseitige Gesetzesänderungen durch den Wohnsitzstaat die nicht von der Hand zu weisende Annahme spricht, dass solche Vorleistungen vom Quellenstaat nicht durch entsprechende Maßnahmen seinerseits honoriert werden[67]. Aber vor allem in *ökonomischer* Hinsicht reichen unilaterale Maßnahmen regelmäßig nicht aus, um eine doppelte Belastung des Steuerguts zu vermeiden[68]. Dies liegt vor allem in der Reichweite der nationalen Vermeidungsnormen begründet, die nicht alle Konstellationen einer Doppelbesteuerung erfassen können[69] und sollen[70]. Darüber hinaus bergen

---

erung davon aus, dass der Quellenstaates ein „besseres Recht“ zur Besteuerung habe, vgl. *Vogel* in V/L^4, Art. 23 Rn. 5.

[63] *Baranowski*, Auslandsbeziehungen^2, Rn. 114; *Debatin*, StbJb. 1964/65, 399 [408]; vgl. auch *Schaumburg*, IntStR^2, § 14 Rn. 11 im Hinblick auf das Leistungsfähigkeitsprinzip.

[64] Zu den unilateralen Maßnahmen anderer Staaten vgl. *Vogel* in V/L^4, Einl., Rn. 32.

[65] Umfassend auch zu den übrigen unilateralen Maßnahmen zur Vermeidung der Doppelbesteuerung s. *Schaumburg*, IntStR^2, § 15 sowie an einzelnen Stellen im weiteren Verlauf der Arbeit.

[66] § 34c Abs. 1 EStG, § 26 Abs. 1 KStG, § 21 ErbStG, § 11 VStG.

[67] Vgl. *Ebling*, DStR 1976, 231; *Schaumburg*, IntStR^2, Rn. 14.38 weist in diesem Zusammenhang auf sog. Reziprozitätsklauseln hin, durch die einseitige Steuerentlastungen unter den Vorbehalt der Gegenseitigkeit gestellt werden können.

[68] Den Nachweis anhand eines Berechnungsbeispiels liefert *Debatin*, StbJB. 1964/1965, 399 [410 f.]; *Ebling*, DStR 1976, 232.

[69] Die Tatbestandsmerkmale des deutschen § 34c Abs. 1 EStG (insbes. Identität des Steuersubjekts, ausländische Einkünfte, der deutschen ESt entsprechende Steuer) sowie dessen Rechtsfolge einer auf einen Höchstbetrag begrenzten Anrechnung werfen in vielerlei Hinsicht Abgrenzungsprobleme und damit auch Ausgleichslücken auf; vgl. dazu *Ebling*, DStR 1976, 232 ff.; *Kussmaul/Beck-mann*, StuB 2000, 707 ff. Allerdings ist zuzugeben, dass die Abzugsmethode nach § 34c Abs. 3 EStG sowie die Pauschalierungs- bzw. Erlassmethode nach § 34c Abs. 5 EStG einige, der nicht von § 34c Abs. 1 EStG erfassten Doppelbesteuerungsfälle abzuhelfen vermag. Dennoch bleibt ein Rest nicht ausgeglichener Doppelbesteuerung bestehen, vgl. auch *Grotherr* in B/H/G/K, DBA, Teil 1, Absn. 1, Rn. 37 (Stand: 12. Lfg. 2003); *Kussmaul/Beckmann*, StuB 2000, 716; *Schaumburg*, IntStR^2, Rn. 14.32 ff. m. w. N. Dies

einseitige Maßnahmen aufgrund ihrer *Rechtsnatur* als rein nationales Gesetz einige Nachteile: Der Erlass einseitiger Vermeidungsnormen stellt sich regelmäßig schwieriger dar als der Abschluss internationaler Steuerverträge, gehen jenen doch regelmäßig ausgedehnte Diskussionen im Parlament voraus, während bei DBA grundsätzlich die beiden beteiligten Staatsregierungen gegeneinander ihre steuerlichen Interessen abgrenzen. Zudem sind die entsprechenden Gesetze der einzelnen Staaten inhaltlich oftmals nicht aufeinander abgestimmt und sehr unvollkommen ausgestaltet[71]. Schließlich bieten einfache Gesetze dem Steuerpflichtigen weniger Rechtssicherheit, können sie doch jederzeit durch den Gesetzgeber geändert oder gar beseitigt werden[72].

Diesen negativen Aspekten der einseitigen Maßnahmen zur Vermeidung der Doppelbesteuerung stehen korrespondierend positive der bi- oder multilateralen Maßnahmen gegenüber: Sie zeichnen sich durch hohe Flexibilität aus, da die Besonderheiten der jeweiligen wirtschaftlichen und juristischen Gegebenheiten, insbesondere der Steuersysteme der Vertragspartner berücksichtigt werden können[73]. Das Vertrauen der Steuerpflichtigen in ihren Bestand ist eher gerechtfertigt als in den von unilateralen Maßnahmen auf der Grundlage des nationalen Rechts[74]. Im Hinblick auf das Ziel einer gerechten Besteuerung des Einzelnen, vor allem aber auch zwischen den Staaten vermögen letztlich nur zwischenstaatliche Maßnahmen das Steuergut einer Steuerhoheit nach sachgerechten Regeln zuzuordnen[75]. Es verwundert somit nicht, dass bilaterale DBA[76] im Vorgrund der internationalen Praxis stehen[77].

---

hängt letztlich damit zusammen, dass § 34c EStG keinen allg. Grundsatz der Anrechnung jeglicher Doppelsteuer enthält, *Heinicke* in Schmidt, EStG[23], § 34c Rn. 17.

[70] Vgl. *Schaumburg*, IntStR[2], Rn. 14.27 f.

[71] *Ebling*, Unilaterale Maßnahmen, 151; *ders.*, DStR 1976, 231 f.; *Schaumburg*, IntStR[2], Rn. 14.38 und 16.3.

[72] Vgl. *Flick*, FA Bd. 21 (1961), 90.

[73] Beispielsweise enthält das DBA-Schweiz zum Schutz des schweizer Bankgeheimnisses eine nur „Kleine Auskunftsklausel" (Art. 27), das DBA-Dänemark in Art. 23 Sonderregelungen bzgl. der Besteuerung des Einkommens im Zusammenhang mit der Förderung von Kohlenwasserstoffen, das DBA-Frankreich in Art. 8 eine dem OECD-MA fremde Regelung für Gast-Lehrtätigkeiten um den gegenseitigen kulturellen Austausch zu fördern etc. In diesem Zusammenhang zu erwähnen sind auch das UN-MA, das die speziellen Probleme der Doppelbesteuerung im Verhältnis zwischen den Industriestaaten und den Entwicklungsländern berücksichtigt, sowie das US-MA und das sog. Anden-Modell, die jeweils in generalisierter Form die nationalen Besonderheiten der Staaten berücksichtigen und zum Teil Eingang in DBA-Verhandlungen gefunden haben. Vgl. zum UN-, US-MA und dem sog. Anden-Modell *Vogel* in V/L[4], Einl., Rn. 37 ff. m. w. N.

[74] *Menck* in B/H/G/K, DBA, Teil 1, Absn. 2, Rn. 24 (Stand: Grundwerk); *Schaumburg*, IntStR[2], Rn. 14.38. Bisher wurde noch kein von der BRD vereinbartes DBA gekündigt, *Menck* in B/H/G/K, DBA, Teil 1, Absn. 2, Rn. 36 (Stand: Grundwerk).

[75] Vgl. *Flick*, FR 1961, 172 f.; *Schaumburg*, IntStR[2], Rn. 14.38.

III. Direkte Steuern

Der sachliche Anwendungsbereich der DBA erfasst ausschließlich *direkte Steuern*[78], im Einzelnen vor allem die Einkommen- bzw. Körperschaftsteuer, die Vermögensteuer[79] sowie die Erbschaft- und Schenkungsteuer. Zum Teil werden die erwähnten Steuerarten in einem großen Steuerabkommen zusammen geregelt[80]. Damit soll der Umfang der Vorschriften, die üblicherweise in drei getrennten DBA getroffen werden, eingeschränkt und die Auffindbarkeit und Lesbarkeit der Vorschriften für den Anwender erleichtert werden[81]. Zum persönlichen Anwendungsbereich bestimmt Art. 1 OECD-MA, dass es der Ansässigkeit zumindest in einem der beiden Vertragsstaaten bedarf. Personen in diesem Sinne sind natürliche Personen, Gesellschaften und alle anderen Personenvereinigungen (vgl. Art. 3 Abs. 1 lit. a) OECD-MA), also insbesondere auch juristische Personen und Personengesellschaften. Die Ansässigkeit in einem Vertragsstaat setzt einen Wohnsitz, ständigen Aufenthalt oder eines anderes Merkmal voraus, dass die Steuerpflicht dort begründet (vgl. Art. 4 Abs. 1 OECD-MA).

Der Bereich der *indirekten Steuern* wird von DBA nicht behandelt. Bei den Umsatzsteuern hat die WTO die internationale Koordinierung übernommen und die Einmalbesteuerung von Warenumsätzen faktisch gesichert[82]. Für die Mitgliedstaaten der Europäischen Union wird die Einmalbesteuerung der Umsätze ferner durch die 6. EG-Richtlinie[83], bezüglich der meisten übrigen Verbrauchsteuern durch die Systemrichtlinie[84] sowie die Strukturrichtlinien[85] gewährleistet.

---

[76] Zu den neben den bilateralen DBA bestehenden übrigen bilateralen und multilateralen Vereinbarungen s. *Baranowski*, Außensteuerrecht, 79 ff. sowie im weiteren Verlauf.

[77] *Baranowski*, Auslandsbeziehungen², Rn. 115; *Grotherr* in B/H/G/K, DBA, Teil 1, Absn. 1, Rn. 45 (Stand: 12. Lfg. 2003). Nach *Flick* bieten sie auch den besten Schutz gegen Doppelbesteuerungsmaßnahmen, FA Bd. 21 (1961), 90; vgl. ebenso *Spitaler*, Doppelbesteuerungsproblem, 611. Indes sind weder das Netz der vereinbarten DBA noch die bestehenden DBA in ihrem Regelungsbereich ohne Lücken. Gerade für die nicht von den DBA erfassten Fälle der Doppelbesteuerung sind die einseitigen Maßnahmen der Doppelbesteuerung unverzichtbar, ebenso *Schaumburg*, IntStR², Rn. 14.39.

[78] Zum Teil wird die Bezeichnung „direkte Steuern" für zu ungenau gehalten und die hier benannten Steuerarten konkret genannt, so z.B. OEEC, Bericht, Seite 37.

[79] Vgl. Art. 2 OECD-MA bzw. ErbSt-MA und deren Ausgestaltungen in den konkreten DBA.

[80] Siehe z. B. die Abkommen der BRD mit Schweden und Dänemark.

[81] *Krabbe* in D/W, Art. 1 DBA-Dänemark, Rn. 3 (Stand: 77. Lfg. 3/1999).

[82] Vgl. *Grützner*, DBA, Rn. 3; *Menck* in B/H/G/K, DBA, Teil 1, Absn. 2, Rn. 9 (Stand: 10. Lfg. 2002).

[83] Richtlinie 77/338/EWG v. 17.5.1977, ABl. EG 1977 L Nr. 145, S. 1 ff., zuletzt geändert durch Richtlinie 2004/66 v. 26.4.2004, ABl. EG 2004 L Nr. 168, S. 35, 65.

[84] Richtlinie 92/12/EWG v. 25.2.1992, ABl. EG 1992 L Nr. 76, S. 1 ff.

B. Charakter von DBA

I. Entwicklung des DBA-Bestands

Nach der oben gegebenen Definition sind DBA *zwischenstaatliche Verträge*. Im historischen Ursprung handelte es sich bei den deutschen Abkommen allerdings um Vereinbarungen zwischen Partnern, die bereits in einem engen Bündnis standen. Die Entwicklung[86] zum Abschluss solcher Abkommen begann aus deutscher Sicht mit der Übereinkunft zwischen Preußen und Sachsen über die direkten Steuern vom 16.4.1869. Erst seit 1925 schließt Deutschland DBA mit kontinentaleuropäischen Staaten ab. Zu dieser Zeit kam es zum Ausbau eines ersten größeren Abkommensnetzes in Europa. Gleichzeitig wurden auch die Arbeiten an einem Musterabkommen aufgenommen, die 1963 vom Steuerausschuss der OEEC[87] in einem zusammenfassenden Bericht, einschließlich eines vollständigen Musterabkommens sowie einem offiziellen Kommentar dazu veröffentlicht wurden[88]. Dieses trug wesentlich zur Angleichung der zwischenstaatlichen Abkommen und zur Entwicklung weiterer Abkommensmuster bei: Das bereits 1971 beschlossene Modell der Anden-Gruppe[89] soll der besonderen Interessenlage der Entwicklungsländer Rechnung tragen. Die USA legen ihren Verhandlungen seit 1976 ein eigenes Musterabkommen zu Grunde[90]. Auch die UN hat 1980 ein Musterabkommen veröffentlicht. 1987 wurde ferner ein Abkommensmodell der ASEAN-Staaten vereinbart. Zu guter Letzt ist es auch in der EU zu Überlegungen gekommen, ein Europäisches Musterabkommen zu entwickeln[91].

---

[85] Richtlinie 92/78/EWG v. 19.10.1992, Abl. EG 1992 L Nr. 316, S. 5 ff.; Richtlinie 92/81/EWG v. 19.10.1992, ABl. EG 1992 L Nr. 316, S. 12 ff.; Richtlinie 92/83/EWG v. 19.10.1992, ABl. EG 1992 L Nr. 316, S. 21 ff.

[86] Zur geschichtlichen Entwicklung anschaulich *Menck* in B/H/G/K, DBA, Teil 1, Absn. 2, Rn. 42 ff. (Stand: 10. Lfg. 2002). Vgl. ferner *Vogel* in V/L[4], Einl., Rn. 33 ff.

[87] Vorgängerorganisation der OECD.

[88] Das OECD-MA und der Musterkommentar wurde anfänglich in 15-jährigen, mittlerweile ein- bis zweijährigen Intervallen überarbeitetet und ergänzt. Im Folgenden wird der Stand Januar 2003 zu Grunde gelegt.

[89] Zusammenschluss der Staaten Bolivien, Chile, Ecuador, Kolumbien, Peru und Venezuela.

[90] Dem folgte das offizielle sog. Treasury Model von 1996.

[91] Vgl. Mitteilung der Kommission der Europäischen Gemeinschaften an den Rat, das Europäische Parlament und den Wirtschafts- und Sozialausschuss: Ein Binnenmarkt ohne steuerliche Hindernisse v. 23.10.2001, KOM (2001) 582 endg., siehe in BR-Drucks. 971/01, 23. Dafür auch *Hey*, StuW 2004, 193 [203]. Vgl. ferner den ausgearbeiteten Vorschlag von *Klapdor*, Musterabkommen, Kapitel 5, der in seinem Entwurf aus Gründen der Importgleichbehandlung die Anrechnungsmethode bzw. die (in den Niederlanden praktizierte) modifizierte Freistellungsmethode in den Vordergrund rückt.

Heute ist der deutsche Abkommensbestand einer der größten der Welt[92]. Nach der jeweils zum Anfang des Jahres veröffentlichten Übersicht des Finanzministeriums hat die Bundesrepublik Deutschland am 1. Januar 2006 mit insgesamt 88 Staaten ein Abkommen auf dem Gebiet der Steuern vom Einkommen und Vermögen abgeschlossen[93]. Im Verhältnis zu den insgesamt 191 derzeit existierenden, wirtschaftlich aktiven Staaten[94] ergibt dies eine Abdeckung von etwa 46%. Zu berücksichtigen ist in diesem Zusammenhang, dass fast umfänglich mit solchen Staaten DBA abgeschlossen wurden, zu denen wirtschaftlich bedeutsame steuerlich-relevante Anknüpfungspunkte existieren, also insbesondere mit den EU- und den übrigen Industriestaaten[95]. Keine eigenen DBA wurden bislang jedoch mit den EU-Mitgliedstaaten Tschechien, der Slowakei und Slowenien vereinbart[96]. Vergleichsweise dünn ist das Netz deutscher DBA auch auf dem Gebiet der Erbschaft- und Schenkung-steuer, auf dem bisher nur sechs Abkommen vereinbart wurden[97].

Die zurzeit gültigen deutschen DBA zur Einkommen- und Vermögensteuer wurden allesamt nach dem 1. Januar 1958 geschlossen[98] und größtenteils mehrfach überarbeitet[99]. Sie beruhen einerseits auf den Vorschlägen des OECD-Musterabkommens und berücksichtigen davon abweichend die Besonderheiten des Steuerrechts des jeweiligen Vertragsstaates[100]. Die übrigen Abweichungen in deutschen DBA vom OECD-Mustertext lassen sich andererseits auf eine mehr oder minder einheitliche deutsche Vertragspolitik zurückführen[101]. Diese lässt

---

[92] *Menck* in B/H/G/K, DBA, Teil 1, Absn. 2, Rn. 7 (Stand: 10. Lfg. 2002).

[93] BMF-Schreiben v. 1.1.2006, IV B 5 - S 1301 - 1/06, BStBl. I 2006, 85 ff.

[94] 191 Mitglieder der UN und die Vatikanstadt.

[95] Siehe zur Verteilung der DBA *Reith*, IntStR, Rn. 4.34 f.

[96] Mit der Slowakischen Republik und der Tschechischen Republik wurde allerdings vereinbart, dass das DBA mit der Tschechoslowakischen Sozialistischen Republik von 1980 fort gilt (BGBl. 1993 II, 762). Mit Slowenien gilt das DBA-Jugoslawien fort (BGBl. 1993 II, 1261), das ebenso für die Nicht-EU-Staaten Kroatien, Mazedonien, Serbien und Montenegro gilt.

[97] Im Einzelnen mit Dänemark, Griechenland, Österreich, Schweden, der Schweiz und den Vereinigte Staaten. Über ein Abkommen mit Frankreich wird derzeit verhandelt.

[98] Das erste, noch geltende DBA Deutschlands stammt vom 23.8.1958 und wurde mit Luxemburg vereinbart. Das hier genannte Datum hat Relevanz für das Verhältnis zum EG-Recht, siehe dazu unten 3. Kapitel A. I. Verhältnis DBA - Vertrag der Europäischen Gemeinschaft.

[99] Dementsprechend werden im Folgenden die DBA jeweils mit dem Entstehungsjahr und dem Jahr der letzten Änderung zitiert.

[100] Vgl. *Menck* in B/H/G/K, Teil 1, Absn. 2, Rn. 26 ff. und Rn. 43 (Stand: Grundwerk).

[101] Anders als in den USA wurden die für die nationale Vertragspolitik maßgebenden Besonderheiten allerdings in Deutschland nie in Form eines eigenen nationalen Musterentwurfs veröffentlicht, *Menck* in B/H/G/K, DBA, Teil 1, Absn. 2, Rn. 42 ff. (Stand: 10. Lfg. 2002). Vgl. zu den deutschen DBA im Einzelnen noch unten 3. Kapitel B. II. 1. Bestand unterschiedlicher Ausgestaltung der Freistellungsmethode in deutschen DBA mit EU-Mitgliedstaaten.

die Bestrebungen erkennen, den Gegebenheiten der deutschen Wirtschaftskultur Rechnung zu tragen, ohne zugleich dem DBA-Missbrauch (z. B. dem sog. rule shopping[102]) Vorschub zu leisten. So sehen die DBA für die Bundesrepublik Deutschland zwar regelmäßig die Freistellungsmethode mit den mit ihr verbunden wirtschaftlichen Vorteilen vor[103]. Ihre Anwendbarkeit ist aber oftmals von Vorbehalten abhängig gemacht, die Missbrauchsgestaltungen verhindern sollen[104].

II. Rechtssystematische Einordnung

In ihrer Wirkungsweise sind die DBA nach ganz überwiegender Auffassung[105] auf innerstaatliche Steuervorschriften angewiesen und gehen ihnen im Prüfungsablauf[106] entsprechend nach[107]. Bereits der RFH führte aus, dass zunächst zu prüfen sei, ob ein Steueranspruch nach dem deutschen Gesetz bestehe, woran sich bejahendenfalls die Untersuchung anzuschließen habe, ob der Steueranspruch durch das Abkommen eingeschränkt werde[108]. Denn einheitlich geht man davon aus, dass DBA einen Steueranspruch nicht zu begründen, sondern allenfalls zu modifizieren vermögen[109]. Dies geschieht zunächst in dem DBA-Text selbst. Der völkerrechtliche Vertrag an sich bildet jedoch regelmäßig nur einen, wenn auch den umfangmäßig größten Teil in deutschen DBA. Beigefügt sind üblicherweise noch (Schluss-) Protokolle und Briefwechsel, die vom Haupttext des Abkommens separat festgelegt werden, weil sie als weniger wichtig betrachtete Detailregelungen enthalten[110]. Dennoch finden sich in solchen Vorschriften nicht selten auch Rechtsfolgen von großer Tragweite, so dass zuweilen der Eindruck entsteht, der deutsche Gesetzgeber wolle die für den Steuerpflichtigen, vor allem aber auch für den Vertragspartner unangenehmen Regelungen „verste-

---

[102] Vgl. dazu *Prokisch* in V/L[4], Art. 1, Rn. 100 ff.; *Schaumburg*, IntStR[2], Rn. 16.126 m. w. N.

[103] Siehe dazu noch unten 2. Kapitel B. Freistellungsmethode in deutschen DBA.

[104] Siehe dazu unten ab 2. Kapitel B. I. Aktivitätsvorbehalt.

[105] Statt aller *Debatin*, DStZ/A 1966, 161 [163].

[106] Vgl. zur Normenhierarchie noch unten ab 1. Kapitel B. I. 2. Innerstaatliche Geltung.

[107] Nichtsdestotrotz greifen manche Normen des nationalen Steuerrechts erst dann ein, wenn die Vorschriften des DBA ihre Wirkung entfaltet haben. Solche nationalen Normen wollen das durch die DBA gefundene Ergebnis korrigieren, vgl. sehr deutlich beispielsweise § 2a Abs. 3 EStG a. F.; vgl. *Mössner* in K/S, § 2a EStG, Rn. A 14c (Stand: 96. Lfg. 3/2000). Dennoch stehen die anspruchsbegründenden Normen des nationalen Steuerrechts und nicht die darauf Bezug nehmenden Vorschriften des DBA am Anfang des Prüfungsaufbaus.

[108] RFH, Urt. v. 3.10.1935, III A 267/34, RStBl. 1935, 1399; v. 22.5.1940, VI 738/39, RStBl. 1940, 809; dem hat sich der seit BFH, Urt. v. 13.10.1965, I 410/61 U, BStBl. III 1965, 738 angeschlossen.

[109] Insoweit auch *Debatin*, DStZ/A 1966, 161 [162 f.]; vgl. dazu *Vogel* in V/L[4], Einl., Rn. 69.

[110] Vgl. *Vogel* in V/L[4], Einl., Rn. 48.

cken“[111]. Immerhin bleiben Protokolle stets und Briefwechsel grundsätzlich[112] integrierter Bestandteil des DBA und sind damit gleichsam verbindlich wie der Vertragstext selbst[113]. Nicht von dieser Wirkung erfasst ist dagegen die sog. Denkschrift, die wesentliche Inhalte und Besonderheiten eines Abkommens darlegt und damit einer amtlichen Begründung einer Gesetzesvorlage entspricht[114].

Obgleich alle deutschen wie auch die meisten DBA anderer OECD-Mitgliedstaaten als *bilaterale Verträge* ausgestaltet sind, existiert auch bereits eine Reihe multilateraler DBA. Dies sind die Konventionen der afrikanischen Staatengemeinschaft OCAM von 1971, der nordischen Staaten Dänemark, Finnland, Island, Norwegen und Schweden von 1983/1989 sowie die Verträge der COMECON-Staaten von 1978[115]. Indessen hat die OECD Überlegungen für multilaterale DBA aufgegeben[116]. Auf der Ebene der Europäischen Gemeinschaft gibt es aktuelle Bestrebungen ein gesamt-europäisches DBA unter den Mitgliedstaaten zu vereinbaren[117].

1. Zustandekommen

Als völkerrechtlicher Vertrag folgt das DBA den dazu anerkannten völkerrechtlichen Regeln. Das Zustandekommen völkerrechtlicher Verträge ist im Wiener Übereinkommen über das Recht der Verträge vom 23.5.1969 (WÜRV)[118] geregelt. Gemäß dessen Art. 9 Abs. 1 kommen Verträge völkerrechtlich durch Erklärung der Zustimmung durch beide vertragsschließenden Staaten zustande. Diesem Teil des Zustandekommens, der Ratifikation, gehen in der Völkerrechtspraxis regelmäßig vier Phasen voraus[119]. Zunächst kommt es zwischen den Vertragsstaaten, typischerweise vertreten durch den Finanzminister bzw. einem von ihm eingesetzten Verhandlungsleiter zu *Verhandlungen*[120]. Danach werden die zwei Exemplare[121] des Textes durch *Paraphierung* authentifiziert[122]. Anschlie-

---

[111] Vgl. auch unten Fn. 314.
[112] Bei Briefwechseln ist der Rechtscharakter im Einzelfall festzustellen.
[113] Vgl. *Menck* in B/H/G/K, DBA, Teil 1, Absn. 2, Rn. 27 (Stand: 10. Lfg. 2002); *Vogel* in V/L[4], Einl., Rn. 53 und 91.
[114] *Vogel* in V/L[4], Einl., Rn. 53.
[115] Letztere sind allerdings inzwischen außer Kraft, *Menck* in B/H/G/K, DBA, Teil 1, Absn. 2, Rn. 47 (Stand: 10. Lfg. 2002).
[116] *Menck* in B/H/G/K, DBA, Teil 1, Absn. 2, Rn. 48 (Stand: 10. Lfg. 2002).
[117] Siehe dazu erst unten 4. Kapitel B. III. Gesamt-europäisches DBA.
[118] Von der Vertragsrechtskonferenz der Vereinten Nationen erarbeitete Konvention, auch Wiener Vertragsrechtskonvention - WVK - genannt.
[119] Dazu beispielsweise *Frotscher*, IntStR, § 2, Rn. 5; *Ipsen*, Völkerrecht[5], § 10, Rn. 8; *Menck* in B/H/G/K, DBA, Teil 1, Absn. 2, Rn. 34 (Stand: 10. Lfg. 2002).
[120] Einschließlich (Schluss-) Protokollen und Briefwechsel.
[121] Sofern es sich um ein bilaterales Abkommen handelt.

ßend *unterzeichnet* ein vom Bundespräsidenten Bevollmächtigter den Abkommenstext. Dieser ist damit verbindlich; eine Änderung des Textes ist nunmehr ausgeschlossen[123]. Dadurch wird aber weder eine Verpflichtung zum Abschluss des Vertrages begründet noch der Vertrag selbst verbindlich. Es bedarf vielmehr noch der *Ratifikation*, also der förmlichen Erklärung des beteiligten Staates, mit der er - in der Regel durch das Staatsoberhaupt - seine Zustimmung bekundet, durch den Vertrag gebunden zu sein (vgl. Art. 2 Abs. 1 lit. b WÜRV). Je nach den innerstaatlichen Vorgaben der beteiligten Staaten, ist zuvor allerdings die parlamentarische Zustimmung zum Vertragsschluss einzuholen[124]. In der Bundesrepublik Deutschland bedürfen DBA gemäß Art. 59 Abs. 2 Satz 1 GG der „Zustimmung in Form eines Bundesgesetzes", für das die allgemeinen Regeln für das Zustandekommen von Gesetzen gelten[125].

2. Innerstaatliche Geltung

Ist das Abkommen als völkerrechtlicher Vertrag auch damit wirksam und verbindlich zustande gekommen, ist damit aber noch keine Aussage zu seiner innerstaatlichen Geltung getroffen. Erforderlich war dazu nach früherem Verständnis vielmehr noch die Transformation des Abkommens in innerstaatliches Recht durch Erlass eines mit dem Vertragstext übereinstimmenden innerstaatlichen Gesetzes[126]. Diese, sog. *Transformationstheorie* kann aber weder erklären, warum sich - trotz Zustimmungsgesetz - die innerstaatliche Wirksamkeit erst mit Inkrafttreten des völkerrechtlichen Vertrages, vollzieht noch warum nach einer Kündigung des Vertrages auch seine innerstaatliche Wirksamkeit beseitigt ist, obwohl das innerstaatliche Gesetz noch besteht[127]. Die heute herrschende Lehre[128] versteht das Gesetz daher als Anwendungsbefehl, durch den der Vertrag als solcher innerstaatlich anwendbar wird. Auch[129] nach dieser, sog. *Vollzugstheorie*

---

[122] *Vogel* in V/L^4, Einl., Rn. 46 ff.

[123] *Ipsen*, Völkerrecht^5, § 10, Rn. 8.

[124] Dies ist beispielsweise in Großbritannien nicht erforderlich; allerdings ist der Vertrag auch dort erst dann anwendbar, wenn ein besonderes, nach dem völkerrechtlichen Inkrafttreten zu erlassendes Gesetz dies bestimmt, *Vogel* in V/L^4, Einl., Rn. 60.

[125] Das Zustimmungsgesetz umfasst auch etwaige Protokolle und Briefwechsel.

[126] So offenbar noch *Frotscher*, IntStR, § 2, Rn. 5 und *Wassermeyer* in D/W, Vor Art. 1, Rn. 11 (Stand: 82. Lfg. 9/2000). Vgl. zum Ganzen *Stern*, Staatsrecht I^2, 480; ferner *Kerath*, Maßstäbe, 18 ff., insbesondere 29 ff.

[127] *Streinz* in Sachs, GG^3, Art. 59, Rn. 63; *Vogel* in V/L^4, Einl., Rn. 61.

[128] *Kruse/Drüen* in T/K, § 2, Rn. 28 (Stand: 95. Lfg. 7/2001) m. w. N.

[129] Insofern gelangen Transformations- und Vollzugslehre zu gleichen Ergebnissen, *Ipsen*, Völkerrecht^3, § 74, Rn. 47.

kann das Zustimmungsgesetz als einfaches Gesetz grundsätzlich[130] eben nur diesen Rang für den völkerrechtlichen Vertrag bewirken[131].

3. Konkurrenzverhältnis

Allerdings stellt § 2 AO fest, dass völkerrechtliche Verträge den einfachen Gesetzen grundsätzlich vorgehen[132]. Konstitutive Bedeutung kommt der Aussage indes deshalb nicht zu, weil § 2 AO selbst nur Bundesrecht ist und den DBA daher keinen höheren Gesetzesrang verleihen kann[133]. Vielmehr ergibt sich der Vorrang der DBA schon aus dem Grundsatz lex specialis derogat legi generali[134]. Etwas anderes kann dann gelten, wenn entweder ein späteres DBA einer früheren innerstaatlichen Regel widerspricht oder umgekehrt eine spätere innerstaatliche Steuernorm einem früheren DBA zuwider läuft. Beide Konstellationen können regelmäßig nach dem Grundsatz lex posterior derogat legi priori dahin gelöst werden, dass der Staat aufgrund seiner Souveränität in der Lage ist, durch innerstaatlich anwendbares Abkommensrecht eine früher bestehende innerstaatliche Regel oder auch umgekehrt durch eine innerstaatliche Norm ein früheres DBA (sog. treaty override[135]) zu verdrängen[136]. Gegenüber dem Grundgesetz sind DBA-Klauseln dagegen als Bundesrecht nachrangig. Sie können daher verfassungswidrig und nichtig sein[137].

---

[130] Etwas anderes gilt beispielsweise für die EG-Gründungsverträge, siehe *Streinz* in Sachs, GG[3], Art. 59, Rn. 65.

[131] *Streinz* in Sachs, GG[3], Art. 59, Rn. 65; *Vogel* in V/L[4], Einl., Rn. 63.

[132] *Wassermeyer* in D/W, Vor Art. 1 MA, Rn. 9 ff. (Stand: 82. Lfg. 9/2000).

[133] Vgl. BVerfG, Urt. v. 26.3.1957, 2 BvG 1/55, BVerfGE 6, 309 [363 ff.]; BFH, Urt. v. 13.7.1994, I R 120/93, BStBl. II 1995, 129 f.; *Kruse/Drüen* in TK, § 2 AO, Rn. 1 (Stand: 95. Lfg. 7/2001). Insoweit auch *Birk* in H/H/S, § 2 AO, Rn. 165 (Stand: 174. Lfg. 8/2002) und *Seer* in FS Kostecki, 205 ff, die § 2 AO im Anschluss aber als generelle Entbindung von der lex-posterior-Regel verstehen.

[134] *Fischer-Zernin* in B/H/G/K, DBA, Teil 1 Absn. 3, Rn. 35 (Stand: Grundwerk); *Kruse/Drüen* in Tipke/Kruse, AO, § 2 AO, Rn. 38 (Stand: 95. Lfg. 7/2001). Zum Vorrang der Regeln der DBA ausführlich *Kerath*, Maßstäbe, 114-155.

[135] Vgl. dazu *Fischer-Zernin* in B/H/G/K, DBA, Teil 1 Absn. 3, Rn. 37 ff. (Stand: Grundwerk); zu den Anforderungen *Seer* in Kostecki, 206 f.; im Hinblick auf den Beschluss des BVerfG v. 14.10.2004, 2 BvR 1481/04, BVerfGE 111, 307 ff., *Vogel*, IStR 2005, 29 ff.

[136] Zum Meinungsstand ausführlich *Scherer*, DB und EG-Recht, 13-44; ferner *Lang, M.*, Einführung[2], Rn. 51-65 m. w. N.

[137] *Fischer-Zernin* in B/H/G/K, DBA, Teil 1 Absn. 3, Rn. 36 (Stand: Grundwerk). Zum Verhältnis zum Europarecht unten 3. Kapitel A. I. Verhältnis DBA - Vertrag der Europäischen Gemeinschaft.

III. Auslegung von DBA-Vorschriften

Die Auslegung der Regelungen der DBA und der in ihnen enthaltenen Begriffe hat für die Anwendung der DBA im Allgemeinen und für die der Freistellungsmethode im Besonderen eine herausragende Bedeutung. Bereits auf Tatbestandsebene können sich zum einen zwischen den Staaten sog. Qualifikationskonflikte ergeben, bei denen die Vertragspartner zu verschiedenen Interpretationen eines Tatbestandsmerkmals gekommen sind[138]. Zum anderen folgen auch innerhalb der Bundesrepublik Deutschland aus der Gemengelage von Völkerrecht, Europarecht und innerstaatlichen Recht immer wieder Meinungsverschiedenheiten zwischen der Rechtsprechung und der Lehre über die maßgebliche Auslegung eines im DBA verwandten Terminus. Dies betrifft im hier interessierenden Zusammenhang vor allem den Begriff der „Einkünfte" im Sinne der Freistellungsvorschrift. Dort ist zugleich auch die Reichweite der Rechtsfolge umstritten. Schließlich geht die Auslegung auch methodisch der Anwendung voraus[139]. Aus diesem Grunde soll bereits an dieser Stelle auf die allgemeinen Grundzüge zur Auslegung von DBA eingegangen werden, bevor im Rahmen der Erläuterung der Freistellungsmethode auf dort speziell auftretende Interpretationsschwierigkeiten eingegangen wird.

1. Vorgaben des Völkerrechts

Obgleich das völkerrechtliche DBA innerstaatliche Wirksamkeit erst mit dem Zustimmungsgesetz - einem Bundesgesetz (vgl. Art. 59 Abs. 2 Satz 1 GG) - erfährt, können für seine Auslegung die innerstaatlichen Auslegungsmethoden grundsätzlich[140] nicht angewandt werden. Denn das DBA bleibt nach der Vollzugstheorie ein völkerrechtlicher Vertrag; das Zustimmungsgesetz, das ja lediglich den Inhalt hat: „Dem Vertrag X wird zugestimmt.", also nicht selbst die Vorschriften des DBA enthält, ändert daran nichts[141]. Schon insofern bleibt das DBA selbst Gegenstand der Auslegung[142]. Eine früher vertretene Ansicht, nach der zunächst das innerstaatliche Recht als Auslegungsmaßstab heranzuziehen sei[143], lässt sich mit der hier vertretenen Vollzugstheorie nicht vereinbaren. Für eine vorrangige Auslegung anhand völkerrechtlicher Maßstäbe spricht außerdem

---

[138] Vgl. *Vogel* in V/L^4, Einl., Rn. 152.
[139] *Baranowski*, Auslandsbeziehungen^2, Rn. 156.
[140] Zu den Ausnahmen im weiteren Verlauf.
[141] Anders die sog. Transformationstheorie, nach der sich der völkerrechtliche Vertrag durch das Zustimmungsgesetz in ein innerstaatliches Gesetz verwandele, dazu bereits oben 1. Kapitel B. I. 2. Innerstaatliche Geltung.
[142] So die ganz überwiegende Auffassung, siehe *Kruse/Drüen* in T/K, § 2 AO, Rn. 39 m. w. N.
[143] Vgl. insbesondere zur Auslegung des Einkünfte-Begriffs Fn. 556.

die dem innerstaatlichen Recht Schranken setzende Wirkung der DBA[144]. Darüber hinaus käme man ansonsten auch im Hinblick auf unterschiedliche methodische Ansätze zu vollkommen uneinheitlichen Ergebnissen. So ist beispielsweise der britische Richter sehr eng an den Wortlaut gebunden[145], die französische Doktrin versucht am Wortlaut orientiert vor allem den Willen des Gesetzgebers zu erkennen[146], während schließlich die Richter in der Bundesrepublik einen vergleichsweise weiten Auslegungsspielraum haben; die deutsche Doktrin berücksichtigen neben dem Wortlaut noch die Entstehungsgeschichte, die Systematik und vor allem den Sinn und Zweck des Gesetzes[147]. Es widerspräche aber seinen Zielsetzungen, wenn ein DBA, das die beiden Vertragspartner gleichmäßig binden soll, in beiden Staaten unter Anwendung verschiedener Auslegungsmethoden zu ungleichen Ergebnissen führen würde. Die Auslegung von DBA folgt daher unter anderem auch dem Gedanken der Entscheidungsharmonie[148]. Ist Gegenstand der Auslegung mithin das DBA selbst, so hat sich diese naturgemäß an den *völkerrechtlichen Regeln* zu orientieren[149]. Art. 31 Abs. 1 WÜRV gibt dazu vor:

> „Ein Vertrag ist nach Treu und Glauben in Übereinstimmung mit der gewöhnlichen, seinen Bestimmungen in ihrem Zusammenhang zukommenden Bedeutung und im Lichte seines Zieles und Zweckes auszulegen."

Für völkerrechtliche Verträge gilt also eine strenge Bindung an den *Wortlaut* des Abkommens, er ist der gemeinsame Ausgangspunkt für die verschiedenen Gerichte der Vertragspartner[150]. Nach dem heute herrschenden objektiven Ansatz, dem auch Art. 31 f. WÜRV zugrunde liegt, ist der Vertragstext mit seinen Normen und Begriffen alleiniger Gegenstand der Auslegung; auf den historischen Parteiwillen soll es dagegen grundsätzlich nicht ankommen[151]. Begründen lässt

---

[144] *Debatin*, DB 1985, Beilage 23, 2; *ders.*, BB 1989, Beilage 2, 2.

[145] Zu den Unterschieden zwischen den deutschen und den britischen Auslegungsmethoden *Vogel*, Auslegung, 4; *ders.* in V/L^4, Einl., Rn. 99.

[146] Zu den Unterschieden zwischen den deutschen und den französischen Auslegungsmethoden *Hahn* in FS Wassermeyer, 642.

[147] Vgl. *Larenz*, Methodenlehre^6, 320 ff.

[148] Vgl. BFH, Urt. v. 17.11.1999, I R 7/99, BStBl. II 2000, 605. Dazu sogleich unter 1. Kapitel II. 2. Auslegung von deutschen DBA.

[149] Dies gilt insbesondere für solche DBA, die nach dem 20.8.1987 vereinbart wurden. Dies ist der Zeitpunkt, zu dem die Regeln des 3. Abschnittes der WÜRV über die Auslegung von Verträgen in Kraft getreten sind (so auch BFH, Urt. v. 1.2.1989, I R 74/86, BStBl. II 1990, 4, 5). Allerdings waren die dort kodifizierten Regeln auch vorher schon als Völkergewohnheitsrecht zu beachten. Sie werden daher auch von solchen Staaten berücksichtigt, die der Konvention nicht beigetreten sind; *Kruse/Drüen* in T/K, § 2 AO, Rn. 39; *Vogel* in V/L^4, Einl., Rn. 105. Vgl. aber *Hahn* in FS Wassermeyer, 641 m. w. N. zur Kritik am Art. 31 WÜRV.

[150] Vgl. *Hahn* in FS Wassermeyer, 639 f.; *Vogel* in V/L^4, Einl., Rn. 100.

[151] *Ipsen*, Völkerrecht^5, § 11, Rn. 4 f.; *Vogel* in V/L^4, Einl., Rn. 106 f.; *ders.*, Auslegung, 20.

sich dies unter anderem mit den für DBA geltenden Bestimmtheitsanforderungen, die sich aus der Gesetzmäßigkeit der Besteuerung ergeben[152]. Ferner kann man aus Art. 31 WÜRV ableiten, dass der Wille der Vertragsparteien nur noch in dem Maße bedeutsam ist, in dem er im Text des Vertrages seinen Ausdruck gefunden hat[153]. Trotzdem soll auch eine teleologische Reduktion möglich sein[154].

Außerdem ist der *Zweck* des Vertrages in die Auslegung mit einzubeziehen, soweit er sich objektiviert aus dem Ganzen des Vertrages und wiederum dem Wortlaut der Bestimmungen herleiten lässt. Vorbereitende Ausarbeitungen sowie die Umstände des Vertragsabschlusses, können gemäß Art. 32 WÜRV nur ergänzend herangezogen werden. Die im Zusammenhang mit dem Vertragstext vereinbarten Materialien, wie Noten- und Briefwechsel sind dagegen im Rahmen der Auslegung zu berücksichtigen[155]. Letztlich zeigt sich damit, dass sich die völkerrechtlichen Auslegungsmethoden nicht grundlegend von denen der deutschen Jurisprudenz unterscheiden[156]. Bedeutsam ist vor allem die sich aus der - den einzelnen Staat bindenden - Wirkung der Verträge ergebende Pflicht zu einer strengeren Beachtung des Wortlautes des Vertrages[157].

2. Auslegung von deutschen DBA

Entsprechend diesen Vorgaben zieht auch der BFH zunächst den Abkommenstext bei der Auslegung heran und untersucht ihn *autonom* nach den soeben dargestellten Regeln. Die Rechtsprechung[158] erkennt an, dass „das innerstaatliche Recht einerseits und das Recht der Doppelbesteuerung andererseits zwei in sich geschlossene Rechtskreise sind, die ihre eigenen Abgrenzungen und Begriffsbestimmungen haben". Besondere Relevanz kommt dabei den im Abkommen selbst vorgesehen Begriffsbestimmungen zu. So finden sich im 2. Abschnitt des OECD-MA allgemeine Begrifflichkeiten (beispielsweise „Person", „Unternehmen" etc., vgl. Art. 3 OECD-MA) sowie insbesondere die Merkmale „Ansässige Person" (Art. 4 OECD-MA) und „Betriebsstätte" (Art. 5 OECD-MA) legal definiert. Eine Abweichung vom Wortlaut dieser Vorschriften ist nicht möglich -

---

[152] *Wassermeyer* in D/W, Vor Art. 1, Rn. 31 (Stand: 82. Lfg. 9/2000).
[153] *Vogel* in V/L[4], Einl., Rn. 107; *Wassermeyer* in D/W, Vor Art. 1, Rn. 31 (Stand: 82. Lfg. 9/2000).
[154] *Wassermeyer* in D/W, Vor Art. 1, Rn. 31 (Stand: 82. Lfg. 9/2000).
[155] *Vogel* in V/L[4], Einl., Rn. 110.
[156] *Wassermeyer*, Auslegung, 21.
[157] *Vogel* in V/L[4], Einl., Rn. 100.
[158] Ständige Rechtsprechung, vgl. insbesondere BFH, Urt. v. 15.1.1971, III R 125/69, BStBl. II 1971, 379, 380; v. 15.6.1973, III R 118/70, BStBl. II 1973, 810, 811; v. 21.8.1985, I R 63/80, BStBl. II 1986, 4, 5; v. 27.1.1988, I R 241/83, BStBl. II 1988, 574, 575; v. 1.2.1989, I R 74/86, BStBl. II 1990, 4, 5 f.

nicht nach völkerrechtlichen, aber ebenso wenig nach innerstaatlichen Auslegungsgrundsätzen[159]. Sofern Begriffe in einem Abkommen nicht schon ausdrücklich bestimmt sind, ist der Sinnzusammenhang des Abkommens heranzuziehen. Berücksichtigung finden ferner das OECD-MA und der dazu ergangene Musterkommentar. Haben die Vertragsstaaten das Musterabkommen zumindest partiell übernommen, wird von der allgemeinen Vermutung ausgegangen, dass das Abkommen in seinem Sinne auszulegen ist[160]. Festhalten lässt sich mithin, dass der BFH die DBA in einem *ersten Schritt* autonom, also „nach allgemeinen völkerrechtlichen Regeln, das heißt anhand des Wortlautes, aus seinem Sinn und Zweck und aus einem systematischen Zusammenhang heraus" interpretiert[161].

Erst in einem *zweiten Schritt* bezieht die Rechtsprechung auch das innerstaatliche Recht als Auslegungsmittel mit ein. Diese Auslegungspraxis der Rechtsprechung wird von Teilen des Schrifttums kritisiert[162]. Der BFH kann aber zunächst schon auf die Vorgaben der DBA selbst verweisen. Denn dem OECD-MA (vgl. Art. 3 Abs. 2 OECD-MA) entsprechend, sehen manche DBA ausdrückliche Regelungen über die Auslegung der in ihnen enthaltenen Bestimmungen und insbesondere die Einbeziehung des innerstaatlichen Rechts dabei vor. Beispielsweise ist nach Art. 3 Abs. 2 DBA-USA 1989 neben dem Wortlaut sowie dem Sinn- und Vorschriftenzusammenhang innerhalb des Abkommens auch die Bedeutung, die dem Begriff nach dem Recht der Vertragsstaaten zukommt, zu berücksichtigen. Darüber hinaus erfordert es das Ziel der DBA, die Ausübung der Besteuerungsbefugnisse der Vertragspartner gleichmäßig zu verteilen, dass das DBA den zu verteilenden innerstaatlichen Besteuerungstatbestand in die Auslegung mit einbezieht[163]. Aus diesem Grund muss es zwischen innerstaatlichem Recht und DBA-Recht Anknüpfungspunkte geben[164]. Die Abkommensvorschriften nehmen nämlich selbst das jeweils geltende Recht der beiden Vertragsstaa-

[159] BFH, Urt. v. 27.1.1988, I R 241/83, BStBl. II 1988, 574, 575. So auch *Wassermeyer*, Auslegung, 21.

[160] Frühzeitig BFH, Urt. v. 27.7.1965, I 110/63 S, BStBl. III 1966, 24, 27; *Wassermeyer*, Auslegung, 22. Die Bedeutung des OECD-MA und des Musterkommentars korrespondiert mit dem Grundsatz der Entscheidungsharmonie, *Vogel* in V/L^4, Einl., Rn. 124 f., siehe dort auch zu dem Problem, die Heranziehung des OECD-MA und seines Kommentars mit den Regeln des WÜRV zu vereinbaren; dazu auch *Wassermeyer* in D/W, Vor Art. 1 MA, Rn. 37 ff. (Stand: 82. Lfg. 9/2000).

[161] BFH, Urt. v. 16.12.1998, I R 40/97, BStBl. II 1999, 207, 208. So bereits BFH, Urt. v. 15.6.1973, III R 118/70, BStBl. II 1973, 810, 811.

[162] Auf die Einwände insbesondere von *Schuch*, Verluste, 57 ff. der für eine rein abkommensautonome Auslegung eintritt, soll erst später im Zusammenhang mit dem Begriff der Einkünfte und der Freistellungsmethode eingegangen werden, siehe 2. Kapitel E. Bewertung. Siehe im Übrigen zum Meinungsstreit *Wassermeyer*, Auslegung, 23, Fn. 13 m. w. N.

[163] *Debatin*, BB 1989, Beilage 2, 2.

[164] *Lang, M.*, RIW 1992, 573 [575].

ten in Bezug[165]. Schließlich ist zu berücksichtigen, dass das innerstaatliche Recht regelmäßig[166] nur nachrangig bei der Auslegung mit einfließt[167]. Mit dem BFH muss die Beachtung des innerstaatlichen Rechts aus diesen Gründen jedenfalls dann zulässig und geboten sein, wenn eine Auslegung aus dem Abkommen selbst nicht möglich ist[168]. Denn für viele DBA-Begriffe fehlt es an einer abschließenden völkerrechtlichen Begriffsbildung, so dass davon ausgegangen werden kann und muss, dass die Vertragsstaaten insoweit regelmäßig bewusst und gewollt auf ihre jeweils innerstaatlichen Bestimmungen zu Auslegungszwecken Bezug nehmen[169]. Zusammenfassend ergibt sich folgende Reihenfolge der Auslegungskriterien[170]:

1. Wortlaut und Definition des Abkommens
2. Sinn- und Vorschriftenzusammenhang innerhalb des Abkommens und
3. Begriffsbestimmungen des innerstaatlichen Rechts

Aus dem oben benannten[171] primären Zweck der DBA, zu einer sachgerechten Zuordnung der Besteuerungsbefugnisse zu gelangen, leitet die Jurisprudenz zugleich ein weiteres, wesentliches Element der Auslegung von DBA ab, den sog. Grundsatz der Entscheidungsharmonie. Dieses, vor allem von *Vogel*[172] propagierte Prinzip folgert aus dem Ziel der Abkommen die „Aufforderung", jeweils diejenige Auslegung anzustreben, die am ehesten Aussicht hat, in beiden Vertragsstaaten akzeptiert zu werden. Entscheidungen der Gerichte des anderen Vertragsstaates sind daher bei der nationalen Auslegung der Vertragsparteien zur Kenntnis zu nehmen und insbesondere bei Zweifeln über die vorzunehmen-

---

165 Vgl. *Lang, M.*, Einführung², Rn. 99 ff.

166 In Ausnahmefällen verweist ein DBA ausdrücklich auf die im Vertragsstaat verwandte Bedeutung, so dass diese vorrangig zu beachten ist.

167 So sehr deutlich BFH, Urt. v. 21.8.1985, I R 63/80, BStBl. II 1986, 4, 5; v. 30.5.1990, I R 179/86, BStBl. II 1990, 906, 907. Vgl. *Djanani/Brähler/Hart-mann*, IStR 2004, 481 [482] zur sog. völkerrechtlichen Theorie, die für eine subsidiäre Anwendung des innstaatlichen Rechts eintritt.

168 Insoweit auch *Lang, M.*, Einführung², Rn. 97 und 99.

169 *Wassermeyer*, Auslegung, 19.

170 BFH, Urt. v. 21.8.1985, I R 63/80, BStBl. II 1986, 4, 5; v. 30.5.1990, I R 179/86, BStBl. II 1990, 906, 907.

171 Siehe oben 1. Kapitel II. 2. Mehrseitige Maßnahmen.

172 *Vogel* in V/L⁴, Einl., Rn. 114. Zustimmend *Schaumburg*, IntStR², Rn. 16.54; entgegen *Hahn* in FS Wassermeyer, 632 m. E. eindeutig auch BFH, Urt. v. 17.11.1999, I R 7/99, BStBl. II 2000, 605, 607; vgl. ferner Fn. 173. Zweifelnd noch *Wassermeyer* in D/W, Art. 3 MA, Rn. 78 (Stand: 83. Lfg. 3/2001), dagegen ansatzweise zustimmend *ders.* in Haarmann, Diskussion, 24 f. Zurückhaltend *Henkel* in B/H/G/K, Teil 1, Absn. 4, Rn. 45 f. (Stand: Grundwerk). Ablehnend *Kluge*, IntStR⁴, R, Rn. 45.

de Auslegung zu berücksichtigen[173]. Trotzdem kann das danach gefundene Auslegungsergebnis von dem des Gerichtes des anderen Vertragsstaates abweichen oder diesem sogar widersprechen; dies insbesondere dann, wenn die Rechtsprechung des Vertragsstaates mit grundlegenden Prinzipien der Auslegung von DBA nicht vereinbar ist[174]. Legt man dem Grundsatz der Entscheidungsharmonie einen solchen Inhalt zugrunde, vermögen die dagegen vorgetragenen Zweifel nicht zu überzeugen[175]. Auch der vom BVerfG zur Auslegung nationaler Gesetze - denn auch DBA kommt nach oben Gesagten[176] innerstaatlich eben dieser Rang zu - postulierte Grundsatz der völkerrechtskonformen Auslegung[177] kann zur Begründung herangezogen werden. Danach ist bei nationalen Gesetzen zu beachten, dass unter mehreren Möglichkeiten der Auslegung und Anwendung eines Gesetzes diejenige vorzuziehen ist, die am ehesten im Einklang mit völkerrechtlichen Vereinbarungen und Übungen steht, und zwar auch dann, wenn diese zeitlich später Geltung erlangen als ein bereits bestehender völkerrechtlicher Vertrag. „Denn es ist" - so das BVerfG - „nicht anzunehmen, dass der Gesetzgeber, sofern er dies nicht klar bekundet habe, von völkerrechtlichen Ver-

---

[173] Beispielsweise zog der BFH die Rechtsprechung des nationalen Gerichts der Vertragspartei in seine Überlegungen mit ein in BFH, Urt. v. 15.9.1971, I R 202/67, BStBl. II 1972, 281 [283]; Urt. v. 11.10.2000, I R 44-51/99, BStBl. II 2002, 271, 273; Beschl. v. 16.5.2002, I R 13/02, BStBl. II 2003, 795.

[174] In dem Urt. v. 11.10.2000, I R 44-51/99, BStBl. II 2002, 271, 273 widersprach der BFH dem ÖVwGH, der seiner Auffassung nach den entscheidenden Gesichtspunkt des Ziels der DBA, eine doppelte Nichtbesteuerung zu vermeiden, zu wenig Aufmerksamkeit geschenkt hatte.

[175] *Hahn* in FS Wassermeyer, 643 ist der Auffassung, dass die Beachtung eines Gebotes oder auch nur Grundsatzes der Entscheidungsharmonie dazu führen würde, dass sich stets die restriktivere der beteiligten Rechtsordnungen für die Abkommensauslegung durchsetzen würde und so gleichsam „Errungenschaften" der deutschen Jurisprudenz preisgegeben würden oder man sich zumindest in eine Abhängigkeit von anderen Staaten begeben würde. Er versucht dies an einem Beispiel der französischen Rechtsprechung zu belegen, verkennt dabei aber m. E., dass nur solche Entscheidungen der Vertragspartner im Grundsatz der Entscheidungsharmonie zu beachten sind, die selber wiederum mit diesem konform gehen. Da dies bei der von *Hahn* angeführten Entscheidung offensichtlich nicht der Fall ist - denn wie *Hahn* selbst betont, folgte das französische Gericht allein seiner eigenen Rechtsprechung und bedachte nicht einmal die Regeln der WÜRV - bräuchte sie auch nicht von deutschen Gerichten im Rahmen des Grundsatzes der Entscheidungsharmonie beachtet werden, so dass die von *Hahn* skizzierten negativen Folgen nicht zu befürchten sind. Dies schon deshalb nicht, weil es sich um einen Grundsatz, einen Leitgedanken für die Auslegung handelt, der im Zweifelsfalle anzuwenden ist, aber auch Ausnahmen zulässt (auch *Vogel* spricht in V/L[4], Einl., Rn. 114, 119 von einer „Aufforderung", nicht von einem Gebot, von „sich mit der Entscheidung des Vertragsstaates auseinandersetzen", nicht von einem „blinden Folgen").

[176] Siehe oben 1. Kapitel B. I. 2. Innerstaatliche Geltung.

[177] Ableitbar aus den Art. 23 - 26 GG, vgl. *Seer* in FS Kostecki, 206 m. w. N.

pflichtungen der Bundesrepublik Deutschland abweichen oder die Verletzung solcher Verpflichtungen ermöglichen wolle“[178].

C. Inhalt von DBA

I. Gliederung der DBA-Vorschriften

Nachdem soeben die Funktionen und der Charakter der DBA erläutert wurden, geht es nunmehr um den Inhalt der DBA im Allgemeinen und der Freistellungsmethode im Besonderen. In Aufbau und Inhalt folgen die von der BRD abgeschlossenen DBA größtenteils dem OECD-MA[179], das daher bei den folgenden Erläuterungen im Vordergrund steht. Das Musterabkommen zur Vermeidung der Doppelbesteuerung auf dem Gebiet der Steuern vom Einkommen und vom Vermögen besteht aus 31 Artikeln, die in sieben Abschnitte untergliedert sind[180]. Die Regelungen lassen sich grob unterteilen in die bereits angesprochenen Definitionsnormen, den sich daran anschließenden Zuteilungsnormen und schließlich der Vermeidungsnorm[181]. Das Hauptziel der DBA der Vermeidung der Doppelbesteuerung - das übrigens in manchen DBA eingangs ausdrücklich so benannt ist[182] - wird über die Zuteilungs- und Vermeidungsnormen verfolgt. Technisch wird dies im Grundsatz dadurch gewährleistet, dass die *Zuteilungsnormen* die Besteuerung im Quellenstaat umgrenzen, während der Wohnsitzstaat gemäß der *Vermeidungsnorm* Steuerermäßigung in Form von Steueranrechnung oder -freistellung gewährt[183].

---

178 BVerfG, Beschl. v. 26.3.1987, 2 BvR 589/79, 740/81 und 284/85, BVerfGE 74, 358, 370; vgl. auch BVerfG, Urt. v. 4.5.1955, 1 BvF 1/55, BVerfGE 4, 157, 168; Beschl. v. 21.5.1987, 2 BvR 1170/83, NJW 1988, 1462, 1463. Zuletzt sehr deutlich im Hinblick auf die Auslegung innerstaatlichen Rechts BVerfG, Beschl. v. 14.10.2004, 2 BvR 1481/04, BVerfGE 111, 307, 308 ff.

179 *Menck* in B/H/G/K, DBA, Teil 1, Absn. 2, Rn. 26 (Stand: Grundwerk).

180 Geltungsbereich des Abkommens (Absn. I), Begriffbestimmungen (Absn. II), Besteuerung des Einkommens (Absn. III), Besteuerung des Vermögens (Absn. IV), Methoden zur Vermeidung der Doppelbesteuerung (Absn. V), Besondere Bestimmungen (Absn. VI) und Schlussbestimmungen (Absn. VII). Außerdem ist eine Präambel sowie eine Schlussklausel über die Unterzeichnung vorgesehen, die sich nach den verfassungsrechtlichen Vorschriften der Vertragspartner richten.

181 Vgl. die Übersicht bei *Menck* in B/H/G/K, DBA, Teil 1, Absn. 2, Rn. 26 (Stand: Grundwerk). Zu den hier verwandten Begrifflichkeiten im Folgenden, insbesondere Fn. 184 und 230.

182 Vgl. beispielsweise Art. 1 DBA-Dänemark 1995; Art. 1 Abs. 1 DBA-Frankreich 1959/2001; Art. 1 DBA-Schweden 1992;

183 *Schaumburg*, IntStR^2, Rn. 16.7.

II. Zuteilungsnormen

Die der Vermeidungsnorm vorangestellten Zuteilungsnormen[184] weisen[185] die Besteuerungsbefugnis für die jeweilige Einkunftsart (Art. 6 bis 21 OECD-MA) bzw. Vermögenswerte (Art. 22 OECD-MA) entweder dem Wohnsitzstaat oder dem Quellen- bzw. Belegenheitsstaat zu[186]. Sie benennen dazu zunächst die zu regelnde *Einkunftsquelle*: Das MA unterscheidet zwischen Einkünften aus beweglichem Vermögen (Art. 6 OECD-MA), Unternehmensgewinnen (Art. 7 OECD-MA), Seeschifffahrt, Binnenschifffahrt und Luftfahrt (Art. 8 OECD-MA), Verbundenen Unternehmen (Art. 9 OECD-MA), Dividenden (Art. 10 OECD-MA), Zinsen (Art. 11 OECD-MA), Lizenzgebühren (Art. 12 OECD-MA), Gewinnen aus der Veräußerung von Vermögen (Art. 13 OECD-MA), Einkünften aus unselbständiger Arbeit (Art. 15 OECD-MA), Aufsichtsrats- und Verwaltungsratgebühren (Art. 16 OECD-MA), Künstlern und Sportlern (Art. 17 OECD-MA), Ruhegehältern (Art. 18 OECD-MA), Öffentlichen Dienst (Art. 19 OECD-MA), Einkünften von Studenten (Art. 20 OECD-MA) und anderen Einkünften (Art. 21 OECD-MA)[187]; in Art. 22 OECD-MA sind zusätzlich noch die Vermögensgüter angesprochen. Die Unterscheidung in Einkunfts- bzw. Vermö-

---

[184] Eine einheitliche Terminologie für diese Normen konnte sich bisher nicht herausstellen. *Lang, M.* (Einführung^2, 100 ff.), *Vogel* (in V/L^4, Einl., Rn. 71), und *Schaumburg* (IntStR^2, Rn. 16.204) favorisieren den Begriff „Verteilungsnormen". Dagegen wendet *Wassermeyer* in D/W, Art. 1 Rn. 9 (Stand: 82. Lfg. 9/2000) ein, dass die Steuererhebungskompetenzen unverteilbar seien. *Vogel*, Auslegung, 4 erwidert, dass es um die Verteilung der *Ausübung* der Steuergesetze geht (zur Widersinnigkeit dieses Streits siehe Fn. 230). Zur begrifflich klaren Abgrenzung von der „Vermeidungsnorm" und in Anlehnung an die international gängige Begriffsverwendung (vgl. *Vogel*, Auslegung, 4) wird hier der Terminus „Zuteilungsnormen" in dem in Fn. 185 erläuterten Sinne verwandt; ebenso *Menck* in B/H/G/K, DBA, Teil 1, Absn. 2, Rn. 81 (Stand: Grundwerk). Nach *Reith*, IntStR, Kap. 4 Fn. 77 entspricht der Begriff „Zuordnungsartikel" der ganz herrschenden Praxis.

[185] Gemeint ist damit eine von den Vertragspartnern im Wege des Verzichts auf innerstaatliche Steueransprüche vorgenommene Zuordnung der Besteuerungsbefugnis; so auch BFH, Urt. v. 28.6.1972, I R 35/70, BStBl. II 1972, 785, 789. Vgl. zur Wahl der „korrekten" Begrifflichkeit sehr ausführlich *Kluge*, IntStR^4, R Rn. 21 und *Vogel* in V/L^4, Einl., Rn. 69 f. Die Praxis und zuweilen auch die Literatur setzten sich - m. E. zu Recht - über diese theoretische Auseinandersetzung hinweg, vgl. z. B. *Lang, M.*, Einführung^2, Rn. 43; kritisch zu den wiederholt von Wassermeyer vorgetragenen, begriffstheoretischen Einwänden *Loukota* in Lang, M., Diskussion, 438: „Am Wort stoße ich mich überhaupt nicht!"; ebenso *Reith*, IntStR, Kap. 4 Fn. 80, der sich allerdings anschließend in Rn. 4.54 selbst widerspricht, indem er die von den Senaten des BFH und Verfassern zum internationalen Steuerrecht gänzlich uneinheitlich verwendete Sprache aufzeigt und sie dann selbst als entweder als „unscharf", „unzutreffend" oder auch „teilweise zutreffend" bewertet.

[186] *Grotherr* in B/H/G/K, DBA, Teil 1, Absn. 1, Rn. 45 (Stand: 12. Lfg. 2003).

[187] Die Reihenfolge der benannten Einkunftsarten ist traditionell bestimmt, *Vogel* in V/L^4, Einl., Rn. 86. Art. 14 OECD-MA zu den Einkünften aus selbständiger Arbeit ist seit dem Jahr 2000 nicht mehr im Mustertext enthalten, vgl. Fn. 295.

gensarten ähnelt der Klassifizierung, wie sie in den Einzelsteuergesetzen einer Reihe von Staaten vorzufinden ist. Dennoch kann sie nicht mit den dort entwickelten Begrifflichkeiten gleichgesetzt werden; diese sind vielmehr autonom auszulegen[188]. Ziel ist dabei im Rahmen der sog. Qualifikation[189] in einem ersten Schritt die betroffene Einkunftsquelle zu bestimmen.

Sodann weist die so bestimmte Zuteilungsnorm, je nachdem, ob das maßgebende *Anknüpfungsmerkmal*[190] (z.B. Belegenheit von Grundstücken, Bestehen einer Betriebsstätte etc.) vorliegt, dem jeweiligen Vertragspartner die Besteuerungsbefugnis zu. Adressat dieser *Rechtsfolge* ist primär der Quellenstaat, dessen Besteuerungsbefugnis entweder aufrechterhalten, begrenzt oder gänzlich aufgehoben wird[191]. Die Zuordnung der Besteuerungsbefugnis orientiert sich an der Intensität der wirtschaftlichen Verknüpfung der Einkunftsquelle mit der Wirtschaft des Quellenstaates; dementsprechend unterliegen beispielsweise Einkünfte aus unbeweglichen Vermögen durchweg der Besteuerung im Quellenstaat (Belegenheitsprinzip, Art. 6 Abs. 1 OECD-MA)[192]. Ebenso wird die Besteuerungsbefugnis für Unternehmensgewinne ausnahmsweise nicht dem Wohnsitzstaat des Unternehmens, sondern dem Betriebsstättenstaat zugewiesen, soweit sie der dort befindlichen Betriebsstätte zugerechnet werden können (sog. Betriebsstättenprinzip)[193]. Anderenfalls kommt es auf den Wohnsitz des Steuerpflichtigen (sog. Wohnsitzprinzip, beispielsweise bei Dividenden[194], Zinsen[195] oder Lizenzgebüh-

---

[188] Dies folgt schon daraus, dass Rechtsbegriffe nur im Rahmen und unter Berücksichtigung des systematischen Zusammenhanges ihres jeweiligen Regelungswerkes ausgelegt werden können, sich die Einkünfteeinteilung im
OECD-MA dagegen bereits insofern von den nationalen Steuergesetzen unterscheidet, als dass die meisten Staaten ihre Einkunftsquellen anders abgrenzen oder (z. B. die USA) gar von einem umfassenden Einkommensbegriff ohne Aufteilung in Einkunftsarten ausgehen; vgl. *Schaumburg*, IntStR², Rn. 16.60 ff.; *Vogel* in V/L⁴, Einl., Rn. 84.

[189] *Menck* in B/H/G/K, DBA, Teil 1, Absn. 2, Rn. 82 (Stand: Grundwerk). Die Qualifikation ist der erste Teil der in den Art. 6 bis 22 OECD-MA zum Ausdruck kommenden Methode der „Qualifikation und Zuteilung". Die Bezeichnung „classification and assignment" geht zurück auf eine vom Völkerbund im Jahre 1921 bestellte Expertengruppe zur Angleichung der zwischenstaatlichen DBA, *Vogel* in V/L⁴, Einl., Rn. 71.

[190] Vgl. *Menck* in B/H/G/K, DBA, Teil 1, Absn. 2, Rn. 82 (Stand: Grundwerk).

[191] *Schaumburg*, IntStR², Rn. 16.204. Die Zuteilungsnormen enthalten keine Regeln zur Einkünfteermittlung; sie ist abkommensrechtlich dem innerstaatlichen Recht vorbehalten; s. MK, Art. 7 Nr. 28; *Hemmelrath* in V/L⁴, Art 7 Rn. 22; *Wassermeyer* in D/W, Art. 7 MA, Rn. 184 ff. (Stand: 81. Lfg. 5/2000).

[192] *Schaumburg*, IntStR², Rn. 16.7.

[193] Art. 7 Abs. 1 Satz 1, 2. Halbs. und Satz 2 OECD-MA.

[194] Art. 10 Abs. 1 OECD-MA.

[195] Art. 11 Abs. 1 OECD-MA.

ren[196]) oder den Ort der Ausübung der Tätigkeit (beispielsweise bei Einkünften aus nichtselbständiger Arbeit[197] sowie von Künstlern und Sportlern[198]) an.

Das MA bedient sich zur Regelung der Besteuerungsbefugnis des Quellenstaates *wiederkehrender Formulierungen*, wie „... können im anderen Staat [Anm.: Quellenstaat] besteuert werden." Auf diese Weise bestätigen die Zuteilungsnormen die Besteuerungsbefugnis des Quellenstaates nach den soeben genannten Grundsätzen bei Betriebsstätteneinkünften[199], Gewinnen aus der Veräußerung von Vermögen[200], bei Aufsichtsrats- und Verwaltungsratvergütungen[201], Künstlern und Sportlern[202] sowie u. U. bei Vermögensgütern[203]. Eine segmentale bzw. betragsmäßige *Beschränkung* erfährt die Besteuerungsbefugnis des Quellenstaates bei Unternehmensgewinnen[204], Einkünften aus unselbständiger Arbeit[205] und bestimmten Gewinnen aus der Veräußerung von Vermögen[206] bzw. Dividenden[207] und Zinsen[208]. Eine flexible Zuteilung der Besteuerungsbefugnis findet sich im Bereich der See- und Binnenschifffahrt sowie der Luftfahrt[209]: Das OECD-MA ordnet hier demjenigen Vertragsstaat das Recht zur Besteuerung zu, in dem der „Ort der tatsächlichen Geschäftsleitung des Unternehmens" liegt[210]. Schließlich teilen die Normen mit dem Wortlaut „... können nur... [Anm.: im Wohnsitzstaat] besteuert werden" die Besteuerungsbefugnis dem Wohnsitzstaat zu für Unternehmensgewinne (ohne Betriebsstätte)[211], Lizenzgebühren[212], Ruhegehälter[213], bei Studenten[214] und sog. „andere Einkünfte" i. S. d. Art. 21 Abs. 1

[196] Art. 12 Abs. 1 OECD-MA.
[197] Art. 15 Abs. 1 OECD-MA.
[198] Art. 17 Abs. 1 OECD-MA.
[199] Art. 7 Abs. 1, 2. Halbsatz OECD-MA.
[200] Art. 13 Abs. 1 und Abs. 2 OECD-MA.
[201] Art. 16 OECD-MA.
[202] Art. 17 Abs. 1 und Abs. 2 OECD-MA.
[203] Art. 22 Abs. 1 und Abs. 2 OECD-MA.
[204] Art. 7 Abs. 1 OECD-MA (Wortlaut: „... können nur [Anm.: im Wohnsitzstaat] besteuert werden, es sei denn...").
[205] Art. 15 Abs. 1 OECD-MA (Wortlaut: s. Art. 7 Abs. 1 OECD-MA).
[206] Art. 13 Abs. 4 OECD-MA.
[207] Art. 10 Abs. 2 OECD-MA (Wortlaut: „... können jedoch auch [Anm.: im Quellenstaat]... besteuert werden..., die Steuer darf aber... nicht übersteigen...").
[208] Art. 11 Abs. 2 OECD-MA (Wortlaut siehe Art. 10 OECD-MA)
[209] Art. 8 Abs. 1 und Abs. 2 OECD-MA sowie Art. 13 Abs. 3, Art. 15 Abs. 3 und Art. 22 Abs. 3 OECD-MA.
[210] Voraussetzung ist hierbei, dass sich der Ort in einem der beiden Vertragsstaaten befindet; ansonsten gelten die jeweiligen Vorschriften der lex generalis; vgl. *Schaumburg*, IntStR[2], Rn. 16.278.
[211] Art. 7 Abs. 1 Satz 1, 1. Halbs. OECD-MA.
[212] Art. 12 Abs. 1 OECD-MA.
[213] Art. 18 OECD-MA.

OECD-MA sowie u. U. für Gewinne aus der Veräußerung von Vermögen[215], Einkünfte aus unselbständiger Arbeit[216] und aus öffentlichem Dienst[217].

In der zuletzt genannten Normengruppe kommt eine *ausschließliche* Zuordnung der Besteuerungsbefugnis zugunsten des Wohnsitzstaates[218] zum Ausdruck[219]. Soweit eine ausschließliche Zuweisung der Besteuerungsbefugnis vorliegt, kommt die ausdrücklich erst in Art. 23 A OECD-MA normierte Freistellungsmethode bereits in den Zuteilungsnormen zur Anwendung, und zwar in dem hier angesprochenen Fall durch den Quellenstaat; für die ausschließliche Zuordnung der Besteuerungsbefugnis zugunsten des Wohnsitzstaates bedeutet das, dass der Quellenstaat die so zugewiesenen Einkünfte steuerfrei stellt[220]. Die Steuerfreistellung hat indes nicht zur Folge, dass dem Quellenstaat die Besteuerungsbefugnis damit ganzheitlich entzogen würde; vielmehr bleibt die durch die territoriale Souveränität verwurzelte Besteuerungsbefugnis des Quellenstaates an sich bestehen[221], er verzichtet aber im Rahmen der Gegenseitigkeit darauf, von diesem Recht Gebrauch zu machen[222], indem er das Steuergut von der Besteuerung freistellt.

---

214 Art. 20 OECD-MA.

215 Art. 13 Abs. 5 OECD-MA.

216 Art. 15 Abs. 2 OECD-MA.

217 Art. 19 Abs. 1 lit. b) und Abs. 2 lit. b) OECD-MA.

218 Zu ausschließlichen Zuordnungen der Besteuerungsbefugnis zugunsten des Quellenstaates vgl. Fn. 223.

219 Dazu treten ferner noch die bereits oben benannten Zuteilungen nach dem Ort der tatsächlichen Geschäftsleitung des Unternehmens, wenn sich dieser im Wohnsitzstaat befindet, vgl. *Grotherr* in B/H/G/K, Teil 2, Art. 23 Rn. 26 (Stand: 10. Lfg. 2002).

220 MK, Art. 23, Nr. 6; *Frotscher*, IntStR, § 4, Rn. 2; *Grotherr* in G/H/S, IntStR, 47 und 59; *Kluge*, IntStR[4], S, Rn. 320; *Reith*, IntStR, Rn. 4.311 ff. und 4.985; *Vogel* in V/L[4], Art. 23, Rn. 34; zumindest missverständlich dagegen *Wassermeyer* in D/W, Art. 23 A MA, Rn. 20 (Stand: 87. Lfg. 10/2002). Je nach Zuordnung stellt dann - anders als in Art. 23 A OECD-MA - der Quellenstaat das Steuergut frei. Die Besteuerung erfolgt in diesem Fall nach dem Steuerniveau des Wohnsitzstaates, vgl. *Frotscher*, IntStR, § 4, Rn. 5.

221 Vgl. *Vogel* in FS Klein, 363 f. Das DBA verleiht auch keine Ermächtigung zur Besteuerung, diese ist dem Quellenstaat vielmehr schon originär gegeben, siehe bereits oben 1. Kapitel A. Funktion. Insofern zutreffend *Vogel* in V/L[4], Einl., Rn. 69.

222 Läuft dieser Verzicht ins Leere, weil der Quellenstaat schon nach dem innerstaatlichen Steuerrecht keine so weit reichende Besteuerung vorsah, vermeiden die DBA eine nur *virtuelle* Doppelbesteuerung. Wird der innerstaatliche Steueranspruch des Quellenstaates dagegen tatsächlich durch das DBA beschränkt, wird eine *effektive* Doppelbesteuerung vermieden. Vgl. *Schaumburg*, IntStR[2], Rn. 16.11 und 208; *Vogel* in V/L[4], Einl., Rn. 74; *Wassermeyer* in D/W, Vor Art. 1 MA, Rn. 4 (Stand: 82. Lfg. 9/2000).

Auf diese Weise beschränken die Zuteilungsnormen grundsätzlich[223] nur die Besteuerungsbefugnis des *Quellenstaates*; nach dem Wortlaut der Vorschriften ist er allein der Adressat der Schrankenwirkung[224] der Zuteilungsnormen. Die Formulierung „können... [Anm.: im Quellenstaat] besteuert werden" bestätigt nur die originäre Besteuerungsbefugnis des Quellenstaates, ohne (!) zugleich die des Wohnsitzstaates zu entziehen - anders als der Quellenstaat verzichtet er auf dieser Regelungsebene auch nicht auf die Inanspruchnahme seines Rechts[225]. Die Umschreibung ist zu lesen im Sinne von „Die Besteuerungsbefugnis des Quellenstaates ist nicht beschränkt." - im Gegensatz zur Umschreibung „können nur... [Anm.: im Wohnsitzstaat] besteuert werden", die einen Verzicht des Quellenstaates auf die Ausübung seiner Besteuerungsbefugnis ausdrücken[226]. Ordnen die Zuteilungsnormen auf diese Weise dem Quellenstaat die Besteuerungsbefugnis zu[227], unterliegt das Steuergut wegen der nationalen Steuergesetze des Wohnsitzstaates zunächst dem Zugriff beider Staaten[228].

III. Vermeidungsnorm

Um dem gegenseitigen Steuerverzicht zugunsten der Vermeidung der Doppelbesteuerung gerecht zu werden, wird die Doppelbesteuerung nun aber in einem zweiten Schritt vom Wohnsitzstaat im Rahmen der Vermeidungsnorm ausgeglichen[229]. Sofern das Steuergut nach den Zuteilungsnormen weiterhin dem Zugriff beider Vertragsstaaten unterliegt, ist es Aufgabe der sog. Vermeidungsnorm[230]

---

223 Nur ausnahmsweise findet sich die Formulierung „können *nur* in diesem Staat [Anm.: Quellenstaat] besteuert werden" wie in Art. 19 Abs. 1 a) und Abs. 2 a) OECD-MA (sog. Kassenstaatsprinzip) sowie u. U. die in Fn. 209 genannten Einkunftsarten. Solche Einkünfte sind damit ausschließlich dem Quellenstaat zugewiesen, während sie vom Wohnsitzstaat ausnahmsweise (vgl. Fn. 220) aufgrund der *Zuteilungsnorm* freigestellt werden; vgl. BFH, Urt. v. 17.12.2003, I R 14/02, IStR 2004, 240, 241; MK, Art. 23, Rn. 6; *Vogel* in V/L^4, Vor Art. 6 bis 22, Rn. 4; *Wassermeyer* in D/W, Vor Art. 6 bis 22 MA, Rn. 12 (Stand: 82. Lfg. 9/2000), Art. 19 MA, Rn. 58 (Stand: 94. Lfg. 10/2004) und Art. 23 A MA, Rn. 20 (Stand: 87. Lfg. 10/2002).

224 Zu dieser Terminologie *Schaumburg*, IntStR^2, § 16, Rn. 7.

225 *Vogel* in V/L^4, Einl., Rn. 85 und Vor Art. 6-22, Rn. 6.

226 Vgl. zum Ganzen *Menck* in B/H/G/K, DBA, Teil 1, Absn. 2, Rn. 86 ff. (Stand: Grundwerk).

227 So in Art. 6, Art. 13 Abs. 1 und 2 sowie Art. 17 OECD-MA.

228 *Schaumburg* nennt dies Vorschriften *unvollständige* Zuteilungsnormen (bzw. nach seiner Terminologie: Verteilungsnormen), IntStR^2, Rn. 16.205, *Vogel* spricht von Normen *mit offener Rechtsfolge*, V/L^4, Einl., Rn. 85.

229 *Menck* in B/H/G/K, Teil 1, Absn. 2, Rn. 96 (Stand: Grundwerk); *Schaumburg*, IntStR^2, Rn. 16.12 und Rn. 206; *Wassermeyer* in D/W, Art. 23 A, Rn. 20 (Stand: 87. Lfg 10/2002).

230 Anders als der Begriff „Zuweisungsnormen" (vgl. dazu schon Fn. 184) ist der der „Vermeidungsnorm" weitgehend anerkannt, vgl. *Schaumburg*, IntStR^2, Rn. 16.533; *Lang, M.*, Einführung^2, Rn. 424; *Reith*, IntStR, Rn. 4.51 und *Wassermeyer* in D/W, Art. 23 A, Rn. 1 f.

die - gewissermaßen verbleibende - Doppelbesteuerung zu vermeiden[231]. Nachdem die Zuteilungsnormen in erster Linie der Besteuerung durch den Quellenstaat Schranken gesetzt haben, unterwirft sich der Wohnsitzstaat in der Vermeidungsnorm steuerlichen Beschränkungen; er ist Adressat der Vermeidungsnorm[232]. Gemäß dem Kommentar zum OECD-MA steht den Vertragsparteien die Wahl der Vermeidungsmethode frei[233]. Art. 23 OECD-MA gibt zwei Methoden zur Vermeidung[234] der Doppelbesteuerung vor, die sich als die zweckmäßigsten herausgestellt haben[235]: die Freistellungsmethode nach Art. 23 A OECD-MA sowie die Anrechnungsmethode nach Art. 23 B OECD-MA. Über die Methode zur Vermeidung der Doppelbesteuerung entscheiden die Vertragsparteien regelmäßig in einer zentralen Vorschrift[236], der Vermeidungsnorm. Sie ist oftmals in zwei Absätze unterteilt, jeweils für den Fall, dass der andere Vertragsstaat der Wohnsitzstaat ist[237]. Welche der vom OECD-MA angebotenen Vermeidungsmethoden die Vertragsparteien wählen, steht ihnen völlig offen[238]. Beide Methoden sind als gleichwertig anerkannt, bergen aber jede für sich Vor- und Nachteile[239].

1. Nebeneinander von Freistellungs- und Anrechnungsmethode

Im Hinblick auf die fortschreitende Globalisierung der Wirtschaft und der ihr zugrunde liegenden internationalen Freizügigkeit des Kapitals gewinnt der sog. Wettbewerb der Steuerrechte[240] an Bedeutung. Er zwingt die Staaten dazu, ihre

---

(Stand: 87. Lfg 10/2002) sprechen vom „Methodenartikel", was m. E. für eine ausdrucksvolle und verständliche Untergliederung der Normen des OECD-MA wenig hilfreich ist, da so die Funktion der Norm im Gesamtgefüge des MA nicht deutlich wird. Außerdem ist zu bedenken, dass sich die Methode zur Vermeidung der Doppelbesteuerung zum Teil auch aus den Zuteilungsnormen ergibt, *Vogel*, Auslegung, 18. M. E. kommt dieses damit angesprochene Rangverhältnis durch das Begriffspaar „Zuteilungsnormen" - „Vermeidungsnorm" am ehesten zum Ausdruck. Trotzdem wird im Folgenden auch der Begriff Methodenartikel als Synonym verwendet.

[231] Vgl. auch *Vogel* in V/L^4, Art. 23, Rn. 4, der zu Recht darauf hinweist, dass die Überschrift des V. Abschnitts des OECD-MA genauer lauten müsste „Methoden zur Vermeidung *verbleibender* Doppelbesteuerung".

[232] *Lang, M.*, Einführung^2, Rn. 424.

[233] MK, Art. 23 Nr. 29.

[234] Gegen den Begriff der „Vermeidung" bereits *Flick*, FA Bd. 21 (1961), 90, der stattdessen von „Ausschaltung" durch „Vermeidung", „Beseitigung" oder „Milderung" spricht.

[235] *Baranowski*, Auslandsbeziehungen^2, Rn. 116.

[236] *Debatin*, BB 1992, 1181.

[237] Zur Normenstruktur in deutschen DBA noch unten 2. Kapitel B. Freistellungsmethode in deutschen DBA.

[238] *Lang, M.*, Einführung^2, Rn. 428.

[239] Vgl. BFH, Urt. v. 28.3.1973, I R 59/71, BStBl. II 1973, 531, 532.

[240] Vgl. dazu *Kluge*, IntStR^4, B, Rn. 59 ff.

Steuersysteme am Ziel der steuerlichen Wettbewerbsneutralität auszurichten, um so Standortqualitäten zu bewahren - dies ist ein wesentlicher Aspekt bei der Entscheidung der Staaten zwischen Anrechungs- und Freistellungsmethode. Das Steuerrecht muss Milderungen bieten, die sicherstellen, dass die Steuer eine wettbewerbsgerechte Entfaltung der internationalen Wirtschaftsbeziehungen nicht beeinträchtigt[241]. Von dieser gemeinsamen Zielsetzung ausgehend gilt es, die Vor- und Nachteile[242] der jeweiligen Methode zur Vermeidung der Doppelbesteuerung abzuwägen und die den wirtschaftlichen Gegebenheiten des Vertragsstaates am besten entsprechende Methode zu wählen. Während vor allem die angelsächsischen Staaten eher die Anrechnungsmethode in ihren DBA als Vermeidungsmethode bestimmen, wenden die kontinentaleuropäischen Staaten überwiegend die Freistellungsmethode an[243]. Die Vertragsstaaten folgen also keineswegs stets einer gemeinsamen Methode in den von ihnen vereinbarten Abkommen[244]. Besonders in deutschen DBA ist darüber hinaus oftmals eine Kombination beider Methoden allein schon von Seiten der Bundesrepublik vorzufinden. Im Wesentlichen geht es darum, sicherzustellen, dass die vorwiegend mit der Freistellungsmethode verbundene Gefahr der doppelten Nichtbesteuerung minimiert sowie missbräuchliche Inanspruchnahme von DBA vermieden wird[245]. So wird die Freistellungsmethode von deutscher Seite zwar regelmäßig zum Grundsatz erhoben, im Anschluss aber *erstens* in einzeln aufgeführten Einkunftsarten die Anrechnungsmethode angewandt und *zweitens* selbst zu Einkunftsarten mit Freistellungsmethode deren Anwendung oftmals von Voraussetzungen abhängig gemacht, bei deren Nichterfüllung es gegebenenfalls doch zur Anwendung der Anrechnungsmethode kommt[246]. Deshalb ist zunächst auf einige Grundzüge und Wirkungsweisen der Anrechnungsmethode einzugehen.

2. Anrechnungsmethode

Tatbestandlich setzt die Anrechnungsmethode, wie auch die Freistellungsmethode, voraus, dass der Steuerpflichtige im Wohnsitzstaat ansässig ist und die von ihm erwirtschafteten Einkünfte nach den Zuteilungsnormen (auch) im Quel-

---

241 *Debatin*, DB 1965, 1022.

242 Siehe dazu sogleich 1. Kapitel C. II. 2. Anrechnungsmethode sowie unten 2. Kapitel B. Freistellungsmethode in deutschen DBA. Zusammenfassend zu den Vor- und Nachteilen der jeweiligen Methode im Allgemeinen *Baranowski*, Auslandsbeziehungen², Rn. 133 ff.; *Kluge*, IntStR⁴, S, Rn. 320.

243 *Lang, M.*, Einführung², Rn. 428; *Wassermeyer* in D/W, Art. 23 A MA, Rn. 3 (Stand: 87. Lfg. 10/2002).

244 Vgl. dazu MK, Art. 23 Nr. 30.

245 *Lang, M.*, Einführung², Rn. 431; *Schaumburg*, IntStR², 16.527.

246 Vergleichbare Wirkungen werden auch teilweise durch unilaterale Maßnahmen hervorgerufen, vgl. dazu unten 2. Kapitel C. III. 4. Erwerbsaufwendungen und negative Einkünfte bei Vorbehaltsklauseln.

lenstaat besteuert werden können[247]. Liegen diese Grundbedingungen vor, erfasst die Anrechnungsmethode in deutschen DBA regelmäßig folgende Einkunftsarten: Dividenden (Art. 10 OECD-MA), die nicht die qualifizierten Bedingungen der Schachteldividenden erfüllen (sog. Streubesitz-Dividenden)[248], Zinsen (Art. 11 OECD-MA) und Lizenzgebühren (Art. 12 OECD-MA) sowie oftmals Aufsichtsrats- und Verwaltungsratsvergütungen (Art. 16 OECD-MA) und Einkünfte von Künstlern und Sportlern (Art. 17 OECD-MA). Vereinzelt findet sie auch Anwendung auf Einkünfte aus der Veräußerung von Beteiligungen und sonstige Einkünfte im Sinne des Art. 21 OECD-MA[249]. Ein vor einigen Jahren noch zu erkennender Trend zur verstärkten Einführung der Anrechnungsmethode in deutschen DBA[250] hat sich in den jüngeren Abkommen wieder zugunsten der Freistellungsmethode abgeschwächt[251].

Auf der *Rechtsfolgenseite* belässt die Anrechnungsmethode - anders als die Freistellungsmethode - die Bemessungsgrundlage des Ansässigkeitsstaates unberührt und setzt erst auf der Ebene des Steuerbetrages an[252]. Der Wohnsitzstaat ermittelt die maßgebliche Bemessungsgrundlage zunächst so, als wäre ein DBA gar nicht vorhanden[253]. Der Betrag der auf diese Weise ermittelten Steuer ist dann aber um die gezahlte ausländische Steuer zu kürzen, die anteilig auf die ausländischen Steuergüter entfällt[254]. Der Wohnsitzstaat reduziert so die Gesamtsteuerbelastung um die Steuer des Quellenstaats. Die anzurechnende Steuer ist allerdings in zweifacher Weise begrenzt. Zunächst sieht das Musterabkommen (in Art. 23 B Abs. 1 Satz 2) und entsprechend auch die deutschen DBA einen *Anrechnungshöchstbetrag* vor. Maximal kann der Betrag angerechnet werden, der nach den steuerrechtlichen Vorgaben im Wohnsitzstaat zu zahlen ist. Hat der Steuerpflichtige im Wohnsitzstaat überhaupt keine Steuer zu zahlen, so kann folglich auch keine ausländische Steuer angerechnet werden[255]. Im Ergebnis wird die Steuerbelastung damit stets auf das im Verhältnis zwischen den beiden Vertragsstaaten höhere Niveau heraufgeschleust[256]: Ist im Quellenstaat eine Steuer in Höhe von 20 zu zahlen und im Wohnsitzstaat zunächst von 50, mindert

---

[247] Siehe dazu unten 2. Kapitel A. I. Grundsätze.
[248] Ausführlich dazu noch unten 2. Kapitel B. II. Internationales Schachtelprivileg.
[249] Vgl. die Übersichten bei *Reith*, IntStR, Rn. 4.986 und *Vogel* in V/L[4], Art. 23, Rn. 16.
[250] Dazu noch *Baranowski*, Auslandsbeziehungen[2], Rn. 148 ff.
[251] *Vogel* in V/L[4], Art. 23, Rn. 21.
[252] MK, Art. 23 Nr. 17: „Der wesentliche Unterschied zwischen den Methoden besteht darin, dass die Befreiungsmethode auf das Einkommen, die Anrechnungsmethode aber auf die Steuer abstellen.
[253] *Vogel* in V/L[4], Art. 23, Rn. 128. Zu den Einzelheiten sogleich.
[254] *Baranowski*, Auslandsbeziehungen[2], Rn. 125.
[255] *Lang, M.*, Einführung[2], Rn. 488; *Vogel* in V/L[4], Art. 23, Rn. 154.
[256] *Lang, M.*, Einführung[2], Rn. 470 ff.; *Wassermeyer* in D/W, Art. 23 A MA, Rn. 3 (Stand: 87. Lfg. 10/2002). Vgl. auch das Zahlenbeispiel im MK, Art. 23 Nr. 18 ff.

sich die Belastung im Wohnsitzstaat zwar um 20 auf dann 30, im Ergebnis setzt sich aber das höhere Steuerniveau des Wohnsitzstaates von 50 durch, denn diese Gesamtbelastung hat der Steuerpflichtige letztlich zusammen gerechnet zu tragen. Ist umgekehrt im Quellenstaat eine Steuer von 50, im Wohnsitzstaat dagegen zunächst 20 zu entrichten, so können in letzterem auch nur 20 angerechnet werden, so dass den Steuerpflichtigen auch hier im Ergebnis das höhere Steuerniveau (50 bereits entrichtete Steuer im Quellenstaat) belastet.

Zum anderen kann grundsätzlich nur die im Quellenstaat tatsächlich gezahlte Steuer angerechnet werden; schon Art. 23 B Abs. 1 lit. a) OECD-MA spricht von „der im anderen Staat gezahlten Steuer". Macht der Quellenstaat von der ihm durch die Zuteilungsnormen zugewiesenen Besteuerungsbefugnis ganz oder teilweise keinen Gebrauch, entfällt insoweit regelmäßig im Wohnsitzstaat die Anrechnungsmöglichkeit. Die Anrechnungsmethode birgt insofern den Nachteil, dass vom Quellenstaat gewährte Steuervergünstigungen letztlich keine Wirkung entfalten können. Um einer damit verbundenen Benachteiligung der Entwicklungsländer und dem Leerlauf der von ihnen zur Förderung von Investitionen eingeräumten Steuervorteile entgegenzuwirken, sehen nahezu alle deutschen DBA mit solchen Staaten ausnahmsweise die Möglichkeit vor, fiktive Quellensteuern anzurechnen. Verzichtet der Quellenstaat zur Förderung von Investitionstätigkeiten auf die Erhebung einer Quellensteuer, soll dies nicht dem Wohnsitzstaat zugute kommen, sondern dem Investor[257].

Nach welchen Grundsätzen das Anrechnungsverfahren im Einzelnen durchzuführen ist, bestimmen die DBA nicht. Anknüpfend an die Vorgaben der Vermeidungsnorm regelt das deutsche Steuerrecht in § 34c EStG die *innerstaatliche Umsetzung* der Anrechnungsmethode[258]. Für solche Fälle, in denen ein DBA und die darin vorgesehene Anrechnungsmethode Anwendung findet, verweist § 34c Abs. 6 Satz 2 EStG auf die Regelungen in § 34c Abs. 1 Satz 2 und 3 und

---

[257] Dies geschieht zum einen durch die Vereinbarung eines sog. tax sparing credit: Der Wohnsitzstaat rechnet hier die Steuer an, die sich nach dem Recht des Wohnsitzstaates ohne die Sonderermäßigung ergeben hätte. Zum anderen verpflichten den Wohnsitzstaat sog. tax sparing credits zur Anrechnung fiktiver Quellensteuer. Dabei rechnet der Wohnsitzstaat allgemein auf seine Steuer auf bestimmte Einkünfte aus dem Vertragsstaat eine höhere Steuer an, als sie dieser Staat nach seinem innerstaatlichen Steuerrecht erhebt. Siehe dazu *Vogel* in V/L^4, Art. 23, Rn. 192 ff.

[258] Stärker als die Freistellungsmethode ist die Anrechnungsmethode auf eine Ergänzung durch das innerstaatliche Recht angewiesen, *Vogel* in V/L^4, Art. 23, Rn. 136. Die innerstaatliche Umsetzung der Anrechnungsmethode ist dementsprechend in der Vermeidungsnorm selbst regelmäßig vorgesehen, vgl. beispielsweise Art. 23 Abs. 2 lit. b) DBA-Kanada 2001: „Auf die deutsche Steuer vom Einkommen wird unter Beachtung der Vorschriften des deutschen Steuerrechts über die Anrechnung ausländischer Steuern die kanadische.... angerechnet...".

Abs. 2 EStG. § 34c Abs. 1 Satz 2 EStG normiert die Berechnung des anzurechnenden Höchstbetrages[259]: Danach ist die im Wohnsitzstaat für die ausländischen Einkünfte entsprechende Steuerschuld zu ermitteln. Für die Bemessung der Höhe der Einkünfte, wie beispielsweise die Bewertung der Wirtschaftsgüter, den Ansatz von Betriebsausgaben und Abschreibungen gelten die Vorschriften des Wohnsitzstaates[260]. Die im Quellenstaat erhobene Steuer ist nicht abzuziehen. Anrechnungsfähige Einkünfte, die aus demselben Vertragsstaat stammen, sind zusammenzufassen (sog. per country limitation)[261]. Auf die so ermittelten Einkünfte ist der deutsche Steuersatz anzuwenden[262]. Sodann sind die ausländischen Einkünfte dem im Inland zu besteuernden Welteinkommen gegenüberzustellen. Der auf diese Weise ermittelte maximal anrechenbare Betrag[263] ist von derjenigen Steuerschuld abzuziehen, die sich nach dem Recht des Wohnsitzstaates ergibt[264]. Entsteht im Wohnsitzstaat keine Steuerschuld, beispielsweise, weil den ausländischen Einkünften höhere inländische Verluste gegenüberstehen, kommt es nicht zur Anrechnung. In diesem Fall bietet es sich an, einen Antrag nach § 34c Abs. 6 Satz 2 EStG i. V. m. § 34c Abs. 2 EStG zu stellen: Die ausländische Steuer kann man so, statt sie anzurechnen, wie Kosten bei der Ermittlung der Einkünfte abziehen[265].

---

[259] Siehe dazu ausführlich *Vogel* in V/L[4], Art. 23, Rn. 145 ff.

[260] *Vogel* in V/L[4], Art. 23, Rn. 146.

[261] Vgl. § 68a EStDV i. V. m. § 34c Abs. 7 Nr. 1 EStG bzw. die Formulierung "im anderen Staat" in Art. 23 B OECD-MA. Im Gegensatz zur sog. overall limitation. Zur nach dem jeweiligen Staate getrennten Berechnung beispielsweise BFH, Urt. v. 16.3.1994, I R 42/93, BStBl. II 1994, 799, 800 (beachte dagegen aber, wenn auch hinsichtlich eines anderen Aspektes der Begründung BFH, Urt. v. 9.4.1997, I R 178/94, BStBl. II 1997, 657, 658).

[262] Vgl. auch BFH, Urt. v. 31.5.2005, I R 68/03, DB 2005, 1495 f.

[263] Höchstbetrag = deutsche Einkommensteuer vor Anrechnung x Einkünfte im Quellenstaat / Summe der (in- und ausländischen) Einkünfte; vgl. *Heinicke* in Schmidt[23], § 34c EStG, Rn. 15; *Vogel* in V/L[4], Art. 23, Rn. 125.

[264] § 3c EStG ist dort nicht anzuwenden, denn diese sind ja gerade nicht steuerfrei, sondern nur anrechenbar, *Frotscher*, DStR 2001, 2045 [2052]. Auch eine analoge Anwendung scheidet grundsätzlich aus, BFH, Urt. v. 16.3.1994, I R 42/93, BStBl. II 1994, 799, 802.

[265] Vgl. *Baranowski*, Auslandsbeziehungen[2], Rn. 154.

2. Kapitel - Die Freistellungsmethode deutscher DBA im DBA-rechtlichen und nationalrechtlichen Gefüge

A. Freistellungsmethode im OECD-MA

Auf den vorangestellten Grundlagen aufbauend, geht es im Folgenden um die Freistellungsmethode, wie sie sich insbesondere in deutschen DBA mit Nicht-EU-Mitgliedstaaten darstellt. Ausgangspunkt bildet dazu der Formulierungsvorschlag in Art. 23 A OECD-MA, bevor im zweiten Schritt auf die Besonderheiten der deutschen DBA und in einem dritten schließlich die Handhabung der Freistellungsklausel durch die deutsche Rechtspraxis eingegangen wird.

Die „Befreiungsmethode", wie sie Art. 23 A OECD-MA nennt, vermeidet eine doppelte Besteuerung des Steuerguts, indem die betroffenen Einkünfte oder das Vermögen von der Besteuerung ausgenommen werden. Dem liegt die Vorstellung zugrunde, dass der Staat, aus dem die Einkünfte stammen oder in dem das Vermögen belegen ist, ein „besseres" Recht zur Besteuerung habe, so dass der Wohnsitzstaat das entsprechende Steuergut freistellen müsse[266]. Zur Umsetzung dieser Rechtsfolge ist nach dem Wortlaut von Art. 23 A OECD-MA derjenige Vertragsstaat verpflichtet[267], in dem die Person, die Einkünfte erzielt oder Vermögen hat, ansässig ist. Angesprochen ist damit der Wohnsitzstaat, er ist Adressat der Vermeidungsnorm[268].

I. Grundsätze

Tatbestandlich setzt Art. 23 A OECD-MA zunächst voraus, dass die betroffenen Einkünfte bzw. das Vermögen, „im anderen Vertragsstaat", also dem Quellenstaat besteuert werden können. Schon aus dem Wortlaut der Vorschrift folgt somit, dass vorab[269] zu prüfen ist[270], ob die Zuteilungsnormen dem Quellenstaat die Besteuerungsbefugnis zuordnen. Ist dies nicht der Fall, teilen also die den

---

[266] *Kluge*, IntStR^4, S, Rn. 320; *Vogel* in V/L^4, Art. 23 Rn. 5.

[267] *Wassermeyer* in D/W, Art. 23 A Rn. 51 (Stand: 87. Lfg 10/2002).

[268] *Schaumburg*, IntStR^2, Rn. 16.524; *Wassermeyer* in D/W, Art. 23 A Rn. 1 und 4 (Stand: 87. Lfg. 10/2002).

[269] Die Zuteilungsnormen gehen der Vermeidungsnorm vor; vgl. *Vogel* in V/L^4, Art. 23 Rn. 4.

[270] Zum Streit, ob der Wohnsitzstaat dabei die Wertungen und das Begriffsverständnis des innerstaatlichen Rechts des Quellenstaates oder die richtige Abkommensanwendung durch den Quellenstaat aus der Sicht des eigenen Rechts heranzuziehen hat siehe *Vogel*, Auslegung, 15 ff.; *Wassermeyer* in D/W, Art. 23 A MA, Rn. 46 (Stand: 87. Lfg 10/2002) sowie *Vogel* und *Wassermeyer* in Haarmann, Diskussion, 23 ff.

Art. 6 - 22 OECD-MA entsprechenden Vorschriften des DBA dem Wohnsitzstaat die Besteuerungsbefugnis zu[271], so ist Art. 23 A OECD-MA nicht einschlägig und es kommt nicht zur Freistellung durch die Vermeidungsnorm[272]. Ihrer Anwendung bedarf es in diesem Fall nicht, da eine doppelte Besteuerung des Steuerguts nicht droht. Sie wird schon auf der Ebene der Zuteilungsnormen dadurch verhindert, dass der Quellenstaat zugunsten des Wohnsitzstaates auf die Ausübung seiner Besteuerungsbefugnis verzichtet und die Einkünfte bzw. das Vermögen freistellt[273].

Ordnen die Zuteilungsnormen dagegen dem Quellenstaat die Besteuerungsbefugnis zu[274] - gleichgültig, ob mit oder ohne Beschränkung[275] -, so greift Art. 23 A OECD-MA ein, mit der Rechtsfolge, dass der Wohnsitzstaat - vorbehaltlich einer anderen Regelung, wie insbesondere des Absatzes 2 der Vorschrift[276] - die betroffenen Einkünfte bzw. Vermögensgüter von der Besteuerung „auszunehmen" hat. Wie dies zu geschehen hat, ob sich das Ausnehmen der Einkünfte von der Besteuerung schon auf Einkünfteebene, der des Einkommens oder des zu versteuernden Einkommens vollziehen muss, gibt Art. 23 A OECD-MA nicht ausdrücklich vor[277]. Die vom MA vorgeschlagene Freistellungsme-

---

[271] So in Art. 12 Abs. 1, Art. 13 Abs. 5, Art. 15 Abs. 2, Art. 19 Abs. 1 b) und Abs. 2 b), Art. 18, Art. 20, Art. 21 Abs. 1 und Art. 22 Abs. 4 OECD-MA.

[272] Sog. Zuordnungsmethode, *Reith*, IntStR, Rn. 4.313; *Vogel* in V/L[4], Art. 23, Rn. 34. Zumindest missverständlich *Wassermeyer* in D/W, Art. 23 A MA, Rn. 20 (Stand: 87. Lfg. 10/2002).

[273] Siehe schon Fn. 220.

[274] So in Art. 6 Abs. 1, Art. 7 Abs. 1, Art. 10 Abs. II, Art. 11 Abs. 2, Art. 13 Abs. 1 und Abs. 2, Art. 15 Abs. 1, Art. 16, Art. 17 Abs. 1 und Abs. 2 sowie Art. 22 Abs. 1 und Abs. 2 OECD-MA.

[275] Der Wortlaut des Art. 23 A OECD-MA erfasst ebenso die Fälle, in denen die Zuteilungsnormen dem Quellenstaat die Besteuerungsbefugnis ausnahmsweise ausschließlich zuordnen (siehe dazu Fn. 223); da der Wohnsitzstaat die entsprechenden Einkünfte bzw. Vermögensgüter in diesen Fällen schon auf der Ebene der jeweiligen Zuteilungsnorm freistellt (siehe Fn. 220), kommt der Vermeidungsnorm nur noch *deklaratorische* Wirkung zu; vgl. *Schaumburg*, IntStR[2], Rn. 16.533. Die Zuteilungsnormen gehen insoweit vor, vgl. MK, Art. 23, Nr. 6 *Wassermeyer* in D/W, Art. 23 A MA, Rn. 4 (Stand: 87. Lfg. 10/2002).

[276] Dazu sogleich.

[277] Überwiegend geht man davon aus, dass sich die Befreiungsmethode auf Ebene der Bemessungsgrundlage vollziehen muss, vgl. *Lang, M.*, Einführung[2], Rn. 438; *Schaumburg*, IntStR[2], § 16 Rn. 534; *Vogel* in V/L[4], Art. 23 Rn. 38; a. A. wohl *Wassermeyer* in D/W, Art. 23 A MA, Rn. 51 (Stand: 87. Lfg. 10/2002), der davon ausgeht, dass Art. 23 OECD-MA keinerlei Vorgaben machte und daher der innerstaatlichen Umsetzung bedürfe; allerdings wurde Art. 23 OECD-MA durch den nationalen Steuergesetzgeber nur rudimentär konkretisiert, so dass sich die Frage stellt, wie sich die Wirkung der sachlichen Steuerbefreiung (*Wassermeyer* in D/W, Art. 23 A MA, Rn. 51 (Stand: 87. Lfg. 10/2002)) herleiten lässt, fehlt es doch an einer entsprechenden Regelung im EStG.

thode bedarf insoweit der Ausgestaltung durch innerstaatliche Rechtsakte des Wohnsitzstaates[278]. Es versteht sich daher von selbst, dass die Freistellungsverpflichtung nicht das Recht des Wohnsitzstaates berührt, die *übrigen* (vor allem die rein inländischen) Einkünfte, für die ihm das Besteuerungsrecht ja verblieben ist, mit einem besonderen Steuersatz zu belegen[279]. Art. 23 A Abs. 3[280] OECD-MA stellt daher mit nur deklaratorischer Wirkung[281] fest, dass es dem Wohnsitzstaat unbenommen ist, die Einkünfte nur unter Progressionsvorbehalt freizustellen.

II. Ausnahmen

Entscheidet sich ein Vertragspartner für die Anwendung der Freistellungsmethode, so sieht Art. 23 A OECD-MA in Absatz 2 für Dividenden- und Zinseinkünfte dennoch die Anwendung der Anrechungsmethode[282] vor[283]. Die Anrechnung dient in diesem Fall der Ergänzung der Freistellungsmethode vor allem zur Berücksichtigung von mit der jeweiligen Einkunftsart zusammenhängenden Besonderheiten. So sieht das OECD-MA gerade bei Dividenden und Zinsen die Anrechnungsmethode vor, da diese nach den Zuteilungsnormen (Art. 10 bzw. 11 OECD-MA) im Quellenstaat einer begrenzten Steuer unterworfen werden können[284]. Durch Übernahme der Regelung von Art. 23 A OECD in ein DBA wird letztlich also keine Entscheidung ausschließlich zugunsten der Freistellung gefällt, sondern dieser nur der Vorrang vor der Anrechnung eingeräumt[285].

---

[278] *Vogel* in V/L[4], Art. 23 Rn. 9. Siehe dazu unten 2. Kapitel C. I. Bedeutung der Freistellung.

[279] *Wassermeyer* in D/W, Art. 23 A MA, Rn. 51 (Stand: 87. Lfg. 10/2002). Allerdings bleibt in diesem Fall eine gewisse technische Doppelbesteuerung bestehen, vgl. *Flick*, FA Bd. 21 (1961), 90.

[280] Ebenso Art. 23 B Abs. 2 OECD-MA.

[281] BFH, Urt. v. 19.12.2001, I R 63/00, BFHE 197, 495, 498 ff. (zum DBA USA) und v. 15.5.2002, I R 40/01, BStBl. II 2002, 660, 661 (DBA Niederlande), in dem der BFH seine bisherige Ansicht der konstitutiven Wirkung der Progressionsvorbehaltsregelung in Art. 23 A Abs. 3 OECD-MA (Urt. v. 4.10.1967, I 422/62, BFHE 90, 357) ausdrücklich aufgibt. Aus Besagtem folgt auch, dass es ebenso wenig dem Quellenstaat verwehrt ist, den Progressionsvorbehalt zu praktizieren; vgl. zum Ganzen *Wassermeyer* in D/W, Art. 23 A MA, Rn. 122 f. (Stand: 87. Lfg. 10/2002) und *Vogel* in V/L[4], Art. 23 Rn. 213.

[282] Dazu oben 1. Kapitel C. II. 2. Anrechnungsmethode.

[283] Entscheidet sich ein Vertragspartner dagegen für die Anwendung der Anrechnungsmethode nach Art. 23 B OECD-MA, so wird auch diese durch die Freistellungsmethode auf Ebene der Zuteilungsnormen ergänzt, die ja bestimmte Einkünfte und Vermögensgüter schon vorweg von der Besteuerung freistellen; die beiden Methoden stehen somit nicht in einem Ausschließlichkeitsverhältnis, sondern ergänzen einander, vgl. *Grotherr* in B/H/G/K, Teil 2, Art. 23 Rn. 11 (Stand: 10. Lfg. 2002); *Vogel* in V/L[4], Art. 23 Rn. 8.

[284] Vgl. MK, Art. 23 Nr. 31; *Reith*, IntStR, Rn. 4.892.

[285] *Vogel* in V/L[4], Art. 23 Rn. 8.

Schließlich[286] sieht Absatz 4 von Art. 23 A OECD-MA eine Regelung für den Fall vor, dass auch der Quellenstaat, obgleich ihm die Befugnis zur Besteuerung zugewiesen ist, seinerseits aufgrund von Meinungsverschiedenheiten über die Anwendung des DBA[287] freistellt oder Dividenden oder Zinsen in begrenzter Höhe besteuert. Um eine doppelte Nichtbesteuerung zu vermeiden, schlägt das OECD-MA eine Besteuerung nur durch den Ansässigkeitsstaat vor[288]. Ausdrücklich ordnet Art. 23 Abs. 4 OECD-MA zwar nur an, dass Abs. 1 der Vorschrift nicht gilt, man wird aber daraus schließen müssen, dass Art. 23 Abs. 2 S. 1 OECD-MA - also die Anrechnungsmethode - Anwendung findet[289].

B. Freistellungsmethode in deutschen DBA

Die neueren deutschen DBA orientieren sich hinsichtlich der Regelungstechnik am OECD-MA: Ausnahmslos vermeiden sie eine Doppelbesteuerung zunächst auf der Ebene der Zuteilungsnormen und in einem zweiten Schritt auf der Ebene der Vermeidungsnorm, die sich allein an den Wohnsitzstaat richtet[290]. Hinsichtlich der inhaltlichen und systematischen Ausgestaltung weichen die in deutschen DBA vorzufindenden Vermeidungsnormen allerdings deutlicher als andere Abkommensvorschriften vom OECD-MA ab. Die Vermeidungsnorm ist in deutschen DBA regelmäßig in nur zwei Absätze untergliedert, in denen die Vermeidungsmethode getrennt für den jeweiligen Vertragspartner als Wohnsitzstaat festgelegt wird[291]. In mehreren Ziffern wird dann für die jeweilige Einkunftsart die anzuwendende Methode benannt[292]. Tatbestandlich knüpft die Vermei-

---

[286] Zu Art. 23 A Abs. 3 OECD-MA siehe unten 2. Kapitel C. I. Bedeutung der Freistellung.

[287] *Vogel* in V/L[4], Art. 23 Rn. 246 f.; *Wassermeyer* in D/W, Art. 23 A MA, Rn. 146 (Stand: 87. Lfg. 10/2002).

[288] Vgl. MK, Art. 23 Nr. 56 ff.

[289] *Wassermeyer* in D/W, Art. 23 A MA, Rn. 143 (Stand: 87. Lfg. 10/2002). Siehe zu Art. 23 Abs. 4 OECD-MA auch unten 2. Kapitel B. IV. Switch-over-Klausel.

[290] *Vogel* in V/L[4], Art. 23 Rn. 17.

[291] *Grotherr* in B/H/G/K, Teil 2, Art. 23 Rn. 11 (Stand: 10. Lfg. 2002); *Wassermeyer* in D/W, Art. 23 A MA, Rn. 1 (Stand: 87. Lfg 10/2002)

[292] Wie bereits bei den Ausführungen zur Anrechnungsmethode angesprochen wendet die BRD die Anrechnungsmethode über Art. 23 A Abs. 2 OECD-MA hinaus regelmäßig auch auf Lizenzgebühren, Aufsichtsratsvergütungen etc. an. Die von der BRD verfolgte Methode zur Vermeidung der Doppelbesteuerung kann daher auch als Mischsystem von Freistellung und Anrechung bezeichnet werden; vgl. *Menck* in B/H/G/K, Teil 1, Absn. 2 Rn. 98 und 100 (Stand: Grundwerk) und *Grotherr* in B/H/G/K, Teil 2, Art. 23 Rn. 11 ff. (Stand: 10. Lfg. 2002); *Vogel* in V/L[4], Art. 23, Rn. 21, 56. Die in manchen DBA vom OECD-MA abweichende Formulierung bringt keine andere Rechtsfolge zum Ausdruck, *Kluge*, IntStR[4], S Rn. 322.

dungsnorm in deutschen DBA ebenso wie Art. 23 OECD-MA daran an, dass die Einkünfte im Quellenstaat besteuert werden können[293].

Entsprechend der obigen Darstellung zum Anwendungsbereich der Anrechnungsmethode[294], findet die Freistellungsmethode in deutschen DBA im Grundsatz Anwendung auf alle übrigen Einkunftsarten, im Einzelnen also auf Einkünfte aus unbeweglichem Vermögen (Art. 6 OECD-MA), Unternehmensgewinne, soweit sie einer im anderen Staat belegenen Betriebsstätte zuzurechnen sind (Art. 7 OECD-MA), Schachteldividenden (Art. 10 OECD-MA), Einkünfte aus selbständiger Arbeit (Art. 14 OECD-MA a. F.[295]), Einkünfte aus unselbständiger Arbeit (Art. 15 OECD-MA) sowie oftmals Veräußerungserlöse (Art. 13 OECD-MA)[296]. Die deutschen Entscheidungsträger[297] favorisieren in den von ihnen abgeschlossenen DBA noch immer die Freistellungsmethode wie sie in Art. 23 A Abs. 1 OECD-MA formuliert ist[298]. Nur die DBA Argentinien, Bolivien, Brasilien, Ecuador, Schweiz und Uruguay sehen umgekehrt die Anrechnungsmethode als Regel mit Ausnahmen zugunsten der Freistellungsmethode vor[299]. Begründen lässt sich die Präferenz für die Freistellungsmethode mit den positiven Auswirkungen dieser Methode auf die steuerliche *Wettbewerbsneutralität*[300]: Eine wettbewerbsneutrale Besteuerung liegt nur vor, wenn der im Inland ansässige Unternehmer seine ausländische Geschäftstätigkeit unter den gleichen Bedingungen ausüben kann, wie sein ausländischer Mitkonkurrent. Das bedeutet, dass das ausländische und nicht das inländische Steuerniveau für seine Auslandstätigkeit zur Anwendung kommt[301]. Die Einkünfte bzw. Vermögensgüter sind im Falle der Freistellung durch den Wohnsitzstaat letztlich nur noch der Besteuerung des Quellenstaates unterworfen[302]. Ist das Steuerniveau dort niedriger, so soll dem im Ausland engagierten Investor die Belastungsdifferenz zur

---

[293] Vgl. auch BFH, Urt. v. 31.7.1991, I R 60/90, BFHE 165, 507 und v. 20.12.1995, I R 57/94, BStBl. II 1996, 261; *Wassermeyer* in FS Vogel, 997.

[294] Siehe oben 1. Kapitel C. II. 2. Anrechnungsmethode.

[295] Art. 14 OECD-MA wurde aus dem Mustertext ab dem Jahre 2000 gestrichen, weil die OECD keine tragfähigen Unterschiede zu Unternehmensgewinnen ausmachen konnte. Er ist aber weiterhin in nahezu allen deutschen DBA enthalten; *Vogel* in V/L[4], Art. 14, Rn. 1.

[296] Vgl. *Reith*, IntStR, Rn. 4.899; *Vogel* in V/L[4], Art. 23, Rn. 16; *Wassermeyer* in D/W, Art. 23 A MA, Rn. 2 (Stand: 87. Lfg. 10/2002).

[297] Namentlich der Deutsche Bundestag und die Spitzenverbände der Deutschen Wirtschaft.

[298] *Vogel* in V/L[4], Art. 23 Rn. 7.

[299] *Vogel* in V/L[4], Art. 23, Rn. 172. Anders noch *Debatin*, BB 1992, 1181.

[300] Vgl. *Grotherr* in G/H/S, IntStR, S. 47. Zu den übrigen steuerpolitischen Aspekten, die bei der Wahl zwischen Freistellungs- und Anrechnungsmethode eine Rolle spielen können s. *Grotherr* in B/H/G/K, Teil 2, Art. 23 Rn. 34 (Stand: 10. Lfg. 2002).

[301] *Jacobs*, Unternehmensbesteuerung[5], 21 f.

[302] *Wassermeyer* in D/W, Art. 23 A Rn. 3 (Stand: 87. Lfg. 10/2002).

Gleichstellung mit den vor Ort ansässigen Unternehmern zugute kommen[303] (sog. Kapitalimportneutralität[304]). Eine kapitalimportneutrale Besteuerung zielt in der Praxis darauf, die internationale Wettbewerbsfähigkeit der Unternehmen eines hoch besteuernden Staates zu verbessern und diesen den Zugang zu den Weltmärkten zu erleichtern[305].

I. Aktivitätsvorbehalt

Cirka[306] 3/4 der insgesamt 89 deutschen DBA[307] setzen für die Anwendung der Rechtsfolge des Art. 23 A OECD-MA allerdings zusätzlich voraus, dass die den freizustellenden Einkünften zugrunde liegenden Brutto-Einnahmen[308] zumindest „fast ausschließlich" aus sog. aktiven Tätigkeiten stammen[309]. Wann eine solche vorliegt ist oftmals in jedem DBA unterschiedlich umschrieben[310]. In den neueren deutschen DBA sind als aktive Tätigkeiten die Herstellung und der Verkauf von Gütern sowie technische Dienstleistungen oder Bank- und Versicherungsge-

---

[303] *Menck* in B/H/G/K, Teil 1, Absn. 2 Rn. 101 (Stand: Grundwerk).

[304] Dieser volkswirtschaftliche Begriff wird von der Wissenschaft zum internationalen Steuerrecht als Maßstab für gesetzgeberisches Handeln herangezogen. Die Anrechnungsmethode entspricht dagegen der sog. *Kapitalexportneutralität*, da hierbei die Erträge der im Wohnsitzstaat selbst und der international verwendeten Ressourcen nach dem Steuerniveau des Wohnsitzstaates und damit gleich hoch besteuert werden; aus Sicht des Quellenstaates ist die Besteuerung in diesem Fall nicht neutral, da die Tätigkeiten in seinem Gebiet unterschiedlichen Belastungen unterliegen. Vgl. dazu *Kluge*, IntStR[4], B Rn. 62; *Menck* in B/H/G/K, Teil 1, Absn. 2 Rn. 134 (Stand: Grundwerk); *Wassermeyer* in D/W, Art. 23 A MA, Rn. 3 (Stand: 87. Lfg. 10/2002).

[305] *Schreiber*, StuW 1994, 238, 241.

[306] Die Zahl ändert sich naturgemäß stetig mit der Änderung bisheriger bzw. dem Abschluss neuer DBA.

[307] Vgl. OFD Münster, Vfg. v. 25.9.1998, S 1301 - 18 - St 22-34, IStR 1999, 81 zählte damals 53 Aktivitätsvorbehalte.

[308] Grundsätzlich bilden also die „Einnahmen" die Berechnungsgrundlage dafür, ob die Tätigkeit in ausreichendem Maße eine aktive ist. Einzelne Abkommen sprechen dagegen von „Gewinnen" oder „Einkünften". *Vogel* in V/L[4], Art. 23, Rn. 81 schließt daraus, dass in solchen Fällen von den Nettoerträgen, also nach Abzug der anteiligen Kosten, auszugehen ist. Dies entspricht der hier zugrunde gelegten Differenzierung je nach Wortlaut des DBA zwischen Brutto- und Netto-Einkunftsarten, siehe bereits oben 2. Kapitel A. I. Grundsätze bzw. unten 2. Kapitel C. III. a) Grundzüge zur Behandlung ausländischer Aufwendungen.

[309] Dies gilt insbesondere in Bezug auf Unternehmensgewinne (Art. 7 OECD-MA), Veräußerungsgewinne (Art. 13 OECD-MA) und Schachteldividenden (Art. 10 Abs. 2 a) OECD-MA); vgl. *Grotherr* in B/H/G/K, Teil 2, Art. 23 Rn. 66 (Stand: 10. Lfg. 2002); *Wassermeyer* in D/W, Art. 23 A MA, Rn. 54 (Stand: 87. Lfg. 10/2002).

[310] Siehe hierzu die Übersicht von *Schieber/Wassermeyer* in D/W, Art. 23 A/B MA, Anl. 1 (Stand: 87. Lfg. 10/2002).

schäfte benannt[311]. Tendenziell ist der DBA-rechtliche Aktivitätsbegriff enger gefasst als der des § 8 AStG[312], zum Teil wird in den DBA aber auch direkt auf diesen verwiesen[313]. Verortet sind die Aktivitätsklauseln entweder im Methodenartikel oder „versteckt" im Protokoll oder Briefwechsel zu diesem Artikel[314]. Den Aktivitätsvorbehalten liegt die Überlegung zugrunde, dass Freistellung und damit Kapitalimportneutralität nur insoweit gewährt werden soll, als eine ausreichende Verwurzelung im ausländischen Staat gegeben ist[315]. Das dient dem Ziel, die missbräuchliche Inanspruchnahme von Abkommensvergünstigungen zu verhindern[316]. Ist die Voraussetzung der sog. Aktivitätsklausel nicht erfüllt, so wird solchen „passiven" Einkünfte anstelle der Freistellung nur Steueranrechnung im oben dargestellten[317] Sinne gewährt[318]; andernfalls greift die Freistellungsmethode in der von Art. 23 A Abs. 1 OECD-MA vorgesehenen Weise[319]. Ganz überwiegend[320] unter Aktivitätsvorbehalt steht die Freistellung von Betriebsstätteneinkünften. Mit einem Aktivitätsvorbehalt sind ferner regelmäßig sog. Schachteldividenden verknüpft[321].

II. Internationales Schachtelprivileg

Schachteldividenden sind Ausschüttungen, die von einer Kapitalgesellschaft an eine andere aufgrund deren qualifizierten Beteiligung an jener geleistet wer-

---

[311] Siehe beispielsweise Protokoll zum DBA-China 1985 Nr. 6 lit. b) aa), Art. 23 Abs. 2 lit. d) DBA-Mexiko 1993, Art. 23 Abs. 1 lit. d) DBA-Venezuela 1995.

[312] So auch *Vogel* in V/L[4], Art. 23, Rn. 76. § 8 AStG zählt einzelne Tätigkeiten auf, weicht dabei aber regelmäßig von in den DBA-Aktivitätsklauseln enthaltenen Aufzählungen ab.

[313] So vor allem die neueren DBA, beispielsweise Art. 23 Abs. 2 lit. c) DBA-Kanada 2001, Art. 23 Abs. 1 lit. d) DBA-Malta 2001, Art. 24 Abs. 1 lit. c) DBA-Polen 2005, Art. 24 Abs. 1 lit. c) DBA-Vereinigte Arabische Emirate 1995.

[314] So die OFD Münster, Vfg. v. 25.9.1998, S 1301 - 18 - St 22-34, IStR 1999, 81, 82. Diese Kritik gegen die unsystematische Normierung der Freistellung im einen Teil des DBA und der Aktivitätsklausel in anderen Teilen, einschließlich Protokollen und Notenwechseln findet sich in den meisten Beiträgen, die sich mit Aktivitätsklauseln befassen; vgl. insbesondere *Wassermeyer*, IStR 2000, 65, 70, der in diesem Zusammenhang von einer „Zumutung für den Rechtsanwender" spricht.

[315] Vgl. *Kluge*, IntStR[4], S Rn. 328.

[316] *Schaumburg*, IntStR[2], 16.527.

[317] Siehe oben 1. Kapitel C. II. 2. Anrechnungsmethode.

[318] Insofern zählt auch der Aktivitätsvorbehalt zur im Folgenden noch zu erläuternden Gruppe der switch-over-Klauseln; vgl. *Vogel* in V/L[4], Art. 23, Rn. 83.

[319] Vgl. *Schaumburg*, IntStR[2], § 16 Rn. 560; *Wassermeyer* in D/W, Art. 23 A MA, Rn. 54 (Stand: 87. Lfg. 10/2002).

[320] Dagegen beispielsweise nicht im DBA-Österreich 2000.

[321] Vgl. *Schaumburg*, IntStR[2], § 16 Rn. 527. Übersicht bei *Vogel* in V/L[4], Art. 23, Rn. 90. Die Aktivitätsvorbehalte der DBA-Griechenland, -Iran, -Island, -Spanien und -Thailand beziehen sich gar nur auf die Schachteldividenden.

den[322]; die qualifizierende Beteiligungsschwelle ist je nach der maßgeblichen Steuervorschrift unterschiedlich ausgestaltet[323]. Die steuerliche Freistellung solcher Dividenden erfolgt durch das sog. Schachtelprivileg. Bei rein binnenwirtschaftlich tätigen Konzernen sind die von der Tochterkörperschaft ausgeschütteten Dividenden üblicherweise[324] nach nationalem Recht von der Belastung mit Körperschaftsteuer befreit[325]. Vermieden wird auf diese Weise die doppelte Erhebung von Körperschaftsteuer auf Seiten der ausschüttenden Tochter- und der empfangenen Muttergesellschaft[326]. Der im Konzern erwirtschaftete Gewinn wird nur einmal bei der Tochtergesellschaft mit Körperschaftsteuer belastet; der danach verbleibende Netto-Gewinn kann anschließend steuerfrei durch die mit der Tochter verbundene Muttergesellschaft „durchgeschüttet" werden. Eine erneute Besteuerung erfolgt erst bei Ausschüttung an eine natürliche Person[327]. Wie Dividendenzahlungen innerhalb eines Konzerns, so erfolgt auch der Verkauf der Beteiligung an einer Tochtergesellschaft nach nationalem Steuerrecht oftmals steuerbefreit[328].

Handelt es sich nun um einen *international* agierenden Konzern, bei dem sich die Tochtergesellschaft in einem anderen Staat befindet als die inländische Muttergesellschaft[329], sieht das OECD-MA zunächst in Art. 10 Abs. 2a eine Entlas-

---

322 Zur Definition dieses Begriffes der Rechtspraxis vgl. *Kluge*, IntStR[4], S Rn. 329. *Reith*, IntStR, Rn. 4.443 f.; *Wassermeyer* in D/W, Art. 23 A MA, Rn. 55 und 70 (Stand: 87. Lfg. 10/2002).

323 Vgl. *Jacob*, FR 2002, 1356; *Wassermeyer* in D/W, Art. 23 A MA, Rn. 70 (Stand: 87. Lfg. 10/2002). Dazu sogleich.

324 Vgl. *Menck* in B/H/G/K, Teil 1, Abschn. 2 Rn. 118 (Stand: Grundwerk).

325 In der BRD gemäß § 8b Abs. 1 KStG unabhängig von der Höhe der Beteiligung. Dies schlägt gemäß § 7 GewStG auf die Gewerbesteuer durch; *Grotherr* in B/H/G/K, Teil 2, Art. 23 Rn. 128 (Stand: 10. Lfg. 2002); vgl. dagegen zur abweichenden Behandlung von Streubesitzdividenden sogleich.

326 Zum Sinn des Schachtelprivilegs, eine Mehrfachbesteuerung zu vermeiden erstmals RFH, Urt. v. 13.3.1930, I A 271/29, RStBl. 1930, 332 ff. und v. 30.5.1930, III A 66/28, RStBl. 1930 608 ff.

327 Vgl. *Maiterth*, StuW 2005, 47 [51]; *Pezzer* in T/L[17], § 11 Rn. 3. Wie das OECD-MA geht auch das deutsche Steuerrecht von der Doppelbelastung ausgeschütteter Gewinne durch Körperschaftsteuer einerseits und Einkommensteuer andererseits aus. Das deutsche Einkommensteuerrecht berücksichtigt die 25% körperschaftsteuerliche Belastung der ausgeschütteten Dividende dadurch, dass es nur deren Hälfte zur Einkommensteuer heranzieht, um so näherungsweise zu einer Schlussbelastung in Höhe der Hälfte des Einkommensteuer-Spitzensatzes zu gelangen; BT-Drucks. 14/2683, 94; *Birk*, Steuerrecht[6], Rn. 1044; *Herzig*, DB 2003, 1459; *Reith*, IntStR, Rn. 4.492.

328 Vgl. § 8b Abs. 2 KStG.

329 Dem umgekehrten Fall, dass sich die Tochtergesellschaft im Inland und die Muttergesellschaft im Ausland befindet, kommt hier keine besondere Relevanz zu - schließlich geht es um

tung der Schachteldividende vor: Sie wird bei der Mutter als Dividendeneinnahme vom Quellenstaat mit einem besonders niedrigen Steuersatz besteuert. Anstelle einer Regelbelastung von 15% schlägt das OECD-MA eine Quellenbesteuerung in Höhe von maximal 5% vor, sofern die Mutter unmittelbar über mindestens 25% des Kapitals der Tochtergesellschaft verfügt. Üblicherweise wird dabei vorausgesetzt, dass die Muttergesellschaft eine juristische Person ist (vgl. Art. 3 Abs. 1 lit. b) OECD-MA). Die neueren deutschen Abkommen verlangen regelmäßig nur noch eine Beteiligungshöhe von 10%[330]. Der von der Bundesrepublik Deutschland zugestandene Quellensteuersatz variiert zwischen 25%[331] und 0%[332]. Weitergehende Regelungen sieht das OECD-MA allerdings nicht vor. Die von der Tochter ausgeschüttete Dividende würde demnach weiterhin doppelt belastet[333], nämlich zunächst durch den Wohnsitzstaat der Tochtergesellschaft und dann durch den Wohnsitzstaat der Muttergesellschaft[334]. Hinsichtlich der zuletzt genannten Besteuerung sieht das OECD-MA keine entlastenden Regelungen vor[335]. Das Ziel der Kapitalimportneutralität vor Augen[336] ergänzt indes die deutsche Abkommenspraxis[337] die für die Besteuerung im Quellenstaat geltende Regelung: Während für die übrigen (Streubesitz-) Dividenden eine begrenzte Besteuerung im Quellenstaat sowie deren Anrechnung auf die Steuer des Wohnsitzstaates vorgesehen ist, werden Schachteldividenden, jedenfalls soweit die die Dividende empfangende Muttergesellschaft in der Bundesrepublik Deutschland ansässig ist, von der Steuer freigestellt[338]:

> „Für Einkünfte aus Dividenden gelten die vorstehenden Bestimmungen [Anm.: Freistellungsmethode] nur dann, wenn diese Dividenden an eine in der Bundesrepublik Deutschland ansässige Gesellschaft von einer im (Vertragsstaat) ansässigen Gesellschaft gezahlt werden, deren Kapital mindestens 10 vom Hundert unmittelbar der deutschen Gesellschaft

---

die Dividendeneinnahme der Muttergesellschaft, deren mehrfache Belastung verhindert werden soll.

330 *Jacob*, FR 2002, 1355; Reiht, IntStR, Rn. 4.909.

331 Art. VI Abs. 2 DBA-Griechenland 1966. Allerdings ist hier die Wirkung der Mutter-Tochter-Richtlinie zu berücksichtigen, dazu unten 3. Kapitel A. Europarechtliche Grundlagen.

332 Art. 10 Abs. 3 DBA-Norwegen 1991; Art. 10 Abs. 3 a) DBA-Schweden 1992.

333 Sog. wirtschaftliche Doppelbesteuerung, vgl. *Reith*, IntStR, Rn. 4.906.

334 Art. 23 A Abs. 2 OECD-MA verpflichtet den Wohnsitzstaat nur zur Anrechnung der im Quellenstaat einbehaltenen Steuer, vgl. ausführlich MK, Art. 23 Nr. 49 ff., auch zu den Gründen des Fehlens einer weiterreichenden Regelung im OECD-MA.

335 *Menck* in B/H/G/K, Teil 1, Absn. 2, Rn. 118 (Stand: Grundwerk).

336 Vgl. *Kluge*, IntStR[4], S Rn. 330: „Gewinne der Tochtergesellschaft sollen dem Standortklima in diesen Staaten unterliegen."

337 *Schäfer*, Schachtelprivileg, Seite 30; *Vogel* in V/L[4], Art. 23, Rn. 91. Zur besonderen Bedeutung des internationalen Schachtelprivilegs für die deutsche Vertragspolitik s. *Grotherr* in B/H/G/K, Teil 2, Art. 23 Rn. 82 (Stand: 10. Lfg. 2002).

338 *Schaumburg*, IntStR[2], § 16 Rn. 323; *Vogel* in V/L[4], Art. 23, Rn. 91.

gehört, und die bei der Ermittlung der Gewinne der ausschüttenden Gesellschaft nicht abgezogen worden sind.[339]"

Die Anknüpfung an in der Bundesrepublik Deutschland ansässige Gesellschaften entspricht dem Regeltatbestand der Freistellungsklausel, der sich an den Ansässigkeitsstaat richtet. Allgemein wird davon ausgegangen, dass „Gesellschaft" jedenfalls nicht nur deutsche Kapitalgesellschaften erfasst, sondern alle Fälle körperschaftsteuerlicher Steuerpflicht meint[340].

Regelmäßig erforderlich ist eine „unmittelbare" Beteiligung an der Tochtergesellschaft[341]. Allerdings ist in einigen Abkommen auf das Merkmal der Unmittelbarkeit verzichtet worden[342]. Dennoch wird auch für die Anwendung solcher Abkommen eine „eigene" Beteiligung der Mutter- an der Tochtergesellschaft verlangt[343]. Das Schachtelprivileg sei auf mittelbare Beteiligungen in keinem Fall auszudehnen[344]. Jedoch ist nach deutschem Recht[345] ausnahmsweise die Zwischenschaltung eine Treuhänders (§ 39 Abs. 2 Nr. 1 S. 2 AO) oder einer Personengesellschaft[346] (§ 8b Abs. 6 KStG) unschädlich.

Das internationale Schachtelprivileg stellt in der Abkommenspraxis den wichtigsten Anwendungsfall der Freistellungsmethode dar[347]. Im Ergebnis werden auf diese Weise internationale wirtschaftliche Mehrfachbesteuerungen von Dividenden reduziert und direkte Auslandsinvestitionen erleichtert[348]. Streubesitzdividenden, also Beteiligungen unterhalb der qualifizierenden Grenze, bleiben dagegen doppelt belastet. Spätestens insofern erlangt das nationale Steuerrecht

---

339 Beispielsweise DBA-Kanada 2001, Art. 23 Abs. 2 lit. a).

340 Vgl. *Vogel* in V/L^3, Art. 23, Rn. 106 m. w. N.

341 Zu den Voraussetzungen des internationalen Schachtelprivilegs ausführlich *Grotherr* in B/H/G/K, Teil 2, Art. 23 Rn. 85 ff. (Stand: 10. Lfg. 2002).

342 So u. a. in den DBA-Belgien 1967/2002, -Finnland 1979, -Frankreich 1959/2001, -Griechenland 1966, -Großbritannien 1964/1970, -Irland 1962, -Niederlande 1959, -Polen 1972/1979, -Tschechoslowakei 1980, -Ungarn 1977.

343 BFH, Urt. v. 13.9.1972, I R 130/70, BStBl. II 1973, 57, 58 f.; Urt. v. 19.2.1975, I R 26/73, BStBl. II 1975, 584, 586.

344 So die h. A., vgl. *Grotherr* in B/H/G/K, Teil 2, Art. 23, Rn. 103 (Stand: 10. Lfg. 2002); *Vogel* in V/L^4, Art. 23, Rn. 98; *Wassermeyer* in D/W, Art. 23 A MA, Rn. 70 (Stand: 87. Lfg. 10/2002).

345 Dazu sogleich.

346 Vgl. das Beispiel bei *Herrmann* in Frotscher, § 3c EStG, Rn. 23 (Stand: 103. Lfg. 3/2001).

347 *Schäfer*, Schachtelprivileg, 30. *Schaumburg*, IntStR^2, § 16 Rn. 556 nennt daneben noch die Freistellung von Betriebsstätteneinkünften gemäß Art. 7 Abs. 1 OECD-MA und Einkünften aus unbeweglichem Vermögen gemäß Art. 6 Abs. 1 OECD-MA.

348 *Schäfer*, Schachtelprivileg, Seite 30; *Tischbirek* in V/L^4, Art. 10 Rn. 76. Siehe auch oben Fn. 326.

besondere Bedeutung[349]. Denn die *nationale Freistellung* nach § 8b Abs. 1 KStG, setzt zum einen eine besondere Beteiligungshöhe nicht voraus und gilt zum anderen unabhängig davon, ob eine aktive Tätigkeit vorliegt[350]. Es ergeben sich folglich Schnittmengen zwischen dem nationalen Steuerrecht und dem DBA-Recht[351]; dies freilich nicht nur hinsichtlich der Streubesitzdividenden[352], sondern auch zur Behandlung der Schachteldividenden nach dem internationalen Schachtelprivileg. Zu berücksichtigen ist allerdings, dass § 8b Abs. 5 KStG die Freistellung der Dividende einer ausländischen Kapitalgesellschaft im Ergebnis auf nur 95% reduziert[353]. Da § 8b Abs. 5 KStG aber ebenso auf durch das internationale Schachtelprivileg freigestellte Dividenden Anwendung findet[354], ergibt sich insoweit keine Schlechterstellung durch die nationale Freistellungsvorschrift. Vielmehr erfasst diese über § 8b Abs. 2 KStG ausdrücklich auch Gewinne einer unbeschränkt steuerpflichtigen Körperschaft, Personenvereinigung oder Vermögensmasse aus der Veräußerung von Anteilen an einer Kapitalgesellschaft und geht damit der Anwendung des Art. 13 Abs. 2 und 4 OECD-MA vor[355]. Relevanz kommt dem engeren internationalen Schachtelprivileg in der deutschen Rechtsanwendung damit vor allem noch in solchen Fällen zu, in denen der von einem DBA definierte Begriff „Dividende" Bezüge erfasst, die ausnahmsweise über die von § 8b Abs. 1 KStG genannten hinausgehen, wie insbesondere bei Einkünften aus stiller Beteiligung und partiarischen Darlehen[356] oder

[349] § 8b KStG ist neben den DBA anwendbar, *Frotscher* in Frotscher/Maas, § 8b KStG, Rn. 85a (Stand: 76. Lfg 8/2004); *Herzig*, DB 2003, 1459[1460]; *Reith*, IntStR, Rn. 4.491; *Wassermeyer* in D/W, Art. 23 A MA, Rn. 60 (Stand: 87. Lfg. 10/2002).

[350] *Grotherr* in B/H/G/K, Teil 2, Art. 23, Rn. 80/1 (Stand: 10. Lfg. 2002); *Jacob*, FR 2002, 1355; *Reith*, IntStR, Rn. 4.497.

[351] *Herzig*, DB 2003, 1459 [1460]. Unabhängig von den materiell-rechtlichen Überschneidungen, dienen beide gleichermaßen einer kapitalimportneutralen Besteuerung, vgl. *Maiterth*, StuW 2005, 47, 51.

[352] Außerdem auch hinsichtlich des Falls der Veräußerung der Schachtelbeteiligung, vgl. § 8b Abs. 2 KStG. Vgl. *Vogel* in V/L[4], Art. 23 Rn. 88.

[353] *Reith*, IntStR, Rn. 4.504 und 4.907. Vgl. zu § 8b Abs. 5 ausführlich noch unten 2. Kapitel C. II. 2. b) Besonderheiten bei der Freistellung von Brutto-Einnahmen.

[354] Vgl. BMF-Schreiben v. 10.1.2000, IV D 3 - S 1300 - 217/99, zur Anwendung des § 8b Abs. 7 KStG a. F. (= § 8b Abs. 5 KStG n. F.), Rn. 1 mit zustimmender Anm. von *Krabbe*, IStR 2000, 53 [55]; *Frotscher* in Frotscher/Maas, § 8b KStG, Rn. 85 (Stand: 76. Lfg. 8/2004); *Reith*, IntStR, Rn. 4.907; *Watermeyer* in H/H/R, § 8b KStG, Rn. 125 (Stand: Lfg. 215 7/2004). Siehe ferner unten2. Kapitel C. II. 2. b) Besonderheiten bei der Freistellung von Brutto-Einnahmen.

[355] *Wassermeyer* in D/W, Art. 23 A MA, Rn. 60 (Stand: 87. Lfg. 10/2002).

[356] *Herzig*, DB 2003, 1459, 1460; *Reith*, IntStR, Rn. 4.495; *Schönhaus*, Gesellschaft, 153 f.; *Wolff*, IStR 2004, 542 [544]; vgl. zu weiteren dem internationalen Schachtelprivileg verbleibenden Anwendungsfällen auch *Grotherr* in B/H/G/K, Teil 2, Art. 23 OECD-MA, Rn. 80/2 (Stand: 10. Lfg. 2002); *Vogel* in V/L[4], Art. 23 Rn. 88 und unten 2. Kapitel C. III. 2. b)

in denen die Anwendung der nationalen Freistellung nach § 8 Abs. 1 KStG durch die Ausnahmevorschriften § 8b Abs. 7 oder Abs. 8 KStG versperrt ist[357]. Grundsätzlich lässt sich indes festhalten, dass das internationale Schachtelprivileg in den deutschen DBA neben dem nationalen nach § 8b KStG weitgehend an Bedeutung verloren hat[358].

III. Vorbehaltsklausel

Das nationale Schachtelprivileg nach § 8b KStG greift nämlich auch unabhängig von einer weiteren Voraussetzung, die dem in dem DBA verankerten internationalen Schachtelprivileg regelmäßig dann anhaftet, wenn es einmal unabhängig von einem Aktivitätsvorbehalt gewährt wird: die sog. Vorbehaltsklauseln[359]. Aus der Formulierung in Art. 23 A Abs. 1 OECD-MA „im anderen Vertragsstaat besteuert werden *können*" lässt sich in einem ersten Schritt schließen, dass es nicht auf eine tatsächliche Besteuerung von Seiten des Quellenstaates ankommt, sondern nur darauf, dass nach den Zuteilungsnormen dem Quellenstaat die Besteuerungsbefugnis zusteht[360]. Damit ist die Freistellungsmethode prinzipiell auf die Vermeidung auch der virtuellen Doppelbesteuerung ausgerichtet[361]. Machen von ihrer Besteuerungsbefugnis nun weder der Quellenstaat, dem die Besteuerungsbefugnis an sich nach den Zuteilungsnormen zusteht, noch der Ansässigkeitsstaat, wegen der von ihm in diesem Fall angewandten Freistellungsmethode, Gebrauch, kommt es zu einer doppelten Nichtbesteuerung (sog. Nullbesteuerung)[362]. Obgleich deren Vermeidung ebenso Ziel der OECD ist, wie die Vermeidung der Doppelbesteuerung[363], sieht das OECD-MA auch hierzu bis-

---

aa) Aufwendungen für Schachteldividenden. Zu allgemein daher *Englisch*, Dividendenbesteuerung, 60 und 62.

[357] Dazu *Jacob*, FR 2002, 1355 f.; *Watermeyer* in H/H/R, § 8b KStG, Rn. 163 (Stand: 215. Lfg. 7/2004).

[358] Auf eine ausführlichere Darstellung der Aktivitätsvorbehalte soll an dieser Stelle verzichtet werden. Angesprochen wurden hier neben den Grundlagen nur die europarechtlich relevanten Aspekte.

[359] Dazu zählen auch die bereits genannten Aktivitätsklauseln; vgl. *Kluge*, IntStR^4, R, Rn. 127; *Reith*, IntStR, Rn. 4.919. Oftmals wird als Oberbegriff in diesem Zusammenhang der Terminus Rückfallklauseln verwendet. Dem steht aber m. E. entgegen, dass dieser Begriff aufgrund seines spezifischen Hintergrundes bereits belegt ist, vgl. Fn. 375. Daher ist der Terminus Vorbehaltsklauseln vorzuziehen.

[360] Vgl. MK, Art. 23 A, Nr. 34; *Grotherr* in B/H/G/K, Teil 2, Art. 23 Rn. 69 (Stand: 10. Lfg. 2002).

[361] *Grotherr* in B/H/G/K, Teil 2, Art. 23 Rn. 37 (Stand: 10. Lfg. 2002); *Schaumburg*, IntStR^2, § 16 Rn. 534.

[362] *Schaumburg*, IntStR^2, Rn. 12.9.

[363] Siehe dazu bereits oben 1. Kapitel A. Funktion.

lang keine besondere Regelung vor[364]. Es besteht in solchen Fällen lediglich die Möglichkeit, den anderen Staat durch eine Spontanauskunft auf die nicht besteuerten Einkünfte hinzuweisen, wenn Anhaltspunkte dafür bestehen, dass dem anderen Staat diese Einkünfte nicht bekannt sind[365]. Um nun dem Entstehen solcher weißen Einkünfte[366] entgegenzuwirken[367], enthalten die deutschen DBA regelmäßig Besteuerungsvorbehalte, nach denen das Besteuerungsrecht an den Wohnsitzstaat zurückfällt, wenn der Quellenstaat von seinem Besteuerungsrecht keinen Gebrauch macht. Eine lediglich virtuelle Besteuerung wird nicht mehr vermieden[368]. Je nach Regelungsebene kann man zwischen Rückfallklauseln und subject-to-tax-Klauseln unterscheiden[369].

1. Rückfallklausel

Rückfallklauseln greifen ausschließlich auf der Ebene der Vermeidungsnorm ein und bilden eine Rückausnahme zu Art. 23 A Abs. 1 OECD-MA: Nach dem dort dem Wohnsitzstaat die Befugnis zur Besteuerung gewissermaßen genommen wird, hat die *Rückfallklausel*[370] zur Konsequenz, dass diese, von Absatz 1 vorgesehene Rechtsfolge nicht eintritt. Sie fingiert dazu im Protokoll zum DBA-Italien 1989[371]:

> „Für die Zwecke des Art. 24 Abs. 3 Buchstabe a [Anm.: Freistellungsmethode] gelten die Einkünfte einer in einem Vertragsstaat ansässigen Person als aus dem anderen Vertragsstaat stammend, wenn sie im anderen Vertragsstaat in Übereinstimmung mit dem Abkommen effektiv besteuert worden sind.“

Enthält das DBA eine solche Rückfallklausel und sind Einkünfte, die nach den Regelungen dieses DBA in der Bundesrepublik Deutschland als Wohnsitzstaat grundsätzlich freizustellen wären, im Quellenstaat gleich aus welchen Grün-

---

[364] Vgl. MK, Art 1, Nr. 15 und Art. 23, Nr. 35. Auch Art. 23 A Abs. 4 OECD-MA regelt diesen Fall nicht. Erhebt der Quellenstaat auf Grund seines innerstaatlichen Rechts keine Steuer, ist Art. 23 A Abs. 4 OECD-MA nicht einschlägig; vgl. MK, Art. 23, Nr. 56.2 f.

[365] OFD Düsseldorf, Vfg. v. 11.12.1996, S 1301 A - St 1121, IStR 1997, 53; OFD Frankfurt am Main, Vfg. v. 8.7.2003, S 1301 A - 55 St II 5, DB 2003, 1602, 1603.

[366] Kritisch zu diesem Begriff *Vogel*, Auslegung, 12.

[367] *Kluge*, IntStR[4], R, Rn. 129; *Reith*, IntStR, Rn. 4.936 und 4.941.

[368] *Petereit*, IStR 2003, 577, 583.

[369] Im Folgenden wird, im Anschluss an *Reith*, IntStR, Rn. 4.936 und 4.940 die von der OFD Düsseldorf, Vfg. v. 11.12.1996, S 1301 A - St 1121, IStR 1997, 53, 54 und Vfg. v. 18.7.2005, S 1301 A - 12 sowie OFD Münster, S 1315 - 42 - St 14 - 32, beide IStR 2006, 96 getroffene Unterscheidung zu Grunde gelegt; vgl. auch *Grotherr*, IWB, Fach 3, Deutschland, Gr. 2, 689 [690]; *Kluge*, IntStR[4], R, Rn. 129. Sehr kritisch zum Begriff „Rückfallklausel“ *Vogel*, Beihefter zu IStR 1997, Heft 24, 1 f.

[370] Zum Ursprung des Begriffes sogleich in Fn. 375.

[371] Nr. 16 lit. d) Protokoll zum DBA-Italien 1989. Vgl. dazu auch *Füger*, PIStB 1999, 27 f.

den[372] nicht besteuert[373] worden, so sind diese Einkünfte im Umkehrschluss *nicht* von der Besteuerung freizustellen[374]. Die Besteuerungsbefugnis des Wohnsitzstaates lebt gewissermaßen wieder auf, sie „fällt" an den Wohnsitzstaat „zurück"[375]. Um festzustellen, ob es zu einer Besteuerung im Quellen- oder Tätigkeitsstaat gekommen ist, fordert die Finanzverwaltung regelmäßig einen Nachweis in Form eines Steuerbescheides etc. an. In Staaten mit Selbstveranlagungssystem genügt oftmals eine Kopie der Steuererklärung oder Lohnsteuerbescheinigung[376]. Kann der Nachweis nicht erbracht werden, zieht der Ansässigkeitsstaat Deutschland die Einkünfte zur Besteuerung heran.

Zweifelhaft erscheint allerdings, ob sich der aus dieser Vorschrift gezogene Umkehrschluss ohne weiteres auf die übrigen DBA mit „Rückfallklauseln" übertragen lässt. Denn die neueren deutschen DBA[377] enthalten in ihrem Hauptteil abweichend die Wendung:

---

[372] Ausführlich zu in Betracht kommenden Ursachen der Nichtbesteuerung im Quellenstaat *Grotherr*, IWB, Fach 3, Deutschland, Gr. 2, 689 [700]. Ferner *Meilicke/Portner*, IStR 2004, 397 [399].

[373] Zum Merkmal der „Nichtbesteuerung", siehe Fn. 410.

[374] BFH, Urt. v. 5.2.1992, I R 158/90, BStBl. II 1992, 660 f.; an dieser Rechtsprechung zum DBA-Kanada 1981 hält der BFH allerdings seit seinem Urt. v. 17.12.2003, I R 14/02, IStR 2004, 240, 241, nicht länger fest. Zumindest für das DBA-Italien 1989 dürfte sie aber weiter von Bedeutung sein, wie im Folgenden belegt wird.

[375] Urheber der Bezeichnung „Rückfallklausel" ist die Finanzverwaltung. Sie bezeichnet damit DBA-Vorschriften, die definieren, wann Einkünfte aus „Quellen" eines der beiden Vertragsstaaten stammen. Der Begriff beruht auf dem im Folgenden noch zu erläuternden und nur zu diesen speziellen Klauseln vertretenen Verständnis der Verwaltung, dass die Besteuerungsbefugnis an den Ansässigkeitsstaat „zurückfällt", wenn die Voraussetzungen der Klausel nicht erfüllt sind, *Vogel*, Beihefter zu IStR 1997, Heft 24, 1; so auch *Jacob*, IStR 2004, 242. Berücksichtigt man diesen Hintergrund der Rückfallklauseln, ermöglicht dies auch eine klare Trennung von anderen Vorbehaltsklauseln in deutschen DBA. Oftmals wird diesem Hintergrund allerdings im Schrifttum keine Aufmerksamkeit geschenkt und der Begriff synonym zu den subject-to-tax-Klauseln verwandt, vgl. trotz der grundlegenden Entscheidung des BFH von 2003 (dazu sogleich) beispielsweise *Holthaus*, IStR 2004, 16, der dort in Fn. 4 gar davon ausgeht, dass eine Rückfallklausel einen Wechsel zur Anrechnungsmethode bewirken könne - eine solche Rechtsfolge sehen nach hier vertretenen Verständnis nur Aktivitätsvorbehalte und switch-over-Klauseln vor; zusammenfassend zu den Rechtsfolgen 2. Kapitel C. III. 4. Erwerbsaufwendungen und negative Einkünfte bei Vorbehaltsklauseln. Auch *Reith*, IntStR, Rn. 4.940 plädiert für eine klare Trennung der Rückfallklauseln von den übrigen Vorbehalts- insbesondere den subject-to-tax-Klauseln. In diesem Sinne möglicherweise auch *Kluge*, IntStR[4], R, Rn. 130. Siehe zu den Unterschieden zwischen den Vorbehaltsklauseln unten 2. Kapitel B. III. 2. Subject-to-tax-Klausel, insbesondere Fn. 405.

[376] Vgl. *Ludewig/Libudda*, RIW 2005, 344 [346].

[377] So in Art. 24 Abs. 3 DBA-Dänemark 1995, Art. 23 Abs. 3 DBA-Kanada 1981 (dagegen nur noch für in Kanada ansässige Personen im DBA-Kanada 2001), Art. 23 Abs. 3 DBA-

„Für die Zwecke dieses Artikels [Anm.: Freistellungsmethode] gelten Gewinne oder Einkünfte als aus *Quellen* innerhalb des anderen Vertragsstaates stammend, wenn sie in Übereinstimmung mit diesem Abkommen im anderen Vertragsstaat *besteuert* werden.“ [Anm.: Hervorhebungen nur hier.]

Ob auch bei einer solchen Formulierung der Umkehrschluss dahingehend zulässig ist, dass die tatsächlich nicht im Quellenstaat besteuerten Einkünfte als aus dem Wohnsitzstaat stammend und damit nicht von der Freistellung erfasst gelten, war lange Zeit umstritten. Schloss sich der BFH zunächst noch der vor allem von der Finanzverwaltung[378] vertretenen Ansicht an[379], nach der das Besteuerungsrecht an den Wohnsitzstaat zurückfalle, wenn der Quellenstaat von der ihm nach den Zuordnungsartikeln zugewiesenen Besteuerungsbefugnis keinen Gebrauch mache, hat er die Frage in folgenden Entscheidungen erst offen gelassen[380] und im Jahr 2003 seine ursprüngliche Auffassung schließlich endgültig aufgegeben[381]. Mit der Mehrheit im Schrifttum[382] geht er nunmehr (zumindest für das DBA-Kanada 1981[383]) davon aus, dass es sich bei solchen Vorschriften lediglich um „Quellen“-Definitionen handele. Ein Umkehrschluss der bezeichneten Art dahin, dass der Regelung letztlich die Wirkung einer „Rückfallklausel“ zukommt, sei nicht zulässig. Wie *Vogel* unlängst herausgearbeitet hat, finden solche Quellendefinitionen nämlich ihren Sinn und Ursprung in den angloamerikanischen Rechtssystemen[384]: Während die Vermeidungsnorm des OECD-

Neuseeland 1978, Art. 23 Abs. 3 DBA-Norwegen 1991, Art. 23 Abs. 1 DBA-Schweden 1992, Art. 23 Abs. 2 DBA USA 1989; siehe auch *Vogel*, Beihefter zu IStR 1997, Heft 24, 1.

378 OFD München, Vfg. v. 10.5.1995, S 1300 - 95 St 425, DB 1995, 1488; OFD Düsseldorf, Vfg. v. 11.12.1996, S 1301 A - St 1121, IStR 1997, 53 ff.; OFD Frankfurt am Main, Vfg. v. 8.7.2003, S 1301 A - 55 - St II 5, DB 2003, 1602 f.; vgl. *Grotherr*, IWB, F. 3, Gr. 2, 689, 715; *Reith*, IntStR, Rn. 4.936 ff.; *Valová/Bodenloher/Koch*, IStR 2002, 405; *Wilke* in B/H/G/K, Teil 3, Art. 23 DBA-Kanada, Rn. 41, 43 (Stand: Grundwerk).

379 BFH, Urt. v. 5.2.1992, I R 158/90, BStBl. II 1992, 660 (zum DBA-Kanada 1981); Urt. v. 11.6.1996, I R 8/96, BStBl. II 1997, 117 (zum DBA-USA 1989).

380 BFH, Urt. v. 27.8.1997, I R 127/95, BStBl. II 1998, 58.

381 BFH, Urt. v. 17.12.2003, I R 14/02, IStR 2004, 240 [241].

382 *Hey, F.*, RIW 1997, 82, 84; *Jacob*, DStZ 1992, 669, 672 ff.; *ders.* im Anschluss an den BFH in IStR 2004, 242, 243; *Vogel*, Beihefter zu IStR 1997, Heft 24, 8 ff.; *Wassermeyer* in Günkel, Diskussion, 531 f.; *ders.*, IStR 1998, 84; *Wolff* in D/W, Art. 23 DBA-USA, Rn. 285 f. (Stand: 87. Lfg. 10/2002).

383 Da sich die Formulierungen der übrigen Rückfallklauseln gleichen und die Steuerrechtsordnungen der betroffenen Vertragsstaaten von ähnlichen Grundsätzen bestimmt sind, wie die Kanadas, ist davon auszugehen, dass der BFH auch die meisten (vgl. Fn. 398) übrigen in Fn. 377 angesprochenen Vertragsbestimmungen in Sinne einer reinen Quellenregel ohne „Rückfall“-Wirkung auslegen wird; vgl. *Ludewig/Libudda*, RIW 344, 346.

384 Ausführlich *Vogel*, Beiheft zu IStR 1997, Heft 27, 3 ff. Vgl. auch *Grotherr*, IWB, Fach 3, Deutschland, Gr. 2, 689 [691].

MA ebenso wie für die Anwendung der Freistellungsmethode so auch für Zwecke der Anrechnungsmethode darauf abstellt, ob „Einkünfte nach diesem Abkommen [Anm.: angesprochen sind damit die Zuteilungsnormen] im anderen Vertragsstaat [Anm.: Quellenstaat] besteuert werden" können, setzen angloamerikanische DBA für die Anwendung ihrer Vermeidungsmethode (regelmäßig Anrechnungsmethode) abweichend voraus, dass die Einkünfte aus „Quellen" im anderen Vertragsstaat stammen; diese Terminologie ist offenbar an die nationalen Steuergesetze angelehnt[385]. Dementsprechend findet sich der Ausdruck „Quelle" fast durchgängig in von angloamerikanischen Staaten abgeschlossenen DBA und nur ausnahmsweise in deutschen DBA[386] - und dann folglich vor allem in solchen mit angloamerikanischen Staaten. Ob nun im DBA-rechtlichen Sinne Einkünfte aus Quellen des anderen Vertragsstaats „stammen", wird dementsprechend nicht daraus abgeleitet, dass die Zuteilungsnormen die Besteuerungsbefugnis dem anderen Staat zuordnen. Vielmehr müsste mangels entsprechender DBA-rechtlicher Bestimmung der Quelle (auch nicht im OECD-MA) auf das jeweilige innerstaatliche Recht zurückgegriffen werden[387]. Um das zu vermeiden, enthalten die angloamerikanischen DBA im Anschluss an die Anordnung der Anrechnungsmethode hinsichtlich der Einkünfte, die aus Quellen des anderen Vertragsstaats fließen, die Definition, dass Einkünfte eben dann aus einer Quelle im anderen Vertragsstaat stammen, wenn sie dort besteuert werden können[388].

Diesem Umstand muss die Auslegung solcher Vorschriften deutscher DBA (auch im Hinblick auf den Grundsatz der Entscheidungsharmonie[389]) Rechnung tragen. Eine andere Deutung dieser Vorschriften missachtet ihren normativen Hintergrund[390] und würde darüber hinaus andere Vorschriften leer laufen lassen[391]. Die von der Finanzverwaltung fälschlicherweise als „Rückfallklauseln" interpretierten Regelungen sind daher mit der nunmehr herrschenden Meinung grundsätzlich als Quellendefinitionen zu verstehen und nur hinsichtlich deren positiver Aussage zu beachten, dass die Einkünfte als aus dem Quellenstaat

---

[385] Vgl. beispielsweise in den DBA mit der Bundesrepublik Deutschland Art. 22 Abs. 1 DBA-Australien 1972, Art. XVIII Abs. 1 lit. a) DBA-Großbritannien 1964/70, Art. 13 Abs. 1 lit. a) DBA-Kanada 2001, Art. 23 Abs. 1 DBA-Neuseeland 1978.

[386] *Vogel*, Beiheft zu IStR 1997, Heft 27, 3.

[387] Vgl. insofern die amerikanischen „source rules" in Sect. 861 ff. IRC.

[388] Vgl. Nr. 10 lit. a) Protokoll zum DBA-Australien 1972, Art. XVIII Abs. 3 DBA-Großbritannien 1964/70, Art. 23 Abs. 1 lit. d) DBA-Kanada 2001, Art. 23 Abs. 3 DBA-Neuseeland 1978.

[389] Dazu bereits oben 1. Kapitel B. II. 2. Auslegung von deutschen DBA.

[390] *Vogel* in V/L^4, Vor Art. 6-22, Rn. 34.

[391] BFH, Urt. v. 17.12.2003, I R 14/02, IStR 2004, 240, 241.

stammend gelten, wenn sie dort besteuert werden[392]. Dagegen ist der Umkehrschluss in der von der Finanzverwaltung gezogenen Art dahin, die Anwendung der Freistellungsmethode von der Voraussetzung abhängig machen zu wollen, dass weiße Einkünfte nicht entstehen, nicht möglich, solange dieses Ziel nicht - wie auch in anderen Vorbehaltsklauseln üblich - in eindeutiger Weise formuliert ist, ohne den Umweg eines Umkehrschlusses zu wählen[393]. Lediglich die Regelung im DBA-Italien 1989 basiert nicht auf dem eben dargestellten nationalrechtlichen Hintergrund und muss daher ausnahmsweise dahin gedeutet werden, dass die Besteuerungsbefugnis des Wohnsitzstaates tatsächlich wieder auflebt, wenn es zu einer Besteuerung im Quellenstaat nicht kommt[394]. Für diese Sonderstellung des DBA-Italien 1989 im Vergleich zu den übrigen DBA spricht auch, dass ersteres eine von den übrigen DBA und deren entstehungsgeschichtlichen Hintergrund abweichende Formulierung enthält, indem es erstens nicht von „Quellen", sondern vom Stammen der Einkünfte und zweitens von „effektiv besteuert worden sind" und nicht von „steuerpflichtigen" Einkünfte oder solchen, die „der Besteuerung unterliegen" spricht[395]. Aufgrund des andersartigen Wortlautes[396] sowie des hier aus systematischen Gründen nicht eintretenden Widerspruches zum norm-historischen Ursprung oder zu übrigen Abkommensvorschriften[397], verbleibt letztlich als zweifellos[398] wirksame Rückfallklausel[399] damit nur noch die im DBA-Italien 1989 benannte[400].

---

[392] Dies verhindert die Entstehung von Quellenkonflikten und hat in Deutschland die Anrechnung nach §§ 34c, 34d EStG zur Folge, *Wassermeyer* in Günkel, Diskussion, 532 f.; *Wolff*, IStR 2004, 542 [544].

[393] Vgl. zu solchen subject-to-tax-Klauseln sogleich unter 2. Kapitel B. III. 2. Subject-to-tax-Klausel.

[394] *Vogel* in V/L[4], Vor Art. 6-22, Rn. 34.

[395] *Vogel*, Beiheft zu IStR 1997, Heft 27, 2.

[396] Das Protokoll zum DBA-Italien 1989 enthält einerseits nicht das Wort „Quelle" und spricht andererseits aber ausdrücklich von der „effektiven" Besteuerung.

[397] Das Protokoll ist nach international übereinstimmenden Verständnis lex specialis zum Hauptteil des DBA, vgl. zum Ganzen ausführlich *Vogel*, Beiheft zu IStR 1997, Heft 24, 11 f.

[398] *Vogel*, Beiheft zu IStR 1997, Heft 24, 11, der anschließend trotz umfangreicher Auswertung verschiedenster Auslegungsargumente zu keinem eindeutigen Ergebnis für die DBA-Norwegen 1991, -Schweden 1992 und -Dänemark 1995 kommen kann. Zustimmend wie hier auch *Holthaus*, IStR 2005, 337 [338], der als weitere „Rückfallklauseln" noch die Art. 15 Abs. 3 und 4 DBA-Schweiz 1971/78/89/92/2002 sowie Art. 15 Abs. 4 DBA-Österreich 2000 nennt, die nach hier vertretenem Verständnis allerdings zu den subject-to-tax-Klauseln zählen; zur Unterscheidung sogleich; vgl. auch Fn. 405.

[399] Nur insoweit toleriert auch *Vogel* diesen Begriff, der im Übrigen den Oberbegriff „subject-to-tax-Klausel" favorisiert; *Vogel*, Beiheft zu IStR 1997, Heft 24, 12. Wie hier spricht auch *Wolff* nach der Entscheidung des BFH vom 17.12.2003 noch von Rückfallklauseln, IStR 2004, 542 [543].

[400] Im Anschluss an den BFH nunmehr auch OFD Düsseldorf und OFD Münster, Vfg. v. 18.7.2005, S 1301 A - 12 und S 1315 - 42 - St 14 - 32, beide IStR 2006, 96 ff. Dabei ordnen

2. Subject-to-tax-Klausel

Von wesentlich größerer Bedeutung sind dementsprechend die „echten"[401] subject-to-tax-Klauseln. Gemeinsamkeiten mit den Rückfallklauseln[402] weisen sie insofern auf, als dass sie eine Steuerermäßigung oder Freistellung von Einkünften oder Vermögenswerten in einem Vertragsstaat davon abhängig machen, ob der andere Vertragsstaat die Einkünfte oder Vermögenswerte besteuert[403]. Um sie von einer Rückfallklausel zu unterscheiden, kann nach der Regelungsebene differenziert werden[404]: während diese vollumfänglich im Rahmen des Vermeidungsartikels wirkt, regelt jene die Besteuerungsbefugnis nur für einzeln benannte Einkunftsquellen[405]. Dies kann auf zweierlei Weisen geschehen, entweder bezogen auf den Wohnsitzstaat oder auf den Quellenstaat. Erstere machen eine Steuererleichterung im *Wohnsitzstaat* davon abhängig, dass die betreffenden Einkünfte im Quellenstaat der Besteuerung unterliegen. Beispielsweise[406] fügt sich an die Freistellungsvorschrift des DBA-Großbritannien 1964/1970 be-

---

sie auch die Regelung in Art. 15 Abs. 4 DBA-Österreich 2000 den Rückfallklauseln zu, obgleich deren Wortlaut zum einen deutlich von den der hier diskutierten Rückfallklauseln abweicht und zum anderen nur auf Einkünfte aus nichtselbständiger Tätigkeit bezogen ist. Richtigerweise ist die Vorschrift aus diesen Gründen den im Folgenden besprochenen subject-to-tax-Klauseln zuzuordnen.

[401] Im Sinne von „ursprünglichen", vgl. Fn. 375.

[402] Sofern man noch im Plural davon sprechen kann, vgl. Fn. 398.

[403] Vgl. MK, Art. 1, Nr. 15 f. und Art. 23 Nr. 35.

[404] Vgl. OFD Düsseldorf, Vfg. v. 11.12.1996, S 1301 A - St 1121, IStR 1997, 53, 54 und Vfg. v. 18.7.2005, S 1301 A - 12 sowie OFD Münster, S 1315 - 42 - St 14 - 32, beide IStR 2006, 96.

[405] Dies regeln sie zum Teil bereits in den Zuteilungsnormen, zum Teil aber auch erst in der Vermeidungsnorm. Wie hier unterscheiden auch *Ludewig/Libudda*, RIW 2005, 344 [346]; *Reith*, IntStR, Rn. 4.940; *Runge* in Grotherr, Handbuch², 1709 [1716]. Insofern mag man auch von „partiellen Rückfallklauseln" sprechen, wie dies *Holthaus*, IStR 2005, 337, 339 tut, obgleich Rückfallklauseln in ihrer von der Finanzverwaltung gefundenen Terminologie doch einen wesentlich anderen Ursprung und anderen Wortlaut („...gelten als aus dem anderen Vertragsstaat stammend...") aufweisen (dazu Fn. 375). M. E. trifft auf die von *Holthaus* so bezeichneten Art. 15 Abs. 3 und 4 DBA-Schweiz 1971/2002 sowie Art. 15 Abs. 4 DBA-Österreich 2000 aus diesen Gründen eher der Begriff „subject-to-tax-Klausel" zu; dies auch deshalb, weil sie, anders als die Rückfallklauseln nur für einzelne Einkunftsarten gelten.

[406] Ferner Schlussprotokoll zum DBA-Belgien 1967/2002 Nr. 13 B 2: „Die in Artikel 23 Absatz 2 Nummer 1 vorgesehene Befreiung gilt für Einkünfte eines in Belgien ansässigen Gesellschafters einer in der Bundesrepublik Deutschland ansässigen offenen Handelsgesellschaft, Kommanditgesellschaft oder Partenreederei nur, wenn diese Einkünfte in dem letztgenannten Staat nach dessen Recht besteuert werden können."

züglich der Einkünfte aus der Veräußerung von in Großbritannien[407] belegenem unbeweglichen Vermögen der Satz an[408]:

> „Die in Art. VIII Absatz 1 genannten Gewinne [Anm.: Gewinne aus Vermögensveräußerung] werden aber nur dann ausgenommen, wenn sie im Vereinigten Königreich steuerpflichtig sind." [Anm.: englische Fassung: „subject to tax in the United Kingdom"]

Für die Steuererleichterung kommt es dann grundsätzlich[409] nicht darauf an, ob es letztlich zu einer Steuerzahlungspflicht im Wohnsitzstaat kommt oder nicht, entscheidend ist im Allgemeinen nur, dass die betroffene Person an sich der persönlichen Steuerpflicht des Wohnsitzstaates unterliegt[410].

Ebenso finden sich umgekehrt subject-to-tax-Klauseln, die eine Steuererleichterung im *Quellenstaat* davon abhängig machen, dass die betreffenden Einkünfte im Wohnsitzstaat der Besteuerung unterliegen. So setzt beispielsweise[411] Südafrika als Quellenstaat für einen ermäßigten Dividenden- oder Zinssatz oder gar die Freistellung von Lizenzgebühren, Ruhegehältern oder sonstigen Einkünften voraus[412]:

> „dass diese Einkünfte in dem anderen Vertragsstaat [Anm.: Wohnsitzstaat] der Besteuerung unterliegen."

---

407 Vergleichbare Regelungen finden sich im Schlussprotokoll zum DBA-Belgien 1967/2002 Nr. 13 B 2, Art. 7 Abs. 2 und Art. 10 Abs. 3 S. 2 DBA-Luxemburg 1958/73 und Art. 15 Abs. 4 S. 2 DBA-Schweiz 1971/2002.

408 Art. XVIII Abs. 2 a) DBA-Großbritannien 1964/70.

409 Es sei denn, das DBA begrenzt von vornherein durch die Formulierung „soweit"; vgl. *Reith*, IntStR, Rn. 4.941 m. w. N.

410 Vgl. BFH, Urt. v. 9.7.2003, BStBl. II 2004, 4 ff.; FG Köln, Urt. v. 24.6.1987, 6 K 648/80, RIW 1987, 640 [641]; OFD Frankfurt am Main, Vfg. v. 8.7.2003, S 1301 A - 55 St II 5, DB 2003, 1602, 1603. Zum DBA-Großbritannien *Stoschek/Reichel/Peter*, IWB, F. 5, Großbritannien, Gr. 2, 379 [387 ff.] (sog. abstrakte nationale Steuerpflicht); ferner *Vogel* in V/L^4, Vor Art. 6-22, Rn. 31. Vgl. aber auch, dass die Entscheidung des FG München, Urt. v. 11.10.1995, 7 K 3474/93, EFG 1996, 244, in der das Gericht eine Rückfallklausel trotz einer (mit § 3 EStG vergleichbaren) *sachlichen* Steuerbefreiung für anwendbar hielt, vom BFH, Urt. v. 27.8.1997, I R 127/95, BFHE 184, 326 in der Revision aufgehoben worden ist; zustimmend dazu *Sorgenfrei*, IStR 1999, 201. Siehe zum Ganzen auch ausführlich *Grotherr*, IWB, F. 3, Deutschland, Gr. 2, 689 [698 ff.].

411 Siehe ferner Protokoll zum DBA-Italien 1989 Nr. 2 Satz 2: „Die in den Artikeln 6 bis 23 vorgesehenen Beschränkungen des Besteuerungsrechts des anderen Vertragsstaates gelten jedoch nur soweit, als die Einkünfte aus diesem Staat oder das dort belegene Vermögen der Besteuerung im erstgenannten Staat unterworfen sind."

412 Vgl. Art. 7 Abs. 2 b), Art. 8 Abs. 2, Art. 9 Abs. 1, Art. 16 Abs. 1, Art. 19 DBA-Südafrika 1973.

Ist diese Voraussetzung nicht erfüllt, kommt die Erleichterung in Form von ermäßigten Steuersätzen oder Freistellungen nicht zur Anwendung. In dem soeben genannten Beispiel bedeutet das, dass Südafrika seinen Quellensteuersatz nicht reduziert bzw. das Steuergut nicht freistellt, in dem vorher genannten Beispiel zum DBA-Großbritannien, dass die Bundesrepublik als Wohnsitzstaat nicht die Freistellungsmethode anwendet, sondern ihre Besteuerungsbefugnis wieder auflebt[413].

Macht das DBA die Steuerbefreiung oder -ermäßigung nicht davon abhängig, dass die Einkünfte im Wohnsitzstaat der Besteuerung unterliegen, sondern „dorthin aus dem Ausland überwiesen" wurden, liegt ein Unterfall der subject-to-tax-Klausel, nämlich eine sog. *remittance-base-Klausel* vor[414]. Sie stellt letztlich eine Anpassung der soeben dargestellten subject-to-tax-Klausel an das britische Rechtssystem dar. Danach werden - in Abkehr vom Welteinkommensprinzip - ausländische Einkünfte und Vermögenswerte im Wohnsitzstaat nicht schon aufgrund der Ansässigkeit des Steuerpflichtigen zur Besteuerung herangezogen, sondern erst und nur dann besteuert, wenn sie vom Ausland in den Wohnsitzstaat *überwiesen* worden sind[415]. Auf diesem Rechtsverständnis bauen die Regelungen weiterer Staaten auf[416]. Entsprechend sehen einige[417] deutsche DBA eine auf die Höhe der Überweisung beschränkte Steuererleichterung im Quellenstaat vor. Diese Regelungen finden sich naturgemäß nicht umgekehrt auf den Wohnsitzstaat Deutschland bezogen. Sie können in der Bundesrepublik daher nur Anwendung finden, wenn der Steuerpflichtige im Ausland ansässig ist[418]. Anders hat der BFH allerdings die remittance-base-Klausel im DBA-Zypern[419] interpretiert[420]. Obwohl der steuerpflichtige Arbeitnehmer in der Bundesrepublik ansässig war[421], wandte er die im Abkommen enthaltene Klausel mit der Folge an, dass die Besteuerungsbefugnis Deutschlands wieder auflebte. Dies deshalb, weil die offene und verworrene[422] Formulierung der remittance-base-Klausel

---

413 *Stoschek/Reichel/Peter*, IWB, F. 5, Großbritannien, Gr. 2, 379, 395.

414 OFD Düsseldorf, Vfg. v. 11.12.1996, S 1301 A - St 1121, IStR 1997, 53, 54.

415 Vgl. Reiht, IntStR, Rn. 4.943; *Vogel* in V/L[4], Vor Art. 6-22, Rn. 18.

416 M. w. N. *Vogel* in V/L[4], Vor Art. 6-22, Rn. 18.

417 U. a. Art. II Abs. 2 DBA-Großbritannien 1964/1970, Art. II Abs. 2 DBA-Irland 1962, Art. 2 Abs. 2 DBA-Israel 1962/1977.

418 OFD Düsseldorf, Vfg. v. 11.12.1996, S 1301 A - St 1121, IStR 1997, 53, 54; *Ludewig/Libudda*, RIW 2005, 344 [347]; *Vogel* in V/L[4], Vor Art. 6-22, Rn. 18.

419 Zum Wortlaut dieser Vorschrift sogleich.

420 BFH, Urt. v. 29.11.2000, I R 102/99, BStBl. II 2001, 195.

421 So der BFH ausdrücklich, BFH, Urt. v. 29.11.2000, I R 102/99, BStBl. II 2001, 195, 198. Zustimmend insofern offenbar *Kraft*, PISTB 2001, 123 [124]. Dagegen geht *Wischermann*, IStR 2002, 688 [690] von der Ansässigkeit in Zypern aus.

422 Auch der BFH versuchte die betroffene Klausel in eine lesbare Form zu übersetzen, siehe BFH, Urt. v. 29.11.2000, I R 102/99, BStBl. II 2001, 195, 198.

dies zuließ. Das man in dem Fall zum DBA-Zypern 1974 auch zu einem genau entgegengesetzen Urteil kommen konnte, wies das kritische Schrifttum in der Folge nach[423]. Indes liegt die Besonderheit der Zypern-Entscheidung in der Formulierung des DBA-Zypern 1974. Abweichend setzt das DBA-Irland beispielsweise klar voraus, dass dem *Ansässigkeitsstaat* das Besteuerungsrecht zusteht und dieser es nicht ausübt[424]. Legt man dies dem Zypern-Fall zugrunde, hätte der BFH zu einer anderen Entscheidung kommen müssen, denn der Steuerpflichtige war nicht in Zypern ansässig, sondern in der Bundesrepublik. Meines Erachtens hätte der BFH aber auch unter Zugrundelegung des Wortlauts und der Systematik des DBA-Zypern zu diesem Ergebnis kommen können. Dort heißt es[425]:

> „Sind auf Grund einer Bestimmung des Art. 6 bis 21 des Abkommen Einkünfte, die aus einem Vertragsstaat stammen ..., in diesem Staat von der Steuer befreit ....“

Es kommt also nur eine Steuerbefreiung nach den Zuteilungsnormen in Betracht, nicht dagegen nach der Vermeidungsnorm. Grundsätzlich stellt aber nur der Quellenstaat nach den Zuteilungsnormen steuerfrei, der Wohnsitzstaat vermeidet die Doppelbesteuerung erst auf der Ebene der Vermeidungsnorm. Das hier wiedergegebene Tatbestandsmerkmal bezieht sich also auf den Quellenstaat. Im Anschluss heißt es:

> „... und werden diese Einkünfte nach dem in dem *anderen* [Anm.: Hervorhebung nur hier] Vertragsstaat geltenden Recht unter Zugrundelegung des Betrages besteuert, der in den anderen Staat überwiesen oder dort bezogen wird ...“

Der „andere“ Staat muss also der sein, der seine nationale Steuerordnung am remittance-base-Prinzip ausgerichtet hat. Dies ist jedenfalls nicht die Bundesrepublik Deutschland. Wenn nun, nach *oben* Besagten der erstgenannte Staat der Quellenstaat ist, muss der „andere“ Staat zwangsläufig der Wohnsitzstaat sein. Dieser „andere“ Staat kann aber nach *eben* Besagten nicht die Bundesrepublik Deutschland sein. Daraus folgt, dass die remittance-base-Klauseln nur anwendbar sind, wenn die Bundesrepublik Deutschland nicht der Wohnsitzstaat ist, der Steuerpflichtige mithin im anderen Vertragsstaat ansässig ist[426]. Umgekehrt

---

[423] *Wischermann*, IStR 2002, 688 [689 ff.].

[424] Art. II Abs. 2 DBA-Irland 1962: „Können nach diesem Abkommen Einkünfte, die eine in einem Vertragsstaat ansässige Person aus Quellen innerhalb des anderen Vertragsstaates bezieht, nur in dem erstgenannten Staate ... besteuert werden ...“.

[425] Nr. 2 Protokoll zum DBA-Zypern 1974.

[426] Entgegen dem BFH geht auch die OFD Frankfurt am Main, Vfg. v. 8.7.2003, S 1301 A - 55 - St II 5, DB 2003, 1602, 1603 unter ausdrücklicher Nennung der Vorschrift des DBA Zypern 1974 davon aus, dass remittance-base-Klauseln in Deutschland nur Anwendung finden, wenn der Steuerpflichtige im Ausland ansässig ist.

kann somit davon ausgegangen werden, dass remittance-base-Klauseln die Besteuerungsbefugnis der Bundesrepublik Deutschland nur dann wieder aufleben lassen, wenn Deutschland nicht Wohnsitzstaat, sondern Quellenstaat ist[427]. Mithin muss es bei dem Grundsatz bleiben, dass remittance-base-Klauseln die Besteuerungsbefugnis der Bundesrepublik Deutschland nicht wieder aufleben lassen können[428]. Dies vermögen allenfalls die oben genannten „echten" subject-to-tax-Klauseln sowie die Rückfallklausel des DBA-Italien 1989. Entsprechend der hier im Vordergrund stehenden Thematik der Freistellungsmethode aus deutscher Sicht, wird im Folgenden nur auf solche Vorbehaltsklauseln Bezug genommen, die in der Vermeidungsnorm Auswirkungen auf die Anwendung der Freistellungsmethode durch den Wohnsitzstaat Deutschland haben[429].

IV. Switch-over-Klausel

Keine Vorbehaltsklauseln im typischen Sinne[430] sind schließlich die sog. switch-over-Klauseln. In ihnen sehen die Vertragspartner bezogen auf den Wohnsitzstaat das Recht oder auch die Pflicht vor, unter bestimmten Voraussetzungen an Stelle der eigentlich eingreifenden Freistellungsmethode die Anrechnungsmethode anzuwenden[431], bezogen auf die deutschen DBA also, vom Regelfall Freistellungsmethode zur Anrechnungsmethode zu wechseln. Voraussetzung im Sinne solcher DBA-Vorschriften ist, dass es zu einer Doppel-[432] oder Nichtbe-

---

427 Im DBA-Zypern heißt es dazu - um die Zitierung abzuschließen: „.... so gilt die nach dem Abkommen in dem erstgenannten Staat zu gewährende Befreiung nur für den Teil der Einkünfte, der in den anderen Staat überwiesen oder dort bezogen ist.".

428 Vgl. gegen den BFH auch FG Baden-Württemberg, Urt. v. 11.1.2005, 14 K 94/03, EFG 2005, 1594 f. (anhängig beim BFH unter I R 14/05).

429 Im Einzelnen also: Aktivitätsvorbehalte, Rückfallklauseln, subject-to-tax-Klauseln, die die Anwendung der Freistellungsmethode durch die Bundesrepublik Deutschland betreffen.

430 Obgleich manche Autoren sie zweifelsfrei zu ihnen zählt, vgl. *Kluge*, IntStR[4], R, Rn. 131; *Reith*, IntStR, Rn. 4.918. Dagegen spricht *Wassermeyer* in D/W, Art. 23 A MA, Rn. 162 (Stand: 87. Lfg. 10/2002) missverständlich von „Rückfallklausel im weiten Sinne". Wie hier trennt auch *Grotherr*, IWB, F. 3, Deutschland, Gr. 2, 689 [696 ff.] zwischen Rückfall- und switch-over-Klauseln (unklar daher die Bezugnahme von *Wassermeyer* in D/W, Art. 23 DBA-Kanada, Rn. 165 (Stand: 89. Lfg. 3/2003) auf eben diesen Beitrag von *Grotherr*). Vgl. noch Fn. 432.

431 Insofern zählt auch die Aktivitätsklausel zu den switch-over-Klauseln; vgl. auch *Vogel* in V/L[4], Art. 23 Rn. 83.

432 Insoweit behält sich der Vertragspartner hier anders als bei den übrigen Vorbehaltsklauseln nicht die Befugnis zur Besteuerung vor, denn in dieser Situation stünde dem Wohnsitzstaat nach seiner Abkommensauslegung die Besteuerungsbefugnis von vornherein zu; vgl. *Vogel* in V/L[4], Einl., Rn. 169. Die Vorschrift gibt insofern also eine Pflicht, nämlich zur Anrechnung vor, statt ein Recht vorzubehalten. Sie unterscheidet sich folglich nicht nur auf Tatbestands-, sondern auch auf Rechtsfolgenebene von den Vorbehaltsklauseln. So offenbar auch *Petereit*,

steuerung kommt, weil in den beiden Vertragsstaaten Einkünfte entweder unterschiedlichen Abkommensbestimmungen zugeordnet oder verschiedenen Personen zugerechnet werden und sich der damit verbundene *Qualifikationskonflikt* nicht durch ein Verständigungsverfahren lösen lässt[433]. Ob sich dieser Konflikt objektiv, also unter Zugrundelegung der richtigen Abkommensanwendung in beiden Vertragsstaaten, insbesondere durch innerstaatliches Recht oder subjektiv auf der Grundlage divergierender Auslegungen durch die jeweils zuständigen Behörden ergeben muss, kann den DBA-Regelungen nicht entnommen werden[434]. Geht man von letzterem aus, dass also die switch-over-Klausel auch dann Anwendung findet, wenn ein Vertragsstaat das DBA unrichtig anwendet, so entspricht die Vorschrift der Ratio des Art. 23 Abs. 4 OECD-MA, soweit es um die Nichtbesteuerung geht[435]. In beiden Regelungen ist damit ein Konflikt zwischen den Vertragspartner vorausgesetzt, der entweder auf einer unterschiedlichen Auslegung des Abkommens oder einer unterschiedlichen Sachverhaltsinterpretation beruht[436]. Von den deutschen DBA enthalten derzeit 25 Abkommen eine solche Klausel[437].

Neben der unpräzisen Formulierung zur Qualität des Konfliktes ergeben sich Anwendungsschwierigkeiten dann, wenn die switch-over-Klauseln sehr unbestimmt voraussetzen, dass Einkünfte sonst „unbesteuert blieben oder zu niedrig besteuert würden“[438], bzw. „unangemessen niedrig besteuert werden“[439] oder

---

IStR 2003, 577 [583 ff.]. Anders wohl *Kluge*, IntStR[4], S Rn. 334 im Anschluss an *Grotherr* in B/H/G/K, Teil 2, Art. 23 OECD-MA, Rn. 166 (Stand: 10. Lfg. 2002).

[433] Vgl. beispielsweise Protokoll zum DBA-Norwegen 1991, Nr. 10 und zum DBA-USA 1989, Nr. 21; s. *Vogel* in V/L[4], Einl., Rn. 168 m. w. N.

[434] So richtigerweise *Vogel* in V/L[4], Einl., Rn. 169. *Grotherr* behauptet in B/H/G/K, Teil 2, Art. 23 OECD-MA, Rn. 163 (Stand: 10. Lfg. 2002), dass sich die Norm nicht mit einem Anwendungskonflikt auf Abkommensebene befasse, sondern mit dem Fall, dass Einkünfte nach den nationalen Rechtsordnungen unterschiedlichen Einkunftsarten oder Personen zugerechnet werden.

[435] Nichtsdestotrotz sind die switch-over-Klauseln unabhängig von und zeitlich vor Art. 23 Abs. 4 OECD-MA entstanden. Eine diesem entsprechende Regelung ist bisher in keinem deutschen DBA enthalten; *Vogel* in V/L[4], Art. 23, Rn. 248.

[436] Vogel in V/L[4], Art. 23, Rn. 246; *Wassermeyer* in D/W, Art. 23 A MA, Rn. 146 (Stand: 87. Lfg. 10/2002).

[437] Diese ist in nur neun Fällen im Abkommenstext selbst, ansonsten im Schlussprotokoll zum DBA enthalten, vgl. die (leider nicht ganz vollständige) Übersicht von *Petereit*, IStR 2003, 577 [578] (hinzuzufügen sind: Art. 24 Abs. 1 lit. d) DBA-Kuweit 1999; Art. 23 Abs. 1 lit. f) DBA-Malta 2001; Art. 23 Abs. 2 lit. e) DBA-Rumänien 2001).

[438] So in Art. 45 Abs. 1 DBA-Dänemark 1995, Art. 43 Abs. 1 DBA-Schweden 1992 und Nr. 21 im Protokoll zum DBA-USA 1989.

[439] Nr. 12 Protokoll zum DBA-Mexiko 1993.

„nicht oder nur ermäßigt besteuert würden“[440]. Die Tücke derartiger Formulierungen besteht darin, dass es keinen allgemeinen Konsens gibt, wann dies vorliegt, so dass die Abkommensanwendung mit einer gewissen Rechtsunsicherheit behaftet ist[441]. Indes kann auch im internationalen Steuerrecht nicht gänzlich auf die Verwendung unbestimmter Rechtsbegriffe verzichtet werden. Im Hinblick auf die notwendige Gestaltungsfreiheit des Gesetzgebers, kann von der Verfassungswidrigkeit einer solchen Norm erst ausgegangen werden, wenn sie schlechterdings unanwendbar, nicht befolgbar oder nicht justitiabel ist[442]. Insofern entsprechen die verwandten Rechtsbegriffe meines Erachtens noch den verfassungsmäßigen Anforderungen[443].

Schwerwiegendere Probleme hinsichtlich des verfassungsrechtlichen Prinzips der Bestimmtheit stellen sich allerdings auch im zweiten Teil der meisten[444] switch-over-Klauseln. Alternativ zu einem Qualifikationskonflikt werden die Vertragsstaaten dort generalklauselartig ermächtigt, auch für andere Einkünfte von der Freistellungsmethode zur Anrechnungsmethode überzugehen, wenn:

> „... ein Vertragsstaat nach gehöriger Konsultation und vorbehaltlich der Beschränkungen seines innerstaatlichen Rechts dem anderen Vertragsstaat auf diplomatischem Weg andere Einkünfte notifiziert hat, auf die er diesen Absatz [Anm.: Übergang von der Freistellungs- zur Anrechnungsmethode] anzuwenden beabsichtigt, um die steuerliche Freistellung von Einkünften in beiden Vertragsstaaten oder sonstige Gestaltungen zum Missbrauch des Abkommens zu verhindern.“

Voraussetzung ist demnach eine sonst drohende doppelte Freistellung von Einkünften oder sonstige *missbräuchliche Steuergestaltungen*. Ferner müssen die innerstaatlichen Beschränkungen beachtet werden[445]. Der Übergang zur Anrechnungsmethode kann dann durch einseitige Erklärung nach Konsultationen

---

440 Protokoll im DBA-Italien 1989, Nr. 18; Protokoll zum DBA-Kanada 2001, Nr. 9, Art. 28 Abs. 1 DBA-Österreich 2000.

441 *Kluge* schließt sich der Kritik von *Grotherr* an, IntStR[4], R, Rn. 131 und S, Rn. 334. Vgl. dazu auch *Grotherr* in B/H/G/K, Teil 2, Art. 23 Rn. 168 f. (Stand: 10. Lfg. 2002) mit Hinweise zu damit verbundenen Fragestellungen.

442 *Lang, J.* in T/L[17], § 4, Rn. 169.

443 So auch *Petereit*, IStR 2003, 577 [581 ff.] mit Hinweisen zur Auslegung der Merkmale. Vgl. auch BFH, Urt. v. 9.7.2003, BStBl. II 2004, 4 ff. zur Auslegung des Merkmals der niedrigen Besteuerung. Siehe zur Konkretisierung der Tatbestandsmerkmale ferner *Meilicke/Portner*, IStR 2004, 397 [399 ff.].

444 Anders die Protokolle zum DBA-Italien 1989, Nr. 18 und zum DBA-Kanada 2001, Nr. 9.

445 Eine Änderung des DBA, wie sie der Übergang von der Freistellungs- zur Anrechnungsmethode darstellt, bedarf in der Bundesrepublik Deutschland der Änderung des Zustimmungsgesetzes; vgl. *Krabbe* in D/W, Art. 45 DBA-Dänemark, Rn. 14 (Stand: 78. Lfg. 6/1999).

mit dem Vertragspartner erfolgen[446]. Um dem verfassungsrechtlichen Grundsatz der Bestimmtheit zu genügen, muss davon ausgegangen werden, dass dieser Teil der switch-over-Klausel als eng auszulegende Missbrauchsklausel anzuwenden ist. Soweit dagegen manche DBA[447] einen Übergang von der Freistellungs- zur Anrechnungsmethode auch *ohne Beschränkung* auf die Fälle der Doppelfreistellung oder missbräuchlichen Gestaltung ermöglichen[448], wird ihre Verfassungsmäßigkeit bezweifelt[449]. Immerhin ist diese Vorschrift von nur äußerst geringer praktischer Bedeutung. Denn es ist bisher kein Fall bekannt, in dem es aufgrund dieser Regelung zu einem Wechsel von der Befreiungs- zur Anrechnungsmethode gekommen ist[450].

C. Folgen der Freistellungsmethode im deutschen Ertragsteuerrecht

I. Bedeutung der Freistellung

Sind nun die rechtlichen Vorgaben, wie sie der deutsche Gesetzgeber in den von ihm vereinbarten DBA bestimmt hat, wiedergegeben, sind damit die Konsequenzen für den Rechtsanwender keinesfalls geklärt. Vielmehr weisen DBA - und dies trifft nicht nur die deutschen Abkommen - an vielen Stellen Lücken und Unklarheiten auf, die die Rechtsprechung bei der Anwendung der DBA im Wege der Auslegung zu schließen versucht. Dies betrifft vornehmlich den Be-

---

[446] Zu den Voraussetzungen *Grotherr* in B/H/G/K, Teil 2, Art. 23, Rn. 170 (Stand: 10. Lfg. 2002).

[447] Namentlich Art. 45 Abs. 1 lit. b) DBA-Dänemark 1995; Art. 23 Abs. 2 lit. d) DBA-Kasachstan 1997; Art. 23 Abs. 1 lit. e) DBA-Korea 2000; Art. 24 Abs. 1 lit. d) Nr. 2 DBA-Kuweit 1999; Art. 23 Abs. 1 lit. f) bb) DBA-Malta 2001; Art. 23 Abs. 2 lit. e) bb) DBA-Rumänien 2001; Art. 23 Abs. 2 lit. e) bb) DBA-Rußland 1996; Art. 43 Abs. 1 lit. b) DBA Schweden 1992; Nr. 7 lit. b) Protokoll zum DBA-Vereinigte Arabische Emirate 1995.

[448] Beispielhafter Wortlaut Nr. 7 lit. b) Protokoll zum DBA-Vereinigte Arabische Emirate 1995: „Die Bundesrepublik Deutschland gewährt Befreiung von der Doppelbesteuerung durch Steueranrechnung nach Artikel 24 Absatz 1 Buchstabe b und nicht durch Steuerbefreiung nach Artikel 24 Absatz 1 Buchstabe a, wenn die Bundesrepublik Deutschland nach gehöriger Konsultation und vorbehaltlich der Beschränkungen des innerstaatlichen Rechts den Vereinigten Arabischen Emiraten auf diplomatischem Weg andere Einkünfte notifiziert hat, auf die sie diesen Absatz anzuwenden beabsichtigt."

[449] Vgl. *Vogel* in V/L^4, Einl., Rn. 172 f. Kritisch auch *Wagner* in D/W, Art. 23 DBA-Russland, Rn. 14 (Stand: 92. Lfg. 1/2004).

[450] Die DBA der benannten Vertragsstaaten enthalten keine entsprechenden Dokumente. Umgekehrt ist allerdings Dänemark auf der Grundlage von Art. 45 Abs. 1 lit. b) DBA-Dänemark 1995 zur Anwendung der Anrechnungsmethode für bestimmte Einkünfte aus nichtselbständiger Arbeit übergegangen, vgl. BMF, Schreiben v. 21.2.2000, IV D 3 - S 1201 Dän - 19/99, BStBl. I 2000, 310.

reich der Aufwendungen und Verluste, wie sich im späteren Verlauf der folgenden Ausführungen noch zeigen wird. Bereits die zentrale Rechtsfolge der Freistellung führte auch innerhalb der Rechtsprechung zu Divergenzen[451]. Das BVerfG deutete im Jahre 1971 die dem Art. 23 A Abs. 1 OECD-MA entsprechende Formulierung des DBA-Schweiz „die Einkünfte oder das Vermögen sind von der Besteuerung *auszunehmen*" dahin, dass das jeweilige Steuergut der inländischen Besteuerung uneingeschränkt entzogen sei, und zwar so, als wenn es überhaupt nicht vorhanden wäre[452]. Das BVerfG verstand die Freistellungsvorschrift in einem weiten Sinne. Zusammen mit dem Großteil der deutschen[453] Jurisprudenz[454] interpretierte das Gericht die Norm dahin, dass der deutsche Vertragspartner zugleich auf die Möglichkeit der Anwendung eines progressiven Steuersatzes verzichtet habe. Wollte der Staat die übrigen Einkünfte einem besonderen Steuersatz unterwerfen, der sich unter Berücksichtigung der freigestellten Einkünfte ergebe, so bedürfe es einer darauf ausgerichteten Beschränkung der Freistellung. Ein solcher Progressionsvorbehalt sei in dem DBA ausdrücklich zu vereinbaren. Mittlerweile sieht Art. 23 A Abs. 3 OECD-MA einen entsprechenden Formulierungsvorschlag vor. Die Kritiker[455] dieses Rechtsverständnisses halten dem entgegen, dass eine Aussage hinsichtlich der Besteuerung der übrigen, nicht freigestellten Einkünfte dem DBA vernünftiger Weise nicht entnommen werden könne[456]. Diese dürften folglich auch dann mit einem besonderen Steuersatz belegt werden, wenn das DBA keinen ausdrücklichen Progressionsvorbehalt vorsehe; Art. 23 A Abs. 3 OECD-MA komme nur deklaratorische Wirkung zu[457]. Etwas anderes könne nur dann gelten, wenn im DBA umgekehrt ausdrücklich darauf verzichtet wird, die übrigen Einkünfte einem

[451] Dazu insbesondere ab 2. Kapitel C. IV..

[452] BVerfG, Bes. v. 10.3.1971, Z BvL 3/68, BVerfGE 30, 272 [280 f.] - etwas anderes gelte im Hinblick auf § 8 Abs. 4 ErbStG a. F. (entspricht § 19Abs. 2 ErbStG n. F.) für Zwecke der Erbschaftbesteuerung (dies widerspricht m. E. jedoch der Forderung des BVerfG nach einer ausdrücklichen Beschränkung der Freistellung *im DBA*); BFH, Urt. v. 12.1.1983, I R 90/79, BStBl. II 1983, 382 [383 f.]; *Schaumburg*, IntStR², Rn. 16.534.

[453] A. A. ist die wohl h. M. in der Schweiz und Österreich, namentlich das SchweizBG ASA Bd. 5 (1936/37), 299 und 27 (1958/59), 178 (beide DBA Deutschland/Schweiz); *Schuch*, Verluste, 69 ff. m. w. N.; *Widmer* in Höhn, Handbuch², 237.

[454] Nachweise in BVerfG, Beschl. v. 10.3.1971, 2 BvL 3/68, BVerfGE 30, 272 [281 ff.]; ferner BFH, Beschl. v. 4.10.1967, I 422/62, BStBl. II 1968, 101 [103 f.] (Vorlage an BVerfG); Urt. v. 15.12.1982, II R 72/81, II 1983, 382, 383 f. (DBA Italien); *Schaumburg*, IntStR², Rn. 16.541.

[455] *Kluge*, IntStR⁴, S, Rn. 340; *Lang, M.*, Einführung², Rn. 438; *Vogel* in V/L⁴, Art. 23, Rn. 41 und 213; *Wassermeyer* in D/W, Art. 23 A MA, Rn. 122 (Stand: 87. Lfg. 10/2002).

[456] Siehe bereits oben 2. Kapitel A. Freistellungsmethode im OECD-MA.

[457] Siehe bereits oben 2. Kapitel A. Freistellungsmethode im OECD-MA. Bemerkenswerterweise setzt sich der BFH in den dort genannten Entscheidungen durch die Änderung seiner Rechtsprechung - entgegen § 31 BVerfGG - in Widerspruch zur Auslegung des BVerfG.

Steuersatz zu unterwerfen, der die freigestellten Einkünfte berücksichtigt[458]. Die vom BVerfG vorgenommene Auslegung der Freistellungsvorschrift dahin, dass die Einkünfte als nicht vorhanden anzusehen seien, stelle eine „Überinterpretation" der in Art. 23 A Abs. 1 OECD-MA getroffenen Formulierung des Ausnehmens von der Besteuerung dar[459]. Es sei vielmehr davon auszugehen, dass die freigestellten Einkünfte in ihrer Existenz unberührt blieben[460]. Da inzwischen alle deutschen DBA[461] sowie § 32b EStG ausdrücklich einen Progressionsvorbehalt enthalten, kommt dem Streit jedenfalls keine praktische Relevanz mehr zu[462]. Im Ergebnis versteht man Art. 23 A Abs. 1 OECD-MA insoweit einheitlich[463], als dass „das Ausnehmen der Einkünfte" nicht zur Folge haben kann, dass die Einkünfte in Deutschland nicht steuerbar wären. Die Freistellungsvorschrift ist vielmehr als eine sachliche[464] Steuerbefreiung nach Art des § 3 EStG zu verstehen[465]. Insofern ist hier ebenso wie bei den Zuteilungsnormen zu berücksichtigen, dass die Vertragspartner in DBA nur vereinbaren, welcher Vertragspartner auf die Ausübung seiner ihm originär zustehenden Befugnis zur Besteuerung zugunsten des anderen Vertragspartners verzichtet[466]. DBA wollen nicht eine nach innerstaatlichem Recht gegebene Steuerbarkeit für einen bestimmten grenzüberschreitenden Sachverhalt aufheben, sondern nur die Aus-

---

[458] Eine weitere Einschränkung macht *Vogel* in V/L^4, Art. 23 Rn. 213, dessen Auffassung nach auch dann freigestellte Einkünfte nicht einem Progressionsvorbehalt unterliegen dürfen, wenn sie nicht den Merkmalen eines beschränkten Progressionsvorbehalts entsprechen (argumentum e contrario).

[459] So *Vogel* in V/L^4, Art. 23 Rn. 213.

[460] *Kluge*, IntStR^4, S Rn. 322 und 340; *Wassermeyer* in D/W, Art. 23 A MA, Rn. 51f. und 57 (Stand: 87. Lfg. 10/2002).

[461] Die meisten deutschen DBA schreiben einen Progressionsvorbehalt allerdings nur für solche Steuerfreistellungen vor, die sich auf der zweiten Ebene durch die Vermeidungsnorm ergeben, vgl. *Grotherr* in B/H/G/K, Teil 2, Art. 23 Rn. 141 (Stand: 10. Lfg. 2002); *Schaumburg*, IntStR^2, § 16 Rn. 542. Eine vergleichbare Formulierung enthielt das OECD-MA von 1963, das aber 1977 dahin erweitert wurde, dass auch durch die Zuteilungsnormen freigestellte Einkünfte einem Progressionsvorbehalt unterliegen können. Vgl. zu den sich daraus ergebenden Konsequenzen bezüglich im *Quellenstaat* freigestellter Einkünfte *Vogel* in V/L^4, Art. 23 Rn. 214.

[462] Vgl. *Kluge*, IntStR^4, S Rn. 322 und 340.

[463] Statt vieler wohl *Rose*, DB, 1999, 1039 und *Dahnke*, IStR 93, 465 f. Dagegen u. a. *Eilers/Nowack*, IStR 94, 218, 219; *Wassermeyer* in D/W, Art. 23 A MA, Rn. 52 (Stand: 87. Lfg. 10/2002).

[464] Sie beschränken nicht die persönliche Steuerpflicht, BFH, Urt. v. 7.6.1975, I R 250/73, BStBl. II 1975, 708 f. (zum DBA Niederlande); *Heinicke* in Schmidt^{22}, § 1 Rn. 91.

[465] BFH Urt. v. 14.3.1989, I R 20/87, BStBl. II 1989, 649, 650 (DBA-Italien); Beschl. v. 1.10.1992, I B 42 und 43/92, IStR 1992, 103 (allg. „zur Funktion von DBA-Normen") mit Anm. *Wassermeyer*; *Flick*, FA Bd. 21 (1961), 106; *Kluge*, IntStR^4, S Rn. 322; *Wassermeyer* in D/W, Art. 23 A MA, Rn. 52 (Stand: 87. Lfg. 10/2002). Zweifelnd offenbar *Mössner*, Methoden, 153 f. und 157.

[466] Siehe bereits oben 1. Kapitel C. I. Gliederung der DBA-Vorschriften.

übung einer solchen Steuerbarkeit begrenzen, nämlich durch die Anordnung einer Steuerbefreiung[467].

II. Erwerbsbezüge und positive Einkünfte

1. Grundsätze

Hinsichtlich der *positiven* Einkünfte stellte § 3 Nr. 41 EStG a. F. bis zum Jahr 1975 dementsprechend klar[468], dass diese insoweit steuerfrei sind, als dem Steuerpflichtigen ein Anspruch auf Befreiung nach einem DBA zusteht. Die Vorschrift konnte ersatzlos gestrichen werden, da sich dieselbe Rechtsfolge bereits daraus ergibt, dass internationale Verträge Vorrang vor dem EStG genießen, soweit ihr Regelungsgehalt reicht, vgl. § 2 AO[469]. An der rechtlichen Beurteilung der Freistellung wollte der Gesetzgeber mit der Streichung von § 3 Nr. 41 EStG a. F. nichts ändern[470]. Die Steuerbefreiung der entsprechenden Einkünfte und Vermögensgüter folgt somit unmittelbar aus dem DBA selbst, wie es durch das entsprechende Zustimmungsgesetz i. S. d. Art. 59 Abs. 2 GG innerstaatliche Wirkung erhalten hat[471]. Insoweit bedarf die sich aus dem DBA[472] ergebende Freistellung keiner weiteren Umsetzung in innerstaatliches Recht.

Die Freistellung hat für den Steuerpflichtigen somit die *positive Folge*, dass die ausländischen Einkünfte nicht in die Summe der Einkünfte nach § 2 Abs. 3 Satz 2 EStG einfließen. Dies schlägt unmittelbar auf die Körperschaftsteuer und Gewerbeertragssteuer durch[473]. Vorteilhaft wirkt sich für ihn ferner aus, dass die freigestellten Einkünfte weder im Rahmen eines Verlustausgleichs innerhalb eines Ermittlungszeitraumes noch beim Verlustvor- oder rücktrag nach § 10d EStG über mehrere Jahre gegen inländische Verluste verrechnet werden kön-

---

[467] *Reith*, IntStR, Rn. 4.56.

[468] *Wassermeyer* in D/W, Art. 23 A MA, Rn. 52 (Stand: 87. Lfg. 10/2002).

[469] Zum Verhältnis der verschiedenen Rechtsquellen bereits oben 1. Kapitel B. II. Rechtssystematische Einordnung.

[470] BT-Drucks. 7/1470, S. 239.

[471] BFH Urt. v. 14.3.1989, I R 20/87, BStBl. II 1989, 649, 650; *Heinicke* in Schmidt, EStG[23], § 3 „Doppelbesteuerungsabkommen"; *Wassermeyer* in D/W, Art. 23 A MA, Rn. 56 (Stand: 87. Lfg. 10/2002).

[472] Vom DBA in *diesem* Sinne ist das DBA als völkerrechtlicher Vertrag zu unterscheiden. Jenes ist notwendige aber auch ausreichende Voraussetzung für die Wirkung als sachliche Steuerbefreiung, dieses verpflichtet dagegen nur die Vertragsstaaten als Völkerrechtssubjekte, begründet jedoch für den einzelnen Steuerpflichtigen weder Rechte noch Pflichten; vgl. *Wassermeyer*, IStR 1992, 103.

[473] *Wassermeyer* in D/W, Art. 23 A MA, Rn. 52, 56 (Stand: 87. Lfg. 10/2002).

nen[474]. Für den Steuerpflichtigen *nachteilig* führt die Freistellung dazu, dass steuerliche Abzüge, wie die Vorsorgepauschale gemäß § 10c Abs. 2, 3 EStG[475] oder der Altersentlastungsbetrag nach § 24a EStG[476] von einer um die ausländischen Einkünfte verminderten Bemessungsgrundlage berechnet werden müssen. Auf die Möglichkeit, Beträge zur Berücksichtigung persönlicher Lebensverhältnisse abzuziehen hat die Freistellung freilich keinen Einfluss[477]. In verfahrensrechtlicher Hinsicht ist bei Einkünften aus nichtselbständiger Arbeit § 39b Abs. 6 Satz 2 EStG zu berücksichtigen. Ein im Wohnsitzstaat Deutschland ansässiger Arbeitnehmer kommt dann bereits bezüglich des Lohnsteuereinbehalts in den Genuss der Freistellungsmethode, wenn eine entsprechende Bescheinigung beantragt wird[478].

Eine konkrete Ausgestaltung im innerstaatlichen Recht hat Art. 23 A OECD-MA bezüglich der in allen deutschen DBA vorgesehenen *Progressionsvorbehalte* erfahren[479]. Denn in ihnen behält sich die Vertragspartei lediglich das Recht vor[480], einen besonderen Steuersatz auf die übrigen Einkünfte anzuwenden. Die deutschen DBA bezwecken mit dieser Öffnungsklausel[481] eine Besteuerung nach der wirtschaftlichen Leistungsfähigkeit bei der Einkommensteuer, da auch die steuerbefreiten ausländischen Einkünfte zu einer Reinvermögensmehrung

---

[474] *V. Groll* in K/S/M, § 10d EStG, Rn. B 20 (Stand: 57. Lfg 2/1995); *Raupach/Schenking* in H/H/R, § 2 EStG, Rn. 554 (Stand: 163 Lfg. 5/1990); *Schaumburg*, IntStR², Rn. 16.536; *Vogel* in V/L⁴, Art. 23, Rn. 39; *Wassermeyer* in D/W, Art. 23 A MA, Rn. 52 (Stand: 87. Lfg. 10/2002). Siehe zum Begriff Verlustausgleich bzw. -abzug Fn. 519 bzw. Fn. 521.

[475] BFH, Urt. v. 18.3.1983, VI R 172/79, BStBl. II 1983, 475.

[476] Herrschende Meinung, *Drenseck* in Schmidt²², § 24a Rn. 4 m. w. N. sowie *Schaumburg*, IntStR², Rn. 16.536 m. w. N.

[477] *Schnitger*, FR 2003, 148 [151]. Anders aber nach bisheriger niederländischer Rechtslage, vgl. dagegen EuGH, Urt. v. 12.12.2002, Rs. C-385/00, de Groot, IStR 2003, 58 ff.

[478] Nach BFH, Urt. v. 10.5.1989, I R 50/85, BStBl. II 1989, 755 ff. kann sich der Arbeitnehmer allerdings auch ohne Freistellungsbescheinigung auf die Steuerfreiheit nach dem DBA berufen.

[479] Einen umfassenden Nachweis zum früheren Verständnis des BFH, der die Anwendung des Progressionsvorbehaltes auch ohne entsprechende innerstaatliche Regelung, allein auf Grund der Vermeidungsnorm des DBA zuließ (konstitutive Wirkung) bei *Wassermeyer* in D/W, Art. 23 A MA, Rn. 123 (Stand: 87. Lfg. 10/2002) m. w. N.; sehr deutlich bereits BFH, Urt. v. 9.11.1966, I 29/65, BStBl. III 1967, 88, 89, wie hier nun aber BFH, Urt. v. 19.12.2001, I R 63/00, DStR 2002, 439.

[480] Die in manchen DBA anders lautenden Formulierungen „schränkt jedoch das Recht ... nicht ein", „wird aber ... festsetzen" sind rechtlich nicht anders zu bewerten, vgl. BFH, Urt. v. 4.10.1967, I 422/62, BStBl. 1968 II, 101, 102.

[481] *Wassermeyer* in D/W, Art. 23 A MA, Rn. 123 (Stand: 87. Lfg. 10/2002). Vgl. zum rechtlichen Gehalt des Progressionsvorbehaltes in den DBA auch BFH, Urt. v. 25.5.1970, I R 109/68, BStBl. II 1970, 660, 661.

beim Steuerpflichtigen geführt haben[482]. In Ausfüllung dieser vertraglich vorgesehenen Möglichkeit zur progressiven Besteuerung bestimmen im deutschen EStG §§ 32b Abs. 1 Nr. 3, Abs. 2 Nr. 2[483], dass die von der Besteuerung befreiten Einkünfte[484] im Rahmen der Steuersatzermittlung mit einzubeziehen sind. Das für den Steuersatz maßgebliche Einkommen ist nach inländischem Recht zu ermitteln; dies gilt auch für die ausländischen Einkünfte[485]. Der Gewinn ausländischer Betriebe bestimmt sich also insbesondere nach den §§ 4 Abs. 1 und 5 EStG; ausländische Abschreibungen, Rücklagen etc. sind zu korrigieren[486]. Andererseits können ausländische Aufwendungen die Höhe der Progression mindern[487]. Der danach ermittelte besondere Steuersatz ist auf das zu versteuernde Einkommen, also ohne die freigestellten Einkünfte, anzuwenden[488]. Da es an einer entsprechenden Regelung im KStG fehlt, greift der Progressionsvorbehalt bei der Körperschaft-steuer nicht ein[489].

2. Ausnahmen

Der deutsche Gesetzgeber hat von diesen grundsätzlichen Wirkungen der Freistellungsmethode auf die innerstaatliche Besteuerung einige Ausnahmen normiert. Neben den bereits auf der Ebene der deutschen DBA vorgesehenen Besonderheiten, hat er auch auf der Ebene des nationalen Steuerrechts Vorbehalte bestimmt, die die Anwendung der Freistellungsmethode überwiegend einschränken, teilweise aber auch erweitern.

---

[482] *Grotherr* in G/H/S, IntStR, S. 48; *Kluge*, IntStR[4], S, Rn. 339.

[483] Vom Anwendungsbereich her sind vier Fälle zu unterscheiden: § 32b Abs. 1 Nr. 3, 1. Alt. EStG bezieht solche Einkünfte in die Ermittlung des besonderen Steuersatzes mit ein, die nach einem DBA oder einem sonstigen zwischenstaatlichen Übereinkommen von der Besteuerung im Inland freigestellt sind. Die zweite Alternative erfasst in Ergänzung von § 1 Abs. 3 und § 1a EStG positive ausländische Einkünfte, die nicht der deutschen Einkommensteuer unterliegen. § 32b Abs. 1 Nr. 2 EStG meint den Fall, dass beim Steuerpflichtigen im Veranlagungszeitraum ein Wechsel von der unbeschränkten zur beschränkten Steuerpflicht oder umgekehrt stattgefunden hat. § 32b Abs. 1 Nr. 1 EStG schließlich betrifft steuerfreie inländische Einkünfte. Vgl. bei beschränkter Steuerpflicht ferner § 50 Abs. 5 Satz 2 Nr. 2 EStG.

[484] Zu den Besonderheiten bezüglich „außerordentlicher Einkünfte" s. *Schaumburg*, IntStR[2], Rn. 16.545; *Vogel* in V/L[4], Art. 23 Rn. 217.

[485] BFH, Urt. v. 13.9.1989, I R 117/87, BStBl. II 1990, 57; Urt. v. 22.5.1991, I R 32/90, BStBl. II 1992, 94.

[486] BFH, Urt. v. 22.5.1991, I R 32/90, BStBl. II 1992, 94.

[487] Vgl. noch unten 2. Kapitel C. II. 5. a) Brutto-Einkunftsarten.

[488] Vgl. BFH, Urt. v. 30.5.1990, I R 179/86, BStBl. II 1990, 906, 908.

[489] *Schaumburg*, IntStR[2], Rn. 16.543; *Wassermeyer* in D/W, Art. 23 A MA, Rn. 124 (Stand: 87. Lfg. 10/2002) m. w. N. zum Streitstand; zur Erbschaftsteuer vgl. § 19 Abs. 2 ErbStG.

a) Nationaler Aktivitätsvorbehalt, § 20 Abs. 2 AStG

Wie bereits ausgeführt wurde, steht die Freistellung insbesondere von Betriebsstätteneinkünften DBA-rechtlich ganz überwiegend unter Aktivitätsvorbehalt[490]. Sofern auf der Ebene des DBA kein Aktivitätsvorbehalt vorgesehen ist, entfaltet auf nationaler Ebene § 20 Abs. 2 AStG die gleiche Wirkung für Einkünfte ausländischer Betriebsstätten, die als Zwischeneinkünfte steuerpflichtig wären - solche Einkünfte sind nicht freizustellen, sondern unterfallen der Anrechnungsmethode[491]. Wann Zwischeneinkünfte vorliegen, bestimmt sich nach den Absätzen 1 und 3 des § 8 AStG. § 20 Abs. 2 ist demzufolge anzuwenden, wenn die Betriebsstätte Einkünfte aus passivem Erwerb erzielt (vgl. § 8 Abs. 1 AStG), die einer Ertragsteuerbelastung von weniger als 25% unterliegen (vgl. § 8 Abs. 3 AStG). Für die Anrechnung gelten dann die Vorschriften zum Anrechnungsverfahren in den § 34c EStG und § 26 Abs. 1 KStG entsprechend[492]. Im Ergebnis werden durch die (nach der Änderung im Jahr 2003[493]) erweiterte Fassung des § 20 Abs. 2 AStG alle im Sinne von § 8 Abs. 1 AStG passiv und niedrig besteuerten Betriebsstätteneinkünfte von der im DBA vorgesehenen Freistellungsmethode ausgeschlossen[494]. Das deutsche AStG schränkt insofern die Anwendung der Freistellungsmethode erheblich ein[495].

b) Nationales Schachtelprivileg, § 8b KStG

Eine Erweiterung des Anwendungsbereiches der Freistellungsmethode hat der deutsche Gesetzgeber zu den Schachteldividenden vorgenommen. § 8b KStG sieht hier die umfangreiche steuerliche Befreiung von Dividendenzahlungen zwischen Kapitalgesellschaften vor, und zwar unabhängig von besonderen Be-

---

490 Siehe oben 2. Kapitel B. I. Aktivitätsvorbehalt.

491 Die Vorschrift war ursprünglich gerichtet gegen solche Gestaltungen, die es ermöglichen, das internationale Steuergefälle im Inland nutzbar zu machen, indem eine Steuervergünstigung im Ausland von der Betriebsstätte in Anspruch genommen wird und anschließend die Einkünfte in der Bundesrepublik wegen der anzuwendenden Freistellungsmethode steuerfrei bleiben. Vgl. *Schaumburg*, IntStR², Rn. 16.531; *Seer*, IStR 1997, 481 f.

492 Vgl. dazu auch das BMF-Schreiben v. 14.5.2004, IV B 4 - S 1340 - 11/04, BStBl. Sonderdruck 1 2004, 3, 53 f.

493 Gesetz zum Abbau von Steuervergünstigungen und Ausnahmeregelungen (Steuervergünstigungsabbaugesetz) v. 16.5.2003, BGBl. I 2003, 660 [666].

494 So auch *Sieker*, IStR 2003, 78 [79 f.].

495 Zur Zulässigkeit dieses treaty overriding insbesondere im Hinblick auf das Europarecht *Seer*, IStR 1997 481 ff. und 520 ff. Zu den Möglichkeiten des betroffen Steuerpflichtigen, sich gegen ein treaty overriding rechtlich zur Wehr zu setzen *ders.* in FS Kostecki, 202 ff.

teiligungsschwellen[496]. Zur Anwendung des regelmäßig engeren DBA-rechtlichen Schachtelprivilegs kommt es danach oftmals nicht mehr[497]. Den Grundsätzen des KStG entsprechend stehen die befreiten Dividenden auch unter keinem Progressionsvorbehalt[498].

c) Nationale subject-to-tax-Klausel, § 50d Abs. 8 EStG

Mit Wirkung ab dem Veranlagungszeitraum 2004 hat der deutsche Gesetzgeber mit § 50d Abs. 8 EStG eine Regelung eingeführt, die einer nationalen[499] *subject-to-tax-Klausel* entspricht. Denn unabhängig davon, ob das DBA eine solche Klausel vorsieht oder nicht, wird die Freistellung von Einkünften aus nichtselbständiger Arbeit i. S. d. § 19 EStG „nur gewährt, soweit der Steuerpflichtige nachweist, dass der Staat dem nach dem Abkommen das Besteuerungsrecht zusteht, auf dieses Besteuerungsrecht verzichtet hat oder... die in diesem Staat auf die Einkünfte festgesetzten Steuern entrichtet wurden". Anders als seine übrigen Absätze[500], betrifft Absatz 8 des § 50d EStG den im Zusammenhang mit der

---

[496] Beachte zu Organschaftsfällen allerdings die Einschränkung in § 15 Satz 1 Nr. 2 und Satz 2 KStG; dazu *Pyszka*, GmbHR 2002, 468 ff. und zur anschließenden Gesetzesänderung *Schnitger*, IStR 2003, 73 [74].

[497] Siehe zu den Ausnahmen und dem Verhältnis des nationalen zum internationalen Schachtelprivileg bereits oben 2. Kapitel B. II. Internationales Schachtelprivileg.

[498] Vgl. noch Fn. 874. Zu § 8b KStG noch ausführlich unter 2. Kapitel C. III. 3. aa) Aufwendungen für Schachteldividenden.

[499] Ähnlich auch *Ludewig/Libudda*, RIW 2005, 344 [345], dagegen spricht *Holthaus*, IStR 2004, 16 von einer „globalen Rückfallklausel", obwohl die Vorschrift nur bezüglich Einkünften aus DBA-Vertragsstaaten greift.

[500] Während es in § 50d Abs. 8 EStG um die Einkünfte unbeschränkt Steuerpflichtiger geht, sind die Absätze 1 bis 7 fast ausschließlich auf im anderen Vertragsstaat ansässige Personen anwendbar; *M. Klein* in H/H/R, § 50d EStG, Rn. 6 (Stand: 204. Lfg. 10/2001); *Ramackers* in L/B/P, § 50d EStG, Rn. 6 (Stand: 59. Lfg. 11/2003). Dort geht es um die Sicherung des Steuerabzuges insbesondere für Kapitalerträge in der Bundesrepublik trotz Entlastung solcher Einkünfte im DBA (vgl. ferner zur Lohnsteuer § 39d Abs. 3 Satz 4 EStG, zum Steuerabzug bei Bauleistungen § 48d EStG). Die Entlastung dieser Einkünfte soll letztlich dadurch gewährleistet werden, dass der Steuerpflichtige die einbehaltene Quellensteuer im Rahmen eines Erstattungsverfahrens (§ 50d Abs. 1 Satz 1 bis 9 EStG) zurückfordern kann. Darüber hinaus sind Ausnahmen vom Grundsatz des Quellensteuerabzuges trotz Steuerfreiheit in den Absätzen 2 und 4 bis 6 normiert: Sowohl Erstattung als auch ausnahmsweise Freistellung vom Quellensteuerabzug sind ausgeschlossen, in den Missbrauchsfällen des § 50d Abs. 3 EStG. Ein wesentlicher Unterschied zwischen den Regelungen in Absatz 1 bis 7 und Absatz 8 liegt darin, dass jene die Entlastung der DBA nur vorübergehend ignorieren, während dieser endgültig die im DBA vorgesehene Freistellung suspendiert. Insofern äußert das Schrifttum Zweifel, ob die Entscheidung des BFH zum zulässigen treaty overriding in den § 50d Abs. 1 EStG (BFH, Urt. v. 13.7.1994, I R 120/93, BStBl. II 1995, 129) ohne weiteres auf Absatz 8 übertragen werden kann; *Hofmann/Otto*, FR 2004, 826 ff. Indes kommt der Gesetzgeber auch

Freistellungsmethode relevanten Fall der Ansässigkeit des Steuerpflichtigen in der Bundesrepublik Deutschland. Wie die DBA-rechtlichen subject-to-tax-Klauseln nimmt § 50d Abs. 8 EStG nur Bezug auf eine Einkunftsart. Wie sein völkerrechtliches Pendant will die Vorschrift das Entstehen „weißer Einkünfte“ verhindern. Ausweislich der Gesetzesbegründung soll die Vorschrift die Nichtbesteuerung von Einkünften verhindern, die dadurch entsteht, dass der Tätigkeitsstaat von den Einkünften - oftmals mangels Erklärung durch den Steuerpflichtigen - keine Kenntnis erlangt oder dies erst dann, wenn der Steuerpflichtige das Land verlassen hat und damit keine Vollstreckungsmöglichkeiten mehr bestehen[501]. Während die DBA in den subject-to-tax-Klauseln aber regelmäßig nur eine abstrakte Steuerpflicht für die Anwendung der Freistellungsmethode voraussetzen[502], macht § 50d Abs. 8 EStG die Freistellung davon abhängig, dass der Steuerpflichtige die ausländische Steuer tatsächlich entrichtet hat. Andererseits genügt auch ein Nachweis darüber, dass der Quellenstaat seine Besteuerungsbefugnis nicht ausübt[503]. Insofern nimmt sich der deutsche Fiskus der Entscheidung des Vertragsstaates über die Besteuerung an. Durch die Normierung im deutschen EStG schließlich gilt diese Vorbehaltsvorschrift übergreifend gegenüber allen DBA-Vertragsstaaten und unterscheidet sich insoweit deutlich von den in nur manchen Abkommen vorgesehenen DBA-rechtlichen subject-to-tax-Klauseln[504]. Der deutsche Gesetzgeber reagiert damit auf die unsichere Rechtslage, in welchen DBA und in welchem Umfang die Inlandsbesteuerung davon abhängig ist, dass der ausländische Staat von seiner Besteuerungsbefugnis Gebrauch macht[505]. Dabei unterwirft § 50d Abs. 8 EStG den Steuerpflichtigen einer Nachweispflicht[506]. Kann dieser den erforderlichen Nachweis nicht erbringen, werden die Einkünfte nicht freigestellt, sondern zur Besteuerung in

---

hier seiner Verpflichtung zum Hinweis auf das treaty overriding nach („... ungeachtet des Abkommens ...“).

501 BT-Drucks. 15/1562, S. 39 f.

502 Siehe oben 2. Kapitel B. III. 2. Subject-to-tax-Klausel.

503 In diesem Sinne versteht auch *Neyer*, BB 2004, 519 [520] das Merkmal „auf diese Besteuerungsrecht verzichtet hat“.

504 Nichtsdestotrotz vermag eine einheitliche Besteuerung die Einführung dieser staatenübergreifenden Vorbehaltsvorschrift nicht zu rechtfertigen. Denn Nicht-DBA-Staaten profitieren weiterhin vom sog. Auslandstätigkeitserlass (BMF-Schreiben v. 31.10.1983, IV B 6 - S 2293 - 50/83, BStBl. I 1983, 470), in dem der Fiskus auf die Besteuerung von Arbeitslohn für dort benannte Tätigkeiten verzichtet hat. Ebenfalls kritisch in diesem Sinne *Holthausen*, IStR 2004, 16 [17 f.] und *Ludewig/Libudda*, RIW 2005, 344 [348].

505 *Heinicke* in Schmidt[23], § 50d EStG, Rn. 52.

506 Die damit verbundenen Schwierigkeiten für den Steuerpflichtigen hat der Gesetzgeber offenbar in Kauf genommen, BT-Drucks. 15/1945, S. 6; kritisch dazu *Neyer*, BB 2004, 519, 520 f. Allerdings war es auch nach der bisherigen Praxis zu den DBA-rechtlichen subject-to-tax-Klauseln am Steuerpflichtigen, das Vorliegen der Voraussetzungen gemäß § 90 Abs. 2 AO nachzuweisen, vgl. oben 2. Kapitel B. III. 2. Subject-to-tax-Klausel.

Deutschland herangezogen[507]. Die Anwendung der Freistellungsmethode auf Einkünfte aus unselbständiger Arbeit ist damit im Ergebnis deutlich eingeschränkt.

III. Erwerbsaufwendungen und negative Einkünfte

Nachdem damit die steuerliche Behandlung von Erwerbsbezügen und positiven Einkünften durch den Wohnsitzstaat Deutschland dargestellt ist, geht es im Folgenden um die Behandlung von mit ausländischen Einkünften zusammenhängenden Erwerbsaufwendungen und negativen Einkünften[508]. Sie ist aus deutscher Sicht überaus problematisch. Es bedarf einer differenzierten Betrachtungsweise. Klarstellend sind daher an dieser Stelle einige Ausführungen zu den verwandten Begrifflichkeiten vorangestellt, um eine verständliche Erklärung der Problematik zu ermöglichen[509].

1. Terminologie

Die Begriffe „negative Einkünfte" und „Verluste" können synonym verwendet werden[510]. Zwar findet sich eine ausdrückliche Definition weder im DBA- noch im nationalen Recht[511]. Einheitlich versteht man darunter aber den negativen Saldo der Erwerbsaufwendungen über die Erwerbsbezüge[512]. Gibt es auch teil-

---

[507] Gemäß § 50d Abs. 8 Satz 2 und 3 EStG kommt aber eine nachträgliche Änderung der Veranlagung in Betracht, wenn die Einkünfte zunächst zur deutschen Einkommensteuer herangezogen wurden und dann der Nachweis erbracht wird.

[508] Dass inländische negative Einkünfte nicht mit freigestellten ausländischen positiven Einkünften verrechnet werden können bzw. müssen, wurde bereits oben erwähnt, siehe soeben bei II. Erwerbsbezüge und positive Einkünfte.

[509] Vgl. auch *v. Groll*, Verlustkompensation, 23 f.; *Schuch*, Vorgaben, 64; *Vogel*, Freistellung, 4. In der einschlägigen Literatur wird dagegen oftmals nicht sauber getrennt. So sieht *Wienands*, PIStB 1999, 19 [23] Betriebsausgaben unter Hinweis auf § 2a EStG als nicht abziehbar an. Teilweise werden Entscheidungen der Rechtsprechung zur Verlustberücksichtigung als Nachweis zur Aufwandsberücksichtigung deklariert und umgekehrt; vgl. beispielsweise *Ruess*, Abzugsfähigkeit, 57, Fn. 4. *Schütte*, Zuordnung, 269 stellt offenbar sogar positive Einkünfte mit Erträgen, negative Einkünfte mit Aufwendungen gleich. Ähnlich schließlich auch der BFH, Urt. v. 28.4.1983, IV R 122/79, BStBl. II 1983, 566, 569, demnach „Verluste... zu den sog. vorbereitenden Aufwendungen" gehören - m. E. können allenfalls umgekehrt „vorbereitende Aufwendungen" nur zu „Verlusten" gehören. Vgl. wie hier auch den Hinweis von *Vogel* in V/L[4], Art. 23, Rn. 66 a. E.

[510] Vgl. so bereits BFH, Gutachten v. 25.1.1951, I D 4/50 S, BFHE 55, 182 = BSTBl. III 1951, 68; BFH, Urt. v. 20.4.1988, I R 41/82, BFHE 153, 530 = BStBl. II 1988, 868; *Lang, J.* in T/L[17], § 9, Rn. 60.

[511] Ausführlich dazu noch unten 2. Kapitel C. III. 3. Negative Einkünfte.

[512] Vgl. *v. Groll* in K/S/M, § 10d EStG, Rn. A 20 (Stand: 57. Lfg 2/1995); *Lang, J.* in T/L[17], § 9, Rn. 60. Differenziert nach den Einkunftsarten sind Verluste also der Überschuss der Be-

weise Überschneidungen in der Auseinandersetzung und Argumentation um die steuerliche Behandlung von Aufwendungen und Verlusten[513], so folgt die Behandlung von Aufwendungen dennoch regelmäßig anderen Regeln als die eines eintretenden Verlustes. Folgende Konstellationen sind zu unterscheiden[514]: Entweder

- es fallen keinerlei Aufwendungen an. Die Behandlung der dann positiven Einkünfte bestimmt sich allein nach den oben dargestellten Grundzügen[515]. Oder

- es fallen zwar Aufwendungen an, sie bleiben der Höhe nach aber hinter den Erwerbsbezügen zurück. Auch hier gelten die oben dargestellten Grundzüge zu den positiven Einkünften. Für einige Aufwandsposten stellt sich aber zusätzlich die Frage, ob sie - auch wenn sie mit den ausländischen Bezügen zusammenhängen - bei der inländischen Besteuerung im Wohnsitzstaat berücksichtigt werden können. Mag man zunächst die „Verantwortung" beim Quellenstaat sehen[516] - immerhin greift er zum Zwecke der Besteuerung auch auf die vom Wohnsitzstaat freigestellten, positiven Einkünfte zu -, so sollte man sich bereits an dieser Stelle vor Augen führen, dass es hier vor allem um solche Aufwendungen geht, die im Quellenstaat keine Berücksichtigung finden konnten, weil sie für diesen möglicherweise gar nicht sichtbar wurden. Beispielhaft seien Verluste aus Währungsschwankungen genannt, die regelmäßig erst dann auftreten, wenn es um den Transfer der Erwerbsbezüge in den Wohnsitzstaat geht. Um die Behandlung solcher Aufwendungen soll es im Folgenden zunächst gehen.

- Übersteigen schließlich die Aufwendungen die Erwerbsbezüge oder liegen keinerlei Bezüge vor, stellt sich das Problem der steuerlichen Berücksichtigung der negativen Einkünfte. Es kann dabei vorkommen, dass in den Aufwendungen, die den Verlust begründen, solche enthalten sind oder dass sie sogar gänzlich solche Aufwendungen darstellen, die der eben genannten (zweiten) Gruppe zuzuordnen sind (z. B. erfolgloser Versuch der Gründung einer Betriebsstätte). In diesem Fall sind zuerst die dort genannten Grundzüge zu beachten. Sind die Aufwendungen danach im Wohnsitzstaat grundsätzlich berücksichtigungsfähig, können sie dem Verlustposten und der aufgeworfenen Frage nach seiner Relevanz im Rahmen der inländischen Besteuerung zugeordnet werden.

---

triebsausgaben über die Betriebseinnahmen (vgl. § 4 Abs. 3 Satz 1 EStG) bzw. der Werbungskosten über die Einnahmen (vgl. § 2 Abs. 2 Satz 2 EStG).

[513] So auch *Reith*, IntStR, Rn. 7.1.

[514] Vgl. auch *Schuch*, Verluste, 133; *ders.*, Vorgaben, 77 allerdings in Bezug auf die Bemessungsgrundlage.

[515] Siehe 2. Kapitel C. II. Erwerbsbezüge und positive Einkünfte.

[516] Zu Verlusten ähnlich auch *Kessler*, Betriebsstättenverluste, 83 in seiner Einleitung.

Die Frage nach der Abziehbarkeit von Aufwendungen stellt sich - den Vorgaben des EStG entsprechend[517] - vor der Frage nach der Berücksichtigung von Verlusten[518]. Erst wenn nach der Saldierung der Erwerbseinnahmen und Erwerbsaufwendungen ein negatives Ergebnis feststeht, kann ein Verlustausgleich innerhalb eines Ermittlungszeitraumes[519] oder anschließend[520] gegebenenfalls ein Verlustabzug[521] in Betracht kommen. Dementsprechend soll auch hier die Frage nach der Berücksichtigung ausländischer Erwerbsaufwendungen vor der Frage nach der Behandlung ausländischer Verluste erläutert werden.

2. Erwerbsaufwendungen

Dass mit zu versteuernden Einkünften zusammenhängende Erwerbsaufwendungen berücksichtigt werden müssen, entspricht letztlich dem Gebot der Besteuerung nach der Leistungsfähigkeit. Denn Ausdruck steuerlicher Leistungsfähigkeit sind niemals nur die erwirtschafteten Vermögenszugänge, sondern vielmehr der Saldo einer Erwerbstätigkeit nach Abzug negativer Faktoren (objektives Nettoprinzip)[522]. Im Zusammenhang mit ausländischen Erwerbsaufwendungen scheint im Grundsatz ferner klar zu sein, dass solche Erwerbsaufwendungen, die bei der Erzielung freigestellter Einnahmen angefallen sind und bereits die ausländischen Einkünfte vermindert haben, nicht von inländischen Einkünften im Wohnsitzstaat abgesetzt werden können[523]. Wie dieses Ergebnis dogmatisch begründet werden kann und welche Konsequenzen in Grenzfällen zu ziehen sind, wenn beispielsweise keine Einnahmen fließen oder der Zusammenhang zwischen den Aufwendungen und den Einnahmen nicht eindeutig ist, wird bisher jedoch weder vom Schrifttum noch von der Rechtsprechung lückenlos beantwortet[524].

---

517 Vgl. § 2 Abs. 1, Abs. 2 bzw. Abs. 3 Satz 2 EStG.

518 Vgl. auch den Hinweis von *Vogel* in V/L[4], Art. 23, Rn. 66 a. E.

519 Genauer ein horizontaler (interner oder auch unechter) Verlustausgleich, bei dem negative und positive Einkünfte innerhalb derselben Einkunftsart verrechnet werden bzw. ein vertikaler (externer oder auch echter), bei positive und negative Einkünfte aus verschiedenen Einkunftsarten verrechnet werden; *v. Groll* in K/S/M, § 10d EStG, Rn. A 27 (Stand: 57. Lfg. 2/1995).

520 Vorrang des Verlustausgleichs vor dem Verlustabzug, § 2 Abs. 3 EStG.

521 Also die überperiodische Verlustverrechnung in Form des Verlustvor- oder rücktrages; *Lang, J.* in T/L[17], § 9, Rn. 62

522 *Lang, J.* in T/L[17], § 9, Rn. 54 m. w. N.

523 *Vogel* in V/L[4], Art. 23, Rn. 66.

524 Kritisch ebenso *Reith*, IntStR, Rn. 6.7.

a) Grundzüge zur Behandlung ausländischer Aufwendungen

Einheitlich geht man davon aus, dass die Frage der Ermittlung der Einkünfte *nach dem innerstaatlichem Recht* zu beantworten ist[525]. Die Freistellungsnormen der jeweiligen DBA machen insoweit keine Vorgaben[526]. Sie bestimmen nur, welche Einkünfte freizustellen sind, die Höhe der Freistellung richtet sich dann nach dem innerstaatlichen Steuerrecht des das DBA anwendenden Staates, im Rahmen der Vermeidungsnorm also nach dem des Ansässigkeitsstaates[527]. Entsprechend empfiehlt auch das Musterabkommen zu Art. 23 OECD-MA, die innerstaatlichen Vorschriften zur Einkommensermittlung heranzuziehen und die Einkünfte mit dem Betrag freizustellen, mit dem sie ohne das Abkommen nach den nationalen Gesetzen des Wohnsitzstaates der Einkommensteuer unterliegen würden[528], in der Regel also das Reineinkommen als die Differenz zwischen Roheinkommen und zulässigen Abzügen[529]. Auch nach dem deutschen § 2 Abs. 2 EStG unterliegen nur Reineinkünfte der Einkommensteuer, verkürzt ausgedrückt also der Überschuss der Einnahmen über die Werbungskosten bzw. Betriebsausgaben (sog. objektives Nettoprinzip)[530]. Dies ist letztlich eine Folgerung aus dem in Art. 3 Abs. 1 GG verankerten Leistungsfähigkeitsprinzip[531], demgemäß lediglich der Saldo als Zuwachs wirtschaftlicher Leistungsfähigkeit der Einkommensteuer unterliegt[532]. Zur Bestimmung der Erwerbsaufwendungen und ihrer Abgrenzung zu nicht abziehbaren Posten wird allgemein das sog. Veranlassungsprinzip herangezogen[533]. Voraussetzung für die Anerkennung der Aufwendungen als Betriebsausgaben bzw. Werbungskosten ist demnach, dass sie durch die berufliche Tätigkeit veranlasst sind, also zwischen den Aufwen-

---

[525] BFH, Urt. v. 19.9.1989, I R 117/87, BStBl. II 1990, 57, 59; *Grotherr* in FS Wassermeyer, 305 ff.; *Vogel* in V/L[4], Art. 23, Rn. 67; *Wassermeyer* in D/W, Art. 23 A MA, Rn. 20 (Stand: 87. Lfg 10/2002); *ders.*, Schachtelbeteiligungen, 23 f.; *ders.*, Zuordnung, 40. Zu den damit zusammenhängenden Schwierigkeiten für die Verwaltung vgl. *Loukota* in Lang, M., Diskussion, 436. Vgl. zu dem damit verbundenen zwangsläufigen Doppelbesteuerung noch unten 4. Kapitel B. III. Gesamt-europäisches DBA.

[526] Vgl. beispielsweise zum DBA-Schweiz BFH, Urt. v. 19.9.1989, I R 117/87, BStBl. II 1990, 57, 58.

[527] BFH, Urt. v. 13.9.1989, I R 117/87, BStBl. II 1990, 57, 58 f.

[528] MK, Art. 23, Nr. 39 und 43. Vgl. auch BFH, Urt. v. 29.5.1996, I R 15/94, BStBl. II 1997, 57, 59.

[529] MK, Art. 23, Nr. 40.

[530] Vgl. *Lang, J.* in T/L[17], § 9, Rn. 54. Bezogen auf ausländische Einkünfte *Wassermeyer*, Schachtelbeteiligungen, 24.

[531] BVerfG, Urt. v. 3.11.1982, 1 BvR 620/78, 1335/78, 1104/79 und 363/80, BVerfGE 61, 319, 343; Beschl. v. 23.1.1990, 1 BvL 4, 5, 6, 7/87, BVerfGE 81, 228, 236; Beschl. v. 22.6.1995, 2 BvL 37/91, BVerfGE 93, 121, 135. Ausführlich zum Leistungsfähigkeitsprinzip *Tipke*, Steuerrechtsordnung I[2], 479 ff.

[532] *Tipke*, StuW 1979, 193 [194].

[533] *Lang, J.* in T/L[17], § 9, Rn. 205.

dungen und einer bestimmten steuerbaren Einkunftsart[534] ein wirtschaftlicher Veranlassungszusammenhang besteht[535]. Der Zusammenhang muss zwischen den Aufwendungen und einer bestimmten steuerbaren Einkunftsquelle, also einer Tätigkeit bestehen (vgl. §§ 4 Abs. 4, 9 Abs. 1 Satz 1, 50 Abs. 1 Satz 1 EStG[536])[537]. Nach dem sog. Korrespondenzgedanken sollen nun nur solche Ausgaben zum Abzug zugelassen werden, die durch die Erzielung steuerpflichtiger Einnahmen veranlasst sind[538]. Von besonderer Bedeutung ist hier § 3c EStG, in dem vor allem die Rechtsprechung den allgemeinen Rechtsgrundsatz des Verbots eines doppelten Vorteils deklariert sieht[539]. Nach § 3c Abs. 1 EStG dürfen Ausgaben[540] insoweit nicht als Betriebsausgaben[541] abgezogen werden, als sie

---

[534] Unterstellt wird im Folgenden, dass die Zuordnung der Aufwendungen zu mit ihn zusammenhängenden Einkunftsart erfolgt ist. Diese Frage ist der hier im Folgenden behandelten gewissermaßen vorgelagert. Vgl. dazu *Schuch*, Verluste, 132 ff.; *Schütte*, Zuordnung, 267 ff.

[535] Obwohl die Formulierung in § 9 Abs. 1 EStG auf einen finalen Zusammenhang hindeutet, wird auch der Werbungskostenbegriff nach dem Veranlassungsprinzip bestimmt, BFH, Beschl. v. 28.11.1977, GrS 2-3/77, BStBl. II 1978, 105, 108 f. Ferner *Grotherr* in FS Wassermeyer, 306 f.; *Wassermeyer*, Zuordnung, 37.

[536] § 50 Abs. 1 Satz 1 EStG spricht zwar nur von einem wirtschaftlichen Zusammenhang, dies wird aber einheitlich als Veranlassungszusammenhang verstanden; vgl. *Heinicke* in Schmidt[23], § 50 EStG, Rn. 21; *Krabbe* in Schaumburg, Diskussion, 82; Wassermeyer, Zuordnung, 41.

[537] Siehe dazu im Einzelnen noch unter 2. Kapitel C. III. 2. b) aa) Aufwendungen für Schachteldividenden im Zusammenhang mit Brutto-Einkünften bzw. 2. Kapitel C. II. 2. c) Besonderheiten bei der Freistellung von Netto-Einkünften im Zusammenhang mit Netto-Einkünften.

[538] *Lindemann* in L/B/P, § 3c EStG, Rn. 46 (Stand: 61. Lfg. 5/2004). Vgl. auch *Birk/Jahndorf* in H/H/R, § 3c EStG, Rn. 15 (Stand: 200. Lfg. 10/2000).

[539] Eingehend BFH, Urt. v. 4.3.1977, VI R 213/75, BStBl. II 1977, 507, 508; v. 14.11.1986, VI R 209/82, BStBl. II 1989, 351, 353 f.; v. 26.3.2002, VI R 26/00, BStBl. II 2002, 823 ff.; FG Hamburg, Urt. v. 29.6.2001, II 139/00, EFG 2001, 1423; vgl. auch BFH, Beschl. v. 14.7.2004, I R 17/03, BStBl. II 2005, 53 [54] (beim EuGH geführt als Rs. C-471/04, Keller Holding GmbH). Aus der Literatur *Altehoefer* in Lademann, § 3c EStG, Rn. 2 (Stand: 115 Lfg. 4/1997); *Birk/Jahndorf* in H/H/R, § 3c EStG, Rn. 20 (Stand: 200. Lfg 10/2000); *Heinicke* in Schmidt[22], § 3c, Rn. 1; kritisch *v. Beckerath* in K/S, § 3c EStG, Rn. A 65 (Stand: 10. Lfg. 10/1988). Kritisch zu § 3c EStG im Zusammenhang mit dem Veranlassungsprinzip *Lang, J.* in T/L[17], § 9, Rn. 274; in diesem Sinne auch BFH, Urt. v. 29.5.1996, I R 167/94, BStBl. II 1997, 60, 62; *Wassermeyer*, Zuordnung, 49 f.; siehe dazu auch unter 2. Kapitel C. II. 2. b) Besonderheiten bei der Freistellung von Brutto-Einnahmen.

[540] Der Begriff „Ausgaben" ist nach ganz h. M. weit auszulegen und umfasst alle gewinnmindernden Aufwendungen, *Heinicke* in Schmidt[22], § 3c EStG, Rn. 10 m. w. N.

[541] § 3c gilt entgegen seinem Wortlaut für Betriebsausgaben und Werbungskosten gleichermaßen, allgemeine Ansicht, vgl. Birk/Jahndorf in H/H/R, § 3c EStG, Rn. 46 (Stand: 200. Lfg. 10/2000); *Heinicke* in Schmidt[22], § 3c EStG, Rn. 1.

mit steuerfreien Einnahmen in unmittelbaren[542] wirtschaftlichen Zusammenhang stehen.

aa) Anwendbarkeit des § 3c EStG

Fraglich ist nun zunächst, ob § 3c EStG auch auf nach dem DBA freigestellte Einkünfte anwendbar ist. Diese Frage ist nach allgemeiner Ansicht zu bejahen, auch *nach einem DBA freigestellte Einnahmen* seien solche im Sinne des § 3c EStG[543]. Dass neben den DBA-Regelungen über die Freistellung von Einkünften überhaupt Raum für eine Anwendung der innerstaatlichen Vorschriften bleibt, wird nicht bezweifelt[544]. Zwar bildet die DBA-rechtliche Freistellungsvorschrift und nicht das Einkommensteuergesetz die Rechtsgrundlage dafür, dass die jeweiligen Einkünfte steuerfrei zu behandeln sind. Dies hindert den Anwenderstaat allerdings nicht, als Folge der Steuerbefreiung in seinem innerstaatlichen Recht Aufwendungen für nicht abziehbar zu erklären[545]. Zur Beantwortung der Frage, ob „steuerfreie Einnahmen" im Sinne des § 3c Abs. 1 EStG nun auch solche sind, die nach einem DBA freigestellt sind[546], können gesetzes-historische Überlegungen herangezogen werden. Denn § 3 Nr. 41 EStG stellte in seiner alten Fassung diese Einnahmen für die Zwecke der deutschen Besteuerung ausdrücklich steuerfrei[547]; die Streichung der Norm sollte an der rechtlichen Beurteilung nichts ändern[548]. Auch differenziert der Wortlaut von § 3c Abs. 1 EStG nicht weiter nach der Art der Steuerfreiheit. Schließlich spricht auch die systematische Stellung für die Anwendbarkeit der Norm auf DBA-rechtlich freigestellte Einnahmen[549]. Dagegen wird angeführt, dass ausländische Einnahmen

---

[542] Dazu im Einzelnen unten 2. Kapitel C. III. 2. b) aa) Aufwendungen für Schachteldividenden.

[543] BFH, Urt. v. 31.7.1992, VI R 112/88, BFH/NV 1993, 224, 225; v. 19.4.1996, VI R 24/95, BStBl. II 1996, 452, 454; FG Hamburg, Urt. v. 29.6.2001, II 139/00, EFG 2001, 1423 f.; *Altehoefer* in Lademann, § 3c EStG, Rn. 6 (Stand: 115 Lfg. 4/1997); *Birk/Jahndorf* in H/H/R, § 3c EStG, Rn. 42 (Stand: 200. Lfg. 10/2000); *Heinicke* in Schmidt[22], § 3c EStG, Rn. 15 f.; *Vogel* in V/L[4], Art. 23, Rn. 67; *Wassermeyer* in D/W, Art. 23 A MA, Rn. 22 (Stand: 87. Lfg 10/2002).

[544] BFH, Urt. v. 29.5.1996, I R 15/94, BStBl. II 1997, 57, 59; *Altehoefer* in Lademann, EStG, § 3c Rn. 6 (Stand: 115. Lfg. 4/1997); *Birk/Jahndorf* in H/H/R, EStG, § 3c Rn. 27 (Stand: 200. Lfg. 10/2000). Offengelassen allerdings von BFH, Urt. v. 6.10.1993, I R 32/93, BStBl. II 1994, 113. Hypothetisch offenbar *Krabbe*, IStR 1996, 387 f.

[545] *Gosch*, DStR 1996, 1164; *Wassermeyer*, IStR 1996, 338.

[546] Gleichgültig, ob die Freistellung erst auf Ebene des Vermeidungsartikels oder bereits durch die Zuteilungsnormen erfolgt, vgl. FG Niedersachsen, Urt. v. 9.3.2005, 3 K 10119/02, EFG 2005, 1877.

[547] Siehe bereits oben 2. Kapitel C. II. Erwerbsbezüge und positive Einkünfte.

[548] BT-Drucks. 7/1470, S. 239; vgl. bereits oben 2. Kapitel C. II. Erwerbsbezüge und positive Einkünfte.

[549] *Frotscher*, DStR 2001, 2045 [2052].

letztlich nicht steuerfrei seien, sondern lediglich im Inland nicht besteuert würden[550]. Anders als bei nach den innerstaatlichen §§ 3, 3b EStG steuerfreien Einnahmen, die endgültig steuerlich unbelastet sind, seien die ausländischen Einnahmen endgültig (vom Quellenstaat) steuerlich belastet. Die wirtschaftliche Leistungsfähigkeit sei in dem Fall, dass Einkünfte aus dem Ausland bezogen werden, damit zusammenhängende Aufwendungen aber im Inland anfallen, tatsächlich nicht höher als in dem Fall, in dem die Einkünfte und die Aufwendungen im Inland anfallen[551]. Von daher könne auch nicht mit dem Grundsatz der Vermeidung eines doppelten Vorteils argumentiert werden. Eine unter Beachtung dieses Grundsatzes mit Rückgriff auf § 3c EStG fortgeführte Behandlung ausländischer Einkünfte sei in einer Zeit der zunehmenden internationalen Verflechtungen und Globalisierung der Wirtschaftstätigkeit nicht mehr angemessen. Wie die Kritiker aber selbst offenbar einräumen[552], ändern solche rechtspolitischen Erwägungen nichts an der derzeitigen Rechtslage, die de lege lata zur Anwendung des § 3c EStG auf nach DBA-Recht freigestellten Einnahmen zwingt[553].

bb) Einnahmen im Sinne des § 3c EStG

Allerdings sind nach der gängigen Formulierung der Freistellungsvorschriften nicht „Einnahmen" sondern „Einkünfte" steuerfrei[554] gestellt. Was genau die Vermeidungsnorm freistellt, wenn sie von „*Einkünften*" spricht, war lange Zeit umstritten[555]. Art. 3 OECD-MA enthält keine allgemeine Definition des Einkünftebegriffs. Ging man zunächst noch überwiegend davon aus, dass sich der Ausdruck „Einkünfte" nach dem Recht des das DBA anwendenden Staates - bei Art. 23 OECD-MA also des Wohnsitzstaates - bestimme[556], ist man nunmehr ganz überwiegend der Ansicht, dass es sich um einen Ausdruck des Abkommensrechts handelt, der autonom nach Abkommensrecht auszulegen ist[557].

550 Siehe bereits *Brezing*, FR 1972, 73 ff.; *Frotscher*, IntStR, § 4, Rn. 7; *ders.*, DStR 2001, 2045 [2053 f.] im Zusammenhang mit Währungsverlusten; *Krüger*, FR 1988, 517.
551 Vgl. *Frotscher*, IntStR, § 1, Rn. 21 f.; *Kessler*, IStR 1994, 299 ff.
552 *Frotscher*, IntStR, § 4, Rn. 7.
553 Kritisch zu den Gegenstimmen auch *Maiterth/Wirth*, DStR 2004, 433 [437].
554 Siehe oben 2. Kapitel C. II. Erwerbsbezüge und positive Einkünfte.
555 Dazu *Goschler*, Einkünfte, 55 ff. (allerdings mit deutlichen Lücken bei der Darstellung der Auffassung des BFH). Diese Frage hat vor allem Bedeutung für die Behandlung ausländischer Aufwendungen; siehe dazu unten 2. Kapitel C. III. 2. a) Grundzüge zur Behandlung ausländischer Aufwendungen.
556 *Vogel* in Vogel², Art. 23, Rn. 67; ähnlich auch *Breuninger*, FR 1995, 561 [567]; *Krabbe*, FR 1984, 473; *ders.*, DB 1994, 242; *ders.* offenbar auch in IStR 1996, 387 f.; *Tillmanns* in Mössner², Rn. B 510 ohne nähere Begründung.
557 BFH, Urt. v. 29.5.1996, I R 15/94, BStBl. II 1997, 57; *Frotscher*, IntStR, § 13, Rn. 1 f.; *Kluge*, IntStR⁴, S, Rn. 325; *Schaumburg*, IntStR², Rn. 16.537; *Schnitger, IWB, F. 3, Deutsch-*

Grundlegend für diesen Meinungswandel waren drei Entscheidungen des BFH vom 29. Mai 1996[558]. Dieser Rechtsprechung hat sich eine überwiegende Zahl von Vertretern des Schrifttums angeschlossen[559]. Daher soll der Ansatz der Rechtsprechung im Folgenden zunächst im Vordergrund stehen und auf seine Auswirkungen hin untersucht werden, bevor alternative Lösungen diskutiert werden[560].

Danach ist ein Rückgriff auf die innerstaatliche Terminologie grundsätzlich unzulässig, da sich die abkommensrechtlichen Begriffe von den innerstaatlichen unterscheiden und Übereinstimmungen rein zufälliger Natur sind; dies wird beispielsweise daraus erkennbar, dass das OECD-MA wesentlich mehr als nur die deutschen sieben Einkunftsarten kennt[561]. Der Begriff „Einkünfte“ ist daher unter Berücksichtigung der jeweils einschlägigen abkommensrechtlichen Einkunftsart auszulegen. Nur soweit die Anhaltspunkte im jeweiligen Abkommen für eine Begriffsklärung nicht ausreichen, kann auf das nationale Steuerrecht zurückgegriffen werden[562]. Da die Vermeidungsnorm in ihrer Rechtsfolge an die vorangegangene Zuteilungsnorm anknüpft, muss man zunächst davon ausgehen, dass der in der Vermeidungsnorm verwendete Einkünftebegriff mit dem in der jeweiligen Zuteilungsnorm verwendeten Einkünftebegriff deckungsgleich ist[563]. Denn der Kern der Rechtsfolge der Freistellungsvorschrift ist das „Ausnehmen von der Besteuerung“ an sich. Die Rechtsfolge der Vorschrift ist auf diese Aussage beschränkt, ohne den Umfang der Freistellung eigenständig zu bestimmen[564]. Insofern macht die Freistellungsvorschrift selbst keine Vorgaben zur Behandlung ausländischer Erwerbsaufwendungen[565]. Was unter dem Begriff „Einkünfte“ in den entsprechenden Freistellungsvorschriften der DBA gemeint ist, kann nicht alleine dort bestimmt werden, sondern steht vielmehr in Abhän-

---

land, Gr. 2, 1029, 1030; *Schuch*, Verluste, 51 ff. und 61 ff.; *Vogel* in V/L^4, Art. 23, Rn. 36; *Wassermeyer* in D/W, Art. 23 A MA, Rn. 21 (Stand: 87. Lfg 10/2002).

[558] BFH, Urt. v. 29.5.1996, I R 15/94, BStBl. II 1997, 57 ff.; I R 167/94, BStBl. II 1997, 60 ff. und I R 21/95, BStBl. II 1997, 63 ff.

[559] Vgl. zu den Reaktionen im Schrifttum sowie insbesondere auch der Kritik an am BFH ausführlich unten 2. Kapitel C. III. 2. Erwerbsaufwendungen und negative Einkünfte.

[560] Dazu erst unter 2. Kapitel C. IV. Kritische Würdigung.

[561] *Debatin*, DB 1985, Beilage 23, 3; *Vogel* in V/L^4, Vor Art. 6-22, Rn. 2. Vgl. auch *Birk/Jahndorf* in H/H/R, § 3c EStG, Rn. 42 (Stand: 200. Lfg. 10/2000), der allerdings missverständlich einen Rückgriff auf die „abkommensrechtliche“ Terminologie ausschließen will.

[562] *Wassermeyer*, Auslegung, 27. Dazu bereits auch oben 1. Kapitel B. II. 2. Auslegung von deutschen DBA.

[563] So auch *Schaumburg*, IntStR^2, Rn. 16.537. Vgl. auch *Kluge*, IntStR^4, S Rn. 324 f.

[564] *Mössner*, Methoden, 153; *Wassermeyer* in D/W, Art. 23 A MA, Rn. 22 (Stand: 87. Lfg 10/2002).

[565] *Andresen*, IStR 2001, 497 [499].

gigkeit zur Begrifflichkeit in den Zuteilungsartikeln[566]. Dafür spricht auch der Wortlaut von Art. 23 A OECD-MA, wenn er „Einkünfte" voraussetzt, die „nach diesem Abkommen im anderen Vertragsstaat [Anm.: Quellenstaat] besteuert werden" und eben diese Einkünfte freigestellt werden[567]. Daher schlägt die unter Berücksichtigung der Zuteilungsnorm gefundene Auslegung des Einkünftebegriffs auf die Vermeidungsnorm durch[568]. Der an sich leere Einkünftebegriff der Vermeidungsnorm ist mit dem Inhalt der in dem jeweiligen Fall maßgeblichen Zuteilungsnorm auszufüllen. In den Zuteilungsnormen findet sich allerdings eine unterschiedliche Terminologie („Vergütung, Gewinne, Dividenden" etc.). Der Terminus „Einkünfte" muss demnach als Oberbegriff für die in den Zuteilungsnormen verwendeten Termini, wie „Gewinne", „Dividenden", „Gehälter" etc. verstanden werden[569]. Andernfalls würde die Freistellungsvorschrift ihre Wirkung nicht auf solche Einkunftsarten entfalten können, in denen die Zuteilungsnormen nicht von „Einkünften", sondern von „Gehältern", „Gewinnen" etc. sprechen - eine logisch-konsequente und Einkunftsarten übergreifende Vermeidung der Doppelbesteuerung wäre nicht möglich[570]. Findet sich in der Zuteilungsnorm, wie beispielsweise in Art. 10 Abs. 3 OECD-MA, eine nähere Begriffserläuterung, ist diese nach DBA-rechtlichen Grundsätzen, und nicht nach innerstaatlichem Recht auszulegen[571]. Nach der dortigen Legaldefinition sind Dividenden

> „... Einkünfte aus Aktien, Genussaktien oder Genusscheinen, Kuxen, Gründeranteilen oder anderen Rechten - ausgenommen Forderungen - mit Gewinnbeteiligung sowie aus sonstigen Gesellschaftsanteilen stammende Einkünfte, die nach dem Recht des Staates, in dem die ausschüttende Gesellschaft ansässig ist, den Einkünften aus Aktien steuerlich gleichgestellt sind."

Diese Begriffbestimmung mag zwar den tatbestandlichen Umfang von „Dividenden" festlegen. Allerdings gibt sie zum einen zur Bestimmung des betragsmäßigen Umfanges der Einkünfte nicht viel her; zum anderen finden sich solche Legaldefinitionen keineswegs auch für alle übrigen DBA-rechtlichen Einkunftsarten. Diesbezüglich hat der BFH in den drei Entscheidungen vom 29. Mai 1996 für Dividenden festgestellt, dass das Merkmal der „Dividenden" innerstaatlich als Brutto-Einnahmen zu verstehen ist und führte zur Begründung seiner These

---

566 Siehe oben 2.Kapitel A. Freistellungsmethode im OECD-MA.

567 Vgl. *Kluge*, IntStR[4], S Rn. 325; *Wassermeyer*, Zuordnung, 48.

568 *Wassermeyer*, Zuordnung, 48.

569 So grundlegend die drei Urteile vom 29.5.1996 I R 15/94, BStBl. II 1997, 57; I R 167/94, BStBl. II 1997, 60, 61 und I R 21/95, BStBl. II 1997, 63; v. 9.4.1997, I R 178/94, BStBl. II 1997, 657, 658; *Schuch*, Verluste, 61; *Wassermeyer* in D/W, Art. 23 A MA, Rn. 21 (Stand: 87. Lfg 10/2002); a. A. offenbar *Frotscher*, IntStR, § 13, Rn. 1.

570 So offenbar auch *Goschler*, Einkünfte, 67. Ähnlich *Schuch*, Verluste, 61 f.

571 *Förster*, DStR 1994, 643; *Ritter*, BB 1994, 509 [510 f.]; *Wassermeyer*, IStR 1992, 74.

aus[572]: Die Begriffsverwendung des „Zahlens“ einer Dividende spreche dafür, dass es sich um eine reine Bruttogröße handeln muss[573]. Außerdem könne auch der Gesichtspunkt der abkommensrechtlichen Gleichbehandlung von „Dividenden, Zinsen und Lizenzgebühren“ zur Begründung herangezogen werden[574]. Schließlich führt der BFH für die von ihm vorgenommene Interpretation auch die entsprechende Formulierung des § 8b Abs. 5 KStG an[575]. Auf diese, am Beispiel der Dividenden dargelegten Weise ist der Einkünftebegriff der Freistellungsvorschrift im Zusammenhang mit der jeweils einschlägigen Zuteilungsnorm auszulegen. In der Praxis muss nach dieser Rechtsprechung letztlich je nach anzuwendendem DBA anhand der dort vorgesehenen Zuteilungsnormen für den Einzelfall bestimmt werden, ob Netto-Einkünfte im Sinne des § 2 Abs. 2 EStG oder Brutto-Einnahmen im Sinne der §§ 4 Abs. 3, 8 Abs. 1 EStG in der Freistellungsvorschrift angesprochen sind; dies hat der BFH in seinen grundlegenden Urteilen vom 29. Mai 1996 verdeutlicht[576]. Im Ergebnis nimmt die Freistellungsklausel damit auf einen dualen Einkünftebegriff Bezug[577]. Die Abkommen sind nicht einheitlich nach dem OECD-MA auszulegen[578]. Regelmäßig[579] soll aber, so folgert im Anschluss an den BFH die Literatur, davon ausge-

---

[572] Vgl. BFH, Urt. v. 29.5.1996, I R 15/94, BStBl. II 1997, 57 ff.; I R 167/94, BStBl. II 1997, 60 ff. und I R 21/95, BStBl. II 1997, 63 ff.

[573] *Schnitger*, IWB, F. 3, Deutschland, Gr. 2, 1029 [1031]; *Wassermeyer* in D/W, Art. 10 MA, Rn. 4 (Stand: 84. Lfg 6/2001).

[574] Grundlegend BFH, Urt. v. 29.5.1996, I R 15/94, BStBl. II 1996, 57 [59].

[575] BFH, Urt. v. 29.5.1996, I R 167/94, BStBl. II 1997, 60 [61].

[576] Vgl. insbesondere BFH, Urt. v. 29.5.1996, I R 167/94, BStBl. II 1997, 60 [61]; außerdem I R 15/94, BStBl. II 1997, 57 und I R 21/95, BStBl. II 1997, 63; *Schnitger*, IWB, F. 3, Deutschland, Gr. 2, 1029 [1031]. Daher hat der BFH abgesehen von den Entscheidungen zum Dividendenbegriff nur ganz vereinzelt zur Unterscheidung (Netto-) Einkünfte, (Brutto-) Einnahmen in den Zuteilungsnormen Stellung genommen. Siehe dazu noch unten Fn. 959.

[577] *Schaumburg*, IntStR^2, Rn. 16.537.

[578] Vgl. *Breuninger*, FR 1995, 561 [567]; *Wassermeyer*, Schachtelbeteiligungen, 22 f.

[579] Allerdings finden sich in manchen DBA genau entgegengesetzte Formulierungen, die in Anlehnung an den sonst üblicherweise verwendeten Wortlaut im Umkehrschluss zu einem anderen als dem hier dargestellten Ergebnis führen. Beispielsweise spricht das DBA-Luxemburg 1958/1973 in Art. 15 Abs. 1 ausdrücklich von „Einkünften aus Lizenzgebühren“, obgleich die meisten anderen Abkommen bloß von „Lizenzgebühren“ sprechen. Dies hat den BFH zu dem Umkehrschluss veranlasst, dass die Begrifflichkeit im DBA-Luxemburg 1958/73 ausnahmsweise nicht nur die Einnahmen, sondern auch Aufwendungen erfasst; BFH, Urt. v. 20.11.1974, I R 1/73, BFHE 114, 530. Ebenso spricht das DBA-Frankreich 1959/69/89/2001 in Art. 20 Abs. 1 b) bei Dividenden ausdrücklich von Nettoeinkünften. Vgl. dazu das BMF-Schreiben v. 20.1.1997, IV C 5 - S 1300 - 176/96, BStBl. I 1997, 99 bzw. das folgende Schreiben v. 10.1.2000, IV D 3 - S 1300 - 217/99, BStBl. I 2000, 71 f. in dem die vom BFH für „Einnahmen“ entwickelten Grundsätze trotz des abweichenden Wortlautes auch auf das DBA-Frankreich 1959/69/89/2001 (Art. 20 Abs. 1 a), b)) angewendet werden. Hierfür war die Auffassung maßgebend, dass rechtspolitisch unterschiedliche Ergebnisse nicht zu rechtfertigen seien; *Krabbe*, Aufwand, 6; *ders.* IStR 2000, 55.

gangen werden können, dass ein DBA *Netto-Einkünfte* meint, wenn es von Einkünften aus unbeweglichem Vermögen (Art. 6 OECD-MA), Unternehmensgewinnen (Art. 7 OECD-MA), Gewinnen aus dem Betrieb von Schiffen (Art. 8 OECD-MA), Veräußerungsgewinnen (Art. 13 OECD-MA), Einkünften aus selbständiger Arbeit (Art. 14 OECD-MA a. F.) oder Einkünften von Künstlern und Sportlern (Art. 17 OECD-MA spricht. Dagegen soll es sich um *Brutto-Einnahmen* handeln bei Dividenden (Art. 10 OECD-MA)[580], Zinsen (Art. 11 OECD-MA)[581], Lizenzgebühren (Art. 12 OECD-MA)[582], Gehältern und Löhnen aus nichtselbständiger Arbeit (Art. 15 OECD-MA)[583], Aufsichtsratsvergütungen (Art. 16 OECD-MA), Ruhegehältern (Art. 18 OECD-MA) sowie Gehältern und Löhnen im öffentlichen Dienst (Art. 19 OECD-MA) und bei Zahlungen an Studenten, Praktikanten etc.[584] (Art. 20 OECD-MA)[585]. Von den zuletzt genannten Einkunftsarten, die Brutto-Einnahmen ansprechen, fallen allerdings nur einige wenige in deutschen DBA in den Anwendungsbereich der Freistellungsmethode; es sind dies die *Schachteldividenden und die Einkünfte aus nichtselbständiger Arbeit*[586]. Bei ihnen handelt es sich also um steuerfreigestellte Einnahmen -

---

[580] BFH, Urt. v. 29.5.1996 I R 15/94, BStBl. II 1997, 57; I R 167/94, BStBl. II 1997, 60 und I R 21/95, BStBl. II 1997, 63.

[581] FG Düsseldorf, Urt. v. 20.10.1998, 6 K 3474/94 K, G, BB, EFG 1999, 268, 271; vom BFH im Anschluss insoweit offen gelassen, Urt. v. 29.3.2000, I R 15/99, BStBl. II 2000, 577, 579.

[582] BFH, Urt. v. 20.11.1974, I R 1/73, BFHE 114, 530, 534 f.: Anders als im der Entscheidung zu Grunde liegenden Fall des DBA-Luxemburg (s. dazu bereits oben Fn. 579) seien „in den meisten anderen Abkommen" dem Wohnsitzstaat lediglich „die Besteuerung der „Lizenzgebühren" oder der vergleichbaren Vergütungen - also der Betriebseinnahmen - zugewiesen...; vor allem die jüngere Abkommenspraxis verwendet nur noch diese auch in Art. 12 des OCED-Musterabkommens 1963 gebrauchte Formulierung."

[583] FG Düsseldorf, Urt. v. 12.4.2005, 3 K 4223/03, EFG 2005, 1533 f. (anhängig beim BFH unter I R 34/05).

[584] FG Niedersachsen, Urt. v. 9.3.2005, 3 K 10119/02, EFG 2005, 1877; *Wassermeyer* in Schaumburg, Diskussion, 84 f.

[585] In diesem Sinne differenzieren ferner *Kluge*, IntStR[4], S Rn. 325; *Schaumburg*, IntStR[2], Rn. 16.537; *Wassermeyer* in D/W, Art. 23 A MA, Rn. 21 (Stand: 87. Lfg 10/2002). Siehe auch Fn. 959.

[586] Für die Einkünfte aus nichtselbständiger Arbeit ist bei DBA, die eine Art. 15 OECD-MA entsprechende Norm enthalten zu beachten, dass die Freistellungsmethode nicht greift, sondern dem Wohnsitzstaat die Besteuerungsbefugnis zugeteilt wird, wenn der Steuerpflichtige nicht im Tätigkeitsstaat ansässig ist und folgende drei Voraussetzungen kumulativ vorliegen: der Steuerpflichtige hält sich in 12 Monaten nicht länger als 183 Tage im Tätigkeitsstaat auf, die Vergütung wird von einem nicht im Tätigkeitsort ansässigen Arbeitgeber gezahlt und sie wird von einer Betriebsstätte getragen (kritisch zur Formulierung des Art. 15 OECD-MA *Kluge*, IntStR[4], S, Rn. 280; *Wassermeyer* in D/W, Art. 15 MA, Rn. 31 (Stand: 86. Lfg. 3/2002)). Für die anderen Brutto-Einkunftsarten gilt entsprechend den bisherigen Ausführungen Folgendes: Die übrigen (Streubesitz-) Dividenden unterfallen in deutschen DBA der Anrechnungsmethode. Gleiches gilt für Zinsen, Lizenzgebühren und Aufsichtsratsvergütungen. Für Ruhegehälter, Gehälter im öffentlichen Dienst oder Zahlungen an Studenten, Praktikanten

dementsprechend kann § 3c EStG auf sie Anwendung finden. Dagegen sind *Einkünfte aus unbeweglichem Vermögen, Gewinne eines Unternehmens, aus dem Betrieb von Schiffen sowie Veräußerungsgewinne* und Einkünfte von Künstlern und Sportlern als (Netto-) Einkünfte zu verstehen[587]. Damit ist zugleich der Anwendungsbereich des § 3c Abs. 1 EStG bezüglich der hier in Frage stehenden Behandlung ausländischer Erwerbsaufwendungen abgesteckt[588]. Ergibt sich aus der Zuteilungsnorm, dass Einnahmen gemäß der Freistellungsvorschrift von der inländischen Besteuerung auszunehmen sind, ist § 3c Abs. 1 EStG einschlägig[589] und verbietet den Abzug der mit den Einnahmen in unmittelbaren, wirtschaftlichen Zusammenhang stehenden Aufwendungen.

cc) Keine Einnahmen im Sinne des § 3c EStG

Folgt aus der DBA-rechtlichen Systematik dagegen, dass *Einkünfte* freigestellt sind, so kommt eine Anwendung des § 3c EStG schon aus tatbestandlichen Gründen nicht in Betracht[590]. Folgt man dem BFH und dem überwiegenden Schrifttum ist es nur logisch, dass es einer Anwendung des § 3c EStG bei „Einkünften" nicht bedarf. Denn in diesem Fall stellt das DBA den Saldo der Einnahmen abzüglich der Aufwendungen frei und entzieht sie damit umfänglich der deutschen Besteuerung[591]. Insofern bestehen Parallelen zur Regelung in § 3c

---

etc. weisen grundsätzlich bereits die Zuteilungsnormen (grundsätzlich) dem Wohnsitzstaat die Besteuerungsbefugnis zu - die Freistellungsmethode der Vermeidungsnorm kommt insofern nicht zur Anwendung.

[587] *Kluge*, IntStR[4], S, Rn. 325; *Schaumburg*, IntStR[2], Rn. 16.537; *Wassermeyer* in D/W, Art. 23 A MA, Rn. 21 (Stand: 87. Lfg 10/2002). Siehe auch Fn. 959.

[588] *Wassermeyer* in D/W, Art. 23 A MA, Rn. 21 (Stand: 87. Lfg 10/2002).

[589] So bereits Krabbe, FR 1984, 473 m. w. N. Ebenso *Frotscher*, DStR 2001, 2045 [2052]; *Heinicke* in Schmidt, EStG[23], § 3c Rn. 11; *Vogel* in V/L[4], Art. 23, Rn. 67; *Vogelgesang* in B/H/G/K, Teil 2, Art. 15, Rn. 253 (Stand: Grundwerk); *Wassermeyer* in D/W, Art. 23 A MA, Rn. 21 (Stand: 87. Lfg 10/2002). Zweifelnd offenbar *Andresen*, IStR 2001, 497 [502]; mit berechtigten Einwänden dagegen *Frotscher*, DStR 2001, 2045, [2053, Fn. 47].

[590] Vgl. *Birk/Jahndorf* in H/H/R, § 3c EStG, Rn. 42 (Stand: 200. Lfg. 10/2000). Vgl. auch *Strunk* in Korn, § 3c EStG, Rn. 15 (Stand: 1. Lfg. 1/2001); *Wassermeyer*, Schachtelbeteiligungen, 21.

[591] So im Ergebnis auch *Lindemann* in L/B/P, § 3c EStG, Rn. 10 (Stand: 61. Lfg. 5/2004), allerdings mit dem falschen Beispiel der Schachtelbefreiung, bei der es sich regelmäßig um „Einnahmen" im Sinne der deutschen Terminologie handelt. Ferner *Birk/Jahndorf* in H/H/R, § 3c EStG, Rn. 40 (Stand: 200. Lfg. 10/2000); *Ellsel* in B/H/G/K, Teil 2, Art. 6, Rn. 76 (Stand: Grundwerk); möglicherweise auch *Strunk* in Korn, § 3c EStG, Rn. 6 (Stand: 9. Lfg. 7/2002). Diese Sichtweise entspricht in gewisser Hinsicht der Rechtsprechung des RFH vor Einführung des § 3c EStG, der sich damit behalf, sachliche Steuerbefreiungen für „Einkünfte" und nicht nur für „Einnahmen" zu unterstellen, so dass faktisch ein Abzugsverbot entsprechend § 3c EStG existierte; RFH, Urt. v. 5.6.1928, I A 262/28, RStBl. 1928, 288; v. 29.5.1935, I A 101 - 102/35, RStBl. 1935, 1031 f. In diese Richtung auch BFH, Urt. v.

EStG, der durch das Abzugsverbot letztlich dafür sorgt, dass nicht Einnahmen, sondern Einkünfte freigestellt sind; dies entspricht dem objektiven Nettoprinzip[592]. Ein Rückgriff auf § 3c EStG kommt darüber hinaus auch schon deshalb nicht in Frage, weil die DBA-rechtliche Freistellung der nationalen Norm aufgrund ihres lex-specialis-Charakters vorgeht. Sie regelt in diesem Fall gerade das, was im Fall der Freistellung von „Einnahmen" in § 3c EStG normiert ist, nämlich die Behandlung der mit den Einnahmen zusammenhängenden Aufwendungen. Die die Aufwendungen umfassende Steuerbefreiung ist in den beschriebenen Fällen bereits in den DBA abschließend geregelt[593]. Werden ausländische „Einkünfte" als solche von der inländischen Steuer freigestellt, bleiben nicht nur die Einnahmen, sondern auch die Erwerbsaufwendungen schon auf Grund der Systematik der DBA bei der inländischen Besteuerung außer Ansatz[594]. Nur in diesem Fall der Freistellung von „Einkünften" soll sich nach der Rechtsprechung und dem überwiegenden Schrifttum der Ausschluss der Möglichkeit, ausländische Aufwendungen - verstanden als solche, die mit im Ausland erzielten Einnahmen zusammenhängen - im Wohnsitzstaat zu berücksichtigen bereits aus der DBA-rechtlichen Freistellungsvorschrift ergeben. Ist der in der Freistellungsvorschrift verwendete Ausdruck „Einkünfte" wegen der betroffenen Zuteilungsnorm nach innerstaatlicher Terminologie als „Einnahmen" zu werten, kann sich das Abzugsverbot schon deshalb nicht aus dem DBA selbst ergeben, weil das DBA insofern die dazugehörigen „Aufwendungen" gar nicht anspreche, zu ihrer Behandlung also keinerlei Aussagen treffe.

Einer von Teilen der Rechtsprechung[595] vertretenen und vom Schrifttum[596] teilweise aufgegriffenen anderen Ansicht tritt der BFH entgegen. Werden dort Werbungskosten, die mit „Einkünften aus nichtselbständiger Arbeit" im Sinne des Art. 15 OECD-MA in Zusammenhang stehen, deshalb bei der inländischen

---

20.11.1974, I R 1/73, allerdings für die umgekehrte Konstellation, in der der Steuerpflichtige im Ausland ansässig ist, jedoch keine typischen Freistellungs-Einkünfte, sondern Lizenzgebühren erzielt. Ebenso für die vergleichbare österreicherische Rechtslage vor dem Erkenntnis des ÖVwGH v. 25.9.2002 *Loukota*, SWI 2001, 466. A. A. ausdrücklich offenbar *Schröder*, StBp 1988, 218 [221].

[592] So auch *Meithert/Wirth*, DStR 2004, 433.

[593] So *Schröder*, StBp 1988, 218 [220].

[594] FG Baden-Württemberg, Beschl. v. 8.4.1991, 3 V 27/90, IStR 1992, 73; *Schaumburg*, IntStR², Rn. 16.537, einschränkend dagegen in Rn. 16.552; *Schröder*, StBp 1988, 218, 220. Vgl. auch *Gosch*, DStR 1996, 1164. Nur insoweit kann auch *Birk/Jahndorf* in H/H/R, § 3c EStG, Rn. 42 (Stand: 200. Lfg. 10/2000 gefolgt werden). Möglicherweise auch *Jahn*, PIStB 2002, 123 und *Schuch*, Verluste, 144.

[595] BFH, Urt. v. 6.10.1993, I R 32/93, BStBl. II 1994, 113; FG Münster, Urt. v. 6.11.2000, 9 K 8595/98, EFG 2001, 235 (aufgehoben durch BFH, Urt. v. 7.11.2001, I R 3/01, BStBl. II 2002, 865, dazu sogleich).

[596] *Birk/Jahndorf* in H/H/R, § 3c EStG, Rn. 42 (Stand: 200. Lfg. 10/2000).

Ermittlung der Einkünfte nicht berücksichtigt, weil die entsprechende Freistellungsvorschrift auch die dazugehörigen „Einkünfte" freistelle, wird verkannt, dass sich die dortige Freistellung nur auf „Einnahmen" beziehe und damit zusammenhängende Aufwendungen folglich nicht mit umfasse. Unter Zugrundelegung des vom BFH in seinen drei Urteilen vom 29. Mai 1996[597] entwickelten Konzepts, die DBA-rechtlichen „Einkünfte" als Oberbegriff zu verstehen, die je nach Zuteilungsnorm innerstaatlich als Brutto-Einnahmen oder Netto-Einkünfte zu werten sind, kann sich ein Abzugsverbot für mit Brutto-Einnahmen zusammenhängende Aufwendungen nur noch aus § 3c EStG ergeben - das hat der BFH auch in einer späteren Entscheidung ausdrücklich betont[598]. Da nach den Vorgaben des OECD-MA Einkünfte aus nichtselbständiger Arbeit im Sinne des Art. 15 OECD-MA innerstaatlich als „Einnahmen" anzusehen sind[599], kann aus ihrer Freistellung eine Aussage zur Behandlung der Aufwendungen folglich nicht getroffen werden. Nur wenn DBA-rechtlich „Einkünfte" freigestellt werden, die aufgrund der Interpretation der Zuteilungsvorschrift auch innerstaatlich als „Einkünfte" zu verstehen sind, umfasst die Freistellung gleichsam die Aufwendungen, so dass in diesem Fall sowohl die Einnahmen als auch die Aufwendungen von der deutschen Besteuerung auszunehmen sind.

Davon unbenommen bleibt das Recht des Wohnsitzstaates, einen sich aus einem Überschuss der Aufwendungen über die Einnahmen ergebenden *Verlust* im Rahmen der nationalen Besteuerung zu berücksichtigen. In der Bundesrepublik Deutschland kam eine Berücksichtigung ausländischer Verluste bis zum Veranlagungszeitraum 1998 unter den Voraussetzungen des § 2a Abs. 3 EStG in Betracht. Die Vorschrift wurde mit Wirkung zum Veranlagungszeitraum 1999 gestrichen[600]. Eine Berücksichtigung ausländischer Verluste erfolgt nun in erster Linie noch im Rahmen des negativen Progressionsvorbehaltes[601].

b) Besonderheiten bei der Freistellung von Brutto-Einnahmen

Nach den bisherigen Ausführungen ist für die Berücksichtigung ausländischer Aufwendungen, die mit Einkünften im Zusammenhang stehen, die nach ab-

---

597 Siehe oben Fn. 569.

598 So im Anschluss an die grundlegende Rechtsprechung vom 29.5.1996 der BFH in Urt. v. 7.11.2001, I R 3/01, BStBl. II 2002, 865 f. Insofern verkennt *Schnitger*, IWB, F. 3, Deutschland, Gr. 2, 1029 [1031], dass der BFH an dieser Stelle ausdrücklich nur für „Einnahmen" feststellt, dass ein Betriebsausgabenabzugsverbot nur aus § 3c EStG folgen kann.

599 Siehe bereits oben 2. Kapitel A. Freistellungsmethode im OECD-MA.

600 Gemäß § 52 Abs. 3 Satz 3 EStG sind allerdings bis zum Veranlagungszeitraum 2008 vor 1999 abgezogene Verluste gegebenenfalls wieder hinzuzurechnen. Zu den Gründen für die Streichung vgl. *Bernhard*, IStR 2001, 366 [367].

601 Siehe dazu unten 2. Kapitel C. III. 3. Negative Einkünfte.

kommensautonomer Auslegung innerstaatlich als (Brutto-) „Einnahmen“ zu werten sind, insbesondere § 3c EStG zu beachten. Nur aus dieser Vorschrift kann sich nach der im Folgenden zugrunde gelegten Auffassung des BFH und Teilen der Literatur ein Abzugsverbot für mit Brutto-Einnahmen zusammenhängende Aufwendungen ergeben[602]. Ist insoweit der Anwendungsbereich der Vorschrift abgegrenzt, soll es im Folgenden um die Besonderheiten auf Seiten des Tatbestandes und der Rechtsfolge der Norm gehen.

aa) Aufwendungen für Schachteldividenden

§ 3c EStG wurde vor Inkrafttreten des § 8b Abs. 5 KStG[603] vor allem im Zusammenhang mit der Frage nach der Behandlung von mit ausländischen Schachteldividenden zusammenhängenden Aufwendungen überaus kontrovers diskutiert und vom BFH schließlich konkretisiert[604]. Gemäß den obigen Ausführungen müsste für Schachteldividenden zunächst folgendes gelten: Da Dividenden nach der Zuteilungsnorm des jeweiligen DBA regelmäßig als „Einnahmen“ zu werten sind, wäre § 3c EStG auf sie grundsätzlich anwendbar. Dies hat zur Folge, dass all jene Aufwendungen nicht als Betriebsausgaben oder Werbungskosten abgezogen werden dürfen, die mit nach dem DBA freigestellten Dividenden in einem „unmittelbaren wirtschaftlichen Zusammenhang“ stehen, wie ihn § 3c EStG voraussetzt. Bereits dieses Merkmal des „unmittelbaren wirtschaftlichen Zusammenhangs“ ist im Schrifttum allerdings mit Unverständnis aufgenommen worden. Anders als das allgemeine, aus den §§ 4 Abs. 4, 9 Abs. 1 Satz 1, 50

---

602 Siehe Fn. 598.

603 Auf eine Darstellung der früheren Kontroverse kann an dieser Stelle nicht verzichtet werden, da sich zum einen aus ihr Konsequenzen für die Behandlung der übrigen Einkünfte ableiten lassen und sie zum anderen auch heute noch Bedeutung erlangt für die Frage der Behandlung solcher Dividenden, die nicht vom nationalen, aber doch vom internationalen Schachtelprivileg erfasst werden. Schließlich wurde in der zu dieser Thematik ergangenen Rechtsprechung die Grundlage für die im Folgenden darzustellende Trennung zwischen den DBA-rechtlichen Brutto- und Netto-Einkunftsarten gelegt.

604 Aus der umfangreichen Rechtsprechung insbesondere BFH-Urteile vom 25.10.1966, I 26/64, BStBl. III 1967, 92; v. 21.4.1971, I R 97/68, BStBl. II 1971, 694; v. 21.2.1973, I R 148/71, BStBl. II 1973, 509; v. 21.2.1973, I R 26/72, BStBl. II 1973, 508; v. 5.12.1984, I R 62/80, BStBl. II 1985, 311; v. 16.3.1994, I R 42/93, BStBl. II 1994, 799; gegen die letztgenannte Entscheidung aber Urt. v. 9.4.1997, I R 178/94, BStBl. II 1997, 657, das die drei Grundsatzurteile vom 29.5.1996, I R 15/94, BStBl. II 1997, 57, I R 167/94, BStBl. II 1997, 60 und I R 21/95, BStBl. II 1997, 63 bestätigt. Ferner zuletzt die Vorlage an den EuGH mit Beschl. v. 14.7.2004, I R 17/03, BStBl. II 2005, 53 [55] (beim EuGH geführt als Rs. C-471/04, Keller Holding GmbH); dazu unten 3. Kapitel C. IV. Negative Einkünfte. Allein aus dem Schrifttum insbesondere (in chronologischer Reihenfolge) *Brezing*, FR 1972, 73 ff.; *Förster*, DStR 1994, 643 ff.; *Kessler*, IStR 1994, 299 ff.; *Krabbe*, FR 1984, 473 ff.; *ders.*, DB 1994, 242 ff.; *Breuninger*, FR 1995, 561 ff.; *Häger/Forst*, EStB 2001, 154 ff. insbesondere zu Gestaltungsmöglichkeiten; *Maiterth/Wirth*, DStR 2004, 433 ff.

Abs. 1 EStG[605] abgeleitete Veranlassungsprinzip, setzt § 3c EStG einerseits Unmittelbarkeit und andererseits einen Zusammenhang zwischen den Aufwendungen und den Einnahmen voraus. § 3c EStG schränkt damit das Betriebsausgabenabzugsverbot gegenüber dem Veranlassungsgrundsatz ein, der einerseits nur *Mittelbarkeit* erfordert und zum anderen auf einen Zusammenhang zwischen der Vermögensmehrung bzw. -minderung und der *Einkunftsquelle* abstellt[606]. Schon insofern forderten manche Autoren den BFH auf, § 3c EStG entgegen seinem Wortlaut auszulegen, nämlich im Sinne des allgemeinen Veranlassungsprinzips[607].

Blieb diese Forderung auch unbeachtet, so erkannte die Rechtsprechung doch den Widerspruch an und legte § 3c EStG in einer besonderen Weise aus: Unter Berücksichtigung der unterschiedlichen Anforderungen des allgemeinen Veranlassungszusammenhanges, wie sie sich letztlich aus § 4 Abs. 4 EStG ergeben und des Merkmales des „unmittelbaren wirtschaftlichen Zusammenhanges" in § 3c EStG, verknüpft der BFH letzteres mit dem *Bezug* von Schachteldividenden an sich[608]. So gelangt er zu dem Ergebnis, dass Aufwendungen bei der Ermittlung der Einkünfte abgezogen werden können, wenn und soweit keine Dividenden fließen. Das Merkmal des „unmittelbaren wirtschaftlichen Zusammenhanges" sei in gewisser Hinsicht in einem zeitlichen Sinne zu verstehen und daher zu verneinen, wenn den Aufwendungen in dem Veranlagungszeitraum, für den der Abzug begehrt wird keine steuerfreien Schachteldividenden gegenüberstehen[609]. Das Abzugsverbot des § 3c EStG ist demnach auf den Betrag der im Veranlagungszeitraum fließenden Dividenden begrenzt[610]. Zur Begründung führt der BFH aus, „die Betonung des unmittelbaren wirtschaftlichen Zusammenhanges" mache deutlich, dass allein auf die im jeweiligen Veranlagungszeitraum angefallenen steuerfreien Erträge abgestellt werden könne[611]. Auf diese Weise konnten insbesondere Schuldzinsen aus Darlehen, die zur Finanzierung der Schachtelbeteiligung aufgenommen wurden, in den ersten Jahren der Gründung der Tochtergesellschaft, der Phase der Anlaufverluste, von inländischen Einkünften abgezogen werden. Die Praxis passte sich der Rechtsprechung an und schüttete die Dividenden an die Muttergesellschaft fortan erst dann aus,

---

[605] Kritisch zum Rekurs auf § 50 Abs. 1 EStG oder § 103 BewG *Wassermeyer*, Zuordnung, 41, aber auch 49.

[606] *Wassermeyer*, Zuordnung, 49.

[607] *V. Beckerath* in K/S, § 3c EStG, Rn. B 28 ff. (Stand: 10. Lfg. 10/1988); *Krabbe*, IStR 1996, 387 [388]. A. A. *Birk/Jahndorf* in H/H/R, § 3c EStG, Rn. 62 (Stand: 200. Lfg. 10/2000); *Förster*, DStR 1994, 643 [644].

[608] BFH, Urt. v. 29.5.1996, I R 167/94, BStBl. II 60, 62.

[609] *Wassermeyer*, Zuordnung, 49 f.

[610] Vgl. *Krabbe*, Zuordnung, 6.

[611] Ständige RSpr. seit BFH, Urt. v. 25.10.1966, I 26/64, BStBl. III 1967, 92, 94 f.; v. 21.4.1971, I R 97/68, BStBl. II 1971, 694, 696.

wenn bei ihr keine Finanzierungskosten mehr vorhanden waren (sog. ballooning concept)[612]. Der Umstand, dass die vom BFH angeführte Auslegung des § 3c EStG derartige Gestaltungsmöglichkeiten einschloss, wurde von der Rechtsprechung ausdrücklich gebilligt[613] und entspreche dem Sinn und Zweck der Vorschrift, „der Förderung der Bundesrepublik Deutschland als internationaler Holdingstandort“ zu dienen[614]. Selbst wenn unsicher ist, ob überhaupt künftige Dividenden zufließen werden, sei der erforderliche Zusammenhang nicht zu verneinen. Allerdings sei die Annahme eines unmittelbaren wirtschaftlichen Zusammenhanges umso fragwürdiger, je weiter entfernt die Erwartung eines Dividendenflusses zeitlich gesehen in der Zukunft liege. Dennoch konnten in den konkreten Streitfällen der Grundsatzentscheidungen des BFH nicht nur solche Schuldzinsen abgezogen werden, die über die ausgeschütteten Dividenden hinausgingen[615], sondern auch solche, denen keinerlei Dividendeneinnahmen gegenüberstanden[616]. Erst in dem dritten Fall, in dem der Steuerpflichtige der Höhe nach mehr Dividenden erhielt, als er Schuldzinsen aufwenden musste, griff § 3c EStG vollumfänglich mit der Folge des Abzugsverbots ein[617].

Für das vom BFH gefundene Ergebnis spricht allein schon das die Rechtfolge beschränkende Wort „soweit“[618]. Dass der BFH indes trotzdem auf das Merkmal des „unmittelbaren wirtschaftlichen Zusammenhanges“ abgestellt hat, erklärt sich aus dem Widerspruch des Wortlauts zu § 4 Abs. 4 EStG[619]. Würde man die Formulierung des § 3c EStG beim Wort nehmen, müsste man einen solchen Zusammenhang zwischen den Einnahmen (hier den steuerbefreiten Dividendenzahlungen) und den Aufwendungen (hier den Schuldzinsen) streng genommen verneinen und folglich den vollen Abzug zulassen[620]. Denn die Zinsaufwendungen als solche sind ihrer Natur nach Betriebsausgaben und daher zunächst ab-

---

612 *Kluge*, IntStR[4], Rn. S 332; *Jacobs*, Unternehmensbesteuerung[5], 832. *Pohl/Raupach* in FS DAI, 502.

613 BFH, Urt. v. 25.10.1966, I 26/64, BStBl. III 1967, 92, 94 f.; v. 21.4.1971, I R 97/68, BStBl. II 1971, 694, 696. Bestätigt durch BFH, Urt. v. 7.9.2005, I R 118/04, IStR 2006, 23, 25.

614 Vgl. BFH, Urt. v. 29.5.1996, I R 167/94, BStBl. II 1997, 60, 62 f. und I R 21/95, BStBl. II 1997, 63, 67. Dazu auch *Schäfer*, Schachtelprivileg, 34 f.

615 BFH, Urt. v. 29.5.1997, I R 21/95, BStBl. II 1997, 63 ff.

616 BFH, Urt. v. 29.5.1996, I R 167/94, BStBl. II 1997, 60 ff.

617 BFH, Urt. v. 29.5.1996, I R 15/94, BStBl. II 1997, 59 ff.

618 Vgl. auch *Breuninger*, FR 1995, 561 [563]; *Förster*, DStR 1994, 643 [644]; *Krabbe*, IStR 1996, 387 [388]; *Kraft, C./Kraft, G.* in FS Debatin, 243.

619 Dazu auch den Entscheidungen des BFH vom 29.5.1996 vorgreifend *Wassermeyer*, Schachtelbeteiligungen, 26 f. Der BFH spricht von einer „fragwürdigen Formulierung“, Urt. v. 29.5.1996, I R 167/94, BStBl. II 1997, 60, 62 und I R 21/95, BStBl. II 1997, 63, 67, *Herzig*, DB 2003, 1459 vom „ominösen unmittelbaren wirtschaftlichen Zusammenhang“.

620 Vgl. *Gosch*, DStR 1996, 1164.

ziehbar- schließlich sind sie durch ein Wirtschaftsgut des Betriebsvermögens veranlasst, nämlich durch die Schachtelbeteiligung[621]. Zwar sieht es die herrschende Meinung als einen dem Wesen der Besteuerung entsprechenden Grundsatz an, den Abzug solcher Aufwendungen zu verbieten, die mit steuerfreien Einnahmen in unmittelbaren Zusammenhang stehen[622]. Diese steuerfreien Einnahmen, also der Dividendenzufluss, der letztlich das Abzugsverbot auslöst, ist indes nur eine der vielen denkbaren Konsequenzen des Beteiligungserwerbes; die eigentliche Veranlassung für die Aufwendungen kann dagegen vielfältiger Natur sein und steht daher an sich nicht in unmittelbaren wirtschaftlichen Zusammenhang zu den Dividenden. Auf die verschiedenen Erwägungen, die beim Erwerb von Schachtelbeteiligungen im Vordergrund stehen können (Einflussgewinn auf den fremden Betrieb, Sicherung von Produktionsmitteln, Veräußerungsgewinn etc.) ist der BFH bereits in früheren Entscheidungen eingegangen[623]. In den drei Entscheidungen vom 29. Mai 1996 bekräftigte er nun seine Auffassung, dass es angesichts der vielfältigen Gesichtspunkte sachgerecht sei, das Abzugsverbot nach § 3c EStG der Höhe nach auf die zugeflossenen Dividenden zu beschränken. Dieser Methodik liegt also die Unterstellung zugrunde, dass die Aufwendungen insoweit, als sie die etwaigen Einnahmen übersteigen, mit den anderen steuerpflichtigen Einkünften des Gewerbebetriebs in wirtschaftlichem Zusammenhang stehen und daher den Gewinn mindern dürfen[624]. Es sollen nur solche Aufwendungen gemäß § 3c EStG vom Abzug ausgeschlossen werden, die nach ihrer Entstehung oder Bestimmung mit den steuerfreien Einnahmen in einem unlösbaren Zusammenhang stehen, ohne sie also nicht angefallen wären[625]. Von daher fehlt beispielsweise Verwaltungskosten die Unmittelbarkeit zu den steuerfreien Dividenden, es sei denn, es kann eine Veranlassung speziell durch die Beteiligung an der ausländischen Gesellschaft festgestellt werden[626]. Jedwede andere Ausgestaltung des Abzugsverbots kann nach

---

[621] So bereits BFH, Urt. v. 25.10.1966, I R 26/64, BStBl. II 1967, 92, 95. Vgl. auch *Schäfer*, Schachtelprivileg, 36.

[622] BFH, Urt. v. 25.10.1966, I R 26/64, BStBl. II 1967, 92, 95. Zum Grundsatz der Vermeidung eines doppelten Vorteils bereits oben 2. Kapitel C. III. 2. a) Grundzüge zur Behandlung ausländischer Aufwendungen.

[623] Beispielsweise in BFH, Urt. v. 25.10.1966, I R 26/64, BStBl. II 1967, 92, 94. Siehe dazu auch *Schäfer*, Schachtelprivileg, 37 f.

[624] Vgl. bereits *Brezing*, FR 1972, 73 [75].

[625] BFH, Urt. v. 29.1.1986, I R 22/85, BStBl. II 1986, 479, 480 f.; v. 11.2.1993, VI R 66/91, BStBl. II 1993, 450 [451], allerdings nicht im Zusammenhang mit Schachteldividenden. Vgl. auch *Förster*, DStR 1994, 643 [644].

[626] *Förster*, DStR 1994, 643 [644]; *Herrmann* in Frotscher, § 3c EStG, Rn. 34 (Stand: 103. Lfg. 3/2001) mit weiteren Beispielen; *Krabbe*, DB 1994, 242 [243]. Vgl. auch *Birk/Jahndorf* in H/H/R, § 3c EStG, Rn. 105 (Stand: 200. Lfg. 10/2000); kritisch *Frotscher* in FS Fischer, 558; ferner *Herzig*, DB 2003, 1459 [1464] und *Wassermeyer*, Zuordnung, 50. Zur Behandlung von Währungsverlusten siehe BFH, Urt. v. 7.11.2001, I R 3/01, BStBl. II 2002, 865 f.

Auffassung des BFH de lege lata nicht vertreten werden, sondern falle in die Zuständigkeit des Gesetzgebers[627].

Konsequenterweise erteilte der BFH auch der Forderung der Gegenseite nach einer *teleologischen Reduktion* des § 3c EStG[628] eine Absage[629]. Er erkannte zwar an, dass es dem Sinn des Schachtelprivilegs, nämlich Mehrfachbelastungen auf den verschiedenen Stufen eines Beteiligungsaufbaus zu vermeiden[630], entspräche, sämtliche Aufwendungen zum Abzug zuzulassen. Immerhin können diese Aufwendungen der Mutter regelmäßig auch nicht im Quellenstaat berücksichtigt werden; eine wirtschaftliche Doppelbelastung ist daher erst dann gänzlich beseitigt, wenn die Dividenden freigestellt sind und die damit zusammenhängenden Aufwendungen gleichwohl zum Abzug zugelassen bleiben[631]. Nach Auffassung des BFH bedarf es aber im Hinblick auf die langjährige Übung der Rechtsprechung zu den Schachteldividenden einer gesetzlichen Grundlage, die für solche Einnahmen bzw. damit zusammenhängende Aufwendungen eine Ausnahme von § 3c EStG statuiert. Darüber hinaus ist zu berücksichtigen, dass das Besteuerungsrecht für den Gewinn der Tochtergesellschaft beim Quellenstaat liegt. Vor diesem Hintergrund erscheint es unbillig, dass der andere Vertragsstaat, also der Wohnsitzstaat der Muttergesellschaft, nicht nur auf die Besteuerung der Dividenden verzichtet, sondern auch noch den Betriebsausgabenabzug anerkennen soll[632].

Die Finanzverwaltung hat die Auffassung des BFH weitgehend übernommen[633] und sogar auf das Schachtelprivileg nach Art. 20 Abs. 1 b) DBA-Frankreich 1959/69/89/2001 angewandt, obgleich dessen Formulierung eindeutig auf Net-

---

[627] Vgl. erstmals BFH, Urt. v. 25.10.1966, I R 26/64, BStBl. II 1967, 92, 95; erneut in Urt. v. 29.5.1996, I R 167/94, BStBl. II 1997, 60, 62 und I R 21/95, BStBl. II 1997, 63, 67. So auch *Wassermeyer*, Zuordnung, 52. Zustimmend bereits auch *Brezing*, FR 1972, 73 [76].

[628] *Breuninger*, FR 1995, 561 [566 f.]; *Rose*, StbJb 1965/66, 277 ff. Dazu auch *Wassermeyer*, Schachtelbeteiligungen, 25.

[629] BFH, Urt. v. 29.5.1996, I R 15/94, BStBl. II 1997, 57, 59; bestätigt durch Beschl. v. 14.7.2004, I R 17/03, BStBl. II 2005, 53, 54 (beim EuGH geführt als Rs. C-471/04, Keller Holding GmbH).

[630] Siehe dazu bereits oben 2. Kapitel B. II. Internationales Schachtelprivileg, insbesondere Fn. 326.

[631] Vgl. *Krabbe*, IStR 1996, 387 [388].

[632] So offenbar auch BFH, Urt. v. 29.5.1996, I R 15/94, BStBl. II 1997, 58, 59 und *Maiterth/Wirth*, DStR 2004, 433 [437].

[633] BMF-Schreiben v. 20.1.1997, IV C 5 - S 1300 - 176/96, BStBl. I 1997, 99 f. Mittlerweile abgelöst durch das Schreiben v. 10.1.2000, IV D 3 - S 1300 - 217/99, BStBl. I 2000, 71 f. Allerdings sie sich im BFH-Verfahren v. 9.4.1997, I R 178/94, BStBl. II 1997, 657 noch gegen die Grundsatzurteile des BFH vom 29.5.1996.

toeinkünfte hinweist[634]. Für den Bereich der Kreditunternehmen wurde allerdings ein Nichtanwendungserlass herausgegeben[635]. Bei Einnahmen inländischer Kreditinstitute aus ausländischen Quellen seien die für die Refinanzierung angefallenen Zinsaufwendungen bei der Ermittlung der ausländischen Einkünfte anteilig in Abzug zu bringen; denn in diesem Fall bestehe eine enge Verbindung zwischen dem Aktiv- und Passivgeschäft[636]. Vor diesem Hintergrund ist auch die nunmehr geltende Regelung in § 8b Abs. 7 KStG[637] zu sehen: Zwar wurde der Nichtanwendungserlass nach einem gegenläufigen Urteil des BFH[638] nicht mehr angewendet[639]. Nichtsdestotrotz nimmt § 8b Abs. 7 KStG Kreditinstitute von der die Rechtsprechung des BFH zu den Schachteldividenden ersetzenden Regelungen in § 8b Abs. 1-6 KStG aus[640].

Damit ist die *gegenwärtige Rechtslage* angesprochen. Eingeleitet durch das Standortsicherungsgesetz von 1993[641] und insbesondere das 1999 folgende Steuerentlastungsgesetz[642] hat die Behandlung von Schachteldividenden und damit zusammenhängenden Aufwendungen eine umfassende Regelung im KStG erhalten, die die von der Rechtsprechung aufgestellten Grundsätze Schritt für Schritt (letztlich aber nicht vollständig) ablöste. So fingiert die ab dem Veranlagungszeitraum 1999 geltende Fassung des § 8b Abs. 7 KStG a. F. zunächst noch 15% bzw. dann durch rückwirkende Änderung[643] 5% der Schachteldividenden für die Anwendung des § 3c EStG als nichtabzugsfähige Betriebsausgaben. Die Vorschrift wurde zum Veranlagungszeitraum 2001 in den Absatz 5 verlagert[644] und gilt seit dem Veranlagungszeitraum 2004 auch für inländische Beteiligungen[645]. Die nunmehr geltende Regelung unterstellt 5% der Schachteldividenden als „Ausgaben, die nicht als Betriebsausgaben abgezogen werden dürfen." Da

---

[634] Dazu *Krabbe*, Aufwand, 6; *ders.*, IStR 2000, 55.
[635] BMF-Schreiben v. 23.12.1997, IV C 1 - S 2293 - 15/97, BStBl. I 1997, 1022.
[636] Vgl. *Krabbe*, Aufwand, 8.
[637] Dazu nunmehr BMF-Schreiben v. 25.7.2002, IV A 2 - S 2270 a - 6/02, BStBl. I 2002, 712.
[638] BFH, Urt. v. 29.3.2000, I R 15/99, BStBl. II 2000, 577 ff.
[639] OFD Niedersachsen, Vfg. v. 15.12.2000, S 2293 - 54 - 333; OFD Magdeburg, Vfg. v. 18.1.2001, 43-S 2293-19; OFD München, Vfg. v. 23.11.2001, S 2293-25 St 424; alle Juris-Dokument Nr.: FMNR570350000.
[640] Vgl. dazu *Herzig*, DB 2003, 1459 [1460].
[641] Gesetz v. 13.9.1993, BGBl. I 1993, 1569 ff. = BStBl. I 1993, 774 ff.
[642] Gesetz v. 24.3.1999, BGBl. I 1999, 402 ff. = BStBl. I 1999, 304 ff.
[643] Steuerbereinigungsgesetz v. 22.12.1999, BGBl. I 1999, 2601 ff. = BStBl. I 2000, 13 ff. Der Gesetzgeber wollte offensichtlich einem drohenden Widerspruch zur Mutter-Tochter-Richtlinie begegnen, nach deren Art. 4 nur 5% vom Abzug ausgeschlossen werden dürfen; vgl. *Kröner/Köhler*, IStR 1999, 268 [270].
[644] Steuersenkungsgesetz v. 23.10.2000, BGBl. I 2000, 1433 ff. = BStBl. I 2000, 1428, im Rahmen des Wechsels vom Anrechnungs- zum Halbeinkünfteverfahrens und der damit einhergehenden gesamten Neufassung des § 8b KStG.
[645] Protokollerklärungsgesetz v. 22.12.2003, BGBl. I 2003, 2840 ff. = BStBl. I 2004, 14.

§ 3c Abs. 1 EStG gemäß § 8b Abs. 5 Satz 2 KStG nicht anzuwenden ist, hat § 8b Abs. 5 Satz 1 KStG zunächst zur Konsequenz, dass 5% typisierend als nicht abzugsfähige Betriebsausgaben fingiert werden. Es ist also - entgegen der früheren Rechtsprechung - weder von Relevanz, ob tatsächlich keine oder niedrigere Betriebsausgaben angefallen sind[646] noch, ob sie in einem „unmittelbaren wirtschaftlichem Zusammenhang" mit den steuerfreien Einnahmen stehen[647]. Gerade diese soeben aufgezeigten, mit dem Wortlaut von § 3c EStG verbundenen Schwierigkeiten sollen durch § 8b Abs. 5 KStG vermieden werden[648]. Letztlich sind damit zwar nur 95% der Dividenden freigestellt[649]. Auf der anderen Seite sind jedoch tatsächliche Betriebsausgaben in vollem Umfang abziehbar, da § 3c EStG nicht anwendbar ist[650]. Im Übrigen ist Anknüpfungspunkt für das Betriebsausgabenabzugsverbot eine (offene oder verdeckte[651]) Gewinnausschüttung. Werden in einem Veranlagungszeitraum also keine Dividenden ausgeschüttet, liegen keine Bezüge im Sinne des § 8b Abs. 1 KStG vor, so dass auch Absatz 5 nicht eingreift und - wie bereits nach der Rechtsprechung des BFH vor Inkrafttreten des pauschalierten Abzugsverbots - Aufwendungen umfänglich berücksichtigt werden können[652]. Ein Abzugsverbot kann durch das „ballooning concept" also weiterhin verhindert werden[653].

Tatbestandlich greift § 8b Abs. 5 KStG ferner nicht ein bei Einnahmen aus der Beteiligung an einem Handelsgewerbe als stiller Gesellschafter und aus partiarischen Darlehen im Sinne von § 20 Abs. 1 Nr. 4 EStG[654]. Die Finanzverwaltung begründet dies damit, dass solche Erträge nicht aus der Schachtelbeteiligung als solcher fließen, so dass das Schachtelprivileg nach § 8b Abs. 1 KStG nicht anwendbar ist[655]. Umfasst dagegen die DBA-rechtliche Definition der Dividenden

---

646 Nunmehr wohl h. M., *Watermeyer* in H/H/R, § 8b KStG, Rn. 126 (Stand: 215. Lfg. 7/2004) m. w. N.

647 So auch *Frotscher* in Frotscher/Maas, § 8b KStG, Rn. 80 (Stand: 76. Lfg. 8/2004).

648 BT-Drs. 14/443, 36.

649 Siehe bereits oben 2. Kapitel B. II. Internationales Schachtelprivileg.

650 BMF-Schreiben v. 10.1.2000, IV D 3 - S 1300 - 217/99, BStBl. I 2000, 71; *Frotscher* in Frotscher/Maas, § 8b KStG, Rn. 82 (Stand: 76. Lfg. 8/2004); *ders.*, DStR 2001, 2045 [2052] mit Hinweisen zu sich daraus ergebenden Gestaltungsmöglichkeiten; *Reith*, IntStR, Rn. 6.95; *Watermeyer* in H/H/R, § 8b KStG, Rn. 120 (Stand: 215. Lfg. 7/2004).

651 BMF-Schreiben v. v. 10.1.2000, IV D 3 - S 1300 - 217/99, BStBl. I 2000, 71.

652 Offenbar auch *Frotscher* in Frotscher/Maas, § 8b KStG, Rn. 90 (Stand: 76. Lfg. 8/2004); *Reith*, IntStR, Rn. 6.90.

653 So auch *Frotscher*, DStR 2001, 2045 [2051] mit Hinweisen zu den schädlichen betrieb- und volkswirtschaftlichen Nebenwirkungen. Ebenso *Herrmann* in Frotscher, § 3c EStG, Rn. 22 und 33 (Stand: 103. Lfg. 3/2001).

654 *Krabbe*, IStR 2000, 55; *Reith*, IntStR, Rn. 6.90; *Schönhaus*, Gesellschaft, 153 f.

655 BMF-Schreiben v. v. 10.1.2000, IV D 3 - S 1300 - 217/99, BStBl. I 2000, 71.

auch solche Einnahmen[656], sind sie bei Vorliegen der weiteren Voraussetzungen des DBA-Schachtelprivilegs freizustellen[657]. Kommt es in Fällen wie diesen[658] trotz seiner grundsätzlich engeren Voraussetzungen zur Anwendung des DBA-rechtlichen Schachtelprivilegs und ist § 8b Abs. 1 KStG nicht einschlägig[659], ist damit noch keineswegs gesagt, dass die mit den Einnahmen zusammenhängenden Aufwendungen der Muttergesellschaft abziehbar sind. Weil in diesem Fall weder § 8b Abs. 1 KStG noch § 8b Abs. 5 KStG zur Anwendung kommen, ist auch nicht der Weg zu § 3c Abs. 1 EStG durch § 8b Abs. 5 Satz 2 KStG gesperrt. Da die DBA-rechtlich freigestellten Dividenden steuerfreie Einnahmen im Sinne des § 3c EStG darstellen[660], hängt die Abziehbarkeit der Aufwendungen wiederum vom Vorliegen des unmittelbaren wirtschaftlichen Zusammenhanges ab, was nach den von der Rechtsprechung aufgestellten Grundsätzen zu beurteilen ist[661].

Auch wenn § 8b Abs. 5 KStG im Ergebnis bewirkt, dass nur noch 95% der Dividenden bei der Muttergesellschaft nicht besteuert werden, kann darin meines Erachtens kein Bruch mit dem DBA gesehen werden[662]. Zum einen überschneiden sich das nationale und das internationale Schachtelprivileg erst dann, wenn auch die engen Voraussetzungen der DBA-rechtlichen Freistellung erfüllt sind[663]. Aber selbst, wenn insofern beide Privilegien parallel anwendbar sind[664], bleibt es doch zunächst sowohl nach der DBA-rechtlichen Freistellung als auch gemäß § 8b Abs. 1 KStG bei der umfänglichen Steuerfreistellung der Dividen-

---

656 Beispielsweise definiert Art. 10 Abs. 5 DBA-Ägypten 1987 Einkünfte aus stiller Beteiligung als Dividenden. Dies gilt ferner für Einkünfte aus einem partiarischen Darlehen gemäß Art. 10 Abs. 6 DBA-Norwegen 1991. Eine umfassende Übersicht findet sich bei *Tischbirek* in V/L^4, Art. 10, Rn. 204. Zu solchen Definitionsklauseln in den deutsch-europäischen DBA siehe unten 3. Kapitel B. II. 1. a) Freigestellte Einkünfte.

657 *Reith*, IntStR, Rn. 4.495 f. sowie Rn. 4.432 ff.; *Vogel* in V/L^4, Art. 23, Rn. 88.

658 Zu den übrigen Fällen, in denen nicht das nationale, sondern allein das internationale Schachtelprivileg einschlägig ist siehe oben 2. Kapitel B. II. Internationales Schachtelprivileg.

659 Zu den Fallgruppen oben 2. Kapitel B. II. Internationales Schachtelprivileg.

660 Siehe oben 2. Kapitel C. III. 1. a) Grundzüge zur Behandlung ausländischer Aufwendungen.

661 Dazu am Anfang diese Kapitels b) Besonderheiten bei der Freistellung von Brutto-Einnahmen. Zu diesem Ergebnis kommt auch *Grotherr* in B/H/G/K, Teil 2, Art. 23, Rn. 114 (Stand: 10. Lfg. 2002). In diese Richtung auch *Schaumburg*, JbFStR 1999/2000, 129 [136].

662 A. A. *Frotscher* in Frotscher/Maas, § 8b KStG, Rn. 93 (Stand: 76. Lfg. 8/2004), dagegen noch anderer Auffassung *ders.*, DStR 2001, 2045 [2051]; *Kröner/Köhler*, IStR 1999, 268 [270]; *Watermeyer* in H/H/R, § 8b KStG, Rn. 124 (Stand: 215 Lfg. 7/2004). Ähnlich wie hier gehen dagegen *Englisch*, Dividendenbesteuerung, 62 f. und *Kluge*, IntStR^4, R Rn. 12 von einem zulässigen treaty overriding aus.

663 Dazu oben 2. Kapitel B. II. Internationales Schachtelprivileg.

664 *Frotscher* in Frotscher/Maas, § 8b KStG, Rn. 85a (Stand: 76. Lfg. 8/2004).

den[665]. Gerade darauf kam es dem Gesetzgeber auch an, als er erste Überlegungen verwarf, den Gesetzestext so zu formulieren, dass 5% der Dividenden der Besteuerung unterliegen; durch die nun gewählte Formulierung wollte er dem Verdacht eines treaty overriding bewusst entgegentreten[666]. § 8b Abs. 5 KStG regelt nun für sich genommen nur die Behandlung der Betriebsausgaben. Dass dies dem Wohnsitzstaat unbenommen ist, war aber auch zu § 3c EStG anerkannt[667]. Auch nach der damals herrschenden Rechtsanschauung waren rein rechnerisch[668] nicht 100% der Dividenden freigestellt, wenn beispielsweise Schuldzinsen nicht abziehbar waren. Kommt man mit der herrschenden Meinung zu dem Schluss, dass der DBA-rechtliche Begriff der „Dividenden" nach innerstaatlicher Terminologie als „Einnahmen" zu werten ist[669], wird deutlich, dass das DBA zu der Behandlung der Aufwendungen keinerlei Vorgaben macht. Insofern genügt der Wohnsitzstaat seiner vertraglichen Vereinbarung, wenn er die Einnahmen (gemäß § 8b Abs. 1 KStG) freistellt. Wie die Aufwendungen zu behandeln sind, bleibt ihm - anders als bei der DBA-rechtlichen Freistellung von „Einkünften" im Sinne der innerstaatlichen Terminologie - unbenommen. Letztlich müssen auch die Vertreter der Auffassung, dass § 8b Abs. 5 KStG dem DBA-rechtlichen Schachtelprivileg widerspricht, eingestehen, dass das von ihnen vertretene treaty overriding nach überwiegender Ansicht[670] nicht zur Unwirksamkeit der Norm führt[671]. Soweit sie dagegen mit dieser herrschenden Meinung fordern, dass dann in § 8b Abs. 5 KStG ausdrücklich ein Vorrang gegenüber der DBA-rechtlichen Freistellung formuliert sein müsste[672], sind sie doch letztlich inkonsequent, wenn sie die Vorschrift dann nicht (wegen des lex specialis-Vorranges des DBA) unangewendet lassen[673].

---

[665] Insoweit führt die Anwendung des internationalen wie des nationalen Schachtelprivilegs zum gleichen Ergebnis, nämlich der Freistellung von zunächst 100% der Dividenden. Darin erschöpft sich aber zugleich ihre Funktion, so dass sich eine erneute Anwendung des internationalen Privilegs auf die letztlich nach nationalem Recht freigestellten 95% der Dividenden, um doch zu einer 100%igen Freistellung zu gelangen, - dies schlägt *Vogel* in V/L[4], Art. 23 Rn. 110 vor - verbietet. Die Berücksichtigung der Aufwendungen bleibt bei der DBA-rechtlichen Freistellung innerstaatlicher „Einnahmen" dem Wohnsitzstaat vorbehalten.

[666] Darauf machte bereits *Krabbe*, IStR 2000, 55 aufmerksam.

[667] BFH, Urt. v. 29.5.1996, I R 167/94, BStBl. II 1997, 60, 61; *Gosch*, DStR 1996, 1164; *Wassermeyer*, IStR 1996, 338.

[668] Vgl. auch *Vogel* in V/L[4], Art. 23, Rn. 109.

[669] Dazu oben 2. Kapitel A. Freistellungsmethode im OECD-MA und C. III. 2. a) Grundzüge zur Behandlung ausländischer Aufwendungen.

[670] BFH, Urt. v. 13.7.1994, I R 120/93, BStBl. II 1995, 129, 130.

[671] *Watermeyer* in H/H/R, § 8b KStG, Rn. 124 (Stand: 215 Lfg. 7/2004).

[672] So beispielsweise *Kröner/Köhler*, IStR 1999, 268, 270.

[673] Konsequent daher *Schaumburg*, JbFStR 1999/2000, 129, 136, der dann zur Anwendung des § 3c EStG kommt.

bb) Aufwendungen für übrige Einkünfte

Soweit § 3c EStG nach dem vorher Gesagten bei Schachteldividenden anwendbar ist, stellt sich die Frage, ob die Norm irgendeinen zeitlichen Zusammenhang zwischen den Einnahmen und den Aufwendungen voraussetzt. Diese Frage stellt sich insbesondere auch bei den *übrigen Einkunftsarten* des DBA, bei denen „Einnahmen" steuerfreigestellt sind. Unter Zugrundelegung des vom BFH begründeten dualen Verständnisses des Einkünftebegriffs[674] sind dies insbesondere die Gehälter und Löhne aus nichtselbständiger Arbeit[675]. Fraglich ist beispielsweise die steuerliche Behandlung der Aufwendungen eines Angestellten, der vorübergehend in die ausländische Betriebsstätte oder das ausländische Tochterunternehmen entsandt wird[676] oder auch längerfristig eine Anstellung im Ausland anstrebt. Können die für solche Tätigkeiten meist im Vorhinein gemachten Reisekosten, Kosten für Sprachkurse, Umzugskosten etc. im Wohnsitzstaat berücksichtigt werden? Dazu muss man sich zunächst vergegenwärtigen, dass mit der Erzielung solcher Einkünfte oftmals ein Wohnsitzwechsel in den Tätigkeitsstaat verbunden ist, so dass es bereits an einer jedenfalls unbeschränkten Steuerpflicht im Inland fehlt und daher weder im Wohnsitzstaat steuerbare Einkünfte erzielt werden[677] noch das Merkmal der Ansässigkeit im Wohnsitzstaat im Sinne der Freistellungsklausel erfüllt ist. Aufwendungen können dann - auch unabhängig von § 3c EStG - nicht berücksichtigt werden. Denn Voraussetzung für einen denkbaren Abzug im Inland ist, dass die (zumindest erstrebten) Einnahmen im Inland steuerbar sind bzw. wären; das folgt aus der Systematik zwischen § 2 Abs. 3 EStG und § 4 Abs. 4 bzw. § 9 Abs. 1 Satz 1 EStG[678]. Insofern ist eine Trennung danach vorzunehmen, ob die Aufwendungen einer im Inland (wenigstens) steuerbaren Tätigkeit oder einer ausländischen, in Deutschland nicht steu-

[674] Dazu soeben 2. Kapitel C. II. 2. a) bb) Einnahmen im Sinne des § 3c EStG.

[675] Auch dazu bereits oben 2. Kapitel C. II. 2. a) bb) Einnahmen im Sinne des § 3c EStG. Die folgenden Erwägungen gelten im Ergebnis gleichermaßen auch für solche Brutto-Einkünfte, die nicht erst durch den Vermeidungsartikel, sondern bereits nach den Zuteilungsnormen im Ansässigkeitsstaat freizustellen sind; vgl. beispielsweise zu den Aufwendungen im Zusammenhang mit Zahlungen an Studenten FG Niedersachsen, Urt. v. 9.3.2005, 3 K 10119/02, EFG 2005, 1877.

[676] Beachte aber auch die Beschränkung des Prinzips der Besteuerung im Tätigkeitsort in Art. 15 Abs. 2 OECD-MA, dazu Fn. 586. Vgl. zu den Entsendungsfällen auch *Wienands*, PIStB 1999, 19 ff. sowie *Füger*, PIStB 1999, 27 f.

[677] Ständige RSpr. seit BFH, Urt. v. 20.7.1973, VI R 198/69, BStBl. II 1973, 732. Vgl. BFH, Urt. v. 15.4.1992, III R 96/88, BStBl. II 819, 821; v. 24.4.1992, VI R 141/89, BStBl. II 1992, 666, 667.

[678] BFH, Urt. v. 20.7.1973, VI R 198/69, BStBl. II 1973, 732, 733. Vgl. auch *v. Beckerath* in K/S, § 3c EStG, Rn. B 89 (Stand: 10. Lfg. 10/1988).

erbaren Tätigkeit zuzuordnen sind[679]. Die zuletzt genannten, regelmäßig also die laufenden Aufwendungen des Steuerpflichtigen können aus den soeben genannten Gründen nur im Tätigkeitsstaat berücksichtigt werden[680]. Sind die Aufwendungen nicht schon von daher in der Bundesrepublik Deutschland nicht zu berücksichtigen, gilt es anschließend solche Konstellationen auszuschließen, in denen ein Abzug der Aufwendungen deshalb ausscheiden muss, weil die Aufwendungen nicht als Betriebsausgaben oder Werbungskosten anzuerkennen sind[681]. Insofern ist die Berücksichtigung solcher Aufwendungen ausgeschlossen, die den Kosten der allgemeinen Lebensführung zuzuordnen sind oder bei denen nur ein Abzug als Sonderausgaben insbesondere als Ausbildungskosten im Sinne des § 10 Abs. 1 Nr. 7 EStG möglich ist[682].

Sind die übrigen Aufwendungen als Betriebsausgaben oder Werbungskosten grundsätzlich berücksichtigungsfähig, verbleiben zunächst die *laufenden Aufwendungen.* Im Falle einer vorübergehenden Tätigkeit im Ausland ohne Wohnsitzwechsel sind die mit ihr zusammenhängenden Aufwendungen grundsätzlich unproblematisch gemäß § 3c EStG nicht im Inland abziehbar, soweit sie in unmittelbaren wirtschaftlichen Zusammenhang mit den dort erzielten und im Inland gemäß DBA steuerfreien Einnahmen stehen[683]. Ein unmittelbarer wirtschaftlicher Zusammenhang im Sinne des § 3c Abs. 1 EStG ist hierbei allerdings nicht - gewissermaßen parallel zu den Schachteldividenden - zugleich mit dem Bezug der Vergütung zu bejahen. Denn wie dargelegt wurde, kam der BFH bei

---

679 Teilweise nimmt die Rechtsprechung eine Alternativprüfung vor, vgl. BFH, Urt. v. 24.4.1992, VI R 141/89. Vgl. auch FG München, Urt. v. 26.11.1993, 10 K 3763/90, EFG 1995, 247 f.

680 Vgl. zur umgekehrten Situation der Berücksichtigung von Aufwendungen eines vorübergehend in der Bundesrepublik Deutschland tätigen Steuerpflichtigen die Urteile des BFH v. 29.4.1992, VI R 146/89, BStBl. II 1992, 667 und v. 4.12.1992, VI R 11/92, BStBl. II 1993, 722 die der Auffassung der Finanzverwaltung eine Absage erteilen, solche Aufwendungen ständen wiederum mit den ausländischen Einnahmen in einem Zusammenhang im Sinne des § 3c EStG.

681 Vgl. auch die entsprechende Prüfung des FG Düsseldorf, Urt. v. 12.4.2005, 3 K 4223/03, EFG 2005, 1533 f. (anhängig beim BFH unter I R 34/05).

682 Zur Abgrenzung BFH, Urt. v. 20.9.1957, VI 7/56 U, BStBl. III 1957, 424; v. 4.8.1961, VI 162/59 U, BStBl. III 1962, 5; v. 24.8.1962, VI 110/62 U, BStBl. III 1962, 488. Weiterführend ferner BFH, Urt. v. 18.4.1996, VI R 5/95, BStBl. II 1996, 482; v. 13.6.1996, VI R 89/95, BFH/NV 1997, 98 f. sowie v. 10.4.2002, VI R 46/01, BStBl. II 579 ff. Vgl. auch FG Baden-Württemberg, Urt. v. 4.7.1997, 14 K 175/94, EFG 1997, 1426 (Reisekosten); Hessisches FG, Urt. v. 11.4.2000, 13 K 1828/99, EFG 2000, 993 (Umzugskosten); FG Hamburg, Urt. v. 29.6.2001, II R 139/00, EFG 2001, 1423 f. (Reisekosten).

683 Vgl. FG Niedersachsen, Urt. v. 9.3.2005, 3 K 10119/02, EFG 2005, 1877 (Lebenshaltungskosten eines vorübergehend im Ausland tätigen Referendars, dessen Einnahmen allerdings nach den Zuteilungsnormen freizustellen waren); *Meier*, PISTB 2003, 98, 100 (allerdings zu einem Nicht-DBA-Fall, in dem die Einnahmen gemäß § 34c EStG steuerfrei sind).

Schachteldividenden nur deshalb zu dieser Auslegung, weil er berücksichtigen wollte, dass Aufwendungen für eine Schachtelbeteiligung nicht notwendigerweise mit den Einnahmen in einem solchen „unmittelbaren wirtschaftlichen Zusammenhang" stehen müssen, sondern vielmehr andere Gesichtspunkte für den Erwerb der Beteiligung ausschlaggebend gewesen sein können. Aus dieser Erwägung heraus, sah es der BFH als sachgerecht an, das Abzugsverbot nach § 3c EStG der Höhe nach auf die zugeflossenen Dividenden zu beschränken und das Merkmal des unmittelbaren wirtschaftlichen Zusammenhanges mit dem Bezug der Dividende gleichzusetzen. Solche anderen Gesichtspunkte werden aber bei Aufwendungen im Rahmen einer nichtselbständigen Tätigkeit keine Rolle spielen. Daher sind hier die zu den übrigen Anwendungsfällen des § 3c Abs. 1 EStG entwickelten Grundsätze zum Merkmal des „unmittelbaren wirtschaftlichen Zusammenhanges" heranzuziehen. Danach liegt ein solcher Zusammenhang vor, wenn es sich um Aufwendungen handelt, die nach ihrer Entstehung oder Zweckbestimmung mit der zu steuerfreien Einnahmen führenden Tätigkeit in einem unlösbaren Zusammenhang stehen, also ohne diese Tätigkeit nicht angefallen wären[684]. Dies wird man bei laufenden Aufwendungen regelmäßig bejahen müssen. Allerdings gilt auch hier, dass der Veranlassungszusammenhang konkret darzutun ist und nicht allein mittels wirtschaftlich wertender Betrachtung ersetzt werden kann[685]. Kann der unmittelbare wirtschaftliche Zusammenhang nicht konkret festgestellt werden, sind die Aufwendungen im Wohnsitzstaat abziehbar[686].

Schließlich stellt sich die Frage nach der Abziehbarkeit einerseits *vorweggenommener* oder auch *vorbereitender Aufwendungen*, die vor Beginn einer Tätigkeit und vor Erzielung von Einnahmen gemacht wurden[687] sowie *erfolgloser* oder auch *vergeblicher Aufwendungen* andererseits, bei denen es letztlich nicht zur Aufnahme der geplanten geschäftlichen oder beruflichen Tätigkeit kam[688].

---

684 BFH, Urt. v. 29.1.1986, I R 22/85, BStBl. II 1986, 479, 481; FG Hamburg, Urt. v. 29.6.2001, II 139/00, EFG 2001, 1423 f.; FG Düsseldorf, Urt. v. 12.4.2005, 3 K 4223/03, EFG 2005, 1533 f. (anhängig beim BFH unter I R 34/05).

685 Vgl. BFH, Urt. v. 29.3.2000, I R 15/99, BStBl. II 2000, 577, 579 m. w. N.

686 BFH, Urt. v. 29.1.1986, I R 22/85, BStBl. II 1986, 479, 481; FG Düsseldorf, Urt. v. 12.4.2005, 3 K 4223/03, EFG 2005, 1533 f. (anhängig beim BFH unter I R 34/05).

687 BFH, Urt. v. 28.1.1954, IV 255/53 U, BStBl. III 1954, 108; v. 24.8.1962, VI 218/60 U, BStBl. III 1962, 467; v. 20.7.1973, VI R 198/69, BStBl. II 1973, 732; v. 20.10.1978, VI R 132/76, BStBl. II 1979, 114; v. 13.2.2003, IV R 44/01, BStBl. II 2003, 698 ff. FG München, Urt. v. 26.11.1993, 10 K 3763/90, EFG 1995, 247 f. Nach *Kreft*, Erwerbsaufwendungen, 5 f. ist entgegen der Rechtsprechung besser von „vorab veranlassten Erwerbsaufwendungen" zu sprechen; vgl. auch dessen Definition, a. a. O., 54.

688 RFH, Urt. v. 30.6.1927, VI A 290, StuW 1927, Nr. 404; v. 23.3.1932, VI A 1450, StuW 1932, Nr. 628; BFH, Urt. v. 3.11.1961, VI 196/60 U, BStBl. III 1962, 123. FG München, Urt. v. 26.11.1993, 10 K 3763/90, EFG 1995, 247, 248. Eine stringente Trennung hält die Recht-

Speziell für diese Arten von Aufwendungen fordert die Rechtsprechung einen gewissen Grad der Realisierung der angestrebten Einnahmequelle. Grundlegend führte der BFH[689] dazu aus, es

> „...ist zuzugeben, dass Werbungskosten und Betriebsausgaben anfallen können, bevor im Rahmen einer Einkunftsart Einnahmen erzielt werden. Mit den Aufwendungen darf aber nicht nur irgendeine noch unsichere Einkommensquelle angestrebt werden. Werbungskosten oder Betriebsausgaben liegen vielmehr nur vor, wenn zwischen den Aufwendungen und einer bestimmten Einkunftsart eine klar erkennbare Beziehung besteht... Eine klar erkennbare Verbindung kann zwar auch bestehen, wenn es nicht zur Aufnahme der geplanten Tätigkeit gekommen ist (sog. erfolglose Betriebsausgaben oder Werbungskosten). Das gilt aber nicht, wenn die Vorbereitungen für die künftige Tätigkeit bereits in einem so frühen Stadium stecken geblieben sind, dass für den Steuerpflichtigen noch alle Möglichkeiten offen bleiben[690]."

Es bedarf also einer ausreichenden Konkretisierung[691]. Dann können auch erfolglose Aufwendungen abziehbar sein, sofern nur eine erkennbare Beziehung zu den angestrebten Einkünften besteht[692]. Dabei wird allerdings ein strengeres Nachweiserfordernis vorausgesetzt[693]: Ein Abzug kommt von dem Zeitpunkt an in Betracht, in dem sich anhand objektiver Umstände feststellen lässt, dass der Entschluss, Einkünfte einer bestimmten Einkunftsart zu erzielen, endgültig gefasst worden ist[694]. Dabei können auch enge zeitliche Umstände indizierend wirken[695].

---

sprechung allerdings nicht immer ein, beispielsweise spricht der BFH in seinem Urt. v. 28.4.1983, IV R 122/79, BStBl. II 1983, 567, 569 von vorbereitenden Aufwendungen, obgleich es nie zur Aufnahme der geplanten Tätigkeit gekommen ist.

[689] BFH, Urt. v. 3.11.1961, VI 196/60 U, BStBl. III 1962, 123.

[690] In dem der Entscheidung zugrunde liegenden Fall wurden Aufwendungen zur Errichtung eines Hotels getätigt, wobei die Tätigkeit des Klägers noch unklar war.

[691] So bereits RFH, Urt. v. 23.3.1932, VI A 1450, StuW 1932, Nr. 628 m. w. N.

[692] BFH, Urt. v. 15.4.1992, III R 96/88, BStBl. II 1992, 820, 821. Vgl. auch zu reinen Inlandssachverhalten BFH, Urt. v. 13.11.1973, VIII R 157/70, BStBl. II 1974, 161, 162; v. 14.2.1978, VIII R 9/76, BStBl. II 1978, 455; v. 29.11.1983, VIII R 160/82, BStBl. II 1984, 307, 308.

[693] Etwa BFH, Urt. v. 18.7.1972, VIII R 12/68, BStBl. II 1972, 930 f.; *Prinz* in H/H/R, § 3c EStG, Rn. 162 und 165 (Stand: 158. Lfg. 11/1988); *Stark* in L/B/P, § 9, Rn. 94 (Stand: 59. Lfg. 11/2003).

[694] BFH, Urt. v. 15.4.1992, III R 96/88, BStBl. II 1992, 820, 821. Vgl. auch zu reinen Inlandssachverhalten BFH, Urt. v. 13.11.1973, VIII R 157/70, BStBl. II 1974, 161, 162; v. 10.3.1981, VIII R 195/77, BStBl. II 1981, 470, 471; v. 4.6.1991, IX R 30/89, BStBl. II 1991, 761.

[695] BFH, Urt. v. 24.8.1962, VI 218/60 U, BStBl. III 1962, 467. Vgl. zu den Voraussetzungen im Detail auch *Kreft*, Erwerbsaufwendungen, 8 ff. Kritisch *Stapperfend* in FS Kruse, 544 ff.

Bei Sachverhalten, die dem Anwendungsbereich der DBA unterfallen, kommt die Rechtsprechung dagegen regelmäßig zu einem Abzugsverbot nach § 3c EStG. Dass bei Vorliegen der eben genannten Voraussetzungen gegebenenfalls keine „Einnahmen" im Sinne des § 3c EStG vorliegen (dann erfolglose Aufwendungen) bzw. diese noch nicht erzielt wurden (dann vorbereitende Aufwendungen), das Abzugsverbot des § 3c EStG also bereits tatbestandlich nicht erfüllt ist, stünde seiner Anwendung nicht entgegen. Der BFH nimmt eine hypothetische Betrachtung vor[696]. Das Verbot des Betriebsausgabenabzuges besteht demnach auch dann, wenn steuerfreie Einnahmen gegenwärtig noch nicht vorliegen, sondern erst zukünftig erwartet werden - gleichgültig ob es später zu Einnahmen kommt oder nicht[697]. Dabei sind die Aufwendungen nach den Einkünften zu beurteilen, zu deren Erzielung sie erbracht werden[698]. Wären diese Einkünfte nach einem DBA in der Bundesrepublik Deutschland freizustellen, können auch die hierfür geleisteten Aufwendungen im Hinblick auf § 3c EStG nicht als Betriebsausgaben oder Werbungskosten abgezogen werden[699]. Die Rechtsprechung kommt dann allerdings regelmäßig zu einer Berücksichtigung der Aufwendungen im Rahmen des negativen Progressionsvorbehalts[700].

cc) Vorbereitende und erfolglose Aufwendungen

Bei *Schachteldividenden* ist der BFH dagegen offenbar großzügiger. Wie bereits dargestellt, verneint der BFH dort einen „unmittelbaren wirtschaftlichen Zusammenhang" und damit die Anwendbarkeit des Abzugsverbots aus § 3c EStG bzw. die des § 8b Abs. 5 KStG, soweit keine Einnahmen innerhalb eines Veranlagungszeitraumes erzielt werden. Fließen die Einnahmen erst nach dieser von

---

696 Zu diesem Ergebnis kommt auch *Reith*, IStR 2001, 671 [674].

697 BFH, Urt. v. 28.4.1983, IV R 122/79, BStBl. II 1983, 567, 569 (allerdings zu Betriebsstätteneinkünften). FG München, Urt. v. 26.11.1993, 10 K 3763/90, EFG 1995, 247, 248.

698 Vgl. BFH, Urt. v. 20.7.1973, VI R 198/69, BStBl. II 1973, 732, 733.

699 BFH, Urt. v. 28.4.1983, IV R 122/79, BStBl. II 1983, 567, 569 (allerdings zu Betriebsstätteneinkünften); v. 12.12.1990, I R 176/87, BFH/NV 1991, 820, 821; v. 6.10.1993, I R 32/93, BStBl. II 1994, 113 allerdings mit dem fehlgehenden Hinweis, dass sich das gleiche Ergebnis bereits aus der DBA-rechtlichen Freistellung der Einkünfte ergebe, denn bei der Freistellung von Einkünften aus nichtselbständiger Arbeit werden nach innerstaatlicher Terminologie regelmäßig nur „Einnahmen" freigestellt; richtig insofern FG München, Urt. v. 26.11.1993, 10 K 3763/90, EFG 1995, 247, 248. Vgl. ferner FG Baden-Württemberg, Urt. v. 4.7.1997, 14 K 175/94, EFG 1997, 1426; Hessisches FG, Urt. v. 11.4.2000, 13 K 1828/99, EFG 2000, 993 f. sowie FG Hamburg, Urt. v. 29.6.2001, II 139/00, EFG 2001, 1423 f. Auch wenn Einnahmen noch nicht vorliegen, stimmen der Anwendung des § 3c EStG zu: *Birk/Jahndorf* in H/H/R, § 3c EStG, Rn. 66 (Stand: 200 Lfg. 10/2000); *Heinicke* in Schmidt[22], § 3c EStG, Rn. 11 und 15.

700 BFH, Urt. v. 6.10.1993, I R 32/93, BStBl. II 1994, 113. FG München, Urt. v. 26.11.1993, 10 K 3763/90, EFG 1995, 247, 248; Hessisches FG, Urt. v. 11.4.2000, 13 K 1828/99, EFG 2000, 993 f. Dazu unten bei 2. Kapitel C. III. 3. Negative Einkünfte.

der Rechtsprechung gesetzten zeitlichen Grenze, ist dies für die Berücksichtigung der damit zusammenhängenden Schuldzinsen ohne Bedeutung. Das Merkmal des „unmittelbaren wirtschaftlichen Zusammenhanges" setzt insofern voraus, dass die Einnahmen und Aufwendungen im selben Veranlagungszeitraum tatsächlich vorhanden sind. Die Einnahmen werden nicht hypothetisch unterstellt, um zu einer Anwendbarkeit des § 3c EStG zu gelangen, sondern es wird gerade umgekehrt die Abziehbarkeit der - da man wohl von dem späteren Zufluss von Dividenden ausgeht - „vorbereitenden" Aufwendungen betont[701]. Dagegen kommt es nach der Rechtsprechung zu den *übrigen Einkunftsarten* zur Anwendung des Abzugsverbots auch dann, wenn Einnahmen im Veranlagungszeitraum der Aufwendungen nicht vorhanden sind, sondern entweder Einnahmen erst in einem späteren Veranlagungszeitraum zufließen[702] oder auch die Aufwendungen erst im den Einnahmen folgenden Veranlagungszeitraum getätigt werden[703]. Hier wird die Grenze des Veranlagungszeitraumes nicht beachtet, sondern offenbar eine Gesamtbetrachtung vorgenommen, ob den Aufwendungen zu irgendeinem Zeitpunkt steuerfreie Einnahmen gegenüberstehen. Aber selbst erfolglose Aufwendungen, bei denen steuerfreie Einnahmen nie vorhanden sind, werden nicht zum Abzug zugelassen, indem hypothetisch Einnahmen im Sinne des § 3c EStG angenommen werden. Die unterschiedliche Behandlung von Aufwendungen für Schachteldividenden zu solchen für übrige Einkünfte durch die Rechtsprechung lässt sich folglich nicht durch eine Unterscheidung danach, ob es sich um „erfolglose" oder bloß „vorbereitende" Aufwendungen handelt, rechtfertigen.

Richtigerweise nimmt der BFH Einnahmen im Sinne des § 3c EStG nicht nur bei einem tatsächlichen Zufluss an, denn der Begriff „Einnahmen" umfasst bei der Gewinnermittlung durch Bestandsvergleich des Betriebsvermögens auch zukünftige Einnahmen[704]. Insofern ist das Tatbestandsmerkmal der Einnahmen auch bei Vermögensmehrungen wie bilanzierungsfähigen Forderungen oder Rechnungsabgrenzungsposten gegeben[705]. Daraus können aber keine Schlüsse für die Berücksichtigung vorbereitender oder erfolgloser Aufwendungen gezogen werden, wie dies der BFH teilweise getan hat[706]. Um zu einer Lösung für

---

701 Siehe dazu oben 2. Kapitel C. III. 2. b) aa) Aufwendungen für Schachteldividenden; insbesondere BFH, Urt. v. 29.5.1996, I R 167/94, BStBl. II 1997, 60, 62 f. sowie v. 29.5.1996, I R 21/95, BStBl. II 1997, 63, 67.

702 BFH, Urt. v. 24.4.1992, VI R 141/98, BStBl. II 1992, 666; v. 6.10.1993, I R 32/93, BStBl. II 1994, 113; FG Baden-Württemberg, Urt. v. 28.11.1985, III 403/82, EFG 1986, 183.

703 Hessisches FG, Urt. v. 21.1.1994, 13 K 1351/93, EFG 1994, 700.

704 So auch *Reith*, IStR 2001, 671 [673]; *Schröder*, StBp 1988, 221.

705 *V. Beckerath* in K/S, § 3c EStG, Rn. B 75 (Stand: 10. Lfg. 10/1988). Offenbar auch *Birk/Jahndorf* in H/H/R, § 3c EStG, Rn. 40 (Stand: 200. Lfg. 10/2000).

706 So aber offenbar BFH, Urt. v. 28.4.1983, IV R 122/79, BStBl. II 1983, 566, 569, wenn er das Betriebsausgabenabzugsverbot auch auf vorbereitende Aufwendungen erstreckt und in

die hier in Frage stehende Problematik zu gelangen, muss man sich vielmehr vergegenwärtigen, dass die Abziehbarkeit vorbereitender und erfolgloser Aufwendungen auf Voraussetzungen beruht, die die Rechtsprechung außerhalb der Problematik des § 3c EStG aufgestellt hat[707]. Diese Voraussetzungen, dass nämlich ein ausreichend konkreter Bezug der Aufwendungen zu einer Einkunftsart besteht, der objektiv erkennbar ist[708], lassen sich nun aber schwerlich auf § 3c EStG übertragen, da dort „steuerfreie Einnahmen" ausdrücklich vorausgesetzt werden. Erkennt die Rechtsprechung außerhalb und unabhängig von § 3c EStG Aufwendungen an, die im Zusammenhang mit zukünftigen (vorbereitende Aufwendungen) oder gar nie fließenden (erfolglose Aufwendungen) Einnahmen getätigt werden, steht einer Übertragung dieser Grundsätze auf § 3c EStG an sich das Tatbestandserfordernis „Einnahmen" entgegen. Denn die Rede ist dort nicht von „zukünftigen" oder „hypothetisch zu unterstellenden" Einnahmen[709]. Die Formulierung erfordert offenbar, dass tatsächliche Einnahmen im oben aufgezeigten Sinne gegeben sind[710]. Dies entspräche auch den DBA-rechtlichen Anforderungen. Denn zur Freistellung von Einkünften kann es erst kommen, wenn solche tatsächlich vorliegen[711]. In den übrigen, rein innerstaatlichen und damit von § 3c EStG losgelösten Fällen, steht einer Berücksichtigung auch nur vorbereitender oder erfolgloser Aufwendungen nichts entgegen, da der Gesetzgeber diesbezüglich in § 4 bzw. § 9 EStG keine genauen Vorgaben gemacht hat, ab wann Aufwendungen steuerlich berücksichtigt werden dürfen[712]. Im Gegenteil

---

diesem Zusammenhang auf Kommentarstimmen zur eben genannten Einnahmen-Definition verweist. Trotz kritischer Bemerkungen folgt diesem Ansatz letztlich offenbar auch *Reith*, IStR 2001, 671, 673 f. Allenfalls könnte m. E. aus dem erweiterten Begriff der Einnahmen gefolgert werden, dass im Gegenzug auch Aufwendungen, die noch nicht tatsächlich geflossen, sondern nur passiviert in die Verbindlichkeiten aufgenommen wurden in den Anwendungsbereich des § 3c EStG fallen können. Dagegen wie hier *Schröder*, StBp 2001, 218 [221].

707 Zur Entwicklung der Rechtsprechung zu den vorbereitenden Aufwendungen *Kreft*, Erwerbsaufwendungen, 7 ff.

708 Siehe oben 2. Kapitel C. III. 2. b) bb) Aufwendungen für übrige Einkünfte. Im Detail zu den Voraussetzungen insbesondere *Kreft*, Erwerbsaufwendungen, 8 ff.

709 Gegen eine hypothetische Betrachtungsweise auch *Reith*, IStR 2001, 671 [674 f.].

710 Vgl. zu einer alternativen Auslegungsvariante aber sogleich.

711 Für die Anwendung des DBA und damit der Freistellungsmethode kommt es darauf an, ob dem Arbeitnehmer eine Vergütung (für den Zeitraum der Auslandstätigkeit) zufließt; vgl. BFH, Urt. v. 27.1.1972, I R 37/70, BStBl. II 1972, 459, 460; Urt. v. 18.7.1973, I R 52/69, BStBl. II 1973, 757, 758. Ferner *Prokisch* in V/L^4, Art. 15, Rn. 26.

712 Vgl. zu den fehlenden gesetzlichen Bestimmungen für die Berücksichtigung vorbereitender und erfolgloser Aufwendungen ausführlich *Kreft*, Erwerbsaufwendungen, 39 ff. Vielmehr spricht für ihre Berücksichtigung, dass § 9 Abs. 1 Satz 1 EStG nur die Absicht verlangt, Einnahmen zu erzielen; Voraussetzung ist danach nicht, dass die Aufwendungen zum Erfolg geführt haben, *v. Bornhaupt* in K/S, § 9 EStG, Rn. B 123 f. (Stand: 133. Lfg. 7/2003); *Kruse*, FR 1981, 473 [475].

ist ihre Berücksichtigung sogar im Hinblick auf das Veranlassungs- und das Leistungsfähigkeitsprinzip geboten[713], was die Rechtsprechung dazu veranlasst hat, den Abzug auch vorbereitender und erfolgloser Aufwendungen zuzulassen. Allerdings trifft dies ebenso für Aufwendungen im Sinne des § 3c EStG zu. Die von der Rechtsprechung zu den vorbereitenden und erfolglosen Aufwendungen aufgestellten Grundsätze sind daher aus teleologischen Gründen auf § 3c EStG zu übertragen. Dazu bieten sich zwei Wege an:

Liegen noch keine Einnahmen vor, müsste man, streng am Erfordernis der „Einnahmen" nach § 3c EStG orientiert, ein Abzugsverbot ablehnen. Bei *vorbereitenden* Aufwendungen könnte man dann, statt einer hypothetischen Betrachtung, die auch (noch) nicht erzielte Einnahmen umfasst, zwar zunächst das tatsächliche Vorliegen von Einnahmen fordern, dann aber über eine *Gesamtbetrachtung* auch die zukünftigen Vermögenszuflüsse oder -mehrungen berücksichtigen. Beim zeitlichen Auseinanderfallen von Aufwendungen und Einnahmen wären dazu die jeweiligen Veranlagungszeiträume getrennt zu prüfen[714]: Liegen in einem Veranlagungszeitraum tatsächlich keine Einnahmen vor, wäre § 3c EStG zunächst nicht erfüllt, so dass die Aufwendungen vollständig abziehbar wären. Fließen aber in einem der folgenden Veranlagungszeiträume Einnahmen, so wäre das vorher gefundene Ergebnis rückwirkend bezogen auf den Veranlagungszeitraum des Abzuges zu korrigieren. Materiellrechtlich möglich wäre eine Korrektur, weil ein unmittelbarer wirtschaftlicher Zusammenhang im Sinne des § 3c EStG gegeben ist. Diese Lösung entspricht den Ausführungen des I. Senats, dass ein unmittelbarer wirtschaftlicher Zusammenhang umso fragwürdiger ist, je weiter entfernt die Erwartung steuerfreier Einnahmen zeitlich gesehen in der Zukunft liegt[715]. Verfahrensrechtlich[716] möglich wäre die Korrektur im Rahmen der Festsetzungsverjährung gemäß § 175 Abs. 1 Satz 1 Nr. 2 AO. Auch die Rechtsprechung hat zu den Rückfallklauseln entschieden, dass in der Besteuerung der Einkünfte im anderen Vertragsstaat zu einem späteren Zeitpunkt ein Ereignis im Sinne des § 175 Abs. 1 Satz 1 Nr. 2 AO liegt, dass eine Änderung des im Inland bereits bestandskräftigen Steuerbescheides rechtfertigt[717]. Ebenso zieht der Gesetzgeber in § 50d Abs. 8 Satz 2 und 3 EStG die Änderungsvorschrift heran,

---

[713] Vgl. *Prinz* in H/H/R, § 3c EStG, Rn. 162 und 165 (Stand: 158. Lfg. 11/1988) und *Stapperfend* in H/H/R, § 4 EStG, Rn. 809 und 817 (Stand: 197. Lfg. 10/1999); ferner *Kruse*, FR 1981, 473 [475 f.]; *Lamminger/Traxel*, DStZ 1995, 429 [430] (allerdings zu nachträglichen Werbungskosten); *Lang, J.* in T/L[17], § 9, Rn. 232 f.

[714] So auch mit Berechnungsbeispiel *Birk/Jahndorf* in H/H/R, § 3c EStG, Rn. 40 (Stand: 200. Lfg. 10/2000); missverständlicherweise wird dagegen in Rn. 42 eine hypothetische Betrachtung vorgenommen.

[715] BFH, Urt. v. 29.5.1996, I R 167/94, BStBl. II 1997, 60, 62 und I R 21/95, BStBl. II 1997, 63, 67.

[716] Dazu ausführlich *Kreft*, Erwerbsaufwendungen, 103 ff.

[717] BFH, Urt. v. 11.6.1996, I R 8/96, BStBl. II 1997, 117.

wenn sich nachträglich ergibt, dass Steuern im Ausland nicht abgeführt wurden. Insofern kann davon ausgegangen werden, dass § 175 Abs. 1 Satz 1 Nr. 2 AO ein adäquates Mittel für die hier in Frage stehende Konstellation wäre. Zeigt sich bereits ex ante, dass Einnahmen, die mit den abzuziehenden Aufwendungen zusammenhängen, in zukünftigen Veranlagungszeiträumen zu erwarten sind, käme außerdem eine vorläufige Veranlagung gemäß § 165 Abs. 1 AO in Betracht. Auf diese Möglichkeit weist auch der BFH in einem unabhängig von § 3c EStG zu beurteilenden Fall zu vorweggenommen Aufwendungen hin[718]. Allerdings ist einzuwenden, dass eine Vollstreckung der geänderten Veranlagung im wahrsten Sinne des Wortes „an ihre Grenzen stößt", wenn der Steuerpflichtige mittlerweile seinen Wohnsitz ins Ausland verlegt hat. Außerdem stellt sich weiterhin die Frage, wie mit erfolglosen Aufwendungen zu verfahren ist, bei denen auch später keine Einnahmen fließen.

Gerade bei der Betrachtung der Folgen für *erfolglose* Aufwendungen zeigt sich indes, dass ein so enges Verständnisses des Wortlautes des § 3c EStG orientiert am Erfordernis der „Einnahmen" zu systemwidrigen Ergebnissen führt und daher abzulehnen ist. Denn erfolglose Aufwendungen wären dann zunächst zum Abzug zugelassen. Da sie im Anschluss auch zukünftig zu keinen Einnahmen führen würden, stünden ihnen nie steuerfreie Einnahmen im Sinne des § 3c EStG gegenüber, so dass dessen Abzugsverbot nie ausgelöst würde. Eine zugunsten des Steuerpflichtigen wirkende Gesamtbetrachtung, wie sie soeben erwogen wurde, würde hier nicht weiterführen, denn es ist bereits klar, dass keine Einnahmen fließen werden, sondern die Aufwendungen erfolglose sind. Die Aufwendungen behielten ihre steuermindernde Wirkung, obgleich sie von Anfang an nur darauf ausgerichtet waren, steuerfreie Einnahmen im Ausland zu produzieren. Eine streng am Vorliegen steuerfreier Einnahmen orientierte Interpretation des § 3c EStG führt folglich zwangsläufig zum Bruch mit dem in § 3c EStG verankerten Korrespondenzprinzip.

Der *Sinn und Zweck* der Vorschrift zwingt somit dazu, das Merkmal der „steuerfreien Einnahmen" nicht dahin zu verstehen, dass es auf ihr tatsächliches Vorliegen ankäme, sondern lediglich auf einen Typus der Einnahmen, mit denen die Aufwendungen im Zusammenhang stehen müssen, nämlich eben ihre Steuerfreiheit. § 3c EStG erfordert demnach tatbestandlich nicht, dass Einnahmen bereits erzielt wurden, sondern lediglich die Eigenschaft der Steuerfreiheit der Einnahmen, gleichgültig, ob sie vorliegen oder auch nur vorliegen würden. Stehen Aufwendungen mit Einnahmen in Zusammenhang, die steuerfrei sind oder wären, können sie nicht als Erwerbsaufwendungen abgezogen werden. Für eine solche Interpretation kann ebenso der *Wortlaut* angeführt werden, wie für die

---

[718] BFH, Urt. v. 27.5.2003, VI R 33/01, BFHE 203, 314, 319.

zuvor aufgezeigte Auslegungsmöglichkeit. Denn ausweislich seines Wortlauts bestimmt § 3c EStG ein Abzugsverbot nicht für solche Aufwendungen, die vorhandenen steuerfreien Einnahmen gegenüberstehen. Weder betont § 3c EStG, positiv dass die Einnahmen vorliegen müssen, noch impliziert er dieses Erfordernis dadurch, dass er den nicht abziehbaren Aufwendungen steuerfreie Einnahmen gegenüberstellt, etwa durch eine Formulierung „bei steuerfreien Einnahmen sind auch die Aufwendungen nicht abziehbar". Vielmehr verbietet er den Abzug solcher Aufwendungen, die mit steuerfreien Einnahmen in einem „unmittelbaren wirtschaftlichen Zusammenhang stehen". Ein solcher Zusammenhang kann aber für sich genommen zweifellos auch dann vorliegen, wenn Einnahmen noch nicht vorliegen. Im Hinblick darauf kann § 3c EStG auch so verstanden werden, dass er ein Abzugsverbot bereits dann anordnet, wenn die Aufwendungen mit solchen Einnahmen in Zusammenhang stehen, also auf solche Einnahmen gerichtet sind, die steuerfrei wären, wenn sie auch nur vorliegen würden. Dabei ist der jeweilige Veranlagungszeitraum isoliert zu betrachten und nicht eine Gesamtbetrachtung vorzunehmen[719]. Für ein solches Verständnis und damit gegen die Gesamtbetrachtung spricht auch die *Systematik* der Vorschrift. Eine Betrachtung über die Grenze des Veranlagungszeitraumes hinweg bedarf einer entsprechenden gesetzlichen Regelung, wie sie sich im Absatz 2 des § 3c EStG ausdrücklich findet[720]. Da der hier einschlägige Absatz 1 der Vorschrift eine solche Gesamtbetrachtung aber eben nicht anordnet, kann sie auch nicht mit teleologischen Argumenten ohne weiteres erzeugt werden. Vielmehr muss argumentum e contrari davon ausgegangen werden, dass dem Grundsatz entsprechend jeder Veranlagungszeitraum isoliert zu betrachten ist. Die generelle Abziehbarkeit erfolgloser Aufwendungen ist letztlich bei *steuerpflichtigen* Einnahmen nicht explizit geregelt, sondern von der Rechtsprechung in konsequenter Fortführung des Veranlassungsprinzips entwickelt worden. Dann ist es aber ebenso konsequent, solche Aufwendungen nicht zum Abzug zuzulassen, wenn sie auf steuerfreie Einnahmen abzielen. § 3c EStG normiert damit ein Abzugsverbot für Aufwendungen, die der Schaffung steuerfreier Einnahmen dienen, unabhängig davon, ob sie jemals zur Entstehung gelangen oder nicht.

Allerdings ist bedenken, dass man sich damit unter Umständen erheblicher Abgrenzungsschwierigkeiten aussetzt, da man eine hypothetische Betrachtung vornehmen muss, und zwar zum einen hinsichtlich des „ob" der Steuerfreiheit der

[719] Insoweit entspricht der hier vertretene Lösungsansatz der Auffassung des I. Senats des BFH zu den Schachteldividenden, der einzig auf den Veranlagungszeitraum abstellt und keine Gesamtbetrachtung vornimmt (vgl. dazu oben 2. Kapitel C. III. 2. b) aa) Aufwendungen für Schachteldividenden).

[720] Vgl. dazu *Heinicke* in Schmidt[22], § 3c EStG, Rn. 26, 37; *Krabbe*, DB 1994, 242 [243]; *Lindemann* in L/B/P, § 3c EStG, Rn. 95 (Stand: 61. Lfg. 5/2004); kritisch *Herzig*, DB 2003, 1459 [1464], aber auch *Frotscher* in FS Fischer, 561 f.; *ders.*, DStR 2001, 2045 [2048].

Einnahmen, sowie zum anderen hinsichtlich der „Höhe" der steuerfreien Einnahmen; immerhin unterliegen die Aufwendungen nach § 3c EStG einem Abzugsverbot nur „soweit" sie mit steuerfreien Einnahmen in unmittelbaren Zusammenhang stehen[721])[722]. Gerade bei Einkünften aus nichtselbständiger Tätigkeit, deren DBA-rechtliche Steuerfreistellung gemäß Art. 15 OECD-MA nur unter besonderen Voraussetzungen erfolgt, scheint es mit gewissen Schwierigkeiten verbunden, bereits im Vorhinein zu bestimmen, ob die gewünschten Einnahmen nach dem DBA freizustellen wären. Um dennoch zu einer systemgerechten Besteuerung zu gelangen, die das konsequenterweise anzuwendende Abzugsverbot einerseits sowie die benannten Abgrenzungsschwierigkeiten andererseits berücksichtigen, bietet sich eine vorläufige Steuerfestsetzung nach § 165 AO an, sofern am Ende des Veranlagungszeitraumes noch nicht feststeht, ob die getätigten (vorbereitenden) Aufwendungen zu steuerfreien Einnahmen führen werden. Steht dagegen bereits fest, dass die getätigten Aufwendungen erfolglos sind, weil sie zu keinen Einnahmen führen werden, muss eine Prognose dahin angestellt werden, zu welchen Einnahmen die Aufwendungen führen sollten[723]. Letztlich ist dies aber keine Besonderheit, die nur bei solchen erfolglosen Aufwendungen anzustellen ist, die der Erzielung steuerfreier Einnahmen dienen. Denn auch bei erfolglosen Aufwendungen, die zu steuerpflichtigen Einnahmen führen sollten, bedarf es einer ausreichenden konkreten Darlegung, was für Einnahmen mit ihnen erzielt werden sollten, um ihren Abzug zuzulassen. Schließlich können erfolglose Aufwendungen unabhängig von der hier behandelten DBA-rechtlichen Problematik dann nicht geltend gemacht werden, wenn es sich um bloße Aussichten handelt, die noch nicht in die Phase der notwendigen Konkretisierung der Einnahmequelle eingetreten sind. Im Ergebnis muss das

---

[721] A. A. entgegen der Rechtsprechung des I. Senats zu den Schachteldividenden *Erhard* in Blümich, § 3c EStG, Rn. 37 (Stand: 76. Lfg. 10/2002); *Lindemann* in L/B/P, § 3c EStG, Rn. 55 (Stand: 61. Lfg. 5/2004). Wie hier neben dem I. Senat auch BFH, Urt. v. 4.3.1977, VI R 213/75, BStBl. II 1977, 507, 508; v. 14.11.1986, VI R 209/82, BStBl. II 1989, 351, 354; v. 9.6.1989, VI R 33/86, BStBl. II 119, 121; *Birk/Jahndorf* in H/H/R, § 3c EStG, Rn. 81 (Stand: 200. Lfg. 10/2000).

[722] Für eine differenzierende Betrachtung und gegen die Spanien-Entscheidung des IV. Senats auch *Bader/Klose*, IStR 1996, 318 [320].

[723] Umgekehrt kommt das FG Düsseldorf im Anschluss an eine solche Prognose-Betrachtung zu dem konsequenten Ergebnis, dass das Abzugsverbot des § 3c EStG nicht eingreift bezüglich solcher Aufwendungen, die eben nicht darauf gerichtet sind, in Zukunft im Ansässigkeitsstaat steuerfrei, sondern steuerpflichtige Einnahme zu erzeugen, Urt. v. 12.4.2005, 3 K 4223/03, EFG 2005, 1533 f. (anhängig beim BFH unter I R 34/05). Vgl. auch BFH, Urt. v. 22.7.2003, VI R 4/02, BFH/NV 2004, 32, in der der BFH Aufwendungen für ein ausländisches Master of Laws-Studium zum Abzug zulässt, weil sie mit „zu erwartenden" steuerpflichtigen Einnahmen im Zusammenhang stehen. In diesem und einem allgemeinen Zusammenhang zu Berufausbildungskosten auch *Morsch/Becker*, DStR 2004, 73 [75]

Abzugsverbot des § 3c EStG aus national-rechtlicher Sicht[724] somit auch dann als tatbestandlich erfüllt angesehen werden, wenn Einnahmen (noch) nicht vorliegen, die getätigten; vorbereitenden oder erfolglosen Aufwendungen aber einzig der Erzielung steuerfreier Einnahmen dienen.

c) Besonderheiten bei der Freistellung von Netto-Einkünften

Im Folgenden soll es um die Behandlung solcher Erwerbsaufwendungen gehen, die mit DBA-rechtlichen Einkunftsarten zusammenhängen, die nach der vom BFH vorgenommen Trennung als Netto-Einkünfte anzusehen sind. Von diesen Einkunftsarten unterliegen in deutschen DBA regelmäßig die Einkünfte aus unbeweglichen Vermögen, aus einer Betriebsstätte, aus selbständiger Arbeit sowie oftmals auch aus Veräußerungen der Freistellungsmethode. Zur Beantwortung der Frage, wie Erwerbsaufwendungen, die in solchen Einkunftsarten entstanden sind, nach dem Verständnis des BFH zu behandeln sind, ist zunächst auch hier der bereits oben genannte Grundsatz zu berücksichtigen, dass sich die *Einkünfteermittlung* allein nach dem nationalen Recht des jeweiligen Vertragsstaats richtet[725]. Demnach gilt Folgendes: Der in der Bundesrepublik Deutschland ansässige Steuerpflichtige ist im Inland nach dem Welteinkommensprinzip auch mit einer ausländischen Betriebsstätte, einem in Ausland belegenem Vermögen etc. unbeschränkt steuerpflichtig; die Einkünfte der ausländischen Quelle sind nach deutschem Recht zu ermitteln[726], dies betrifft insbesondere die Art der Gewinnermittlung, den Umfang des Betriebsvermögens sowie die Bestimmung der Betriebseinnahmen und Betriebsausgaben etc[727]. Die Aufwandsabgrenzung zwischen dem Stammhaus und der Betriebsstätte richtet sich nach dem Veranlassungsprinzip (§ 4 Abs. 4 EStG)[728]. Dieser vorgelagerten[729] Ebene der Einkünfteermittlung folgt die der DBA-rechtlichen *Einkünftezuordnung*[730]. Diese ent-

---

[724] Zum Einfluss des Europarechts aber unten 3. Kapitel C. II. 2. Vorbereitende und erfolglose Aufwendungen.

[725] Siehe bereits oben Fn. 525; ebenso im Zusammenhang mit Betriebsstätteneinkünften *Frotscher*, IntStR, 138; *Kroppen* in B/H/G/K, Teil 2, Art. 7, Rn. 206 (Stand: 10. Lfg. 2002). Vgl. zu dem damit verbundenen zwangsläufigen Doppelbesteuerung noch unten 4. Kapitel B. III. Gesamt-europäisches DBA.

[726] So für die Zwecke des Progressionsvorbehalts etc., *Baranowski*, Auslandsbeziehungen², Rn. 290.

[727] Vgl. die Übersicht bei *Buciek* in F/W/W/K, Art. 7, Rn. 91 (Stand: 25. Lfg. 7/2003). Ferner *Schaumburg*, IntStR², Rn. 18.18.

[728] *Wassermeyer* in D/W, Art. 7 MA, Rn. 271 (Stand: 81. Lfg. 5/2000).

[729] Vgl. im hier fraglichen Zusammenhang *Schaumburg*, IntStR², Rn. 16.264 und 18.18: „Die Einkünfteermittlung... ist der Einkünftezuordnung... vorgelagert." Deutlich mit Hinweise auf andere Ansätze auch *Wassermeyer* in FS Loukota, 654 f. Zustimmend auch *Krawitz/Büttgen-Pöhland/Hick*, FR 2003, 109 [116].

[730] *Debatin*, DB 1989, 1692, 1695. Dazu auch *Dahnke*, PIStB 1999, 13 ff.

scheidet über die Aufteilung der Besteuerungsbefugnis. Für Betriebsstätteneinkünfte und Einkünfte aus selbständiger Tätigkeit[731] finden sich dazu in der dem Art. 7 Abs. 1, 2 und 3 OECD-MA entsprechenden Artikel des DBA spezielle Vorgaben. Art. 7 Abs. 1 Satz 2 OECD-MA weist die Besteuerungsbefugnis nur solcher Einkünfte dem Belegenheitsstaat zu, die der Betriebsstätte „zugerechnet werden können". Darin kommt wiederum das Veranlassungsprinzip zum Ausdruck[732]. An Art. 7 Abs. 1 Satz 2 OECD-MA knüpft Art. 7 Abs. 2 OECD-MA an, indem er solche Gewinne der Betriebsstätte zurechnen will, „die sie hätte erzielen können, wenn sie eine gleiche oder ähnliche Tätigkeit unter gleichen oder ähnlichen Bedingungen als selbständiges Unternehmen ausgeübt hätte und im Verkehr mit dem Unternehmen, dessen Betriebsstätte sie ist, völlig unabhängig gewesen wäre." Nach diesem sog. dealing-at-arm's-length-Prinzip stehen sich Stammhaus und Betriebsstätte bei der Einkünftezurechnung gedanklich wie Generalunternehmer und Subunternehmer gegenüber[733]. Für die Zwecke der Zurechnung der Einkünfte, wird also die Selbständigkeit der Betriebsstätte fingiert[734]. Nach der damit verbundenen sog. direkten Methode sind der Betriebsstätte ihre Erträge und Aufwendungen unmittelbar zuzuordnen; dies geschieht regelmäßig durch eine gesonderte[735] Betriebsstättenbuchführung[736]. Dementsprechend sollen ihr auch der Abzug solcher Aufwendungen möglich sein, die nicht im Betriebsstättenstaat entstanden sind (Art. 7 Abs. 3 OECD-MA). Diese, der Betriebsstätte so zugeordneten Einkünfte hat der Wohnsitzstaat freizustellen. Die Freistellung umfasst dann - da es sich hier um Netto-Einkünfte handelt - gleichsam die Aufwendungen.

Für die Frage, welche Aufwendungen der Betriebsstätte zuzurechnen und damit im Wohnsitzstaat letztlich nicht mehr von der Bemessungsgrundlage abziehbar sind, kommt es mithin sowohl nach deutschem Steuerrecht also auch nach den

---

731 Vgl. *Wassermeyer* in D/W, Art. 14 MA, Rn. 91 (Stand: 86. Lfg. 3/2002).

732 *Schaumburg*, IntStR², Rn. 18.14. Vgl. auch *Kluge*, IntStR⁴, S, Rn. 54 f.; *Krawitz/Büttgen-Pöhland/Hick*, FR 2003, 109 [116]; *Kroppen* in B/H/G/K, Teil 2, Art. 7 OECD-MA, Rn. 209 (Stand: 10. Lfg. 2002).

733 Ständige Rechtsprechung, siehe BFH, Urt. v. 17.11.1999, I R 7/99, BStBl. II 605, 607 m. w. N. Ferner *Jacobs*, Unternehmensbesteuerung⁵, 417, 484 und 493; *Krabbe*, Aufwand, 10 f.; *Schmidt*, Aufwandszuordnung, 55 f.

734 *Buciek* in F/W/W/K, Art. 7, Rn. 265 f. (Stand: 25. Lfg. 7/2003); *Wassermeyer* in D/W, Art. 7 MA, Rn. 184 f. (Stand: 81. Lfg. 5/2000).

735 Die Betriebsstätte muss ihren Gewinn daher regelmäßig auf zweifache Weise ermitteln: Zum einen nach dem Recht des Belegenheitsstaates, dem ja die Besteuerungsbefugnis zusteht, zum anderen aber auch nach dem Recht des Wohnsitzstaates des Stammhauses; vgl. *Frotscher*, IntStR, 138. Ferner *Baranowski*, Auslandsbeziehungen², Rn. 290 ff.

736 *Krabbe*, Aufwand, 10 f.; *Schaumburg*, IntStR², Rn. 18.24; *Schmidt*, Aufwandzuordnung, 55.

Vorgaben des DBA auf den Veranlassungszusammenhang an[737]. Die Abgrenzung zwischen Stammhaus und Betriebsstätte soll sowohl im deutschen Außensteuerrecht als auch im DBA-Recht nach dem Prinzip der wirtschaftlichen Zugehörigkeit[738] erfolgen[739]. Im Hinblick auf § 4 Abs. 4 EStG ist entscheidend, ob die ausländischen Aufwendungen in einem *wirtschaftlichen Veranlassungszusammenhang* zum Betrieb des Gewerbes, allgemein also zur Einkunftsquelle stehen[740]. Insofern besteht ein klarer Unterschied zu § 3c EStG, der ja einen unmittelbaren wirtschaftlichen Zusammenhang zu den Einnahmen fordert[741]. Nach der Rechtsprechung des BFH genügt auch ein mittelbarer wirtschaftlicher Veranlassungszusammenhang[742]. Es reicht demnach bereits die Existenz einer Betriebsstätte aus, um ihr zumindest anteilig Aufwendungen zuzurechnen[743]. Auszusondern sind von vornherein solche Aufwendungen, die aufgrund ihrer kausalen Verknüpfung den ausländischen Erträgen der ausländischen Betriebsstätte zuzuordnen sind. Ohne Bedeutung ist nach der Rechtsprechung des BFH in diesem Zusammenhang auch, von wem die Aufwendungen getragen werden und ob

---

737 In diesem Sinne offenbar auch *Schaumburg*, IntStR², Rn. 18.13 ff.; *Schmidt*, Zuordnung, 54 f. Auch *Wassermeyer* betont in diesem Zusammenhang das Veranlassungsprinzip: *Wassermeyer*, Schachtelbeteiligungen, 24; *ders.* in D/W, Art. 7 MA, Rn. 271 (Stand: 81. Lfg. 5/2000); *ders.* in FS Loukota, 654 f. Ferner *Kluge*, IntStR⁴, S, Rn. 51, 54 f. Siehe auch soeben Fn. 732.

738 Der Begriff wird synonym zum Veranlassungsprinzip verwendet, vgl. *Kroppen* in B/H/G/K, Teil 2, Art. 7, Rn. 68 (Stand: 10. Lfg. 2002).

739 BFH, Urt. v. 20.7.1988, I R 49/84, BStBl. II 1989, 140; *Bader/Klose*, IStR 1996, 318 [321]; *Kroppen* in B/H/G/K, Teil 2, Art. 7, Rn. 68 (Stand: 10. Lfg. 2002); *Lindemann* in L/B/P, § 3c EStG, Rn. 10 (Stand: 61. Lfg. 5/2004), vgl. dazu aber auch Fn. 591; *Wassermeyer*, Schachtelbeteiligungen, 24.

740 Grundlegend dazu BFH, Urt. v. 20.7.1988, I R 49/84, BStBl. II 1989, 140, allerdings zur umgekehrten Konstellation einer inländischen Betriebsstätte. Die dort aufgestellten Grundsätze wurden von der Rechtsprechung im Folgenden aber auf die hier in Frage stehende Konstellation übernommen, beispielsweise in BFH, Urt. v. 18.9.1996, I R 69/95, DStRE 1997, 560 ff. Vgl. ferner *Kroppen* in B/H/G/K, Teil 2, Art. 7 OECD-MA, Rn. 68 und 209 (Stand: 10. Lfg. 2002); *Schmidt*, Aufwandszuordnung, 54 f.; *Wassermeyer* in D/W, Art. 7 MA, Rn. 271 (Stand: 81. Lfg. 5/2000).

741 Entgegen Forderungen aus dem Schrifttum (Fn. 607) hält der BFH an diesem Unterschied fest, vgl. bereits oben Fn. 608.

742 BFH, Beschl. v. 28.11.1977, GrS 2-3/77, BStBl. II 1978, 105; Urt. v. 20.7.1988, I R 49/84, BStBl. II 1989, 140 ff. Zustimmend beispielsweise *Schmidt*, Aufwandszuordnung, 55; *Wassermeyer*, Zuordnung, 41. Im Hinblick auf die zitierten Entscheidungen kann m. E. nicht der Ansicht von *Grotherr* in FS Wassermeyer, 312 gefolgt werden, der offenbar zu dem Ergebnis kommt, dass die Rechtsprechung auch im Rahmen der Freistellungsmethode einen unmittelbaren Zusammenhang fordere. Die von ihm zitierten Entscheidungen (von Relevanz ist insoweit nur BFH, Urt. v. 29.3.2000, I R 15/99, BStBl. II 2000, 577, 579) geben eine solche Schlussfolgerung für die Freistellungsmethode nicht her.

743 *Schmidt*, Aufwandszuordnung, 55.

sie im Inland oder im Ausland anfallen[744] - dies entspricht Art. 7 Abs. 3 OECD-MA. Entscheidend ist, dass beispielsweise das ausländische unbewegliche Vermögen, die ausländische Betriebsstätte etc. Voraussetzung für das Entstehen von Aufwendungen und Erträgen ist[745]. Regelmäßig teilen danach die mit den Einnahmen verbundenen Aufwendungen das Schicksal der Einnahmen - sind sie der ausländischen Quelle zuzuordnen, kommt ihr Abzug im Wohnsitzstaat nach den obigen Ausführungen schon aufgrund der DBA-rechtlichen Freistellung der gesamten „Einkünfte" nicht in Betracht[746]. Solche Erwerbsaufwendungen vermindern regelmäßig die ausländischen Einnahmen nach dortigem Recht und können nicht von inländischen Einkünften im Wohnsitzstaat abgesetzt werden[747]. Dies betrifft insbesondere die mit der Betriebsstätte zusammenhängenden üblichen Verwaltungs- und Finanzierungskosten[748]. Ein Abzug im Wohnsitzstaat kommt daher schon aufgrund der DBA-rechtlichen Systematik grundsätzlich nicht in Frage. In Einzelfällen kann es allerdings vorkommen, dass die Berücksichtigung besonderer Aufwandsposten im Wohnsitzstaat gleichwohl geboten erscheint - dies vor allem deshalb, weil sie im Quellenstaat nicht in Erscheinung getreten sind und folglich drohen, gänzlich unberücksichtigt zu bleiben. Diskutiert wird die Berücksichtigung ausländischer Aufwendungen im freistellenden Wohnsitzstaat insbesondere im Zusammenhang mit Betriebsstätten bei:

- Umrechnungsverlusten,

- Kosten der Rechtsberatung, Verwaltung etc., die sowohl für die Betriebstätte als auch das Stammhaus angefallen sind, sowie in

- solchen Fällen, in denen Aufwendungen für eine Bau-Ausschreibung entstanden sind, deren Umsetzung zu einer Betriebsstätte führen sollte, deren Errichtung letztlich aber nicht erfolgte.

Vor allem in diesen Fällen, kommt der der Freistellung der Einkünfte vorgelagerten Ebene der Zurechnung der Aufwendungen zur Betriebsstätte bzw. zum Stammhaus besondere Bedeutung zu[749].

---

[744] BFH, Urt. v. 20.7.1988, I R 49/84, BStBl. II 1989, 140; v. 18.9.1996, I R 69/95, DStRE 1997, 560, 561.

[745] Vgl. BFH, Urt. v. 18.9.1996, I R 69/95, DStRE 1997, 560, 561.

[746] In diesem Sinne offenbar auch BFH, Urt. v. 7.11.2001, I R 3/01, BStBl. II 2002, 865, 866 mit zustimmender Anmerkung von *Kempermann*, FR 2002, 416 und *Jahn*, PISTB 2002, 123 f. Vgl. auch *Lindemann* in L/B/P, § 3c EStG, Rn. 10 (Stand: 61. Lfg. 5/2004) sowie *Vogel* in V/L[4], Art. 6, Rn. 15.

[747] *Vogel* in V/L[4], Art. 23, Rn. 66.

[748] *Frotscher*, DStR 2001, 2045 [2052]; *Schmidt*, Aufwandszuordnung, 55.

[749] Ähnlich offenbar auch *Kluge*, IntStR[4], S Rn. 326.

aa) Währungsverluste

Gewinne oder Verluste aus der Umrechnung der bilanzierten Werte in die nationale Währung zählt die Rechtsprechung und im Anschluss auch die Finanzverwaltung zu den nicht im Wohnsitzstaat des Stammhauses abziehbaren Aufwendungen[750]. Sie stünden in wirtschaftlichen Zusammenhang mit den ausländischen Einkünften und seien infolgedessen auch diesen zuzuordnen, denn ohne die Existenz und Tätigkeit der ausländischen Besteuerungsquelle wären die betreffenden Währungsgewinne oder -verluste nicht eingetreten[751]. Sind die Umrechnungsverluste demnach den ausländischen Einkünften zuzuordnen, können sie wegen deren Freistellung bei der Ermittlung der Einkünfte im Wohnsitzstaat keine Rolle mehr spielen[752]. Dagegen wird insbesondere vorgebracht, dass solche Aufwendungen, die erst mit der Übernahme des Betriebsstättenteilergebnisses entstehen, letztlich damit vollkommen unberücksichtigt bleiben, da der ausländische Staat, aus dem die Einkünfte stammen, die Währungsverluste regelmäßig gerade nicht einbeziehen wird, weil sie dort nicht in Erscheinung treten[753]. Dagegen wendet der BFH ein, dass die Freistellung grundsätzlich davon unabhängig ist, ob im Ausland eine tatsächliche Berücksichtigung der einzelnen Aufwandsposition erfolgt oder nicht[754]. Unterbleibt sie, so kommt dies dem Steuerpflichtigen bei positiven Einkünften zugute. Bei negativen Einkünften schlägt dies für den Steuerpflichtigen faktisch in einen Nachteil um, der jedoch hinzunehmen ist. Kommt es letztlich zu einem Betriebsstättenverlust, sind noch die dazu von der Rechtsprechung entwickelten Grundsätze zu beachten[755].

---

[750] BFH, Urt. v. 16.2.1996, I R 43/95, BStBl. II 1997, 128 ff.; v. 16.2.1996, I R 46/95, BFH/NV 1997, 111 ff.; v. 18.9.1996, I R 69/95, DStRE 1997, 560 ff. Bestätigt zuletzt auch für Dividenden, in denen § 3c EStG das Abzugsverbot auslöst durch BFH in Urt. v. 7.11.2001, I R 3/01, BStBl. II 2002, 865 f. BMF, Schreiben v. 24.12.1999, IV B 4 - S 1300 - 111/99, BStBl. I 1999, 1076, 1088 f.

[751] Zustimmend *Schmidt*, Aufwandszuordnung, 73 f.

[752] *Schnitger*, IWB, F. 3, Deutschland, Gr. 2, 1029 [1035].

[753] *Frotscher*, IntStR, § 7, Rn. 39; *ders.*, DStR 2001, 2045 [2052 f.]; *Haas* in Haas, Fallbesprechung, JbFfSt 2001/2002, 640 [646 f]; *Schröder* in Mössner, Steuerrecht², Rn. C 125 ff.; *Uhrmann*, DB 1992, 1791 ff. Dagegen dem BFH zustimmend *Baranowski*, DB 1992, 240 ff.; *Dahnke*, PIStB 1999, 13 [18]; *Jacobs*, Unternehmensbesteuerung⁵, 661 f.; *Looks* in Löwenstein/Looks, Rn. 830; *Malinski*, Währungsprobleme, 91 f. Ferner *Schaumburg*, IntStR², Rn. 18.20 f., der aber eine Berücksichtigung der Verluste aus Billigkeitsgründen (§§ 163, 227 AO) vorschlägt.

[754] BFH, Urt. v. 16.2.1996, I R 46/95, BFH/NV 1997, 111, 113.

[755] Dazu unten 2. Kapitel C. II. 3. a) Rechtsprechung des BFH.

bb) Gemeinkosten

Anders verhält es sich dagegen in solchen Fällen, in denen eine genaue Trennung anhand des Veranlassungszusammenhanges nicht möglich ist. Zu solchen Gemeinkosten zählt die Rechtsprechung insbesondere Abschluss- und Steuerberatungskosten, Rechtsberatungskosten, Revisions- und Prüfungskosten, besondere Steuern, Geschäftsführungs- und allgemeine Verwaltungskosten, wie typische Regie- und Kontrollkosten[756]. Bei Gemeinkosten, die sowohl vom inländischen Stammhaus als auch von der ausländischen Betriebsstätte veranlasst sind, kann weder ein vollumfänglicher Abzug gewährt werden, noch ein Abzugsverbot ausgesprochen werden. Solche Kosten sind anteilig beim inländischen Stammhaus abzuziehen[757]. Dies gilt insbesondere auch im Hinblick darauf, dass im Rahmen des bei den Netto-Einkunftsarten zur Anwendung kommenden allgemeinen Veranlassungsprinzips auch ein mittelbarer Zusammenhang als ausreichend anerkannt ist[758].

cc) Erfolglose Aufwendungen

Besonders problematisch ist schließlich die Behandlung von Aufwendungen, die einem innerstaatlichen Unternehmen beispielsweise daraus entstehen, dass es sich an einer Bauausschreibung beteiligt, den Auftrag zur Errichtung des Bauwerkes letztlich aber nicht erhält. Abstrakt ausgedrückt geht es hierbei um die bereits oben[759] im Zusammenhang mit freigestellten Brutto-Einnahmen dargestellten verlorenen oder auch erfolglosen Aufwendungen. Während die Abzugsfähigkeit von verlorenen Aufwendungen in Nicht-DBA-Fällen unproblematisch zu bejahen ist, verwehrt dies insbesondere die Finanzverwaltung[760] bislang[761] in DBA-Fällen unter Berufung auf die Rechtsprechung, insbesondere die sog. Spanien-Entscheidung des IV. Senats des BFH vom 28.4.1983[762]. In ihr wies der

---

[756] Vgl. BFH, Urt. v. 20.7.1988, I R 49/84, BStBl. II 1989, 140, 142 f. sowie v. 18.9.1996, I R 69/95, DStRE 1997, 560, 561. Dazu auch *Birk/Jahndorf* in H/H/R, § 3c EStG, Rn. 65 (Stand: 200. Lfg. 10/2000); *Schaumburg*, IntStR², Rn. 18.40.

[757] BFH, Urt. v. 18.9.1996, I R 69/95, DStRE 1997, 560, 561; *Dahnke*, PIStB 1999, 13 [18]; *Schaumburg*, IntStR², Rn. 18.40; *Wassermeyer* in D/W, Art. 23 A MA, Rn. 29 (Stand: 87. Lfg. 10/2002).

[758] Vgl. in diesem Sinne zur Anrechnungsmethode *Grotherr* in FS Wassermeyer, 304.

[759] Siehe oben 2. Kapitel C. II 2. b) Besonderheiten bei der Freistellung von Brutto-Einnahmen.

[760] BMF, Schreiben v. 24.12.1999, IV B 4 - S 1300 - 111/99, BStBl. I 1999, 1076, 1089 f. In diese Richtung auch *Dahnke*, PIStB 1999, 13 [17].

[761] Dass die Finanzverwaltung weiterhin an ihrer Auffassung festhalten will, nimmt ebenso *Reith*, IntStR, Rn. 6.49 an.

[762] BFH, Urt. v. 28.4.1983, IV R 122/79, BStBl. II 1983, 566 ff. Vgl. auch FG Köln, Urt. v. 8.8.1990, 3 K 3041/89, EFG 1991, 176 f.

BFH darauf hin, dass „vorbereitende Aufwendungen für die Errichtung einer Betriebsstätte im DBA-Ausland... nach § 3c EStG nicht abziehbar sind[763]." Das Verbot des Betriebsausgabenabzuges bestehe vor allem auch dann, wenn steuerfreie Einnahmen gegenwärtig noch nicht vorliegen, sondern erst zukünftig erwartet werden[764]. Dem Ergebnis, die Betriebsausgaben nicht zum Abzug zuzulassen, war immerhin insofern die Schärfe genommen[765], als dass die Finanzverwaltung im Anschluss an den BFH eine Berücksichtigung solcher Aufwendungen als Verluste nach § 2a Abs. 3 EStG a. F. (bis 1990: § 2 AIG) zuließ[766].

Dieser Auffassung ist nunmehr der rechtliche Boden entzogen. Zum einen wurde § 2a Abs. 3 EStG a. F. ersatzlos gestrichen[767]. Zum anderen steht eine derartige Anwendung des § 3c EStG in eklatantem Widerspruch zur der vom I. Senat in seinen Urteilen vom 29. Mai 1996 entwickelten Dogmatik und ist daher schwerlich haltbar[768]. Erstens müssen danach „Gewinne" aus Art. 7 OECD-MA nach innerstaatlicher Terminologie als „Einkünfte" gewertet werden. Schon insofern fehlt es für die Anwendung des § 3c EStG tatbestandlich an dem Merkmal der „Einnahmen"[769]. Dies hat der BFH - zumindest dessen I. Senat - in seiner folgenden Rechtsprechung auch stets berücksichtigt und betont, dass sich ein Betriebsausgabenabzugsverbot aus § 3c EStG nur herleiten lässt, wenn sich die Freistellungsvorschrift auf innerstaatliche „Einnahmen" bezieht[770]. Zu berücksichtigen ist außerdem, dass der I. Senat, wie bereits oben dargestellt[771], erst dann von dem tatbestandlichen Vorliegen von „Einnahmen" ausgeht, wenn sie

---

763 BFH, Urt. v. 28.4.1983, IV R 122/79, BStBl. II 1983, 566, 569.

764 Auf die Fehlerhaftigkeit des BFH an dieser Stelle angeführten Hinweises auf eine Kommentierung von *Herrmann/Heuer/Raupach* wiesen bereits *Schröder*, StBp 1988, 218 [221] und *Bader/Klose*, IStR 1996, 318 [320] hin.

765 So bereits *Schröder*, StBp 1988, 218 [219].

766 Beim Gewerbeertrag seien die verlorenen Aufwendungen unter Hinweis auf § 2 GewStG i. V. m. § 9 Abs. 3 GewStG allerdings wieder hinzuzurechnen.

767 Dazu unten 2. Kapitel C. III. 3. Negative Einkünfte.

768 Dazu bereits oben 2. Kapitel A. Freistellungsmethode im OECD-MA und 2. Kapitel C. III. 2. a) Grundzüge zur Behandlung ausländischer Aufwendungen. Kritisch wie hier auch *Wassermeyer* in D/W, Art. 7 MA, Rn. 300 (Stand: 81. Lfg. 5/2000).

769 Vgl. insbesondere *Lindemann* in L/B/P, § 3c EStG, Rn. 10 (Stand: 61. Lfg. 5/2004), vgl. dazu aber auch Fn. 591. Ferner *Birk/Jahndorf* in H/H/R, § 3c EStG, Rn. 66 (Stand: 200 Lfg. 10/2000) die zwar einerseits auch die Ansicht teilen, dass der Anwendungsbereich des § 3c EStG nicht einschlägig ist, dies jedoch andererseits offenbar nicht am „Einkünfte"-Begriff der Freistellungsvorschrift festmachen, sondern argumentieren, dass es sich nicht um Aufwendungen, sondern um Verluste handele, die allein von § 2a EStG geregelt würden. Wie hier dagegen die Ausführungen von *Birk/Jahndorf*, a. a. O., Rn. 66 a. E. (Stand: 200 Lfg. 10/2000).

770 Umkehrschluss aus BFH, I R 3/01, Urt. v. 7.11.2001, BStBl. II 2002, 865 f.

771 Siehe oben 2. Kapitel C. II. 2. b) Besonderheiten bei der Freistellung von Brutto-Einnahmen.

tatsächlich zugeflossen sind. Erst dann wendet die Rechtsprechung § 3c EStG mit der Folge an, dass mit den Einnahmen zusammenhängende Aufwendungen nicht zum Abzug zugelassen werden. Dies entspräche dem Sinn des von der Rechtsprechung in § 3c EStG verankerten Grundsatzes der Vermeidung eines doppelten Vorteils[772]. An diesem Grundsatz und dem Prinzip der Besteuerung nach der Leistungsfähigkeit orientiert, kann ein Ausschluss des Abzuges von Aufwendungen erst dann in Betracht kommen, wenn es überhaupt zur Gründung einer Betriebsstätte gekommen ist[773]. Erst dann kommt Art. 7 OECD-MA zur Anwendung mit der Konsequenz, dass mit der Betriebsstätte zusammenhängende Einkünfte freizustellen sind. Eines Rückgriffes auf § 3c EStG bedarf es nicht; die Nichtabzugsfähigkeit ergibt sich unmittelbar aus dem DBA[774].

Da der DBA-rechtliche Einkünftebegriff in diesem Fall sowohl die Einnahmen als auch die Aufwendungen umfasst, kommt der Abzug letzterer im Wohnsitzstaat Deutschland allerdings auch dann nicht in Betracht, wenn keinerlei Einnahmen aus der ausländischen Quelle fließen oder diese die Aufwendungen übersteigen. Denn solche Aufwendungen sind grundsätzlich nach dem wirtschaftlichen Veranlassungszusammenhang der ausländischen Quelle zuzuordnen und aufgrund der Freistellung der deutschen Besteuerung entzogen[775]. Die Anwendung der Freistellungsvorschrift auf Betriebsstätteneinkünfte, wie auch auf Einkünfte aus unbeweglichen Vermögen etc. setzt nur die Existenz einer gewerblichen Betriebsstätte bzw. die Belegenheit des unbeweglichen Vermögens im anderen Vertragsstaat voraus[776]. Nach dem Musterkommentar zum OECD-MA ist eine Betriebsstätte entstanden, sobald das Unternehmen beginnt, die Tätigkeit in einer festen Geschäftseinrichtung auszuüben[777]. Voraussetzung ist dagegen nicht, dass auch Einnahmen fließen, denn der Einkünfte- bzw. Gewinn-Begriff erfasst in diesen Fällen ja gerade auch (nur) die Aufwendungen[778]. Insofern ist

---

[772] Vgl. dazu oben 2. Kapitel C. III. 2. a) Grundzüge zur Behandlung ausländischer Aufwendungen. In diesem Sinne ebenso *Reith*, IntStR, Rn. 6.68.

[773] Ebenso bereits *Schröder*, StBp 1988, 218, 220. Im Ergebnis ferner *Bader/Klose*, IStR 1996, 318 [319 f.]; Buciek in F/W/W/K, Art. 7, Rn. 216 (Stand: 25. Lfg. 7/2003); *Frotscher*, IntStR, § 7, Rn. 28; *Kroppen* in B/H/G/K, Teil 2, Art. 7, Rn. 190 (Stand: 10. Lfg. 2002); *Reith*, IntStR, Rn. 6.67; *Wassermeyer* in D/W, Art. 7 MA, Rn. 295 (Stand: 81. Lfg. 5/2000). Ansatzweise ebenfalls BFH, Urt. v. 28.4.1983, IV R 122/79, BStBl. II 1983, 566, 569.

[774] Ebenso *Schröder*, StBp 1988, 218 [220].

[775] Vgl. *Bader/Klose*, IStR 1996, 318 [320]; *Schaumburg*, IntStR^2, Rn. 18.30.

[776] So auch *Schröder*, StBp 1988, 218 [220].

[777] MK, Art. 7, Nr. 11.

[778] Siehe bereits 2. Kapitel A. Freistellungsmethode im OECD-MA. Insofern möglicherweise anderer Ansicht *Schröder*, StBp 1988, 218 [221], der fordert, das tatsächlich steuerfreie Einnahmen angefallen sein müssen. Missverständlich stimmt er später allerdings zu, indem er ausführt, dass es durchaus folgerichtig sei, ein Abzugsverbot auch für Verluste zu vertreten,

zu berücksichtigen, dass die Rechtsprechung des I. Senates des BFH nicht undifferenziert auf die hier in Frage stehende Konstellation übertragen werden kann, da sie zu Schachteldividenden ergangen ist, also zu einer DBA-rechtlichen Einkunftsart, die nach der einkommensteuerrechtlichen Terminologie des BFH Brutto-Einnahmen freistellt, während es hier um die Netto-Einkunftsarten geht. Jene sind freizustellen, wenn „Einnahmen" vorliegen, diese dagegen schon, wenn „Einkünfte", also Einnahmen oder (!) Aufwendungen vorliegen. Dies entspricht auch dem grundlegenden Unterschied zwischen Schachteldividenden und Einkünften aus Betriebsstätten oder unbeweglichem Vermögen. Hier geht es nicht um die Vermeidung einer wirtschaftlichen, sondern einer juristischen Doppelbesteuerung desselben Steuerpflichtigen. Das bedeutet, dass die Freistellung der Betriebsstätteneinkünfte regelmäßig zu einer Berücksichtigung der Aufwendungen nach dem Recht des ausländischen Staates führt[779]. Bei Schachteldividenden ist die Situation eine andere[780]. Dass es immerhin grundsätzlich zur Berücksichtigung der Aufwendungen im Betriebsstättenstaat kommt, rechtfertigt es auch, dass das DBA ausnahmsweise eine steuerbegründende Wirkung entfaltet, falls Aufwendungen vom Betriebsstättenstaat einmal nicht berücksichtigt werden[781]. Nach Errichtung der Betriebsstätte sind die Gründungsaufwendungen entsprechend dem dealing-at-arm's-length-Grundsatz ihr zuzuweisen[782]. Kommt es dagegen letztlich nicht zur Schaffung einer Betriebsstätte, greift die dem Art. 7 OECD-MA entsprechende Vorschrift des DBA schon tatbestandlich nicht ein. Es fehlt folglich an einer Rechtsgrundlage, der sich ein Abzugsverbot bezüglich der gemachten Aufwendungen entnehmen lässt: § 3c EStG greift nicht ein, weil es nicht „Einnahmen", sondern „Einkünfte" steuerfrei gestellt werden und damit bereits durch das DBA die Aufwendungen mitgeregelt sind. Eine hypothetische Betrachtung, wie sie im Rahmen des § 3c EStG vertreten wurde[783], führt aus diesem Grund nicht weiter. Die mit den Aufwendungen angestrebte Errichtung einer Betriebsstätte kann mithin nicht hypothetisch angenommen werden. Damit kommt in diesem Fall nur das Stammhaus als Zuordnungssubjekt in Betracht[784]. Folglich sind erfolglose Aufwendungen dem inländischen Stammhaus zuzuordnen und bei diesem selbst dann abzugsfähig, wenn

---

wenn sich die Befreiungsvorschrift auf „Einkünfte" beziehe. Wie hier setzt auch *Reith*, IntStR, Rn. 6.67 f. nur die Existenz der Betriebsstätte voraus.

779 Vgl. auch *Breuninger*, FR 1995, 561 [566].

780 Siehe dazu bereits oben 2. Kapitel C. II. 2. b) Besonderheiten bei der Freistellung von Brutto-Einnahmen.

781 Vgl. BFH, Beschl. v. 11.3.1970, I B 50/68, I B 3/69, BStBl. II 1970, 569, 571; *Breuninger*, FR 1995, 561 [567].

782 Dies geschieht in der Praxis durch Umbuchung vom Stammhaus zu Lasten der Betriebsstätte, vgl. *Kroppen* in B/H/G/K, Teil 2, Art. 7 OECD-MA, Rn. 190 (Stand: 10. Lfg. 2002) auch m. w. N. zur gegenläufigen Mindermeinung; *Schmidt*, Aufwandszuordnung, 68 f.

783 Dazu 2. Kapitel C. II. 2. b) cc).

784 Im Ansatz auch *Schmidt*, Aufwandszuordnung, 69 f. Ebenso *Gosch*, StBp 1999, 135 [136].

die Betriebsstättengewinne nach dem Betriebsstättenprinzip des DBA steuerfrei gewesen wären[785]. Für diese Auslegung spricht auch § 2a Abs. 3 EStG a. F[786]. Denn durch diese Vorschrift ermöglichte der Gesetzgeber ausnahmsweise den Abzug von Betriebsstättenverlusten entgegen der Rechtsprechung zur Wirkung der Freistellungsmethode erst dann, wenn eine Betriebsstätte überhaupt existierte[787]. Mithin kann, solange die ausländische Quelle nach den Voraussetzungen des DBA (noch) nicht besteht, die Abzugsfähigkeit der Aufwendungen - entgegen der bisherigen Auffassung der Finanzverwaltung - weder mit der Freistellung der Einkünfte und schon gar nicht über § 3c EStG verneint werden[788]. Die anders lautende Rechtsprechung des IV. Senats des BFH[789] ist im Hinblick auf die aufgezeigten, vielfältigen Divergenzen zur Rechtsprechung des I. Senats (jedenfalls ohne Vorlage an den Großen Senat) nicht mehr haltbar und sollte aus den genannten Gründen aufgegeben werden[790]. Resultieren aus den Aufwendungen Verluste, ist u. U. § 2a EStG zu beachten[791].

3. Negative Einkünfte

Soeben ging es um die Frage, inwiefern einzelne Aufwandsposten, die mit im Ausland erzielten oder zumindest angestrebten Einnahmen zusammenhängen, bei der inländischen Besteuerung im Wohnsitzstaat zu berücksichtigen sind. Diese Frage ist zu trennen von der im Folgenden zu behandelnden Problematik: Übersteigen die im Ausland getätigten Aufwendungen die dort erzielten Erwerbsbezüge oder liegen letztere gar nicht vor, entsteht ein Verlust. Fraglich ist nun, ob ein im Ausland erzielter Verlust bei der inländischen Besteuerung im Wohnsitzstaat geltend gemacht werden kann.

Im *Ausgangspunkt* unterliegen nach dem Welteinkommensprinzip nicht nur positive Einkünfte der unbeschränkten Steuerpflicht, sondern ebenso im Ausland

---

785 So im Ergebnis auch *Bader/Klose*, IStR 1996, 318 [320]; *Kroppen* in B/H/G/K, Teil 2, Art. 7, Rn. 191 (Stand: 10. Lfg. 2002); *Schaumburg*, IntStR², Rn. 18.31; *Wassermeyer* in D/W, Art. 7 MA, Rn. 300 (Stand: 81. Lfg. 5/2000), wo allerdings teilweise an § 3c EStG orientiert argumentiert wird.

786 Siehe im Einzelnen zu dieser Vorschrift noch unten 2. Kapitel C. II. 3 a) Rechtsprechung des BFH.

787 Auch dies verkennt der BFH, Urt. v. 28.4.1983, IV R 122/79, BStBl. II 1983, 567. Ebenfalls kritisch in diesem Sinne *Schröder*, StBp 1988, 218 [222].

788 Zu diesem Ergebnis kommt auch *Reith*, IntStR, Rn. 6.65 ff. mit teilweise anderer Begründung.

789 BFH, Urt. v. 28.4.1983, IV R 122/79, BStBl. II 1983, 566 ff.

790 Die Diskrepanzen zwischen der Rechtsprechung des I. und des IV. Senats des BFH kritisieren ebenso *Gosch*, StBp 135 [136], *Reith*, IntStR, Rn. 6.65 und *Schröder*, StBp 1988, 218 [221].

791 Dazu unter 2. Kapitel C. II. 5. b) Netto-Einkunftsarten.

erzielte negative Einkünfte[792]. Grundsätzlich können also dort entstandene Verluste im Rahmen der inländischen Besteuerung ebenso berücksichtigt werden wie inländische Verluste[793]. Dies ist letztlich eine Forderung des Prinzips der Besteuerung nach der Leistungsfähigkeit des Steuerpflichtigen: Bestimmt sich diese nach dem weltweiten Einkommen des Steuerpflichtigen, müssen ebenso wie die ausländischen Gewinne auch die ausländischen Verluste zum Abzug gebracht werden[794]. Nachdem die Einkünfte unter Berücksichtigung der Erwerbsaufwendungen ermittelt wurden[795], ist nach den Vorgaben des § 2 Abs. 1-3 EStG die Summe der Einkünfte zu bilden. Zunächst sind dazu die negativen mit den positiven Einkünften innerhalb der Steuerperiode des Kalenderjahres zu saldieren und zwar innerhalb einer Einkunftsart einerseits (sog. horizontaler Verlustausgleich) und übergreifend die verschiedenen Einkunftsarten andererseits (sog. vertikaler Verlustausgleich)[796]. Vom nach Abzug weiterer Beträge ermittelten Gesamtbetrag der Einkünfte (§ 2 Abs. 3 Satz 1 EStG) kann nach Maßgabe des § 10d EStG ein Verlustabzug vorgenommen werden[797]. Demgemäß können negative Einkünfte, die bei der Ermittlung des Gesamtbetrages der Einkünfte nicht ausgeglichen werden, unter bestimmten Voraussetzungen vom Gesamtbetrag der Einkünfte des unmittelbar vorangegangenen Veranlagungszeitraumes abgezogen werden (Verlustrücktrag, § 10d Abs. 1 Satz 1 EStG). Nicht ausgeglichene negative Einkünfte, die danach nicht abgezogen worden sind, können in den folgenden Veranlagungszeiträumen in begrenzten Maßen abgezogen werden (Verlustvortrag, § 10d Abs. 2 Satz 1 EStG). Das Gesetz verwendet in § 10d EStG das Tatbestandsmerkmal „negative Einkünfte“, überschrieben ist die Vorschrift mit „Verlustabzug“. Eine explizite Definition existiert weder zum Begriff „Verluste“ noch zu „negativen Einkünften“[798]. Auch der Begriff „Einkünfte“ und sein Verhältnis zu Verlusten wird im Einkommensteuergesetz nicht ausdrücklich bestimmt. § 2 Abs. 2 EStG beschreibt lediglich, dass „Einkünfte“ der Gewinn (§§ 4 bis 7k EStG) bzw. der Überschuss der Einnahmen über die Wer-

---

[792] *Krabbe*, RIW 1983, 40 [41]; *Mössner* in K/S, § 2a EStG, Rn. A 2 (Stand: 96. Lfg. 3/2000); *Reith*, IntStR, Rn. 7.9; *Schaumburg*, IntStR², Rn. 5.81.

[793] Etwas anderes gilt wegen der Abschirmwirkung nur für ausländische Körperschaften, *Dreyer* in L/B/P, § 2a, Rn. 23 (Stand: 56. Lfg. 5/2003).

[794] *Vogel*, BB 1983, 180 [182].

[795] Dazu oben 2. Kapitel C. II. 2. b) Besonderheiten bei der Freistellung von Brutto-Einnahmen.

[796] *Lang, J.* in T/L¹⁷, Rn. 61; *Zugmaier* in H/H/R, § 2 EStG, Rn. 545 (Stand: 207. Lfg. 8/2002). Nach Streichung der Sätze 2-8 des § 2 Abs. 3 EStG hat die Unterscheidung zwischen horizontalem und vertikalem Verlustausgleich keine materiell-rechtliche Bedeutung mehr, *Heinicke* in Schmidt²³, § 10d, Rn. 0. Dagegen *Bender*, Verlustverrechnung, 10 f.: Der horizontale Verlustausgleich ist vor dem vertikalen durchzuführen.

[797] Dies gilt für Körperschaften über § 8 Abs. 1 KStG - mit Besonderheiten in § 8 Abs. 4 KStG - gleichermaßen; *Heinicke* in Schmidt²³, § 10d, Rn. 2.

[798] Kritisch insoweit *Lang, J.* in T/L¹⁷, Rn. 60.

bungskosten (§§ 8 bis 9a EStG) sind und leitet so durch die Einführung zweier Methoden zur Ermittlung der Einkünfte die Bestimmung der Bemessungsgrundlage ein[799]. Das EStG setzt den Begriff der „Einkünfte“ in seiner Grundbedeutung als Saldo aus Erwerbsbezügen und -aufwendungen voraus[800]. Sind die Erwerbsaufwendungen - zeitlich innerhalb eines Veranlagungszeitraumes[801] - höher als die Erwerbsbezüge, so spricht man einheitlich von „negativen Einkünften“ bzw. synonym von „Verlusten“[802]. § 10d EStG erfasst im Anschluss alle nicht ausgeglichenen Verluste aus sämtlichen Einkunftsarten[803]. Dagegen beziehen sich die in § 2a EStG angesprochenen negativen Einkünfte nicht auf alle sieben Einkunftsarten gemeinsam, sondern auf das negative Ergebnis der dort genannten einzelnen Einkunftsquellen, also jeder einzelnen Betriebsstätte, jeder stillen Beteiligung u. s. w.[804]. Man befindet sich hier gewissermaßen noch auf der Ebene des horizontalen Verlustausgleichs und nicht des Verlustabzuges[805]. Trotz dieses Unterschiedes[806] zwischen § 10d und § 2a EStG hinsichtlich des von ihnen erfassten Umfanges an negativen Einkünften kann festgehalten werden, dass das deutsche EStG begrifflich „Einkünfte“ voraussetzt und sich diese in die Unterfälle der „positiven“ und „negativen Einkünfte“ unterteilen - die „Einkünfte“ bilden demnach einen Oberbegriff[807]. Für ein solches Begriffsverständnis spricht nach Ansicht des BFH ferner, dass das deutsche Einkommensteuerrecht auch in anderem Zusammenhang negative Einkünfte zu den „Einkünften“ zähle[808]. Aus dieser Deutung des innerstaatlichen Begriffes der „Ein-

---

[799] *Zugmaier* in H/H/R, § 2 EStG, Rn. 53 (Stand: 207. Lfg. 8/2002).

[800] *Kirchhof* in K/S, § 2, Rn. A 58 f. (Stand: Grundwerk); *Lang, J.* in T/L[17], Rn. 54; *Probst* in H/H/R, § 2a EStG, Rn. 45 (Stand: 206. Lfg. 4/2002); *Zugmaier* in H/H/R, § 2 EStG, Rn. 53 (Stand: 207. Lfg. 8/2002).

[801] *Raupach/Schencking* in H/H/R, § 2 EStG, Rn. 562 (Stand: 163. Lfg. 5/1990). Im Falle der Bilanzierung kommt es entsprechend auf den Saldo innerhalb des Wirtschaftsjahres an; vgl. *Bender*, Verlustverrechnung, 7.

[802] Grundlegend *Tipke*, StuW 1980, 1; ferner *Kirchhof* in K/S, § 2, Rn. A 61 (Stand: Grundwerk); *Probst* in H/H/R, § 2a EStG, Rn. 45 (Stand: 206. Lfg. 4/2002); *Seeger* in Schmidt[23], § 2, Rn. 10.

[803] *Heinicke* in Schmidt[23], § 10d, Rn. 2. *Orth* in H/H/R, § 10d EStG, Rn. 160 (Stand: 141. Lfg. 9/1983).

[804] BFH, Beschl. v. 17.12.1998, I B 80/98, BStBl. II 1999, 293, 294; *Mössner* in K/S, § 2a EStG, Rn. B 68 (Stand: 96. Lfg. 3/2000).

[805] Vgl. auch *Mössner* in K/S, § 2a EStG, Rn. A 15 (Stand: 96. Lfg. 3/2000); *Probst* in H/H/R, § 2a EStG, Rn. 46 (Stand: 206. Lfg. 4/2002) spricht von einer „besonderen Abteilung“ innerhalb der Summe der Einkünfte.

[806] Dazu auch *Raupach/Schencking* in H/H/R, § 2 EStG, Rn. 560 (Stand: 163. Lfg. 5/1990).

[807] Vgl. auch *Handzik* in L/B/P, § 2, Rn. 39 (Stand: 64. Lfg. 11/2004); *Wassermeyer* in D/W, Art. 23 A MA, Rn. 22 (Stand: 87. Lfg. 10/2002).

[808] BFH, Beschl. v. 11.3.1970, I B 50/68, I B 3/69, BStBl. II 1970, 569, 571, mit dem allerdings wenig aussagekräftigen Verweis auf § 10b EStG, der für die Berechnung des Spendenabzuges „unbestritten“ auch die negativen Einkünfte berücksichtige.

künfte" leitet die Rechtsprechung weit reichende Folgen für die Abziehbarkeit ausländischer Verluste ab.

Denn gelten die vorstehenden Ausführungen grundsätzlich ebenso für in- wie ausländische Einkünfte - sind also auch ausländische Einkünfte grundsätzlich im Rahmen der deutschen Besteuerung abzugsfähig -, gilt es für die zuletzt genannten doch zwei gewichtige Ausnahmen zu berücksichtigen[809]: Zum einen schränken §§ 2a Abs. 1 und 2 EStG die Abzugsfähigkeit ausländischer Verluste ein[810]. Zum anderen gelten Besonderheiten für solche Einkünfte, die in den Anwendungsbereich eines DBA fallen. Um letztere soll es im Folgenden zunächst gehen.

a) Rechtsprechung des BFH

Hinsichtlich der inländischen Berücksichtigung solcher negativer Einkünfte aus Staaten, mit denen die Bundesrepublik Deutschland ein DBA abgeschlossen hat, vertritt die *Rechtsprechung* eine höchst umstrittene Auffassung. Mit erstmals eingehenderer Begründung lehnte es der RFH bereits im Jahre 1935 ab[811], Verluste aus Grundbesitz in Österreich vom inländischen Einkommen eines deutschen Steuerpflichtigen abzuziehen[812]. Ausgehend vom Regelfall, in dem das DBA die Erträge aus Gewerbe und Grundbesitz dem Belegenheitsstaat zuweise, müsse gleiches ebenso für den Fall eintretender Verluste daraus gelten (sog. Symmetrie-These[813]). Das „Deutsche Reich" werde „von diesem Einkommen steuerlich überhaupt nicht berührt". Das DBA sehe diese Rechtsfolge bewusst vor, um den Schwierigkeiten des deutschen Staates hinsichtlich der anderenfalls erforderlichen Feststellung der ausländischen Einkünfte zu begegnen. Auch dass der Steuerpflichtige dadurch im Einzelfall gewisse steuerliche Nachteile erleiden müsse, sei von den Vertragsschließenden gesehen und gebilligt worden, weil „im Regelfall nicht Verlust, sondern Gewinn erzielt wird, und - im ganzen gesehen - durch diese Regelung die Steuerpflichtigen wesentliche Vorteile erlangen". Diesen Erwägungen hat sich der BFH seit seiner ersten Entscheidung zur Frage der Verlustberücksichtigung aus dem Jahr 1970 fortwährend angeschlos-

---

809 Vgl. auch die Darstellungen von *Dreyer* in L/B/P, § 2a, Rn. 23 (Stand: 56. Lfg. 5/2003).

810 Dazu im weiteren Verlauf der Darstellung.

811 Zum ersten Mal befasste sich der RFH am Rande mit der Problematik in seinem Urteil v. 25.1.1933, VI A 199/32, RStBl. 1933, 478; vgl. dazu *Mössner*, Methoden, 150 f.

812 RFH, Urt. v. 26.6.1935, VIA 414/35, RStBl. 1935, 1358 mit Verweis auf das zu dieser Frage wenig ergiebige Urteil des RFH v. 25.1.1933, VI A 199/32, RStBl. 1933, 478. Nachfolgend ferner RFH, Urt. v. 21.10.1936, VI A 473/35, RStBl. 1937, 424 zu Verlusten einer tschechischen Betriebsstätte.

813 *Kessler*, Berücksichtigung, 10.

sen[814] und sie vertieft: Ausgangspunkt der Besteuerung sei das innerstaatliche Recht. Das dort normierte Welteinkommensprinzip werde begrenzt durch die Zuteilungsnormen des DBA, die „Einkünfte" aus unbeweglichen Vermögen und aus Betriebsstätten dem Quellenstaat zugewiesen. Sowohl das DBA selbst als Erkenntnisquelle als auch das innerstaatliche deutsche Recht ließen darauf schließen, dass die Zuweisung der „Einkünfte" an den Quellenstaat die negativen Einkünfte mit umfasse. Denn einerseits seien nach innerstaatlicher Terminologie[815] unter „Einkünften" auch Verluste zu verstehen. Andererseits ließen die DBA nicht erkennen, dass in ihnen dem „Einkünfte"-Begriff eine andere Bedeutung zukäme[816]. Eine andere Interpretation dahin, dass es dem Ziel der DBA entspreche, nur die positiven Einkünfte von der Besteuerung freizustellen, würde - je nach der innerstaatlichen Regelung im ausländischen Staat - häufig zu einer doppelten Verlustberücksichtigung führen, die durch das DBA ebenso wenig gewollt sei wie die doppelte steuerliche Erfassung positiver Einkünfte. „Die vielfach als hart empfundene Versagung des Abzuges von Auslandsverlusten... ist eine Folge der... Befreiungsmethode. Bei Anwendung der Anrechnungsmethode wäre sie vermieden worden. Es muss indes berücksichtigt werden, dass beide Methoden Vor- und Nachteile haben...[817]." Zwar seien die Verluste bei Anwendung der Anrechnungsmethode im Wohnsitzstaat abziehbar. Insofern liegt auch eine Ungleichbehandlung (Art. 3 Abs. 1 GG) der Steuerpflichtigen im Vergleich zur Freistellungsmethode vor. Dies sei allerdings in der Verschiedenheit der im OECD-MA zur Wahl gestellten Methoden zur Vermeidung der Doppelbesteuerung begründet und verstoße aus diesem Grunde nicht gegen den

---

[814] BFH, Beschl. v. 11.3.1970, I B 50/68, I B 3/69, BStBl. II 1970, 569, 571 zu „Verlusten aus Gewerbebetrieb und Vermietung und Verpachtung". Dabei handelt es sich zwar nur um ein Vollziehungsaussetzungsverfahren, die Entscheidung ist aber in späteren Verfahren bestätigt worden, insbesondere BFH, Urt. v. 25.2.1976, I R 150/73, BStBl. II 1976, 454 f. Weitere Entscheidungen des BFH mit direktem Bezug zur Verlustberücksichtigung: Urt. v. 28.3.1973, I R 59/71, BStBl. II 1973, 531 f.; v. 28.4.1983, IV R 122/79, BStBl. II 1983, 566 ff.; Urt. v. 6.10.1993, I R 32/93, BStBl. II 1994, 113 f.; Beschl. v. 17.12.1999, I B 80/98, BStBl. II 1999, 293 ff. sowie schließlich der EuGH-Vorlagebeschluss v. 13.11.2002, I R 13/02. Nur am Rande bestätigt der BFH seine Auffassung vor allem in den Urteilen v. 25.5.1970, I R 109/68, BStBl. II 1970, 660 (insbesondere zum Progressionsvorbehalt); v. 23.3.1972, I R 128/70, BStBl. II 1972, 948, 949 (zu Teilwertabschreibungen); v. 20.11.1974, I R 1/73, BFHE 114, 530, 535 (zu „Lizenzgebühren"); v. 12.1.1983, I R 90/79, BStBl. II 1983 382, 383 f. (zum Progressionsvorbehalt); v. 17.10.1990, I R 182/87, BStBl. II 1991, 136 ff. (zum negativen Progressionsvorbehalt und § 2a EStG) und v. 13.11.1991, I R 3/91, BStBl. II 1992, 345, 346 f. (zu zeitlichen Aspekten des Progressionsvorbehalts). Anscheinend auch BFH, Urt. v. 28.4.1983, IV R 122/79, BStBl. II 1983, 566, 569.

[815] Dazu BFH, Beschl. v. 11.3.1970, I B 50/68, I B 3/69, BStBl. II 1970, 569, 571; Urt. v. 25.2.1976, I R 150/73, BStBl. II 1976, 454.

[816] Zu abkommensrechtlichen Auslegung in diesem Zusammenhang insbesondere BFH, Urt. v. 28.3.1973, I R 59/71, BStBl. II 1973, 531, 532.

[817] BFH, Urt. v. 28.3.1973, I R 59/71, BStBl. II 1973, 531, 532.

Grundsatz der Gleichmäßigkeit der Besteuerung[818]. Die Freistellungsmethode beinhaltet den Vorteil, dass die Einkünfte vollumfänglich freigestellt sind. Dieser Vorteil rechtfertigt auch die Ungleichbehandlung (Art. 3 Abs. 1 GG) im Vergleich zum Nicht-DBA-Fall, in dem zwar die Verluste steuerlich berücksichtigt werden, andererseits aber auch die positiven Einkünfte steuerpflichtig sind[819]. „Es geht nicht an, nur die Vorteile einer Methode in Anspruch zu nehmen und die damit verbundenen Nachteile zu eliminieren...[820]."

Insofern seien die nachteiligen Folgen der Freistellungsmethode hinzunehmen, solange „nicht das DBA selbst oder innerstaatliche Gesetze Milderung anordnen[821]." Eine solche Milderung sah das deutsche Steuerrecht zwischen 1969[822] und 1999 zumindest für gewerbliche Verluste aus einer ausländischen Betriebsstätte tatsächlich vor[823]. Nach § 2a Abs. 3 EStG a. F., der mit Wirkung ab 1990 seine Vorgängerregelung in § 2 AIG[824] ablöste[825], konnten solche Verluste, die nach einem DBA von der deutschen Einkommensteuer befreit waren, bei der Ermittlung des Gesamtbetrages der Einkünfte abgezogen werden und darüber hinaus zum Verlustabzug nach § 10d EStG zugelassen werden. Für den Fall, dass in späteren Veranlagungszeiträumen im Ausland verrechenbare positive Einkünfte erzielt wurden, sah § 2a Abs. 3 Satz 3 EStG allerdings eine sog. Nachversteuerung[826] vor: Enthielt das Steuerrecht des Quellenstaates ebenfalls eine Möglichkeit des Verlustvortrages und erzielte der Steuerpflichtige dort in späteren Veranlagungszeiträumen positive Einkünfte, von denen die betroffenen Verluste abgezogen werden konnten, waren die in der Bundesrepublik Deutschland abgezogenen Verluste in diesem Veranlagungszeitraum der Besteuerung wieder hinzuzurechnen. Ausländische Verluste sollten also vorrangig mit dort

---

818 BFH, Urt. v. 25.2.1976, I R 150/74, BStBl. II 1976, 454, 455.

819 BFH, Urt. v. 25.2.1976, I R 150/74, BStBl. II 1976, 454.

820 BFH, Urt. v. 28.3.1973, I R 59/71, BStBl. II 1973, 531, 532.

821 BFH, Urt. v. 28.3.1973, I R 59/71, BStBl. II 1973, 531, 532.

822 Dass die bisher vor allen aus den 1970er Jahren genannten BFH-Entscheidungen dennoch nicht zu einem Abzug der ausländischen Verluste führten, liegt zum einen darin begründet, dass in ihnen Veranlagungszeiträume streitig waren, die vor dem Erlass des § 2 AIG lagen und zum anderen darin, dass die dort genannten Voraussetzungen nicht erfüllt waren.

823 Zur Entstehungs- und Entwicklungsgeschichte des § 2a Abs. 3 EStG a. F. ausführlich *Eggers*, Verluste, 124 ff. Der BFH sieht seine Rechtsprechung mit diesem Gesetzgebungsakt durch die Legislative bestätigt; BFH, Urt. v. 13.11.2002, I R 13/02, BStBl. II 2003, 795.

824 Gesetz über die Gewährung von Investitionszulagen und zur Änderung steuerrechtlicher und prämienrechtlicher Vorschriften (Steueränderungsgesetz 1969) v. 18.8.1969, BGBl. I 1969, 1211 [1214] = BStBl. I 1969, 477 [480].

825 Steuerreformgesetz 1990 v. 25.7.1988, BGBl. I 1988, 1093 [1122] = BStBl. I 1988, 224 [253].

826 Zur Vermeidung von Gesetzesumgehungen sollte es nach § 2a Abs. 4 EStG auch dann zur Nachversteuerung kommen, wenn der Steuerpflichtige eine der dort genannten schädlichen Handlungen vornahm.

erwirtschafteten positiven Einkünften ausgeglichen werden. Während die Absätze 1 und 2 des § 2a EStG (noch immer) eine Beschränkung der Abzugsmöglichkeiten ausländischer Verluste im allgemeinen bewirken, erweiterten dessen Absätze 3 und 4 a. F. den Rechtskreis der Steuerpflichtigen. Sie ließen die zunächst (entsprechend der Abkommensinterpretation des BFH) nach DBA-Recht von der deutschen Besteuerung ausgenommenen ausländischen Verluste auf originär nationalrechtlicher Ebene[827] anschließend wieder zur Berücksichtigung zu. Nach der ersatzlosen Streichung der Vorschrift[828] können ab dem Veranlagungszeitraum 1999[829] entstandene Verluste bei der Ermittlung des Einkommens als Steuerbemessungsgrundlage nicht mehr abgezogen werden[830]. Dagegen kommt nach der Rechtsprechung seit jeher[831] eine Berücksichtigung bei der Ermittlung des *Steuersatzeinkommens*[832] im Rahmen des sog. negativen Progressionsvorbehalts[833] in Betracht. Denn wie die freigestellten positiven Einkünfte seien auch die negativen im Rahmen des Progressionsvorbehaltes (§ 32b Abs. 1 Nr. 3 i. V. m. Abs. 2 Nr. 2 EStG)[834] sehr wohl zu berücksichtigen[835]. Bei der Berechnung des Steuersatzeinkommens werden die negativen Einkünfte von den positiven abgezogen[836]. Dies kann zu einer Reduzierung des Steuersatzes bis auf 0%

---

[827] Gemeint ist damit das nationale Recht ohne die DBA (die ja im Übrigen Teil des nationalen Rechts sind).

[828] Siehe oben Fn. 600. Die Verfassungsmäßigkeit der Aufhebung der Norm attestierten sowohl das FG Baden-Württemberg, Urt. v. 30.6.2004, 1 K 312/03, EFG 2004, 1694 als auch das FG Düsseldorf, Urt. v. 14.9.2004, 6 K 3796/01, EFG 2005, 538 f. (beide anhängig beim BFH unter I R 84/04 bzw. I R 116/04). Die Europarechtskonformität der Aufhebung ist umstritten, siehe Fn. 994.

[829] Für Zwecke der Nachversteuerung bleibt § 2a Abs. 3 Satz 3, 5 und 6 EStG gemäß § 52 Abs. 3 Satz 3 EStG noch bis Veranlagungszeitraum 2008 anwendbar.

[830] *Heinicke* in Schmidt[23], § 2a EStG, Rn. 51.

[831] Auch vor der Streichung des § 2a Abs. 3, 4 EStG konnte der Steuerpflichtige eine bloße Berücksichtigung der ausländischen Verluste im Rahmen der Ermittlung des Steuersatzeinkommens wählen, indem er den von § 2a Abs. 3 EStG vorausgesetzten Antrag nicht stellte. Vgl. dazu kritisch *Hellwig*, StbJb. 1976/1977, 427 [438 f.].

[832] Zur Unterscheidung siehe BFH, Urt. v. 6.10.1993, I R 32/93, BStBl. II 1994, 113.

[833] Erstmals eingehend BFH, Urt. v. 25.5.1970, I R 109/68, BStBl. II 1970, 660, 661.

[834] Dazu oben 2. Kapitel C. III. 2. a) Grundzüge zur Behandlung ausländischer Aufwendungen.

[835] Etwas anderes galt nach BFH, Urt. v. 12.1.1983, I R 90/79, BStBl. II 1983, 382 für den Fall, dass die ausländischen Verluste in Italien entstanden waren, denn das DBA-Italien 1925 sah keinen Progressionsvorbehalt vor, so dass die Verluste nach der Rechtsprechung weder in die deutsche Besteuerung einbezogen noch bei der Ermittlung des Steuersatzes berücksichtigt werden konnten. Seit 1989 enthält auch das DBA-Italien ausdrücklich in Art. 24 Abs. 3 a) Satz 2 einen Progressionsvorbehalt. Folglich ist auch bezüglich italienischer negativer Einkünfte der negative Progressionsvorbehalt anzuwenden.

[836] *Vogel*, Freistellung, 5 spricht von der sog. „Schattenveranlagung".

führen[837]. Soweit im Falle negativer Einkünfte eine Verrechnung mangels positiver Einkünfte im laufenden Veranlagungszeitraum nicht möglich ist, mindern die Verluste über § 10d EStG den Steuersatz anderer Veranlagungszeiträume[838]. Allerdings wendet die Rechtsprechung auch bei der Ermittlung der Steuersatzbemessungsgrundlage die Hürden der §§ 2a Abs. 1 und 2 EStG an:

Mit Wirkung ab dem Veranlagungszeitraum 1983 in das Einkommensteuergesetz eingeführt[839], um unerwünschten Verlustzuweisungsmodellen entgegenzuwirken[840], beschränkt § 2a Abs. 1 EStG die Verrechenbarkeit (§§ 2 Abs. 3, 10d EStG) solcher negativer Einkünfte, die im Katalog der Einkünftequellen des Satzes 1 Nr. 1-7 aufgeführt sind. Im Hinblick auf die ständige Rechtsprechung des BFH, nach der freigestellte ausländische Verluste bereits aufgrund des DBA-rechtlichen Einkünftebegriffs nicht bei der deutschen Besteuerung zum Abzug zuzulassen sind, fallen in den Anwendungsbereich der Vorschrift solche Verluste, die nicht schon aufgrund eines DBA unberücksichtigt bleiben, insbesondere also Nicht-DBA-Fälle und DBA-Fälle mit Anrechnungsmethode[841]. Entscheidend ist, dass die Einkünfte nicht aufgrund ihrer Steuerfreiheit der deutschen Besteuerung entzogen sind, sondern per se zu den steuerpflichtigen Einkünften zählen[842]. Daher können auch solche Aufwendungen, die nach den oben dargestellten Grundsätzen an sich zum Abzug zuzulassen und damit der deutschen Besteuerung zugänglich sind, wegen der Restriktion des § 2a Abs. 1 EStG dann letztlich doch nur beschränkt ausgeglichen bzw. abgezogen werden, wenn sie Verluste bilden, die tatbestandlich vom Katalog der Norm erfasst werden[843]. Namentlich umfasst dieser Katalog Verluste aus ausländischer Land- und Forstwirtschaft (Nr. 1), aus nicht förderungswürdigen gewerblichen Betriebsstätten (Nr. 2), aus Beteiligungen an Kapitalgesellschaften (Nr. 3), aus der Veräußerung wesentlicher Beteiligungen im Sinne des § 17 EStG (Nr. 4), aus stillen Gesellschaften und partiarischen Darlehen (Nr. 5), aus der Vermietung ausländischer Grundstücke und Sachinbegriffe (Nr. 6) sowie mittelbare Auslandsverluste über Inlandsbeteiligungen (Nr. 7). Ausnahmsweise doch abzugsfähig sind Ver-

---

[837] Ausführlich zur Höhe des Steuersatzes BFH, Urt. v. 25.5.1970, I R 109/68, BStBl. II 1970, 660, 661. Bestätigt durch BFH, Urt. v. 25.2.1976, I R 150/73, BStBl. II 1976, 454, 455.

[838] BFH, Urt. v. 25.5.1970, I R 146/68, BStBl. II 1970, 755, 757.

[839] Haushaltsbegleitgesetz 1983 v. 20.12.1982, BGBl. I 1982, 1857 = BStBl. I 1982, 972.

[840] BT-Drucks. 9/2074, S. 62.

[841] BT-Drucks. 9/2074, 62. Ferner BFH, Urt. v. 17.11.1999, I R 7/99, BStBl. II 2000, 605, 607 f.; *Heinicke* in Schmidt[23], § 2a, Rn. 8; Reith, IntStR, Rn. 7.10. Kritisch dazu *Frotscher* in Frotscher, § 2a EStG, Rn. 6 (Stand: 63. Lfg. 7/1993).

[842] BFH, Urt. v. 17.10.1990, I R 182/87, BStBl. II 1991, 136, 137.

[843] Vgl. beispielsweise zu vorbereitenden Aufwendungen für den beabsichtigten Erwerb einer stillen Beteiligung BFH, Beschl. v. 17.12.1998, I B 80/98, BStBl. II 1999, 293. Zu den Konsequenzen im einzelnen unten 2. Kapitel C. III. 5. Konsequenzen aus der Behandlung der Erwerbsaufwendungen für negative Einkünfte.

luste aus solchen Quellen dann, wenn sie aus einer gewerblichen Betriebsstätte oder mindestens 25%igen Beteiligung an einer gewerblich tätigen Kapitalgesellschaft im Sinne des § 2a Abs. 2 EStG stammen. Dazu muss die ausländische Betriebsstätte bzw. Kapitalgesellschaft eine aktive Tätigkeit ausüben (Herstellung oder Lieferung von Waren, Gewinnung von Bodenschätzen oder Bewirkung gewerblicher Leistungen). Da die Rechtsprechung nach DBA freigestellte Verluste im Rahmen des Progressionsvorbehaltes mit einbezieht, insofern das bestehende DBA gewissermaßen als nicht existent ansieht, wendet sie konsequenterweise dort auch § 2a Abs. 1 und 2 EStG an[844]. Dies hat zur Folge, dass bei Vorliegen der Voraussetzungen des § 2a Abs. 1 EStG ein Abzug bei der Ermittlung des Einkommens als Steuersatzbemessungsgrundlage nicht möglich ist, so dass sich im Ergebnis zwar die freigestellten positiven Einkünfte auf die Höhe des Steuersatzes auswirken können, nicht aber die freigestellten negativen Einkünfte.

Im Übrigen, also außerhalb der Ermittlung des Steuersatzeinkommens, lässt die Rechtsprechung § 2a Abs. 1 EStG auf Freistellungsfälle unangewendet - gleichgültig, ob die Freistellung den konkreten Sachverhalt tatsächlich erfasst oder nicht.

An den folgenden beiden Beispielen soll die derzeitige Praxis des BFH und die damit verbundenen Abgrenzungsschwierigkeiten demonstriert werden:

Beispiel 1[845]:
Der Steuerpflichtige hat seinen Wohnsitz im Inland und erzielt hier Einkünfte aus nichtselbständiger Arbeit in Höhe von 50.000 €. Außerdem erzielt er aus der Veräußerung eines in den Vereinigten Staaten von Amerika belegenen Grundstücks einen Verlust in Höhe von 30.000 €. Nach der Rechtsprechung des BFH ergibt sich für die deutsche Besteuerung Folgendes:

---

[844] Erstmals BFH, Urt. v. 17.10.1990, I R 182/87, BStBl. II 1991, 136, 137, zusammen mit I R 176/87, BFH/NV 1991, 820 und I R 177/87, BFH/NV 1992, 174, 175. Bestätigt durch BFH, Urt. v. 12.12.1990, I R 127/88, BFH/NV 1992, 104; v. 13.5.1993, IV R 69/92, BFH/NV 1994, 100; v. 17.11.1999, I R 7/99, BStBl. II 2000, 605, 608; zuletzt durch Beschl. v. 13.11.2002, I R 13/02, BStBl. II 2003, 795. Zweifelnd dagegen noch BFH, Beschl. v. 18.12.1989, IV B 37/89, BFH/NV 1990, 570, 572.

[845] Vgl. auch die anderen Beispielberechnungen zu dieser Problematik von *Lechner*, Befreiungsmethode, 144; *Reith*, IntStR, Rn. 15.174; *Vogel*, Freistellung, 6 f.

<u>Ermittlung des Einkommens als *Steuerbemessungsgrundlage*:</u>

Einkünfte aus nichtselbständiger Tätigkeit	50.000 €
Verlust aus der Veräußerung (Gewinne aus der Veräußerung von in den USA belegenem, unbeweglichen Vermögen sind in Deutschland gemäß Art. 13 i. V. m. Art. 23 Abs. 2 a) DBA USA 1989 steuerfrei. Nach der Rechtsprechung des BFH umfasst diese Freistellung auch die negativen Einkünfte.)	0 €
= zu versteuerndes Einkommen	50.000 €

<u>Ermittlung des Einkommens als *Steuersatzbemessungsgrundlage*:</u>

Einkünfte aus nichtselbständiger Arbeit	50.000 €
Verlust aus der Veräußerung (Die negativen Einkünfte werden von der Rechtsprechung aber im Rahmen des sog. negativen Progressionsvorbehaltes berücksichtigt. Sie mindern dort das Steuersatzeinkommen.)	- 30.000 €
= Steuersatzeinkommen	20.000 €

Daraus ergibt sich für 2005 eine Steuersatz von	14,65 %
und angewandt auf das z. v. E. eine Steuerschuld von	7.325 €.

Abwandlung:
Wie oben, der Verlust aus dem in den Vereinigten Staaten von Amerika belegenen Grundstück entsteht nun allerdings nicht durch Veräußerung, sondern durch Vermietung.

<u>Ermittlung des Einkommens als *Steuerbemessungsgrundlage*:</u>

Einkünfte aus nichtselbständiger Arbeit	50.000 €
Verlust aus der Vermietung (Die Einkünfte aus unbeweglichen Vermögen, das in den USA belegen ist, sind in Deutschland gemäß Art. 6 Abs. 1 i. V. m. Art. 23 Abs. 2 a) DBA USA 1989 steuerfrei. Nach der Rechtsprechung des BFH umfasst diese Freistellung auch die negativen Einkünfte.)	0 €
zu versteuerndes Einkommen	50.000 €

Ermittlung des Einkommens als *Steuersatzbemessungsgrundlage*:	
Einkünfte aus nichtselbständiger Arbeit	50.000 €
Verlust aus der Vermietung	0 €
(Anders als oben steht der Berücksichtigung der im Ausland erwirtschafteten Verluste hier § 2a Abs. 1 Satz 1 Nr. 6 a) EStG entgegen, der nach der Rechtsprechung des BFH auch im Rahmen der Ermittlung des Steuersatzeinkommens anzuwenden ist.)	
= Steuersatzeinkommen	50.000 €

Daraus ergibt sich für 2005 eine Steuersatz von 26,19 %
und eine Steuerschuld von 13.096 €.

Je nachdem, ob das im Quellenstaat belegene Grundstück veräußert oder vermietet wird, kommt man bei Anwendung der Rechtsprechung zu einer Berücksichtigung der Verluste im Rahmen des Progressionsvorbehaltes, so dass unter Zugrundelegung der angeführten Beispielzahlen einer Differenz in Höhe von 5.771 € Einkommensteuer bzw. prozentual 11,54 Punkten entsteht. Angewandt auf das Welteinkommen in Höhe von 20.000 € entspricht dies einer effektiven Besteuerung von 36, 63% bzw. in der Abwandlung von 65, 48%.

b) Abweichende Auffassungen

Diese, soeben dargestellte ständige Rechtsanwendung des BFH ist seit jeher[846] auf enorme Kritik aus dem Schrifttum gestoßen[847]. Betroffen von den Einwänden sind jeweils alle Gedankenschritte der richterrechtlichen Regeln[848]:

- So wird zunächst bezweifelt, dass die DBA überhaupt irgendeine Aussage zur Verwendung der Verluste enthalten würden. In den von der Bundesrepublik Deutschland abgeschlossenen DBA seien Verluste nicht einmal erwähnt[849]. Ferner wird auf Ziffer 44 des OECD-Musterkommentars zu Art. 23 OECD-MA

---

[846] Erstmals kritisch *Spitaler*, Doppelbesteuerungsproblem, 408: „Die Besteuerung der Summe einiger Teileinkommen unter Außerachtlassung der Verluste, die bei auswärtigen Quellen eingetreten sind, ist keine Einkommensbesteuerung mehr...".

[847] Der ergangenen Rechtsprechung entsprechend befassten sich die Autoren dabei vornehmlich mit Verlusten aus Betriebsstätten.

[848] Dass es sich mangels ausdrücklicher gesetzlicher Grundlage nur um Richterrecht handeln kann, wird nicht bestritten; vgl. *Hahn*, IStR 2002, 681 [684]; *Krabbe*, Verlustberücksichtigung, 81; *Vogel*, Freistellung, 5.

[849] So damals *Knauer*, StuW 1964, Sp. 155 [158]. Ähnlich *Vogel*, BB 1983, 180 [186]: „Der Wortlaut der entsprechenden Abkommensvorschriften gibt (Anmerkung: für eine solche Auslegung) nichts her."

verwiesen[850], der unter der Überschrift „Behandlung von Verlusten" ausführt, dass für den Artikel selbst keine Lösung vorgeschlagen werden könne, weil diese in erster Linie vom innerstaatlichen Recht der Vertragsstaaten abhänge und die Rechtsvorschriften der Mitgliedstaaten der OECD wesentlich voneinander abwichen. In diesem Zusammenhang wird darauf hingewiesen, dass nach den rechtlichen Rahmenbedingungen der anderen Mitgliedstaaten oftmals nicht nur eine Verlustverrechung möglich sei, sondern, dass selbst bei vergleichbarer innerstaatlicher Rechtslage immerhin die Gerichte anderer Staaten den gleichen Vertragstext im durchaus gegenteiligen Sinne verständen und ausländische Verluste berücksichtigten[851]. Dagegen wandte indes *Hellwig* gewissermaßen stellvertretend für den BFH ein: Nachdem man doch nun erkannt habe, dass das DBA selbst mit seiner Freistellungsklausel zwischenstaatlich nur die Besteuerungsbefugnis hinsichtlich der positiven Einkünfte entzieht und hinsichtlich der negativen Einkünfte keinerlei Aussagen im DBA enthalten sind, müsse es der Jurisdiktion der Vertragsstaaten logisch frei stehen, den im Abkommen verwendeten Begriff „Einkünfte" dahin auszulegen, dass die ausländischen Verluste dort nicht berücksichtigt werden können[852]. Andrerseits sei es, so *Hellwig*, dem Gesetzgeber folglich aber ebenso trotz der Abkommen möglich, eine steuerliche Berücksichtigung solcher Verluste auszusprechen. Jedenfalls lässt sich festhalten, dass der OECD-Kommentar die Berücksichtigung von Auslandsverlusten erlaubt und diese nicht als abkommenswidrig ansieht[853].

• Im Anschluss daran hält man dem BFH entgegen, dass sich die Terminologie der DBA, insbesondere der Begriff „Einkünfte" nicht auf die vom BFH vertretene Weise auslegen lasse, die Ableitung des Verlustverrechnungsverbotes aus der Freistellungsklausel sei jedenfalls nicht zwingend[854]. Zunächst wird auf die den Entscheidungen des RFH - die ja den Ursprung der Argumentation der ständigen Rechtsprechung des BFH zu den ausländischen Verlusten bilden - zugrunde liegende Formulierung der DBA verwiesen, die von heute üblichen Formulierungen deutlich abweicht[855]. Darüber hinaus müsse der BFH, wie er es auch bisher wiederholt zutreffend getan habe, zur Auslegung auch den Vertragstext in der anderen für verbindlich erklärten Sprache des Vertragspartners heranziehen. Bei

---

[850] *Kessler/Schmitt/Janson*, IStR 2001, 729 [732]; *Krabbe*, Verlustberücksichtigung, 81; *Mössner*, Methoden, 153; *ders.*, Beschränkungen, 251; *Vogel*, Beschränkungen, 251; *ders.*, Freistellung, 5; *Wassermeyer* in D/W, Art. 23 A MA, Rn. 57 (Stand: 87. Lfg, 10/2002).

[851] *Lechner*, Befreiungsmethode, 149; *Mössner*, Methoden, 153; *Vogel*, StuW 1982, 66 f. mit umfassenden Nachweisen.

[852] *Hellwig*, StbJb. 1976/1977, 427 [435 f.]. Nach *Sträuli*, Doppelbesteuerungsrecht, 162 ff. ist sogar umgekehrt die Berücksichtigung ausländischer Verluste im Wohnsitzstaat nicht mit dem Abkommensrecht vereinbar.

[853] So *Zorn* in Lang, M., Diskussion, 429.

[854] *Krabbe*, Verlustberücksichtigung, 80 f.

[855] *Kessler/Schmitt/Janson*, IStR 2001, 729 [731]; *Kessler*, Berücksichtigung, 13.

der Rechtsanwendung sei folglich nicht nur der Begriff „Einkünfte“, sondern etwa auch „item of income“ oder „ensemble du revenue“ zu berücksichtigen, von denen niemand behaupten könne, dass diese Fachtermini des deutschen Steuerrechts seien[856].

Zu berücksichtigen sei ferner, dass der Betrag der Einkünfte, aus denen sich das Einkommen bildet, nach dem Recht der beiden Vertragsstaaten durchaus verschieden sein könne (verschiedene Ermittlung von Gewinn, Werbungskosten etc.)[857]. Solche Verschiedenheiten könnten ergeben, dass nach dem Recht des einen Staates eine Einkunftsart einen Verlust ergibt, nach dem Recht des anderen Staates dagegen nicht. Aus diesem Grunde könne die Frage, ob Verluste bei einer Einkunftsart mit positiven Einkünften aus anderen Einkunftsarten auszugleichen sind, nicht aus dem DBA herausgelesen werden, sondern nur durch die Vorgaben des innerstaatlichen Gesetzgebers beantwortet werden[858].

Auch soweit der BFH im Rahmen seiner am Wortlaut orientierten Auslegung nicht auf den Einkünftebegriff, sondern auf die in den Freistellungsklauseln vorzufindende Formulierung des Ausnehmens „von der Bemessungsgrundlage“ abstellt[859], machen die Kritiker darauf aufmerksam[860], dass nur einzelne DBA einen solchen Vertragstext vorsehen. Art. 23 A OECD-MA spricht nur vom Ausnehmen „von der Besteuerung“ ohne den Begriff „Bemessungsgrundlage“ zu verwenden. Auch andere als die vom BFH zitierte DBA beschreiben ihre Rechtsfolge im Sinne der im OECD-MA vorgeschlagenen Steuerbefreiung[861]. Von daher könne sich die nur auf Einzelfälle gestützte Rechtsprechung schwerlich zur richterrechtlichen Regel erheben.

---

[856] *Mössner*, Beschränkungen, 252. Vgl. auch *Kessler/Schmitt/Janson*, IStR 2001, 729 [733] unter Hinweis auf BFH, Urt. v. 16.11.1989, IV R 148/85, BStBl. II 1990, 204, 205.

[857] Siehe dazu noch unten 4. Kapitel III. Gesamt-europäisches DBA.

[858] *Freundling*, AWD 1972, 287 f.

[859] Auch *Mössner*, Methoden, 153 ist offenbar mit dem BFH der Auffassung, dass man kaum angreife könne, dass unter dem Begriff der Einkünfte... auch Verluste fielen. Zum Teil geht man scheinbar davon aus, dass der BFH seine Argumentation nicht auf den Einkünfte-Begriff, sondern auf die Formulierung der Rechtsfolge der Freistellungsklausel stützt. Ebenso möglicherweise *Kessler/Schmitt/Janson*, IStR 2001, 729 [731], wie hier dann aber *dies.*, IStR 2003, 307 ff. Auch *Krabbe*, Verlustberücksichtigung, 81 meint: „Die gesamte Rechtsprechung des Bundesfinanzhofs zum negativen Progressionsvorbehalt beruht naturgemäß auf der Grundentscheidung, dass die DBA-Freistellung auch negative Einkünfte umfasst.“ So auch *Reith*, IntStR, Rn. 7.54.

[860] *Kessler/Schmitt/Janson*, IStR 2001, 729 [731]; *Kessler*, Berücksichtigung, 13. Anders möglicherweise offenbar *Reith*, IntStR, Rn. 7.59.

[861] Beispielsweise Art. 23 Abs. 1 Nr. 1 DBA-Belgien: „Die... Einkünfte... sind in der Bundesrepublik Deutschland von der Steuer befreit.“ *Mössner*, Methoden, 153 f. kritisiert zwar ebenfalls die Argumentation des BFH, bezweifelt aber andererseits, dass man per se von einer steuerbefreienden Wirkung der Freistellungsklausel ausgehen könne.

Schließlich könne der BFH nicht damit argumentieren, dass sich der Nachteil des Abzugsverbots negativer Einkünfte mit dem Vorteil der Freistellung positiver Einkünfte ausgleiche[862]. Die Rechtsprechung müsse sich vergegenwärtigen, dass der Quellenstaat nach seinen steuerrechtlichen Vorschriften oftmals keinerlei Möglichkeiten zur Verlustberücksichtigung vorsehe; dies zumindest dann, wenn die Verluste dort gar nicht in Erscheinung treten[863]. Dieser Umstand bewirke zweierlei: Erstens führe dies zu einer faktischen Doppelbesteuerung, da die Verluste nunmehr - abgesehen von negativen Progressionsvorbehalt - überhaupt nicht berücksichtigt würden. Zweitens verschließe dies dem BFH die Argumentation mit der Gefahr einer doppelten Verlustberücksichtigung im Wohnsitz- und Quellenstaat. In diesem Zusammenhang macht *Ruess* darauf aufmerksam, dass die Rechtsprechung dieser Gefahr gar nicht ernsthaft begegnet, wenn beispielsweise ausländische Verluste in Höhe der inländischen Gewinne anfallen und sich so, durch Reduzierung des Steuersatzes auf Null, doch umfänglich in der Besteuerung des deutschen Wohnsitzstaates auswirkten[864]. Selbst soweit die Rechtsordnung des Quellenstaates grundsätzlich Möglichkeiten zur Verlustberücksichtigung vorsehe, sei der vom BFH aufgeworfene Aspekt der Kompensation des Vor- und Nachteils der Freistellungsmethode dann zu vernachlässigen, wenn eine Kompensation faktisch, z. B. mangels künftig freizustellender Gewinne nicht stattfinde. Es drohe eine doppelte Nichtberücksichtigung der Verluste, denn auch im Quellenstaat könne der Verlust zunächst im Entstehungsjahr mangels anderer positiver Einkünfte, dann in Folgejahren beispielsweise mangels Bestehen der Betriebsstätte nicht verrechnet werden[865].

- Bezweifelt wird ferner, dass die vom BFH gefundene Interpretation der DBA überhaupt eine ausreichende innerstaatliche Rechtsgrundlage sein könne, um die Verlustverrechnung auszuschließen[866]. Unterstellt man, dass das DBA selbst die Beschränkung des Verlustabzuges nicht rechtfertigen kann, so stelle sich § 2a Abs. 3 EStG a. F. entgegen der Rechtsprechung nicht als Subventionsnorm dar, die Investitionen im Ausland fördern solle, sondern als Schrankennorm, deren Sinn und Zweck die Beschränkung des an sich zulässigen Verlustabzuges sei. Nach dieser Wertung führe die Streichung des § 2a Abs. 3 EStG a. F. wieder zu einem uneingeschränkten Verlustabzug bei DBA-Fällen mit Steuerfreistellung,

---

862 Vgl. *Kessler/Schmitt/Janson*, IStR 2001, 729 [732].

863 *Wassermeyer* in D/W, Art. 23 A MA, Rn. 57 (Stand: 87. Lfg, 10/2002).

864 *Ruess*, Abzugsfähigkeit, 60. Vgl. auch *Perstel*, Freistellungsmethode, 137.

865 *Kessler*, Berücksichtigung, 5 f.

866 So erstmals *Freundling*, AWD 1971, 34 [36]. Ebenso *Reith*, IntStR, Rn. 7.66. Einschränkend auch *Kessler/Schmitt/Janson*, IStR 2003, 307 [308] die mit *Hahn*, IStR 2002, 681 [684] eingestehen, dass der Verfassungsverstoß mangels „Willkür" im Sinne einer Verletzung spezifischen Verfassungsrechts nicht vor dem BVerfG geltend gemacht werden könne.

so dass es zur Versagung des Verlustabzuges an einer erforderlichen Rechtsgrundlage mangele[867].

• Außerdem wird kritisiert, dass der BFH § 2a Abs. 1 und 2 EStG im Rahmen des negativen Progressionsvorbehaltes anwendet[868]. Der Norm wird darüber hinaus generell ihre Verfassungsmäßigkeit abgesprochen[869].

• Schließlich führe eine solche, vom BFH vertretene Anwendung der DBA zu keinen sinnvollen und verfassungsgemäßen Ergebnissen[870]. Dies verdeutlicht vor allem[871] *Vogel*, der in seiner Kritik herausarbeitet, dass dem Steuerpflichtigen bei Anwendung der BFH-Rechtsprechung unter Umständen nicht einmal das Existenzminimum verbliebe[872]. Ausgangspunkt seiner Kritik bildet die Konstellation, in der die freigestellten ausländischen Verluste die inländischen Einkünfte übersteigen. Dem Steuerpflichtigen stünde dann faktisch kein Einkommen zur Verfügung. Die Berücksichtigung der Verluste durch den negativen Progressionsvorbehalt bewirke zwar, dass in diesem Fall zunächst das Steuersatzeinkommen und in der Folge auch der prozentuale Steuersatz Null beträgt, also keine Steuerschuld entstehe. In Grenzfällen aber, in denen das inländische Einkommen auch nur geringfügig oberhalb des Existenzminimums liegt oder vor allem dann, wenn § 2a Abs. 1 EStG einer Berücksichtigung der ausländischen Verluste entgegensteht, könne die Rechtsanwendung des BFH dazu führen, dass dem Steuerpflichtigen nicht das ihm verfassungsrechtlich garantierte Existenzminimum verbleibt. Dieser Umstand verdeutliche die Verfassungswidrigkeit der derzeitigen Rechtspraxis, insbesondere im Hinblick auf die Recht-

---

[867] Auch *Vogel*, IStR 2002, 91 [92] sieht die zuvor bestehende Gesetzeslücke durch die Streichung des § 2a EStG wieder geöffnet.

[868] Frühzeitig *Vogel*, BB 1983, 180 [185 f.]; ferner *Sauren/Schultze*, RWI 1989, 553 [556]. Die Anwendung des § 2a EStG auf den negativen Progressionsvorbehalt verteidigt dagegen *Krabbe*, Verlustberücksichtigung, 86 f.

[869] *Gosch* in Kirchhof, EStG[3], § 2a, Rn. 2; *Mössner*, Beschränkungen, 253 ff. *Reith*, IntStR, Rn. 7.10; *Sauren/Schultze*, RWI 1989, 553. Ausführlich zu dieser Frage differenziert *Mössner* in K/S, § 2a EStG, Rn. A 55 (Stand: 96. Lfg., 3/2000). Gegen die fehlende Systematik der Verlustbeschränkungsmöglichkeiten im deutschen Steuerrecht generell *Bender*, Verlustverrechnungsbeschränkungen, 201 ff.

[870] *Mössner*, Methoden, 157.

[871] Von der Verfassungswidrigkeit vor allem im Hinblick auf das Leistungsfähigkeitsprinzip gehen ferner aus: *Kessler/Schmitt/Janson*, IStR 2001, 729 [733 f.]; *dies.*, IStR 2003, 307 [308]; *Lechner*, Befreiungsmethode, 148; *Mössner*, Beschränkungen, 233 ff.; ausführlich *Reith*, IntStR, Rn. 7.66, auch zu Art. 3, 12 und 14 GG; *Schaumburg*, IntStR[2], Rn. 16.539; *Schaumburg/Schaumburg*, StuW 2005, 306 [309]. Auch der im Folgenden noch dargestellten Änderung der ständigen Rechtsprechung des ÖVwGH lagen *Zorn* in Lang, M., Diskussion, 429 und 434 Leistungsfähigkeitsüberlegungen zu Grunde.

[872] *Vogel*, Freistellung, 5 ff. *Ders.* ferner in V/L[4], Art. 23 Rn. 61 sowie in FS Friauf, 830 ff. und BB 1983, 180 [185].

sprechung des BVerfG[873], nach der dem Steuerpflichtigen nach Erfüllung seiner Einkommensteuerschuld von seinem Erworbenen soviel verbleiben muss, als er zur Bestreitung seines notwendigen Lebensunterhaltes bedarf.

Bezüglich Kapitalgesellschaften ist daneben zu bedenken, dass die Berücksichtigung der Verluste im negativen Progressionsvorbehalt ausschließlich natürlichen Personen zu Gute kommen kann, denn einen Progressionsvorbehalt kennt das KStG nicht[874]. Dies gilt allerdings ebenso für die freigestellten positiven Einkünfte, die mithin keine Erhöhung des Körperschaftssteuersatzes bewirken. Im Ergebnis jedenfalls bleiben Auslandsverluste, die inländische Kapitalgesellschaften durch ausländische Betriebsstätten oder auf andere Weise erwirtschaften, im Rahmen der deutschen Besteuerung gänzlich unberücksichtigt.

Dass die fehlende Verlustberücksichtigung wirtschaftspolitisch unerwünscht und ein Hemmnis für deutsche Auslandsinvestitionen ist, insbesondere weil Anlaufverluste aus Betriebsstätten nicht oder jedenfalls nicht ausreichend im Mutterstaat berücksichtigt werden können, hat nicht zuletzt der Gesetzgeber erkannt und gerade aus diesem Grund damals § 2 AIG bzw. § 2a Abs. 3 EStG a. F. eingeführt[875]. Die das Verlustabzugsverbot initiierenden Entscheidungen des RFH seien dagegen noch von national-sozialistischen Autarkiebestrebungen bestimmt und nicht mehr mit den heutigen wirtschaftspolitischen Zielen einer auch steuerpolitischen Stärkung des Kapitalexportes vereinbar[876]. Die Erschließung ausländischer Märkte sei heute nicht mehr die Domäne großer Konzerne, sondern in Zeiten des gemeinsamen europäischen Binnenmarktes mit gemeinsamer Währung ebenso ein Anliegen kleiner und mittlerer Unternehmen, für die das Eindringen in ausländische Märkte besonders in der Anfangsphase in aller Regel ein schwieriges Unterfangen, die Möglichkeiten einer grenzüberschreitenden

---

[873] BVerfG, Beschl. v. 25.9.1992, 2 BvL 5, 8, 14/91, BVerfGE 87, 153 ff.

[874] *Mössner*, Methoden, 156. Zwar gelten die DBA-Vorschriften nach ihrer Umsetzung in innerstaatliches Recht auch für juristische Personen, und dies gilt auch für den dort enthaltenen Progressionsvorbehalt; für Kapitalgesellschaften wirkt sich der negative Progressionsvorbehalt letztlich aber aufgrund des linearen Körperschaftsteuertarifes nicht aus, *Jacobs*, Unternehmensbesteuerung[5], 494. Dagegen ging die österreicherische Finanzverwaltung bis zum Erkenntnis des ÖVwGH v. 25.9.2001 davon aus, dass auch der Körperschaftsteuersatz bei ausländischen Verlusten in Höhe des inländischen Einkommens auf Null sinken kann, *Lang, M.*, Betriebsstättenverluste, 141 f. Kritisch zur Anwendung des Progressionsvorbehalts auf die KSt *Vogel* in V/L[4], Art. 23, Rn. 224.

[875] Vgl. zum ersten Gesetzgebungsvorschlag einer alle Einkunftsarten umfassenden Verlustverrechnungsmöglichkeit aus dem Jahr 1968 BT-Drucks. 5/3890, der allerdings am Bundesrat scheiterte; dort auch zu § 2 AIG. Aus dem Schrifttum ferner *Hahn*, IStR 2002, 681; *Krabbe*, Verlustberücksichtigung, 88; *Schaumburg*, IntStR[2], Rn. 1.039.

[876] *Knauer*, StuW 1964, Sp. 155 [159].

Verlustberücksichtigung dementsprechend von entscheidungserheblicher Bedeutung sei[877].

• Für eine grenzüberschreitende Verlustberücksichtigung wird schließlich und vor allem mit der Funktion von DBA argumentiert[878]; dies nicht zuletzt durch den ÖVwGH in Abkehr von seiner eigenen bisherigen Rechtsprechung[879]. In seinem viel beachteten[880] Erkenntnis vom 25. September 2001[881] zum früher geltenden DBA-Deutschland/Österreich 1954/1992 geht er nicht auf die Einwände zur Auslegung des Einkünftebegriffs und den übrigen soeben aufgezeigten Aspekten ein, sondern rückt den Abkommenszweck in den Vordergrund seiner Begründung[882]. Art. 1 Abs. 1 des Abkommens beschränke dessen Ziel und Zweck auf die Vermeidung der Doppelbesteuerung und zugleich aber auch die Vermeidung einer begünstigenden Wettbewerbsverzerrung durch Nichtbesteuerung. Es solle bei grenzüberschreitenden Sachverhalten eine solche Besteuerung erfolgen wie bei rein innerstaatlichen Sachverhalten. Da nun aber bei letzteren ein Verlustausgleich möglich sei, müsse gleiches für den grenzüberschreitenden Fall der Erzielung von Verlusten durch eine ausländische Betriebsstätte gelten. Das DBA stehe einer Berücksichtigung der Verluste bei der Ermittlung des Einkommens nicht entgegen, weil kein Fall einer in Art. 1 Abs. 1 DBA-Deutschland/Österreich 1954/92 angesprochenen Doppelbesteuerung vorliege; durch den Verlustausgleich werde der Steuerpflichtige nicht „doppelt zur Steuer herangezogen". Als weiteres teleologisches Argument führt der ÖVwGH die Schrankenwirkung der DBA an, die einen sich aus dem innerstaatlichen Steuerrecht ergebenden Besteuerungsanspruch lediglich einzuschränken vermag, nicht aber einen im innerstaatlichen Recht gar nicht bestehenden Besteuerungsanspruch begründen könne. Auch das Schrifttum hat in diesem Zusammenhang wiederholt betont, dass DBA nur Begrenzungs- oder Grenznormen enthielten, sie also den durch das innerstaatliche Steuerrecht begründeten Steueranspruch nur modifizieren

---

[877] *Eggers*, Verluste, 133.

[878] *Reith*, IntStR, Rn. 7.63 nennt dies den „Kern des Problems".

[879] Vgl. nunmehr auch das Urteil vom luxemburgerischen Verwaltungsgericht v. 19.1.2005, No 17.820, abrufbar unter http://www.jurad.etat.lu/; vgl. dazu *Winandy*, IStR 2005, 594 ff.

[880] *Wassermeyer*, IStR 2001, 755 und *Loukota*, SWI 2001, 466 sprechen von einer „sensationellen", von einem Beben „von zumindest mittlerer Stärke", *Vogel*, IStR 2002, 91 von einer „bahnbrechenden" Entscheidung.

[881] ÖVwGH, Erkenntnis v. 25.9.2001, 99/14/0217 E, IStR 2001, 754 f.

[882] Auch der BFH gesteht zuweilen ein: „Die Auslegung von Abkommenvorschriften wird... von der Teleologie der DBA im Allgemeinen und gegebenenfalls auch vom Gedanken der Entscheidungsharmonie im Besonderen geprägt.", so beispielsweise in seinem Urt. v. 17.11.1999, I R 7/99, BStBl. II 2000, 605, 607; frühzeitig auch in BFH, Gutachten v. 25.1.1951, I D 4/50, BStBl. III 1951, 68 ff.

könnten[883]. Zwar könnten auch DBA zu einer Steuerschärfung führen[884], sie enthielten selber aber keine Rechtsgrundlagen für die Besteuerung durch den einen oder den anderen Staat. Der Ausschluss der Verrechnung ausländischer Verluste könne aber dazu führen, dass eine gar nicht bestehende Steuerpflicht erst begründet werde[885]. Jedenfalls bewirke die Versagung der Verlustverrechnung in den Fällen der Freistellung, dass sich bei ihnen aufgrund eines DBA eine höhere Steuerpflicht ergebe, als sie ohne das Abkommen bestehen würde[886]. Ob nun ein DBA vorliegt oder nicht, sei aber eher von zufälligen Faktoren abhängig, die derart unterschiedliche Ergebnisse nicht rechtfertigt[887].

Allerdings sieht auch der ÖVwGH die Gefahr der doppelten Verlustberücksichtigung. Im zweiten Teil seiner Entscheidung leitet er deshalb, wiederum am zuvor herausgearbeiteten Zweck des DBA orientiert, aus dem Einkünftebegriff der Zuteilungsnorm eine Nachversteuerung im Sinne des § 2a Abs. 3 und 4 EStG a. F. ab, um einer doppelten Verlustverwertung in der Bundesrepublik Deutschland einerseits und in Österreich andererseits entgegenzuwirken[888]. Mit dem

---

883 So auch die deutsche höchstrichterliche Rechtsprechung, RFH, Urt. v. 3.10.1935, III A 267/34, RStBl. 1935, 1399 ff.; v. 22.9.1936, I A 127/36, RStBl. 1936, 1182; BFH, Urt. v. 12.3.1980, I R 186/76, BStBl. II 1980, 531, 533; v. 26.3.1991, IX R 162/85, BStBl. II 1991, 704, 706 f.. Aus der Literatur u. a. *Kluge*, IntStR[4], Rn. R 20 ff.; *Vogel* in V/L[4], Einl., Rn. 43; *ders.*, BB 1983, 180, 186; eingehend *Wassermeyer* in D/W, Art. 1 MA, Rn. 9 (Stand: 82. Lfg., 9/2000) und Art. 23 A, Rn. 57 (Stand: 87. Lfg, 10/2002). Im Zusammenhang mit der hier besprochenen Verlustproblematik insbesondere *Kessler/Schmitt/Janson*, IStR 2001, 729 [732]; *Knauer*, StuW 1964, Sp. 155 [158 f.]; *Reith*, IntStR, Rn. 7.64; *Ruess*, Abzugsfähigkeit, 65; *Schaumburg*, IntStR[2], Rn. 16.539.

884 Dies betont vor allem *Wassermeyer* in Lang, M., Diskussion, 432 f. und 437, aber auch in D/W, Art. 23 A MA, Rn. 57 (Stand: 87. Lfg, 10/2002).

885 Nachweis bei *Vogel*, BB 1983, 180 [185 f.]. Deutlich mit Beispiel auch *Loukota* in Lang, M., Diskussion, 435.

886 So frühzeitig *Knauer*, StuW 1964, Sp. 155 [160]. Zustimmend *Vogel*, BB 1983, 180 [185]. Offenbar auch *Ruess*, Abzugsfähigkeit, 56 und 59. Nunmehr ist zur Rechtslage ohne DBA allerdings § 2a EStG zu beachten; vgl. dazu auch *Röhrbein/Eicker*, BB 2005, 465 [466]; *Wa-termeyer/Wiesemann*, GmbH-StB 2003, 321 [323].

887 *Kessler/Schmitt/Janson*, IStR 2001, 729 [734]; *Ruess*, Abzugsfähigkeit, 56.

888 Dies ist vor allem insofern bemerkenswert, als das sich die österreichische Legislative zuvor, trotz vielfältiger konkreter Überlegungen (vgl. insbesondere § 2 des Entwurfes zu einem DBA-Durchführungsgesetz), nicht dazu durchringen konnte, eine entsprechende Regelung einzuführen. Lässt sich die Verlustberücksichtigung auch noch durch Auslegung der DBA herleiten, erscheint dies für die Nachversteuerungsregelung doch sehr fraglich. Während jene entsprechend im Schrifttum überwiegend positive Resonanz hervorgerufen hat, stieß diese selbst bei den Vertretern einer grenzüberschreitenden Verlustberücksichtigung mit Nachversteuerung auf Kritik; vgl. *Kessler/Schmitt/Janson*, IStR 2003, 307; *Kessler*, Berücksichtigung, 23; *Loukota*, SWI 2001, 466 [470]; *Ruess*, Abzugsfähigkeit, 66; *Schuch*, Vorgaben, 78 ff.; *Vogel*, IStR 2002, 91[93]; *Wassermeyer*, IStR 2001, 755 [756]; *ders.* in D/W, Art. 23 A,

Steuerreformgesetz 2005 hat der österreichische Gesetzgeber in der Folge in § 2 ÖEStG eine an den Vorgaben des ÖVwGH angelehnte Regelung zur Nachversteuerung aufgenommen[889]:

> „Danach angesetzte ausländische Verluste erhöhen in jenem Kalenderjahr ganz oder teilweise den Gesamtbetrag der Einkünfte, in dem sie im Ausland ganz oder teilweise berücksichtigt werden oder berücksichtigt werden könnten."

c) Status Quo

Der BFH[890] teilt die im Schrifttum geäußerten Bedenken gegen seine Rechtsauffassung nicht[891]. Auch nach dem Erkenntnis des ÖVwGH hält der BFH an seiner Rechtsprechung fest[892]. Die *europarechtlichen* Bedenken an seiner Rechtsanwendung haben den BFH zwar dazu bewogen, ihre Vereinbarkeit mit dem Europarecht vom EuGH überprüfen zu lassen. In dem Vorlagebeschluss betont der BFH allerdings bei der Darstellung der deutschen Rechtslage, dass trotz des vom ÖVwGH für das DBA Deutschland-Österreich gefundenen Rechtsverständnisses jedenfalls in dem der Entscheidung des BFH zugrunde liegenden Fall zum DBA-Frankreich eine Verlustverrechnung bei der Einkommensermittlung nicht möglich sei. Ohne es ausdrücklich zu erklären, stellt der BFH damit auf die unterschiedlichen Formulierungen der betroffenen Freistellungsklauseln ab. Während die der Freistellungsnorm entsprechende Vorschrift des DBA-Österreich 1954/1992[893] lediglich davon spricht, dass der Wohnsitzstaat kein Besteuerungs-

---

Rn. 57a (Stand: 87. Lfg, 10/2002) und in Lang, M., Diskussion, 438: „Als Richter hätte ich mich nicht getraut, in der Sache so weit zu gehen."

889 Zur praktischen Durchführung der Nachversteuerung *Pölzl* in FS Loukota, 389 ff.

890 In diesem ersten Teil der Ausarbeitung soll allein die gegenwärtige Rechtslage bezüglich DBA mit Drittstaaten dargestellt werden. Siehe zur Stellungnahme auch unter europarechtlichen Gesichtspunkten das 3. Kapitel - Einfluss des EG-Vertrages auf die DBA.

891 So dezidiert in BFH, Urt. v. 28.3.1973, I R 59/71, BStBl. II 1973, 531.

892 Im Schulterschluss mit dem BFH verwehren auch die Finanzgerichte eine grenzüberschreitende Verlustverrechnung. Umfänglich hat sich das FG Düsseldorf in seinem Urteil v. 14.9.2004, 6 K 3796/01 K, F, EFG 2005, 538 ff. mit der Problematik auseinandergesetzt und betont, dass die vom ÖVwGH vertretene Auslegung für Fälle, die ein DBA mit einem Drittland betreffen, keine Bedeutung habe. M. E. sind die Erwägungen des ÖVwGH dennoch in die Auseinandersetzung um die Verrechnung auch von in Drittländern entstandenen Verlusten mit einzubeziehen, da sie der ÖVwGH ausschließlich mit Normen des DBA und nicht des Europarechts fundiert hat. Der ÖVwGH wurde gerade auch darin kritisiert (beispielsweise von *Kessler*, Berücksichtigung, 23 f.; falsch insofern *Portner*, IStR 2005, 376 [377]), dass er nicht mit dem Gemeinschaftsrecht, sondern nur mit Abkommensrecht argumentiert hat, was *Zorn*, Mitglied des ÖVwGH, bestätigt hat, *Zorn* in Lang, M., Diskussion, 430 f.

893 Dem Erkenntnis des ÖVwGH lag die ältere Fassung des DBA-Österreich zu Grunde. Das DBA-Österreich 2000 formuliert in Art. 23 Abs. 1 a) ebenso: „Von der Bemessungsgrundlage der deutschen Steuer werden die Einkünfte aus der Republik Österreich... ausgenommen...".

recht hat, werden nach Art. 20 Abs. 1 a) Satz 1 DBA-Frankreich „von der Bemessungsgrundlage der deutschen Steuer... die aus Frankreich stammenden Einkünfte ausgenommen“. Der BFH betont, dass es „letztlich zweifelsfrei“ sei, dass „darin nicht nur positive, sondern auch negative Einkünfte einbezogen sind“. Im Anschluss an *Wassermeyer*, der dies schon in seiner Anmerkung zum Erkenntnis des ÖVwGH herausgestellt hat, argumentiert der BFH mit § 2a Abs. 3 EStG, durch den der Gesetzgeber die Rechtsprechung des BFH nicht nur anerkannt und akzeptiert habe, sondern „gewissermaßen in Gesetzesrang erhoben hat“[894]. Konsequenterweise könnte man dann aber, wenn man die Vorschrift als Stütze der BFH-Rechtsprechung akzeptieren wollte[895], meinen, dass der Gesetzgeber der bisherigen Rechtsanwendung mit der Streichung des § 2a Abs. 3 EStG entgegengetreten sei[896]. Dem steht indes entgegen, dass die Streichung allein aus haushaltspolitischen Erwägungen erfolgte[897]. Eine Norm, die eine generelle Verrechenbarkeit ausländischer Verluste ermöglicht, wie sie zeitweise angedacht war[898], hat der Gesetzgeber bislang nicht in die Steuergesetze aufgenommen. Auch die OECD hat bisher keine entsprechende Änderung des Musterabkommens vorgenommen. Danach bleibt es bei der derzeitigen Übung, der zur Folge jeder Vertragsstaat für sich entscheidet, welche Behandlung er ausländischen Verlusten zukommen lassen möchte. Solange der Gesetzgeber keine dem Richterrecht des BFH entgegenstehenden Regelungen zugunsten einer grenzüberschreitenden Verlustberücksichtigung verabschiedet[899], bleibt es mithin dabei,

---

[894] *Wassermeyer*, IStR 2001, 755 [756].

[895] So *Krabbe*, Verlustberücksichtigung, 83; *Wassermeyer* in D/W, Art. 23a, Rn. 57 (Stand: 87. Lfg. 10/2002).

[896] In diese Richtung allerdings mit Einschränkungen *Kessler/Schmitt/Janson*, IStR 2001, 729 [732]; *Reith*, IntStR, Rn. 7.57 und 7.71; *Vogel*, IStR 2002, 91 [92]; möglicherweise auch *Watermeyer/Wiesemann*, GmbH-StB 2003, 321 [322].

[897] Vgl. die schwache Begründung in der BT-Drucks. 14/23, S. 167. Kritisch zu den Aufhebungsgründen auch *Kessler/Schmitt/Janson*, IStR 2001, 729 [732].

[898] Der frühere § 2 AIG geht auf einen Regierungsentwurf zurück, der einen Verlustausgleich für alle Einkunftsarten vorsah, BT-Drucks. 5/3890, 29 f. Erst in den folgenden parlamentarischen Beratungen ist die Vorschrift auf Betriebsstätteneinkünfte eingeschränkt worden, um sie „auf ihren wichtigsten Anwendungsfall“ zu konzentrieren und „gegen etwaige unerwünschte Inanspruchnahme“ abzusichern, BT-Drucks. 5/4287, S. 6. Kritisch dazu *Vogel* in V/L^4, Art. 23, Rn. 63 m. w. N.

[899] Selbst manche Kritiker der BFH-Rechtsprechung empfehlen statt der Aufgabe der langjährigen Rechtsprechung - was Unsicherheiten und Ungereimtheiten auf anderen Gebieten heraufbeschwören würde - die Einführung einer an § 2 AIG bzw. § 2a Abs. 3 EStG a. F. angelehnten Neuregelung der grenzüberschreitenden Verlustverrechnung für alle Einkunftsarten, so beispielsweise *Hellwig*, StbJb. 1976/1977, 427 [431 und 440]; ähnlich auch *Krabbe*, Verlustberücksichtigung, 82 f.; *Lechner*, Befreiungsmethode, 148 f.; *Ruess*, Abzugsfähigkeit, 76; *Wassermeyer* in *Lang, M.*, Diskussion, 432 f. Dagegen wäre nach *Vogel*, BB 1982, 180 [187] die Änderung der bisherigen Rechtsprechung des BFH vollkommen ausreichend, der Gesetz-

dass im Ausland entstandene Verluste, die in den Anwendungsbereich eines DBA (genau genommen in den einer Freistellungsklausel fallen) in der Bundesrepublik Deutschland nicht abziehbar sind. Bei natürlichen Personen kommt allerdings eine Berücksichtigung im Rahmen des negativen Progressionsvorbehaltes insoweit in Betracht, als sie nicht die Voraussetzungen des § 2a Abs. 1 und 2 EStG erfüllen. Ob der BFH allerdings an seiner Auffassung festhält, dass § 2a EStG auch im Rahmen des negativen Progressionsvorbehalts anwendbar ist, scheint nach der Entscheidung des EuGH in der Rechtssache Ritter-Coulais[900] überaus fraglich und kann zumindest für vom Gemeinschaftsrecht bestimmte Fälle verneint werden. Eine Entscheidung hinsichtlich der Fälle mit Drittstaaten-Bezug ist damit allerdings noch nicht präjudiziert und sollte vom Gesetzgeber getroffen werden.

4. Erwerbsaufwendungen und negative Einkünfte bei Vorbehaltsklauseln

Etwas anderes gilt allerdings bereits nach derzeitiger Rechtslage dann, wenn im DBA eine der oben dargestellten Vorbehaltsklauseln[901] eingreift. Da sie zu einer anderen Rechtsfolge führen, als der bisher zugrunde gelegten Freistellung der Einkünfte, hat dies Auswirkungen auf die Behandlung der Aufwendungen und Verluste. Wie bereits oben beschrieben, sehen sowohl die Aktivitätsklauseln als auch die switch-over-Klauseln ausnahmsweise die Anwendung der Anrechnungsmethode vor; die subject-to-tax- und Rückfallklauseln bestimmen in ihrer Rechtsfolge, dass die Einkünfte nicht freizustellen sind, die Besteuerungsbefugnis des Wohnsitzstaates lebt damit wieder auf.

a) Rechtsfolge: Anrechnungsmethode

Entgegen der grundsätzlich eingreifenden Freistellungsmethode kommt die Anrechnungsmethode zur Anwendung, wenn die Voraussetzungen eines Aktivitätsvorbehalts nicht erfüllt bzw. die einer switch-over-Klausel erfüllt sind. Greift dann die Anrechnungsmethode ein, erübrigen sich einige Schwierigkeiten, die sich im Zusammenhang mit der Freistellungsmethode bei der Behandlung der Erwerbsaufwendungen und der negativen Einkünfte gezeigt haben. Denn „in der

---

geber würde in der Folge zügig eine Vorschrift zur Nachversteuerung einführen; *ders.* auch in Schild, Diskussion, 80.

[900] EuGH, Urt. v. 21.2.2006, Rs. C-152/03, Ritter-Coulais, BB 2006, 525. In ihr befasst sich der EuGH allerdings ausdrücklich nicht mit dem Verlustabzugsverbot, wie es der BFH generell aus dem DBA ableitet, sondern nur mit Frage der Anwendbarkeit des § 2a EStG. Vgl. zu der Entscheidung noch ausführlich unter 3. Kapitel C. I. 3. c) aa) Grundzüge des Kohärenzprinzips und II. 1. b) Beeinträchtigung.

[901] Im weiteren Sinne, vgl. oben 2. Kapitel B. IV. Switch-over-Klausel.

Hauptsache sind es Verluste, die die Unterschiede zwischen den beiden Systemen besonders zutage treten lassen“[902].

aa) Erwerbsaufwendungen

So bestimmt sich der Einkünftebegriff bei der Anrechnungsmethode maßgeblich nach dem innerstaatlichen Recht[903]. Also auch, wenn der BFH nach den bisherigen Ausführungen beispielsweise bei Dividenden davon ausgeht, dass das DBA damit einen Brutto-Betrag meint, muss für Zwecke der Anrechnung etwas anderes gelten[904]. Dies bedingt schon die innerstaatliche Ausgestaltung des Anrechnungsverfahrens. Denn die Anrechnung der im Quellenstaat erhobenen Steuer ist auf den Betrag begrenzt, in dem im Wohnsitzstaat Deutschland Steuer auf die Dividenden entfällt. Die deutsche Steuer wird aber nur auf das zu versteuernde Einkommen erhoben, in das freilich nur der Nettobetrag der Dividende eingeht. Aus §§ 34c Abs. 6 Satz 2, Abs. 1 Satz 4 EStG[905] folgt, dass Betriebsausgaben abzuziehen sind, die mit den zugrunde liegenden Einnahmen in wirtschaftlichen Zusammenhang stehen[906]. Folglich sind Aufwendungen in diesem Rahmen bei Anwendung der Anrechnungsmethode zu berücksichtigen.

bb) Negative Einkünfte

Entsprechend den innerstaatlichen Vorgaben sind bei der Anrechnungsmethode auch Verluste zum Abzug zugelassen. Abkommensrechtlich bestehen insoweit keine Verlustausgleichsbeschränkungen[907]. Dies gilt auch dann, wenn sie im Quellenstaat zurück- oder vorgetragen werden können; zu beachten sind allerdings die innerstaatlichen Verlustausgleichsbeschränkungen wie § 2a Abs. 1 EStG[908]. Im Ergebnis können damit nach DBA[909] passive, aber im Sinne des § 2a Abs. 2 EStG aktive Einkünfte bei der Ermittlung der Bemessungsgrundlage

---

[902] *Philipp*, DStZ/A 1967, 245 [246]; vgl. bereits *Schuch*, Vorgaben, 74. Vgl. auch *Wassermeyer*, Schachtelbeteiligungen, 26.
[903] BFH, Urt. v. 9.4.1997, I R 178/94, BStBl. II 1997, 657, 658.
[904] Erstmals in BFH, Urt. v. 16.3.1994, I R 42/93; mit ausführlicher Begründung im Ergebnis bestätigt von BFH, Urt. v. 9.4.1997, I R 178/94, BStBl. II 1997, 657, 658. In diesem Sinne auch *Vogel* in V/L[4], Art. 23, Rn. 148. Zur Kritik vgl. unten 2. Kapitel C. IV..
[905] Vgl. dazu im Einzelnen *Grotherr* in FS Wassermeyer, 313 ff.
[906] Gemäß § 26 Abs. 6 Satz 1 KStG gelten §§ 34c Abs. 1 Satz 4 und Abs. 6 Satz 2 EStG auch im Bereich der Körperschaftsteuer.
[907] *Pyszka/Schmedt*, IStR 2002, 342 [343].
[908] *Vogel* in V/L[4], Art. 23, Rn. 155.
[909] Zum gleichen Ergebnis kommt man auch unter Anwendung des nationalen Aktivitätsvorbehalts in § 20 Abs. 2 AStG, vgl. ausführlich dazu *Grube/Behrendt*, SteuerStud 2003, 593 [597].

berücksichtigt werden, und zwar unabhängig davon, ob es sich um eine einkommensteuer- oder körperschaftsteuerpflichtige Person handelt[910].

Auch wenn die Anrechnungsmethode damit die Möglichkeit birgt, ausländische Aufwendungen und Verluste umfänglich zu verrechnen, ist insofern zu bedenken, dass dies letztlich die im Wohnsitzstaat entsprechende Steuer und folglich den Anrechnungshöchstbetrag mindert, so dass unter Umständen nur noch ein Teil oder gar keine Quellensteuer mehr angerechnet werden kann[911]. Entstehen auf diese Weise Anrechnungsüberhänge, bietet sich die Abzugsmethode nach §§ 34c Abs. 6 Satz 2, Abs. 2 EStG an[912]. Abgesehen davon fällt die Minderung des Anrechnungshöchstbetrages und die damit einhergehende Beschränkung der Anrechnungsmöglichkeiten ausländischer Quellensteuer aber dann nicht ins Gewicht, wenn aufgrund des ausländischen Verlustes gar keine ausländische Steuer angefallen ist[913]. Dann eröffnen die Aktivitätsvorbehalte vielmehr die Möglichkeit, die Aktivitäten der Betriebsstätte, besonders in der Anlaufphase, so zu gestalten, dass deren Einkünfte abkommensrechtlich (im Hinblick auf den Aktivitätsvorbehalt) passiv und einkommensteuerrechtlich (im Hinblick auf § 2a EStG) aktiv zu beurteilen sind. Denn in diesem Fall können die Betriebsstättenverluste ohne Einschränkung mit steuerpflichtigen inländischen Gewinnen des Stammhauses verrechnet werden. Werden in späteren Veranlagungszeiträumen Gewinne in der ausländischen Betriebsstätte erwirtschaftet, so lassen sich diese von der Besteuerung in der Bundesrepublik abschirmen, wenn die Geschäftstätigkeit der Betriebsstätte zwischenzeitlich so umstrukturiert wurde, dass die dort erzielten Gewinne nunmehr die Voraussetzungen der abkommensrechtlichen Aktivitätsklausel erfüllen und damit die Freistellungsmethode zum Tragen kommt.

b) Rechtsfolge: Besteuerung der Einkünfte

Eine andere Rechtsfolge enthalten die subject-to-tax- und Rückfallklauseln. Sie bewirken, dass die Besteuerungsbefugnis letztlich doch dem Wohnsitzstaat zufällt, wenn die Einkünfte im Quellenstaat keiner Besteuerung unterworfen wurden[914]. Die Besteuerung der betroffenen Einkünfte richtet sich dann nach den Vorschriften des nationalen Steuerrechts des Wohnsitzstaates.

---

910 *Kessler*, Berücksichtigung, 35; *Watermeyer/Wiesemann*, GmbH-StB 2003, 321 [323].
911 *Vogel* in V/L^4, Art. 23, Rn. 128.
912 Siehe bereits oben 1. Kapitel C. II. 2. Anrechnungsmethode.
913 In diesem Sinne sind offenbar die Gestaltungsüberlegungen von *Pyszka/Schmedt*, IStR 2002, 342 [343] und *Ruess*, Abzugsfähigkeit 72 f. zu verstehen. Vgl. auch *Krawitz/Büttgen-Pöhland/Hick*, FR 2003, 109 [119 f.]. Zur Steuerplanung im Zusammenhang mit switch-over-Klauseln *Petereit*, IStR 2003, 577 [584 ff.].
914 Siehe zu den Voraussetzungen im Einzelnen oben 2. Kapitel B. III. Vorbehaltsklausel.

aa) Erwerbsaufwendungen

In der Bundesrepublik Deutschland sind die Aufwendungen, die als Betriebsausgaben oder Werbungskosten anerkannt werden, abzugsfähig. Hinsichtlich solcher Einkunftsarten des DBA, die innerstaatlich (Brutto-) „Einnahmen" betreffen, kann § 3c EStG mangels steuerfreigestellter Einnahmen nicht eingreifen - zur Freistellung kommt es hier ja gerade nicht. Hinsichtlich der übrigen Einkunftsarten des DBA, die nach innerstaatlicher Terminologie (Netto-) „Einkünfte" betreffen, ist der Abzug der Aufwendungen nicht schon durch das DBA ausgeschlossen. Denn die Rechtsfolge der Freistellung setzt nicht ein, so dass die Einkünfte, also die Einnahmen wie die Aufwendungen, der Besteuerung im Wohnsitzstaat unterliegen.

bb) Negative Einkünfte

Bilden die ausländischen Aufwendungen einen Verlust, überwiegen sie also gegenüber den Einnahmen, wird es regelmäßig nicht zu der von der Rückfallklausel des DBA-Italien und den übrigen subject-to-tax-Klauseln vorausgesetzten Besteuerung im Quellenstaat kommen. Ist damit der Tatbestand dieser Vorbehaltsklauseln erfüllt, fällt die Besteuerungsbefugnis an den Wohnsitzstaat zurück. Die Folge der Freistellungsmethode nicht eingreift, so dass die Verlustverrechnung nicht mit dem Symmetrieargument des BFH verneint werden kann, das DBA stelle auch die negativen Einkünfte steuerfrei[915]. Der Verlustverrechnung können damit allenfalls Vorschriften des innerstaatlichen Rechts, insbesondere § 2a Abs. 1 und 2 EStG entgegenstehen. Sofern einige subject-to-tax-Klauseln dagegen nur die abstrakte Steuerpflicht der betroffenen Einkünfte im Quellenstaat voraussetzen, ohne auf eine „effektive Besteuerung" abzustellen, genügt es nicht, dass es aufgrund der Verluste nicht zu einer Steuerzahlungspflicht kommt, damit die Besteuerungsbefugnis an den Wohnsitzstaat zurückfällt. Dafür ist vielmehr erforderlich, dass das innerstaatliche Steuerrecht des Quellenstaates keine Steuerpflicht begründet[916]. Ist dies der Fall und stellt der Wohnsitzstaat die Einkünfte nicht frei, muss auch hier davon ausgegangen werden, dass die ausländischen Verluste im Rahmen der nationalen Steuervorschriften des Wohnsitzstaates verrechenbar sind.

Von diesem Lösungsweg weicht die Rechtspraxis allerdings ab. Bezüglich negativer Einkünfte vertritt die Verwaltung[917] derzeit[918] die Auffassung, dass Vorbe-

---

[915] Zu diesem Ergebnis kommen auch *Vogel* in V/L^4, Art. 23, Rn. 63 und *Wassermeyer* in D/W, Art. 23 A MA, Rn. 57 (Stand: 87. Lfg. 10/2002).

[916] Siehe oben Fn. 410.

[917] OFD Düsseldorf, Vfg. v. 18.7.2005, S 1301 A - St 12; OFD Münster, Vfg. v. 18.7.2005, S 1315 - 42 - St 14-32, beide Juris-Dokument NR: FMNR375430005 und IStR 2006, 96 f.

haltsklauseln[919] auf sie keine Anwendung finden. Liegt ein Verlust vor, so ist also beispielsweise die Rückfallklausel des DBA-Italien von Anfang an unanwendbar, so dass es in jedem Fall bei der Freistellung der Einkünfte, - unter Zugrundelegung der Rechtsprechung des BFH - einschließlich des Verlustes bleibt. Begründet wird dies mit dem Sinn und Zweck solcher Klauseln, die allein „weiße Einkünfte" verhindern wollten, nicht aber die Berücksichtigung ausländischer Verluste im Wohnsitzstaat ermöglichen sollten[920].

5. Konsequenzen aus der Behandlung der Erwerbsaufwendungen für negative Einkünfte

Betrachtet man die Ausführungen dazu, wie einzelne Aufwendungsposition zu behandeln sind und stellt sie der Rechtsprechung zu den Verlusten gegenüber, ist Folgendes festzustellen: Primär ist nach der derzeitigen Rechtsprechung des BFH zu unterscheiden zwischen solchen Einkunftsarten, die nach den Vorgaben des DBA Brutto-Einnahmen freistellen und solchen, die sich auf Netto-Einkünfte beziehen.

a) Brutto-Einkunftsarten

In den deutschen DBA sind regelmäßig nur Schachteldividenden und Einkünfte aus nichtselbständiger Arbeit als Brutto-Beträge freigestellt. Für die Behandlung der damit zusammenhängenden Aufwendungen kommt es auf § 8b Abs. 5 KStG sowie § 3c EStG an.

---

[918] Bisher (OFD München, Vfg. v. 10.5.1995, S 13000 - 95 St 425, DB 1995, 1488; OFD Düsseldorf, Vfg. v. 11.12.1996, S 1301 A - St 1121, IStR 1997, 53, 55) vertrat die Verwaltung nicht die Auffassung einer generellen Unanwendbarkeit der Vorbehaltsklauseln, sondern differenzierte: Vom Vorliegen des Merkmal einer „Besteuerung" im Ausland sei dann auszugehen, wenn der Steuerpflichtige nach ausländischem Recht die Möglichkeit eines Verlustausgleichs oder -vortrages hat. In diesen Fällen sollte es folglich bei der Freistellung der Verluste bleiben. Nur sofern der Steuerpflichtige einen Nachweis darüber erbringt, dass eine Verlustverrechnung im Ausgleich unmöglich ist, sei die Anwendung der Rückfallklauseln ausgeschlossen.

[919] Ausdrücklich gelten die genannten OFD-Verfügungen nur für Rückfallklauseln. Dass zu § 50d Abs. 8 EStG ergangene Schr. des BMF v. 21.7.2005, IV B 1 - S 2411 - 2/05, DStR 2005, 1445 ff. geht auf die Verlustsituation nicht ein. Aufgrund der Parallelität hinsichtlich ihrer Zwecksetzungen muss aber davon ausgegangen werden, dass die von der Finanzverwaltung zu den Rückfallklauseln vertretenen Ansicht ebenso zu den subject-to-tax-Klauseln - sei es denen der DBA, sei es § 50d Abs. 8 EStG - vertreten werden wird.

[920] Zu den europarechtlichen Folgen dieser Auffassung siehe unten 3. Kapitel C. IV. Negative Einkünfte.

Fließen dem Steuerpflichtigen in einem Veranlagungszeitraum *Schachteldividenden* im Sinne des § 8b Abs. 1 KStG zu, gelten davon gemäß § 8b Abs. 5 KStG 5% als nicht abziehbare Betriebsausgaben. Darüber hinaus gehende Aufwendungen sind vollständig abziehbar, § 3c Abs. 1 EStG greift nicht ein. Fließen keine Schachteldividenden, ist weder § 8b KStG noch § 3c EStG tatbestandlich erfüllt, die Aufwendungen sind daher abziehbar. Dem dadurch entstehenden Verlust stehen keine Abzugsverbote entgegen. Etwas anderes könnte gelten, wenn nicht das nationale Schachtelprivileg einschlägig ist, sondern auf das DBA-rechliche zurückgegriffen werden muss, so vor allem bei Einnahmen aus der Beteiligung an einem Handelsgewerbe als stiller Gesellschafter und aus partiarischen Darlehen im Sinne von § 20 Abs. 1 Nr. 4 EStG[921]. Werden solche Einkünfte vom DBA-rechtlichen Dividendenbegriff umfasst, kommt es einerseits zur Anwendung des internationalen Schachtelprivilegs, sofern die damit verbundenen Voraussetzungen (Beteiligungsschwelle, u. U. Aktivitätsvorbehalt) erfüllt sind. Die Aufwendungen können andererseits nur im Rahmen des § 3c Abs. 1 EStG abgezogen werden, also insbesondere dann nicht, wenn sie hinter den Einnahmen zurückbleiben. Ansonsten aber, wenn die Aufwendungen die Einnahmen übersteigen, steht § 3c Abs. 1 EStG dem Abzug der Aufwendungen nicht entgegen. Stellen die Aufwendungen damit zugleich jedoch einen *Verlust* dar, so bleibt fraglich, ob für diesen Sonderfall eine Verlustausgleichsbeschränkung eingreift. Der BFH hielt der Abziehbarkeit bei Schachteldividenden jedenfalls nicht entgegen, dass der DBA-rechtliche Einkünftebegriff gleichsam die negativen „Einkünfte" umfasse, so dass einem Verlustausgleich oder -abzug schon auf Ebene des DBA der Boden entzogen würde[922]. Dies entspricht seinem Verständnis, dass bei Dividenden regelmäßig nur ein Brutto-Betrag vom Anwendungsbereich der DBA erfasst wird. Gerade im Gegenteil wurde in den benannten Entscheidungen ja grundlegend festgehalten, dass sich die Freistellung der Dividenden nur auf die „Einnahmen" beziehe. Fraglich ist allerdings, ob § 2a Abs. 1 EStG Anwendung findet. Zwar erfasst dessen Nr. 5 gerade die hier in Frage stehenden Einkünfte aus stiller Beteiligung und aus partiarischen Darlehen. Da auch die Aktivitätsklausel des § 2a Abs. 2 EStG nicht zu helfen vermag[923], wäre ein Ausgleich der Verluste demnach nur im Rahmen des Abs. 1 zulässig. Aus § 2a Abs. 3 EStG a. F. könnte man indes versuchen herzuleiten, dass die Absätze 1 und 2 nur auf Nicht-DBA-Fälle und DBA-Anrechnungsfälle

[921] Siehe im Einzelnen dazu bereits oben 2. Kapitel C. III. 2. b) aa) Aufwendungen für Schachteldividenden.
[922] Siehe dazu aber sogleich bei Einkünften aus nichtselbständiger Arbeit.
[923] Sie findet auf Nr. 5 keine Anwendung, *Probst* in H/H/R, § 2a EStG, Rn. 84 (Stand: 206. Lfg. 4/2002).

ausgerichtet sind[924]. Denn der Gesetzgeber hatte § 2 Abs. 3 EStG a. F. gerade im Hinblick auf Verluste in DBA-Freistellungsfällen als Begünstigung in das Gesetz eingefügt und damit dem Anwendungsbereich der Absätze 1 und 2 gegenüber gestellt. Der Wortlaut der Vorschrift gibt für eine Einschränkung ihres Anwendungsbereichs jedoch nichts her. Zwar ist zuzugeben, dass der BFH bei DBA-Freistellungsfällen prinzipiell nicht zur Anwendung des § 2a EStG gelangt, obgleich die Norm nach ihrem Wortlaut bei Verlustfällen an sich anwendbar wäre[925]. Dazu führte er aber aus, § 2a „regelt keine Steuerbefreiung, die mit einer solchen nach einem DBA konkurrieren würde, sondern die Verrechnung *zuvor* [Anm.: Hervorhebung auch in der Entscheidung] als steuerpflichtig erkannter ausländischer Einkünfte“[926]. Für die Anwendung des § 2a Abs. 1 EStG kommt es folglich nur darauf an, dass die Einkünfte nicht (nach einem DBA) steuerfreigestellt sind[927]. Insofern ließe sich argumentieren, dass die hier in Frage stehenden *Aufwendungen* der deutschen Besteuerung schon gar nicht entzogen sind, sondern gewissermaßen „steuerpflichtige“ Einkünfte darstellen, wie sie § 2a Abs. 1 EStG voraussetzt. Denn die Aufwendungen werden vom DBA-Schachtelprivileg gerade nicht angesprochen, sondern nur die Brutto-Einnahmen. Auf diesem Weg gelangt man zu einem Abzugsverbot nach § 2a EStG. Letztlich aber widerspräche es der Wertung des § 3c Abs. 1 EStG, dort Aufwendungen zum Abzug zuzulassen, um sie anschließend über § 2a Abs. 1 EStG wieder einer Verlustverrechnungsbeschränkung zu unterwerfen. Der BFH hat ja gerade im Hinblick auf den Sinn und Zweck des § 3c EStG, „der Förderung der Bundesrepublik Deutschland als internationaler Holdingstandort“ zu dienen[928], eine Auslegung dahin gewählt, eine weit reichende Abzugsfähigkeit zu ermöglichen. Vor diesem Hintergrund ist davon auszugehen, dass § 2a Abs. 1 EStG einem Ausgleich von Verlusten aus Schachtelbeteiligungen, die nur unter

---

[924] So ohne nähere Begründung *Reith*, IntStR, Rn. 7.10; ähnlich *Teupe*, IStR 2005, 482. Nur im Ansatz *Mössner* in K/S, § 2a EStG, Rn. B 52 (Umkehrschluss) und B 31 (Stand: 96. Lfg. 3/2000).

[925] Der BFH begründet das Verlustausgleichsverbot stattdessen nur mit der im DBA normierten Freistellungsmethode, die § 2a EStG als lex specialis vorgeht. Einzig *Mössner* schreibt dazu in K/S, § 2a EStG, Rn. A 42 (Stand: 96. Lfg 3/2000): „Nimmt ein DBA durch Freistellung die in § 2a Abs. 1 Nr. 1, 2, 4, 5, 6a, 6b, 7b, 7c aufgezählten Verluste von der deutschen Besteuerung aus, so geht § 2a Abs. 1 ins Leere.“ Gänzlich „ins Leere“ geht die Vorschrift allerdings im Hinblick auf ihre Bedeutung auch für den negativen Progressionsvorbehalt nicht.

[926] BFH, Urt. v. 17.10.1990, I R 182/87, BStBl. II 1991, 136, 137.

[927] So auch BFH, Beschl. v. 17.12.1998, I B 80/98, BStBl. II 1999, 293, 294: Einkünfte im Sinne des § 2a Abs. 1 EStG sind im Inland steuerpflichtige.

[928] Vgl. oben Fn. 614.

das DBA-rechtliche Privileg und nicht unter § 8b Abs. 1 und 5 KStG fallen, nicht entgegensteht[929].

Für freigestellte *Einkünfte aus nichtselbständiger Arbeit* kommt als innerstaatlich einen Abzug beschränkende Norm nur § 3c Abs. 1 EStG in Betracht. Ist die betroffene Person in der Bundesrepublik Deutschland ansässig und damit unbeschränkt steuerpflichtig, sind ihre Einnahmen nach der Maßgabe des Art. 23 A Abs. 1 i. V. m. Art. 15 OECD-MA sowie des § 50d Abs. 8 EStG im Wohnsitzstaat Deutschland steuerfrei im Sinne des § 3c Abs. 1 EStG. Die Aufwendungen können insoweit nicht als Werbungskosten abgezogen werden, als sie mit den steuerfreien Einnahmen in einem unmittelbaren wirtschaftlichen Zusammenhang stehen. Daher können insbesondere laufende Aufwendungen regelmäßig nicht im Wohnsitzstaat, sondern allenfalls im Tätigkeitsstaat von der Steuerbemessungsgrundlage abgezogen werden. Allerdings mindern die Aufwendungen die ausländischen Einkünfte im Rahmen der Ermittlung des besonderen Steuersatzes (Progressionsvorbehalt). Bezüglich vorbereitender und erfolgloser Aufwendungen gelangt man zu einem Abzugsverbot, sofern man § 3c EStG dahin auslegt, dass nicht auf das tatsächliche Vorliegen von Einnahmen abzustellen ist, sondern darauf, dass die Aufwendungen auf Einnahmen gerichtet sind, die ihrer Art nach steuerfreie sind oder wären. Ist ein Abzug der Aufwendungen danach ausnahmsweise möglich, etwa weil es an einem unmittelbaren wirtschaftlichen Zusammenhang fehlt, so stellt der Aufwand unter Umständen zugleich einen *Verlust* dar. Es muss dann davon ausgegangen werden, dass nach der Abkommensinterpretation des BFH bei den Brutto-Einkunftsarten weder die Aufwendungen noch die daraus resultierenden negativen Einkünfte durch das DBA vom Abzug im Wohnsitzstaat ausgeschlossen sind. Dementsprechend finden sich keinerlei Entscheidungen des BFH, die die Frage zur Verlustberücksichtigung bei Brutto-Einkunftsarten beantworten. Lediglich eine Entscheidung aus dem Jahr 1993[930] befasst sich mit vorbereitenden Werbungskosten für eine nichtselbständige Tätigkeit im Ausland. Dort kam der BFH im Ergebnis zu einem Verlustabzugsverbot bei Berücksichtigung des Verlustes im Rahmen des negativen Progressions-

---

[929] In den jeweiligen Urteilen des BFH ging es zwar nicht um Einkünfte aus stiller Beteiligung oder partiarischen Darlehen, so dass § 2a schon tatbestandlich nicht einschlägig war. Die Anwendung der Vorschrift hat der BFH aber offenbar nicht einmal in Erwägung gezogen. In dem Beschluss des BFH v. 17.12.1998, I B 80/98, BStBl. II 1999, 293 bejaht der BFH hingegen die Anwendbarkeit des § 2a Abs. 1 Satz 1 Nr. 5 EStG, allerdings können daraus keine Rückschlüsse auf die hier besprochene Konstellation gezogen werden, da die stille Beteiligung in dem dort relevanten DBA-Österreich nicht von der Freistellungsmethode des Schachtelprivilegs erfasst ist - auf die im Vergleich zu steuerfreien Einkünften andere Rechtslage weist der BFH selbst hin. Vgl. auch *Gosch*, StBp 1999, 135 [136]. Anders als für Verluste bei partiarischen Darlehen sind bei solchen aus stiller Beteiligung jedoch die Grenzen des § 20 Abs. 1 Nr. 4 Satz 2 i. V. m. § 15a EStG zu beachten.

[930] BFH, Urt. v. 6.10.1993, I R 32/93, BStBl. II 1994, 113.

vorbehalt: Zunächst führt der BFH aus, dass die „Werbungskosten“ wegen der Freistellung der „Nettoeinkünfte“ bei der inländischen Besteuerung außer Ansatz bleiben müssten[931]. Anschließend spricht er davon, dass „negative Einkünfte“, also die Verluste, jedoch das Steuersatzeinkommen minderten. Diese Rechtsprechung ist[932] auf der Grundlage der nunmehr vom BFH seit seinen drei Entscheidungen zur Schachteldividende vertretenen Abkommensauslegung nicht mehr haltbar[933]. Weil auch die Einkünfte aus nichtselbständiger Tätigkeit zu den Brutto-Einkunftsarten zu zählen sind[934] und folglich nur die „Einnahmen“ von der Freistellungsvorschrift erfasst werden, bleiben die vorbereitenden Aufwendungen nach den oben dargestellten Grundzügen DBA-rechtlich zunächst abzugsfähig. Stellen nun aber die Aufwendungen gleichzeitig Verluste dar, kann dies an der Abzugsfähigkeit nichts ändern[935]. Denn nach der Auslegung des BFH bezieht sich die Freistellungsmethode bei den hier in Frage stehenden Einkunftsarten nur auf die Einnahmen und damit weder auf die Aufwendungen noch auf die negativen Einkünfte.

Festzuhalten bleibt somit: Bezieht sich die Formulierung der Zuteilungsartikel des jeweiligen DBA auf „Einnahmen“ im Sinne der innerstaatlichen Terminologie, so bleiben die oben angesprochenen Aufwendungen im Rahmen der § 8b Abs. 5 KStG und § 3c Abs. 1 EStG abzugsfähig. Stellen die Aufwendungen zugleich Verluste dar, steht dies ihrer Abzugsfähigkeit nicht entgegen. Sie werden weder von den Artikeln des DBA vom Ausgleich ausgeschlossen noch lässt der BFH diesbezüglich eine innerstaatliche Beschränkung eingreifen.

b) Netto-Einkunftsarten

Ein gänzlich anderes Bild liefert die Analyse zur Rechtsprechung bei den Netto-Einkunftsarten. Von diesen erfasst die Freistellungsmethode in deutschen DBA regelmäßig Einkünfte aus unbeweglichen Vermögen, Betriebsstätteneinkünfte, Einkünfte aus selbständiger Tätigkeit sowie oftmals auch Veräußerungserlöse. Aufwendungen, die mit solchen Einkunftsquellen in einem Veranlassungszusammenhang stehen, sind gleichsam mit der Freistellung der Einnahmen der deutschen Besteuerung entzogen. Auch sie mindern jedoch den gemäß dem Pro-

---

[931] Auf den folgenden gänzlich verfehlten Verweis auf § 3c, der auf einer hypothetischen Betrachtungsweise beruht, wurde bereits oben eingegangen, siehe 2. Kapitel C. II. 2. b) cc). Hier soll es nun nur um das Verhältnis Aufwandsabzug - Verlustberücksichtigung gehen.

[932] Vergleichbar zur sog. Spanien-Entscheidung, siehe 2. Kapitel C. III. 2. c) cc) Erfolglose Aufwendungen.

[933] Vgl. auch BFH, Urt. v. 7.11.2001, I R 3/01, BStBl. II 2002, 865.

[934] Siehe oben 2. Kapitel C. II. 2. a) bb) Einnahmen im Sinne des § 3c EStG.

[935] Vgl. entsprechend auch FG Düsseldorf, Urt. v. 12.4.2005, 3 K 4223/03, EFG 2005, 1533 f. (anhängig beim BFH unter I R 34/05).

gressionsvorbehalt zu berechnenden besonderen Steuersatz. Führen die ausländischen Aufwendungen zu einem Verlust, weil sie die ausländischen Einnahmen übersteigen, sind sie nach der Auffassung der Rechtsprechung nicht von der Steuer-, sondern nur der Steuersatz-Bemessungsgrundlage abzuziehen (negativer Progressionsvorbehalt), wobei jedoch die Beschränkungen des § 2a Abs. 1, 2 EStG zu beachten sind. Bei Körperschaften im Sinne des KStG bleiben die Verluste gänzlich unberücksichtigt.

Können die Aufwendungen nach dem Veranlassungsprinzip dagegen dem inländischen Steuersubjekt (Stammhaus etc.) zugeordnet werden, sind sie dort abzugsfähig. Bei Gemeinkosten kommt unter Umständen eine Aufteilung in Betracht. Erfolglose Aufwendungen im Zusammenhang mit der Gründung einer ausländischen Quelle hat der BFH bislang nicht zum Abzug zugelassen. Dagegen werden sie nach der Gegenauffassung, die auch mit dem neueren BFH-Verständnis konform geht, solange nicht von der Freistellung der Aufwendungen erfasst, als ein entsprechendes Zuordnungssubjekt, wie eine Betriebsstätte, ein im Ausland belegenes Vermögen etc. noch nicht existiert. Insofern ist ein Abzug möglich, der beim Steuerpflichtigen u. U. einen Verlust darstellt. Diesbezüglich können die Grundsätze des BFH zum DBA-rechtlichen Verbot eines Verlustausgleichs freigestellter Einkünfte jedoch keine Anwendung finden - denn zur Freistellung kommt es hier ja gerade nicht, das DBA kommt nicht zur Anwendung. Fraglich bleibt dann wiederum[936], ob § 2a Abs. 1 EStG eingreift. Anders als in der oben erläuterten Konstellation zu den Schachteldividenden kann § 3c EStG hier nicht zur Argumentation herangezogen werden. Denn die Abziehbarkeit der Aufwendungen resultiert hier nicht aus einem DBA-rechtlichen Zusammenhang, sondern vielmehr daraus, dass die Aufwendungen dem im Inland unbeschränkt Steuerpflichtigen und nicht seiner ja noch nicht e-xistenten ausländischen Steuerquelle (Betriebsstätte etc.) zuzuordnen sind. Aus eben diesem Grunde muss dann aber konsequenterweise das Welteinkommensprinzip vollumfänglich zur Geltung kommen - immerhin geht es hier um einen unbeschränkt Steuerpflichtigen mit ausländischen Aufwendungen, bei dem das DBA keine Anwendung findet[937]. Das bezieht aber auch die Anwendbarkeit des § 2a EStG mit ein. Dieser steht einem Verlustausgleich indes grundsätzlich deshalb nicht entgegen, weil die Tatbestandsmäßigkeit der Norm nicht gegeben ist. Denn es fehlt ja gerade noch an einer Betriebsstätte oder einem im Ausland belegenen Vermögen[938]. Aus diesem Grunde sind erfolglose Gründungsaufwen-

---

[936] Vgl. zur ähnlich gelagerten Fragestellung im Zusammenhang mit Schachteldividenden oben 2. Kapitel C. II. 5. a) Brutto-Einkunftsarten.

[937] So auch *Wassermeyer* in D/W, DBA, Art. 7 OECD-MA, Rn. 302 (Stand: 81. Lfg. 5/2000).

[938] Insoweit im Ergebnis ohne nähere Begründung auch *Schröder*, StBp 1988, 218 [223].

dungen von der Bemessungsgrundlage grundsätzlich abziehbar[939]. Einzig in der seltenen Konstellation, in der noch keine Betriebsstätte im Sinne des DBA, wohl aber im Sinne des § 2a EStG existiert, wird man ein Verlustausgleichsverbot aus § 2a Abs. 1 EStG herleiten können[940].

---

[939] Immerhin im Ergebnis ebenso BFH, 28.4.1983, IV R 122/79, BStBl. II 1983, 566; zur Kritik an dieser Entscheidung siehe oben 2. Kapitel C. III. 2. c) cc) Erfolglose Aufwendungen. Anderer Ansicht dagegen wohl *Schröder*, StBp 1988, 218 [223]; *ders.* in Mössner, Steuerrecht[2], Rn. C 89, der zwar die Tatbestandsmäßigkeit des § 2a EStG ebenso ablehnt, sich dann aber darüber hinwegsetzt, mit der Begründung, Verluste aus einer gescheiterten Auslandsinvestition müssten wie Verluste aus einer realisierten Auslandsinvestition behandelt werden. Er missachtet dabei den Grundsatz der Tatbestandsmäßigkeit der Besteuerung und versucht eine Analogie zu Lasten des Steuerpflichtigen zu begründen. Schließlich können die hier in Frage stehenden Verluste deshalb nicht mit den von § 2a EStG angesprochenen gleichgesetzt werden, weil sie nicht der Zwecksetzung der Norm, unerwünschte Auslandsinvestitionen zu vermeiden, entspricht. Denn wären die Bemühungen, eine ausländische Einkunftsquelle zu errichten, erfolgreich gewesen und wären gleichwohl ausländische Verluste entstanden, hätte § 2a EStG dem Verlustausgleich nicht entgegengestanden. Nach der Rechtsprechung des BFH hätten die Verluste aus Gründen der DBA-rechtlichen Vorgaben zwar nicht das zu versteuernde, aber doch das Steuersatzeinkommen gemindert. Die hier in Frage stehenden Verluste sind aus diesen Gründen keinesfalls mit den Missbrauchsfällen von § 2a EStG vergleichbar.

[940] Diese Fälle können aus dem Umstand entstehen, dass die DBA-rechtliche Definition der Betriebsstätte enger ist, als der Betriebsstättenbegriff des § 12 AO; *Kruse* in T/K, § 12 AO, Rn. 41 (Stand: 100. Lfg. 3/2003); *Wassermeyer* in D/W, DBA, Art. 5 OECD-MA, Rn. 9 (Stand: 80. Lfg. 2/2000); vgl. aber auch zur gegenläufigen Entwicklung und der „Aufweichung“ der Betriebsstätten-Merkmale *Kroppen*, IWB, F. 10, Gr. 2, 1865 ff. Nach überwiegender Auffassung bestimmt sich das Vorliegen einer Betriebsstätte für Zwecke der deutschen Besteuerung nach § 12 AO und nicht nach DBA-Recht, vgl. BFH, Urt. v. I R 80-81/91, BStBl. II 1993, 462; ferner *Heinicke* in Schmidt[23], § 2a EStG, Rn. 12; *Mössner* in K/S, § 2a EStG, Rn. B 39 (Stand: 96. Lfg. 3/2000) m. w. N. Man mag Zweifeln, ob nicht der DBA-rechtliche Betriebsstättenbegriff in DBA-Fällen als lex specialis Vorrang genießt, so auch früher noch *Herrmann/Heuer/Raupach*, § 2a EStG, Rn. 36, zitiert nach *Manke*, DStZ 1984, 235, 240 (nunmehr nur noch im Ansatz *Probst* in H/H/R, § 2a EStG, Rn. 59 (Stand: 206. Lfg. 4/2002), der die Notwendigkeit für § 12 AO damit begründet, dass es sonst in Fällen, in denen kein DBA besteht, an einer Definition fehle). Denn auch die Zuordnung der hier in Frage stehenden Aufwendungen zum inländischen Steuerpflichtigen (Stammhaus etc.) ist eng mit den DBA-rechtlichen Voraussetzungen, insbesondere zur Existenz der Betriebsstätte verknüpft. Man befindet sich hier gewissermaßen vorgelagert noch auf der Ebene des DBA-Rechts. Immerhin geht es hier noch um die Aufteilung der Besteuerungsbefugnis unter den Vertragsstaaten. Vgl. auch oben Fn. 773. De lege lata findet § 2a EStG aber ohne Einschränkung auf den hier zu beurteilenden Fall eines unbeschränkt Steuerpflichtigen mit nicht freigestellten Einkünften Anwendung, ähnlich auch BFH, Beschl. v. 17.12.1998, I B 80/98, BStBl. II 1999, 293, 294; vgl. zum Anwendungsbereich des § 2a EStG bereits oben 2. Kapitel C. II. 5. a) Brutto-Einkunftsarten.

c) Zusammenfassung

Die Rechtsprechung ist weder zu den Aufwendungen an sich noch im Verhältnis zu ihren Entscheidungen zur Verlustbehandlung frei von Widersprüchen. Es ist klar zu erkennen, dass die Entscheidungen des BFH, erstens durch verschiedene Senate und zweitens innerhalb des jeweiligen Senats durch verschiedene Besetzungen über die Jahre hinweg bestimmt wurden[941]. Immerhin brachten die drei Entscheidungen des I. Senats zur Behandlung von Schachteldividenden erstmals etwas Klarheit und Struktur in die Abkommensanwendung durch den BFH und führten so zu einem neuen, am Wortlaut orientierten Abkommensverständnis. Wie dargelegt, hat dieses neue Abkommensverständnis Konsequenzen für die bisherige Rechtsprechung zu Schachteldividenden, vorbereitenden und erfolglosen Aufwendungen sowie Währungsverlusten und Gemeinkosten. Überträgt man das dort gefundene Begriffsverständnis auf die Rechtsprechung zur Behandlung von Verlusten, müsste man jedoch konsequenterweise zu dem Ergebnis kommen, dass

- für das Verständnis des Begriffes „Einkünfte“ im Vermeidungsartikel die Auslegung zur Begrifflichkeit in den Zuteilungsartikeln herangezogen werden muss,

- demnach nur bei einem Teil der DBA-rechtlichen Einkunftsarten Netto-„Einkünfte“ freigestellt werden, im übrigen nur Brutto-„Einnahmen“

und folglich

- nur dann Aufwendungen und gleichzeitig Verluste im Wohnsitzstaat aus DBA-systematischen Gründen nicht bei der Ermittlung des Einkommens als Steuerbemessungsgrundlage berücksichtigt werden können, wenn solche Einkunftsarten der Zuteilungsartikel betroffen sind, die nach innerstaatlicher Terminologie (Netto-) „*Einkünfte*“ freistellen. In den übrigen Fällen muss sowohl der Abzug von Aufwendungen der oben dargestellten Art, als auch von Verlusten DBA-rechtlich zulässig bleiben[942].

Die Unterscheidung zwischen Brutto- und Netto-Einkunftsarten kann so zu sehr unterschiedlichen Ergebnissen führen.

---

[941] Dies gesteht auch *Wassermeyer*, Auslegung, 19 ein.

[942] Diese Konsequenz wird oftmals übersehen. Im Ansatz wie hier *Hahn*, IStR 2002, 681 [684]; *Kessler*, Berücksichtigung, 18 f.; *Ruess*, Abzugsfähigkeit, 60 f.; *Wassermeyer* in D/W, DBA, Art. 23 A MA, Rn. 22 (Stand: 87. Lfg. 10/2002). Dagegen gelten die vom ÖVwGH aufgestellten Grundsätze zur Verlustberücksichtigung wohl einkunftsartenübergreifend, *Loukota*, SWI 2001, 466 [469]; *Vogel*, IStR 2002, 91 [92]; *Zorn*, SWI 2001, 456 [463 f.].

Beispiel: Ein in der Bundesrepublik Deutschland ansässiger und daher unbeschränkt Steuerpflichtiger ist im Ausland nichtselbständig und daneben dort auch selbständig tätig. Durch diese Tätigkeiten entstehen ihm sowohl Fahrtkosten als auch Aufwendungen durch Währungsschwankungen beim Umtausch des Geldes.

Die *Fahrtkosten* mindern die deutsche Steuerbemessungsgrundlage nicht. Das gilt unabhängig davon, ob sie mit der nichtselbständigen oder der selbständigen Tätigkeit zusammenhängen. Denn sind sie im Rahmen der nichtselbständigen Tätigkeit entstanden, so stehen sie in unmittelbaren wirtschaftlichem Zusammenhang mit steuerfreien Einnahmen und sind folglich gemäß § 3c Abs. 1 EStG nicht als Werbungskosten abziehbar. Sind sie dagegen im Rahmen der selbständigen Tätigkeit entstanden, so sind sie durch diese veranlasst und daher gleichsam mit den Einnahmen aus dieser Tätigkeit DBA-rechtlich freigestellt, also der deutschen Besteuerung von vornherein entzogen. Die Fahrtkosten wirken sich in beiden Fällen allerdings mindernd auf den besonderen Steuersatz des § 32b EStG aus.

Übersteigen die Aufwendungen indes die Einnahmen, so muss entsprechend der bisherigen Rechtsprechung davon ausgegangen werden, dass sie im Inland abziehbar bleiben, soweit sie im Rahmen der nichtselbständigen Tätigkeit entstanden sind. Weder das DBA (Freistellung nur der „Einnahmen“) noch § 3c EStG (steuerfreie Einnahmen liegen „insoweit“ nicht vor) stehen ihrem Abzug von der Bemessungsgrundlage entgegen. Sind die Fahrtkosten dagegen im Rahmen der selbständigen Tätigkeit entstanden, so steht ihrem Abzug die DBA-rechtliche Freistellung der „Einkünfte“ entgegen. Sie wirken sich nur im Rahmen des negativen Progressionsvorbehaltes aus.

Die *Aufwendungen aus Währungsschwankungen* mindern, soweit sie durch die selbständige Tätigkeit veranlasst sind, wegen der Freistellung der „Einkünfte“ im Inland nicht die Steuerbemessungsgrundlage, wohl aber das Steuersatzeinkommen. Hinsichtlich der nichtselbständigen Tätigkeit hängt die Behandlung der Aufwendungen von § 3c EStG ab. Fraglich ist insofern zunächst der unmittelbare wirtschaftliche Zusammenhang. Bejaht man einen solchen[943], so hängt das Abzugsverbot anschließend davon ab, ob die Aufwendungen die Einnahmen übersteigen oder nicht.

Hier zeigt sich, dass zwei Komponenten die Gleichbehandlung der Aufwendungen bei den beiden Einkunftsarten stören. Zum einen der Unterschied zwischen dem allgemeinen Veranlassungsprinzip und dem unmittelbaren wirtschaftlichen

[943] Vgl. BFH, Urt. v. 7.11.2001, I R 3/01, BStBl. II 2002, 865, 866.

Zusammenhang i. S. d. § 3c EStG[944]. Zum anderen und vor allem aber die unterschiedliche DBA-rechtliche Behandlung aufgrund der Abkommensinterpretation des BFH. Zu abweichenden Ergebnissen kommt es zusätzlich dann, wenn die Freistellung einer Tätigkeit von einer Vorbehalts- oder switch-over-Klausel abhängt und deren Voraussetzungen nicht erfüllt sind[945].

IV. Kritische Würdigung

1. Erwerbsbezüge und positive Einkünfte

Gilt im Rahmen der deutschen Besteuerung internationaler Sachverhalte zunächst auch der Grundsatz der Besteuerung des Welteinkommens, zeigt sich bei den in der Praxis häufigsten Gestaltungen die Ausnahme von diesem Grundsatz als Regelfall. Aufgrund des dicht gewobenen deutschen Abkommensnetzes, dass Vereinbarungen mit den wichtigsten Grenz- und Handelspartnern vorsieht, bestimmen sich die weit überwiegenden internationalen Steuerfälle in Deutschland nicht mehr allein nach dem innerstaatlichen Steuerrecht, sondern nach diesem in Verbindung mit den Vorschriften eines DBA[946]. Die in deutschen DBA grundsätzlich anwendbare Freistellungsmethode führt dazu, dass letztlich weitgehend das Quellen- oder auch Territorialitätsprinzip verwirklich wird[947]. Denn kommt auch dem Wohnsitzstaat nach den Zuteilungsnormen die Besteuerungsbefugnis zu, verzichtet er doch auf deren Ausübung durch Freistellung. Die Einkünfte unterliegen nur der Besteuerung im Quellenstaat. Die deutschen DBA nehmen sich dieser Zuordnung der Besteuerungsbefugnis für die wichtigsten Einkunftsarten an, so für Betriebsstätteneinkünfte, solchen aus selbständiger Tätigkeit im Ausland, aus unselbständiger Arbeit, aus unbeweglichen Vermögen sowie aus Schachtelbeteiligungen, um nur die bedeutsamsten Regelfälle zu nennen. Selbst wenn nicht die Freistellungsmethode der Vermeidungsnorm zur Anwendung kommt, sondern ausnahmsweise allein dem Wohnsitzstaat nach den Zuteilungsnormen die Besteuerungsbefugnis zugewiesen ist (so in deutschen DBA bei Unternehmensgewinnen, kurzfristiger nichtselbständige Tätigkeit, Ruhegehältern etc.[948]), stellt der Quellenstaat die Einkünfte frei, weil ihre Quelle

---

944 In diesem Zusammenhang bemängelt *Baranowski*, DB 1992, 240 dass die Abgrenzung der inländischen gegen die ausländischen Einkünfte im EStG nur unzureichend geregelt ist.

945 Vgl. auch *Grotherr* in FS Wassermeyer, 309, der einer nichtselbständigen Tätigkeit eine Aufsichtsratstätigkeit an die Seite stellt, auf die regelmäßig die Anrechnungsmethode Anwendung findet.

946 *Vogel*, Auslandseinkünfte, 4 f.

947 So noch allgemein bezogen auf die deutschen DBA *Menck*, Welteinkommen, 33; zustimmend *Mössner* in K/S, § 2a EStG, Rn. A 14 (Stand: 96. Lfg. 3/2000); *Schön*, StbJb. 2003/2004, 27 [40]; *Vogel*, Auslandseinkünfte, 5 f.

948 Siehe oben 1. Kapitel C. II. Zuteilungsnormen.

als im Wohnsitzstaat belegen gilt[949]. Dagegen realisiert sich das Welteinkommensprinzip, wenn entweder die Anrechnungsmethode als regelmäßige Vermeidungsmethode für Streubesitzdividenden, Zinsen, Lizenzgebühren, Aufsichtsratsvergütungen etc.[950] bzw. ausnahmsweise wegen einer Aktivitäts- oder switch-over-Klausel Anwendung findet. Gleiches gilt, wenn die Freistellungsmethode zur Vermeidung doppelter Nichtbesteuerung wegen einer sonstigen Vorbehaltsklausel nicht eingreift. Dabei führen die vom deutschen Gesetzgeber vielfach verwandten Vorbehaltsklauseln, die sich am Ziel der Bekämpfung der Steuerumgehung orientieren zu einer nachhaltigen Verkomplizierung der Materie und damit letztlich zu bedeutender Rechtsunsicherheit. Das zeigt sich besonders deutlich an den vermeintlichen Rückfallklauseln, die über einen Zeitraum von acht Jahren von der Verwaltung als solche behandelt wurden, bis der BFH im Jahr 2003 endlich klarstellte, dass es sich um bloße Quellendefinitionen handelt.

Davon einmal abgesehen stellen sich die Bestrebungen[951], international zu einer umfassenden Quellenbesteuerung zu gelangen, vor dem Hintergrund eines ohnehin praktizierten Quellenprinzips nahezu als überflüssig dar, bewirken doch die deutschen DBA letztlich für die wichtigsten Einkunftsarten dasselbe Ergebnis; dabei können sie zudem noch auf die besonderen steuerrechtlichen Gegebenheiten im Vertragsstaat abgestimmt werden. Bereits über die Freistellung erkennt die Bundesrepublik die vorrangige Zuständigkeit des Quellenstaates an[952].

2. Erwerbsaufwendungen und negative Einkünfte

So unproblematisch sich die Handhabung der Freistellungsmethode bezogen auf Einnahmen und positiven Einkünften jedenfalls hinsichtlich ihrer Folgen im Ertragsteuerrecht gezeigt hat, so problematisch ist sie in diesem Bereich, wenn es um Aufwendungen und negative Einkünfte geht - hier zeigt sich ein wesentlich ungeordneteres Bild[953]. Die Probleme resultieren weniger aus den DBA an sich - wenn sich in ihnen allerdings bezüglich Aufwendungen und Verlusten das gänzliche Fehlen entsprechender Regelungen feststellen lässt und speziell in den deutschen DBA (zunehmend aber auch in den deutschen Steuergesetzen selbst) eine zunehmende Verkomplizierung durch Vorbehaltsklauseln erkennbar ist, die den Grundsatz der Freistellung deutscher DBA durchbrechen. Die Schwierigkeiten entstehen indes in erster Linie aus den innerstaatlichen Vorschriften der

[949] *Vogel*, Auslandseinkünfte, 5 f.
[950] Siehe oben 1. Kapitel C. II. 2. Anrechnungsmethode.
[951] Vgl. Fn. 35.
[952] *Vogel*, Auslandseinkünfte, 6.
[953] Siehe oben 2. Kapitel C. II. Erwerbsbezüge und positive Einkünfte.

§§ 2a und 3c EStG einerseits sowie der richterrechtlichen Ausgestaltung der Freistellungsmethode andererseits. Insgesamt betrachtet stellt sich das Verhältnis zwischen dem deutschen internationalen Steuerrecht und der Freistellungsvorschrift der DBA unter Zugrundelegung der Abkommensinterpretation unausgegoren dar.

a) Abkommensinterpretation des BFH

Ein Grund dafür liegt in der vom BFH und weiten Teilen des Schrifttums vertretenen Auslegung des DBA-rechtlichen Einkünftebegriffs. Sie führt zu den aufgezeigten Divergenzen zwischen Brutto- und Netto-Einkunftsarten[954]. Ausgehend von den drei Entscheidungen vom 29. Mai 1996 ist jede Zuteilungsnorm danach zu untersuchen, ob sie Brutto-Einnahmen oder Netto-Einkünfte anspricht[955]. Der BFH stellte sich damit gegen die bis zu diesem Zeitpunkt überwiegend vertretene Auffassung, dass der Einkünftebegriff nach nationalem Recht auszulegen sei. Er achtet insofern die für die Auslegung völkerrechtlicher Verträge geltende Regel, dass es in erster Linie auf den Abkommenstext selbst und nur im Ausnahmefall auf das innerstaatliche Recht eines Vertragspartners ankommt. Wegbereiter des BFH für das dualistische Verständnis des Einkünftebegriffs scheint *Wassermeyer* gewesen zu sein[956]. Er sprach sich frühzeitig dafür aus, dass der Einkünftebegriff als Oberbegriff für Einkünfte und Einnahmen zu sehen ist. Dabei ließ er sich von dem Gedanken leiten, dass manche Einkunftsarten typischerweise als Netto-, andere dagegen als Bruttobetrag besteuert würden. Die Trennung müsse sich offenbar danach richten, was im Quellenstaat zu besteuern sei. „Steht dem einen Vertragsstaat ein Quellenbesteuerungsrecht auf Einnahmen zu, dann hat der andere Vertragsstaat diese Einnahmen mit der Folge steuerfrei zu stellen, dass die mit den Einnahmen wirtschaftlich in Zusammenhang stehenden Aufwendungen aus der Sicht der DBA abziehbar bleiben." Insbesondere Dividenden, Zinsen und Lizenzgebühren würden typischerweise als Bruttobetrag besteuert. Obwohl in den DBA beispielsweise von „Einkünften" aus Kuxen, Genussscheinen etc. die Rede ist, werde die Quellensteuer auf die „Einnahmen" erhoben, so dass sie in diesem Sinne zu verstehen seien. Dem unterschiedlichen Wortlaut, den der Gesetzgeber den verschiedenen Einkunftsarten der DBA (Gewinne, Vergütung etc.) beigemessen hat, müsse Rechnung getragen werden. Insofern wird vor allem auf den Wortlaut als Auslegungskriterium

954 Vgl. 2. Kapitel C. III. 5. Konsequenzen aus der Behandlung der Erwerbsaufwendungen für negative Einkünfte insbesondere c) Zusammenfassung.

955 Dazu oben 2. Kapitel C. II. 2. a) bb) Einnahmen im Sinne des § 3c EStG.

956 Bereits einige Jahre vor den drei Entscheidungen vom 29.5.1996 vertrat *Wassermeyer*, IStR 1992, 74 die darin genannten Auslegungsgrundsätze und kam aus den gleichen Gründen wie der BFH zu dem Ergebnis, dass Dividenden nur als Brutto-Einnahmen verstanden werden könnten.

abgestellt. So würde ein jeder vernünftig Denkender schlagartig mit Dividenden nur Brutto-Einnahmen in Verbindung bringen können[957]. Man müsse erstens davon ausgehen, dass der Gesetzgeber die unterschiedlichen Termini in den DBA bewusst gewählt habe[958]. Hinsichtlich der Konsequenzen für die Behandlung der Aufwendungen sei zweitens zu berücksichtigen, dass in die Auslegung der maßgeblichen Zuteilungsnormen der Aspekt, ob ein Abzug der Aufwendungen bereits im Rahmen der Zuteilung der Besteuerungsbefugnis erfolgt oder nur ein Bruttobetrag der Regelungssystematik gerecht wird, mit einfließt[959]. In den Zuteilungsnormen geht es darum, zu entscheiden, ob der abkommensrechtliche Terminus als „Einnahmen" oder „Einkünfte" im Sinne der nationalen Rechtsordnung zu verstehen ist. Die Auslegung von Begriffen des Abkommens richtet sich nicht nur - wenn auch an erster Stelle - nach den im DBA verankerten Vorgaben, sondern im Bereich der Einkunftsarten, Einkünfteermittlung und Einkünftezurechnung auch nach dem deutschen Steuerrecht[960]. Mit ähnlichen Erwägungen hat auch der BFH seine Entscheidungen begründet. Eine überwiegende Anzahl von Vertretern des Schrifttums[961] hat sich den vom BFH aufgestellten Grundsätzen angeschlossen und diese fortentwickelt[962]. Den DBA liege ein dualer Einkünftebegriff zugrunde. Soweit nicht schon der BFH in seinen einzelnen Entscheidungen eine Interpretation dahingehend vorgenommen hat, ob die jeweilige Einkunftsart des jeweiligen Abkommens „Einnahmen" oder „Einkünfte"

---

957 *Wassermeyer* in Schaumburg, Diskussion, 84 f.

958 *Wassermeyer* in Lehner, Diskussion, 65.

959 Vgl. insbesondere *Wassermeyer* in D/W, DBA, Art. 6, Rn. 11 f. und Rn. 15 (Stand: 86. Lfg 3/2002) und *ders.* in Schaumburg, Diskussion, 84.

960 *Wassermeyer*, Auslegung, 27. Siehe bereits oben 1. Kapitel B. II. 2. Auslegung von deutschen DBA.

961 Teilweise scheinen die von den Entscheidungen des BFH und den Ausführungen seiner Befürworter ausgehenden Konsequenzen aber auch gar nicht realisiert worden zu sein, so gering ist die Resonanz auf diese Thematik. Beispielswiese ordnen *Birk/Jahndorf* in H/H/R, § 3c EStG, Rn. 42 (Stand: 200. Lfg. 10/2000) Einkünfte aus nichtselbständiger Arbeit im Hinblick auf das Urteil des BFH v. 6.10.1993, I R 32/93, BStBl. II 1994, 113 den Netto-Einkünften zu und schließen die Anwendbarkeit des § 3c EStG dementsprechend aus, obwohl sowohl die zitierte Literatur, als auch der BFH klar gestellt haben, dass den in der Entscheidung vom 6.10.1993 gezogenen Schlussfolgerungen nicht (mehr) beizupflichten ist und diese Einkünfte als Brutto-Einnahmen zu werten sind. Missverständlich scheint *Lindemann* in L/B/P, § 3c EStG Rn. 10 (Stand: 61. Lfg. 5/2004) entgegen der eindeutigen Rechtsprechung des BFH davon auszugehen, dass (Schachtel-) Dividenden den Netto-Einkünften zuzuordnen seien.

962 Vgl. die Nachweise oben im 2. Kapitel C. II. 2. a) bb) Einnahmen im Sinne des § 3c EStG. Im Anschluss an *Wassermeyer* in D/W, DBA, Art. 23 A, Rn. 21 (Stand: 87. Lfg 10/2002) insbesondere *Haas* in Haas, Fallbesprechung, JbFfSt 2001/2002, 640 [644 f]; *Kluge*, IntStR^4, S, Rn. 325; *Kraft, C./Kraft, G.* in FS Debatin, 246 ff.; *Paetsch*, Verlustberücksichtigung, 59 f.; *Schaumburg*, IntStR^2, Rn. 16.537; *Schreiber* und *Günkel* in Haas, Fallbesprechung, JbFfSt 2001/2002, 640 [648 f.].

anspricht, hat dies die Literatur übernommen. Sie ist zu dem Ergebnis gekommen, dass regelmäßig Einkünfte aus unbeweglichem Vermögen, Unternehmensgewinne, Gewinne aus dem Betrieb von Schiffen, Veräußerungsgewinne, Einkünfte aus selbständiger Arbeit, sowie von Künstlern und Sportlern als Netto-Einkünfte, dagegen Dividenden, Zinsen, Lizenzgebühren, Gehältern und Löhnen aus nichtselbständiger Arbeit, Aufsichtsratsvergütungen, Ruhegehältern, Gehälter und Löhne im öffentlichen Dienst und Zahlungen an Studenten, Praktikanten als Brutto-Einnahmen zu verstehen seien. Die Konsequenzen daraus für die Behandlung von Aufwendungen und Verlusten wurden aufgezeigt.

b) Kritik an der Abkommensinterpretation des BFH

Obgleich sich diese Auffassung besonders auf den Willen des Gesetzgebers, mit einer unterschiedlichen Wortwahl auch unterschiedliche Rechtsfolgen anordnen zu wollen, berief, war es gerade ein Vertreter des BMF, der dieser Auffassung als erster widersprach. *Krabbe*[963] wandte ein, dass es schwierig, wenn nicht unmöglich anmutet, aus dem Abkommen heraus jeweils für die einzelnen Einkunftsarten des Abkommens zu bestimmen, ob Einkünfte oder Einnahmen freigestellt sind. Möge dies bei den dem BFH im Ausgangsfall zugrunde liegenden Dividenden noch relativ einfach sein - insoweit gesteht *Krabbe* ein, dass es „mit guten Gründen" vertretbar sei, in diesem Fall von Bruttoeinnahmen auszugehen -, ergäben sich in anderen Fällen Abgrenzungsschwierigkeiten, insbesondere dann, wenn Art. 6 OECD-MA Mieteinkünfte und land- und forstwirtschaftliche Einkünfte gleichermaßen erfasse. Vor allem im Hinblick auf die daraus folgenden Konsequenzen für die Aufwendungen sei zweifelhaft, dass in den verwandten Begrifflichkeiten der DBA eine derart weite Rechtsfolge angelegt sei[964]. Sofern *Krabbe* damit auf eine Auslegung des Einkünftebegriffs allein nach Maßgabe des nationalen Rechts abstellt, ist dem entgegenzuhalten, dass sich die Auslegung eines DBA als völkerrechtlichen Vertrag zunächst allein nach dem Abkommenstext bestimmen muss. Dies betont auch der BFH und entspricht insofern den völkerrechtlichen Regeln zur Auslegung[965]. Allein schon aus diesem Grund ist einer abkommensautonomen Auslegung insoweit der Vorzug zu geben.

Auch *Schuch*[966] - der sich konkret mit der Abkommensinterpretation des BFH auseinandergesetzt hat - stimmt mit dem BFH darin überein, dass der Einkünftebegriff abkommensautonom auszulegen ist. Er folgt dem BFH in der Auffas-

[963] Insbesondere *Krabbe* in Schaumburg, Diskussion, 83; *ders.*, IStR 1996, 387 f. Bereits vorher *ders.*, DB 1994, 242.
[964] *Breuninger*, FR 1995, 561 [567].
[965] Siehe dazu 1. Kapitel B. III. Auslegung von DBA-Vorschriften.
[966] Insbesondere *Schuch*, Verluste, 51 ff.; *ders.*, Vorgaben, 74 ff.

sung, dass der Einkünftebegriff Obergriff über die in den Zuteilungsnormen verwendeten Ausdrücke sein muss. Eine weitere Untergliederung in Brutto- und Netto-Einkunftsarten nimmt *Schuch* dagegen nicht vor. Er kritisiert insbesondere, dass der BFH mittels dieser von ihm vorgenommenen Auslegung in den Urteilen vom 29. Mai 1996 zu dem Ergebnis gekommen ist, dass Schachteldividenden als Brutto-Betrag freigestellt würden, während er in seiner Entscheidung vom 16. März 1994[967] noch zu dem Ergebnis kam, dass sich die bei (Streubesitz-) Dividenden von der Bundesrepublik angewandte Anrechnungsmethode auf einen Netto-Betrag beziehe.

Den von *Schuch* skizzierten Widerspruch zwischen den Entscheidungen des BFH vom 16. März 1994 und denen vom 29. Mai 1996 hat der BFH allerdings unlängst klargestellt. In seiner Entscheidung vom 9. April 1997 führte das Gericht bezüglich der beiden benannten Entscheidungen aus[968], dass systembedingt für Zwecke der Anrechnungsmethode Netto-Einkünfte zugrunde zu legen seien. Denn die Anrechnung der im Quellenstaat erhobenen Steuer ist auf den Betrag begrenzt, auf den in der Bundesrepublik Steuer auf die Dividenden entfällt. Die deutsche Steuer wird aber nur auf das zu versteuernde Einkommen erhoben, in das freilich nur der Nettobetrag der Dividende eingeht. Dass es in den von *Schuch* genannten Entscheidungen somit im Ergebnis zu einem unterschiedlichen Verständnis des Dividenden-Begriffes gekommen ist, widerspricht nicht der vom BFH vorgenommenen Auslegung, sondern ist systembedingt - die Anrechnungsmethode bezieht noch stärker das innerstaatliche Steuerrecht mit ein, erfolgt die Anrechnung doch letztlich nach dem nationalen Recht[969]. Trotzdem ist *Schuch* zuzugeben, dass das vom BFH vertretene Verständnis besonders vor dem Hintergrund der verschiedenen Vorbehaltsklauseln, die zuweilen einen Wechsel zur Anrechnungsmethode bewirken können, nicht gerade zur Rechtssicherheit beiträgt.

Zu Recht kritisiert *Schuch* außerdem einen anderen Aspekt, den der BFH offenbar übersieht. Indem das Gericht und der ihm folgende Teil des Schrifttums eine Unterscheidung zwischen Brutto- und Netto-Einkunftsarten vornehmen und damit zugleich die Reichweite der Freistellungsmethode bestimmt sehen, missachten sie den anerkannten Grundsatz, dass sich die *Einkünfteermittlung* allein nach den innerstaatlichen Steuergesetzen der Vertragsstaaten bestimmt. Nimmt man diesen Grundsatz ernst, kann man nicht unterstellen, dass in den Begriffen des DBA bereits eine Unterscheidung zwischen „Einnahmen“ und „Einkünften“ getroffen würde - denn dabei handelt es sich um Termini der deutschen Einkom-

[967] BFH, Urt. v. 16.3.1994, I R 42/93, BStBl. II 1994, 799 ff.
[968] BFH, Urt. v. 9.4.1997, I R 178/94, BStBl. II 1997, 657, 658.
[969] Zustimmend in diesem Sinne auch *Krabbe*, IStR 1996, 387.

mensermittlung. Diese vollzieht sich aber allein auf der Ebene des nationalen Rechts und nicht der des DBA.

Darüber hinaus ist dem Ansatz, zwischen Brutto- und Netto-Einkunftsarten zu trennen, entgegenzuhalten, dass sich keine klaren Maßstäbe erkennen lassen, wonach die vorgenommene Gruppierung der Einkunftsarten möglich ist[970]. Eine zweifelsfreie Begründung bezüglich jeder einzelnen Einkunftsart lassen die Vertreter des dualen Einkünftebegriffs jedenfalls vermissen. Welche abkommensautonomen Gründe für die Zuordnung einer jeden Einkunftsart zu den Brutto- oder Netto-Einkunftsarten sprechen, wird nicht aufgezeigt. Und selbst die für Dividenden vorgetragenen Gründe überzeugen nicht[971]. Wenn der BFH in seinen Dividenden-Entscheidungen argumentiert, dem Empfänger würde ein Brutto-Betrag ausgezahlt bzw. er bezöge einen Brutto-Betrag, so trifft dies gleichermaßen auf Vergütungen für beispielsweise selbständige Tätigkeiten zu, die aber nach der von der Literatur im Anschluss an den BFH vorgenommen Unterscheidung Netto-Einkünfte sein sollen. Auch die von *Wassermeyer*[972] vorgeschlagene Anknüpfung an die Quellenbesteuerung trägt das Ergebnis nicht. Zwar ist in Art. 10 Abs. 2 von einer Quellenbesteuerung der Brutto-Dividenden die Rede. Wie *Wassermeyer* aber an anderer Stelle[973] selbst einräumt, wird damit nur klargestellt, dass es sich um den Betrag vor Abzug der Quellensteuern handelt, woraus kein Rückschluss auf den Inhalt des Dividendenbegriffes möglich ist. Letztlich werden die Begriffe „Einkünfte", „Dividenden", „Vergütungen" in den DBA so unterschiedlich verwendet, dass sich Maßstäbe für eine exakte Trennung zwischen Brutto- und Netto-Einkunftsarten nicht finden lassen.

c) Streng-abkommensautonome Interpretation

Im Hinblick darauf ist dem BFH allerdings zunächst zuzugeben, dass der variierende Wortlaut der Zuteilungsnormen, der mal von Unternehmensgewinnen und Einkünften aus unbeweglichen Vermögen, mal von Dividenden und Zinsen spricht, den Schluss nahe legt, dass damit ein betragsmäßig verschieden großer Umfang erfasst wird. Immerhin verbietet sich eine Auslegung entgegen dem Wortlaut[974], so dass den unterschiedlichen Formulierungen Rechnung zu tragen ist. Dem kommt man aber schon damit nach, dass man darin eine Abgrenzung

---

[970] Insofern kritisch bereits *Krabbe*, IStR 1996, 387 [388].

[971] Vgl. auch *Wolff* in D/W, DBA-USA, Art. 10, Rn. 95 (Stand: 70. Lfg. 7/1997); dagegen wiederum *Wassermeyer*, Zuordnung, 48.

[972] *Wassermeyer*, IStR 1992, 74.

[973] *Wassermeyer* in D/W, DBA, Art. 10, Rn. 4 (Stand: 84. Lfg 6/2001). Vgl. auch BFH, Urt. v. 29.5.1996, I R 167/94, BStBl. II 1997, 60, 62.

[974] Siehe bereits oben 1. Kapitel B. III. Auslegung von DBA-Vorschriften.

des *sachlichen Anwendungsbereichs der Einkunftsart* sieht[975]. Gewerblich tätige Unternehmen erzielen keine „Dividenden", sondern „Gewinne" - diese sind daher nach Art. 7 OECD-MA zu behandeln. Dem Anteilseigener fließen keine „Gewinne" sondern „Dividenden" zu - deren Besteuerung sich folglich nach Art. 10 OECD-MA richtet. Wie der Wohnsitzstaat die Einkünfte der Zuteilungsnormen behandelt, sie also freistellt oder die Anrechnungsmethode anwendet, ist in der Vermeidungsnorm festgelegt. Indem er dort die „Einkünfte" anspricht, nimmt er auf die Zuteilungsnormen Bezug. Daher ist das „Einkünfte"-Merkmal der Vermeidungsnorm (!) als Oberbegriff für die in den Zuteilungsnormen angesprochenen Gewinne, Dividenden etc. anzusehen.

Was beinhaltet nun aber der Begriff „Einkünfte"? Dazu wird eine von der Auffassung des BFH und der ihm beipflichtenden Vertretern des Schrifttums abweichende Meinung vertreten[976]. Das Merkmal „Einkünfte" der Vermeidungsnorm knüpft danach an die Begriffe „Gewinne", „Dividenden", „Einkünfte" etc. der Zuteilungsnormen an. Das geht aus Art. 23 A OECD-MA hervor, der ebenfalls auf die Zuteilungsnormen Bezug nimmt. Die Zuteilungsnormen wiederum knüpfen an die sich nach den Einkünfteermittlungsvorschriften des innerstaatlichen Steuerrechts ergebende Bemessungsgrundlage an. Letztlich ist der Inhalt des Merkmals „Einkünfte" im Sinne der Vermeidungsnorm gleichzusetzen mit der nach innerstaatlichem Recht ermittelten Bemessungsgrundlage[977]. Ergeben sich nach dem nationalen Steuerrecht des Vertragsstaates nur Erträge oder überwiegende positive Einkünfte als Bemessungsgrundlage, dann sind diese als abkommensrechtliche „Einkünfte" freizustellen. Sind dem Steuerpflichtigen dagegen nur Aufwendungen zuzuordnen, so dass ein Verlust vorliegt, bilden diese die innerstaatliche Bemessungsgrundlage und sind DBA-rechtlich als „Einkünfte" freizustellen[978]. Mehr als diese Rechtsfolge lässt sich der Freistellungsklausel nicht entnehmen. Sprechen die DBA von „Gewinnen" oder „Einkünften", bestimmen sie grundsätzlich nicht deren Inhalt, dieser bestimmt sich nach innerstaatlichen Ermittlungsvorschriften[979]. Die abkommensautonome Auslegung stößt insofern mangels weiterer Aussagen der DBA an ihre Grenzen. Das DBA greift die innerstaatliche Steuerpflicht im Einkünftebegriff auf und verweist

---

975 Ähnlich zunächst auch BFH, Urt. v. 29.5.1996, I R 167/94, BStBl. II 1997, 60, 62: „... ist der Ausdruck ‚Einkünfte aus Dividenden' ein Widerspruch in sich. Mit seiner Hilfe soll eine aus den Vereinigten Staaten stammende Einkunftsquelle umschrieben werden", dann aber unerwartet „Tatsächlich bezeichnet jedoch der Ausdruck ‚Dividenden' keine Quelle, sondern nur die Einnahmen aus einer Quelle.". Vgl. auch *Debatin*, DB 1985, Beilage 23, 4.

976 Nachweis sogleich, Fn. 979.

977 In diesem Sinne auch *Debatin*, DB 1985, Beilage 23, 4; *Lang, M.*, Einführung[2], Rn. 100 f.; *ders.*, RIW 1992, 573 [576]; *ders.*, SWI 1995, 289; *Schuch*, Vorgaben, 76; *ders.*, Verluste, 62. Ähnlich *Krabbe*, IStR 1996, 387.

978 Zusammenfassend anschaulich *Schuch*, Verluste, 133 und 152; *ders.*, Vorgaben, 77.

979 So frühzeitig *Debatin*, DB 1985, Beilage 23, 4.

diesbezüglich auf das jeweils geltende Recht der Vertragsstaaten[980]. Dieses Verständnis entspricht damit sowohl der anerkannten Funktion der DBA, den innerstaatlichen Steueranspruch einzuschränken, als auch dem Grundsatz, dass die Einkünfteermittlung den Vertragsstaaten vorbehalten bleibt. Auch der Musterkommentar zum OECD-MA geht von diesem Verständnis aus, es heißt darin[981]: „Der Wohnsitzstaat hat die Einkünfte mit dem Betrag freizustellen, mit dem sie ohne das Abkommen nach den innerstaatlichen Vorschriften seiner Einkommensteuer unterliegen würden." Dieser Ansatz wird im Folgenden als streng-abkommensautonome Auslegung bezeichnet.

Dementsprechend lässt sich eine solche Auslegung des Einkünftebegriffs auch mit einem weiteren - selbst vom BFH anerkannten[982] - Grundsatz der Auslegung von DBA in Einklang bringen, nämlich dem Grundsatz der Entscheidungsharmonie. Es ist kaum zu erwarten und vom BFH auch nicht als Beleg angeführt worden, dass die von ihm vorgenommene Trennung zwischen Brutto- und Netto-Einkunftsarten in eben dieser Form auch von Gerichten anderer DBA-Staaten mitgetragen wird. Das Gegenteil ist der Fall: Beispielsweise geht die Praxis in Österreich offenbar wie selbstverständlich davon aus, dass mit DBA-rechtlich freigestellten Einnahmen zusammenhängende Aufwendungen nicht abgezogen werden können[983]; dem widerspricht das vom BFH für einige Einkunftsarten vertretene Brutto-Verständnis. Auch die Schweiz behandelt Aufwendungen im Ergebnis im hier dargelegten Sinne[984].

Eine solche Interpretation des Einkünftebegriffs zieht hinsichtlich der hier diskutierten Fallgruppen folgenden Konsequenzen nach sich:

Für die Behandlung der Aufwendungen und Verluste kommt es nicht auf § 3c EStG an, sondern darauf, welcher Einkunftsquelle die Aufwendungen zuzuordnen sind.

aa) Schachteldividenden

Unabhängig von den Fällen des § 8b KStG und bezogen allein auf die abkommensrechtliche Behandlung kann man bei Schachteldividenden - insoweit übereinstimmend mit dem BFH - nicht ohne weiteres davon ausgehen, dass die damit verbundenen Aufwendungen durch die Dividenden veranlasst sind. Viel-

---

[980] Zu Aspekten der Abkommensauslegung in diesem Zusammenhang *Lang, M.*, RIW 1992, 573 [576].

[981] MK, Art. 23, Nr. 39.

[982] Siehe dazu oben 1. Kapitel B. II. 2. Auslegung von deutschen DBA.

[983] *Lang, M.*, SWI 2002, 86 [88]; *ders.*, Einführung², Rn. 49; *Loukota*, SWI 2001, 466.

[984] *Reich* in Lang, M., Diskussion, 438.

mehr können sie auch im Hinblick auf einen späteren Veräußerungserlös (Art. 13 OECD-MA) oder auch andere wirtschaftliche Ziele getätigt worden sein. Die Finanzierungsaufwendungen sind daher nach *M. Lang*[985] generell der subsidiär für solche Einkunftsarten einschlägigen Verteilungsnorm der Unternehmensgewinne (Art. 7 OECD-MA) zuzuordnen. Diese ordnet jedoch an, dass dem Ansässigkeitsstaat die ausschließliche Besteuerungsbefugnis zukommt (vom Betriebsstättenfall einmal abgesehen). Zur Anwendung der Freistellungsmethode kommt es somit zwar bezüglich der Einnahmen, die weiterhin Schachteldividenden darstellen, nicht aber bezüglich der Aufwendungen[986]. Das gleiche muss auch hinsichtlich der Aufwendungen für eine stille Beteiligung oder ein partiarisches Darlehen gelten. Selbst wenn man diese der Einkunftsart der Dividenden oder Zinsen zuordnen wollte, verbliebe die Besteuerungsbefugnis damit beim Wohnsitzstaat (vgl. Art. 10 und 11 OECD-MA). Die Freistellungsmethode des DBA steht einem Abzug von mit Schachteldividenden zusammenhängenden Finanzierungsaufwendungen somit nicht per se entgegen. Ihre Abzugsfähigkeit richtet sich vielmehr nach den innerstaatlichen Steuervorschriften des Wohnsitzstaats. Sie sind im deutschen Steuerrecht im Rahmen des § 8b KStG bzw. bei stiller Beteiligung oder partiarischen Darlehen des § 3c EStG abziehbar[987]. Im Ergebnis stimmt dieser Ansatz also mit dem vom BFH und Teilen des Schrifttums vertretenen überein.

bb) Einkünfte aus nichtselbständiger Tätigkeit

Für Einkünfte aus nichtselbständiger Tätigkeit muss nach den eben aufgestellten Grundzügen folgendes gelten: Ebenso wie die Einnahmen, die dieser Tätigkeit zuzuordnen sind, müssen auch die Aufwendungen dieser Einkunftsquelle zugeordnet werden. Das bedeutet im Fall von laufenden Aufwendungen, dass sie zusammen mit den laufenden Einnahmen freigestellt sind und schon aus abkommensrechtlichen Gründen im Ansässigkeitsstaat nicht mehr zu berücksichtigen sind. Im Fall von vorbereitenden oder erfolglosen Aufwendungen führt diese Auffassung dazu, dass der durch sie erzielte Verlust aus nichtselbständiger Tätigkeit auf der Ebene des DBA freigestellt ist. Er mindert jedoch den Steuersatz im Rahmen des negativen Progressionsvorbehaltes. Anders als nach der früheren Rechtsprechung gelangt man zu diesem Ergebnis nicht durch eine hypothetische Betrachtung, dass auch damit zusammenhängende Einnahmen steuerfrei wären. Es resultiert vielmehr aus der konsequenten Übertragung der aufgestellten Grundsätze: Liegen eben nur Aufwendungen vor, sind diese genauso freizustellen, als wenn nur Einnahmen vorlägen[988]. Liegen keine inländischen Einkünfte

---

985 *Lang, M.*, SWI 1995, 289 [291]; zustimmend *Schuch*, Verluste, 145.
986 *Lang, M.*, SWI 1995, 289 [291].
987 Vgl. *Lang, M.*, SWI 1995, 289 [292].
988 *Schuch*, Verluste, 133.

vor, sinkt der Steuersatz bis auf Null. Mangels Bemessungsgrundlage wirkt sich dies zunächst nicht aus, denn die Steuerschuld beträgt jedenfalls Null. Die verbleibenden negativen Einkünfte mindern darüber hinaus den Steuersatz in den folgenden Veranlagungszeiträumen[989]. Im Quellenstaat kommt nach den dortigen Vorgaben u. U. ein Verlustvortrag bezogen auf die Steuerbemessungsgrundlage in Betracht. Entstehen auch in den folgenden Veranlagungszeiträumen keine ausländischen Einnahmen, liegen also erfolglose Aufwendungen vor, können sich diese demnach in keinem Fall auf die Bemessungsgrundlage mindernd auswirken. Eine Steuerschuld ist insofern aber auch nie entstanden. Kritisch ist bezogen auf die Behandlung der vorbereitenden und erfolglosen Aufwendungen allerdings zu bemerken, dass zu diesem Stadium noch gar nicht abschließend festgestellt werden kann, ob es denn letztlich zur Freistellung kommt bzw. gekommen wäre. Denn bei Einkünften aus nichtselbständiger Tätigkeit stellt Art. 15 Abs. 2 OECD-MA besondere Voraussetzungen an die Besteuerungsbefugnis des Tätigkeitsstaates, wie insbesondere die Dauer der Tätigkeit etc. Da diese Tätigkeit bei erfolglosen Aufwendungen aber gar nicht aufgenommen wird, kann man zu dem von der streng-abkommensautonomen Auslegung gewollten Ergebnis nur kommen, wenn man insoweit eine hypothetische Betrachtung dahin gehend vornimmt, ob die erstrebte Tätigkeit die Besteuerungsbefugnis des Tätigkeitsstaates und damit Freistellung durch den Wohnsitzstaat zur Folge gehabt hätte[990].

cc) Übrige Einkunftsarten

Für die übrigen Einkunftsarten, die der Freistellungsmethode unterliegen, ergeben sich keine Änderungen, da auch bei ihnen der BFH davon ausgeht, dass Netto-Einkünfte freizustellen sind und sich eben dies auch bei der Berechnung der Bemessungsgrundlage nach deutschen Steuervorschriften stets ergibt. Auch in den Sonderfällen der Währungsverluste, der Gemeinkosten sowie bei erfolglosen Aufwendungen muss der streng-abkommensautonome Ansatz zu einem Abzugsverbot kommen, soweit diese Aufwendungen den Betriebsstätteneinkünften zuzuordnen und damit, unabhängig vom Vorliegen von Einnahmen, freizustellen sind.

Auch wenn die ausländischen Aufwendungen die ausländischen Erwerbsbezüge übersteigen und damit ein *Verlust* entsteht, kommt es, wie nach Auffassung des BFH, zur Freistellung eben auch dieser Verluste, so dass ihre Berücksichtigung allenfalls im negativen Progressionsvorbehalt möglich ist. Die dagegen vorge-

---

[989] Insofern besteht Übereinstimmung mit der Rechtsprechung des BFH zu den Verlusten, siehe Fn. 838.

[990] Vgl. auch bereits oben 2. Kapitel C. II. 2. a) cc).

brachten Argumente[991] vermögen nach Ansicht der streng-abkommensautonomen Interpretation auf der Grundlage bestehenden Rechts daran nichts zu ändern[992]. Legt man den Einkünftebegriff im hier benannten Sinne oder auch sonst im Sinne eines Netto-Begriffes aus, muss dies zwangsläufig zur Konsequenz führen, dass auch negative Einkünfte aus der Bemessungsgrundlage auszuscheiden sind[993]. Einzig eine Interpretation als Brutto-Einnahmen bewirkt, wie aufgezeigt, dass das DBA selbst nicht auch die Verluste freistellt. Eine solche Auslegung wird aber, bezogen auf alle Einkünfte, nicht vertreten. De lege lata sind freigestellte negative Einkünfte ebenso wie positive aus der Bemessungsgrundlage auszuscheiden.

---

[991] Siehe oben 2. Kapitel C. II. 3. b) Abweichende Auffassungen.

[992] Vgl. gegen die Einwände im Einzelnen ausführlich *Schuch*, Verluste, 169 ff.

[993] Vgl. ähnlich *Schuch*, Verluste, 176 f.

3. Kapitel - Einfluss des EG-Vertrages auf die DBA

A. Europarechtliche Grundlagen

Gleichgültig welchem Verständnis man nun folgt, ob man eine Differenzierung zwischen Brutto- und Netto-Einkunftsarten vornimmt oder den Begriff „Einkünfte“ mit der nationalen Bemessungsgrundlage verknüpft, ist fraglich, ob eine solche Auslegung auch dann Geltung beanspruchen kann, wenn ein DBA in Frage steht, dass zwischen zwei Mitgliedstaaten der EU vereinbart wurde. Denn beide Auffassungen führen letztlich dazu, dass - anders als inländische Verluste - im Ausland erwirtschaftete Verluste im freistellenden Wohnsitzstaat zunächst nur im Rahmen des negativen Progressionsvorbehalts und unter Beachtung des § 2a EStG möglicherweise gar nicht berücksichtigt werden können. Beiden Ansätzen könnte darüber hinaus aus Sicht des EG-Vertrages entgegenstehen, dass nach ihnen einige Aufwandsposten gänzlich unberücksichtigt bleiben, so insbesondere Aufwendungen für Währungsumstellungen und vorbereitende oder erfolglose Aufwendungen für eine zukünftige Erwerbstätigkeit. Aber selbst hinsichtlich der Freistellung von Erwerbsbezügen und positiven Einkünften tut sich die Frage auf, ob die Freistellung für sich betrachtet oder auch ihre Ausgestaltung mit Vorbehaltsklauseln mit dem Gemeinschaftsrecht vereinbar ist. Gegenstand der folgenden Untersuchung ist daher, ob die soeben dargestellte Freistellungsmethode hinsichtlich ihrer Ausgestaltung in deutschen DBA einerseits sowie ihrer Folgen im Ertragsteuerrecht andererseits mit den Vorgaben des Gemeinschaftsrechts vereinbar ist[994].

---

[994] In Frage stehenden damit insbesondere die benannten Abzugsverbote, soweit sie sich aus der Freistellungsmethode der DBA (allenfalls unter Hinzuziehung des § 3c EStG) herleiten lassen. Prüfung ist im Folgenden dagegen nicht, ob die Normen des originär innerstaatlichen Rechts mit dem Gemeinschaftsrecht vereinbar sind. Genau umgekehrt hat sich dagegen der EuGH in seiner Entscheidung v. 21.2.2006, Rs. C-152/03, Ritter-Coulais, BB 2006, 525, Rn. 11 ff. auf die Prüfung der originär innerstaatlichen Regelung des § 2a EStG beschränkt und aus allzu formalen Gründen keine Antworten für die hier in Frage stehende Nichtberücksichtigung von Verlusten aus DBA-rechtlichen Gründen gegeben, kritisch wie hier auch *Ribbrock/ Sedemund*, BB 2006, 528 f. Vgl. zur Vereinbarkeit der originär innerstaatlichen Regelungen mit dem Gemeinschaftsrecht des Weiteren aus dem umfassenden Schrifttum insbesondere: zu § 2a Abs. 1 EStG (vor Verkündung der soeben benannten Entscheidung des EuGH) *Cordewener*, IStR 2003, 413 [418]; *Dautzenberg*, FR 2001, 809 f.; *Schön*, IStR 2004, 289 [293]; zur Streichung des § 2a Abs. 3 EStG a. F. *Bernhard*, IStR 2001, 366 [367]; *Dautzenberg*, FR 2001, 809 [814 ff.]; *Saß*, DB 2000, 1252 [1253]; zu § 8b Abs. 5 KStG Fn. 1039; zu § 20 Abs. 2 AStG *Seer*, IStR 1997, 520 ff.; *Körner* IStR 2004, 204 ff.; ferner *Schönfeld/Lieber*, FR 2005, 927 ff.

Allerdings stellt sich die Rechtslage unter Einfluss des Europarechts von vornherein als eine von den bisherigen Ausführungen abweichende dar. Wie das Recht der DBA den sich aus dem innerstaatlichen Steuerrecht ergebenden Steueranspruch modifiziert, so legt sich nun als weiterer Einflussfaktor die Schablone des EG-Rechts[995] auf das bisherige Ergebnis und verändert in einigen Bereichen die rechtliche Ausgangslage, lässt andere Bereiche aber auch unangetastet. Die vom Europarecht ausgehenden Modifikationen seien zunächst in einigen Ausführungen vorangestellt. Dazu ist vorab das Verhältnis der DBA zum Europarecht zu klären.

I. Verhältnis DBA - Vertrag der Europäischen Gemeinschaft

Will man den Einfluss des EG-Vertrages auf das der DBA untersuchen, so stellt sich zunächst die Frage, ob DBA überhaupt am Maßstab des Vertrages zu messen sind. Schließlich stellen sowohl der EG-Vertrag als auch die DBA an sich gleichermaßen völkerrechtliche Verträge dar, die durch den Anwendungsbefehl des Zustimmungsgesetzes innerstaatlich zunächst den Rang eines einfachen Gesetzes erhalten[996]. Nach seinem Inkrafttreten geht man indes mit dem EuGH und dem BVerfG davon aus, dass der EG-Vertrag weder Völkerrecht, noch nationales Recht, sondern vielmehr eine eigenständige Rechtsordnung bildet, der Vorrang zukommt[997]. In der vom EuGH gefundenen Interpretation beansprucht der EG-Vertrag Anwendungsvorrang vor dem nationalen Gesetz, einschließlich dem nationalen Verfassungsrecht[998]. Bereits unter normhierarchischen Gesichtspunkten steht das Gemeinschaftsrecht damit über den von den Mitgliedstaaten abge-

[995] Nicht angesprochen werden im Folgenden das Recht der Verträge zur EU (Vertrag über die Europäische Union, BGBl. 1992 II, S. 1253), EGKS (Vertrag zur Gründung der Europäischen Gemeinschaft für Kohle und Stahl, BGBl. 1952 II, S. 447) und EAG (Vertrag zur Gründung der Europäischen Atomgemeinschaft - EURATOM, BGBl. 1957 II, S. 1014). Diese Verträge haben keinen unmittelbaren Einfluss auf das Recht der direkten Besteuerung im hier zu besprechenden Rahmen.

[996] *Geiger*, EUV/EGV^4, Art. 1, Rn. 6.

[997] Grundlegend EuGH, v. 15.7.1964, Rs. 6/64 - Costa/ENEL, EuGHE 1994, 1251, 1269 f.: „eigene Rechtsordnung"; v. 17.12.1970, Rs. 11/70 - Internationale Handelsgesellschaft/Einfuhr- und Vorratsstelle Getreide, EuGHE 1970, 1125, 1135; BVerfG, Beschl. v. 9.6.1971, 2 BvR 225/69, BVerfGE 31, 145, 173 f.: „eigenständige Rechtsordnung"; 8.4.1987 - 2 BvR 687/85, BVerfGE 75, 223, 224; v. 1.10.1991 - 1 BvR 1025/82, 1 BvL 16/83 und 10/91, BVerfGE 85, 191, 204; *Geiger*, EUV/EGV^4, Art. 1, Rn. 7; *Hirsch*, Verhältnis, 179 ff.; *Kluge*, IntStR^4, G Rn. 3; *Vedder*, Einwirkungen, 2; *Zuleeg* in G/S^6, Art. 1 EG, Rn. 24 f. Missverständlich und mit falschen Nachweis *Ahmann*, DStZ 2005, 75 [77, Fn. 40].

[998] Der Anwendungsvorrang führt, im Gegensatz zum sog. Geltungsvorrang, der die Nichtigkeit entgegenstehenden Rechts nach sich zieht, zur Unanwendbarkeit entgegenstehenden Rechts vgl. *Vedder*, Einwirkungen, 4; *Zuleeg* in G/S^6, Art. 1 EG, Rn. 26.

schlossenen völkerrechtlichen Verträgen. Gemäß Art. 307 EG Abs. 1 EG[999] werden jedoch solche völkerrechtlichen Verträge durch den EG-Vertrag nicht berührt, die zum einen vor dem Inkrafttreten des EG-Vertrages am 1. Januar 1958 und zum anderen mit Nicht-EU-Mitgliedstaaten geschlossenen wurden. Da die deutschen DBA aber allesamt nach diesem Zeitpunkt vereinbart wurden[1000], ändert die sog. Unberührtheitsklausel des Art. 307 Abs. 1 EG nichts an dem gefundenen Ergebnis. Vielmehr kann dem Umstand, dass sich die Vorschrift nur auf vor dem Jahr 1958 geschlossene Vereinbarungen bezieht, argumentum e contrari entnommen werden, dass die EU-Mitgliedstaaten ihre danach abgeschlossenen Übereinkünfte dem Gemeinschaftsrecht unterwerfen wollten[1001]. Die Kompetenz zum Abschluss von DBA ist zwar weiterhin bei den Mitgliedstaaten verblieben; davon geht auch Art. 293 2. Gedankenstrich EG aus, der die Mitgliedstaaten zur Beseitigung der Doppelbesteuerung auffordert[1002]. Aber sowohl DBA, die die Mitgliedstaaten untereinander abschließen (sog. inter-se DBA) als auch solche, die sie mit Drittstaaten abschließen, sind formellrechtlich am Maßstab des Gemeinschaftsrechts zu messen; widersprechen sie dem Gemeinschaftsrecht, so geht letzteres den Verträgen vor[1003].

---

[999] Siehe dazu auch *Kluge*, IntStR[4], G Rn. 5. Vgl. zu Meistbegünstigungsbestimmung in solchen Abkommen auch die Regelung in Abs. 3.

[1000] Siehe oben Fn. 98.

[1001] Vgl. *Englisch*, Dividendenbesteuerung, 288; *Herzig/Dautzenberg*, DB 1992, 2519 [2521]; *Lang, M.*, IWB, F. 11, Gr. 2, 255 [256]; *Scherer*, DB und EG-Recht, 139.

[1002] Ebenso *Becker/Thömmes*, DB 1991, 566 [568]; *Bizek*, Anwendung, 67; *Lehner* in V/L[4], Einl., Rn. 264; *ders.*, IStR 2001, 329 f.; *Ribbrock*, Dreieckssachverhalte, 198; *Scherer*, DB und EG-Recht, 56-107; *Vedder*, Einwirkungen, 8 ff. *Lehner*, Kompetenz, 14 leitet aus Art. 5 Abs. 2 EG aber immerhin eine grundsätzlich subsidiäre Kompetenz der Gemeinschaft ab.

[1003] Vgl. aus der Rechtsprechung des EuGH zu völkerrechtlichen Verträgen allgemein EuGH, Urt. v. 27.2.1962, Rs. 10/61 - Kommission/Italien, EuGHE 1962, 1; v. 14.7.1976, Rs. 3, 4 und 6/76 - Cornelis Kramer und andere, EuGHE 1976, 1279, Rn. 40; v. 16.3.1983, Rs. 266/81 - SIOT, EuGHE 1983, 731, Rn. 12 ff.; v. 28.1.1986, Rs. 270/83 - Kommission/Französische Republik, EuGHE 1986, 273, Rn. 26; deutlich im Urt. v. 5.11.2002, Rs. C-476/98 u. a., Kommission/Deutschland u. a., EuZW 2003, 82, Rn. 144-162, in der der EuGH die Grundfreiheiten durch eine Vorschrift eines bilateralen (Luftverkehrs-) Abkommens selbst verletzt sieht und sich damit gegen die teilweise vertretene Auffassung wendet, dass nicht das Abkommensrecht selbst, sondern nur der innerstaatliche Anwendungsbefehl gemeinschaftswidrig sein könnte (so beispielsweise *Lang, M.*, IWB, Fach 11, Gr. 2, 255, 256 ff., der zu pauschal von der begünstigenden Wirkung der DBA ausgeht, vgl. dazu auch *ders.*, DBA, 27 und SWI, 2005, 365, 370 in der er die m. E. überzogene Sorge nennt, die mitgliedstaatlichen Gesetzgeber könnten sich sonst in die Rechtssatzform bilateraler Abkommen flüchten; dagegen spricht schon, dass völkerrechtliche Verträge naturgemäß nur wenigen materiell-rechtlichen Besteuerungsvorschriften zugänglich sind); siehe dazu ferner noch 3. Kapitel, A. I. 2. b) Ausnahme: Überprüfbarkeit der Ausübung der Grundfreiheiten); speziell zu den DBA EuGH, Urt. 28.1.1986, Rs. 270/83 - „avoir fiscal", EuGHE 1986, I-273, Rn. 26; v. 12.5.1998, Rs. C-336/96, Gilly, EuGHE 1998, I-2793, Rn. 40 ff.; v. 21.9.1999, Rs. 307/97, Saint-Gobain ZN, EuGHE 1999, I-6161, Rn. 58; deutlich auch FG München, Beschl. v. 14.11.2005, 1 V

1. Besonderheiten bei DBA mit Drittstaaten

Dennoch muss der Prüfungsumfang bei einem DBA eines Mitgliedstaates mit einem Drittstaat letztlich ein geringerer sein als bei inter-se DBA. Denn der EG-Vertrag, ist in seinem räumlichen Anwendungsbereich grundsätzlich[1004] auf Sachverhalte im Hoheitsgebiet der Mitgliedstaaten beschränkt (vgl. Art. 299 Abs. 1 EG). Daher können DBA mit Drittstaaten lediglich bei *binnengemeinschaftlichen Auswirkungen*, regelmäßig damit nur in zwei Gestaltungen zum Gemeinschaftsrecht in Widerspruch stehen: dadurch, dass sie den vertragsschließenden Mitgliedstaat zu einem gemeinschaftsrechtswidrigen Verhalten verpflichten oder dadurch, dass sie den Drittstaaten zu einem Verhalten berechtigen oder verpflichten, dass im Gebiet der Gemeinschaft eine gemeinschaftsrechtswidrige Wirkung herbeiführt[1005]. Dagegen regeln inter-se DBA grundsätzlich Sachverhalte, die sich im Hoheitsgebiet der Mitgliedstaaten und damit dem räumlichen Anwendungsbereich des EG-Vertrages ereignen. Ihre Vorschriften sind daher vergleichsweise umfänglich am Prüfungsmaßstab des EG-Rechts messbar[1006].

2. Besonderheiten bei befugnisaufteilenden Regelungen

Im Hinblick auf die grundfreiheitlichen Vorschriften des EG-Vertrages[1007] gilt es allerdings, sich bereits an dieser Stelle die Regelungswirkung DBA-rechtlicher Vorschriften zu vergegenwärtigen: Orientiert an ihrem primären Ziel,

---

305/04, EFG 2005, 928 [929]. Aus dem Schrifttum *Becker/Thömmes*, DB 1991, 566 [568]; *Englisch*, Dividendenbesteuerung, 287 f.; *Heydt*, Einfluss, 42 f.; *Jacobs*, Unternehmensbesteuerung[5], 262; *Lehner* in V/L[4], Einl., Rn. 262; *Randelzhofer/Forsthoff* in G/H, vor Art. 39-55 EGV, Rn. 256 (Stand: 18. Lfg. 5/2001); *Rainer*, IStR 1995,474 [476]; *Reimer*, Auswirkungen, 99; *Schaumburg*, IntStR[2], Rn. 16.46; *Scherer*, DB und EG-Recht, 110; *ders.* in D/W, DBA, Vor Art. 1 MA, Rn. 108 (Stand: 82. Lfg. 9/2000); *Seiler, C.*, StuW 2005, 25 [30 f.]; *Vedder*, Einwirkungen, 7 f. Kritisch dagegen Hahn, IStR 2002, 681 [686 ff.], vgl. dazu auch unten 3. Kapitel A. I. 2. b) Ausnahme: Überprüfbarkeit der Ausübung der Grundfreiheiten und B. II. 1. b) b) Ausgewogenheit und Wesen der DBA.

[1004] Ausnahmen von diesem Grundsatz finden sich zunächst in den Absätzen 2 bis 6 des Art. 299 EG. In besonders gelagerten Einzelfällen finden die Grundfreiheiten auch auf Sachverhalte außerhalb des Gemeinschaftsgebiets Anwendung, vgl. dazu beispielsweise *Brechmann* in C/R[2], Art. 39 EG, Rn. 7; *Ehlers* in Ehlers, Grundfreiheiten[2], § 7, Rn. 48. Besonderheiten gelten schließlich vor allem auch für die Kapitalverkehrsfreiheit, Art. 56 Abs. 1 EG.

[1005] Vgl. *Lehner* in V/L[4], Einl., Rn. 260; *Schaumburg*, Besteuerung, 279; *Scherer*, DB und EG-Recht, 139; *ders.* in D/W, Vor Art. 1, Rn. 86 (Stand: 82. Lfg. 9/2000); ein anschauliches Beispiel dafür liefert Art. 28 DBA-USA, siehe *Becker/Thömmes*, DB 1991, 566 ff.; *Scherer*, DB und EG-Recht, 139 ff.

[1006] Vgl. *Schaumburg*, IntStR[2], Rn. 16.47

[1007] Für das Beihilferecht kann insofern durchaus etwas anderes gelten, vgl. dazu 3. Kapitel B. III. Verletzung beihilferechtlicher Vorschriften.

eine drohende Doppelbesteuerung desselben Steuergegenstandes zu vermeiden, enthalten die Abkommen in erster Linie Vorschriften, die zu einer Aufteilung der Besteuerungsbefugnis zwischen den Vertragsparteien führen. Dies wird besonders deutlich in den Zuteilungsnormen. Den Vorschriften der DBA kommt damit zunächst nur eine befugnisaufteilende Wirkung zu, der gemäß einer der beiden Vertragsstaaten auf das Steuersubstrat zugreift. Der andere Vertragsstaat verzichtet auf die Ausübung seiner Besteuerungsbefugnis, indem er das Steuergut entweder freistellt oder die vom anderen Vertragsstaat erhobene Steuer anrechnet.

Damit sind die in den DBA enthaltenen Regelungen aber grundsätzlich einer den Steuerpflichtigen belastenden Wirkung gewissermaßen vorgelagert[1008]. Regelmäßig bringt erst der Steuerzugriff desjenigen Vertragsstaates, der gemäß der Zuteilung des DBA von seiner Besteuerungsbefugnis Gebrauch macht, eine Belastung mit sich, während die DBA selbst keine steuerbelastende Wirkung entfalten. Dementsprechend differenziert der EuGH hinsichtlich der Frage, inwieweit DBA am Maßstab der Grundfreiheiten materiell-rechtlich zu messen sind.

a) Grundsatz: Grundfreiheitliche Neutralität der DBA

In der Rechtssache Gilly befasste sich der EuGH erstmals ausführlich mit der Problematik der materiell-rechtlichen Überprüfbarkeit der Vorschriften eines DBA an den Grundfreiheiten. In dem vom Tribunal Administratif Straßburg vorgelegten Fall wandte sich das Ehepaar Gilly gegen das von Frankreich gemäß seinem DBA mit der Bundesrepublik Deutschland angewandte Kriterium der Zuteilung der Besteuerungsbefugnis sowie die Anrechnungsmethode[1009], wie sie im konkreten DBA vorgesehen ist. Zur Beantwortung der aufgeworfenen Frage ging der EuGH zunächst auf die letzte Vorlagefrage nach der unmittelbaren Anwendbarkeit des *Art. 293 2. Spiegelstrich EG* ein. Im Anschluss an seine frühere Rechtsprechung zu Art. 293 EG[1010] stellte er fest, dass der darin normierten Aufforderung an die Mitgliedstaaten, die Doppelbesteuerung zu beseitigen, zwar ebendieses Ziel, gewissermaßen als Rechtsgut des Vertrages entnommen werden könne, der Wortlaut der Vorschrift des weiteren jedoch klar stelle, dass sie keine unmittelbaren Rechte zugunsten der Angehörigen von EU-Mitgliedstaaten begründet[1011]. Auf diese Weise vom Absolutheitspostulat des

[1008] Betrachtet unabhängig von dem üblichen Prüfungsablauf, der beim innerstaatlichen Steuertatbestand beginnt und durch das DBA regelmäßig eingeschränkt wird; vgl. dazu oben 1. Kapitel B. II. Rechtssystematische Einordnung. Ähnlich wie hier auch die Betrachtung von *Ribbrock*, Dreieckssachverhalte, 201 f.

[1009] Vgl. zur inhaltlichen Wirkung der Anrechnungsmethode im DBA-Frankreich Fn. 1021.

[1010] EuGH, Urt. v. 11.7.1985, Rs. 137/84, Mutsch, EuGHE 1985, 2681, Rn. 11.

[1011] EuGH, Urt. v. 12.5.1998, Rs. C-226/96, Gilly, EuGHE 1998, I-2793, Rn. 16.

Art. 293 EG gegen die Doppelbesteuerung als Prüfungsmaßstab befreit, widmet er sich der Kontrolle der Zuteilung der Besteuerungsbefugnis anhand des Kriteriums der Staatsangehörigkeit am Maßstab der *Grundfreiheiten*. Unter Beachtung der obigen Ausführungen zur prinzipiellen Wirkungsweise von DBA-Normen und den in diesem Zusammenhang von Generalanwalt *Colomer* in seinen Schlussanträgen vorgetragenen Gesichtspunkten[1012], muss davon ausgegangen werden, dass Vorschriften des DBA oftmals nicht zu einer Verletzung der Grundfreiheiten führen können, weil sie insofern *neutral* sind[1013]. Der Generalanwalt führt aus, dass es nicht als diskriminierend angesehen werden kann, dass eine Vergütung im Tätigkeitsstaat oder auch im Wohnsitzstaat besteuert wird[1014]. Dementsprechend sieht es der Generalanwalt als nicht „abwegig“ an, dass die Vertragsparteien an Kriterien wie die Staatsangehörigkeit anknüpfen - zumal, wie der EuGH ergänzt, sich dieses Kriterium auch im OECD-MA findet[1015]. Vielmehr „haben sie [Anm.: die Mitgliedstaaten] im Übrigen nicht viele Möglichkeiten, andere Kriterien zu verwenden“[1016]. Daher entspricht eine sich aus solchen Kriterien ergebende unterschiedliche Behandlung - nämlich eine Besteuerung im Tätigkeits- oder im Wohnsitzstaat - nach Auffassung des EuGH, „der Befugnis der Vertragsparteien, die Kriterien für die Aufteilung ihrer Steuerhoheit untereinander festzulegen, um Doppelbesteuerung zu vermeiden“[1017]. Folglich können solche Normen eines DBA, die nur die reine Aufteilung der Besteuerungsbefugnis zum Gegenstand haben, indem sie in ihrer Rechtsfolge bestimmen, dass der eine Vertragsstaat seine Besteuerungsbefugnis ausüben kann, regelmäßig nicht mit den Grundfreiheiten in Widerspruch stehen[1018]. Zu Recht folgert *Cordewener* im Anschluss an die Ausführungen des Generalanwalts, dass konsequenterweise auch der Verzicht des anderen Vertragsstaates auf die Ausübung seiner Besteuerungsbefugnis grundfreiheitlich neutral ist;

[1012] GA *Colomer*, Schlussanträge v. 20.11.1997, Rs. C-226/96, Gilly, EuGHE 1998, I-2793, 2796, Rn. 43 ff.

[1013] Zustimmend bereits *Cordewener*, Grundfreiheiten, 596 ff.; *Ribbrock*, Dreieckssachverhalte, 201 f. A. A. dagegen *Randelzhofer/Forsthoff* in G/H, vor Art. 39-55 EGV, Rn. 260 (Stand: 18. Lfg. 5/2001) mit dem fehlgehenden Hinweis, die Gilly-Rechtsprechung sei überholt, obwohl sie der EuGH in gleicher Form immer wieder zitiert hat, vgl. nur EuGH, Urt. v. 21.9.1999, Rs. C-307/97, Saint Gobain ZN, EuGHE 1997, I-6161, Rn. 57 f. Ebenso EuGH, Urt. v. 12.12.2002, Rs. C-385/00, de Groot, IStR 2003, 58, Rn. 93 f.

[1014] GA *Colomer*, Schlussanträge v. 20.11.1997, Rs. C-226/96, Gilly, EuGHE 1998, I-2793, 2796, Rn. 45.

[1015] EuGH, Urt. v. 12.5.1998, Rs. C-226/96, Gilly, EuGHE 1998, I-2793, Rn. 31. Vgl. auch *Heydt*, Einfluss, 36.

[1016] GA *Colomer*, Schlussanträge v. 20.11.1997, Rs. C-226/96, Gilly, EuGHE 1998, I-2793, 2796, Rn. 44. Ähnlich FG Rheinland-Pfalz, Urt. v. 4.4.2001, 1 K 2597/00, IStR 2001, 479, 481 sowie im Anschluss BFH, Beschl. v. 16.5.2002, I B 80/01, BFH/NV 2002, 1423 f.

[1017] EuGH, Urt. v. 12.5.1998, Rs. C-226/96, Gilly, EuGHE 1998, I-2793, Rn. 30.

[1018] So auch *Cordewener*, Grundfreiheiten, 598; *Kischel*, IWB, F. 11a, 282 [284].

denn die Freistellung bzw. Anrechnung stellt zunächst bloß die Kehrseite der Berechtigung des Quellenstaates dar[1019]. Der Gedanke der Neutralität der DBA hinsichtlich der Grundfreiheiten beschränkt sich also keineswegs nur auf die Zuteilungsnormen, sondern erstreckt sich grundsätzlich auch auf die Vermeidungsnorm. Denn der aus der Vermeidungsnorm folgende Verzicht auf die Besteuerung durch den Wohnsitzstaat erfüllt ja gerade erst die Zielsetzung des EG-Vertrages, die Doppelbesteuerung zu vermeiden. Vor dem Hintergrund fehlender gemeinschaftsrechtlicher Vereinheitlichungs- oder Harmonisierungsmaßnahmen nach Art. 293 2. Spiegelstrich EG zur Vermeidung der Doppelbesteuerung ist es eben das bestehende bilaterale Netz der Mitgliedstaaten, dass ein Element zur Erfüllung dieser Zielsetzung bildet[1020]. Auch insofern sind die in den DBA vorgesehenen Mittel zur Vermeidung der Doppelbesteuerung - und damit auch die Freistellungsmethode per se - als grundsätzlich mit den Grundfreiheiten vereinbar zu werten[1021].

b) Ausnahme: Überprüfbarkeit der Ausübung der Grundfreiheiten

Allerdings beschränken sich die Normen der DBA oftmals nicht auf ihre befugnisaufteilende Wirkung. Verbunden mit der Freistellungs- oder auch der Anrechnungsmethode sind zuweilen zweifellos „nachteilige Auswirkungen", wie

---

[1019] *Cordewener*, Grundfreiheiten, 603 f. unter Hinweis auf GA *Colomer*, Schlussanträge v. 20.11.1997, Rs. C-226/96, Gilly, EuGHE 1998, I-2793, 2796, Rn. 55. Ähnlich offenbar *Bernhard*, IStR 2001, 366 [367 f.].

[1020] Vgl. *Lehner*, Begrenzung, 275. Vgl. dazu ausführlich noch unten 3. Kapitel B. II. 2. Ungleichbehandlung.

[1021] Dies lässt sich auch dem Urteil zur Rs. Gilly entnehmen, wenn man die dort entsprechend der Terminologie des DBA-Frankreich als „Steueranrechnung" bezeichnete Methode als Freistellung unter Progressionsvorbehalt anerkennt; so im Anschluss an *Saß*, DB 1998, 1482 [1484] auch *Cordewener*, Grundfreiheiten, 605, Fn. 830 und *Randelzhofer/Forsthoff* in G/H, vor Art. 39-55 EGV, Rn. 262 (Stand: 18. Lfg. 5/2001). Dass der mit der Freistellung verbundene Progressionsvorbehalt mit dem Gemeinschaftsrecht vereinbar ist, hat der BFH in Anlehnung an den EuGH, Urt. v. 27.6.1996, Rs. C-107/94, Ascher, EuGHE 1996, I-3089, Rn. 46 ff. bereits in seinem Urt. v. 15.5.2002, I R 40/01, BStBl. II 2002, 660 [661] festgestellt; zustimmend *Jahn*, PIStB 2002, 296, 298; *Schnitger*, IStR 2002, 638. Vgl. auch FG München, Urt. v. 23.9.2004, 15 K 2232/02, EFG 2005, 117 (anhängig beim BFH unter I B 209/04). Vgl. zum Progressionsvorbehalt auch *Heydt*, Einfluss, 38. Ferner *Cordewener*, IStR 2003, 413 [417] (der dort allerdings Zweifel für den Verlustfall äußert); *Randelzhofer/Forsthoff* in G/H, vor Art. 39-55 EGV, Rn. 261 (Stand: 18. Lfg. 5/2001); *Schuch*, Methods, 131 ff.; vgl. auch *Heydt*, Einfluss, 42. *Körner* merkt in diesem Zusammenhang an, dass das mit der Freistellungsmethode verfolgte Prinzip der Kapitalimportneutralität eher die Begründung von Aktivitäten im Ausland anregt und daher im Sinne der Herstellung eines gemeinsamen Marktes vorzugswürdig sei, IStR 2004, 697 [703, Fn. 44], siehe dazu Fn. 1198.

eben die, dass Verluste nicht geltend gemacht werden können[1022]. Äußerte sich der EuGH insofern in der Rechtssache Gilly noch auffällig zurückhaltend[1023], stellt er zur Überprüfbarkeit von DBA-Normen in seinem Urteil zur Rechtssache Saint-Gobain ausdrücklich fest: Zwar stünde es den Mitgliedstaaten frei, die Anknüpfungspunkte für die Aufteilung der Steuerhoheit festzulegen; bei der *Ausübung* der auf diese Weise aufgeteilten Steuerhoheit, können sich die Mitgliedstaaten jedoch nicht über die gemeinschaftlichen Rechtsvorschriften hinwegsetzen[1024]. Im Ergebnis lässt sich damit festhalten, dass die EU-Mitgliedstaaten vor dem Hintergrund der bei ihnen verbliebenen Kompetenz zum Abschluss von DBA und ihrer Verpflichtung zur Beseitigung der Doppelbesteuerung aus Art. 293 2. Spiegelstrich EG darin frei sind, ihre DBA auszugestalten und Merkmale zur Aufteilung der Besteuerungsbefugnis festzulegen. Die folgende Anwendung der DBA vermag dagegen sehr wohl belastende Wirkungen zu entfalten und kann keineswegs pauschal als von der mitgliedstaatlichen Kompetenz und dem Ziel zur Beseitigung der Doppelbesteuerung aus Art. 293 EG gedeckt gesehen werden[1025]. Insofern sind die EU-Mitgliedstaaten gehalten, zum einen - wie stets bei Sachverhalten, die sich allein nach dem originär innerstaatlichen Steuerrecht, also unabhängig von DBA bestimmen - die *Ausübung* ihrer Steuerhoheit bei grenzüberschreitenden Sachverhalten gemeinschaftskonform auszugestalten, zum anderen aber auch - und dies ist Ausfluss der DBA - den *Verzicht* auf ihre Besteuerungsbefugnis gemeinschaftskonform auszuüben. Die Verteilung der Besteuerungsbefugnis ist grundfreiheitlich neutral - sie spielt sich allein zwischen den beiden Vertragsstaaten ab. Sowohl die Ausübung der Besteuerungsbefugnis durch den Quellenstaat - diese ist Gegenstand nahezu sämtlicher Entscheidungen des EuGH zum direkten Steuerrecht, in

---

[1022] EuGH, Urt. v. 12.5.1998, Rs. C-226/96, Gilly, EuGHE 1998, I-2793, Rn. 47; EuGH, Urt. v. 12.12.2002, Rs. C-385/00, de Groot, IStR 2003, 58, Rn. 81 ff. Vgl. auch GA *Colomer*, Schlussanträge v. 20.11.1997, Rs. C-226/96, Gilly, EuGHE 1998, I-2793, 2796, Rn. 49 ff.; *Saß*, DB 1998, 1482 [1484].

[1023] Die anschließende Prüfung der Vermeidungsnorm weist zwar deutliche Unterschiede auf zu der von bloß befugnisverteilend wirkenden Zuteilungsnormen. Die nachteiligen Folgen der von Frankreich angewandten „Anrechnungsmethode“ sah er insbesondere aus zwei Gründen als mit den Grundfreiheiten vereinbar an. Zum einen stünde fest, dass sich diese Auswirkungen „in erster Linie aus den unterschiedlichen Steuersätzen der Mitgliedstaaten ergeben, deren Festsetzung in Ermangelung einer Gemeinschaftsregelung auf diesem Gebiet in die alleinige Zuständigkeit der Mitgliedstaaten fällt“. Zum anderen wäre der Wohnsitzstaat sonst „gezwungen, seine Steuer auf die übrigen Einkünfte entsprechend zu verringern, was für diesen Staat zu einem Verlust an Steuereinnahmen führen und damit seine Souveränität auf dem Gebiet der direkten Steuern beeinträchtigen würde“, EuGH, Urt. v. 12.5.1998, Rs. C-226/96, Gilly, EuGHE 1998, I-2793, Rn. 47 f.

[1024] EuGH, Urt. v. 21.9.1999, Rs. C-307/97, Saint Gobain ZN, EuGHE 1997, I-6161, Rn. 57 f. Ebenso EuGH, Urt. v. 12.12.2002, Rs. C-385/00, de Groot, IStR 2003, 58, Rn. 93 f. und 99 ff.

[1025] So aber offenbar *Hahn*, IStR 2002, 681 [685 ff.].

denen es um das Verhältnis zwischen Gebietsfremden und Gebietsansässigen geht - als auch die Ausübung des Verzichts der Besteuerungsbefugnis durch den Wohnsitzstaat in DBA unterliegt dagegen dem Maßstab des Gemeinschaftsrecht (dies gilt selbstverständlich unabhängig von der Freistellungsmethode, also ebenso für die Anrechnungsmethode).

II. Unmittelbare Bezugnahmen des Europarechts auf DBA

Unterliegen DBA folglich dem Einfluss des Gemeinschaftsrechts, stellt sich im Folgenden die Frage, welche Regelungen der EG-Vertrag enthält, die sich auf das Recht der DBA auswirken. Dabei ist festzustellen, dass unmittelbare Berührungspunkte zwischen dem Europarecht und dem Recht der DBA bislang selten sind. Denn DBA regeln ausschließlich das Recht der direkten Besteuerung. Entsprechende Vorschriften zu den direkten Steuern sind in den Bestimmungen des EG-Vertrages[1026] (Art. 90-93 EG) allerdings nicht enthalten. Der ausdrückliche Harmonisierungsauftrag des Art. 93 EG beschränkt sich auf die Rechtsvorschriften über die Verbrauchsteuern (einschließlich der Umsatzsteuer) und die sonstigen indirekten Steuern. Weitere Vorschriften mit Bezug zur direkten Besteuerung finden sich im EG-Vertrag selbst nicht. Lediglich Art. 293 2. Spiegelstrich EG fordert die Mitgliedstaaten auf, untereinander Verhandlungen einzuleiten, um die Beseitigung der Doppelbesteuerung sicherzustellen[1027].

Allerdings finden sich in der Normenhierarchie unterhalb dem primären einige Maßnahmen des sekundären Gemeinschaftsrechts, die zu Überlagerungen mit dem Recht der DBA führen. Denn entgegen weitläufiger Meinung ist die Gemeinschaft durchaus ermächtigt, Regelungen über direkte Steuern zu treffen[1028]: Art. 94 EG sieht das Recht des Rates vor, einstimmig Richtlinien zur Angleichung der Rechtsordnungen der Mitgliedstaaten zu erlassen. Bislang hat der Rat im Bereich der direkten Besteuerung vier Mal von dieser Ermächtigung durch den Erlass von Richtlinien Gebrauch gemacht; es sind dies die Mutter-Tochter-Richtlinie[1029], die Fusions-Richtlinie[1030], die Zins-Richtlinie[1031] sowie die Zins-

[1026] Zur anwendbaren Fassung siehe oben Fn. 53.

[1027] Siehe dazu auch noch unten 4. Kapitel B. III. Gesamt-europäisches DBA.

[1028] So auch *Randelzhofer/Forsthoff* in G/H, vor Art. 39-55 EGV, Rn. 212 (Stand: 18. Lfg. 5/2001). Deutlich auch *van Thiel/Achilles*, IStR 2003, 530 [531]. Verkürzt dagegen beispielsweise *Vogel*, StuW 2005, 373 f. Vgl. auch sogleich Fn. 1034.

[1029] Richtlinie 90/435/EWG v. 23.7.1990 über das gemeinsame Steuersystem der Mutter- und Tochtergesellschaften verschiedener Mitgliedstaaten, ABl. EG 1990 L Nr. 225, S. 6 ff.

[1030] Richtlinie 90/434/EWG v. 23.7.1990 über das gemeinsame Steuersystem für Fusionen, Spaltungen, die Einbringung von Unternehmensanteilen, und den Umtausch von Anteilen, die Gesellschaften verschiedener Mitgliedstaaten betreffen, ABl. EG 1990 L Nr. 225, S. 1 ff.

[1031] Richtlinie 2003/48/EG v. 3.6.2003 im Bereich der Besteuerung von Zinserträgen, ABl. EG 2003 L Nr. 157, S. 38 ff.

und Lizenz-Richtlinie[1032]. Verordnungen kommen dagegen als gesetzgeberische Maßnahme wegen der Sperrwirkung des Art. 95 Abs. 2 EG nicht in Betracht[1033]: Die Vorschrift hindert die Anwendung des Verfahrens nach Art. 95 Abs. 1 i. V. m. Art. 251 EG, in dem der Rat zum einen im Verfahren der Mitentscheidung, also grundsätzlich bereits mit qualifizierter Mehrheit, und zum anderen alle Rechtsakte als Angleichungsmaßnahmen, also insbesondere auch Verordnungen erlassen kann[1034]. Stattdessen vereinbarten die Mitgliedstaaten als weitere gemeinsame Maßnahme im Bereich direkter Besteuerung, gestützt auf Art. 293 2. Spiegelstrich EG, das Übereinkommen über die Beseitigung der Doppelbesteuerung im Fall von Gewinnberichtigungen zwischen verbundenen Unternehmen von 1990, die sog. Schieds- oder besser Schiedsverfahrenskonvention[1035].

Von den soeben benannten Maßnahmen zeigt allein die Mutter-Tochter-Richtlinie Auswirkungen auf die DBA-rechtliche Freistellungsmethode[1036]. Ab-

---

[1032] Richtlinie 2003/49/EG v. 3.6.2003 über eine gemeinsame Steuerregelung für Zahlungen von Zinsen und Linzgebühren zwischen verbundenen Unternehmen verschiedener Mitgliedstaaten, ABl. EG 2003 L Nr. 157, S. 49 ff.

[1033] Vgl. auch *Bardenhewer/Pipkorn* in G/T/E[4], Art. 100a EWG, Rn. 54 ff.; *Scherer*, DB und EG-Recht, 117 f.; 134 ff. Bedeutung auch für das Steuerrecht hat die Verordnung über die societas europaea, VO Nr. 2157/2001, ABl. EG 2001 L Nr. 294, S. 1 (deren steuerrechtliche Behandlung allerdings maßgeblich durch die Regeln der Fusions-Richtlinie bestimmt wird) sowie die Verordnung betreffend die Anwendung internationaler Rechnungslegungsstandards, VO Nr. 1606/2002, ABl. EG 2002 L Nr. 243, S. 1 ff.

[1034] *Geiger*, EUV/EGV[4], Art. 95 EG, Rn. 2. Daher fallen gesetzgeberische Maßnahmen auf dem Gebiet der direkten Besteuerung letztlich doch allein in den Zuständigkeitsbereich der Mitgliedstaaten, die auf europäischer Ebene eben nur einstimmig tätig werden können, vgl. Art. 94 EG.

[1035] Übereinkommen 90/436/EWG v. 20.8.1990 über die Beseitigung von Doppelbesteuerung im Falle von Gewinnberichtigungen zwischen verbundenen Unternehmen, ABl. EG 1990 L Nr. 225, S. 10 ff. Dass sich die europäischen Harmonisierungsbemühungen im Bereich direkter Besteuerung überwiegend mit dem Unternehmensteuerrecht, konkret dem Körperschaftsteuerrecht beschäftigen, hängt u. a. mit dessen haushaltspolitischer Bedeutung sowie dem Umstand zusammen, dass in den meisten Mitgliedstaaten die körperschaftsteuerpflichtigen Unternehmen dominieren; *Brinkmann*, Einfluss, 29.

[1036] Zu den Auswirkungen der übrigen Maßnahmen auf die DBA allgemein *Vogel* in V/L[4], Einl., Rn. 269. Speziell zur Zins- und Lizenz-Richtlinie *Dörr*, IStR 2005, 109 ff.; *Forst/Busch*, EStB 2005, 35 ff.; *Lehner* in Birk, Handbuch, § 31, Rn. 10. Zur Zins-Richtlinie besonders im Hinblick auf den Quellensteuerabzug *Kischel*, IWB, F. 11, Gr. 2, 459 ff. und *Seiler*, IStR 2004, 781 ff. Zur Schiedskonvention und den DBA eingehend *Eicker/Stockburger*, IWB, EG, Gr. 2, 661 ff.; *Graf*, SteuerStud 2005, 98 ff. Die Fusions-Richtlinie ist für den Bereich der Vermeidung der Doppelbesteuerung grundsätzlich ohne spezifische Bedeutung, *Lehner* in Birk, Handbuch, § 31, Rn. 11; vgl. aber auch *Saß*, DB 2005, 1238 ff. Vgl. zur Mutter-Tochter-Richtlinie auch *Kessler/Sinz*, IStR 2004, 789 ff. und *Semmler*, NWB, F. 4, 4941 ff. Zur Rechtslage mit der Schweiz *Kolb*, IWB, F. 5, Schweiz, Gr. 2, 587 ff.

weichend vom OECD-MA, aber in weitgehender Übereinstimmung mit den deutschen DBA[1037] sieht Art. 4 Abs. 1 1. Spiegelstrich MTRL die Freistellung von an die Muttergesellschaft fließenden Gewinnen durch den Ansässigkeitsstaat vor und entspricht damit dem von Deutschland gewährten internationalen Schachtelprivileg[1038]; alternativ kann der Ansässigkeitsstaat der Muttergesellschaft die im Quellenstaat erhobene Steuer anrechnen (Art. 4 Abs. 1 2. Spiegelstrich MTRL). In Übereinstimmung mit der Vorgabe der Mutter-Tochter-Richtlinie hat sich der deutsche Steuergesetzgeber für die Freistellung der Schachteldividenden entschieden (§ 8b KStG)[1039]. Sofern das in den DBA niedergelegte Schachtelprivileg ausnahmsweise Zahlungen freistellt, die nicht bereits von § 8b KStG erfasst werden[1040], steht die Mutter-Tochter-Richtlinie der Anwendung des DBA natürlich nicht entgegen (vgl. Art. 1 Abs. 2 MTRL)[1041].

1037 Über die Voraussetzungen der Mutter-Tochter-Richtlinie hinaus, erfordern die deutschen DBA verschieden hohe Beteiligungsschwellen (Art. 3 Abs. 1 MTRL spricht von 20%) und teilweise eine aktive Tätigkeit der Tochtergesellschaft; vgl. dazu oben 2. Kapitel B. I. Aktivitätsvorbehalt. Der Unterschied wirkt sich allerdings wegen der einheitlichen Umsetzung der Richtlinie durch § 8b KStG (die Vorschrift wirkt - abgesehen von § 8b Abs. 7, 8 und 9 KStG - anders als § 43b EStG nicht nur für EU-Mitgliedstaaten, sondern auch für Drittstaaten) nicht aus, weil damit letztlich auf die Bedingung sowohl einer Beteiligungsschwelle als auch einer aktiven Tätigkeit verzichtet wird.

1038 Außerdem verhindert Art. 5 MTRL i. V. m. § 43b EStG die nach DBA-Recht eintretende Doppelbelastung durch den Steuerabzug im Quellenstaat. Für Griechenland, Deutschland und Portugal war für einen Übergangszeitraum die Erhebung einer höhenmäßig beschränkten Quellensteuer noch zugelassen (vgl. Art. 5 Abs. 2 bis 4 MTRL a. F.).

1039 Dass wegen § 8b Abs. 5 KStG im Ergebnis nur 95% der Zahlungen an die Mutter freigestellt werden, ist in Art. 4 Abs. 2 MTRL ausdrücklich so vorgesehen. Nachdem § 8b Abs. 5 KStG auf in- wie ausländische Sachverhalte gleichermaßen anzuwenden ist, bestehen an der Europarechtskonformität der Vorschrift nach überwiegender Auffassung keine Zweifel mehr, vgl. *Englisch*, Dividendenbesteuerung, 491 f.; *Graf Kerssenbrock*, BB 2003, 2148 [2156]; *Hahn*, GmbHR 2003, 1245 [1248]; *Rödder*, DStR 2004, 1629 [1631]; *Schön*, IStR 2004, 289 [299]; *Seer/Kahler/Rüping/Thulfaut*, EWS 2005, 289 [298]; *Spengel/Braunagel*, StuW 2006, 34 [37]; *Thiel*, DB 2004, 2603 [2605]. Dennoch vertritt *Körner*, BB 2003, 2437 [2440 f.] die Auffassung, § 8b führe deshalb zu einer Besserstellung inländischer Konzerne, weil sich die Wirkung des § 8b Abs. 5 KStG über eine Gestaltung als Organschaft oder eine ertragsteuerneutrale Verschmelzung umgehen lassen; zustimmend *Wagner*, DStZ 2005, 325 [329]. Dagegen weist *Watermeyer* in H/H/R, § 8b KStG, Rn. 123 (Stand: 215. Lfg. 7/2004) darauf hin, dass dies nicht die Vorschrift des § 8b KStG in Frage stellt, sondern das Organschaftsrecht und das UmwStG.

1040 Siehe dazu oben 2. Kapitel B. II. Internationales Schachtelprivileg und 2. Kapitel C. III. 2. b) aa) Aufwendungen für Schachteldividenden. Nicht ausgeschlossen ist damit aber, dass die in den DBA niedergelegten Schachtelprivilegien nicht mit den Vorgaben der Mutter-Tochter-Richtlinie vereinbar sind. Diese Frage ist aber eine rein theoretische, da es in Übereinstimmung mit der Mutter-Tochter-Richtlinie jedenfalls gemäß § 8b KStG zur Freistellung kommt. Ein Vorabentscheidungsverfahren an den EuGH ist daher von Seiten der deutschen Gerichte nicht zu erwarten. Vgl. zur Rechtslage in Österreich dagegen *Konezny/Züger*, SWI 2000, 218

III. Mittelbare Bezugnahmen des Europarechts auf DBA

Ohne ausdrücklich auf das Recht der direkten Besteuerung, geschweige denn, das der DBA Bezug zu nehmen, sind einige Vorschriften des EG-Vertrages doch *mittelbar* in diesem Bereich von erheblicher Bedeutung. In seinen Entscheidungen zur direkten Besteuerung führt der EuGH einleitend in ständiger Rechtsprechung aus[1042]:

> „... dass die direkten Steuern zwar in die Zuständigkeit der Mitgliedstaaten fallen, dass diese ihre Befugnisse jedoch unter Wahrung des Gemeinschaftsrechts ausüben müssen."

Die Geltung des Gemeinschaftsrechts kann nicht davon abhängen, auf welchem Gebiet des innerstaatlichen Rechts es seine Wirkung zeigt[1043]. Daher ist allgemein anerkannt, dass auch der Bereich der direkten Steuern und damit die von den DBA geregelte Materie mit dem Gemeinschaftsrecht und insbesondere den Grundfreiheiten sowie dem Beihilferecht vereinbar sein müssen[1044]. Prüfungsmaßstab ist dabei der EG-Vertrag[1045], in der vom EuGH gefundenen und bin-

---

ff. sowie nunmehr auch ÖVwGH, Beschl. v. 27.8.2002, EU 2002/0004-10 (99/14/0164); dazu u. a. *Bichler*, Dividenden, 103 ff. m. w. N.

[1041] Schließlich führt das DBA so noch zu einer weiteren Begünstigung von Mutter-Tochter-Beziehungen; vgl. auch *Scherer*, DB und EG-Recht, 123; *ders.* in D/W, DBA, Vor Art. 1 MA, Rn. 132 (Stand: 82. Lfg. 9/2000).

[1042] Ausdrücklich im Bereich direkter Besteuerung in EuGH, Urt. v. 14.02.1995, Rs. C-279/93, Schumacker, EuGHE 1995, I-225, Rn. 21; v. 11.8.1995, Rs. C-80/94, Wielockx, EuGHE 1995, I-2493, Rn. 16; v. 16.7.1998, Rs. C-264/96, ICI, EuGHE 1998, I-4695, Rn. 19; v. 29.4.1999, Rs. 311/97, Royal Bank of Scotland, EuGHE 1999, I-2651, Rn. 19; 7.9.2004, Rs. C-319/02, Manninen, IStR 2004, 680, Rn. 18. Seinen Ursprung findet dieser Gedanke im Bereich der Währungspolitik, vgl. EuGH, Urt. 10.12.1969, Rs. 6 und 11/69, Kommission/Französische Republik, EuGHE 1969, 523, Rn. 14/17 und 41/44; v. 7.6.1988, Rs. 57/86, Griechische Republik/Kommission, EuGHE 1988, 2855, Rn. 9; v. 4.10.1991, Rs. C-246/89, Kommission/Vereinigtes Königreich, EuGHE 1991, I-4585, Rn. 12;

[1043] Beispielsweise EuGH, Urt. v. 1.7.1993, Rs. C-20/92, Hubbard, EuGHE 1993, I-3777, Rn. 19.

[1044] Aus dem neueren Schrifttum *Birk*, FR 2005, 121 [122 ff.]; *Englisch*, StuW 2003, 88 [91]; *Hirsch*, Verhältnis, 183 f.; *ders.*, DStZ 1998, 489 [491]; *Rödder*, DStR 2004, 1629 [1630]; *Schön*, IStR 2004, 289 f.; *Seiler, C.*, StuW 2005, 25 [26 f.] spricht von „schleichender Angleichung"; *Thiel*, DB 2004, 2603. Kritisch *Ahmann*, DStZ 2005, 75 [78]; *Fischer*, FR 2005, 457 [458 ff.]. Aus dem Schrifttum zum internationalen Steuerrecht *Kluge*, IntStR^4, K, Rn. 17 ff. und 39; *Lehner* in V/L^4, Einl., Rn. 252; *Scherer* in D/W, DBA, Vor Art. 1 MA, Rn. 112 (Stand: 82. Lfg. 9/2000). Siehe zu den Besonderheiten bei DBA bereits oben 3. Kapitel A. I. 1. Besonderheiten bei DBA mit Drittstaaten und 2. Besonderheiten bei befugnisaufteilenden Regelungen.

[1045] Dagegen überprüft der EuGH nicht, ob eine mitgliedstaatliche Vorschrift mit den DBA vereinbar ist (treaty overriding), EuGH, Urt. v. 14.12.2000, Rs. C-141/99, AMID, EuGHE 2000, I-11619, Rn. 18.

denden Interpretation[1046]. Er beansprucht in dieser Gestalt Anwendungsvorrang[1047].

Sofern eine die grenzüberschreitende Tätigkeit *belastende*[1048] Vorschrift der mitgliedstaatlichen Rechtsordnung in Frage steht, überprüft der EuGH eine Verletzung der Grundfreiheiten[1049]. Im Bereich direkter Besteuerung legt er dazu vor allem die Vorschriften der Arbeitnehmerfreizügigkeit (Art. 39-42 EG), Niederlassungsfreiheit (Art. 43-48 EG), Dienstleistungsfreiheit (Art. 49-55 EG) und Kapitalverkehrsfreiheit (Art. 56-66 EG) aus[1050] und untersucht sie nach einer nicht gerechtfertigten Diskriminierung oder Beschränkung[1051]. Auf diese Aufgabe der Auslegung der Grundfreiheiten beschränkt sich allerdings auch die Prüfung des EuGH; er überprüft weder das nationale Recht[1052] noch dessen Vereinbarkeit mit dem Gemeinschaftsrecht[1053]. Insbesondere verwirft er nicht nationale

---

[1046] EuGH, Urt. v. 15.7.1964, Rs. 6/64 - Costa/ENEL, EuGHE 1964, 1251, 1269 ff; *Ahmann*, DStZ 2005, 75 [77]; *Gaitanides* in G/S[6], Art. 234 EG, Rn. 89 ff.; *Kluge*, IntStR[4], K, Rn. 37.

[1047] Siehe oben Fn. 997.

[1048] Das verbindende Element der vom EuGH etablierten Trennung zwischen Diskriminierung einerseits und Beschränkung andererseits ist die nachteilige Wirkung, die von der zu überprüfenden Maßnahme zulasten des grenzüberschreitend Tätigen ausgehen muss. Eine reine Ungleichbehandlung begründet dagegen noch keine Diskriminierung, schließlich kommt zu ihrer Beseitigung auch eine Besserstellung der EG-Ausländer gegenüber den Inländern in Betracht, vgl. noch Fn. 1063. Es bedarf folglich einer Schlechterstellung; vgl. EuGH, Urt. v. 27.4.1989, Rs. 321/87, Kommission/Belgien, EuGHE 1989, 997, Rn. 12; *Ehlers* in Ehlers, Grundfreiheiten[2], § 7, Rn. 69; *Herdegen*, Europarecht[6], Rn. 282 f.; *Müller-Graff* in Streinz, EUV/EGV, Art. 43, Rn. 42; *Steichen* in FS Debatin, 423; *Streinz*, Europarecht[6], Rn. 667; *Tiedje/Troberg* in G/S[6], Art. 43, Rn. 69; offen gelassen von *Ribbrock*, Dreieckssachverhalte, 171 f. Oftmals wird nur von einer „Ungleichbehandlung" gesprochen, aber damit letztlich eine „Schlechterstellung" gemeint, vgl. BFH, Beschl. v. 14.7.2004, I R 17/03, BStBl. II 2005, 53 [54 f.] (beim EuGH geführt als Rs. C-471/04, Keller Holding GmbH); *Reimer*, Auswirkungen, 50. Voraussetzung ist aber eine Diskriminierung, die eine nachteilige Ungleichbehandlung darstellt; vgl. wiederum *Reimer*, Auswirkungen, 55. Bewirkt das nationale Recht dagegen eine Besserstellung, kann der Staat dem EG-Bürger das nachteiligere Gemeinschaftsrecht nicht entgegenhalten, EuGH, Urt. v. 26.9.1996, Rs. C-168/95, Arcaro, EuGHE 1996, I-4705.

[1049] Auf die Einzelheiten der Grundfreiheiten wird im Folgenden an der jeweils relevanten Stelle eingegangen, siehe insbesondere ab 3. Kapitel C. I. 1. Anwendbare Grundfreiheit.

[1050] Dagegen ist die Warenverkehrsfreiheit (Art. 23 ff. EG) für die direkten Steuern ohne nennenswerte Relevanz, *Hahn*, DStZ 2005, 469.

[1051] Siehe dazu noch 3. Kapitel C. I. 2. Beeinträchtigung. Zum Teil wird vertreten, dass die vom EuGH entwickelten Grundsätze zur Beschränkung nicht auf den Bereich des Steuerrechts übertragbar seien, vgl. noch Fn. 1118.

[1052] EuGH, Urt. v. 17.12.1970, Rs. 11/70 - Internationale Handelsgesellschaft/Einfuhr- und Vorratsstelle Getreide, EuGHE 1970, 1125, Rn. 3.

[1053] EuGH, Urt. v. 15.7.1964, Rs. 6/64 - Costa/ENEL, EuGHE 1964, 1251, 1268; v. 15.12.1993, Rs. C-292/92 - Hünermund, EuGHE 1993, 6787, Rn. 8; *Gaitanides* in G/S[6],

Normen als gemeinschaftswidrig; eine Verwerfungskompetenz kommt ausschließlich dem nationalen Richter zu[1054]. Widerspricht aber eine nationale Vorschrift dem Gemeinschaftsrecht, so ist sie nicht weiter anzuwenden[1055].

Steht dagegen eine nationale Vorschrift in Frage, die vom Inland ausgehende Tätigkeiten *begünstigt*, könnte sie dem Gemeinschaftsrecht in seiner Konkretisierung als Beihilfeverbot (Art. 87 ff. EG) widersprechen. Anders als die Grundfreiheiten wirkt das Beihilfeverbot nicht unmittelbar. Es bedarf der Konkretisierung durch die Kommission, der insoweit eine umfassende Kontrollbefugnis zukommt[1056]. Die Kommission überprüft fortlaufend bereits bestehende Beihilferegelungen, vorab von den Mitgliedstaaten angemeldete Beihilfen sowie solche, die ein Mitgliedstaat ohne vorherige Anmeldung rechtswidrig eingeführt hat oder missbräuchlich entgegen der erteilten Genehmigung anwendet[1057]. Im Falle der Gemeinschaftsrechtswidrigkeit schließt sie ihre Prüfung mit einer Untersagung der Beihilfe ab. Wurde eine von der Kommission als gemeinschaftsrechtswidrig festgestellte Beihilfe bereits gewährt, fordert die Kommission die Beihilfe gleichzeitig zurück[1058].

B. Vereinbarkeit der Freistellung von Erwerbsbezügen und positiven Einkünften mit dem EG-Vertrag

I. Differenzierung Grundfreiheiten - Beihilferecht

Vor diesem Hintergrund stellt sich nunmehr also die Frage, ob die Freistellungsmethode, wie sie in deutschen DBA niedergelegt ist mit den Vorgaben des EG-Vertrages vereinbar ist. Betrachtet man die Wirkungsweise der Freistellungsmethode und sucht nach einer in den Anwendungsbereich der Grundfreiheiten fallenden Ungleichbehandlung, stellt man fest, dass die Freistellung von Erwerbsbezügen und positiven Einkünften für den grenzüberschreitend Tätigen keine Schlechterstellung gegenüber dem inländischen Steuerpflichtigen bedeu-

Art. 234 EG, Rn. 27; *Schaumburg*, IntStR², Rn. 3.54. Deswegen sind die Mitgliedstaaten auch nicht zu einer unmittelbaren Reaktion verpflichtet, *Kluge*, IntStR⁴, K, Rn. 37.

1054 EuGH, Urt. v. 5.3.2002, verb. Rs. C-515/99, C-519/99 bis C-524/99, C-526/99 bis C-540/99, Reisch u. a., EuGHE 2002, I-2157, Rn. 22; *Ahmann*, DStZ 2005, 75.

1055 EuGH, Urt. v. 9.3.1978, Rs. 106/77 - Staatliche Finanzverwaltung/Simmenthal, EuGHE 1978, 629, Rn. 14/16; v. 7.2.1991, Rs. C-184/89, NIMZ, EuGHE 1991, I-297, Rn. 19; vgl. *Vedder*, Einwirkungen, 4; *Zuleeg* in G/S⁶, Art. 1 EG, Rn. 26.

1056 Siehe dazu noch 3. Kapitel B. II. 1. Grundlagen des Beihilferechts.

1057 Vgl. zu dieser Vierteilung *Koenig/Kühling* in Streinz, EUV/EGV, Art. 88 EG, Rn. 4 ff.

1058 Vgl. *Cremer* in C/R², Art. 88, Rn. 21.

tet, sondern sich ganz im Gegenteil günstig für ihn auswirkt; und zwar selbst dann, wenn Freistellung nur unter besonderen Voraussetzungen, wie Vorbehaltsklauseln, gewährt wird[1059]. Das DBA gewährt dem in seinen Anwendungsbereich fallenden Steuerpflichtigen von Seiten des Ansässigkeitsstaats ein Mehr an Rechten. Die Freistellung bedeutet einen Verzicht des Wohnsitzstaats auf die Ausübung seiner Besteuerungsbefugnis zugunsten des Quellenstaates. Verbunden mit dieser Begünstigung ist zugleich die Verlagerung der Besteuerungsbefugnis auf den Quellenstaat. Letztlich sehen sich der inländische Steuerpflichtige und der grenzüberschreitend Tätige damit gleichermaßen dem Steuerzugriff ausgesetzt - der inländische Steuerpflichtige im Wohnsitzstaat und der grenzüberschreitend Tätige im Quellenstaat; die freigestellten Einkünfte bleiben im Ergebnis bei grenzüberschreitender Betrachtung also nicht steuerfrei[1060].

Etwas anderes gilt dagegen für die vom Anwendungsbereich des DBA-Schachtelprivilegs begünstigten Einkünfte. Nachdem die Tochtergesellschaft im ausländischen Staat ihres Sitzes zur Besteuerung herangezogen wurde und ihren Gewinn als Dividende an die Muttergesellschaft ausschüttet, unterliegt diese Ausschüttung im ausländischen Sitzstaat der Tochter (sofern es sich um einen Mitgliedstaat der EU handelt) keiner Quellenbesteuerung[1061] und wird auch bei der Muttergesellschaft nicht weiter besteuert (vgl. § 8b KStG). Dies gilt grundsätzlich für in- wie ausländische Mutter-Tochter-Verbindungen gleichermaßen. Dagegen gilt die national-rechtliche Freistellung nach § 8b KStG nicht bei Einkünften aus stiller Beteiligung oder partiarischen Darlehen. Dass solche Einkünfte der Muttergesellschaft bei rein inländischen Sachverhalten steuerpflichtig sind, scheint auch konsequent, da ja in gleichem Maße Betriebsausgaben bei der Tochter angefallen sind. Bei grenzüberschreitenden Mutter-Tochter-Beziehungen können die Muttergesellschaften dagegen auch bei solchen Einkünften vom DBA-Schachtelprivileg profitieren. Insofern sind die rein im Inland tätigen Muttergesellschaften tatsächlich schlechter gestellt. Dabei handelt es sich indes nicht um einen Anwendungsfall der Grundfreiheiten, sondern um das Problem der sog. Inländerdiskriminierung: Der grenzüberschreitenden Aktivität kommt eine Regelung zugute, die für die vergleichbare rein inländische Gestaltung nicht gilt[1062]. Eine solche Regelung steht nicht im Widerspruch zu den EG-

[1059] Siehe bereits Fn. 1021. In diesem Sinne auch *Schön*, StbJb. 2003/2004, 27 [40]. Gerade umgekehrt versuchen manche Autoren, aus den Grundfreiheiten einen *Anspruch auf Freistellung* abzuleiten, vgl. dazu *Lehner*, StuW 1998, 159 [171] m. w. N.

[1060] Vgl. dazu bereits oben 2. Kapitel C. II. 2. a) bb) Einnahmen im Sinne des § 3c EStG.

[1061] Dies folgt aus der begünstigenden Wirkung der Mutter-Tochter-Richtlinie.

[1062] Die im Europarecht diskutierte Problematik der Inländerdiskriminierung zeichnet sich eigentlich dadurch aus, dass es begründet durch die EG-Grundfreiheiten zur Besserstellung der EG-Ausländer als der Inländer kommt, vgl. *Epiney* in C/R^2, Art. 12, Rn. 24; *Streinz*, Europarecht^6, Rn. 682. Die hier in Frage stehende Ungleichbehandlung ist damit in europarecht-

Grundfreiheiten[1063]. Denn deren Schutzbereich wirkt nur zugunsten grenzüberschreitender Tätigkeiten[1064]. Auf innerstaatliche Vorgänge findet das Gemeinschaftsrecht keine Anwendung, weil die Gemeinschaft für rein interne Vorgänge der Mitgliedstaaten nicht zuständig ist, sondern allein für das Gefüge der Mitgliedstaaten[1065].

Aus dem simplen Befund, dass die Freistellung der positiven Einkünfte für den grenzüberschreitend tätigen Steuerpflichtigen begünstigende Wirkung zeigt, folgen allerdings zugleich zwei weitere Fragestellungen: Zum einen könnte eine an den Grundfreiheiten zu messende Schlechterstellung zumindest darin gesehen werden, dass einige, von einem DBA Begünstigte, nur unter den besonderen Voraussetzungen beispielsweise der Vorbehaltsklauseln in den Genuss der Freistellungsmethode kommen, während deren Anwendung in anderen DBA unabhängig von solchen Erschwernissen gewährt wird, so dass beispielsweise die Einkünfte einer französischen Betriebsstätte stets, die einer finnischen dagegen nur dann freigestellt werden, wenn letztere eine aktive Tätigkeit im Sinne des DBA unterhält. Zum anderen könnte diese Besserstellung der grenzüberschreitenden Aktivität als gemeinschaftswidrige Beihilfe zu bewerten sein.

II. Verletzung der Grundfreiheiten - Meistbegünstigungsprinzip

Eine Verletzung der Grundfreiheiten kommt, wie soeben dargelegt[1066], nur insofern in Betracht, als dass die Situation eines in der Bundesrepublik Deutschland Ansässigen hinsichtlich seiner steuerrelevanten Tätigkeiten in *verschiedenen* Mitgliedstaaten verglichen wird. Angesprochen ist damit das sog. Meistbegüns-

---

licher Hinsicht aber durchaus gleich zu behandeln. Da die Ungleichbehandlung noch nicht einmal aus dem Europarecht resultiert, sondern aus dem DBA, kann das Europarecht dem noch weniger entgegenstehen; es handelt sich um einen rein nationalen Vorgang.

[1063] Ganz herrschende Meinung, EuGH, Urt. v. 13.3.1979, Rs. 86/78, Peureux, EuGHE 1979, 897, Rn. 32; v. 23.10.1986, Rs. 355/85, Driancourt/Coquet, EuGHE 1986, 3231, Rn. 12; *Classen*, EWS 1995, 97 [105]; *Hahn*, DStZ 2005, 433 [438]; *Jarass*, EuR 2000, 705 [714]; *Kamann* in Streinz, EUV/EGV, Art. 90, Rn. 3; *Reimer*, Auswirkungen, 53; *Schön*, StbJb. 2003/2004, 27 [40]; *Streinz*, Europarecht[6], Rn. 685; *van Thiel/Achilles*, IStR 2003, 530 [532]. Zu den Ausnahmen von diesem Grundsatz *Oppermann*, Europarecht[2], Rn. 1522 m. w. N. Aus verfassungsrechtlicher Sicht kommt allerdings eine Verletzung von Art. 3 oder 12 GG in Betracht; vgl. *Streinz*, Europarecht[6], Rn. 685 m. w. N. aber auch *Ehlers* in Ehlers, Grundfreiheiten[2], § 7, Rn. 20.

[1064] Sehr deutlich im Bereich des Rechts direkter Besteuerung EuGH, Urt. v. 26.1.1993, Rs. C-112/91, Werner, EuGHE 1993, I-429, Rn. 16 ff. (insoweit nicht überholt); v. 21.11.2002, Rs. C-346/00, X und Y, IStR 2003, 23, Rn. 33 f. *Oppermann*, Europarecht[2], Rn. 1511 m. w. N. Mit innovativem Ansatz dagegen *Epiney*, Umgekehrte Diskriminierungen, 205 ff.

[1065] *Kischel*, EuGRZ 1997, 1 [8]. Vgl. auch *von Thiel/Achilles*, IStR 2003, 530 [533].

[1066] Siehe oben 3. Kapitel B. I. Differenzierung Grundfreiheiten - Beihilferecht.

tigungsprinzip, dessen Bestand völkerrechtlich nicht, europarechtlich dagegen noch überaus fraglich ist[1067]. Darunter versteht man einen Anspruch auf die gleiche oder eine zumindest ebenso vorteilhafte Behandlung, wie die, die der in den übrigen DBA am meisten begünstigte Vertragsstaat genießt[1068]. Rechtsgrundlage eines solchen Anspruches bildet regelmäßig eine entsprechende Vereinbarung in dem jeweiligen *völkerrechtlichen* Vertrag[1069]. So wurde beispielsweise mit der Schweiz vereinbart, den Quellensteuersatz für Dividenden zu Gunsten der Schweiz für den Fall anzugleichen, dass Deutschland mit einem anderen OECD-Mitgliedstaat einen niedrigeren Quellensteuersatz gewährt[1070]. Da die Mutter-Tochter-Richtlinie eine Reduzierung des Quellensteuersatzes auf Null bewirkte, war die Bundesrepublik Deutschland gehalten, auch der Schweiz eine entsprechende Entlastung bei der Dividendenbesteuerung zu gewähren[1071].

Fraglich ist nun, ob es eine Verletzung der Grundfreiheiten darstellt, wenn in den verschiedenen deutschen DBA, die mit EU-Mitgliedstaaten vereinbart wurden, unterschiedliche Regelungen getroffen wurden, die zu einer Schlechterstellung einiger Abkommensberechtigter im Vergleich zu anderen führt. Sollten die verschiedenen Ausgestaltungen deutsch-europäischer DBA eine Verletzung der EG-Grundfreiheiten darstellen, könnte daraus möglicherweise ein *gemeinschaftsrechtlich fundierter* Anspruch auf Meistbegünstigung herzuleiten sein. Um einen Anknüpfungspunkt für eine gemeinschaftswidrige Ungleichbehandlung, aber auch um sich der Tragweite eines daraus u. U. abzuleitenden gemeinschaftsrechtlichen Meistbegünstigungsprinzips klar zu werden, sind zunächst die deutschen-europäischen DBA auf ihr Verschiedenartigkeit hin zu untersuchen.

[1067] Vor der Veröffentlichung der EuGH-Entscheidung zur Rs. D. sprachen sich dafür aus: GA *Colomer*, Schlussanträge v. 26.10.2004, Rs. C-376/03, D., IStR 2003, 793 ff; *Herzig/Dautzenberg*, DB 1992, 2519 [2522]; *Jacobs*, Unternehmensbesteuerung[5], 262 ff. m. w. N.; *Schuch*, Meistbegünstigungsklauseln, 99 ff.; differenzierend *Kokott*, Grundfreiheiten, 8 f.; *Lang, M.*, IStR 2005, 289 [295]; *Weggenmann*, IStR 2003, 677 ff.; zweifelnd *Lehner*, StuW 1998, 159 [172] m. w. N.; *Englisch*, Dividendenbesteuerung, 289 m. w. N.; *Rädler* in FS Debatin, 342; *Steichen* in FS Debatin, 432 ff.; ablehnend schließlich *Reith*, IntStR, Rn. 4.76 ff. m. w. N.; *Schnitger*, IStR 2004, 801 f.; *Schnitger/Papantonopoulos*, BB 2005, 407 [414].

[1068] Zur Definition der Meistbegünstigung siehe *Bosch*, Meistbegünstigung, 15.

[1069] Zu den in deutschen und österreicherischen DBA vereinbarten Meistbegünstigungsklauseln *Hofbauer*, IStR 2004, 667 ff.; sowie nunmehr *dies.*, Meistbegünstigung, 108 ff. Vgl. ferner BFH, Urt. v. 14.3.1989, I R 20/87, BStBl. II 1989, 649, [650] sowie v. 29.1.2003, I R 6/99, BFH/NV 2003, 969 ff.

[1070] Notenwechsel v. 17.10.1989 zum Protokoll 1989. Darin war vorgesehen, dass in einem solchen Fall Verhandlungen aufgenommen werden sollten, um eine Gleichstellung für die Schweiz zu erreichen.

[1071] Dies erfolgte durch eine Änderung des Art. 10 Abs. 3 DBA-Schweiz 1971/2002, siehe Revisionsprotokoll v. 12.3.2002, BGBl. 2003 II, S. 68.

1. Bestand unterschiedlicher Ausgestaltung der Freistellungsmethode in deutschen DBA mit EU-Mitgliedstaaten

Die deutschen DBA weisen überaus unterschiedliche Regelungen auf[1072]. Dieser Befund überrascht nicht, wenn man sich vergegenwärtigt, dass die *geltenden Fassungen* der von der Bundesrepublik Deutschland mit seinen EG-Partnern abgeschlossenen DBA aus den Jahren 1962 bis 2004 stammen[1073]. Zumindest eine ähnliche Handschrift lässt sich zwischen solchen Abkommen feststellen, die einerseits in einem annährend gleichen Zeitraum entstanden sind[1074] oder bzw. und andererseits Länder betreffen, die regional benachbart sind (beispielsweise DBA-Dänemark 1995 und DBA-Schweden 1992)[1075]. Von solchen Ähnlichkeiten einmal abgesehen, zeichnen sich die europäischen DBA durch eine stark divergierende *Systematik* aus. Deutlich wird dies schon dann, wenn man einmal die Stellung des Methodenartikels in den deutschen DBA vergleicht. Bedarf es in einem DBA nur 16 Definitions- und Zuteilungsnormen bevor die Methode zur Vermeidung der (verbleibenden) Doppelbesteuerung bestimmt wird, ist die Vermeidungsnorm in anderen DBA erst in Art. 24 niedergelegt[1076]. Einleitend enthalten lediglich drei der insgesamt 23 deutsch-europäischen DBA[1077] eine Bestimmung des Zwecks des DBA, die Doppelbesteuerung zu vermeiden - wie bereits oben dargelegt[1078], hat der österreicherische VwGH aus einer solchen Zielbestimmung des DBA (wie sie auch im DBA-Österreich 1954/1992 enthalten war) überaus weit reichende Folgen für die Verlustberücksichtigung abgeleitet[1079]. In den daran anschließenden DBA-Bestimmungen ist selbst der Bereich der unter das jeweilige Abkommen fallenden Steuern nicht einheitlich gefasst.

[1072] Vor dem Hintergrund der schier unabsehbaren Anzahl voneinander abweichender Bestimmungen, ist es unmöglich alle Einzelheiten darzustellen. Vielmehr soll nur eine Auswahl auffälliger Divergenzen angesprochen werden.

[1073] DBA-Irland 1962 und DBA-Niederlande 1959/2004.

[1074] Vgl. beispielsweise das von 1964 stammende DBA-Großbritannien mit dem 1966 abgeschlossenen DBA-Griechenland.

[1075] Vgl. ferner DBA-Lettland 1997, DBA-Litauen 1997 und auch DBA-Estland 1996; DBA-Luxemburg 1958/1973 und DBA-Niederlande 1958/2004.

[1076] Die Vermeidungsnorm befindet sich in Art. 17 im DBA-Griechenland 1966, in Art. 18 im DBA-Großbritannien 1964/1970, in Art. 20 im DBA-Frankreich 1959/2001, in Art. 22 im DBA-Irland 1962, DBA-Luxemburg 1958/1973, DBA-Niederlande 1959/2004, in Art. 24 in den DBA-Dänemark 1995, DBA-Italien 1989, DBA-Polen 2003, DBA-Portugal 1980 und im für Slowenien geltenden DBA-Jugoslawien 1987 und in Art. 23 in den übrigen deutsch-europäischen DBA.

[1077] Das DBA-Tschechoslowakei 1980 gilt sowohl für die Slowakische als auch die Tschechische Republik fort.

[1078] Dazu oben 2. Kapitel C. II. 3. b) Abweichende Auffassungen. Das neue DBA-Österreich 2000 enthält eine solche Zielbestimmung nicht ausdrücklich.

[1079] Es sind dies die Art. 1 der DBA-Dänemark 1995, -Frankreich 1959/2001 und -Schweden 1992.

Nur teilweise zählen dazu neben der Einkommen-, Körperschaft- und Gewerbesteuer auch die Vermögen[1080]- und Grundsteuer[1081].

Auch die *Zuteilungsnormen* sind sowohl hinsichtlich ihrer Struktur als auch ihrer Tatbestände und Rechtsfolgen sehr unterschiedlich formuliert. Das betrifft auf der Rechtsfolgenseite vor allem die praxisrelevanten Dividenden, Zinsen, Lizenzgebühren für die DBA-rechtlich[1082], zu denen in manchen Abkommen dem Quellenstaat eine prozentuale (zwischen 5 und 25 %) Besteuerungsbefugnis eingeräumt wird[1083], in anderen DBA eine bedingte Quellenbesteuerungsbefugnis vereinbart ist[1084] oder auch eine ausschließliche Besteuerung durch den Wohnsitzstaat angeordnet ist[1085]. Ebenso sind die Tatbestände der Zuteilungsnorm keinesfalls einheitlich formuliert. Von den zahlreichen Variationen sei hier nur eine Einkunftsart beispielhaft angesprochen. Bereits die relativ kurz gefassten Bestimmungen über Zahlungen an Studenten und Lehrlinge können in insgesamt vier Gruppen unterteilt werden können: in Regelungen, die als Tatbestandsmerkmal

---

[1080] Nicht die VSt nennt Art. 2 des DBA-Österreich 2000 und DBA-Polen 2003.

[1081] Die GrdSt wird nicht ausdrücklich benannt in dem jeweiligen Art. 2 der DBA-Estland 1996, -Jugoslawien 1987 (Slowenien), -Lettland 1997, -Litauen 1997, -Malta 2001, -Polen 2003, -Spanien 1966, -Zypern 1974 sowie im Art. 1 DBA-Griechenland 1966.

[1082] Zu beachten sind in diesem Bereich allerdings die europäischen Vereinheitlichungsmaßnahmen durch Richtlinien, vgl. dazu oben 3. Kapitel A. II. Unmittelbare Bezugnahmen des Europarechts auf DBA.

[1083] Die Höchstsätze für Dividenden (ohne Berücksichtigung der Schachteldividenden, für die besondere Quellensteuersätze vereinbart sind) betragen überwiegend 15%, aber auch 25% in Art. VI Abs. 2 DBA-Griechenland 1966, für Zinsen überwiegend 10%, in Art. 11 Abs. 2 der DBA-Belgien 1967/2002 und DBA-Portugal 1980 dagegen 15%, für Lizenzgebühren regelmäßig 5 bis 10%.

[1084] Art. 10 Abs. 3 DBA-Belgien 1967/2002.

[1085] Für Zinsen: Art. 7 DBA-Großbritannien 1964/1970 und -Irland 1962, Art. 11 der DBA-Dänemark 1995, -Finnland 1979, -Malta 2001, -Schweden 1992, Tschechoslowakische Republik 1980 (Slowakische und Tschechische Republik), -Ungarn 1977. Für Lizenzgebühren: Art. 7 DBA-Großbritannien 1964/1970, Art. 8 DBA-Griechenland 1966 und DBA-Irland 1962, Art. 12 DBA-Belgien, -Dänemark 1995, -Jugoslawien (Slowenien), -Malta 2001, -Österreich 2000, -Schweden 1992, -Ungarn 1977, -Zypern 1974.

- erstens nur Studenten und Lehrlinge[1086],
- zweitens Studenten, Lehrlinge und Praktikanten[1087],
- drittens Studenten, Lehrlinge und Volontäre[1088] oder schließlich
- viertens Studenten, Lehrlinge, Praktikanten und Volontäre[1089] nennen.

In manchen DBA ist die Zuteilung der Besteuerungsbefugnis für Zahlungen an Studenten etc. zusätzlich an besondere Bedingungen gebunden[1090].

a) Freigestellte Einkünfte

Dem *Methodenartikel* liegt in den europäischen DBA von deutscher Seite her einheitlich die Freistellungsmethode mit Progressionsvorbehalt als Regelmethode zur Vermeidung der Doppelbesteuerung zu Grunde. Welche Einkunftsarten abweichend davon der Anrechnungsmethode unterfallen, lässt sich dagegen nicht verallgemeinernd sagen. Da ein Bedürfnis zur Anrechnung oder Freistellung ja auch nur dann besteht, wenn nicht schon in den Zuteilungsnormen eine ausschließliche Besteuerungsbefugnis vorgesehen ist, folgt bereits aus deren unterschiedlicher Ausgestaltung logisch ein verschieden großer Anwendungsbereich der Anrechnungsmethode in deutschen DBA. Im Anschluss an die Regelung in den Zuteilungsnormen kommt die *Anrechnungsmethode* in allen deutsch-europäischen DBA hinsichtlich der Dividenden, meistens auch hinsichtlich Zinsen oder bzw. und Lizenzgebühren[1091], oftmals hinsichtlich der Vergütungen eines Aufsichtsrates oder bzw. und Künstlers oder Sportlers[1092] sowie manchmal hinsichtlich besonderer Veräußerungserlöse oder besonderer Einkünfte aus nichtselbständiger Arbeit zur Anwendung[1093].

Die übrigen Einkunftsarten unterliegen dem Grundsatz der *Freistellung*, sofern (auch) dem Quellenstaat nach den Zuteilungsnormen die Besteuerungsbefugnis

---

[1086] Art. XV DBA-Griechenland 1966; Art. XVIII DBA-Irland 1962; Art. 20 DBA-Ungarn 1977.

[1087] Art. 17 DBA-Frankreich 1959/2001; Art. 18 DBA-Luxemburg 1958/1973; Art. 20 der DBA-Dänemark 1995, -Finnland 1979, -Italien 1989, -Jugoslawien 1987 (Slowenien); -Malta 2001; Österreich 2000, -Schweden 1992; Art. 21 DBA-Polen 2003.

[1088] Art. 20 DBA-Belgien 1967/2002.

[1089] Art. 14 Großbritannien 1964/1970; Art. 18 DBA-Niederlande 1959/2004; Art. 20 der DBA-Estland 1996, -Lettland 1997, -Litauen 1997, -Spanien 1966; -Tschechoslowakische Republik 1980 (Slowakische und Tschechische Republik); -Zypern 1974; Art. 21 DBA-Portugal 1980.

[1090] Vgl. Art. 20 DBA-Finnland 1979 und -Zypern 1974; Art. 21 DBA-Portugal 1980.

[1091] Anders z. B. DBA-Irland 1962.

[1092] Vgl. insbesondere die DBA-Estland 1996, -Italien 1989, -Lettland 1997, -Litauen 1997, -Portugal 1989, -Zypern 1974.

[1093] Beispielsweise Art. 23 DBA-Österreich 2000.

zusteht. Überwiegend betroffen sind davon die bereits oben benannten Einkunftsarten (Schachteldividenden, Einkünfte aus nichtselbständiger Tätigkeit, Betriebsstätteneinkünfte, Vermietungseinkünfte sowie Einkünfte aus selbständiger Tätigkeit). Wie in den meisten übrigen deutschen DBA umfasst die Definition der Dividenden auch in den deutsch-europäischen DBA Einkünfte aus stiller Beteiligung[1094] und bzw. oder partiarischen Darlehen[1095], so dass solche Einkünfte unter den weiteren Voraussetzungen des DBA-Schachtelprivilegs[1096] freizustellen sind[1097]. Abweichend von dem im 2. Kapitel aufgestellten Grundsatz, dass die Freistellungsmethode deutscher DBA auch für Einkünfte aus unbeweglichen Vermögen gilt, ist im DBA-Spanien und -Finnland[1098] für solche Einkünfte die Anwendung der Anrechnungsmethode vorgesehen[1099].

b) Freistellung unter Vorbehalt

Wie auch in DBA, die die Bundesrepublik Deutschland mit Nicht-EG-Mitgliedstaaten vereinbart hat, so gewährt sie auch gegenüber den Mitgliedstaaten der Gemeinschaft Freistellung regelmäßig nur unter Vorbehalt. Allerdings gilt nur der Progressionsvorbehalt einheitlich gegenüber allen EG-Partnern. Die

---

1094 Art. 10 Abs. 5 Nr. 2 DBA-Belgien 1967/2002, Nr. 4 Protokoll zum DBA-Estland 1996, Art. 10 Abs. 4 DBA-Finnland 1979, Art. VI Abs. 3 DBA-Griechenland 1966, Art. VI Abs. 4 DBA-Großbritannien 1964/1970, Art. II Abs. 1 lit. h) DBA-Irland 1962, Art. 10 Abs. 6 lit. b) DBA-Italien 1989, Art. 11 Abs. 2 lit. b) DBA-Jugoslawien 1987 (Slowenien), Nr. 4 Protokoll zum DBA-Lettland 1997, Nr. 4 Protokoll zum DBA-Litauen 1997, Nr. 11 Schlussprotokoll zum DBA-Luxemburg 1958/1973, Nr. 9 Schlussprotokoll zum DBA-Niederlande 1959/2004, Nr. 3 Protokoll zum DBA-Portugal 1980, Art. 10 Abs. 4 DBA-Spanien 1966, Art. 10 Abs. 5 DBA-Zypern 1974.

1095 Art. 10 Abs. 4 DBA-Dänemark 1995, Art. 9 Abs. 6 lit. b) DBA-Frankreich 1959/2001, Art. 10 Abs. 4 DBA-Malta 2001, Art. 10 Abs. 3 DBA-Österreich 2000, Nr. 2 lit. a) Protokoll zum DBA-Polen 2003, Art. 10 Abs. 4 lit. a) DBA-Schweden 1992, Art. 10 Abs. 4 DBA-Tschechoslowakei 1980 (Slowakische und Tschechische Republik), Art. 10 Abs. 4 DBA-Ungarn 1977.

1096 Bemerkenswerterweise ist das Schachtelprivileg im DBA-Jugoslawien (Slowenien) nicht im Haupttext selbst, sondern lediglich in einer Art Verständigungsregelung „normiert", vgl. BMF, Schreiben v. 21.7.1997, IV C 6 - S 1301 Slow - 4/97, BStBl. I 1997, 724.

1097 Zu beachten ist in diesem Zusammenhang, dass manche DBA eine Beschränkung der Dividendendefinition dahingehend entnommen werden kann, dass sie nur dann gilt, wenn die *ausschüttende* Gesellschaft in der Bundesrepublik Deutschland ansässig ist, vgl. Art. 11 Abs. 2 lit. b) DBA-Jugoslawien 1987, „neutral" formuliert sind dagegen beispielsweise Art. 10 Abs. 5 Nr. 2 DBA-Belgien 1967/2002, Art. 10 Abs. 4 DBA-Finnland 1979, Art. 10 Abs. 4 DBA-Malta 2001 etc.

1098 Art. 23 Abs. 1 lit. b) ee) DBA-Spanien 1966; Art. 23 Abs. 5 lit. b) iii) DBA-Finnland 1979.

1099 Vgl. nur zum DBA-Spanien OFD Münster, Verf. v. 29.11.1999, S 1301 - 35 - St 22 - 34, DStR 2000, 522.

Vereinbarung von Aktivitätsvorbehalten, Rückfallklauseln sowie subject-to-tax- und switch-over-Klauseln lassen dagegen keine einheitliche Linie erkennen. Alle Unterschiede im Einzelnen zu benennen, würde den Rahmen dieser Arbeit sprengen. Auf einige Grundzüge sei aber hingewiesen:

Deutschland gewährt Freistellung nur bei *aktiven* Betriebsstätten- und Schachteleinkünften, wenn sich die Betriebsstätte bzw. Tochtergesellschaft in

- Estland, Finnland, Lettland, Litauen, Malta, Polen, Portugal, der Slowakischen oder Tschechischen Republik, Spanien, Ungarn oder Zypern befindet[1100]; gleiches gilt bezogen nur auf Schachteldividenden für Griechenland, Spanien[1101]. Umgekehrt erfasst der Aktivitätsvorbehalt nur Betriebsstätteneinkünfte im DBA-Finnland[1102].

Dagegen ist die Freistellung nicht von solchen Vorbehalten abhängig, wenn sich die Betriebsstätte bzw. Tochtergesellschaft in

- Belgien, Dänemark, Frankreich, Großbritannien, Irland, Italien, Luxemburg, Niederlande, Österreich, Schweden befindet.

Neben dieser ersten Unterscheidung zwischen DBA mit oder ohne Aktivitätsvorbehalt, finden sich im Detail weitere Divergenzen in den tatbestandlichen Voraussetzungen einer aktiven Tätigkeit: In manchen DBA ist der Kreis aktiver Tätigkeiten weit gefasst, in anderen auf wenige Elemente begrenzt, in manchen DBA sind die Tätigkeiten einzeln aufgezählt, in anderen wird auf § 8 AStG Bezug genommen[1103] etc.

Eine *Rückfallklausel* bzw. eine einer solchen Klausel ähnliche[1104] Formulierung ist in den DBA-Dänemark, -Italien und -Schweden enthalten[1105]. *Subject-to-tax-*

[1100] Art. 23 Abs. 1 lit. c) DBA-Estland 1996; Art. 24 Abs. 1 lit. c) DBA-Jugoslawien 1987 (Slowenien); Art. 23 Abs. 1 lit. c) DBA-Lettland 1997 und -Litauen 1997; Art. 23 Abs. 1 lit. d) DBA-Malta 2001; Art. 24 Abs. 1 lit. c) DBA-Polen 2003; Nr. 8 lit. a) Protokoll zum DBA-Portugal 1980; Art. 23 Abs. 1 lit. c) DBA-Teschoslowakei 1980 (Slowakische und Tschechische Republik); Art. 23 Abs. 1 lit. c) DBA-Ungarn 1977; Nr. 3 Protokoll zum DBA-Zypern 1974.

[1101] Art. XVII Abs. 2 Nr. 2 lit. b) bb) DBA-Griechenland 1966; Notenwechsel v. 5.12.1966 zum DBA-Spanien 1966.

[1102] Nr. 5 Protokoll zum DBA-Finnland 1979.

[1103] Vgl. dazu die Übersicht von *Schieber/Wassermeyer* in D/W, Art. 23 A/B MA, Anl. 1 (Stand: 87. Lfg. 10/2002), die insgesamt zwischen sieben verschiedenen Typen unterscheiden und auf zusätzliche Besonderheiten im jeweiligen DBA hinweisen.

[1104] Vgl. zu den Einordnungsschwierigkeiten bereits oben Fn. 398.

Klauseln im ursprünglichen Sinne[1106] einschließlich remittance-base-Klauseln finden sich insbesondere in den DBA-Belgien[1107], -Großbritannien[1108], -Irland[1109], -Luxemburg[1110], -Portugal[1111] und -Zypern[1112]. *Switch-over-Klauseln* schließlich hat die Bundesrepublik Deutschland beispielsweise mit erstens Estland, Lettland, Litauen, Österreich und zweitens Dänemark, Malta, Polen und Schweden vereinbart. Bezüglich der zu erst genannten Gruppe ist der Wechsel zur Anrechnungsmethode mit dem tatbestandlichen Zusatz verbunden, Missbrauchsgestaltungen zu vermeiden[1113], bezüglich der zuletzt genannten Gruppe ist dies keine Voraussetzung für den switch-over[1114].

2. Ungleichbehandlung

Die Gründe für die festgestellten Divergenzen innerhalb der deutschen DBA mit den Mitgliedstaaten der EU mögen ebenso vielschichtig sein, wie ihre Anzahl selbst. Sie spielen an dieser Stelle keine Rolle. Fraglich ist allein, ob beispielsweise ein in Deutschland ansässiger Steuerpflichtiger, der ein Vermietungsobjekt in Spanien hält dessen Einkünfte gemäß Art. Art. 23 Abs. 1 lit. b) ee) DBA-Spanien 1966 der Anrechnungsmethode unterfielen, verlangen kann, dass stattdessen die Freistellungsmethode anzuwenden ist, wie dies in den übrigen deutsch-europäischen DBA vorgesehen ist; oder ob er umgekehrt für sein in Frankreich belegenes Vermietungsobjekt, das nur Verluste erzeugt, die Anwendung der Anrechnungsmethode fordern kann, wie es im DBA-Spanien bestimmt ist; ob ein Steuerpflichtiger verlangen kann, dass die Freistellungsmethode wie auf seine französischen so auch auf seine finnischen Betriebsstätteneinkünfte angewandt wird, obwohl sie nur passive Einkünfte erzielt und daher nicht die Voraussetzungen des in dem DBA-Finnland enthaltenen Aktivitätsvorbehaltes erfüllt; ob er für sein in Großbritannien belegenes Vermietungsobjekt die Freistellungsmethode auch dann verlangen kann, wenn die Einkünfte daraus in Großbritannien entgegen der subject-to-tax-Klausel nicht besteuert worden sind,

---

1105 Art. 23 Abs. 1 lit. c) DBA-Dänemark 1995, Nr. 16 lit. d) Protokoll zum DBA-Italien 1989; Art. 23 Abs. 1 a. E. DBA-Schweden 1992.

1106 Vgl. zur Begrifflichkeit oben Fn. 375.

1107 Nr. 13 B 2 Schlussprotokoll zum DBA-Belgien 1967/2002, allerdings nur hinsichtlich der Anwendung der Freistellungsmethode durch Belgien.

1108 Art. II Abs. 2, XVIII Abs. 2 lit. a) und XV DBA-Großbritannien 1964/1970.

1109 Art. II Abs. 2 DBA-Irland 1962.

1110 Art. 7 Abs. 2 und 10 Abs. 3 Satz 2 DBA-Luxemburg 1958/1973.

1111 Art. 22 Abs. 1 Satz 2 DBA-Portugal 1980.

1112 Nr. 2 Protokoll zum DBA-Zypern 1974.

1113 Nr. 7 lit. b) bb) Protokoll zum DBA-Estland 1996, Nr. 7 Protokoll zum DBA-Lettland 1997 sowie zum DBA-Litauen 1997; Art. 28 Abs. 1 lit. b) DBA-Österreich 2000.

1114 Art. 45 DBA-Dänemark 1995; Art. 23 Abs. 1 lit. f) bb) DBA-Malta 2001, Art. 24 Abs. 3 DBA-Polen 2003, Art. 43 DBA-Schweden 1992.

weil alle übrigen deutsch-europäischen DBA eine auf Vermietungseinkünfte bezogene subject-to-tax-Klausel nicht kennen.

Ein so verstandenes Meistbegünstigungsprinzip stünde offensichtlich einem System bilateraler Verträge entgegen, weil es sich über die zwischen den einzelnen Vertragsstaaten gesetzten rechtlichen Grenzen hinwegsetzen würde. Es würde ohne weiteres gesetzgeberisches Tätigwerden zu einer Vereinheitlichung aller europäischen DBA auf dem Niveau der jeweils günstigsten Regelung führen[1115]. Das in den einzelnen DBA-Artikeln zu einem Vertragsstaat ausgelotete Verhältnis würde aufgehoben, wenn eine in einem bestimmten Zusammenhang mit einem anderen Vertragsstaat vor dem Hintergrund anderer rechtlicher Gegebenheiten vereinbarte Begünstigung aus diesem Zusammenhang entrissen und zugunsten eines anderen Vertragsstaates bzw. seines Abkommensberechtigten angewandt würde, mit dem eben diese begünstigende Klausel nicht, dafür womöglich aber eine andere in einem wiederum anderen Zusammenhang vereinbart wurde. Aus dieser ergebnisorientierten Betrachtungsweise folgt zugleich der dogmatische Ansatz, der den EuGH dazu bewogen hat, von der Herleitung eines Meistbegünstigungsprinzips aus den Grundfreiheiten abzusehen: Im Hinblick auf Art. 293 2. Spiegelstrich EG gilt es, die Ausgewogenheit der DBA und deren bilaterales Wesen zu achten. In der sich mit dem Meistbegünstigungsprinzip auseinandersetzenden[1116] Rechtssache „D." lehnt der EuGH einen entsprechenden Anspruch aus zwei Gründen ab[1117]:

a) Vergleichbare Lage

Unabhängig davon, welche Grundfreiheit jeweils betroffen ist, stellt sich die Frage nach einer diskriminierend wirkenden Rechtslage, um eine Verletzung der Grundfreiheit annehmen zu können[1118]. Unzulässig ist die Anwendung unter-

---

[1115] Ähnlich offenbar *Hofbauer*, IStR 2004, 667 [668]; *Lang, M.*, IWB, Fach 11, Gr. 2, 255 [258]; *Schuch*, Meistbegünstigungsklauseln, 136; *Tochackova*, Methoden, 30. Vgl. auch *Lehner*, IStR 2001, 329 [336], der von einem „gemeinschaftsrechtlich sanktionierten treaty shopping" spricht.

[1116] Zuvor lagen dem EuGH mit den Rechtssachen Metallgesellschaft Ltd. und Hoechst AG (Urt. v. 8.3.2001, verb. Rs. C-397 und C-410/98, EuGHE 2001, I-1727) und Gilly (Urt. v. 12.5.1998, Rs. C-336/96, EuGHE 1998, I-2793) bereits weitere Fälle vor, in denen mit Stellungnahmen des EuGH zum Meistbegünstigungsprinzip gerechnet wurde (vgl. *Cordewener*, Grundfreiheiten, 817 f. m. w. N.). Entsprechende Ausführungen können den Entscheidungen indes nicht entnommen werden (vgl. bei Rs. Metallgesellschaft Hoechst, Rn. 75, zur Rs. Gilly aber *Lehner*, IStR 1998, 341 [342], wie hier dagegen *Cordewener*, Grundfreiheiten, 609).

[1117] EuGH, Urt. v. 5.7.2005, Rs. C-376/03, „D.", IStR 2005, 483, Rn. 49 ff.

[1118] Die Möglichkeit einer Beeinträchtigung spricht der EuGH nicht ausdrücklich an. Damit bekommen diejenigen Vertreter des Schrifttums Auftrieb, die davon ausgehen, dass die Grundfreiheiten im Bereich der direkten Steuern grundsätzlich nicht als Beschränkungsverboschiedlicher Regelungen auf vergleichbare Sachverhalte[1119]. Fraglich ist zunächst, ob sich die Schutzwirkung der Grundfreiheiten nur auf unterschiedliche Regelungen im Verhältnis Gebietsfremder - Gebietsansässiger oder auch auf im Verhältnis von im Ausland Ansässigen untereinander oder gar zweier Inländer mit grenzüberschreitender Betätigung in unterschiedlichen Mitgliedstaaten erstreckt. Denn ein noch zu begründendes Meistbegünstigungsprinzip vergleicht nicht die Rechtslage zwischen Gebietsfremden und -ansässigen (wie man es von der üblichen Grundfreiheitsprüfung her kennt), sondern zwischen zwei Ausländern oder auch zwei grenzüberschreitend tätigen Inländern[1120]. Beispielhaft kann hier der Sachverhalt zur Rechtssache „D." genannt werden, in der der gleichnamige, im Ausland/Deutschland ansässige Kläger im Rahmen seiner Besteuerung durch den inländischen/niederländischen Fiskus die Anwendung eines im DBA Niederlande-Belgien vorgesehenen Freibetrages begehrt[1121]. Geht man im Hinblick auf Art. 3 EG sowie der ständigen Rechtsprechung des EuGH, nach der alle grenzüberschreitenden wirtschaftlichen Vorgänge vom Anwendungsbereich des EG-Vertrages erfasst sind[1122], von einem weiten Verständnis der Grundfreiheiten aus und unterstellt deren generelle Anwendbarkeit auch auf das Vergleichspaar zweier Gebietsfremder[1123] sowie zweier Gebietsansässiger mit unterschiedler Betätigung im Ausland[1124], stellt sich im Kern die Frage, ob sich die beiden Ausländer bzw. Inländer tatsächlich in einer vergleichbaren Lage befin-

---

te wirken, da anderenfalls bereits das Bestehen einer Steuer und deren Höhe als Beschränkung angesehen werden müssten - gerade dies habe der EuGH aber in der Rechtssache Gilly abgelehnt, vgl. *Randelzhofer/Forsthoff* in G/H, vor Art. 39-55 EGV, Rn. 216 (siehe dort auch zu den Ausnahmen); *Steichen* in FS Debatin, 422; ferner *Eckhoff* in Birk, Handbuch, 552 ff. Unabhängig von diesem Ansatz wäre eine Beeinträchtigung vor dem Hintergrund der im Folgenden noch näher erläuterten Begründung des EuGH in jedem Falle zu verneinen, vgl. unten 3. Kapitel B. II. 2. b) Ausgewogenheit und Wesen der DBA.

[1119] EuGH, Urt. v. 14.2.1995, Rs. C-279/93, Schumacker, EuGHE 1995, I-249, Rn. 30. Siehe zur Einordnung dieses Merkmals unten 3. Kapitel C. I. 1. 2. Beeinträchtigung.

[1120] Dagegen geht *Lehner*, IStR 2001, 329 [336] offenbar davon aus, dass sich das Meistbegünstigungsprinzip auf einen Vergleich zweier Gebietsfremder beschränkt. Vgl. auch *Randelzhofer/Forsthoff* in G/H, vor Art. 39-55 EGV, Rn. 259 (Stand: 18. Lfg. 5/2001); *Tochackova*, Methoden, 30 Ähnlich auch *Schuch*, Meistbegünstigungsklauseln, 112, der sich in seiner Untersuchung darauf beschränkt, die Vergleichspaare „Zwei beschränkt Steuerpflichtige" und „Zwei unbeschränkt Steuerpflichtige, davon einer mit Auslandsbezug" nicht aber „Zwei unbeschränkt Steuerpflichtige, davon beide mit Auslandsbezug" zu bilden. Wie hier *Bizek*, Anwendung, 71; auch *Cloer*, PIStB 2005, 189; *Lang, M.*, SWI 2005, 365 [373]; und *Rödder/Schönfeld*, IStR 2005, 523 [526] gehen von diesem Vergleichspaar aus.

[1121] EuGH, Urt. v. 5.7.2005, Rs. C-376/03, D., IStR 2005, 483.

[1122] Vgl. nur EuGH, Urt. v. 26.1.1993, Rs. C-112/91, Werner, EuGHE 1993, I-429, Rn. 13 ff.

[1123] So auch *Randelzhofer/Forsthoff* in G/H, vor Art. 39-55 EGV, Rn. 259 (Stand: 18. Lfg. 5/2001); *Schuch*, Meistbegünstigungsklauseln, 112 ff. Vgl. auch *van Thiel/Achilles*, IStR 2003, 530 [532 und 553] m. w. N.

[1124] Vgl. soeben Fn. 1120.

den. Insoweit führt der EuGH aus, dass die Situation des in Deutschland ansässigen Klägers nicht mit der eines in Belgien Ansässigen vergleichbar sei. Denn in Deutschland Ansässige gehören schlicht nicht zu dem vom Abkommen berechtigten Personenkreis; zu diesem zählen eben nur in Belgien ansässige Personen[1125].

Indes weicht die hier in Frage stehende Konstellation von der in der Rechtssache „*D.*" behandelten in einem möglicherweise wesentlichen Aspekt ab. Ging es dort darum, den Quellenstaat Niederlande zu verpflichten, seine in dem DBA mit Belgien vereinbarte Vergünstigung auf den in Ausland (in casu: Deutschland) Ansässigen anzuwenden, ist hier (im Hinblick auf die von der Freistellungsmethode vorausgesetzte Ansässigkeit) die Frage aufgeworfen, ob sich ein im Inland (hier: Deutschland) Ansässiger, der beispielsweise eine Betriebsstätte in Frankreich unterhält mit einem im Inland (hier: Deutschland) Ansässigen in einer vergleichbaren Lage befindet, dessen Betriebsstätte in Finnland belegen ist[1126]. Denn wie bereits soeben angesprochen wurde[1127], könnte sich das Meistbegünstigungsprinzip auch auf einen Vergleich der Rechtslage zweier im Inland Ansässiger beziehen, deren steuerrelevante Tätigkeiten in unterschiedlichen Quellenstaaten verortet sind.

Meine Erachtens können und müssen jedoch die vom EuGH in der Rechtssache „D." angeführten Gesichtspunkte ohne weiteres auf die hier in Frage stehende Konstellation übertragen werden; auch sofern zwei Steuerpflichtige desselben Ansässigkeitsstaates miteinander verglichen werden, befinden sie sich nicht in einer vergleichbaren Lage[1128]. Nur der in Frankreich Tätige kann von dem zwischen Deutschland und Frankreich vereinbarten DBA profitieren. Der vom EuGH insofern als Kriterium herangezogene persönliche Anwendungsbereich des DBA Deutschland-Frankreich setzt schließlich nicht nur die Ansässigkeit in Deutschland (bzw. Frankreich) voraus, sondern implizit auch eine steuerrelevante Tätigkeit oder das Vorhandensein einer Einkunftsquelle im Quellenstaat Frankreich (bzw. Deutschland)[1129]. Der in Finnland eine Betriebsstätte unterhal-

---

1125 EuGH, Urt. v. 5.7.2005, Rs. C-376/03, D., IStR 2005, 483, Rn. 61. In diese Richtung bereits *Lehner*, IStR 2001, 329 [336]. Zustimmend nunmehr insoweit auch *Rödder/Schönfeld*, IStR 2005, 523 [526].

1126 Zum Teil wird vermutet, dabei handele es sich nicht mehr um eine Fallgruppe des Meistbegünstigungsprinzips, vgl. *Rödder/Schönfeld*, IStR 2005, 523 [526]. Siehe dazu auch Fn. 1120.

1127 Vgl. Fn. 1120.

1128 In diese Richtung auch *Cloer*, PIStB 2005, 189; *Lang, M.*, SWI 2005, 365 [373]; *Thömmes*, IWB, Fach 11a, 701; a. A. ohne nähere Begründung *Rödder/Schönfeld*, IStR 2005, 523 [526]. Zu allgemein auch *Reith*, IntStR, Rn. 4.933 und *Wassermeyer*, IStR 2000, 65 [70].

1129 Zwar geht die vom EuGH gewählte Formulierung aus Gründen der Irrelevanz für den konkreten Fall nicht so weit. Er begründet sein Ergebnis damit, dass das DBA Niederlandetende Steuerpflichtige ist bezüglich des DBA-Frankreich ebenso wenig abkommenberechtigt, wie es der deutsche „D." bezüglich des DBA Niederlande-Belgien ist. Gemeinschaftsrechtlich macht es insofern keinen Unterschied, ob sich der Steuerpflichtige auf ein DBA beruft, dass sein eigener Ansässigkeitsstaat vereinbart hat oder der ihn betreffende Quellenstaat. In beiden Fällen zieht er eine Vorschrift eines DBA zwischen zwei Mitgliedstaaten heran, die auf ihn keine Anwendung findet. Dieser Fall stellt sogar gewissermaßen ein Weniger gegenüber dem Fall „D." dar, in dem der EuGH letztlich eine unterschiedliche Rechtslage begründet allein aus dem Merkmal der Ansässigkeit (Belgien oder Niederlande) akzeptiert; sonst stellt eine an diese Kriterium gebundene Unterscheidung regelmäßig eine unzulässige versteckte Diskriminierung dar[1130].

b) Ausgewogenheit und Wesen der DBA

Die Begründung dafür, dass der EuGH selbst eine an das Merkmal der Ansässigkeit geknüpfte Unterscheidung für gemeinschaftskonform erachtet und damit eine Vergleichbarkeit sowohl zwischen verschiedenen Ausländern als auch zwischen verschieden grenzüberschreitend tätigen Inländern abzulehnen ist, liegt darin, dass mit dem EuGH die Eigenständigkeit der DBA vor dem Hintergrund ihrer eingangs benannten Ausgewogenheit zu achten ist[1131]. Dieser Gesichts-

---

Belgien nur für Personen gelte, die in den Niederlanden oder Belgien *ansässig* seien, nicht aber für den in Deutschland Ansässigen „D.". Der persönliche Anwendungsbereich eines DBA setzt aber freilich nicht nur dessen Ansässigkeit in einem der beiden Vertragsstaaten voraus, sondern ebenso ein steuerrelevantes Tätigwerden oder Belegensein einer Einkunftsquelle im Quellen-, Belgenheits- oder auch Tätigkeitsstaat. Zwar fordert das Art. 1 OECD-MA nicht von seinem Wortlaut, aber doch von seinem Sinn und Zweck her. Ein anderes Verständnis ergäbe keinen Sinn. Es liefe darauf hinaus, dass sich beispielsweise ein in Deutschland Ansässiger mit Vermietungsobjekt in Spanien - streng am Wortlaut orientiert - auf das DBA Italien berufen könnte. Dagegen spricht schon die in den allermeisten DBA zu findende Beschränkung des sachlichen Anwendungsbereichs auf die Steuern der beiden Vertragsstaaten (vgl. Art. 2 OECD-MA; ebenso *Wassermeyer* in D/W, DBA, Art. 1 MA, Rn. 18 (Stand: 84. Lfg. 6/2001)). Kann in den Anwendungsbereich der DBA auch nicht die Voraussetzung einer *Doppelbesteuerung* hineingelesen werden (vgl. bereits dazu auch das Erkenntnis des ÖVwGH v. 25.9.2001, dazu oben 2. Kapitel C. II. 3. b) Abweichende Auffassungen), ist dennoch ein grenzüberschreitendes Element, gerichtet auf den anderen Vertragsstaat zu fordern. Der Inländer kann nicht wählen, welches der von seinem Wohnsitzstaat abgeschlossenen DBA auf seinen Fall zur Anwendung kommen soll (so schon *Lehner*, IStR 2001, 329 [336]; vgl. auch *Wassermeyer* in D/W, DBA, Art. 2 MA, Rn. 1 (Stand: 88. Lfg. 12/2002)); vielmehr kommt dasjenige DBA zur Anwendung, in dessen Vertragsstaat sich der Steuerpflichtige engagiert.

1130 Siehe dazu noch ausführlich 3. Kapitel C. I. 1. 2. Beeinträchtigung.

1131 Vgl. auch *Lang, M.*, SWI 2005, 365 [373]. In diese Richtung bereits vor der Veröffentlichung der EuGH-Entscheidung zur Rs. D *Reith*, IntStR, Rn. 4.79; *Steichen* in FS Debatin, 434.

punkt lässt sich dogmatisch folgendermaßen aus dem EG-Vertrag ableiten[1132]: Wie bereits mehrfach angesprochen wurde, fordert Art. 293 2. Spiegelstrich EG die Mitgliedstaaten auf, untereinander Verhandlungen einzuleiten, um die Doppelbesteuerung zu beseitigen. Aus dieser Vorschrift folgerte der EuGH bereits in der Rechtssache Gilly, dass die Beseitigung der Doppelbesteuerung zu den Zielen des EG-Vertrages zählt[1133]. Basierend auf Art. 293 2. Spiegelstrich EG haben die Mitgliedstaaten bisher allerdings nur die Schiedskonvention erlassen[1134]. Um die Doppelbesteuerung (zumindest) zu vermeiden, wenn auch nicht gänzlich zu beseitigen[1135], haben die Mitgliedstaaten unabhängig von Art. 293 EG[1136] zahlreiche bilaterale Abkommen geschlossen[1137]. Diese DBA bilden mit ihrer ihnen immanenten Funktion, die Doppelbesteuerung zwischen den Vertragspartnern zu vermeiden, einen Bestandteil zur Erfüllung gerade dieser im EG-Vertrag benannten Zielsetzung. Eben dieses Ziel, die Doppelbesteuerung zu vermeiden, stellt gewissermaßen ein durch den Vertrag geschütztes Rechtsgut dar[1138]. Diese Aufgabe zu erfüllen, ist den Mitgliedstaaten vorbehalten. Vor dem Hintergrund des derzeitigen Standes der Harmonisierung des Steuerrechts auf Gemeinschaftsebene und der bei den Mitgliedstaaten verbliebenen Kompetenzen in diesem Bereich[1139], ist es dem EuGH verwehrt, implizit als Normgeber tätig zu

---

[1132] In diese Richtung frühzeitig *Hahn*, IStR 2001, 681 [685 ff.]. Ähnlich nunmehr der EuGH, Urt. v. 5.7.2005, Rs. C-376/03, D., IStR 2005, 483, Rn. 49 ff.

[1133] EuGH, Urt. v. 12.5.1998, Rs. C-336/96, Gilly, EuGHE 1998, I-2793, Rn. 16. Auch GA *Colomer* betont dies in seinen Schlussanträge v. 26.10.2004, Rs. C-376/03, D., IStR 2004, 793 ff., Rn. 78. Vgl. ferner *Strasser*, Auslegung, 30 f. Vgl. auch den Ansatz von *Heydt*, EuZW 2000, 33, der aus Art. 14 Abs. 2 EG ein Verbot der Doppelbesteuerung ableitet.

[1134] Vgl. oben Fn. 1035. Dies stellte der EuGH erstmals in seinem Urteil v. 12.5.1998, Rs. C-336/96, Gilly, EuGHE 1998, I-2793, Rn. 23 und erneut nunmehr im Urteil v. 5.7.2005, Rs. C-376/03, D., IStR 2005, 483, Rn. 50 fest.

[1135] Zu dem Umstand, dass die derzeit bestehenden Abkommen Doppelbesteuerung nicht vollkommen ausschließen, wie es Art. 293 EG verlangt, siehe unten 4. Kapitel B. III. Gesamteuropäisches DBA.

[1136] *Vedder*, Einwirkungen, 10.

[1137] Hier verkehrt der EuGH (Urt. v. 5.7.2005, Rs. C-376/03, D., IStR 2005, 483, Rn. 51) die Fakten: Nicht weil andere Gemeinschaftsmaßnahmen oder für alle Mitgliedstaaten geltende Übereinkommen fehlen, haben die Mitgliedstaaten untereinander DBA abgeschlossen, sondern umgekehrt, weil bereits ein großer Bestand gegenseitig vereinbarter DBA zur Vermeidung der Doppelbesteuerung vorhanden war, bevor Art. 293 EG geschaffen wurde, fehlen weitere Gemeinschaftsmaßnahmen.

[1138] Ähnlich den aus der Grundrechtsdogmatik bekannten verfassungsimmanenten Schranken. Vgl. beispielsweise auch *Schön*, GS Knobbe-Keuk, 759: „höherrangige Rechtswerte". *Paetsch*, Verlustberücksichtigung, 89 will die Vermeidung der Doppelbesteuerung gar zu einem Rechtfertigungsgrund erheben.

[1139] Siehe dazu noch 3. Kapitel B. IV. Ergebnis der gemeinschaftsrechtlichen Betrachtung zur Freistellung von Erwerbsbezügen und positiven Einkünften.

werden[1140]. Vielmehr achtet der EuGH die Übung der Mitgliedstaaten, nur zweiseitige Abkommen zu vereinbaren, gerade deshalb, weil sie der Zielsetzung des Vertrages aus Art. 293 EG, die Doppelbesteuerung zu beseitigen, entspricht[1141]. Denn Art. 293 EG lässt bilaterale Abkommen zwischen den Mitgliedstaaten nicht nur zu, sondern fordert mittelbar zu ihrem Abschluss auf[1142], indem er nur das Ziel der Beseitigung der Doppelbesteuerung, nicht aber ein konkretes Mittel zur Erreichung dieses Ziels vorgibt. Aus diesem Grunde kann es den Grundfreiheiten nicht widersprechen, dass nur ein abgegrenzter Personenkreis von den Bestimmungen eines Abkommens profitiert, andere Steuerpflichtige dagegen nicht; vielmehr „ist es eine Konsequenz, die sich aus dem Wesen bilateraler Abkommen zur Vermeidung der Doppelbesteuerung ergibt", dass die in ihnen niedergelegten Rechte und Pflichte nur für die jeweiligen Abkommensberechtigten gelten[1143].

Allerdings sah es der EuGH in der Rechtssache *Compagnie de Saint-Gobain* als nicht mit den Grundfreiheiten vereinbar an, dass in Deutschland ansässige Kapitalgesellschaften von einem mit den USA bzw. der Schweiz vereinbarten Schachtelprivileg profitierten, während französischen Gesellschaften dieses Privileg mangels Ansässigkeit in der Bundesrepublik nicht zugute kam. Insofern gebieten die Grundfreiheiten nach Auffassung des EuGH eine einseitig (!) von Deutschland zu gewährende Ausdehnung der persönlichen Abkommenberechtigung zugunsten in anderen Mitgliedstaaten Ansässiger[1144]. Indes lässt sich aus dieser Entscheidung nicht pauschal auf einen allgemeinen Anspruch auf Meistbegünstigung schließen. Ihr lag die Besonderheit zu Grunde, dass die von der französischen Compagnie de Saint-Gobain begehrten Vergünstigungen ihr nach deutscher Rechtslage nur deshalb nicht gewährt werden konnten, weil sich die Klägerin einer Betriebsstätte und nicht einer Tochtergesellschaft in Form einer juristischen Person bediente. Einer Tochtergesellschaft wäre - anders als der Betriebsstätte - die Vergünstigung kraft ihrer Rechtspersönlichkeit und Ansässigkeit in Deutschland zugekommen. Der EuGH betonte in der Entscheidung, dass dies der freien Wahl der Rechtsform widerspricht[1145]. Die Entscheidung weist damit sowohl hinsichtlich der Rechtssache D. als auch der hier in Frage stehen-

[1140] In diese Richtung auch *Reimer*, Auswirkungen, 65.

[1141] Deutlich bereits EuGH, Urt. v. 12.5.1998, Rs. C-336/96, Gilly, EuGHE 1998, I-2793, Rn. 30; v. 21.9.1999, Rs. C-307/97, Saint-Gobain ZN, EuGHE 1999, I-6161, Rn. 57. Ähnlich *Hahn*, IStR 2002, 681 [686]; *Seiler*, StuW 2005, 25 [30].

[1142] So auch *Rädler* in FS Debatin, 342. Siehe dazu auch unten 4. Kapitel B. III. Gesamteuropäisches DBA.

[1143] EuGH, Urt. v. 5.7.2005, Rs. C-376/03, D., IStR 2005, 483, Rn. 61. Vgl. auch oben Fn. 1129.

[1144] EuGH, Urt. v. 21.9.1999, Rs. C-307/97, Saint-Gobain ZN, EuGHE 1999, I-6161, Rn. 60.

[1145] EuGH, Urt. v. 21.9.1999, Rs. C-307/97, Saint-Gobain ZN, EuGHE 1999, I-6161, Rn. 43.

den Konstellation - also den beiden möglichen Konstellationen der Meistbegünstigung - vielfältige Unterschiede auf. Der EuGH verglich in der Rechtssache Saint-Gobain die Rechtslage einer in Deutschland ansässigen und daher unbeschränkt steuerpflichtigen Kapitalgesellschaft mit der einer in Frankreich ansässigen Kapitalgesellschaft, die in der Bundesrepublik eine Betriebsstätte unterhält und daher beschränkt steuerpflichtig ist. Während es bei Saint-Gobain mithin um eine Schlechterstellung zwischen Gebietsansässigen und Gebietsfremden geht, wie sie geradezu der klassischen versteckten Diskriminierung[1146] entspricht, steht bei den Meistbegünstigungsfällen entweder ein Vergleich zweier Gebietsfremder (so in der Rechtssache D. die Lage eines - aus niederländischer Sicht - belgischen Ausländers mit der eines deutschen Ausländers) oder zweier Gebietsansässiger mit unterschiedlicher Betätigung im Ausland (so in den hier thematisierten Freistellungsfällen) in Frage. Sollte man auch diesen zuletzt genannten Fällen eine Diskriminierung bejahen, würde eine DBA-Vorschrift auf eine Person ausgedehnt, die zu dem begünstigenden DBA in keinerlei Beziehung steht. Denn wie der deutsche D. keinen Bezugspunkt zu dem DBA Belgien-Niederlande aufweisen kann[1147], fehlt es auch dem in Deutschland Ansässigen und aus dem DBA-Finnland Berechtigten an einem Anknüpfungspunkt zum DBA-Frankreich. Auch, wenn man generell unterstellt, dass sich die Grundfreiheiten in ihrem Anwendungsbereich nicht nur auf das Vergleichspaar Gebietsansässiger - Gebietsfremder beschränken, sondern sich ebenso auf einen Vergleich zweier Gebietsfremder oder eben zweier Gebietsansässiger mit unterschiedlicher auswärtiger Betätigung erstrecken, befinden sich jedenfalls solche aus einem DBA berechtigte Personen nicht in einer gleichen Lage[1148]. Noch weniger als der D.-Fall zweier Gebietsfremder vermag die hier betrachtete Konstellation zweier Gebietsansässiger einen Meistbegünstigungsanspruch zu rechtfertigen. Die Auswirkungen der verschiedenen deutschen DBA stellen sich für die inländischen Abkommenberechtigten als Konsequenzen national-rechtlichen gesetzgeberischen Tätigwerdens, in gewissem Maße vergleichbar einer Inländerdiskriminierung dar, die aus der jeweiligen Ausgestaltung der DBA durch den deutschen Gesetzgeber folgen. Gerade in dieser Ausgestaltung sind die Mit-

---

[1146] Dazu ausführlicher noch unten 3. Kapitel C. I. 2. Beeinträchtigung.

[1147] Auf diesen Unterschied weist auch GA *Mischo* in seinen Schlussanträgen v. 2.3.1999, Rs. C-307/97, Saint-Gobain ZN, EuGHE 1999, I-6161, 6163, Rn. 90 hin; zustimmend auch *Cordewener*, Grundfreiheiten, 682 (Fn. 1098) und 687 sowie *Randelzhofer/Forsthoff* in G/H, vor Art. 39-55 EGV, Rn. 258 (Stand: 18. Lfg. 5/2001) und *Ribbrock*, Dreieckssachverhalte, 205, Fn. 545; Schnitger, IStR 2004, 801 [802]. Überdies weist der GA daraufhin, dass es sich in der Rechtssache Saint-Gobain um ein DBA mit einem Drittstaat handelt, Schlussanträge v. 2.3.1999, Rs. C-307/97, Saint-Gobain ZN, EuGHE 1999, I-6161, 6163, Rn. 89; vgl. dazu auch *Lang, M.*, SWI 2005, 365 [373].

[1148] Vgl. EuGH, Urt. v. 5.7.2005, Rs. C-376/03, D., IStR 2005, 483, Rn. 61.

gliedstaaten aber frei, das betont der EuGH auch in der Rechtssache Saint-Gobain[1149].

Auf einer Linie mit dieser Rechtsprechung liegt ferner die Entscheidung zur Rechtssache Marks & Spencer, in der der EuGH letztlich an seine Ausführungen zur Rechtssache D. anknüpft[1150], indem er die „Ausgewogenheit der Aufteilung der Besteuerungsbefugnis zwischen den Mitgliedstaaten" als schützenswertes Gut betont und die Kompetenz der Mitgliedstaaten zur Aufteilung der Besteuerungsbefugnisse mittels DBA schließlich zum Rechtfertigungsgrund erhebt[1151]. Dass der EuGH den Schutz der Ausgewogenheit der DBA in der Rechtssache D. bereits auf Ebene der Prüfung der vergleichbaren Lage, dagegen in der Rechtssache Marks & Spencer erst auf Rechtfertigungsebene verwirklicht, liegt darin begründet, dass er in der erst benannten Entscheidung allein eine Diskriminierung untersucht, während der EuGH im Fall Marks & Spencer eine Beschränkung annimmt[1152]. Dogmatisch offen bleiben[1153] damit einerseits eine exakte Einordnung des Aspekts der Ausgewogenheit der DBA sowie andererseits eine genaue Trennung zwischen Diskriminierung und Beschränkung[1154]. Klargestellt ist durch die Entscheidung zu Marks & Spencer aber immerhin Folgendes: Auch wenn man im Fall D. und damit den hier in Frage stehenden Konstellationen des Meistbegünstigungsprinzips statt einer Diskriminierung eine Beschränkung, verstanden als eine Behinderung der grenzüberschreitenden Tätigkeit zugrunde legt, gilt es wiederum die Ausgewogenheit der zwischen den Mitgliedstaaten vereinbarten DBA als Schranke der Grundfreiheiten zu berücksichtigen.

[1149] EuGH, Urt. v. 21.9.1999, Rs. C-307/97, Saint-Gobain ZN, EuGHE 1999, I-6161, Rn. 57. Erneut aufgegriffen in EuGH, Urt. v. 5.7.2005, Rs. C-376/03, D., IStR 2005, 483, Rn. 52.

[1150] Vgl. auch *Hey*, GmbHR 2006, 113 [121 f.]. Im Hinblick auf Art. 293 EG hat der EuGH in der Entscheidung Rs. D. die Geschlossenheit und Ausgewogenheit der DBA implizit zu einem achtenswerten Gut deklariert; allerdings ohne dass diesem damit zugleich der Rang eines Rechtfertigungsgrundes zukäme (vgl. insofern auch EuGH, Urt. v. 28.1.1986, Rs. 270/83, avoir fiscal, EuGHE 1986, 273, Rn. 26). Denn zu dieser Ebene stößt er gar nicht vor, sondern verneint bereits das Vorliegen vergleichbarer Sachverhalte; kritisch dazu *Lang, M.*, SWI 2005, 365 [372]. In der Entscheidung zur Rechtssache Marks & Spencer spricht der EuGH diesen Aspekt aber nun auf der Ebene der Rechtfertigung an.

[1151] EuGH, Urt. v. 13.12.2005, Rs. C-446/03, Marks & Spencer, IStR 2006, 19, Rn. 43 ff. Zu diesem Ergebnis kommen auch *Wernsmann/Nippert*, FR 2006, 153 [157], die allerdings übersehen, dass der Aspekt der Ausgewogenheit bereits in der Rs. D. angesprochen wurde.

[1152] Vgl. auch die Erläuterung der Entscheidung von *Wernsmann/Nippert*, FR 2006, 153 [154]. Ferner *Balmes/Brück/Ribbrock*, BB 2006, 186 [187]; *Dörr*, EWS 2006, 34 [35].

[1153] Zur Kritik an den übrigen dogmatischen Schwächen der Marks & Spencer-Entscheidung *Herzig/Wagner*, DStR 2006, 1 [7]; *Hey*, GmbHR 2006, 113 [120 f.].

[1154] Vgl. zum Begriff der Beschränkung ausführlich unten 3. Kapitel C. I. 2. Beeinträchtigung.

Mit diesem Ergebnis konform geht das oben gefundene Ergebnis, dass die Mitgliedstaaten letztlich nicht an die Grundfreiheiten gebunden sind, soweit es darum geht, die Aufteilung der Besteuerungsbefugnisse untereinander festzulegen[1155]. Erst bei der Anwendung des jeweils einschlägigen DBA ist die Rechtspraxis der Mitgliedstaaten an den Grundfreiheiten zu messen. Dagegen kann der im Einzelnen gefundene Interessenausgleich in Gestalt des DBA keine Verletzung der Grundfreiheiten darstellen.

3. Ergebnis der grundfreiheitlichen Prüfung

Eine begünstigend wirkende Regelung eines individuellen DBA, wie die unbedingte *Freistellung* im DBA-Frankreich kann nicht aus ihrem Zusammenhang gerissen werden und in ein anderes, im Einzelnen genau ausgehandeltes DBA, wie das DBA-Finnland übertragen werden[1156]. Gerade die zentrale Freistellungsklausel bildet einen - wie es der EuGH in der Rechtssache D. formuliert hat - „integralen Bestandteil des Abkommens und trägt zu seiner allgemeinen Ausgewogenheit bei"; sie kann aus diesen Gründen nicht vom jeweiligen Abkommen losgelöst werden[1157]. Denn in dieser ihnen innewohnenden Ausgewogenheit entsprechen die DBA der Mitgliedstaaten der Zielsetzung des Art. 293 EG. In Ermangelung eines multilateralen, europäischen DBA oder anderer Art. 293 EG ausgestaltender Vereinheitlichungs- oder Harmonisierungsmaßnahmen, ist das Gemeinschaftsrecht auf das bilaterale Netz von Abkommen angewiesen und bildet den (möglicherweise vorläufigen) Ersatz für Maßnahmen im Sinne des Art. 293 EG. Damit einher geht die Zweiseitigkeit einer solchen Maßnahme zur Vermeidung der Doppelbesteuerung. Sie zeichnet sich durch ein gegenseitiges Geben und Nehmen sowie ein individuelles Abstimmen auf die in den beiden Vertragsparteien bestehenden Steuerrechtsordnungen aus und formt damit die Ursache dafür, dass sich die im Rahmen der Abkommen vereinbarten Bestimmungen nicht auf nicht vom jeweiligen Abkommen berechtigte Personen über-

---

[1155] Siehe oben ab 3. Kapitel I. 2. Besonderheiten bei befugnisaufteilenden Regelungen.

[1156] In der Rechtssache Saint-Gobain bestand diese Gefahr eben nicht, vgl. ausführlich Schlussanträge v. 2.3.1999, Rs. C-307/97, Saint-Gobain ZN, EuGHE 1999, I-6161, 6163, Rn. 79 ff. sowie anschließend EuGH, Urt. v. 21.9.1999, Rs. C-307/97, Saint-Gobain ZN, EuGHE 1999, I-6161, Rn. 60.

[1157] Diese Gesichtspunkte betont der EuGH, Urt. v. 5.7.2005, Rs. C-376/03, D., IStR 2005, 483, Rn. 62, in Bezug auf die im DBA Belgien-Niederlande enthaltene Vergünstigung. Auch *Thömmes*, IWB, F. 11a, 701 schlussfolgert aus der Entscheidung des EuGH, dass ein Meistbegünstigungsanspruch jedenfalls für Vorschriften, die auf Vermeidung der Doppelbesteuerung oder Aufteilung der Besteuerungsbefugnisse nicht mehr in Betracht kommt. Damit gehen die oftmals im Schrifttum vorzufindenden Aussagen, der EuGH schenke dem Aspekt des Gleichgewichts und der Gegenseitigkeit der DBA keine Beachtung, deutlich zu weit; in diese Richtung aber beispielsweise *Lang, M.* Bindung, 32 ff.; *Randelzhofer/Forsthoff* in G/H, vor Art. 39-55 EGV, Rn. 256, wie hier dagegen auch in Rn. 258 (Stand: 18. Lfg. 5/2001).

tragen lassen[1158]. So erachtete es die deutsche Verhandlungsdelegation in der Vergangenheit eben nur im Verhältnis zu einigen Staaten für notwendig, die Freistellung nur unter Vorbehalt zu gewähren, während mit anderen die vorbehaltlose Freistellung vereinbart werden konnte[1159]. Vor diesem Hintergrund erscheint es unmöglich, einzelne Vergünstigungen losgelöst von ihrem Gesamtzusammenhang im DBA zu sehen[1160]. Im Hinblick auf die bei den Mitgliedstaaten verbliebene Befugnis, DBA abzuschließen und deren Notwendigkeit zur Vermeidung der Doppelbesteuerung (Art. 293 EG), kann es den Grundfreiheiten nicht widersprechen, wenn einzelne DBA eine vorbehaltlose Freistellung, andere dagegen nur bei Erfüllung der in Vorbehaltsklauseln niedergelegten Voraussetzungen gewähren[1161]. Ein beispielsweise aus dem DBA-Finnland berechtigter Steuerpflichtiger befindet sich nicht in einer gleichen Lage mit einem aus dem DBA-Frankreich Berechtigten, weil er insoweit schlicht nicht abkommensberechtigt ist. Das Merkmal der Abkommensberechtigung ist jedenfalls bei einer Vorschrift wie der Freistellungsklausel, die einen integralen Bestandteil des DBA darstellt, im Hinblick auf das Wesen eines DBA als bilateraler Vertrag sowie dessen Ausgewogenheit zu achten.

III. Verletzung beihilferechtlicher Vorschriften

Viel weniger belastend zeigt sich die Freistellungsmethode bei Erwerbsbezügen und positiven Einkünften als begünstigende Maßnahme eines DBA. Von daher liegt es nicht fern, in der unterschiedlichen Normierung der Freistellungsmethode eine gemeinschaftsrechtswidrige Beihilfe zu vermuten[1162]. Schließlich bestimmt Art. 87 EG, dass staatliche oder aus staatlichen Mitteln gewährte Beihilfen gleich welcher Art, die durch die Begünstigung bestimmter Unternehmen oder Produktionszweige den Wettbewerb verfälschen oder zu verfälschen drohen, nicht mit dem Gemeinsamen Markt vereinbar sind, soweit sie den Handel zwischen Mitgliedstaaten beeinträchtigen.

[1158] Der EuGH, Urt. v. 5.7.2005, Rs. C-376/03, D., IStR 2005, 483, Rn. 61 spricht verkürzt von einer „sich aus dem Wesen bilateraler Abkommen zur Vermeidung der Doppelbesteuerung" ergebenden Konsequenz.

[1159] Vgl. *Runge* in Grotherr, Handbuch², 1709 [1714]. Zur Entwicklung siehe noch unten 3. Kapitel B. IV. Ergebnis der gemeinschaftsrechtlichen Betrachtung zur Freistellung von Erwerbsbezügen und positiven Einkünften.

[1160] So auch *Lang, M.*, SWI 2005, 365 [370]. Auch der EuGH beschränkt seine Ausführungen nicht auf nur reziproke Bestimmungen (Urt. v. 6.7.2005, Rs. C-376/03, D., IStR 2005, 483, Rn. 27), wie dies teilweise im Schrifttum vertreten wird; siehe beispielsweise *Thömmes*, IWB, F. 11a, 804 [805].

[1161] Im Ergebnis ebenso *Coer*, PIStB 2005, 189. Vgl. auch *Ribbrock*, Dreieckssachverhalte, 203.

[1162] In diese Richtung bereits *Zorn* in Lang, Diskussion, SWI 2002, 429 ff.

1. Grundlagen des Beihilferechts

Die in Art. 87 - 89 EG normierten Regeln zur staatlichen Beihilfe bilden ein wesentliches Element zur Erreichung des in Art. 3 Abs. 1 lit. g) EG postulierten Zieles. Danach soll ein System geschaffen werden, das den Wettbewerb im Binnenmarkt vor Verfälschungen schützt. Zu diesem Zweck sieht Art. 87 EG ein präventives Verbot mit Genehmigungsvorbehalt vor[1163]: Zunächst erklärt Absatz 1 staatliche Beihilfen prinzipiell für unvereinbar mit dem Gemeinsamen Markt. Im Anschluss finden sich jedoch abweichend von diesem Grundsatz in Absatz 2 die sog. Legalausnahmen und in Absatz 3 die sog. Ermessensausnahmen. Die Kontroll- und Genehmigungsbefugnis über diese beiden Ausnahmevorschriften obliegen der Kommission[1164]. Art. 88 EG normiert dazu das Verfahren der Beihilfenkontrolle. Auf der Grundlage des Art. 89 EG schließlich hat der Rat die sog. Verfahrensverordnung erlassen, die das Beihilfeverfahren im Detail ausgestaltet[1165]. Die Entscheidungen der Kommission unterliegen der Judikatur des EuG und des EuGH[1166], die allerdings nicht über die Vereinbarkeit staatlicher Hilfen mit dem Gemeinsamen Markt entscheiden können[1167]. Der Tatbestand des Art. 87 EG hat durch zahlreiche Mitteilungen, Leitlinien und Gemeinschaftsrahmen der Kommission sowie durch die Rechtsprechung der Gemeinschaftsgerichte[1168] eine wesentliche Konkretisierung erfahren. Dabei orientiert sich die Kommission üblicherweise an der Rechtsprechung der Gemeinschaftsgerichte, so dass an der Vereinbarkeit der Aussagen der Kommission jedenfalls mit der bis dahin vorliegenden Rechtsprechung keine Zweifel bestehen[1169]. Ihnen kommt daher ein sehr hoher Stellenwert, regelmäßig zumindest[1170] de facto sogar verbindlicher Charakter zu[1171]. Anders als

---

[1163] Vgl. zur Struktur des Art. 87 EG beispielsweise *Koenig/Kühling* in Streinz, EUV/EGV, Art. 87 EG, Rn. 4; *Oppermann*, Europarecht[3], 339 ff.

[1164] *Heidenhein* in Heidenhein, Handbuch, § 1, Rn. 2; *Koenig/Kühling* in Streinz, EUV/EGV, Art. 87 EG, Rn. 6.

[1165] VO Nr. 659/1999 des Rates v. 22.3.1999 über besondere Vorschriften für die Anwendung von Artikel 93 des EG-Vertrages, ABl. EG 1999 L Nr. 83, S. 1 ff.

[1166] Als Verfahren kommen insbesondere die Nichtigkeitsklage nach Art. 230 EG sowie die Untätigkeitsklage nach Art. 232 EG in Betracht. Insgesamt betrachtet ist die Stellung der Kommission durch die Gemeinschaftsgerichte gestärkt worden, *Heidenhein* in Heidenhein, Beihilfen, § 1, Rn. 5.

[1167] *Heidenhein* in Heidenhein, Beihilfen, § 1, Rn. 4.

[1168] Damit sind im Folgenden der EuG und der EuGH gemeint, obgleich nicht verkannt werden soll, dass es in erster Linie die nationalen Gerichte sind, die das Gemeinschaftsrecht anwenden und daher als Gemeinschaftsgerichte anzusehen sind; vgl. *Hirsch*, Verhältnis, 184.

[1169] So *Götz* in FS Vogel, 586 zu der im Folgenden im Vordergrund stehenden Mitteilung der Kommission v. 10.12.1998 über die Anwendung der Vorschriften über staatliche Beihilfen auf Maßnahmen im Bereich der direkten Unternehmensbesteuerung, ABl. EG 1998 C Nr. 384, S. 3 ff.

[1170] Ist im Anschluss an die Rechtsprechung der Gemeinschaftsgerichte (EuG, Urt. v. 17.12.1991, Rs. T-7/89, Hercules Chemicals/Kommission, EuGHE 1991, II-1711, Rn. 53;

die Grundfreiheiten wirkt das Beihilfeverbot nicht unmittelbar, sondern bedarf der Konkretisierung durch die Kommission oder die Gemeinschaftsgerichte[1172].

2. Tatbestandmäßigkeit hinsichtlich Freistellung per se

Vor dem Hintergrund der durch die Kommission, den EuG und den EuGH gefundenen Konkretisierung des Beihilfeverbots gilt es im Folgenden den Tatbestand auf das Vorliegen seiner Voraussetzungen bezogen auf die Freistellungsmethode zu untersuchen[1173]. Dass auch das Beihilferecht trotz der bei den Mitgliedstaaten verbliebenen Befugnisse auf den Bereich der direkten Besteuerung anwendbar ist, hat die Rechtsprechung unlängst geklärt[1174].

EuG, Urt. v. 30.4.1998, Rs. T-214/95, Vlaams Gewest, EuGHE 1998, II-717, Rn. 89; EuG, Urt. v. 3.4.2003, Rs. T-119/02, Philips/Kommission, EuGHE 2003, II-1433, Rn. 242.) auch bereits allgemein anerkannt, dass sich die Kommission durch den Erlass von Mitteilungen in ihrer Funktion als Beihilfeaufsicht *selbst* bindet und in die sich daraus ergebende Rechtssicherheit für die Beihilfepraxis von immenser Bedeutung ist, scheint noch nicht endgültig geklärt, ob auch die *Mitgliedstaaten* an solche Mitteilungen gebunden sind; tendenziell für eine solche Bindungswirkung die offenbar überwiegende Literatur, vgl. *Bahr/Loest*, EWS 2002, 263 [271]; *Geiger*, EuZW 2000, 325; *Götz* in FS Vogel, 591; *Klösters*, Kompetenzen, 94 ff.; *Mederer* in G/S[6], Vorbem. zu den Artikeln 87 bis 89 EG, Rn. 4 („rechtsgestaltend"); *Schweda*, WuW 2004, 1133 [1140]; ähnlich auch *Sinnaeve*, EuZW 2001, 69 [70] spricht von „Quasi-Gesetzgebung" der Kommission; *Weitbrecht*, EuZW 2003, 69 [70]; dagegen betont *Pampel*, EuZW 2005, 11 [12], dass es sich bei einer Mitteilung zwar nicht um eine bloß unverbindliche Stellungnahme oder Empfehlung im Sinne des Art. 249 EG handele, aber ebenso wenig um eine verbindliche Verordnung, Richtlinie oder Entscheidung, sondern einen Rechtsakt sui generis. Für die Auslegung des Art. 87 EG spielen die Aussagen der Kommission letztlich zweifellos eine herausragende Rolle. Gerade im Bereich wirtschaftlich komplexer Fragestellungen nimmt sich die Rechtsprechung deutlich zurück, vgl. EuG, Urt. v. 12.12.2000, Rs. T-296/97, Alitalia, EuGHE 2000, II-3871, Rn. 105.

1171 *Koenig/Kühling* in Streinz, EUV/EGV, Art. 87 EG, Rn. 7; *Rawlinson* in Harden, State Aid, 59; *Sinnaeve*, EuZW 2001, 69 [70].

1172 *Geiger*, EUV/EGV[4], Art. 87 EG, Rn. 6; *Heidenhein* in Heidenhein, Beihilfen, § 1, Rn. 2; *Streinz*, Europarecht[6], Rn. 847; missverständlich *Schön*, Beihilfen, 109.

1173 Eine bestimmte Reihenfolge hat sich dazu noch nicht endgültig etabliert. Während beispielsweise *Oppermann*, Europarecht[3], § 16, Rn. 17 ff. nacheinander Begünstigung, staatliche Zurechnung, Selektivität, Wettbewerbsverfälschung, Handeslbeeinträchtigung prüft, sieht *Götz* in FS Vogel, 587 „in einem zweiten Schritt" das „Merkmal der Begünstigung mit dem der Bestimmtheit verbunden"; ähnlich auch *Cremer* in C/R[2], Art. 87, Rn. 7 ff. Die folgenden Ausführungen orientieren sich grundsätzlich an der Mitteilung der Kommission v. 10.12.1998, ABl. EG 1998 C Nr. 384, S. 3 ff.

1174 EuG, Urt. v. 27.1.1998, Rs. T-67/94, Ladbroke Racing/Kommission, EuGHE 1998, II-1, Rn. 54; *Blumenberg* in Grotherr, Handbuch[2], 1787 [1788 f,]; *Jestaedt* in Heidenhein, Beihilfen, § 8, Rn. 1; missverständlich nennt *Lehner*, IStR 2001, 329 nur die bereits erlassenen Richtlinien und die Diskriminierungsverbote als gemeinschaftsrechtlichen Maßstab des direkten Steuerrechts.

a) Staatliche Begünstigung

Artikel 87 EG spricht von einer „staatlichen oder aus staatlichen Mitteln gewährten Beihilfe gleich welcher Art“, umschreibt aber selber nicht, was darunter zu verstehen ist. Dem Wortlaut kann aber bereits entnommen werden, dass sich die Vorschrift nur gegen die „Begünstigung“ von „Unternehmen oder Produktionszweigen“, nicht dagegen von privaten Verbrauchern richtet[1175]. Die Jurisprudenz entnimmt dem Wortlaut des Art. 87 Abs. 1 EG die beiden Tatbestandselemente der Begünstigung sowie der staatlichen Zurechenbarkeit eben dieser[1176]. Der EuGH und die Kommission definieren als Beihilfe „Maßnahmen, die in verschiedener Form die Belastungen vermindern, welche ein Unternehmen normalerweise zu tragen hat“; die Maßnahme muss dem Begünstigten einen unmittelbaren oder mittelbaren Vorteil verschaffen, indem sie seine üblicherweise zu tragende Last mindert[1177]. Erfasst sind hiervon nicht nur Geld- und Sachleistungen, sondern sämtliche Vorteile, die der Marktteilnehmer im freien Wettbewerb nicht oder jedenfalls nicht unter denselben Konditionen erlangt hätte[1178]. Unerheblich ist, aus welchen Gründen ein Mitgliedstaat den Vorteil gewährt, ausschlaggebend ist allein dessen ökonomische Wirkung auf den freien Wettbewerb[1179].

Als „staatliche Beihilfe“ im Sinne der Norm gelten nur solche Vorteile, die unmittelbar durch einen Mitgliedstaat gewährt werden, also nicht von anderen Wirtschaftsteilnehmern oder der Gemeinschaft selbst stammen[1180]. Ausreichend ist in-

---

[1175] So auch *Blumenberg* in Grotherr, Handbuch², 1787 [1795]; *Geiger*, EUV/EGV⁴, Art. 87 EG, Rn. 12.

[1176] Vgl. zum Überblick über den Tatbestand *Oppermann*, Europarecht³, § 16, Rn. 17 ff.

[1177] EuGH, Urt. v. 23.2.1961, Rs. 30/59, De Gazamenlijke Steenkolenmijnen in Limburg/Hohe Behörde, EuGHE 1961, 1, 43; EuGH, Urt. v. 8.3.1988, verb. Rs. 62 und 72/87, Exécutif régional wallon und SA Glaverbel/Kommission, EuGHE 1988, 1589, Rn. 13; EuGH, Urt. v. 15.3.1994, Rs. C-387/92, Banco de Credito Industrial SA/Ayuntamiento de Valencia, EuGHE 1994, I-902, Rn. 13; Mitteilung der Kommission v. 10.12.1998, ABl. EG 1998 C Nr. 384, S. 3, Rn. 9; *Blumenberg* in Grotherr, Handbuch², 1787 [1795]; *Jestaedt* in Heidenhein, Beihilfen, § 8, Rn. 4; *Koenig/Kühling* in Streinz, EUV/EGV, Art. 87 EG, Rn. 28; *Visser*, EC Tax Review 1999, 224 [225].

[1178] *Bär-Bouyssière* in Schwarze, Art. 87 EG, Rn. 27; *Cremer*, in C/R², Art. 87 EG, Rn. 7; *Koenig/Kühling* in Streinz, EUV/EGV, Art. 87 EG, Rn. 28 f.; *Vanistendael*, Steuerkonkurrenz, 313.

[1179] EuGH, Urt. v. 2.7.1974, Rs. 173/73, Italien/Kommission, EuGHE 1974, 709, Rn. 26; v. 24.2.1987, Rs. 310/85, Deufil, EuGHE 1987, 901, Rn. 8; EuG, Urt. v. 10.5.2000, Rs. T-46/97, Sociedade Indepente de Comunicacao, SA/Kommission, EuGHE 2000, II-2129, Rn. 83; *König/Kühling* in Streinz, EUV/EGV, Art. 87 EG, Rn. 29.

[1180] *Blumenberg* in Grotherr, Handbuch², 1787 [1793]; *Streinz*, Europarecht⁶, Rn. 845. Die Gemeinschaftsorgane haben sich verpflichtet, den Wettbewerb nicht durch Gemeinschaftsbeihilfen zu verfälschen und Handelsbeeinträchtigungen zu vermeiden. Darüber hinaus unterliesofern ein Verlust von Steuereinnahmen, der nach allgemeiner Auffassung einer staatlichen Ausgabe entsprechender Mittel gleichsteht[1181]. Auf eine besondere Form der Gewährung kommt es nicht an, es bedarf also keineswegs eines förmlichen Steuergesetzes; ausreichend sind vielmehr Verordnungen, Verwaltungsvorschriften oder eine tatsächlich geübte Praxis der Finanzverwaltung, die dem begünstigenden Mitgliedstaat zuzurechnen ist[1182].

Auf dem Gebiet des Steuerrechts besteht die Begünstigung nach den Feststellungen der Kommission regelmäßig darin, dass ein Mitgliedstaat die von einem Unternehmen regulär zu tragende Steuerbelastung beispielsweise durch Steuerbefreiung reduziert[1183]. Insofern könnte sich auch die in den deutschen DBA vorzugsweise verwendete Freistellungsmethode als staatliche Begünstigung darstellen. Allerdings ist zunächst schon fraglich, welches Vergleichspaar hier zu bilden ist, um von einer Minderung der normalerweise bestehenden Belastung im Sinne der oben dargestellten Voraussetzungen ausgehen zu können. Auf der Suche nach der steuerlichen Normalbelastung zieht *Sutter* dazu einen Vergleich zum Nicht-DBA-Fall, zum bedeutendsten DBA, zum OECD-MA oder auch (bezogen auf österreicherische Freistellungsklauseln) zum österreicherischen Musterabkommen in Betracht. Meines Erachtens ist dagegen je nach Prüfungsgegenstand zu differenzieren[1184]: Geht es um die Beihilferechtswidrigkeit der Freistellungsmethode an sich, muss der Nicht-DBA-Fall das Vergleichsobjekt bilden, denn die zu prüfende Begünstigung ergibt sich nun einmal aus dem DBA, während der Nicht-DBA-Fall nicht von ihr profitiert. Will man dagegen die Gestaltung mancher (möglicherweise begünstigender) DBA, wie beispielsweise die bedingungslose Freistellung, überprüfen, so ist sie ins Verhältnis zu setzen mit der unter Vorbehalt gewährten Freistellung[1185].

---

gen Gemeinschaftsbeihilfen dem Maßstab des WTO-Subventionsrechts, *Koenig/Kühling* in Streinz, EUV/EGV, Art. 87 EG, Rn. 16.

[1181] EuGH, Urt. v. 24.1.1978, Rs. 82/77, Staatsanwaltschaft des Königreichs der Niederlande gegen Jacobs Philippus van Tiggele, EuGHE 1988, 25, Rn. 23/25; EuGH, Urt. v. 17.3.1993, verb. Rs. C-72/91 und C-73/91, Sloman Neptun Schiffahrts AG/Seebetriebsrat Bodo Ziesemer der Sloman Neptung Schiffahrts AG, EuGHE 1993 I-927, Rn. 19. Mitteilung der Kommission v. 10.12.1998, ABl. EG 1998 C Nr. 384, S. 3, Rn. 10; *Koenig/Kühling* in Streinz, EUV/EGV, Art. 87 EG, Rn. 43 f.

[1182] Mitteilung der Kommission vom 10.12.1998, ABl. EG 1998 C Nr. 384, S. 3, Rn. 10; *Blumenberg* in Grotherr, Handbuch², 1787 [1794].

[1183] Mitteilung der Kommission vom 10.12.1998, ABl. EG 1998 C Nr. 384, S. 3, Rn. 9; *Jestaedt* in Heidenhein, Beihilfen, § 8, Rn. 4; *Bär-Bouyssière* in Schwarze, Art. 87 EG, Rn. 35; *Mederer* in G/T/E⁵, Art. 92 EG, Rn. 13.

[1184] Eine pauschale Beantwortung der Frage dahin, dass stets der Nicht-DBA-Fall (so *Sutter*, SWI 2004, 4 [9]) oder ein besonderes DBA (so möglicherweise *Strasser*, Auslegung, 40) den Vergleichsmaßstab liefert, muss dementsprechend zu undifferenzierten Ergebnissen führen.

[1185] Strenggenommen müsste man dabei jeweils ein konkretes DBA mit einem anderen vergleichen, da jedes für sich einen gesetzgeberischen Akt darstellt, der als staatliche Begünstigung in Betracht kommt. Welche DBA im Einzelnen heranzuziehen sind, hängt von dem im

Im hier zunächst im Vordergrund stehenden Vergleich zum Nicht-DBA-Fall (Freistellung per se)[1186], in dem das steuerpflichtige Unternehmen sowohl der Besteuerung durch den Quellenstaat als auch durch den Wohnsitzstaat, mithin doppelter Besteuerung unterliegt[1187], wirkt sich die in den deutschen DBA zugunsten in der Bundesrepublik Ansässiger eingreifende Freistellungsmethode zweifellos vorteilhaft aus. Indes gilt es zu berücksichtigen, dass ein solcher Vergleich bezogen auf die von Deutschland mit seinen Mitgliedstaaten vereinbarten DBA gar nicht möglich ist, denn ein Nicht-DBA-Fall ist insofern gar nicht gegeben. Schließlich hat die Bundesrepublik mit allen Mitgliedstaaten DBA abgeschlossen[1188].

b) Wettbewerbsverfälschung und Handelsbeeinträchtigung

Aber auch die übrigen Merkmale des Beihilfetatbestandes machen deutlich, dass sich die Freistellungsmethode nicht als verbotene Beihilfe im Sinne des Art. 87 EG bewerten lässt. Denn unterstellt man eine Begünstigung, muss diese in ihrer Konsequenz den „Wettbewerb verfälschen oder zu verfälschen drohen“ und „den Handel zwischen den Mitgliedstaaten beeinträchtigen“ (Art. 87 Abs. 1 EG). Wettbewerbsverfälschend ist eine Beihilfe, wenn sie die Stellung des Begünstigten auf dem relevanten Markt zu Lasten ihrer Konkurrenten verbessert[1189]. Allerdings kommt diesem Merkmal regelmäßig keine herausragende Bedeutung zu, da man überwiegend der Auffassung ist, das jeder Beihilfengewährung eine wettbewerbsverfälschende Wirkung immanent ist (widerlegbare Vermutung)[1190]. Grundsätzlich

---

konkreten Fall klagenden Mitgliedstaat oder dessen Unternehmen bzw. losgelöst vom Einzelfall davon ab, welches DBA eben einen Vorteil gegenüber einem anderen gewährt. Gleiches gilt freilich auch für die Frage, welche Vorschriften im Einzelnen zu vergleichen sind: eben die, und nur die, die einen Vorteil gewährt (auch insofern zu pauschal *Sutter*, SWI 2004, 4 [7 f.]; wie hier dagegen *Gross*, RIW 2002, 46 [52]: „... ein Vergleich anzustellen ist zwischen der Lage mit und ohne die fragliche Maßnahme...“). Im Folgenden werden beispielhaft einzelne Vorschriften konkreter DBA miteinander verglichen. Wie sich noch zeigen wird, ist das Ergebnis regelmäßig auch auf andere DBA übertragbar.

1186 Siehe zum Vergleich der DBA untereinander unten 3. Kapitel B. II. 3. Tatbestandsmäßigkeit hinsichtlich vorbehaltloser Freistellung im Vergleich zur Freistellung unter Vorbehalt.

1187 Auch § 34 vermag keine vollständige Entlastung zu bewirken, vgl. bereits oben 1. Kapitel A. II. 2. Mehrseitige Maßnahmen.

1188 Mit den EG-Staaten Slowenien und Tschechien und der Slowakei ist zwar bisher kein selbständiges DBA vereinbart worden, es finden aber die DBA-Tschechoslowakei bzw. -Jugoslawien Anwendung, vgl. Fn. 96.

1189 So *Cremer* in C/R², Art. 87, Rn. 12. Vgl. beispielsweise EuGH, Urt. v. 2.7.1974, Rs. 173/73, Italien/Kommission, EuGHE 1974, 709, Rn. 38/40.

1190 EuGH, Urt. v. 21.3.1990, Rs. C-142/87, Königreich Belgien/Kommission, EuGHE 1990, I-1005, Rn. 40 f.; Mitteilung der Kommission v. 10.12.1998, ABl. EG 1998 C Nr. 384, S. 3 [4]; ähnlich auch EuGH, Urt. v. 17.11.1980, Rs. C-730/79, Philip Morris Holland BV/Kommission, EuGHE 1980, 2671, Rn. 11. Kritisch weist *Cremer* in C/R², Art. 87, Rn. 12

ausreichend ist es, wenn die Wettbewerbsverfälschung zwischen den Marktteilnehmern eines Mitgliedstaates eintritt[1191]. Auch von einer Handelsbeeinträchtigung geht man bereits dann aus, wenn das begünstigte Unternehmen einer Tätigkeit nachgeht, die Gegenstand eines Handels zwischen den Mitgliedstaaten ist[1192]. Insofern wird man bezogen auf das Verhältnis Nicht-DBA-Fall zum DBA-Fall vom Vorliegen dieser Merkmale ausgehen müssen. Denn für die Annahme einer Beeinträchtigung oder Verfälschung des innergemeinschaftlichen Wettbewerbs genügt nach der gängigen Praxis auch eine Begünstigung in geringem Umfang, auf die Spürbarkeit kommt es nicht an[1193].

Indes kann jedenfalls in der hier zu betrachtenden Konstellation (Freistellung per se) bezüglich des Merkmals der *Wettbewerbsverfälschung* nicht allein auf das Verhältnis zum (hypothetischen) Nicht-DBA-Fall abgestellt werden[1194], sondern ist der gesamteuropäische Kontext zu betrachten. Denn das Beihilferecht der Art. 87 ff. EG stellt nichts weiter dar als eine Konkretisierung der in Art. 3 Abs. 1 lit. g) EG

---

daraufhin, dass der EuGH (zuweilen beispielsweise in Urt. v. 13.3.1985, verb. Rs. 296 und 318/82, Niederlande und Leeuwarder Papierfabrik/Kommission, EuGHE 1985, 809, Rn. 24) zumindest den Nachweis der Umstände fordert, unter denen die Beihilfe gewährt worden ist.

1191 *Mederer* in G/S^6, Art. 87 EG, Rn. 42.

1192 Mitteilung der Kommission v. 10.12.1998, ABl. EG 1998 C Nr. 384, S. 3, Rn. 11; *Cremer* in C/R^2, Art. 87, Rn. 16; *Koenig/Kühling* in Streinz, EUV/EGV, Art. 87 EG, Rn. 58; *Triantafyllou* in G/S^6, Art. 87, Rn. 95.

1193 EuGH, Urt. v. 21.3.1990, Rs. C-142/87, Königreich Belgien/Kommission, EuGHE 1990, I-1005, Rn. 43; v. 19.9.2000, Rs. C-156/98, Deutschland/Kommission, EuGHE 2000, I-6857, Rn. 32, 39; EuG, Urt. v. 25.9.1997, Rs. T-214/95, Vlaams Gewest/Kommission, EuGHE 1998, II-722, Rn. 48 f.; *Blumenberg* in Grotherr, Handbuch^2, 1787 [1796]; *Cremer* in C/R^2, Art. 87 EG, Rn. 15. Das gilt jedenfalls für Wettebewerbsverfälschung oberhalb des von der Kommission in der Verordnung für De-minimis-Beihilfen festgelegten Schwellenwertes; vgl. Mitteilung der Kommission v. 6.3.1996, ABl. EG 1996 C Nr. 68, S. 9; *Koenig/Kühling* in Streinz, EUV/EGV, Art. 87 EG, Rn. 56.

1194 Wenn man beim Vergleich der Wettbewerbslagen vor und nach der begünstigenden Maßnahme nicht bereits allgemein auf den Gemeinsamen Markt anstatt allein auf das Verhältnis zweier Marktteilnehmer desselben Mitgliedstaates abstellen will, vgl. *Mederer* in G/S^6, Art. 87 EG, Rn. 41 aber auch 42. Für den Gemeinsamen Markt als Maßstab spricht neben dem Zusammenhang zu Art. 3 EG auch, dass es nicht zu den Aufgaben der EG zählt, Wettbewerbsverfälschungen innerhalb eines Mitgliedstaates zu vermeiden. Diese Aufgabe unterliegt der alleinigen Souveränität eines jeden Mitgliedstaates. Insoweit zeigen sich Parallelen zur sog. Inländerdiskriminierung (siehe dazu 3. Kapitel B. Vereinbarkeit der Freistellung von Erwerbsbezügen und positiven Einkünften mit dem EG-Vertrag). Aus diesem Grund ist zu erwägen, wie auch beim Merkmal der Handelsbeeinträchtigung (*Mederer/Strohschneider* in G/S^6, Art. 87 EG, Rn. 46), auch bei dem der Wettbewerbsverfälschung auf den gesamten europäischen Markt als Vergleichsmaßstab abzustellen. Vgl. auch Bekanntmachung der Kommission über die Definition des relevanten Marktes im Sinne des Wettbewerbsrechts der Gemeinschaft v. 9.12.1997, ABl. EG 1997 C Nr. 372, S. 5, Rn. 10.

genannten Zielsetzungen[1195]. Die Bezugnahme auf die Wettbewerbsverfälschung im Tatbestand des Art. 87 EG ergibt sich daraus, dass die Beihilfevorschriften der Errichtung eines wettbewerbsneutralen Gemeinsamen Marktes im Sinne des Art. 3 Abs. a) lit. g) EG dienen[1196]. Dort ist vorgegeben, dass die Tätigkeit der Gemeinschaft darauf gerichtet sein muss, ein System zu schaffen, das den Wettbewerb innerhalb des Binnenmarktes vor Verfälschungen schützt. Gerade dieses Ziel aber wird durch Freistellung grenzüberschreitender Tätigkeiten bewirkt. Denn die die Kapitalimportneutralität verwirklichende Freistellungsmethode führt dazu, dass der im Inland ansässige Unternehmer seine ausländische Geschäftstätigkeit unter den gleichen Bedingungen ausüben kann, wie sein ausländischer Mitkonkurrent; er unterliegt nur noch dem ausländischen Steuerniveau und damit aus steuerlicher Sicht den gleichen Wettbewerbsbedingungen, wie dort ansässige Unternehmen[1197]. Umgekehrt ist es folglich gerade der Nicht-DBA-Fall, der der Zielvorgabe des Art. 3 Abs. 1 lit. g) EG widerspricht, weil in ihm der im Inland ansässige, grenzüberschreitend tätige Unternehmer Wettbewerbsverfälschungen im Verhältnis zum ausländischen Mitkonkurrenten unterliegt. Art. 3 EG fordert also geradezu die Verwirklichung der Kapitalimportneutralität[1198] und bedarf dazu der Freistellungsklausel[1199] - zu diesem Ergebnis kam bereits der 1990 unter dem Vorsitz des ehemaligen niederländischen Finanzministers Onno Ruding eingesetzte Expertenkommission hinsichtlich der Frage nach der Bedeutung der direkten Steuern für die Entstehung und das Funktionieren des Binnenmarktes[1200]. Und auch die Kommission hält nach wie vor am Leitbild der Steuerneutralität fest[1201]. Vor diesem Hintergrund ist es überaus widersprüchlich, der Anwendung der Freistellungsmethode eine wettbewerbsverfälschende Wirkung zu entnehmen. Im Hinblick auf Art. 3 Abs. 1 lit. g) EG muss das Merkmal der Wettbewerbsverfälschung im Sinne des Art. 87 Abs. 1 EG daher teleologisch dahin reduziert werden, dass eine Maßnahme, die wie die Freistellungsmethode auf die Herstellung eines wettbewerbsneutralen Handels ausgerichtet ist, keinesfalls - beschränkt auf das Verhältnis zum inländischen Konkurrenten - als wettbewerbsverfälschend angesehen werden kann[1202]. Eine andere

---

1195 Dementsprechend ist die Vorschrift bei der Auslegung des Beihilferechts zu berücksichtigen, vgl. ausführlich EuGH, Gutachten v. 15.11.1994, 1/94, EuGHE 1994, I-5267.

1196 *Mederer* in G/S^6, Art. 87 EG, Rn. 41.

1197 Siehe bereits oben 2. Kapital B. Freistellungsmethode in deutschen DBA.

1198 So auch *Körner*, IStR 2004, 697, 703, Fn. 44; *Maiterth*, StuW 2005, 47 [51].

1199 Vgl. *Lehner*, Begrenzung, 283.

1200 Europäische Kommission, Ruding-Bericht, 35 ff. und 69 ff. (abgedruckt auch in BT-Drs. 13/4138, S. XXI ff.); ähnlich *Lehner*, StuW 1998, 159 [171 und 173]; *Strasser*, Auslegung, 44; *Vogel*, StuW 1993, 380 [387].

1201 Europäische Kommission, Leitlinien zur Unternehmensbesteuerung, BR-Drs. 360/90; *Jacobs*, Unternehmensbesteuerung^5, 271.

1202 Anders dagegen offenbar *Triantafyllou* in G/S^6, Art. 87, Rn. 95, der zu undifferenziert einseitige Maßnahmen eines Mitgliedstaates zur Annäherung der Abgabenbelastung grenzüberschreitend tätiger Unternehmen ausschließt (darunter aber möglicherweise nicht auch

Wertung liefe den Zielvorgaben des Art. 3 EG und damit auch des Art. 87 EG zuwider.

c) Selektivität der Zuwendung

Art. 87 Abs. 1 EG spricht schließlich von „bestimmten" Unternehmen, denen eine Begünstigung zugute kommt. Die Beihilfe muss mit anderen Worten selektiv Unternehmen oder Unternehmensgruppen fördern. Damit ist der Kern der beihilferechtlichen Problematik der Freistellungsmethode angesprochen[1203]. Denn Maßnahmen, die zugunsten einer Gesamtheit von Unternehmen wirken, unterfallen nicht dem Beihilfeverbot; vielmehr muss sie einzelne Unternehmen, beispielsweise eine bestimmte Branche oder Region des Mitgliedstaates begünstigen[1204]. Insoweit gilt es allgemeine steuerliche Maßnahmen, die allen Wirtschaftsteilnehmern im Gebiet eines Mitgliedstaates zugute kommen, von den staatlichen Beihilfen im Sinne des Art. 87 EG abzugrenzen. Dazu führte die Kommission bereits in ihrer Mitteilung über die Anwendung des Beihilferechts auf Maßnahmen im Bereich der direkten Besteuerung vom 10.12.1998 aus, dass rein steuertechnische Maßnahmen nicht als staatliche Beihilfen anzusehen sind[1205]. Dass auch die Freistellungsmethode zu einer rein steuertechnischen Vorschrift zählt, erkennt auch die Kommission ausdrücklich an, indem sie die Maßnahmen zur Vermeidung der Doppelbesteuerung aus dem Anwendungsbereich des Beihilferechts ausklammert[1206]. Für dieses

---

DBA versteht), obwohl dies jedenfalls mittelbar eine der Zielsetzungen des EG-Vertrages darstellt, die die Mitgliedstaaten zu erfüllen haben (Art. 293 EG). Mit dem hier vertretenen Ansatz dagegen konform *Geiger*, EUV/EGV[4], Art. 87 EG, Rn. 13.

[1203] Das Merkmal der Selektivität ist im Steuer- und Abgabenrecht auch generell von besonderer Bedeutung und bildet die Trennlinie zwischen erlaubten und verbotenen Steuervergünstigungen, *Götz* in FS Vogel, 586; *Gross*, RIW 2002, 46 [47 und 49]; *Jestaedt* in Heidenhein, Beihilfen, § 8, Rn. 8.

[1204] Dazu Mitteilung der Kommission v. 13.2.1992, ABl. EG 1992 C Nr. 35, S. 30 ff. Ebenso Mitteilung der Kommission v. 10.12.1998, ABl. EG 1998 C Nr. 384, S. 3, Rn. 12. Ferner *Blumenberg* in Grotherr, Handbuch[2], 1787, 1797; *Cremer* in C/R[2], Art. 87, Rn. 9; *Schön*, Wettbewerb, 215; *Triantafyllou* in G/S[6], Art. 87, Rn. 99.

[1205] Mitteilung der Kommission v. 10.12.1998, ABl. EG 1998 C Nr. 384, S. 3, Rn. 13; zustimmend *Gross*, RIW 2002, 46 [50]; *Jestaedt* in Heidenhein, Beihilfen, § 8, Rn. 9; *Schön*, Wettbewerb, 215; *Triantafyllou* in G/S[6], Art. 87, Rn. 96 und 102 (wo er, obwohl er zunächst bereits die Selektivität verneint, auch den Rechtfertigungsgrund der „Natur und des inneren Aufbaus des Systems" für einschlägig erachtet); *Vanistendael*, Steuerkonkurrenz, 317 f.

[1206] Dies verschweigt *Sutter*, SWI 2004, 4 [10] offenbar. Auch das von ihm angeführte Urteil des EuGH v. 17.6.1999, Rs. C 75/97, Maribel, EuGHE 1999, I-357 vermag keine andere Beurteilung des Merkmals der Selektivität zu begründen. Denn dort ging es ausweislich der Entscheidungsbegründung (Rn. 29) um eine Maßnahme, die sich eben nicht an alle Unternehmen gleichermaßen richtete, sondern nur an bestimmte Wirtschaftszweige. Der Kreis der begünstigten Unternehmen ist damit bereits eingegrenzt, so dass es dann nicht mehr auf die große

Ergebnis spricht, dass die Regelungen der DBA in ihrem Anwendungsbereich allen grenzüberschreitend tätigen Unternehmen offen stehen, da die Bundesrepublik Deutschland mit jedem EU-Mitgliedstaat ein DBA vereinbart hat. Damit „begünstigt" der deutsche Steuergesetzgeber aber alle in seinem Gebiet ansässigen Unternehmen gleichermaßen und nicht einzelne besonders. Aus dem Umstand, dass einige Unternehmen oder Produktionszweige faktisch mehr als andere in den Genuss solcher steuerlicher Maßnahmen gelangen, kann nicht gefolgert werden, dass sie in den Anwendungsbereich der für staatliche Beihilfen relevanten Wettbewerbsvorschriften fallen[1207]. Dass ein steuerliches Regelungswerk wie ein DBA in seinem Anwendungsbereich beschränkt ist und nur einen Kreis der Steuerpflichtigen erfasst, kann die Selektivität nicht begründen[1208], solange es sich nicht um ein Gesetz handelt, das gezielte einzelne Unternehmen (zumindest mittelbar) anspricht und andere ausgrenzt[1209]. Da die in den deutschen DBA enthaltenen Vermeidungsartikel eine solche Selektivität nicht aufweisen, ist mit der Kommission davon auszugehen, dass die Methoden der Vermeidung der Doppelbesteuerung, namentlich die Freistellungs- und die Anrechnungsmethode, für sich betrachtet keine staatliche Beihilfe im Sinne des EG-Beihilferechts darstellen[1210].

Konsequenterweise können dann aber auch *Vorbehaltsklauseln* wie die Aktivitätsvorbehalte und switch-over-Klauseln nicht als beihilferechtswidrig angesehen werden. Denn sie führen in ihrer Rechtsfolge lediglich dazu, dass anstatt der Freistellungsmethode die Anrechnungsmethode zur Vermeidung der Doppelbesteuerung eingreift. Sieht man vereinzelt darin eine Förderung „aktiver Tätigkeiten"[1211], gilt es doch die Befugnis der Mitgliedstaaten zu achten, ihre „Wirtschaftspolitik zu wählen, die sie für geeignet halten und insbesondere die Steuerbelastung so auf die

---

Zahl der Unternehmen ankommt (Rn. 32; vgl. auch *Jestaedt* in Heidenhein, Beihilfen, § 8, Rn. 10).

[1207] Vgl. Mitteilung der Kommission v. 10.12.1998, ABl. EG 1998 C Nr. 384, S. 3, Rn. 14. Auch vor dem Hintergrund des Urteils des EuGH v. 2.7.1974, Rs. 173/73, Italien/Kommission, EuGHE 1974, 709 ergibt sich - entgegen *Sutter*, SWI 2004, 4 [11 f.] - kein anderes Ergebnis, ging es doch dort um die Begünstigung allein von Unternehmen der Textilbranche, wohingegen die Freistellungsmethode allen Unternehmen gleichermaßen offen steht; kritisch auch *Strasser*, Auslegung, 41 f.

[1208] Ähnlich auch *Jestaedt* in Heidenhein, Beihilfen, § 8, Rn. 13 und *Triantafyllou* in G/S[6], Art. 87, Rn. 101.

[1209] Damit im Einklang EuG, Urt. v. 27.1.1998, Rs. T-67/94, Ladbroke Racing/Kommission, EuGHE 1998, II-1, Rn. 77 f.

[1210] Im Ergebnis ebenso *Blumenberg* in Grotherr, Handbuch[2], 1787 [1811]; *Schön*, Beihilfen, 130. Auch *Strasser*, Auslegung, 41 f. spricht sich insoweit für eine Gleichbehandlung der Freistellungs- und der Anrechnungsmethode aus, lässt im Ergebnis jedoch offen, ob sie eine Verletzung des Beihilferechts darstellen könnten, weil die Entwicklung der Rechtsprechung abzuwarten sei.

[1211] Vgl. *Vogel*, StuW 1993, 380 [387 f.].

Produktionsfaktoren zu verteilen, wie es ihren Vorstellungen entspricht“. Aus diesem Grund nimmt die Kommission im Zusammenhang mit den Bestimmungen zur Vermeidung der Doppelbesteuerung auch solche Maßnahmen zur Vermeidung der Steuerumgehung vom Beihilfeverbot aus, zu denen eben die Vorbehaltsklauseln zählen. Eine allgemeine Maßnahme wie die Freistellungsmethode ist - auch wenn sie mit Maßnahmen zur Steuerumgehung, wie Vorbehaltsklauseln ausgestaltet ist - Ausdruck der mitgliedstaatlichen Souveränität, eine eigenständige Steuerpolitik formulieren und umsetzen zu können[1212]. In diesem Bereich dürfen die Mitgliedstaaten grundsätzlich in freie Konkurrenz treten und steuerlich attraktive Rahmenbedingungen für die in ihrem Land ansässigen Unternehmen schaffen[1213]. Vor dem Hintergrund der bei den Mitgliedstaaten verbliebenen Kompetenz im Bereich der direkten Besteuerung bleibt der EG die Aufgabe, einen fairen Steuerwettbewerb unter den Mitgliedstaaten zu gewährleisten. Zu diesem Zweck hat der Rat der Wirtschafts- und Finanzminister der Mitgliedstaaten der Europäischen Union (Ecofin[1214]) am 1. Dezember 1997 einen Verhaltenskodex verabschiedet[1215], in dem sich die Mitgliedstaaten verpflichten[1216], Maßnahmen, die einem fairen Steuerwettbewerb widersprechen, zu unterlassen[1217]. Als eine solche, potentiell schädliche Maßnahme wird eine (gemessen an der üblicherweise in dem betreffenden Mitgliedstaat geltenden Besteuerungshöhe) deutlich niedrigere Effektivbesteuerung, einschließlich einer Nullbesteuerung verstanden[1218], und zwar insbesondere dann, wenn sie im Quellenstaat entsteht, obwohl es dort zu keiner tatsächlichen Wirtschaftstätigkeit oder substantiell wirtschaftlichen Präsenz kommt[1219]. Dementsprechend nennt der Verhaltenskodex ausdrücklich die Vorbehaltsklauseln in DBA als Maßnahmen, die einen fairen Steuerwettbewerb gewährleisten[1220]. Denn es sind gerade die Akti-

---

[1212] *Gross*, RIW 2002, 46 [50]; *Jestaedt* in Heidenhein, Beihilfen, § 8, Rn. 9.

[1213] *Gross*, RIW 2002, 46 [49 f.]; *Schön*, Wettbewerb, 215 f.

[1214] Der Rat „Wirtschaft und Finanzen“ setzt sich grundsätzlich aus den Wirtschafts- und Finanzministern der Mitgliedstaaten zusammen und befasst sich u. a. mit Fragen der Wirtschaftspolitik, der wirtschaftspolitischen Überwachung und Fragen der Haushaltspolitik. Er beschließt grundsätzlich mit qualifizierter Mehrheit, in Steuerangelegenheiten einstimmig. Er ist Teil des Rates der Europäischen Union, der gemeinhin als das wichtigste Entscheidungsorgan der EU angesehen wird. Vgl. dazu http://ue.eu.int/cms3_fo/index.HTM.

[1215] Entschließung des Rates und der im Rat Vereinigten Vertreter der Regierungen der Mitgliedstaaten v. 1.12.1997 über einen Verhaltenskodex für die Unternehmensbesteuerung, ABl. EG 1998 C Nr. 2, S. 2 ff. (im Folgenden: Verhaltenskodex).

[1216] Da der Verhaltenskodex einerseits keine der in Art. 249 EG genannte Maßnahme ist und nicht der Jurisdiktion der Gemeinschaftsgerichte unterliegt und andererseits selbst keine Sanktionen für seine Verletzung festlegt, muss er letztlich als unverbindliche Maßnahme des Rates im förmlichen Kleid des EG-Rechts gesehen werden, *Blumenberg* in Grotherr, Handbuch², 1787 [1812].

[1217] Verhaltenskodex, ABl. EG 1998 C Nr. 2, S. 2, C. und D.

[1218] Verhaltenskodex, ABl. EG 1998 C Nr. 2, S. 2, B.

[1219] Verhaltenskodex, ABl. EG 1998 C Nr. 2, S. 2, B. 3.

[1220] Verhaltenskodex, ABl. EG 1998 C Nr. 2, S. 2, L.

vitätsklauseln, die switch-over- und auch die subject-to-tax-Klauseln, die einer wettbewerbswidrigen Niedrig- oder gar Nullbesteuerung entgegenwirken. So verwundert es nicht, dass beispielsweise auch in der Zins- und Lizenzgebührenrichtlinie - und daher mit multilateraler Wirkung[1221] - eine Art subject-to-tax-Klausel zu finden ist[1222]. Selbst der Musterkommentar zum OECD-MA schlägt die Anwendung vor Vorbehaltsklauseln zur Missbrauchsbekämpfung vor[1223]. Auch der EuGH hat in seiner zu den Grundfreiheiten ergangenen Rechtsprechung das Ziel, die Steuervermeidung oder -flucht zu bekämpfen als zwingendes Allgemeininteresse grundsätzlich anerkannt[1224]. Konsequenterweise spricht sich der Rat für eine Begrenzung der Freistellung durch Vorbehaltsklauseln aus, freilich nicht verstanden als Bekämpfung der Freistellungsmethode an sich[1225], sondern der wettbewerbswidrigen Steuervermeidung, die oftmals durch ein Ausnutzen der Freistellungsmethode, beispielsweise durch passive Betriebsstätten in Niedrigsteuerländern, erreicht werden kann. Im Ergebnis sind daher weder die Freistellungsmethode für sich betrachtet, noch ihr Erscheinen in Verbindung mit Vorbehaltsklauseln als beihilfewidrige Maßnahmen einzustufen, sondern gerade umgekehrt ihre wettbewerbsfördernde Bedeutung zu betonen. Dies muss jedenfalls solange gelten, als die Vereinbarung einer Vorbehaltsklausel, wie in den deutschen DBA, darauf gerichtet ist, der Steuervermeidung oder -flucht entgegenzuwirken[1226].

3. Tatbestandsmäßigkeit hinsichtlich vorbehaltloser Freistellung im Vergleich zur Freistellung unter Vorbehalt

Zu einer anderen Beurteilung hinsichtlich des Kriteriums der Selektivität könnte man gelangen, wenn man beispielsweise die Freistellungsklausel des DBA-Frankreich mit der des DBA-Finnland vergleicht. Insofern wäre zu überlegen, ob nicht die vorbehaltlose Freistellung der Einkünfte einer in Frankreich belegenen Betriebsstätte eine gemeinschaftswidrige Beihilfe zulasten in Finnland belegener Betriebsstätten darstellt, denen Freistellung nur dann gewährt wird, wenn sie aktiv im Sinne des DBA tätig sind. Zwar gelangt man bei einem solchen Vergleichsmaßstab zu einer zahlenmäßigen Beschränkung der Anzahl begünstigter Unternehmen,

---

[1221] *Kluge*, IntStR^4, R, Rn. 130.

[1222] Deutlich noch Art. 7 Abs. 1 lit. b) des Entwurfs der Richtlinie, der die Besteuerungsbefugnis wieder an den Quellenstaat zurück gab, wenn die Gesellschaft sonst in den Genuss einer üblicherweise im anderen Staat nicht anwendbaren Verringerung der Steuerbemessungsgrundlage käme; nunmehr macht Art. 6 der Richtlinie das Recht der Mitgliedstaaten, die Anwendung der Richtlinie zu verweigern von den allgemeinen Bedingung der Steuerumgehung, - hinterziehung oder des Missbrauchs abhängig.

[1223] MK, Anhang zu Art. 1 OECD-MA. Siehe dazu auch *Lang*, Einführung^2, Rn. 173.

[1224] EuGH, Urt. v. 11.3.2004, Rs. C-9/02, Hughes de Lasteyrie du Saillant, IStR 2004, 236, Rn. 49; ferner v. 21.11.2002, Rs. C-436/00, X und Y, EuGHE 2002, I-10829, Rn. 42.

[1225] Diesem Irrtum unterliegt offenbar *Sutter*, SWI 2004, 4 [13].

[1226] In diesem Sinne bezogen auf die Grundfreiheiten auch *Kokott*, Grundfreiheiten, 22 f.

nämlich solcher, die eine Betriebsstätte in Frankreich unterhalten. Damit lässt sich das Vorliegen einer gemeinschaftsrechtswidrigen Beihilfe meines Erachtens allerdings noch allein nicht bejahen, wenn auch gewisse Parallelitäten zu den von der Kommission gerügten regional wirkenden Beihilfen nicht von der Hand zu weisen sind[1227]; denn die vorbehaltlose Freistellung könnte als Anreiz betrachtet werden, insbesondere passive Betriebsstätten nach Frankreich statt nach Finnland zu legen.

Aber unabhängig vom Merkmal der Selektivität ist bereits fraglich, ob überhaupt eine staatliche Begünstigung vorliegt. Stellt man zur Bestimmung einer Begünstigung auf die Situation eines deutschen Unternehmens mit Betriebsstätte in Frankreich ab, ist keineswegs gesagt, dass sich diese gegenüber dem Anrechnungsfall bei einer passiven Betriebsstätte in Finnland als günstiger darstellt. Insofern ist zu berücksichtigen, dass die Freistellung nur dann lukrativ ist, wenn der Quellenstaat ein niedrigeres Steuerniveau als der Wohnsitzstaat aufweist[1228]. Denn die Betriebsstätteneinkünfte unterliegen im Freistellungsfall der Besteuerung im Quellenstaat, während es bei der Anrechnungsmethode in einem Hochsteuerland wie Deutschland regelmäßig zur Hochschleusung auf das deutsche Niveau kommt[1229]. Damit ergeben sich die Vorteile der Freistellungsmethode aber letztlich - wie der EuGH in der Rechtssache Gilly zur Gemeinschaftswidrigkeit der Anrechnungsmethode einwandte - vor allem aus den unterschiedlichen Steuersätzen der betreffenden Mitgliedstaaten, deren Festsetzung in Ermangelung einer Gemeinschaftsregelung auf diesem Gebiet in die alleinige Zuständigkeit der Mitgliedstaaten fällt[1230]. Darüber hinaus bleibt es auch bezogen auf das Vergleichsobjekt DBA-Frankreich weiterhin widersprüchlich, eine Wettbewerbsverfälschung durch die Freistellung im europäischen Verkehr zu bejahen (vgl. Art. 3 Abs. 1 lit. g) EG)[1231].

Schließlich ist es auch hier, ähnlich wie bei den Grundfreiheiten sehr fraglich, ob das Beihilferecht auf eine Konstellation, die sich (wie die hier in Frage stehende) auf eine Begünstigung durch einen Mitgliedstaaten gewissermaßen zugunsten eines anderen Mitgliedstaates (hier: Frankreich) und nicht der eignen Wirtschaft bezieht, gleichsam einem kollusiven Zusammenwirken zweier Mitgliedstaaten auf DBA-Ebene zu Lasten Dritter, überhaupt anwendbar ist. Denn immerhin richtet sich das Beihilferecht primär gegen die Förderung heimischer Unternehmen oder Regionen eines Mitgliedstaates[1232]. Aus deutscher Sicht ergibt sich aber kein beihilferechtlich

---

1227 Siehe oben Fn. 1204.

1228 So auch *Sutter*, SWI 2004, 4 [6]. Vgl. auch *Lehner*, Begrenzung, 282.

1229 Vgl. oben 1. Kapitel C. II. 2. Anrechnungsmethode.

1230 EuGH, Urt. v. 12.5.1998, Rs. 336/96, Gilly, EuGHE 1998, I- 2793, Rn. 47.

1231 Dazu bereits oben 2. Kapitel B. I. 2. b) Wettbewerbsverfälschung und Handelsbeeinträchtigung.

1232 Beispielhaft kann hier der „Buy Irish“-Fall genannt werden, EuGH, Urt. v. 24.11.1982, Rs. 249/81, EuGHE 1982, 4005 (Verletzung des Art. 87 EG wurde allerdings offengelassen).

relevanter Unterschied dadurch, dass die passive Betriebsstätte in Frankreich belegen ist und damit die Freistellungsmethode zur Anwendung kommt oder ob sie in Finnland belegen ist und damit die Anrechnungsmethode eingreift[1233]. Positive Wirkungen können sich aus der vorbehaltlosen Freistellung zwar zunächst für deutsche Unternehmen zeigen, die eine Betriebsstätte in Frankreich unterhalten, damit in erster Linie aber auch für den französischen Fiskus, der als Quellenstaat auf die Einkünfte der Betriebsstätte zugreifen kann[1234]. Ob auch die Förderung gewissermaßen zugunsten eines anderen Mitgliedstaates vom Beihilferecht erfasst wird, ist bisher nicht geklärt[1235] und zumindest in der hier konkret in Frage stehenden Konstellation aus folgenden Gründen abzulehnen: Würde man in der vorbehaltlosen Freistellung gegenüber Frankreich eine Verletzung des Art. 87 EG sehen, liefe dies im Ergebnis darauf hinaus, dass die Kommission die Bundesrepublik zur Revision ihrer DBA zwingen müsste. Es gälte, entweder alle Vorbehaltsklauseln zu streichen - dafür spricht die positive Wirkung der Kapitalimportneutralität der Freistellungsmethode - oder umgekehrt alle DBA mit Vorbehaltsklauseln auszustatten - der vom Ecofin-Rat verabschiedete Verhaltenskodex spricht für letzteres[1236]. Damit gelangte man auf diesem Weg zu einem Meistbegünstigungsanspruch, auf ein Gleichschreiben aller europäischen DBA, orientiert entweder am günstigsten oder ungünstigsten DBA. Gerade dem ist der EuGH aber in der Rechtssache „D." entgegengetreten. Selbst wenn man grundsätzlich einen weiten Anwendungsbereich des Beihilferechts gegen Begünstigungen eines Mitgliedstaates auch zugunsten eines anderen Mitgliedstaates unterstellt[1237], muss für die hier in Frage stehende Konstellation die Anwendbarkeit des Beihilfe-

---

In diese Richtung *Seidel*, Beihilferecht, 15 f.; ansatzweise auch *Mederer* in G/S^6, Art. 87 EG, Rn. 32. Nicht ohne Grund sind Beihilfen üblicherweise auf im Hoheitsgebiet des Mitgliedstaates ansässige Unternehmen begrenzt.

1233 Wie soeben dargestellt, sind sowohl die Freistellungs- als auch die Anrechnungsmethode für sich betrachtet mit Art. 87 EG vereinbar, siehe besonders 2. Kapitel B. I. 2. c) Selektivität der Zuwendung im Hinblick auf Mitteilung der Kommission v. 10.12.1998, ABl. EG 1998 C Nr. 384, S. 3, Rn. 13.

1234 In diese Richtung auch *Rödder/Schönfeld*, IStR 2005, 523 [526], allerdings im Rahmen der Prüfung einer Verletzung der Grundfreiheiten.

1235 *Mederer* in G/S^6, Art. 87 EG, Rn. 33 spricht sich in einem anderen Zusammenhang gegen eine „Inlandsausrichtung als (ungeschriebenes) Tatbestandsmerkmal des Artikels 87 Absatz 1" aus.

1236 Verhaltenskodex, ABl. EG 1998 C Nr. 2, S. 2, L. Vgl. bezogen auf die Grundfreiheiten auch *Kokott*, Grundfreiheiten, 22 f.

1237 Immerhin ist letztlich weiterhin nur entscheidend, ob die Maßnahme geeignet ist, bestimmte Unternehmen (hier: solche mit Betriebsstätte in Frankreich) gegenüber anderen Unternehmen (hier: mit Betriebsstätte in Finnland), die sich in einer vergleichbaren Situation befinden, einen finanziellen Vorteil zu verschaffen; vgl. *Jestaedt* in Heidenhein, Beihilfen, § 8, Rn. 4.

rechts dennoch verneint werden[1238]. Denn auch hier sind die vom EuGH in Anlehnung an Art. 293 EG entwickelten Gesichtspunkte zu berücksichtigen[1239]. Wie der Gerichtshof bereits in seiner Gilly-Entscheidung herausgearbeitet hat, ist die Befugnis, ihre DBA auszugestalten, bei den Mitgliedstaaten verblieben. In der Ausübung dieser Befugnis sind die Mitgliedstaaten frei. Es gilt, sowohl diese Befugnis der Mitgliedstaaten als auch die von ihnen in den Abkommen gefundene Ausgewogenheit zu achten. Gelangte man über den Weg des Beihilferechts zu einem anderen Ergebnis, widerspräche es damit den vom EuGH ausgesprochenen Grundaussagen des Art. 293 EG: Ziel des EG-Vertrages ist es, die Doppelbesteuerung zu vermeiden. Vereinbaren die Mitgliedstaaten DBA zur Verwirklichung dieser Zielsetzung, können die Abkommensvorschriften weder aus grundfreiheitlichen noch aus beihilferechtlichen Gründen aus ihrem Gesamtgefüge gerissen werden. Das liefe dem vom EuGH betonten Wesen der DBA und ihrer Ausgewogenheit[1240], die sich aus den autonomen Verhandlungen der Mitgliedstaaten beim Abschluss bilateraler Abkommen ergibt[1241], zuwider.

4. Ergebnis der beihilferechtlichen Prüfung

Aufgrund der vorstehenden Ausführungen ist deutlich geworden, dass sich die Freistellungsmethode nicht unter die Voraussetzungen des Beihilfetatbestandes subsumieren lässt[1242]. Nahezu keines der Tatbestandselemente liegt zweifelsfrei vor. Konform mit diesem Ergebnis lehnt auch die Kommission in ihrer Mitteilung zur Anwendbarkeit des Beihilferechts sowohl die Einordnung der Maßnahmen zur Vermeidung der Doppelbesteuerung per se, als auch zur Steuerumgehung als Beihilfe ab. Auch vor dem Hintergrund der Rechtsprechung des EuGH zur Meistbegünstigung lassen sich keine beihilferechtswidrigen Unterschiede in den variierenden Freistellungsformulierungen deutscher DBA finden[1243].

[1238] Dogmatisch befinden sich die beiden Unternehmen wie in der Rs. D. nicht in einer vergleichbaren Lage; vgl. EuGH, Urt. v. 5.7.2005, Rs. C-376/03, D., IStR 2005, 483, Rn. 61.

[1239] Im Prüfungsaufbau untypisch und damit besonders hervorhebend stellt der EuGH in seiner Entscheidung zur Meistbegünstigung Art. 293 EG voran, EuGH, Urt. v. 5.7.2005, Rs. C-376/03, D., IStR 2005, 483, Rn. 49.

[1240] EuGH, Urt. v. 5.7.2005, Rs. C-376/03, D., IStR 2005, 483, Rn. 61 ff.

[1241] Vgl. Mitteilung der Kommission v. 10.12.1998, ABl. EG 1998 C Nr. 384, S. 3, Rn. 13.

[1242] Trotz „der vielen aufgezeigten Fragezeichen" kommt *Sutter*, SWI 2004, 4 [13] in seinem Fazit zu einem anderen Ergebnis.

[1243] Im Ergebnis ähnlich *Schön*, Beihilfen, 130.

IV. Ergebnis der gemeinschaftsrechtlichen Betrachtung zur Freistellung von Erwerbsbezügen und positiven Einkünften

Festgehalten werden kann damit, dass die in den deutschen DBA vorzufindende Ausgestaltung der Freistellungsmethode auch in der Verschiedenheit ihrer Erscheinungsformen (vorbehaltlos oder mit verschiedenen Vorbehaltsklauseln) insbesondere im Hinblick auf die Positionen der Kommission, des Ecofin-Rates sowie des EuGH weder aus grundfreiheitlichen noch aus beihilferechtlichen Gründen einer Revision bedarf. Das Ergebnis mag in seiner Uneingeschränktheit überraschen. Auf den ersten Blick liegt die Verletzung der Grundfreiheiten durchaus nahe[1244] und auch die des Beihilferechts nicht fern[1245]. Immerhin scheint die Freistellung unter Vorbehalt grenzüberschreitende Aktivitäten im Vergleich zur vorbehaltlosen Freistellung zu diskriminieren, die wiederum spiegelbildlich begünstigend wirkt. Dass die verschiedenartige Ausgestaltung der Freistellungsmethode in deutschen DBA dennoch mit dem Gemeinschaftsrecht vereinbar ist, wird deutlich, wenn man sich den Stand der Europäischen Integration des direkten Steuerrechts klar macht. Denn letztlich spielt vor allem die Abgrenzung von legislatorischen Souveränitäten im hier behandelten Bereich eine maßgebliche Rolle[1246]:

Von gesetzgeberischer Seite her, stellt der EG-Vertrag lediglich Art. 94 EG als Ermächtigungsgrundlage zur Verfügung. Damit ist der Europäischen Gemeinschaft wegen des Erfordernisses der Einstimmigkeit einerseits sowie der Beschränktheit der Mittel auf die Richtlinie andererseits eine nur schrittweise Harmonisierung der Steuersysteme[1247] der Mitgliedstaaten möglich. Nachdem zahlreiche Richtlinienvorschläge in den Jahren 1974 bis 1988 aufgrund mangelnder Akzeptanz bei den Mitgliedstaaten gescheitert waren[1248], sah sich die Kommission Anfang der 1990er Jahre veranlasst, ihre Tätigkeit auf die Koordinierung und Annäherung der einzelstaatlichen Steuerpolitiken zu reduzieren[1249]. Einzig die oben benannten Richtlinien sowie die Schiedskonvention konnten als legis-

---

1244 In diesem Sinne *Wassermeyer*, IStR 2000, 65 [70], der eine abschließende Prüfung ausdrücklich nicht vornimmt.

1245 Auch auf Ebene der WTO hat sich 1976 ein Sachverständigenausschuss mit der Frage im Hinblick auf das GATT beschäftigt und sie zunächst bejaht. In der abschließenden Erklärung von 1981 hat die WTO allerdings (ähnlich wie die Kommission in der benannten Mitteilung) klargestellt, dass das GATT den Methoden zur Vermeidung der Doppelbesteuerung nicht entgegensteht. Siehe dazu *Sørensen*, ET 2002, 206 [208].

1246 Vgl. zu diesem Ansatz in vergleichbaren Zusammenhang *Schön*, Wettbewerb, 208.

1247 Zu den Vorzügen eines harmonisierten Steuersystems *Schön*, Wettbewerb, 196 f.

1248 Einen Überblick über die Entwicklung der Arbeiten der EG zur Unternehmensbesteuerung liefert http://europa.eu.int/comm/taxation_customs/taxation/company_tax/gen_overview/index_de.htm. Ferner *Saß*, StuW 1999, 164 ff. *Schön*, Wettbewerb, 205.

1249 Vgl. Mitteilung der Kommission an das Parlament und den Rat über die Leitlinien zur Unternehmensbesteuerung v. 20.4.1990, SEK (1990), 601.

lative Maßnahmen im Bereich direkter Besteuerung von Seiten der EG verabschiedet werden[1250]. Auch in den Mitteilungen der Kommission aus den Jahren 1997[1251], 2001[1252] und 2003[1253] wurde deutlich, dass ein harmonisiertes Steuersystem oder einheitliche Steuersätze mangels politischen Willens der Mitgliedstaaten nicht das unmittelbare Ziel derzeitiger Bemühungen der EG sein kann[1254]. Vielmehr ist es weiterhin den Mitgliedstaaten vorbehalten, ihre Steuerrechtsordnungen zu gestalten. Damit verbleibt es beim Wettbewerb der Steuersysteme[1255] unter den Mitgliedstaaten. Dessen positive Wirkungen erkennt der Ecofin-Rat auch ausdrücklich an und spricht sich für eine Sicherung dieses Wettbewerbs aus[1256].

Um diesen Wettbewerb im Sinne der europäischen Idee zu verwirklichen, zeigen die Organe der Europäischen Gemeinschaft der Gestaltungsfreiheit des nationalen Steuergesetzgebers besonders im grenzüberschreitenden Verkehr seine von ihm selbst (in Form des EG-Vertrages) gesetzten Schranken auf und wirken auf das Ziel europäischer Integration hin. Dies zum einen durch die benannten EG-Richtlinien sowie zum anderen durch die primär an den Grundfreiheiten orientierte Jurisdiktion des EuGH und die Beihilfenkontrolle der Kommission[1257]. Schließlich fordert auch der EG-Vertrag selbst die Mitgliedstaaten in seiner einzigen zum direkten Steuerrecht vorzufindenden Regelung des Art. 293 EG auf, der Doppelbesteuerung entgegen zu wirken. Dem sind die Mitgliedstaaten bereits unabhängig von Art. 293 EG durch den Abschluss bilateraler Abkommen nachgekommen. Da vor dem Hintergrund dieses fast[1258] lückenlosen Netzes bi-

---

[1250] Siehe dazu oben 3. Kapitel A. II. Unmittelbare Bezugnahmen des Europarechts auf DBA.

[1251] Mitteilung der Kommission v. 1.10.1997, Koordinierung der Steuerpolitik in der Europäischen Union - Maßnahmenpaket zur Bekämpfung des schädlichen Steuerwettbewerbs, KOM (1997), 495.

[1252] Mitteilung der Kommission v. 23.5.2001, Steuerpolitik in der Europäischen Union - Prioritäten für die nächsten Jahre, KOM (2001), 260 (ABl. EG 2001 C Nr. 284, S. 6 ff.) sowie v. 23.10.2001, Ein Binnenmarkt ohne unternehmensteuerliche Hindernisse - Strategie zur Schaffung einer konsolidierten Körperschaftsteuer-Bemessungsgrundlage für die grenzüberschreitende Unternehmenstätigkeit in der EU, KOM (2001), 582.

[1253] Mitteilung der Kommission v. 24.11.2003, Ein Binnenmarkt ohne unternehmensteuerliche Hindernisse, Ergebnisse, Initiativen, Herausforderungen, KOM (2003), 726.

[1254] Zu den neueren Harmonisierungsplänen der EG durch den fortzusetzenden Abbau bestehender Diskriminierungen und Beschränkungen einerseits sowie die Vereinheitlichung der körperschaftsteuerlichen Bemessungsgrundlage andererseits, siehe *Hey*, StuW 2004, 193 [203 ff.].

[1255] Siehe zu den damit verbundenen Auswirkungen und der Kritik der Kommission am Systemwettbewerb *Schön*, Wettbewerb, 198 ff.

[1256] Schlussfolgerungen des Rates „Wirtschaft- und Finanzfragen" v. 1.12.1997 zur Steuerpolitik, ABl. EG 1998 C Nr. 2, S. 1.

[1257] Vgl. auch *Schön*, Beihilfen, 107 f.; *ders.*, Wettbewerb, 208.

[1258] Vgl. *Lehner*, IStR 2005, 397.

lateraler DBA im Bereich der Einkommen- und Körperschaftsteuer bislang von den Mitgliedstaaten - auch vor dem Hintergrund der soeben aufgezeigten historischen Entwicklung - kein multilaterales, gesamteuropäisches Abkommen im Sinne des Art. 293 EG vereinbart worden ist, dienen weiterhin einzig die bestehenden europäischen DBA der Zielsetzung, die Doppelbesteuerung zu vermeiden. In dieser Funktion führen die DBA grundsätzlich zu keiner die Grundfreiheiten bedrohenden Belastung des einzelnen Steuerpflichtigen, sondern im Gegenteil zu einer Entlastung um die sonst eintretende doppelte Besteuerung. Darin kann aber insbesondere deshalb keine gemeinschaftswidrige Beihilfe gesehen werden, weil diese Entlastung gerade dem originären Ziel des EG-Vertrages, einer wettbewerbsneutralen Besteuerung (Art. 3 Abs. 1 lit. g) EG) entspricht[1259].

Allerdings haben sich im Wettbewerb der Steuersysteme Gestaltungsmöglichkeiten entwickelt, die einem fairen Wettbewerb zu wider laufen. Zwar zählt nicht die Niedrigbesteuerung als solche zu den schädlichen Maßnahmen, die als wettbewerbsverfälschend und damit als möglicherweise beihilferechtswidrig zu bewerten wäre[1260]. Den Bemühungen der EG um einen fairen Steuerwettbewerb widerspricht es aber dennoch, wenn es zu einer Niedrig- oder gar Nullbesteuerung kommt, obgleich das begünstigte Unternehmen keinerlei tatsächliche Wirtschaftstätigkeit in dem niedrig besteuernden Mitgliedstaat unterhält. Vor diesem Hintergrund akzeptiert der Ecofin-Rat nicht nur in DBA enthaltenen Vorbehaltsklauseln, sondern spricht sich für deren Einsatz als Maßnahme zur Bekämpfung der wettbewerbswidrigen Steuervermeidung und Steuerhinterziehung aus[1261].

Sieht man in der dennoch in einigen DBA vorzufindenden Normierung der vorbehaltlosen Freistellungsmethode schließlich eine Vergünstigung, die auf andere DBA aus grundfreiheitlichen oder beihilferechtlichen Gründen zu übertragen sei, missachtet man, dass die Kompetenz zum Abschluss völkerrechtlicher Verträge zur Vermeidung der Doppelbesteuerung bei den Mitgliedstaaten verblieben ist und diese bei der Ausgestaltung dieser DBA in Erfüllung der in Art. 293 EG vorgesehen Zielsetzung handeln[1262]. An dieser Stelle mag einem die deutsche Abkommenspraxis durchaus missfallen. Trägt sie durch ihre Uneinheitlichkeit doch zu einer erheblichen Verkomplizierung der Materie und damit zur Rechtsunsicherheit bei. Indes gilt es sich bereits insofern vor Augen zu führen, dass bilaterale Abkommen Ausdruck eines gegenseitigen Gebens und Nehmens

1259 Siehe zu den übrigen Voraussetzungen des Beihilfetatbestandes oben 3. Kapitel B. I. III. Verletzung beihilferechtlicher Vorschriften. Aus diesem Grunde kommt auch eine Richtlinie nach Art. 96 Abs. 2 EG nicht in Betracht.

1260 So auch *Gross*, RIW 2002, 46 [48].

1261 Siehe dazu oben 3. Kapitel B. I. 2. b) c) Selektivität der Zuwendung.

1262 So der EuGH, vgl. aber Fn. 1137.

sind. Es kann davon ausgegangen werden, dass beiden Vertragsparteien die Regelungen des Abkommens im Hinblick auf die steuerlichen, rechtlichen und tatsächlichen Gegebenheiten nur der beiden Vertragsstaaten vereinbaren. Ferner wurde bisher nicht plausibel nachgewiesen, warum man nicht davon ausgehen könnte, dass die Verhandlungsdelegationen einzig die Interessen ihrer Staaten vertreten und von dem Willen bestimmt sind, das für den eigenen Fiskus günstigste Ziel anzustreben[1263]. Dass die Vorbehaltsklauseln in deutschen DBA dabei eine überaus unterschiedliche Form erhalten haben, liegt vielmehr unter anderem darin begründet, dass die für das jeweilige Abkommen zuständige Verhandlungsdelegation den gerade gegenwärtigen Erkenntnistand herangezogen hat. So erklärt es sich, dass beispielsweise die Aktivitätsklauseln in älteren Abkommen wesentlich enger definiert sind als in neueren DBA und teilweise deshalb nicht an die Vorgaben des § 8 AStG anknüpfen, weil sie vor dem Inkrafttreten des AStG vereinbart worden sind[1264]. Wurden vor allem mit Ländern wie Frankreich, Großbritannien, Belgien etc. keine Aktivitätsklauseln vereinbart, dann allein aus dem Grunde, weil die Verhandlungsdelegationen zu diesem Zeitpunkt noch davon ausgegangen waren, dass bezogen auf diese Länder keine Steuerumgehung zu befürchten ist oder zumindest nicht in dem Ausmaße, dass im Rahmen der Verhandlungen auf die Vereinbarung von Aktivitätsklauseln bestanden werden sollte. Dagegen hat sich die Bundesrepublik Deutschland nunmehr - nach der Erkenntnis, dass es auch im Verhältnis zu hoch besteuernden Industriestaaten zu unfairen Steuerwettbewerb kommt - entschieden, Aktivitätsklauseln auch im Verhältnis zu solchen Staaten anzuwenden[1265]. Gerade vor dem Hintergrund der aufgezeigten Vielfalt der Unterschiede in deutsch-europäischen DBA[1266], die sich durch alle Normen der DBA ziehen und zuweilen positive Auswirkungen für die jeweiligen Vertragspartei haben, zuweilen aber auch negative gegen sie, wäre es meines Erachtens verkürzt in dem Fehlen von Aktivitätsvorbehalten in einigen DBA davon auszugehen, die Bundesrepublik Deutschland wollte diese Staaten begünstigen oder könne sich umgekehrt bei Abkommensverhandlungen gegen deren Vormachtstellung nicht durchsetzen[1267]. Denn wie lässt es sich dann erklären, dass mit Staaten wie Belgien und Dänemark kein Aktivitätsvorbehalt, mit Staaten wie der Schweiz und Finnland dagegen sehr wohl ein solcher Vorbehalt vereinbart worden ist, dass vor allem im DBA-Großbritannien gleich mehrere subject-to-tax-Klauseln enthalten sind, im DBA-Estland dagegen keine einzige und schließlich gegenüber Zypern mangels switch-over-Klausel gar kein Wechsel zur Anrechnungsmethode möglich ist,

[1263] So auch *Lang, M.*, SWI 2005, 365 [370].
[1264] *Runge* in Grotherr, Handbuch^2, 1709 [1715 f.].
[1265] *Runge* in Grotherr, Handbuch^2, 1709 [1714].
[1266] Siehe oben 3. Kapitel B. II. 1. Bestand unterschiedlicher Ausgestaltung der Freistellungsmethode in deutschen DBA mit EU-Mitgliedstaaten.
[1267] So aber *Rödder/Schönfeld*, IStR 2005, 523 [526].

gegenüber Lettland und Litauen nur unter besonderen Voraussetzungen, gegenüber Dänemark, Polen und Schweden dagegen unter erleichterten Voraussetzungen[1268].

Letztlich folgt damit aus dem faktischen Umstand, dass ein DBA - anders als ein rein nationales Steuergesetz - ein auf zwei Staaten begrenztes Regelungswerk darstellt, das den Erkenntnisstand der jeweiligen Zeit widerspiegelt, die Konsequenz, dass die deutschen DBA im Gesamtvergleich untereinander betrachtet, überaus uneinheitlich und kompliziert erscheinen[1269]. Gemeinschaftsrechtlich ist diese Praxis indes nicht zu beanstanden. Denn versteht man die bestehenden DBA mit dem EuGH als notwendigen Bestandteil zur Erfüllung des Zieles des EG-Vertrages, die Doppelbesteuerung zu vermeiden, verbietet es sich, ihre Ausgewogenheit dadurch zu zerstören, dass man die jeweils günstigsten Vorschriften auch auf nichtabkommenberechtigte Personen anwendet. Denn damit erzeugte man zugleich ein multilaterales europäisches DBA, dessen Abschluss allein den Mitgliedstaaten vorbehalten ist. Weder den Grundfreiheiten noch dem Beihilferecht kann folglich eine soweit gehende Wirkung entnommen werden, dass sie gleichsam ein multilaterales DBA auf Niveau der jeweils günstigsten Regelung erzwängen. Somit verletzt die verschiedenartige Ausgestaltung der Freistellungsmethode in deutschen DBA weder die Grundfreiheiten noch das Beihilferecht der EG. Jedenfalls bei der Ausgestaltung der Freistellungsmethode wird die Befugnis der Mitgliedstaaten mithin weder durch die Grundfreiheiten noch durch das Beihilferecht beschränkt.

C. Vereinbarkeit der Freistellung von Erwerbsaufwendungen und negativen Einkünften mit den Grundfreiheiten

Die Rechtsfolgen der Freistellungsmethode, wie sie sich im deutschen Ertragssteuerrecht darstellen, resultieren nur teilweise aus dem jeweiligen DBA selbst (so insbesondere bezüglich der Freistellung der positiven Einkünfte). Die Behandlung der Erwerbsaufwendungen und der negativen Einkünfte kann dagegen nicht direkt dem DBA zugerechnet werden. Die DBA enthalten dazu keine Aussagen, sondern überlassen es den Vertragsstaaten, entsprechende Vorkehrungen zu treffen[1270]. Richterrechtlich hat der BFH den aufgezeigten Weg gewählt[1271], eine alternative Lösung wurde dargestellt.

[1268] Vgl. zum ganzen oben 3. Kapitel B. II. 1. Bestand unterschiedlicher Ausgestaltung der Freistellungsmethode in deutschen DBA mit EU-Mitgliedstaaten.

[1269] Insofern könnte ein deutsches Muster-DBA Abhilfe schaffen.

[1270] MK, Art. 23, Nr. 39-44.

I. Schachteldividenden

Aufwendungen im Zusammenhang mit Schachteldividenden konnten gemäß § 3c EStG in der vom BFH gefundenen Interpretation nur insoweit abgezogen werden, als ihnen keine steuerfreien Dividenden gegenüberstanden. Auch nach der nunmehr geltenden Regelung in § 8b KStG sind Aufwendungen vollständig abziehbar, soweit die Muttergesellschaft im Veranlagungszeitraum keine Dividenden vereinnahmt hat. Fließen ihr dagegen Einnahmen zu, so können Aufwendungen umfänglich geltend gemacht werden, wobei jedoch 5% gemäß § 8b Abs. 5 KStG als nicht abzugsfähige Betriebsausgaben fingiert werden. Erfasst das im DBA niedergelegte Schachtelprivileg aber auch Einkünfte aus einer stillen Beteiligung oder partiarischen Darlehen, so gilt für solche Einkünfte - sowohl nach der Abkommensinterpretation des BFH als auch der alternativen Lösungsmöglichkeit - weiterhin § 3c EStG, in der vom BFH bereits früher vertreten Weise[1272]. Danach sind die Aufwendungen nur insoweit von der Bemessungsgrundlage im Wohnsitzstaat der Muttergesellschaft abziehbar, als ihnen keine Einnahmen gegenüberstehen. Fraglich ist nun, ob eine solche Behandlung von Aufwendungen, die den Einkünften aus einer stillen Beteiligung oder aus einem partiarischen Darlehen zuzuordnen sind und die sich weiterhin nach der Freistellungsklausel der DBA und nicht § 8b KStG richtet mit den Grundfreiheiten des EG-Vertrages vereinbar ist[1273].

1. Anwendbare Grundfreiheit

Dazu ist zunächst zu klären, ob der zu prüfende Sachverhalt überhaupt vom Anwendungsbereich der Grundfreiheiten umfasst wird[1274]. Weitgehend einheit-

---

[1271] Und offenbar aus diesem Grunde in seinem Vorlagebeschluss v. 13.11.2002, I R 13/02, BStBl. II 2003, 795 ff. (Rs. Ritter-Coulais) auf Erläuterungen zur Überprüfbarkeit DBA-rechtlicher Bestimmungen verzichtet.

[1272] Siehe dazu 2. Kapitel C. III. 2. b) aa) Aufwendungen für Schachteldividenden. Zur alternativen Lösung 2. Kapitel C. IV. 2. c) Streng-abkommensautonome Interpretation.

[1273] Nicht geprüft werden soll dagegen, ob die Behandlung der Aufwendungen, die auch nach originär nationalem Recht Schachteldividenden darstellen, mit dem Gemeinschaftsrecht vereinbar ist. Denn diesbezüglich überlagert das nationale Schachtelprivileg das in den DBA niedergelegte. Kommt es auf letzteres insoweit nicht mehr an, ist die Frage der Behandlung der Aufwendungen aus DBA-Sicht eine rein theoretische. Letztlich bestimmt sich ihre Behandlung allein nach dem originär innerstaatlichen Recht (§ 8b KStG), das hier nicht europarechtlich in Frage gestellt werden soll, vgl. dazu Fn. 1039.

[1274] Zur Prüfung der Vereinbarkeit einer nationalen Vorschrift oder rechtlichen Übung mit dem EG-Grundfreiheiten wird vielfach, ähnlich einer Grundrechtsprüfung, zunächst nach einer einschlägigen Grundfreiheit, deren Beeinträchtigung und schließlich einer Rechtfertigung der Beeinträchtigung gesucht, vgl. *Ehlers* in Ehlers, Grundfreiheiten², § 7, Rn. 50; *Hahn*, DStZ 2005, 433 [436 f.] m. w. N.

lich geht man dabei - entsprechend der Übung des EuGH - davon aus, dass es letztlich unerheblich ist, welche Grundfreiheit im Einzelnen betroffen ist, solange nur eine den fraglichen Sachverhalt erfasst. Da sich zu allen Grundfreiheiten sowohl auf Tatbestands- als auch auf Rechtfertigungsebene gleiche Strukturen herausgebildet haben, bedarf es grundsätzlich keiner getrennten Prüfung[1275]. Hinsichtlich der hier in Frage stehenden steuerlichen Behandlung von Aufwendungen einer in Deutschland ansässigen Kapitalgesellschaft, die mit einer stillen Beteiligung oder einem partiarischen Darlehen an einer im anderen EU-Mitgliedstaat ansässigen Gesellschaft im Zusammenhang stehen, liegt eine Verletzung der *Kapitalverkehrsfreiheit* nahe[1276].

Art. 56 Abs. 1 EG spricht das Verbot jedweder Beschränkung des Kapitalverkehrs aus. Eine nähere Definition der Merkmale Kapital und Kapitalverkehr liefert der EG-Vertrag indes nicht. Zur Interpretation ist nach einhelliger Ansicht weiterhin auf die ursprüngliche Reglung in der Richtlinie über die Liberalisierung des Kapitalverkehrs[1277] sowie weitere sekundärrechtliche Gesetzgebungsakte abzustellen[1278]. Abstrakt formuliert umfasst der Kapitalverkehr danach Transaktionen, die sich nicht in einem einmaligen Leistungsaustausch erschöpfen, sondern zu zeitlich dauernden oder wiederholten Geldforderungen und -verpflichtungen führen, mithin primär zu Anlagezwecken erfolgen[1279]. Im Einzelnen fallen darunter beispielsweise Darlehen und Finanzkredite sowie insbe-

---

[1275] Sog. Konvergenz der Grundfreiheiten, dazu EuGH, Beschl. v. 12.9.2002, Rs. C-431/01, Mertens, EuGHE 2002, I-7073, Rn. 24; *Classen*, EWS 1995, 97 ff.; *Cordewener*, Grundfreiheiten, 103 ff. m. w. N.; *ders.*, IStR 2003, 413 [418]; *Ehlers* in Ehlers, Grundfreiheiten², § 7, Rn. 16; *Hahn*, DStZ 2005, 433 [436 f.]; *Oppermann*, Europarecht³, § 19, Rn. 3; *Randelzhofer/Forsthoff* in G/H, vor Art. 39-55 EGV, Rn. 208 (Stand: 18. Lfg. 5/2001); *Schnitger*, IStR 2004, 801; *Seer* in FS Kostecki, 212; *Walter* in Ehlers, Grundfreiheiten², § 1, Rn. 41. Vorsichtiger *Steinberg*, EuGRZ 2002, 13 ff. Vgl. auch EuGH, Urt. v. 23.2.2006, Rs. C-471/04, Keller Holding GmbH, http://curia.eu.int/de/, Rn. 51.

[1276] Fällt ein Verhalten unter den Schutzbereich mehrerer Grundfreiheiten, sind diese grundsätzlich nebeneinander anwendbar, *Ehlers* in Ehlers, Grundfreiheiten², § 7, Rn. 57. Daher ist es unerheblich, dass der EuGH in seinem Urt. v. 23.2.2006, Rs. C-471/04, Keller Holding GmbH, http://curia.eu.int/de/, Rn. 29 und 51 primär auf die Niederlassungsfreiheit abstellt. Siehe dazu noch unten 3. Kapitel C. III. Netto-Einkunftsarten.

[1277] Richtlinie 88/361/EWG des Rates v. 24.6.1988 zur Durchführung des EGV, ABl. EG 1988 L Nr. 178, S. 5.

[1278] EuGH, Urt. v. 14.12.1995, verb. Rs. C-163/94, C-165/94, C-250/94, Sanz de Lera u. a., EuGHE 1995, I-4821, Rn. 34; Urt. v. 6.6.2000, Rs. C-35/98, Verkooijen, EuGHE 2000, I-4071, Rn. 27; Urt. v. 4.6.2002, Rs. 367/98, Kommission/Portugal, EuGHE 2002, I-4731, Rn. 37 f.; *Bröhmer* in C/R², Art. 56 Rn. 8 und 12; *Hahn*, DStZ 2005, 469 [479]; *Schön* in GS Knobbe-Keuk, 747 f.; *Sedlaczek* in Streinz, EUV/EGV, Art. 56, Rn. 5.

[1279] *Bröhmer* in C/R², Art. 56 Rn. 8; *Kiemel* in G/S⁶, Art. 56, Rn. 1; *Ress/Ukrow* in G/H, Art. 73b EGV, Rn. 32 (Stand: 19. Lfg. 2/2002); *Schön* in GS Knobbe-Keuk, 747 f.; *Sedlaczek* in Streinz, EUV/EGV, Art. 56, Rn. 6.

sondere Direktinvestitionen; darunter versteht man Investitionen in gewerbliche Niederlassungen oder Tochtergesellschaften, die darauf gerichtet sind, mit dem Unternehmen, das die Mittel zur Ausübung einer wirtschaftlichen Tätigkeit hält, dauerhafte Beziehungen zu schaffen oder aufrechtzuerhalten[1280]. Vor diesem Hintergrund umfasst die Kapitalverkehrsfreiheit auch passive Unternehmensbeteiligungen wie stille Einlagen und partiarische Darlehen[1281]. Dabei erstreckt sich die Kapitalverkehrsfreiheit nicht nur auf den Erwerb der Beteiligung, den Handel oder die Veräußerung als solche, sondern auch auf den Bezug von Dividendenzahlungen aufgrund der Beteiligung[1282].

Hinsichtlich ihres persönlichen Anwendungsbereiches wendet sich die Kapitalverkehrsfreiheit gleichermaßen an denjenigen, der Kapital einwerben möchte, wie an denjenigen, der Kapital investieren will[1283]. Selbstverständlich gilt dies für natürliche Personen ebenso wie für juristische[1284]. Anders als bei den Personenverkehrsfreiheiten erfordert die Kapitalverkehrsfreiheit im Rahmen ihres grenzüberschreitenden Elements eine Bewegung nicht der Person, sondern des Kapitalverkehrs über die Staatsgrenze hinweg[1285].

Nach alldem fällt der hier fragliche Sachverhalt zweifellos in den Anwendungsbereich der Kapitalverkehrsfreiheit[1286], geht es doch um die steuerliche Behand-

---

[1280] Schlussanträge v. 19.9.1995, verb. Rs. C-163/94, C-165/94, C-250/94, Sanz de Lera u. a., EuGHE 1995, I-4821, 4823, Rn. 14 ff.

[1281] *Schön* in GS Knobbe-Keuk, 750.

[1282] EuGH, Urt. v. 6.6.2000, Rs. 35/98, Verkooijen, EuGHE 2000, I-4071, Rn. 27 ff.

[1283] *Hahn*, DStZ 2005, 469 [480].

[1284] Vgl. nur EuGH, Urt. v. v. 6.6.2000, Rs. 35/98, Verkooijen, EuGHE 2000, I-4071; v. 8.3.2001, verb. Rs. C-397, C-410/98, Metallgesellschaft und Hoechst, EuGHE 2001, I-1727.

[1285] *Von Wilmowsky* in Ehlers, Grundfreiheiten^2, § 12, Rn. 4.

[1286] Ob außerdem auch die Niederlassungsfreiheit einschlägig ist, kann hier schon im Hinblick auf die obigen Ausführungen dahinstehen; vgl. auch EuGH, Urt. v. v. 6.6.2000, Rs. 35/98, Verkooijen, EuGHE 2000, I-4071. Darüber hinaus entspricht es der vorherrschenden Auffassung, dass sich beide Freiheiten weder gegenseitig ausschließen noch in einem Rangverhältnis zueinander stehen, sondern vielmehr nebeneinander anwendbar sind; *Bröhmer* in C/R^2, Art. 56, Rn. 22 ff.; *Ehlers* in Ehlers, Grundfreiheiten^2, § 7, Rn. 57; Schön in GS Knobbe-Keuk, 751; vgl. auch EuGH, Urt. v. 8.3.2001, verb. Rs. C-397, C-410/98, Metallgesellschaft und Hoechst, EuGHE 2001, I-1727, Rn. 75; vgl. auch Art. 43 Abs. 2 EG einerseits sowie Art. 58 Abs. 2 EG andererseits. Schließlich lässt sich die Frage der Betroffenheit der Niederlassungsfreiheit hier auch gar nicht umfassend klären. Bezüglich Unternehmensbeteiligungen geht man nämlich überwiegend davon aus, dass die Niederlassungsfreiheit nur aktive Beteiligungen, die ab einem Anteil von 25% angenommen werden, schützt; EuGH, Urt. v. 13.4.2000, Rs. C-251/98, Baars, EuGHE 2000, I-2787, Rn. 22 ff.; v. 5.11.2002, Rs. C-208/00, Überseering, EuGHE 2002, I-9919, Rn. 77; *Bröhmer* in C/R^2, Art. 56, Rn. 24; *Schön* in GS Knobbe-Keuk, 751. Bezüglich der Niederlassungsfreiheit bedürfte es daher einer Betrachtung am konkretisierten Einzelfall, ihre Anwendbarkeit kann nicht in der hier allgemein gehaltenen lung von Aufwendungen, die mit einer grenzüberschreitenden Direktinvestition zusammen hängen[1287].

2. Beeinträchtigung

Obgleich der Wortlaut der Grundfreiheiten primär darauf hindeutet, dass sie Schutz vor Beeinträchtigungen[1288] in Form von „Beschränkungen" gewährleisten[1289], sah man die Grundfreiheiten zunächst als Konkretisierung des allgemeinen Diskriminierungsverbotes des Art. 7 EWGV (jetzt Art. 12 EG) gegen jede „Diskriminierung" grenzüberschreitender Sachverhalte im Verhältnis zu rein inländischen an, mithin ein Gebot zur Inländergleichbehandlung[1290]. Beginnend mit seinem Urteil zur Rechtssache Dassonville leitete der EuGH aus den Grundrechten neben dieser gleichheitsrechtlichen Komponente auch die freiheitsrecht-

---

Form beantwortet werden. In der zu den „echten" Schachteldividenden anhängigen Rechtssache Keller hat der BFH dies bejaht, Beschl. v. 14.7.2004, I R 17/03, BStBl. II 2005, 53, 54 (beim EuGH geführt als Rs. C-471/04, Keller Holding GmbH), im Weiteren aber nicht zwischen der Kapitalverkehrs- und der Niederlassungsfreiheit differenziert. Wie dort soll auch hier nicht geprüft werden, ob nicht bereits eine Verletzung der Mutter-Tochterrichtlinie gegeben ist; jedenfalls für die hier in Frage stehenden Einkünfte liegt es fern, sie unter den Anwendungsbereich (vgl. Art. 1 MTRL) zu subsumieren.

[1287] Dass Art. 58 Abs. 1 lit. a) EG den Bereich der Steuern nicht vom Anwendungsbereich der Kapitalverkehrsfreiheit ausschließt, wie beispielsweise von *De Bont*, EC Tax Review 1995, 136 [138 ff.] vertreten wurde, hat der EuGH mittlerweile ausdrücklich klargestellt, EuGH, Urt. v. v. 6.6.2000, Rs. 35/98, Verkooijen, EuGHE 2000, I-4071, Rn. 43.

[1288] Ein einheitlicher Oberbegriff hat sich diesbezüglich noch nicht entwickelt. So spricht beispielsweise *Hahn*, DStZ 2005, 469 [480] von „Eingriff", gesteht aber ein, dass sich dieser in der grundgesetzlichen Dogmatik verwandte Begriff nicht ohne weiteres auf das Gemeinschaftsrecht übertragen lässt (vgl. zum Einfluss der verfassungsrechtlichen Dogmatik auf die des Gemeinschaftsrechts auch *Kokott*, Grundfreiheiten, 10 f.). Vor diesem Hintergrund wird im Folgenden von „Beeinträchtigung" gesprochen; ebenso *Cordewener*, IStR 2003, 413 [415]; *ders.*, DStR 2004, 1634 [1636]; *Ehlers* in Ehlers, Grundfreiheiten^2, § 7, Rn. 8.

[1289] Vgl. Art. 43 Abs. 1, Art. 49 Abs. 1, Art. 56 EG. Einzig der Wortlaut der Arbeitnehmerfreizügigkeit deutet auf ein Diskriminierungsverbot hin, Art. 39 Abs. 2 EG. Vgl. *Schön* in FS Wassermeyer, 495, Fn. 31; ferner *Ehlers* in Ehlers, Grundfreiheiten^2, § 7, Rn. 24. Der dort verwendete Begriff „Beschränkung" meint damit die hier bezeichnete „Beeinträchtigung", die die „Ungleichbehandlung" und die „Beschränkung" als Unterformen umfasst. Der EuGH hält dagegen am Wortlaut des EG-Vertrages fest, sieht also die „Beschränkung" als Oberbegriff und bejaht deren Vorliegen daher letztlich selbst dann, wenn eine „Ungleichbehandlung" vorliegt; vgl. EuGH, Urt. v. 14.10.1999, Rs. C-439/97, Sandoz, EuGHE 1999, I-7041, Rn. 19 und 31; Beschl. v. 12.9.2002, Rs. C-431/01, Mertens, EuGHE 2002, I-7073, Rn. 33. Eine exakte Trennung nimmt der EuGH nicht immer vor, was die Verständlichkeit der Entscheidung zuweilen erheblich erschwert.

[1290] Verstanden im Sinne eines Schlechterstellungsverbots, denn zur Beseitigung der Diskriminierung kommt auch eine Besserstellung des EG-Ausländers gegenüber dem Inländer in Betracht, siehe bereits Fn. 1048.

liche eines Beschränkungsverbots ab[1291]. Nicht zuletzt im Hinblick auf diese Rechtsprechung wurde die Kapitalverkehrsfreiheit bereits durch den Vertrag von Maastricht ausdrücklich als Beschränkungsverbot ausgestaltet[1292].

Im Allgemeinen sieht man eine Vorschrift als *beschränkend* an, wenn sie, obwohl an sich unterschiedslos auf Gebietsansässige und Gebietsfremde anwendbar, doch zu einer Behinderung, Begrenzung oder einem Erschwernis der in den Anwendungsbereich der Grundfreiheit fallenden Tätigkeit (bezogen auf die Kapitalverkehrsfreiheit also des Zu-, Ab- oder Durchflusses des Kapitals)[1293] führt[1294]. Das in Art. 56 EG ausdrücklich normierte Beschränkungsverbot umfasst zugleich aber auch das allen Grundfreiheiten innewohnende Verbot jedweder Diskriminierung[1295]. In Anlehnung an Art. 7 EWGV (jetzt Art. 12 EG) ist eine Vorschrift zunächst dann als *diskriminierend* zu beurteilen, wenn sie Angehörige anderer Mitgliedstaaten aufgrund ihrer Staatsangehörigkeit schlechter behandelt als Inländer[1296]. Solche *offenen Diskriminierungen* stellen die schwerste Form der Beeinträchtigung einer Grundfreiheit dar, die zugleich die Rechtwidrigkeit der Beeinträchtigung vermuten lässt, an deren Rechtfertigung mithin besonders hohe Anforderungen zu stellen sind[1297]. Ihr gegenüber stehen zunächst die *versteckten Diskriminierungen*, vor denen die Grundfreiheiten ebenfalls schützen, könnte ihre Wirkung doch sonst nur allzu leicht umgangen werden[1298]. Denn versteckt diskriminierend wirkende Regelungen zeichnen sich dadurch aus, dass sie nicht unmittelbar an das Merkmal der Staatsangehörigkeit anknüpfen, sondern typischerweise zu einer entsprechenden Schlechterstellung führen, indem sie beispielsweise die Ansässigkeit im Mitgliedstaat voraussetzen

---

[1291] EuGH, Urt. v. 11.7.1974, Rs. 8/74, Dassonville, EuGHE 1974, 837, Rn. 5 für die Warenverkehrsfreiheit; v. 3.12.1974, Rs. 33/74, van Binsbergen, EuGHE 1974, 1299 für die Dienstleistungsfreiheit; v. 15.12.1995, Rs. C-415/93, Bosmann, EuGHE 1995, I-4921, Rn. 94 für die Arbeitnehmerfreizügigkeit sowie v. 30.11.1995, Rs. C-55/94, Gebhard, EuGHE 1995, I-4165, Rn. 34 ff. für die Niederlassungsfreiheit. Ob dies auch für den Bereich des Steuerrechts gilt ist nicht unumstritten, vgl. bereits Fn. 1118.

[1292] *Streinz*, Europarecht[6], Rn. 672; vgl. auch *Ehlers* in Ehlers, Grundfreiheiten[2], § 7, Rn. 24.

[1293] *Kiemel* in G/S[6], Art. 56, Rn. 13; *Ress/Ukrow* in G/H, Art. 56, Rn. 35 (Stand: 19. Lfg. 2/2002).

[1294] EuGH, Urt. v. 3.12.1974, Rs. 33/74, van Binsbergen, EuGHE 1974, 1299, Rn. 10 ff.; *Ehlers* in Ehlers, Grundfreiheiten[2], § 7, Rn. 24 und 72. Vgl. dazu noch unten 3. Kapitel C. III. 2. Währungsverluste.

[1295] *Ress/Ukrow* in G/H, Art. 56, Rn. 39 (Stand: 19. Lfg. 2/2002); *Schön* in GS Knobbe-Keuk, 755; *ders.* in FS Wassermeyer, 495, Fn. 31.

[1296] *Ehlers* in Ehlers, Grundfreiheiten[2], § 7, Rn. 69; *Streinz*, Europarecht[6], Rn. 667.

[1297] Vgl. in diesem Sinne wohl EuGH, Urt. v. 29.4.1999, Rs. C-224/97, Ciola, EuGHE 1999, I-2517, Rn. 16. Ferner *Kokott*, Grundfreiheiten, 11; *Reimer*, Auswirkungen, 59; *Streinz*, Europarecht[6], Rn. 702.

[1298] Zur Entwicklung der Rechtsprechung in diesem Bereich *Saß*, StuW 1999, 164 [166 ff.].

zen[1299]. Sie treffen also eine Unterscheidung aufgrund des Kriteriums des Wohnsitzes der Person oder vergleichbarer Merkmale. Bei versteckten Diskriminierungen im Bereich des direkten Steuerrechts prüft der EuGH oftmals inzident innerhalb der Diskriminierungsfrage vorab, ob sich die ungleich Behandelten überhaupt in einer wirtschaftlich „vergleichbaren" oder auch „gleichartigen" Situation befinden[1300]. Dies deshalb, weil die direkten Steuern beim gegenwärtigen Stand des Gemeinschaftsrechts weiterhin von der Gesetzgebung der einzelnen Mitgliedstaaten und nicht der Gemeinschaft bestimmt werden[1301]. Dementsprechend lehnt der EuGH eine vergleichbare Situation zwischen unbeschränkt und beschränkt steuerpflichtigen natürlichen Personen ab, weil und soweit sie in verschiedenen Staaten ihren Tätigkeitsschwerpunkt haben und damit eine unterschiedliche steuerliche Behandlung vor dem Hintergrund fehlender Harmonisierung zwangsläufig ist[1302]. Letztlich fallen die Anforderungen an die Vergleichbarkeit der Situationen aber je nach dem konkreten Vergleichspaar unterschiedlich aus; insbesondere beim Vergleich von natürlichen Personen zeigen sich erhebliche Schwierigkeiten, eine Vergleichbarkeit festzustellen[1303].

Der versteckten und der offenen Diskriminierung ist mithin gemeinsam, dass auf einen Vergleich zwischen einem gedachten rein inländischen und dem tatsächlich vorhandenen ausländischen, grenzüberschreitenden Sachverhalt abzustellen

---

1299 Grundlegend EuGH, Urt. v. 12.2.1974, Rs. 152/73, Sotgiu, EuGHE 1974, 153, Rn. 11 f.; v. 14.2.1995, Rs. C-279/93, Schumacker, EuGHE 1995, I-225, Rn. 26; *Ehlers* in Ehlers, Grundfreiheiten², § 7, Rn. 20 ff.; *Kokott*, Grundfreiheiten, 16 f.

1300 EuGH, Urt. v. 14.2.1995, Rs. C-279/93, Schumacker, EuGHE 1995, I-225, Rn. 30 f.; v. 11.8.1995, Rs. C-80/94, Wielockx, EuGHE 1995, I-2493, Rn. 17 f.; v. 14.9.1999, Rs. C-391/97, Gschwind, EuGHE 1999, I-5451, Rn. 21. Zum Teil nimmt der EuGH diese Prüfung auch auf Rechtfertigungsebene vor, vgl. EuGH, Urt. v. 21.9.1999, Rs. C-307/97, Saint Gobain ZN, EuGHE 1999, I-6161, Rn. 46 f.; v. 7.9.2004, Rs. C-319/02, Manninen, IStR 2004, 680, Rn. 29 ff. Nicht geprüft hat der EuGH die Vergleichbarkeit der Situation dagegen beispielsweise in seinem Urt. v. 8.5.1990, Rs. C-175/90, Biehl, EuGHE 1990, I-1779, Rn. 13 f.; kritisch dazu *Reimer*, Auswirkungen, 47. Zum Ursprung der Vergleichbarkeitsprüfung *Cordewener*, Grundfreiheiten, 163 ff. Ferner *Schön* in GS Knobbe-Keuk, 758 f.

1301 EuGH, Urt. v. 14.2.1995, Rs. C-279/93, Schumacker, EuGHE 1995, I-225, Rn. 21, 31 f.; *Kokott*, Grundfreiheiten, 11 f.

1302 Grundlegend EuGH, Urt. v. 14.2.1995, Rs. C-279/93, Schumacker, EuGHE 1995, I-225, Rn. 21, 31 f.; bestätigt durch v. 11.8.1995, Rs. C-80/94, Wielockx, EuGHE 1995, I-2493, Rn. 17 f.; v. 14.9.1999, Rs. C-391/97, Gschwind, EuGHE 1999, I-5451, Rn. 21; v. 21.9.1999, Rs. C-307/97, Saint Gobain ZN, EuGHE 1999, I-6161, Rn. 46 f. Dass sich auch jeweils nicht abkommenberechtigte Steuerpflichtige nicht in einer vergleichbaren Situation befinden, wurde oben ausführlich dargelegt, siehe 3. Kapitel B. II. 2. a) Vergleichbare Lage.

1303 Siehe dazu noch ausführlich unter 3. Kapitel C. II. 1. b) Beeinträchtigung.

ist[1304], wobei letzterer schlechter behandelt wird als der erstgenannte[1305]. Anders als die offenen schützen die versteckten Diskriminierungen - da sie nicht auf eine Ungleichbehandlungen zwischen verschiedenen Staatsangehörigen abstellen - nicht nur EG-Ausländer, sondern einerseits auch im Ausland ansässige Inländer gegenüber dem Inland (inbound-Fall); andererseits erstreckt sich ihr Schutzbereich auch auf im Inland ansässige Inländer, die grenzüberschreitend tätig sind und in Ausübung dieser Tätigkeit schlechter behandelt werden, als ein nur im Inland Tätiger (outbound-Fall)[1306]. Vor allem in diesem Bereich wird nicht immer trennscharf zwischen versteckten Diskriminierungen und *Beschränkungen* differenziert[1307]. Tatbestandlich bereitet ihre Abgrenzung von einander in der Praxis oftmals Schwierigkeiten und selbst der EuGH prüft zuweilen nicht beide Alternativen[1308]. Dem entspricht es, wenn der EuGH und das Schrifttum beide Formen der Beeinträchtigung hinsichtlich ihrer Rechtfertigungsmög-

---

1304 Vgl. EuGH, Urt. v. 8.3.2001, verb. Rs. C-397, C-410/98, Metallgesellschaft und Hoechst, EuGHE 2001, I-1727, Rn. 43; v. 11.3.2004, Rs. C-9/02, de Lasteyrie du Saillant, IStR 2004, 236, Rn. 46; *Kraft/Müller*, RIW 2004, 366 ff.; *Rödder*, DStR 2004, 1629 [1630].

1305 Siehe Fn. 1048.

1306 Vgl. EuGH, Urt. v. 27.6.1996, Rs. C-107/94, Asscher, EuGHE 1996, I-3089, Rn. 32 und v. 12.5.1998, Rs. C-336/96, Gilly, EuGHE 1998, I-2793, Rn. 21, wo der EuGH noch darauf abstellt, ob sich der Inländer mit einem sonst in den Genuss der Grundfreiheiten kommenden in einer vergleichbaren Lage befindet; so auch *Ehlers* in Ehlers, Grundfreiheiten^2, § 7, Rn. 21. In späteren Entscheidungen verzichtet der EuGH allerdings insoweit auf die Prüfungen einer vergleichbaren Lage, vgl. Urt. v. 28.10.1999, Rs. 55/98, Vestergaard, EuGHE 1999, I-7641, Rn. 20; v. 6.6.2000, Rs. C-35/98, Verkooijen, EuGHE 2000, I-4071, Rn. 26 ff. oder befasst sich gänzlich nur mit dem Beschränkungsverbot EuGH, Urt v. 11.3.2004, Rs. C-9/02, de Lasteyrie du Saillant, IStR 2004, 236, Rn. 42; v. 7.9.2004, Rs. C-319/02, Manninen, IStR 2004, 680, Rn. 22; v. 13.12.2005, Rs. C-446/03, Marks & Spencer, IStR 2006, 19, Rn. 31; vgl. auch *Reimer*, Auswirkungen, 42, Fn. 29. Er zieht es aber bei versteckten Diskriminierungen heran, vgl. Fn. 1300. Vgl. zur Entwicklung auch *Cordewener/Schnitger*, StuW 2006, 50 [52 ff.].

1307 Vgl. EuGH, Urt. v. 11.3.2004, Rs. C-9/02, Hughes de Lasteyrie du Saillant, IStR 2004, 236, Rn. 46 ff., wo zunächst von einer für eine Diskriminierung sprechende Benachteiligung gesprochen wird, dann aber das Vorliegen einer Beschränkung bejaht wird. Einen Versuch unternehmen beispielsweise *Hahn*, Vereinbarkeit, 94; *Thömmes*, StbJb. 1998/1999, 173 [175], die diesen Bereich dem Beschränkungsverbot zuordnen wollen, wohingegen *Reimer*, Auswirkungen, 43 f. zu Recht darauf hinweist, dass es sich auch in diesen Fällen letztlich um Diskriminierungen handelt; zustimmend auch *Schön*, StbJb. 2003/2004, 27 [31]. Siehe zu diesem Problem noch ausführlich unter 3. Kapitel C. II. 1. b) Beeinträchtigung.

1308 Vgl. EuGH, Urt. v. 20.2.1979, Rs. 120/78, Rewe-Zentral-AG, genannt Cassis de Dijon, EuGHE 1979, 649 ff.; v. 15.3.1994, Rs. C-45/93, Kommission/Spanien, EuGHE 1994, I-911, Rn. 10; v. 29.4.1999, Rs. C-224/97, Ciola, EuGHE 1999, I-2517, Rn. 14 ff. Vgl. zu diesem Problem auch *Cordewener*, Grundfreiheiten, 129 ff. und speziell zur Kapitalverkehrsfreiheit *von Wilmowsky* in Ehlers, Grundfreiheiten^2, § 12, Rn. 12.

lichkeiten gleich behandeln[1309]. Dennoch ist die Beschränkung tatbestandlich grundsätzlich nachrangig zur Diskriminierung, setzt jene doch voraus, dass die in Frage stehende Vorschrift keine Ungleichbehandlung enthält, sondern gerade unterschiedslos anwendbar ist[1310].

Hinsichtlich des hier fraglichen Abzugsverbotes von mit stillen Einlagen oder partiarischen Darlehen zusammenhängenden Aufwendungen liegt die Annahme einer versteckten Diskriminierung nahe. Insoweit kann auf den Vorlagebeschluss des BFH zur Rechtssache *Keller* Bezug genommen werden, in der es um die Abzugsfähigkeit von mit „echten" Schachteldividenden zusammenhängenden Aufwendungen geht[1311]. Die in der Bundesrepublik Deutschland ansässige Muttergesellschaft, die als Holdinggesellschaft fungiert, war in den Streitjahren 1993 bis 1995 Alleingesellschafterin der deutschen Tochter-GmbH, die ihrerseits Anteile an einer in Österreich ansässigen GmbH österreicherischen Rechts hielt. Der Abzug der für die Enkelgesellschaft entstandenen Aufwendungen wurde der Muttergesellschaft wegen § 3c Abs. 1 EStG verwehrt. Zwar differenzieren die für Schachteldividenden einschlägigen §§ 8b Abs. 1 und 5 KStG nun nicht mehr zwischen Dividenden von im Aus- oder Inland ansässigen Gesellschaften. Grundsätzlich sind damit normative Ansatzpunkte für eine dem Gemeinschaftsrecht zu wider laufende Ungleichbehandlung also nicht mehr gegeben[1312]. Während der Streitjahre des dem BFH vorliegenden Falls war diese Regelung allerdings noch nicht anwendbar. Die vom BFH angenommene und vom EuGH letztlich auch bestätigte[1313] Ungleichbehandlung findet ihren Ursprung also in den Besonderheiten der damaligen Rechtslage[1314]: Während die Dividen-

---

[1309] So wendet der EuGH die ungeschriebenen Rechtfertigungsgründe jedenfalls auf versteckte Diskriminierungen und Beschränkungen gleichermaßen an; EuGH, Urt. v. 28.10.1999, Rs. C-55/98, Vestergaard, EuGHE 1999, I-7641, Rn. 21 ff.; v. 16.1.2003, Rs, 388/01, Kommission/Italien, EuGHE 2003, I-721, Rn. 21 ff.; in diesem Sinne auch *Bröhmer* in C/R^2, Art. 43, Rn. 31; *Ehlers* in Ehlers, Grundfreiheiten^2, § 7, Rn. 90; *Gundel*, Jura 2001, 79 [83]; *Kluth* in C/R^2, Art. 50, Rn. 57; *Kokott*, Grundfreiheiten, 11 f. und 17 f.; für eine Gleichbehandlung auch bezüglich offener Diskriminierungen *Leible* in G/H, Art. 28, Rn. 20 (Stand: 18. Lfg. 5/2001); *Weiß*, EuZW 1999, 493 [497].

[1310] So auch *Reimer*, Auswirkungen, 55 ff. Vgl. auch *Bröhmer* in C/R^2, Art. 43, Rn. 31.

[1311] BFH, Beschl. v. 14.7.2004, I R 17/03, BStBl. II 2005, 53 ff. (beim EuGH geführt als Rs. C-471/04, Keller Holding GmbH). Vgl. dazu auch den vergleichbaren Fall vom FG Hamburg, Urt. v. 29.4.2004, VI 53/02, IStR 2004, 611, anhängig beim BFH unter I R 78/04.

[1312] Siehe zur hier nicht zu thematisierenden Frage, ob die originär nationale Vorschrift des § 8b KStG den Anforderungen des Gemeinschaftsrechts genügt oben Fn. 1041.

[1313] EuGH, Urt. v. 23.2.2006, Rs. C-471/04, Keller Holding GmbH, http://curia.eu.int/de/, Rn. 30 ff.

[1314] Nicht berücksichtigt werden soll an dieser Stelle, dass der BFH die Vergleichbarkeit der jeweiligen steuerlichen Behandlung noch von der Frage abhängig macht, ob die Nichtanrechenbarkeit der im Ausland angefallenen Körperschaftsteuer ihrerseits gegen die gemeinschaftsrechtlichen Grundfreiheiten verstößt, BFH, Beschl. v. 14.7.2004, I R 17/03, BStBl. II den einer in Deutschland ansässigen Enkelgesellschaft gemäß § 36 Abs. 2 Nr. 3 EStG 1990 der Anrechnungsmethode unterfielen und dementsprechend die damit zusammenhängenden Aufwendungen uneingeschränkt abzugsfähig blieben, stellte das im DBA vorgesehene Schachtelprivileg die Dividenden steuerfrei, so dass § 3c EStG mit der Folge Anwendung fand, dass die Betriebsausgaben nicht abgezogen werden konnten[1315].

Insoweit zeigen sich deutliche Parallelen zur geltenden Rechtslage hinsichtlich der hier in Frage stehenden Fälle, in denen in deutschen DBA normierte Schachtelprivilegien auch Einkünfte aus stiller Beteiligung und partiarischen Darlehen steuerfrei stellen. Denn solche Einkünfte sind, wenn sie von einer im Inland ansässigen Gesellschaft gezahlt werden, ebenfalls steuerpflichtig (§ 20 Abs. 1 Nr. 4 EStG), mit ihnen zusammenhängende Aufwendungen können dementsprechend als Betriebsausgaben abgezogen werden. Fließen solche Einnahmen beispielsweise aus einer maltesischen Gesellschaft zu, sind sie gemäß Art. 23 Abs. 1 lit. a) i. V. m. Art. 10 Abs. 5 DBA-Malta 2001 steuerfrei und die damit in ummittelbar wirtschaftlichen Zusammenhang stehenden Aufwendungen, wie im Fall Keller gemäß § 3c EStG nicht abziehbar. Bezogen auf die Aufwendungen sieht sich die Auslandsbeteiligung damit einer Schlechterbehandlung, mithin einer versteckten Diskriminierung ausgesetzt. Dass dies nur für den Fall gilt, in dem den Aufwendungen auch Einnahmen gegenüberstehen, ändert an dem Ergebnis nichts. Denn bei einer rein inländischen stillen oder partiarischen Beteiligung können die Aufwendungen auch dann abgezogen werden, wenn der steuerpflichtigen Gesellschaft im selben Veranlagungszeitraum Einnahmen zufließen. Die benachteiligende Wirkung der Norm kann auch nicht mit dem Argument verneint werden, dass im Gegenzug die Einnahmen steuerfrei sind, solche Erwägungen bezieht der EuGH nicht im Rahmen der Diskriminierungsprüfung, sondern erst auf Rechtfertigungsebene mit ein[1316]. Die derzeitige Behandlung einer Investition einer im Inland ansässigen Gesellschaft in eine gebietsfremde Gesellschaft in Form einer stillen Einlage oder eines partiarischen Darlehens beeinträchtigt somit als versteckte Ungleichbehandlung die Kapitalverkehrsfreiheit.

2005, 53 [55]. Denn sollte das Anrechnungsverfahren auch auf ausländische Dividenden Anwendung finden, wären sie nicht steuerfrei, so dass § 3c EStG seine Wirkung als Abzugsverbot nicht entfalten könnte.

[1315] Zum Vorlagebeschluss des BFH und den Besonderheiten der damaligen Rechtslage *Frischmuth*, StuB 2005, 493 ff. Der EuGH hat damit die Gleichwertigkeit von Anrechnungs- und Freistellungsmethode bestätigt: „In beiden Fällen sind ... die von der Muttergesellschaft vereinnahmten Dividenden faktisch von der Steuer entlastet", EuGH, Urt. v. 23.2.2006, Rs. C-471/04, Keller Holding GmbH, http://curia.eu.int/de/, Rn. 37.

[1316] EuGH, Urt. v. 14.12.2000, Rs. C-141/99, AMID, EuGHE 2000, I-11619, Rn. 24 ff.; vgl. auch *Dautzenberg*, FR 2001, 809 [812 f.]; *Hey*, GmbHR 2006, 113 [114]; *Wichterich*, Verlustausgleich, 187.

3. Rechtfertigung

Diese Beeinträchtigung stellt aber nur dann eine Verletzung der Grundfreiheit dar, wenn sie nicht gerechtfertigt werden kann. Zum Teil setzt der EG-Vertrag den Grundfreiheiten selbst Schranken, zum Teil sind ungeschriebene Schranken zu beachten, die der EuGH richterrechtlich entwickelt hat. Die zuletzt angesprochenen Rechtfertigungsmöglichkeiten hat der EuGH erstmals in den Entscheidungen zu den Rechtssachen Dassonville und Cassis de Dijon anerkannt. In ihnen hat der EuGH den Grundsatz aufgestellt, dass Beeinträchtigungen durch nationale Vorschriften hingenommen werden müssen, „soweit diese Bestimmungen notwendig sind, um dringenden Erfordernissen, insbesondere den Erfordernissen einer wirksamen steuerlichen Kontrolle..." zu genügen (sog. rule of reason)[1317]. Die Möglichkeit zur Rechtfertigung einer Beeinträchtigung durch solche zwingenden Gründe des Allgemeininteresses, die der EuGH während seiner Rechtsprechungstätigkeit nicht abschließend benannt hat[1318], ist allerdings ihrerseits durch die Grenzen des Verhältnismäßigkeitsprinzips beschränkt.

Eine ausdrückliche Ausnahme vom Prinzip des freien Kapitalverkehrs sieht der EG-Vertrag selbst in Art. 58 Abs. 1 lit. a) EG vor, demgemäß die Kapitalverkehrsfreiheit nicht das Recht der Mitgliedstaaten beschränkt, „die einschlägigen Vorschriften ihres Steuerrechts anzuwenden, die Steuerpflichtige mit unterschiedlichem... Kapitalanlageort unterschiedlich behandeln". Dazu führt der EuGH aus, dass diese Schranke der Kapitalverkehrsfreiheit eng auszulegen ist und nicht dahin verstanden werden kann, dass jede Steuerregelung, die nach dem Ort ihrer Kapitalanlage unterscheidet, ohne weiteres mit dem Vertrag vereinbar wäre. Denn die in Art. 58 Abs. 1 lit. a) EG vorgesehene Ausnahme wird ihrerseits durch Art. 58 Abs. 3 EG eingeschränkt, wonach die in Art. 58 Abs. 1 genannten nationalen Maßnahmen „weder ein Mittel zur willkürlichen Diskriminierung noch eine verschleierte Beschränkung des freien Kapital- und Zahlungsverkehrs im Sinne des Art. 56 darstellen [dürfen]"[1319]. Letztlich, so führt der EuGH in der Rechtssache Manninen im Anschluss an seine bisherige Rechtsprechung[1320] weiter aus, „kann eine nationale Steuerregelung, die wie die im Ausgangsverfahren bei einer im Mitgliedstaat unbeschränkt steuerpflichtigen

---

[1317] EuGH, Urt. v. 11.7.1974, Rs. 8/74, Dassonville, EuGHE 1974, 837; v. 20.2.1979, Rs. 120/78, Rewe-Zentral-AG, genannt Cassis de Dijon, EuGHE 1979, 649, Rn. 8.

[1318] Vgl. die Aufzählung in EuGH, Urt. v. 21.11.2002, Rs. C-346/00, X und Y, IStR 2003, 23, Rn. 51.

[1319] EuGH, Urt. v. 15.7.2004, Rs. C-315/02, Lenz, IStR 2004, 522, Rn. 26; v. 7.9.2004, Rs. C-319/02, Manninen, IStR 2004, 680, Rn. 28. Vgl. auch *von Wilmowsky* in Ehlers, Grundfreiheiten², § 12, Rn. 17.

[1320] EuGH, Urt. v. 6.6.2000, Rs. C-35/98, Verkooijen, EuGHE 2000, I-4071, Rn. 37 ff. insbesondere Rn. 43.

Person zwischen Einkünften aus inländischen und solchen aus ausländischen Dividenden unterscheidet, nur dann als mit den Vertragsbestimmungen über den freien Kapitalverkehr vereinbar angesehen werden, wenn die unterschiedliche Behandlung Situationen betrifft, die nicht objektiv miteinander vergleichbar o-der durch zwingende Gründe des Allgemeininteresses, insbesondere die Notwendigkeit, die Kohärenz des Steuersystems[1321] zu gewährleisten, gerechtfertigt sind"[1322].

a) Vergleichbare Lage

Auch Art. 23 Abs. 1 lit. a) i. V. m. Art. 10 Abs. 5 DBA-Malta 2001 i. V. m. § 3c Abs. 1 EStG stellt eine Regelung dar, die letztlich zu einer im Sinne von Art. 58 Abs. 1 lit. a) EG unterschiedlichen Behandlung je nach dem Kapitalanlageort führt. Daher ist zunächst - in Anlehnung an die Ausführungen des EuGH in der Rechtssache Manninen - zu prüfen, ob dies dadurch im Sinne des Art. 58 Abs. 1 lit. g) EG gerechtfertigt ist, dass die benannten Normen an Situationen anknüpfen, die objektiv nicht miteinander vergleichbar sind[1323]. Im Rahmen dieser Prüfung zieht der EuGH die Ratio der abweichenden Regelung heran[1324]. Die in Frage stehenden Vorschriften des deutschen Steuerrechts sind darauf gerichtet, eine doppelte Geltendmachung der Aufwendungen zu verhindern[1325]. Dies betrifft ausländische steuerfreie Einnahmen wie inländische steuerfreie Einnahmen

---

[1321] Dazu sogleich. Vgl. ferner *Kiemel* in G/S[6], Art. 58, Rn. 10.

[1322] EuGH, Urt. v. 7.9.2004, Rs. C-319/02, Manninen, IStR 2004, 680, Rn. 29.

[1323] Vgl. zu den folgenden Ausführungen die Prüfung des EuGH in seinem Urt. v. 7.9.2004, Rs. C-319/02, Manninen, IStR 2004, 680, Rn. 32 ff.

[1324] Ebenso EuGH, Urt. v. 15.7.2004, Rs. C-315/02, Lenz, IStR 2004, 522, Rn. 30. Ähnlich bereits GA *Leger*, Schlussanträge v. 12.4.1994, Rs. C-1/93, Halliburton, EuGHE 1994, I-1137, 1139, Rn. 27; *Schön* in GS Knobbe-Keuk, 767. Das Merkmal der Vergleichbarkeit wurde vom EuGH bislang in nur wenigen Entscheidungen und dabei jeweils speziell auf den konkreten Fall bezogen, konkretisiert; vgl. bereits Fn. 1300. Auch das Schrifttum konnte insoweit noch keine Klärung herbeiführen, vgl. *Reimer*, Auswirkungen, 46; *Schön* in GS Knobbe-Keuk, 761. Die Vergleichbarkeitsprüfung des BFH in der Rechtssache Keller geht - bedingt durch die rechtlichen Besonderheiten des Falls - in eine andere Richtung. Anstatt auf die bisherige Rechtsprechungspraxis des EuGH abzustellen, unterstellt der BFH gleiche Verhältnisse nur dann, wenn auch die ausländische Körperschaftsteuer anrechenbar ist und bekommt auf diesem Wege die Gelegenheit, sich zur damals noch offenen Rs. C-292/04, Meilicke zu äußern; Beschl. v. 14.7.2004, I R 17/03, BStBl. II 2005, 53, 55 f. Gegen diesen Ansatz spricht neben der mangelnden Orientierung an den bisherigen Ausführungen des EuGH zur Vergleichbarkeit, dass er nicht eine vergleichbare Lage untersucht, sondern „gleiche Verhältnisse" fordert und damit gleichsam das noch zu überprüfende Abzugsverbot weg wischt; denn ist auch ausländische Körperschaftsteuer, wie die deutsche anrechenbar, kommt es nicht zu einem Abzugsverbot. Kritisch zum BFH auch *Friedrich/Nagler*, DB 2004, 2617 [2618]; *Schnitger/Papantonopoulos*, BB 2005, 407 [411].

[1325] Siehe dazu oben Fn. 539.

gleichermaßen. Da nun die Einnahmen durch das DBA der deutschen Besteuerung entzogen sind, sollen korrespondierend auch die Aufwendungen hier nicht berücksichtigt werden können[1326]. Insofern kann die Situation einer solchen Investition je nach dem Kapitalanlageort unterschiedlich sein, sind doch nur rein inländische Investitionen steuerpflichtig. Ein solcher Unterschied dürfte - orientiert an den Ausführungen des EuGH zur Betrachtung von Dividenden im Rahmen der Kapitalverkehrsfreiheit[1327] - vor allem dann bestehen, wenn die Aufwendungen, die zugunsten einer ausländischen Investition getätigt wurden, dort als mit der Investition zusammenhängend geltend gemacht werden können[1328]. Dem ist aber gerade nicht so. Die Aufwendungen treten für den ausländischen Fiskus gar nicht in Erscheinung, seine Besteuerung beschränkt sich auf die dort ansässige Gesellschaft, ohne dass er die Verhältnisse des Gesellschafters berücksichtigen würde. Daher muss in enger Anlehnung an die Ausführungen des EuGH in der Rechtssache Manninen davon ausgegangen werden, dass sich in der Bundesrepublik Deutschland ansässige Gesellschaften hinsichtlich der Aufwendungen untereinander in einer gleichen Situation befinden, ob sie die Dividenden nun von einer Gesellschaft mit Sitz in diesem Mitgliedstaat oder in einem anderen beziehen[1329].

b) Territorialitätsprinzip

Trotzdem scheint es geboten, den Umstand, dass die Aufwendungen nur deshalb nicht abgezogen werden können, weil auch die Einnahmen steuerfrei sind, im Rahmen der Rechtfertigung zu berücksichtigen. Insoweit können möglicherweise Parallelen zur Rechtssache Futura und Singer gezogen werden. Dort stellte der EuGH fest, dass eine Vorschrift, die die Verlustberücksichtigung davon abhängig macht, dass der Verlust in wirtschaftlichen Zusammenhang mit Einkünften steht, die im Mitgliedstaat der Besteuerung erzielt wurden, dem steuerlichen Territorialitätsprinzip entspricht[1330]. Daran anknüpfend stellt sich auch hier die Frage, ob § 3c EStG deshalb keine Verletzung der Kapitalverkehrsfreiheit dar-

---

[1326] Vgl. dazu oben 2. Kapitel C. III. 2. a) Grundzüge zur Behandlung ausländischer Aufwendungen und b) Besonderheiten bei der Freistellung von Brutto-Einnahmen.

[1327] Vgl. aber auch die Prüfung des EuGH im Rahmen der Niederlassungsfreiheit in seinem Urt. v. 23.2.2006, Rs. C-471/04, Keller Holding GmbH, http://curia.eu.int/de/, Rn. 36 f. Insgesamt betrachtet hat die Rechtsprechung des EuGH bisher leider keine einheitliche Dogmatik zur Vergleichbarkeitsprüfung erreicht. Die Argumente, mit denen eine vergleichbare Lage bejaht oder verneint wird, scheinen keinem logischen Schema zu folgen, vgl. ausführlich noch 3. Kapitel II. 1. b) Beeinträchtigung.

[1328] Zur Kritik an diesem Ansatz des EuGH siehe *Lechner*, Auswirkungen, 95 f. sowie noch ausführlich unten 3. Kapitel C. II. 1. b) Beeinträchtigung.

[1329] Im Ergebnis offenbar zustimmend *Sedlaczek* in C/R^2, Art. 58, Rn. 13. Ähnlich auch *Schön* in GS Knobbe-Keuk, 775 f.

[1330] EuGH, Urt. v. 15.5.1997, Rs. C-250/95, Futura und Singer, EuGHE 1997, I-2471, Rn. 22.

stellt, weil er, um einen Abzug zuzulassen, einen Zusammenhang zu steuerpflichtigen Einnahmen voraussetzt. Zum einen lässt sich dies entsprechend der Bosal-Entscheidung schlicht mit dem Hinweis darauf verneinen, dass hier das Verhältnis zwischen zwei Gesellschaften betroffen ist, während in der Rechtssache Futura und Singer derselbe Steuerpflichtige, nämlich die Futura Participations SA zusammen mit ihrer Betriebsstätte Singer betroffen war[1331]. Zum anderen darf der EuGH in der Anwendung des Territorialitätsprinzips nicht dahin missverstanden werden, dass die Mitgliedstaaten stets nur zur Berücksichtigung von solchen Aufwendungen und Verlusten verpflichtet wären, die mit im Inland steuerpflichtigen Einnahmen verbunden sind[1332]. Vielmehr entsprach, worauf GA *Mischo* in seinen Schlussanträgen zur Rechtssache Marks & Spencer richtigerweise hinweist, die in der Rechtssache Futura und Singer für insofern mit den Grundfreiheiten vereinbar erklärte Vorschrift schlicht den gefestigten Regeln des internationalen Steuerrechts, nach denen kein Mitgliedstaat dafür zuständig ist, die Einkünfte *gebietsfremder* Steuerpflichtiger aus *ausländischen Quellen* zu besteuern[1333]. Dies anerkennend bestand bei den Beteiligten des Verfahrens Futura und Singer auch überhaupt kein Streit über die Europarechtskonformität dieses Teils der Vorschrift[1334]. Dagegen stützt der EuGH seine Entscheidung zur Rechtssache Marks & Spencer insoweit zu Recht auch[1335] auf das Territorialitätsprinzip[1336], als dass es um dessen sachlichen Anwendungsbereich geht[1337].

[1331] So der EuGH zu der vergleichbaren Konstellation in Urt. v. 18.9.2001, Rs. C-168/01, Bosal, EuGHE 2003, I-9409, Rn. 38. Vgl. aber nun auch Fn. 1337.

[1332] Vgl. zur Einschränkung des Territorialitätsprinzip auch *Englisch*, IStR 2004, 684 [685].

[1333] GA *Maduro*, Schlussanträge v. 7.5.2005, Rs. C-446/03, Marks & Spencer, http://curia.eu.int/de/, Rn. 61. Vgl. zum Territorialitätsprinzip in Zusammenhang mit Verlusten auch *Schön*, IStR 2004, 289 [294].

[1334] Vgl. GA *Lenz*, Schlussanträge v. 5.11.1996, Rs. C-250/95, Futura und Singer, EuGHE 1997, I-2471, 2473, Rn. 27 f.

[1335] Zur Kritik an der zweigleisigen Begründung des EuGH, der das Territorialitätsprinzip „allein“ nicht als rechtfertigend erachtet, sondern daneben auf die Ausgewogenheit der Aufteilung der Besteuerungsbefugnisse, die Gefahr doppelter Verlustberücksichtigung und die Steuerfluchtgefahr abstellt, *Herzig/Wagner*, DStR 2006, 1 [7]; vgl. ferner *Hey*, GmbHR 2006, 113 [114 und 120].

[1336] EuGH, Urt. v. 13.12.2005, Rs. C-446/03, Marks & Spencer, IStR 2006, 19, Rn. 36 ff.

[1337] Zustimmend auch *Thömmes*, IWB, F. 11a, Gr. 2, 937; *ders.*, EWS 2006, 1. Dagegen hält *Dörr*, EWS 2006, 34 [35] schwerpunktmäßig offenbar das Kohärenzprinzip für einschlägig; zuzustimmen ist dem aber nur insoweit, als das hinsichtlich des materiellen Aspekts, dass es auch um die Beurteilung des Symmetriearguments der Mitgliedstaaten geht (Versagung Verlustberücksichtigung wenn auch die Gewinne der ausländischen Tochtergesellschaften im Inland nicht besteuert werden), eine klarstellende Abgrenzung zum Kohärenzprinzip zumindest wünschenswert gewesen wäre. Wie sich noch zeigen wird, lässt sich dessen Anwendbarkeit jedenfalls nicht kurzerhand mit dem Argument verneinen, es fehle an einem inneren Zusammenhang zwischen der Möglichkeit, Gewinne zu besteuern und Verluste abzuziehen, so aber *Wernsmann/Nippert*, FR 2006, 153 [156]. Vgl. zur Anwendung der beiden Prinzipien

Denn verbot es dort die britische Steuerverwaltung der inländischen Muttergesellschaft, die Verluste ihrer ausländischen Tochtergesellschaften von der steuerlichen Bemessungsgrundlage abzuziehen, entspricht dies gerade dem eben skizzierten Territorialitätsprinzip: Das Britische Königreich ist grundsätzlich nicht dafür zuständig, die im Ausland erwirtschafteten Verluste gebietsfremder Gesellschaften zu berücksichtigen. Anders liegen die Dinge aber bei den hier in Frage stehenden Konstellationen: An dieser Stelle geht es stets um die Aufwendungen und negativen Einkünfte der inländischen Steuerpflichtigen. Stehen diese Abzugsposten auch in gewissen Zusammenhang zu ausländischen Quellen, so entstehen sie dennoch bei den hier in Frage stehenden Konstellationen immer beim inländischen und nicht beim ausländischen Steuerpflichtigen[1338]. Das Territorialitätsprinzip vermag ein mit der Freistellungsmethode zusammenhängendes Abzugsverbot daher nicht zu rechtfertigen.

Dies Ergebnis entspricht auch dem Ziel des Territorialitätsprinzips, die steuerlichen Zuständigkeiten zwischen den Mitgliedstaaten abzugrenzen. Im Hinblick darauf setzt eine Rechtfertigung mittels dieses Prinzips nämlich voraus, dass die Koexistenz der Steuerhoheiten der Mitgliedstaaten gefährdet würde, wenn die begehrte Vergünstigung gewährt würde[1339]. Der Abzug der Aufwendungen, die mit ausländischen Einnahmen aus einer stillen Beteiligung oder einem partiarischen Darlehen zusammenhängen, betrifft den Staat der ausländischen Quelle aber gerade nicht, weil sie dort nicht in Erscheinung treten - schließlich geht es hier nicht, wie in der Rechtssache Futura und Singer, um eine Verlustverrechnung beim gebietsfremden Steuerpflichtigen, sondern den Abzug des Aufwands beim Gebietsansässigen (outbound-Fall)[1340]. Von daher kommt eine Gefährdung der Koexistenz der Besteuerungsbefugnisse der Mitgliedstaaten schon gar nicht

auch EuGH, Urt. v. 23.2.2006, Rs. C-471/04, Keller Holding GmbH, http://curia.eu.int/de/, Rn. 44, wo der EuGH das Territorialitätsprinzip erstaunlicherweise erst nach der Kohärenz prüft. Auch im Hinblick auf einen weiteren Aspekt wirft die Anwendung des Territorialitätsprinzip in der Entscheidung Marks & Spencer Fragen auf: Letztlich widerspricht der EuGH nämlich dadurch seiner bisherigen Rechtsprechung, dass er das Territorialitätsprinzip - anders als in der Entscheidung zur Rechtssache Manninen und Bosal - nun ungeachtet der Tatsache anwendet, dass es sich bei der Mutter- und der Tochtergesellschaft um zwei verschiedene Steuerrechtssubjekte handelt; kritisch in diesem Sinne auch *Scheunemann*, RIW 2006, 79 [80].

1338 Denn im letzteren Falle kommt es nicht zur Anwendung der Freistellungsmethode, wie sie hier untersucht werden soll.

1339 GA *Maduro*, Schlussanträge v. 7.5.2005, Rs. C-446/03, Marks & Spencer, http://curia.eu.int/de/, Rn. 62 f.

1340 Vgl. in diesem Sinne auch GA *Kokott*, Schlussanträge v. 18.3.2004, Rs. C-319/02, Manninen, IStR 2004, 313, Rn. 42 sowie anschließend EuGH, Urt. v. 7.9.2004, Rs. C-319/02, Manninen, IStR 2004, 680, Rn. 38. Vgl. ferner *Cordewener*, DStR 2004, 1634 [1636]; *Schönfeld*, IStR 2005, 575 [576]; *Wichterich*, Verlustausgleich, 188.

in Betracht. Das Territorialitätsprinzip kann somit zur Rechtfertigung des mit der Freistellungsmethode zusammenhängenden Abzugsverbots nicht herangezogen werden.

c) Kohärenzprinzip

Der Aspekt, dass die Vergünstigung des Aufwandsabzuges nicht gewährt werden soll, weil sie nicht durch die Möglichkeit ausgeglichen wird, die Einnahmen zu besteuern, könnte stattdessen möglicherweise durch das Kohärenzprinzip gerechtfertigt sein[1341]. Damit ist einer der bedeutendsten Rechtfertigungsgründe in der Rechtsprechung des EuGH zu den direkten Steuern angesprochen[1342], der zugleich aber auch einer der umstrittensten ist[1343], sind seine Voraussetzungen doch noch immer nicht vollständig geklärt[1344]. Im *Schrifttum* wird er zuweilen verstanden als eine homogene Steuerordnung und eine daraus resultierende steuerliche Gleichbelastung von Steuerin- und ausländern[1345], als Stimmigkeit, Schlüssigkeit, Systemgerechtigkeit[1346], als ein Mittel, das vermeiden soll, dass die Anwendung der Verkehrsfreiheiten zu ungerechtfertigten Beeinträchtigungen der inneren Systematik der nationalen Steuersysteme führt, das also „die Integrität der nationalen Steuersysteme schützen“ soll, „vorausgesetzt, dass sie die Integration dieser Systeme im Rahmen des Binnenmarktes nicht behin-

---

[1341] Vgl. auch GA *Maduro*, Schlussanträge v. 7.5.2005, Rs. C-446/03, Marks & Spencer, http://curia.eu.int/de/, Rn. 64. Ferner EuGH, Urt. v. 23.2.2006, Rs. C-471/04, Keller Holding GmbH, http://curia.eu.int/de/, Rn. 39 ff.

[1342] Dies allerdings nur hinsichtlich der Anzahl der ergangenen EuGH-Entscheidungen, die diesen Rechtfertigungsgrund ansprechen. Denn letztlich rechtfertigen konnte dieser Aspekt bisher lediglich eine Vorschrift des belgischen Rechts, dazu EuGH, Urt. v. 23.1.1992, Rs. C-301/90, Bachmann, EuGHE 1992, I-249; v. 28.1.1992, Rs. C-300/90, Kommission/Belgien, EuGHE 1992, I-305.

[1343] Insbesondere nach der Entscheidung des EuGH zur Rechtssache Marks & Spencer, Urt. v. 13.12.2006, Rs. C-446/03, IStR 2006, 19 gingen Teile des Schrifttums von einer Abkehr des EuGH vom Kohärenz- hin zum Territorialitätsprinzip aus, hatte dort doch der EuGH entgegen den Schlussanträgen des GA allein auf das zuletzt genannte abgestellt, vgl. *Thömmes*, IWB, F. 11a, Gr. 2, 938 f.; vgl. auch Fn. 1373; genau entgegengesetzt geht offenbar *Jahn*, PIStB 2006, 4 davon aus, dass der EuGH seine Entscheidung gerade auf das Kohärenzprinzip stützt; enttäuscht von der Entscheidung hinsichtlich der fehlenden Ausführungen zum Kohärenzprinzip äußerten sich auch *Dörr*, EWS 2006, 34 [35]; *Hey*, GmbHR 2006, 113 [121]. Bereits kurze Zeit später zeigte die Entscheidung v. 23.2.2006, Rs. C-471/04, Keller Holding GmbH, http://curia.eu.int/de/, dass das Kohärenzprinzip auch weiterhin einen für den EuGH relevanten Rechtfertigungsgrund darstellt.

[1344] So auch *Cordewener*, Grundfreiheiten, 958 ff.; *Schön* in FS Wassermeyer, 518.

[1345] *Sedemund*, DStZ 2003, 407 [409].

[1346] *Reimer*, Auswirkungen, 60 f.

dert"[1347]. Im Folgenden soll zunächst versucht werden, das Prinzip der Kohärenz anhand der bisherigen *Rechtsprechung* des EuGH näher zu bestimmen. Im Anschluss ist zu untersuchen, ob die hier in Frage stehende Beeinträchtigung der Kapitalverkehrsfreiheit gemessen an den vom EuGH aufgestellten Bedingungen des Kohärenzprinzips gerechtfertigt werden kann.

aa) Grundzüge des Kohärenzprinzips

Seinen Ursprung findet dieser Rechtfertigungsgrund in den Entscheidungen des EuGH zu den inhaltlich gleichen Rechtssachen Bachmann und Kommission/Belgien[1348]. In ihnen ging es um den Abzug von in einem anderen Mitgliedstaat gezahlten Lebensversicherungsbeiträgen. Der Tätigkeitsstaat lehnte eine entsprechende Minderung der Bemessungsgrundlage abgekürzt mit der Begründung ab, dass die Rentenbezüge aus dieser Versicherung nicht dort, sondern im Wohnsitzstaat besteuert würden. Der EuGH sah das Abzugsverbot durch die Notwendigkeit gerechtfertigt, die Kohärenz der Steuerregelungen zu gewährleisten[1349]. Dazu führte er aus: „Die Kohärenz einer solchen Steuerregelung... setzt... voraus, dass dieser Staat, wäre er verpflichtet, den Abzug der in einem anderen Mitgliedstaat gezahlten Lebensversicherungsbeiträge zuzulassen, die von den Versicherern zu zahlenden Beiträge besteuern könnte"[1350]. Entscheidend stellte er auf den *Zusammenhang* zwischen der Abzugsfähigkeit der Beiträge und der Besteuerung der daraus fließenden Erträge ab[1351], auf einen Ausgleich zwischen einer steuerlich nachteiligen Behandlung durch einen Steuervorteil[1352]. Zuweilen betont der EuGH den mit der Regelung verfolgten Zweck[1353]; überwiegend steht dieser Aspekt allerdings hinter der in der zu prüfenden Norm tatsächlich formu-

---

1347 GA *Maduro*, Schlussanträge v. 7.5.2005, Rs. C-446/03, Marks & Spencer, http://curia.eu.int/de/, Rn. 66.

1348 EuGH, Urt. v. 23.1.1992, Rs. C-301/90, Bachmann, EuGHE 1992, I-249; v. 28.1.1992, Rs. C-300/90, Kommission/Belgien, EuGHE 1992, I-305.

1349 EuGH, Urt. v. 23.1.1992, Rs. C-301/90, Bachmann, EuGHE 1992, I-249, Rn. 28; v. 28.1.1992, Rs. C-300/90, Kommission/Belgien, EuGHE 1992, I-305, Rn. 21.

1350 EuGH, Urt. v. 23.1.1992, Rs. C-301/90, Bachmann, EuGHE 1992, I-249, Rn. 23; v. 28.1.1992, Rs. C-300/90, Kommission/Belgien, EuGHE 1992, I-305, Rn. 16.

1351 EuGH, Urt. v. 23.1.1992, Rs. C-301/90, Bachmann, EuGHE 1992, I-249, Rn. 21; v. 28.1.1992, Rs. C-300/90, Kommission/Belgien, EuGHE 1992, I-305, Rn. 14.

1352 EuGH, Urt. v. 12.12.2002, Rs. C-324/00, Lankhorst-Hohorst, EuGHE 2002, I-11779, Rn. 42; GA *Maduro*, Schlussanträge v. 7.5.2005, Rs. C-446/03, Marks & Spencer, http://curia.eu.int/de/, Rn. 68 Daran fehlte es auch in EuGH, Urt. v. 15.7.2004, Rs. C-242/03, Weidert und Paulus, IStR 2004, 686, Rn. 23. Vgl. aber zur davon zu unterscheidenden Untersagung, eine nachteilige Regelung mit einem beliebigen Vorteil zu rechtfertigen Fn. 1382.

1353 Sehr deutlich EuGH, Urt. v. 11.3.2004, Rs. C-9/02, Hughes de Lasteyrie du Saillant, IStR 2004, 236, Rn. 64 ff. Ferner GA *Maduro*, Schlussanträge v. 7.5.2005, Rs. C-446/03, Marks & Spencer, http://curia.eu.int/de/, Rn. 68 und 71.

lierten Verbindung (Abziehbarkeit der Beiträge - Besteuerung der Leistung) zurück und fließt erst später in die Kohärenzprüfung ein[1354].

Der Zusammenhang zwischen der be- und entlastenden Regelung ist mit dem EuGH im Sinne einer *strengen Wechselbeziehung*, einer „Korrelation"[1355] oder auch einer „spezifisch inneren Konditionalität"[1356] zu verstehen[1357]. Die Abzugsfähigkeit muss mit der Besteuerung unmittelbar[1358], unlösbar verbunden sein. Diese darf nicht fortbestehen, wenn jene entfällt. Das wird beispielsweise deutlich in der ähnlich gelagerten Rechtssache Danner, in der eine Rechtfertigung unter Kohärenz-Gesichtspunkten abgelehnt wurde, weil die Versicherungserträge unabhängig davon besteuert wurden, ob die dafür geleisteten Beiträge von den steuerpflichtigen Einkünften abgezogen worden sind oder nicht[1359]. Sehr konsequent lehnte der EuGH auch in der Rechtssache Ritter-Coulais[1360] ein Berufen auf das Kohärenzprinzip ab, weil dort zwar positive ausländische Einkünfte in den Progressionsvorbehalt einflossen, im umgekehrten Fall negative ausländische Einkünfte den Steuersatz dagegen nicht mindern konnten[1361]. Hier fehlt es bereits an jeglicher Verbindung zwischen be- und entlastender Regelung; der Steuerpflichtige wird in jedem Fall belastet, eine Entlastung ist überhaupt nicht vorgesehen[1362]. Entsprechend lag auch in der Rechtssache Keller Holding keine kohärente Steuerregelung vor[1363]. Denn nach dem früher geltenden Körperschaftsteueranrechungsverfahren war die Abzugsfähigkeit der Auf-

---

1354 Dazu im weiteren Verlauf.

1355 GA *Léger*, Schlussanträge v. 31.5.1995, Rs. 80/94, Wielockx, EuGHE 1995, I-2493, 2495, Rn. 49 ff.

1356 *Bieg*, Einfluss, 265; *Cordewener*, Grundfreiheiten, 521.

1357 Ausdrücklich EuGH, Urt. v. 11.8.1995, Rs. C-80/94, Wielockx, EuGHE 1995, I-2493, Rn. 24; in diesem Sinne auch EuGH, Urt. v. 3.10.2002, Rs. C-136/00, Danner, EuGHE 2002, I-8147, Rn. 37 ff.; v. 23.2.2006, Rs. C-471/04, Keller Holding GmbH, http://curia.eu.int/de/, Rn. 40 ff.

1358 GA *Jacobs*, Schlussanträge v. 21.3.2000, Rs. C-136/00, Danner, EuGHE 2002, I-8147, 8150, Rn. 47.

1359 EuGH, Urt. v. 3.10.2002, Rs. C-136/00, Danner, EuGHE 2002, I-8147, Rn. 37 ff.; GA *Jacobs*, Schlussanträge v. 21.3.2000, Rs. C-136/00, Danner, EuGHE 2002, I-8147, 8150, Rn. 48. Ferner abgelehnt in EuGH, Urt. v. 14.11.1995, Rs. C-484/93, Svensson und Gustavsson, EuGHE 1995, I-3955, Rn. 18; v. 27.6.1996, Rs. C-107/94, Asscher, EuGHE 1996, I-3089, Rn. 58; v. 16.7.1998, Rs. C-264/96, ICI, EuGHE 1998, I-4695, Rn. 29; v. 28.10.1999, Rs. C-55/98, Vestergaard, EuGHE 1999, I-7641, Rn. 24.

1360 Vgl. zum Sachverhalt und Inhalt der Entscheidung noch unten 3. Kapitel C. II. 1. b) Beeinträchtigung.

1361 EuGH, Urt. v. 21.2.2006, Rs. C-152/03, Ritter-Coulais, BB 2006, 525, Rn. 40.

1362 Vgl. zur Entscheidung auch *Ribbrock/Sedemund*, BB 2006, 528 f.; *Thömmes*, IWB, F. 11a, Gr. 2, 972 [973].

1363 EuGH, Urt. v. 23.2.2006, Rs. C-471/04, Keller Holding GmbH, http://curia.eu.int/de/, Rn. 41 f.

wendungen eben nicht mit der Besteuerung der damit zusammenhängenden Einnahmen verbunden, wie es das Kohärenzprinzip voraussetzt. Vielmehr führt die hinsichtlich der Einnahmen zur Anwendung kommende Anrechnungsmethode nach Ansicht des EuGH zu einer der Steuerfreistellung entsprechenden „faktischen" Entlastung[1364]. Es fehlte damit an dem der Abzugsfähigkeit gegenüberstehenden, belastenden Element der Besteuerung.

Mit der Bedingung der strengen Wechselwirkung zwischen Be- und Entlastung im Zusammenhang steht die weitere Voraussetzung, dass der Mitgliedstaat, der eine steuerrechtliche Vorschrift durch ihre Kohärenz gerechtfertigt sieht, nicht zusätzlich und losgelöst von der fraglichen Vorschrift *im Rahmen eines DBA* auf die Besteuerung verzichtet haben darf[1365]. Im Hinblick auf diese Bedingung wurde die Rechtfertigung erstmals in der Rechtssache Wielockx abgelehnt, in der der Gebietsfremde Herr Wielockx den Abzug von Beiträgen zur Alterssicherung begehrte, was ihm jedoch von der niederländischen Finanzverwaltung mit der Begründung versagt wurde, dass die später daraus fließenden Erträge weder nach originär innerstaatlichem Recht noch nach den Zuteilungsnormen des bestehenden DBA im Tätigkeitsstaat besteuert werden könnten.

Hierbei handelt es sich streng genommen nicht um eine weitere Voraussetzung, sondern es fehlt schlicht an der strengen Wechselbeziehung auf Ebene der DBA (sog. externe Kohärenz[1366]). Dies wird deutlich, wenn man sich die umgekehrte Situation vor Augen hält: Die Niederlande besteuern - entsprechend der von der OECD im Musterabkommen vorgeschlagenen und dem daran orientierten niederländischen DBA - alle von ihren Ansässigen bezogenen Renten, gleichgültig (!), ob die Rentenbeiträge vorher in den Niederlanden abgezogen werden konnten oder nicht[1367]. Fließen die Renten dagegen, wie in der Rechtssache Wielockx, an einen Gebietsfremden, fällt die Besteuerungsbefugnis dem dortigen Staat zu und die Niederlande verzichten auf eine Besteuerung, wiederum unabhängig davon, wo die Beiträge steuermindernd berücksichtigt wurden. Wenn auch das nationale Recht eine Verbindung zwischen der Abziehbarkeit und der Besteuerung herstellte (vgl. im Fall Wielockx die Vorschriften Art. 3 Abs. 3 und

---

[1364] EuGH, Urt. v. 23.2.2006, Rs. C-471/04, Keller Holding GmbH, http://curia.eu.int/de/, Rn. 37 und 42.

[1365] Vgl. dazu *Elicker*, IStR 2005, 89 ff.; *Ribbrock*, Dreieckssachverhalte, 191 ff.; *Schön* in GS Knobbe-Keuk, 770; *ders.* in FS Wassermeyer, 519. Kritisch *Englisch*, IStR 2004, 684 [685].

[1366] *Cordewener*, Grundfreiheiten, 519 ff. Oftmals auch als Makro-Kohärenz bezeichnet, vgl. nur *Schön* in GS Knobbe-Keuk, 770.

[1367] GA *Léger*, Schlussanträge v. 31.5.1995, Rs. 80/94, Wielockx, EuGHE 1995, I-2493, 2495, Rn. 54.

Art. 44 f Abs. 1 lit. e) des niederländischen EStG)[1368], so wurde diese Verbindung doch durch die Regelung im DBA gelöst, indem dort auf eine Besteuerung unabhängig von der Abziehbarkeit verzichtet wurde. Diese mithin nicht kohärente DBA-Regelung überlagert die originär innerstaatliche, so dass letztere nicht als zur Kohärenz notwendige Vorschrift gerechtfertigt werden kann[1369]. Denn im Ergebnis besteuert der niederländische Fiskus selbst solche Renten nicht, „die auf Beiträgen beruhen, ... die er als abzugsfähig angesehen hat"[1370]. Damit fehlte es letztlich an der von der Kohärenz vorausgesetzten strengen Wechselbeziehung. Der mitgliedstaatliche Gesetzgeber hat durch die DBA-Regelung von einer kohärenten Regelung „Abstand genommen"[1371]. Dass eine Rechtfertigung mittels der Kohärenz des Steuersystems in Betracht gekommen wäre, wenn kein DBA vorgelegen hätte, ändert an dem Ergebnis nichts, denn der EuGH stellt stets nur auf die tatsächlichen rechtlichen Gegebenheiten ab[1372], in denen eben ein DBA vorlag.

Nicht missverstanden werden darf diese Rechtsprechung indes dahingehend, dass die Kohärenz einer Steuerreglung von vornherein ausscheide, wenn sie durch die Regelung eines DBA gewährleistet wird[1373]. Denn „nach der Rechtsprechung des Gerichtshofes muss die Kohärenz der Steuerregelung... nicht un-

---

[1368] Siehe dazu EuGH, Urt. v. 11.8.1995, Rs. C-80/94, Wielockx, EuGHE 1995, I-2493, Rn. 3 ff. sowie Schlussanträge v. 31.5.1995, Rs. 80/94, Wielockx, EuGHE 1995, I-2493, 2495, Rn. 2 ff.

[1369] Vgl. insofern auch EuGH, Urt. v. 21.11.2002, C-436/00, X und Y, EuGHE 2002, I-10829, Rn. 52 ff.

[1370] EuGH, Urt. v. 11.8.1995, Rs. C-80/94, Wielockx, EuGHE 1995, I-2493, Rn. 24.

[1371] GA *Léger*, Schlussanträge v. 31.5.1995, Rs. 80/94, Wielockx, EuGHE 1995, I-2493, 2495, Rn. 56. Vgl. auch *Cordewener*, Grundfreiheiten, 519 und 525. Missverständlich im Anschluss der EuGH, Urt. v. 11.8.1995, Rs. C-80/94, Wielockx, EuGHE 1995, I-2493, Rn. 25.

[1372] EuGH, Urt. v. 3.10.2002, Rs. C-136/00, Danner, EuGHE 2002, I-8147, Rn. 42 f. Vgl. auch *Hahn*, GmbHR 2003, 1245 [1248].

[1373] So aber BFH, Beschl. v. 13.11.2002, I R 13/02, BStBl. II 2003, 795 [797] (beim EuGH geführt als Rs. C-152/03, Ritter-Coulais). Zumindest missverständlich insofern *Elicker*, IStR 2005, 89 f. *Thömmes*, IWB, F. 11, Gr. 2, 221 [227]; *ders.* in GS Knobbe-Keuk, 831 f. hat den Rechtfertigungsgrund der Kohärenz dagegen nach der Entscheidung Wielockx in allen DBA-Fällen für tot geglaubt. Siehe dagegen die eingehende Prüfung der Kohärenz trotz DBA in EuGH, Urt. v. 21.11.2002, C-436/00, X und Y, EuGHE 2002, I-10829, Rn. 51 ff.; deutlich außerdem Urt. v. 23.2.2006, Rs. C-471/04, Keller Holding GmbH, http://curia.eu.int/de/; ferner *Cordewener*, Grundfreiheiten, 527 ff. Gegen die Auffassung von *Thömmes* spricht schon, dass die Kohärenz im Hinblick auf das fast lückenlose Netz europäischer DBA als Rechtfertigungsgrund keinen Anwendungsbereich mehr hätte (vgl. auch *Steichen* in FS Debatin, 447), was ex post betrachtet angesichts der zahlreichen EuGH-Entscheidungen, in denen die Anwendung des Kohärenzprinzips immer wieder erwogen wurde, nicht der Fall ist.

bedingt in einem rein nationalen Zusammenhang gewährleistet werden"[1374], vielmehr sind bestehende DBA als Bestandteil der nationalen Rechtsordnung auch insofern zu berücksichtigen und stehen der Rechtfertigung einer Beeinträchtigung unter dem Gesichtpunkt der Kohärenz nicht zwangsläufig entgegen[1375], sondern können selbst dazu beitragen[1376]. Deutlich wird dies unter anderem in der Entscheidung zur Rechtssache Keller Holding, in der der EuGH die DBA-rechtliche Freistellung genauso in die Kohärenzprüfung mit einbezieht, wie die originär-nationalrechtliche Vorschrift zur Anrechnung nach dem früher geltenden Körperschaftssteuersystem[1377]. Eine Regelung oder Rechtspraxis kann mithin nur dann kohärent sein, wenn sie insgesamt, also unter Einbeziehung der Abkommensregelungen, gewissermaßen auf interner Ebene einerseits sowie auf externer Ebene andererseits eine strenge Wechselbeziehung zwischen Besteuerung und Abziehbarkeit aufweist[1378]. Es bedarf nicht mehr nur der Kohärenz der originär innerstaatlichen Regelungen, sondern des gesamtnationalen Steuerrechts insgesamt.

Fraglich ist schließlich, inwiefern bei der Prüfung des unmittelbaren Zusammenhangs auf *den einzelnen Steuerpflichtigen* abzustellen ist. Dass der unmittelbare Zusammenhang zwischen be- und entlastender Regelung grundsätzlich denselben Steuerpflichtigen in seiner Steuerpflicht betreffen muss, hat der EuGH erstmals in der Rechtssache Baars festgestellt. Der gegenüber Herrn Baars erteilten Versagung eines Vermögensteuerfreibetrages hinsichtlich seiner Beteiligung an einem im Ausland ansässigen Unternehmen fehlte es an einem unmittelbaren Zusammenhang zu dem Umstand, dass nur inländische Unternehmen einer Gesellschaftsteuer unterliegen[1379]. Letztere stellt nicht nur eine andere Steuer dar, sondern betrifft auch einen anderen Steuerpflichtigen, näm-

---

[1374] GA *Mischo*, Schlussanträge v. 6.6.2002, Rs. C-436/00, X und Y, EuGHE 2002, 10829, 10832, Rn. 69.

[1375] Vgl. *Cordewener*, Grundfreiheiten, 522 f. aber auch 523 ff.; *Englisch*, StuW 2003, 88 [95 f.]; *Hinnekens*, EC Tax Review 1994, 146 [150 f.]; *Rainer*, IStR 1995, 474 [475]; *Schön* in GS Knobbe-Keuk, 770 f.

[1376] In diese Richtung auch *Ribbrock*, Dreieckssachverhalte, 206 f.; *Seiler*, StuW 2005, 25 [31]; *Wichterich*, Verlustausgleich, 189; vgl. auch *Lang, M.*, SWI 2005, 411 [415]. Ferner EuGH, Urt. v. 15.7.2004, Rs. C-242/03, Weidert und Paulus, IStR 2004, 686, Rn. 26: „Da es gerade das Ziel des DBA ist, die steuerliche Kohärenz sicherzustellen, kann dieses nicht als Quelle einer Inkohärenz... angeführt werden." Zu eng daher *Cordewener*, Grundfreiheiten, 525 und *Englisch*, StuW 2003, 88 [95 f.], die offenbar davon ausgehen, dass DBA (bezogen auf die Kohärenz) nur zulasten eines Mitgliedstaates wirken könnten.

[1377] EuGH, Urt. v. 23.2.2006, Rs. C-471/04, Keller Holding GmbH, http://curia.eu.int/de/, Rn. 39 ff.

[1378] Vgl. *Cordewener*, Grundfreiheiten, 520, 522 und 532 f. Ferner *Seiler*, StuW 2005, 25 [30].

[1379] EuGH, Urt. v. 13.4.2000, Rs. C-251/98, Baars, EuGHE 2000, I-2787, Rn. 35 ff.

lich das Unternehmen selbst und nicht Herrn Baars[1380]. In diesem Sinne entschied der EuGH auch zugunsten Herrn Verkooijen, dem die niederländische Finanzverwaltung einen Freibetrag für seine ausländischen Dividenden mit der Begründung versagte, nur Dividenden einer in den Niederlanden ansässigen Gesellschaft drohe eine Doppelbesteuerung durch die Niederlande, weil eben nur die Gewinne dieser Gesellschaften in den Niederlanden der Besteuerung unterlägen[1381]. Der EuGH hielt dem entgegen, dass kein unmittelbarer Zusammenhang im Sinne der Kohärenz besteht zwischen der Gewährung des Einkommensteuerfreibetrages auf der einen Seite und der Besteuerung des Gewinns von Gesellschaften auf der anderen Seite[1382]. Diese Voraussetzung der Steuersubjektidentität kann letztlich auch als Ausprägung der Unmittelbarkeit des Zusammenhanges zwischen be- und entlastender Regelung angesehen werden[1383]. Oftmals fehlt es in diesen Fällen auch an einer Verbundenheit des Vorteils bei der einen Person und des Nachteils bei der anderen[1384].

Das Schrifttum fordert zumindest in Teilbereichen Ausnahmen vom Grundsatz der Steuersubjektidentität. Für das Verhältnis zwischen einem Gesellschafter und seiner Gesellschaft muss jedenfalls in Konzernverbindungen zwischen einer Muttergesellschaft und der Tochtergesellschaft etwas anderes gelten. Denn die Gewinnerzielung bei der Gesellschaft bewirkt mittelbar eine Vermögensmehrung des Gesellschafters und ist ihm daher - wirtschaftlich betrachtet - zuzurechnen[1385]. Diesem Umstand trägt auch die nationale Steuerrechtsordnung mittels des Prinzips interpersonaler Korrespondenz Rechnung, so dass die Folge-

---

[1380] EuGH, Urt. v. 13.4.2000, Rs. C-251/98, Baars, EuGHE 2000, I-2787, Rn. 40. Fehlinterpretiert von *Sedemund*, DStZ 2003, 407 [409 f.] dahin, dass „der kompensatorische Effekt immer innerhalb derselben nationalen Steuerregelung ergeben müsse".

[1381] Siehe EuGH, Urt. v. 6.6.2000, Rs. C-35/98, Verkooijen, EuGHE 2000, I-4071, Rn. 50 f.

[1382] EuGH, Urt. v. 6.6.2000, Rs. C-35/98, Verkooijen, EuGHE 2000, I-4071, Rn. 57 f.; ebenso v. 15.7.2004, Rs. C-315/02, Lenz, IStR 2004, 522, Rn. 36. Im Anschluss daran zeigte der EuGH, dass eine benachteiligende Regelung zwar zur Gewährleistung der Kohärenz durch einen Steuervorteil ausgeglichen werden kann, dass eine steuerliche Benachteiligung dagegen nicht losgelöst von diesen Voraussetzungen durch das Bestehen beliebiger anderweitiger Steuervorteile gerechtfertigt werden kann, Rn. 54 und 61; in diesem Sinne bereits EuGH, Urt. v. 28.1.1986, Rs. 270/83, Kommission/Belgien, EuGHE 1986, 273, Rn. 21; v. 27.6.1996, Rs. C-107/94, Asscher, EuGHE 1996, I-3089, Rn. 53; v. 21.9.1999, Rs. C-307/97, Saint-Gobain ZN, EuGHE 1999, I-6161, Rn. 54; sog. Prinzip des Kompensationsverbots, vgl. *Steichen* in FS Debatin, 444; zum Verhältnis zum Kohärenzprinzip im hier dargestellten Sinne auch *Englisch*, StuW 2003, 88 [95].

[1383] Vgl. EuGH, Urt. v. 26.10.1999, Rs. C-294/97, Eurowings Luftverkehr, EuGHE 1999, I-7447, Rn. 41 f.

[1384] EuGH, Urt. v. 15.7.2004, Rs. C-315/02, Lenz, IStR 2004, 522, Rn. 36.

[1385] So *Schön*, StbJb. 2003/2004, 53; ähnlich auch *Wagner*, DStZ 2004, 185 [186]; in diese Richtung ferner *Englisch*, StuW 2003, 88 [95]; *Wunderlich/Albath*, DStZ 2005, 547 [553].

richtigkeit ebenfalls intersubjektiv anzunehmen ist[1386]. Auch die Generalanwältin am EuGH *Kokott* hat sich in ihren Schlussanträgen zur Rechtssache Manninen für ein weites Verständnis der Voraussetzung der Steuersubjektidentität ausgesprochen. Kohärenz könne auch dann vorliegen, wenn die Belastung bei einem Steuerpflichtigen durch eine Entlastung bei einem anderen Steuerpflichtigen ausgeglichen wird. Voraussetzung dafür sei, „dass die Besteuerung sich... auf dieselben Einnahmen oder denselben wirtschaftlichen Vorgang bezieht und dass durch die rechtliche Ausgestaltung des Systems gewährleistet ist, dass der Vorteil dem einen Steuerpflichtigen nur dann zugute kommt, wenn der Nachteil bei dem anderen Steuerpflichtigen auch tatsächlich und in demselben Umfang eintritt“[1387]. In seiner nachfolgenden Entscheidung zu dieser Rechtssache hat sich der EuGH nicht ausdrücklich zu diesem Vorschlag geäußert und ihn damit auch nicht unmittelbar in seine bindende Rechtsprechung aufgenommen. Bemerkenswerterweise hat er die Kohärenz der in Frage stehenden Regelung aber an sich anerkannt und eine Rechtfertigung anschließend lediglich aus Verhältnismäßigkeitserwägungen abgelehnt[1388]. Innerhalb der folgenden Darlegung, welche mildere Beeinträchtigung in Frage gekommen wäre, nennt der EuGH dann ein Beispiel, dass nach seinen Angaben „die Kohärenz... nicht in Frage stellen“ würde[1389], obwohl der Steuerpflichtige darin einen Nachteil erleiden würde, der durch einen Vorteil auf der Ebene der Gesellschaft ausgeglichen wird[1390] - und damit nicht den bisherigen Anforderungen hinsichtlich der Steuersubjektidentität genügt hätte. Inwieweit der EuGH an diesem Merkmal festhält, bleibt mithin abzuwarten[1391].

Schließlich ist „das auf die Notwendigkeit der Wahrung der Kohärenz einer Steuerregelung gestützte Vorbringen an dem mit der fraglichen Steuerregelung verfolgten *Ziel* zu messen“[1392]. Insofern nimmt der EuGH eine hypothetische Betrachtung dahin vor, welche Auswirkungen es auf die Zielsetzung der Regelung hätte, wenn der ausländische Sachverhalt mit dem reinen Inlandssachverhalt gleichbehandelt würde. Er prüft, ob eine Gleichbehandlung des grenzüberschreitenden Falls letztlich dazu führen würde, dass das Ziel der an sich kohä-

---

[1386] *Seer/Kahler/Rüping/Thulfaut*, EWS 2005, 289 [297] m. w. N.

[1387] GA *Kokott*, Schlussanträge v. 18.3.2004, Rs. C-319/02, Manninen, IStR 2004, 313, Rn. 61. Kritisch auch GA *Maduro*, Schlussanträge v. 7.5.2005, Rs. C-446/03, Marks & Spencer, http://curia.eu.int/de/, Rn. 71.

[1388] EuGH, Urt. v. 7.9.2004, Rs. C-319/02, Manninen, IStR 2004, 680, Rn. 45.

[1389] EuGH, Urt. v. 7.9.2004, Rs. C-319/02, Manninen, IStR 2004, 680, Rn. 46.

[1390] So bereits *Rust*, EWS 2004, 450 [452]; vgl. auch *Englisch*, IStR 2004, 684 [685 f.].

[1391] Vgl. auch *Spengel/Braunagel*, StuW 2006, 34 [35 f.].

[1392] Erstmals in diese Richtung EuGH, Urt. v. 11.3.2004, Rs. C-9/02, Hughes de Lasteyrie du Saillant, IStR 2004, 236; ausdrücklich dann in Urt. v. 15.7.2004, Rs. C-315/02, Lenz, IStR 2004, 522, Rn. 37 f.; v. 7.9.2004, Rs. C-319/02, Manninen, IStR 2004, 680, Rn. 43; v. 13.12.2005, Rs. C-446/03, Marks & Spencer, IStR 2006, 19, Rn. 41.

renten Regelung nicht erreicht werden kann. Ist das nicht der Fall, so kann die Kohärenz zur Rechtfertigung der Beeinträchtigung nicht angeführt werden[1393]. Bei diesem Merkmal handelt es sich im Grunde genommen um eine Verprobung der strengen Wechselseitigkeit unter Verhältnismäßigkeitsgesichtspunkten, orientiert aber nicht lediglich an dem normativ hergestellten Zusammenhang, sondern an der Ratio der Norm. Es geht um die Frage, ob die Regelung im konkreten Fall hinsichtlich des Zwecks erforderlich ist. Dabei wird wohl nicht jeder beliebige Zweck ausreichend sein - ließen sich doch ansonsten auch solche nationalrechtlichen Normen mittels des Kohärenzprinzips rechtfertigen, die zwar ein geschlossenes System darstellen, im Übrigen aber womöglich den Zielsetzungen der Gemeinschaft deutlich widersprechen. Bisher hat der EuGH allerdings keine Vorgaben hinsichtlich des Zwecks dieses geschlossenen Regelungssystems aufgestellt[1394].

Zusammenfassend lässt sich eine Beeinträchtigung der Grundfreiheiten im Anschluss an die Rechtsprechung des EuGH nur dann im Hinblick auf die Kohärenz der Steuerrechtsregelung rechtfertigen, wenn

- ein persönlicher[1395] und sachlicher[1396] unmittelbarer Zusammenhang im Sinne einer strengen Wechselbeziehung[1397]

- zwischen einer belastenden Regelung, wie der Besteuerung an sich und einer entlastenden Regelung, wie der Abziehbarkeit von Aufwendungen besteht[1398],

---

1393 So beispielsweise in EuGH, Urt. v. 15.7.2004, Rs. C-315/02, Lenz, IStR 2004, 522, Rn. 38 f.; v. 13.12.2005, Rs. C-446/03, Marks & Spencer, IStR 2006, 19, Rn. 41.

1394 Die Ursache dafür liegt möglicherweise darin, dass die Mitgliedstaaten das Argument der Kohärenz bislang nur dann zur Rechtfertigung eingewandt haben, wenn es sich um eine auch hinsichtlich der Ratio der Steuervorschrift europarechtskonforme Regelung gehandelt hat. Folglich bedurfte es insofern auch noch keiner Aussagen des EuGH hinsichtlich der Wertigkeit der Kohärenz, stellt er doch stets nur auf die von den Parteien ausdrücklich vorgetragenen Rechtfertigungsgründe ab (*Hahn*, GmbHR 2003, 1245 [1247] spricht von einer „Art Beibringungsgrundsatz"), vgl. EuGH, Urt. v. 14.12.2000, Rs. C-141/99, AMID, EuGHE 2000, I-11619, Rn. 31; v. 12.6.2003, Rs. C-234/01, Gerritse, EuGHE 2003, I-5933, Rn. 29; v. 11.3.2004, Rs. C-9/02, Hughes de Lasteyrie du Saillant, IStR 2004, 236, Rn. 64; kritisch dazu *Seer/Kahler/Rüping/Thulfaut*, EWS 2005, 289 [304].

1395 Im Hinblick auf die soeben geäußerte Kritik bleibt abzuwarten, ob der EuGH an diesem Erfordernis festhält.

1396 So bereits *Steichen* in FS Debatin, 448.

1397 Vgl. dazu insbesondere EuGH, Urt. v. 26.10.1999, Rs. C-294/97, Eurowings Luftverkehr, EuGHE 1999, I-7447, Rn. 41; v. 6.6.2000, Rs. C-35/98, Verkooijen, EuGHE 2000, I-4071, Rn. 56 f.; v. 3.10.2002, Rs. C-136/00, Danner, EuGHE 2002, I-8147, Rn. 41; v. 12.12.2002, Rs. C-324/00, Lankhorst-Hohorst, EuGHE 2002, I-11779, Rn. 42; v. 23.2.2006, Rs. C-471/04, Keller Holding GmbH, http://curia.eu.int/de/, Rn. 40 ff.

- der nicht durch eine DBA-Regelung aufgegeben wird[1399]

- durch eine Gleichbehandlung aber aufgehoben würde[1400].

bb) Subsumtion

Zu prüfen bleibt nunmehr, ob das aus der Freistellungsmethode in Verbindung mit § 3c EStG resultierende Abzugsverbot bezüglich Aufwendungen für stille Einlagen und partiarische Darlehen diesen herausgearbeiteten Voraussetzungen des Kohärenzprinzips genügt. So könnte in der Steuerpflicht der Einkünfte aus stiller Beteiligung oder partiarischen Darlehen einerseits und der Abziehbarkeit der Aufwendungen für eine solche Beteiligung bzw. ein solches Darlehen ein unmittelbarer Zusammenhang im oben dargestellten Sinne gesehen werden[1401]. Denn umgekehrt führt § 3c EStG nur dann zu einem Abzugsverbot, wenn es zu keiner Besteuerung der Einnahmen kommt.

Fraglich ist zunächst, ob dies einen *persönlichen und sachlichen Zusammenhang* im Sinne der Rechtsprechung des EuGH darstellt. Es liegt nahe, diesbezüglich die Rechtssache Bosal heranzuziehen, ging es doch auch dort um die Frage, ob das Abzugsverbot für Aufwendungen, die einer im Inland ansässigen Muttergesellschaft für die Finanzierung einer im Ausland ansässigen Tochtergesellschaft entstanden sind, europarechtskonform ist. Dort lehnte der EuGH eine Rechtfertigung durch die Kohärenz der Steuerregelung ab, weil „kein unmittelbarer Zusammenhang zwischen der den... Muttergesellschaften gewährten steuerlichen Begünstigung (Recht zum Abzug der Kosten der Beteiligung...) und der Besteuerung der Tochtergesellschaften bestehe[1402]. Ob dem zu folgen ist, kann hier dahinstehen. Denn die hier in Frage stehende steuerliche Praxis weist doch einen bedeutsamen Unterschied zur Rechtssache Bosal auf. Dort wurde der Muttergesellschaft der Steuerabzug von Beteiligungsaufwendungen nur dann gewährt, wenn die Tochtergesellschaft der Besteuerung im Inland unterlag, umgekehrt

---

[1398] Vgl. dazu EuGH, Urt. v. 23.1.1992, Rs. C-301/90, Bachmann, EuGHE 1992, I-249; v. 28.1.1992, Rs. C-300/90, Kommission/Belgien, EuGHE 1992, I-305; v. 3.10.2002, Rs. C-136/00, Danner, EuGHE 2002, I-8147, Rn. 36; GA *Jacobs*, Schlussanträge v. 21.3.2000, Rs. C-136/00, Danner, EuGHE 2002, I-8147, 8150, Rn. 47; EuGH, Urt. v. 23.2.2006, Rs. C-471/04, Keller Holding GmbH, http://curia.eu.int/de/, Rn. 40 ff.

[1399] Vgl. EuGH, Urt. v. 11.8.1995, Rs. C-80/94, Wielockx, EuGHE 1995, I-2493, Rn. 24; v. 3.10.2002, Rs. C-136/00, Danner, EuGHE 2002, I-8147, Rn. 40 f.; v. 21.11.2002, C-436/00, X und Y, EuGHE 2002, I-10829, Rn. 51 ff.

[1400] Vgl. EuGH, Urt. v. 15.7.2004, Rs. C-315/02, Lenz, IStR 2004, 522, Rn. 37; v. 7.9.2004, Rs. C-319/02, Manninen, IStR 2004, 680, Rn. 43; v. 13.12.2005, Rs. C-446/03, Marks & Spencer, IStR 2006, 19, Rn. 41.

[1401] In diese Richtung auch *Hahn*, GmbHR 2003, 1245 [1247].

[1402] EuGH, Urt. v. 18.9.2003, Rs. C-168/01, Bosal, EuGHE 2003, I-9409, Rn. 31.

unterlagen die Aufwendungen einem Abzugsverbot, wenn auch die Tochter im Inland nicht steuerpflichtig war. In der Tat liegen der Nachteil des Abzugsverbots und der Vorteil der Steuerfreiheit damit bei verschiedenen Steuersubjekten - der Vorteil bei der Muttergesellschaft, der Nachteil bei der Tochtergesellschaft. Unabhängig von der Frage, ob es in jedem Fall sinnvoll ist, die Kohärenz unter die Bedingung der Steuersubjektidentität zu stellen[1403], erfüllt das hier in Frage stehende Abzugsverbot diese Voraussetzung. Denn anders als die niederländische Regelung in der Rechtssache Bosal verbindet § 3c EStG das Abzugsverbot bei der Muttergesellschaft mit der Steuerfreiheit der Einnahmen bei der Muttergesellschaft. Das Abzugsverbot des § 3c EStG setzt nicht voraus, dass die Einkünfte der Tochtergesellschaft im Inland steuerpflichtig sind, sondern stellt allein auf die Besteuerung der Einnahmen und Aufwendungen der Muttergesellschaft ab. Umgekehrt sind Aufwendungen in der Bundesrepublik Deutschland nur dann abziehbar, wenn sie mit steuerpflichtigen Einnahmen zusammenhängen. Das Merkmal der Steuersubjektidentität bleibt damit gewahrt[1404].

Im Weiteren sind aber auch die *Vorschriften der DBA* zu berücksichtigen. Denn eine beeinträchtigende Regelung muss nicht nur intern kohärent sein, sondern insgesamt unter Einbeziehung der externen Kohärenz auf DBA-Ebene. Die in dem beispielhaft herangezogenen Art. 23 Abs. 1 lit. a) i. V. m. Art. 10 Abs. 5 DBA-Malta 2001 verwendete Terminologie der Einkünfte bzw. der Dividenden ist dort gemäß der Interpretation des BFH als Brutto-Einnahme zu verstehen[1405]. Werden diese Einnahmen freigestellt, bleiben die Aufwendungen davon auf DBA-Ebene unberührt. Zum gleichen Ergebnis kommt auch der streng-abkommensautonome Ansatz, indem er die Besteuerungsbefugnis für die Aufwendungen beim Ansässigkeitsstaat sieht[1406]. Damit sind die Einnahmen auf Abkommensebene aber unabhängig von der Behandlung der Aufwendungen freigestellt. Die Parallelen zu den Rechtssachen Wielockx und Danner drängen sich damit auf und legen den Schluss nahe, dass der Mitgliedstaat auf der Ebene der DBA von der Kohärenz der Steuerregelung „Abstand genommen hat“[1407]. Denn hat der Fiskus auf originär-nationalrechtlicher Ebene auch eine kohärente

---

[1403] Siehe dazu soeben 3. Kapitel C. I. 3. b) aa) Grundzüge des Kohärenzprinzips.

[1404] Der BFH geht in seinem Vorlagebeschluss v. 14.7.2004, I R 17/03, BStBl. II 2005, 53 ff. (beim EuGH geführt als Rs. C-471/04, Keller Holding GmbH) nicht ein. Der EuGH brauchte sich zu diesem Merkmal nicht äußern, weil er eine Rechtfertigung unter Kohärenzgesichtspunkten ohne weiteres am Fehlenden Zusammenhang zwischen be- und entlastender Wirkung ablehnen konnte, Urt. v. 23.2.2006, Rs. C-471/04, Keller Holding GmbH, http://curia.eu.int/de/, Rn. 39 ff.

[1405] Siehe zur Auslegung des BFH und Teilen des Schrifttums 2. Kapitel C. II. 2. a) bb) Einnahmen im Sinne des § 3c EStG.

[1406] Siehe zu dieser Auslegungsvariante 2. Kapitel C. IV. 2. c) Streng-abkommensautonome Interpretation.

[1407] Vgl. dazu soeben 3. Kapitel C. I. 3. c) aa) Grundzüge des Kohärenzprinzips.

Besteuerung hergestellt, indem er im nicht grenzüberschreitenden Fall einer stillen Beteiligung der Abzugsfähigkeit der damit zusammenhängenden Aufwendungen die Steuerpflicht der entsprechenden Einnahmen gegenüberstellt, so verzichtet der er auf Ebene der DBA auf das belastende Element der Besteuerung, wenn er die Einnahmen unabhängig von den Aufwendungen freistellt.

Allerdings ist bei der Übertragung der Entscheidungen Wielockx und Danner auf andere DBA-Fälle meines Erachtens grundsätzlich Zurückhaltung geboten[1408]; sie lassen sich nicht zu einem allgemeinen Grundsatz dahingehend interpretieren, dass der Verzicht auf die Besteuerungsbefugnis stets zur Inkohärenz einer Regelung führe. Denn sowohl das Urteil in der Rechtssache Wielockx als auch das insoweit übereinstimmende Urteil in der Rechtssache Danner[1409] ergingen zu Renteneinkünften und damit zu einer Einkunftsart, in der die Behandlung der mit den Renten zusammenhängenden Ausgaben überaus problematisch ist. Dies wird bereits anhand der einschlägigen Kommentierungen deutlich, die sich darauf beschränken, den Lösungsvorschlag des Musterkommentars[1410] wiederzugeben. Der Kommentar zum Musterabkommen wiederum zeichnet sich durch mit der Natur der Renten verbundene materiell-rechtliche Besonderheiten aus, die auf andere Einkunftsarten nicht übertragen werden können[1411]. Auch den den Urteilen zugrunde liegenden Schlussanträgen lässt sich entnehmen, dass es den Entscheidungsträgern darum ging, eine Lösung für den Einzelfall zu finden, die nicht ohne weiteres für alle DBA-Fälle verallgemeinert werden kann. So führte der Generalanwalt aus, dass sich aus dem DBA speziell für Renten ein System ergibt, „das zur Gewährung seiner Kohärenz keine strenge Korrelation zwischen Abzugsfähigkeit der Beiträge und der Besteuerung der Renten verlangt"[1412]. Im

---

[1408] In der Rechtssache X und Y hat auch der EuGH letztlich offen gelassen, ob die Regelung im DBA der Rechtfertigung entgegensteht, da die dort in Frage stehende Regelung „jedenfalls... weder erforderlich noch verhältnismäßig" war, Urt. v. 21.11.2002, Rs. C-436/00, X und Y, EuGHE 2002, 10829, Rn. 57; vgl. auch GA *Mischo*, Schlussanträge v. 6.6.2002, Rs. C-436/00, X und Y, EuGHE 2002, 10829, 10832, Rn. 70.

[1409] EuGH, Urt. v. 3.10.2002, Rs. C-136/00, Danner, EuGHE 2002, I-8147, Rn. 40 f. Bemerkenswerterweise vernachlässigte der EuGH in der ebenfalls zur Frage der Abziehbarkeit von Altersvorsorgeaufwendungen ergangenen Rechtssache Bachmann den Einfluss des DBA-Rechts. GA *Léger*, Schlussanträge v. 31.5.1995, Rs. 80/94, Wielockx, EuGHE 1995, I-2493, 2495, Rn. 56 sah eine Begründung dafür darin, dass dem DBA nicht stets entnommen werden könnte, dass der Vertragsstaat von Grundsatz der Korrelation zwischen Abziehbarkeit und Besteuerung Abstand nehme.

[1410] MK, Art. 18, Nr. 4 ff. und 11.

[1411] Vgl. in diesem Sinne *Wassermeyer* in D/W, Art. 18 MA, Rn. 49 ff. (Stand: 94. Lfg. 10/2004).

[1412] GA *Léger*, Schlussanträge v. 31.5.1995, Rs. 80/94, Wielockx, EuGHE 1995, I-2493, 2495, Rn. 55. Vgl. zu den Besonderheiten bei der Besteuerung der Renten auch GA *Jacobs*, Schlussanträge v. 21.3.2002, Rs. C-136/00, Danner, EuGHE 2002, I-8147, 8150, Rn. 51 ff., dort auch Fn. 31 sowie Rn. 56.

Unterschied dazu besteht bei anderen Einkunftsarten, wie beispielsweise Einkünften aus einer Betriebsstätte, Einigkeit darüber, dass es nach der Zuteilung der Besteuerungsbefugnis hinsichtlich der laufenden Einnahmen an den Betriebsstättenstaat eben auch an ihm ist, die damit zusammenhängenden Aufwendungen zu berücksichtigen[1413]. Dort besteht also gerade eine Verbindung zwischen der Besteuerungsbefugnis und der Abziehbarkeit der Aufwendungen. Die Rechtssache Wielockx ist somit als ein Sonderfall anzusehen, in dem mit der DBA-rechtlich zugeteilten Befugnis zur Besteuerung der Renten ausnahmsweise einmal nicht die Folge einhergeht, den Aufwand zu berücksichtigen.

Hinsichtlich der hier in Frage stehenden Einkünfte aus stiller Beteiligung bzw. partiarischen Darlehen ist es allerdings ebenfalls, wie bei den Renteneinkünften in der Rechtssache Wielockx nicht so, dass mit der Besteuerungsbefugnis die Berücksichtigung der Aufwendungen im Sitzstaat der Tochtergesellschaft verbunden wäre. Vielmehr ist es sowohl nach dem Brutto-Verständnis des BFH als auch der streng-abkommensautonomen Auslegungsalternative an dem Ansässigkeitsstaat der beteiligten Gesellschaft (entsprechend der hier vorgenommen Untersuchung also an der Bundesrepublik Deutschland), den Aufwand zu berücksichtigen. Damit bleibt es bei der Feststellung, dass Deutschland im Rahmen des Art. 23 Abs. 1 lit. a) i. V. m. Art. 10 Abs. 5 DBA-Malta 2001 auf seine Besteuerungsbefugnis bezüglich Einnahmen aus stiller Beteiligung oder partiarischen Darlehen verzichtet, ohne zugleich eine entsprechend kohärente Regelung der Behandlung des Aufwandes auf Ebene des Abkommens vorzusehen.

Es ließe sich jedoch argumentieren, dass § 3c EStG an diese Freistellung anknüpft und damit auch die Aufwendungen von der Berücksichtigung im Ansässigkeitsstaat ausschließt. § 3c EStG führe gewissermaßen zu einer Verbindung der abkommensrechtlichen Rechtslage mit der originär innerstaatlichen und vermöge die Kohärenz auf diesem Wege herzustellen. Legt man dieses Rechtsverständnis zu Grunde, bedürfte es einer Modifikation der Kohärenzprüfung dahin, dass die Kohärenz nicht nur *jeweils* intern oder extern gewährleistet sein kann, sondern auch durch eine Kombination der beiden Ebenen. Nach der Interpretation des BFH knüpft § 3c EStG gerade an die Begrifflichkeit des DBA an und könnte so die Kohärenz herstellen: Das Abzugsverbot besteht, wenn die Einnahmen keiner Besteuerung unterliegen.

Eine solche Modifikation des Kohärenzprinzips geht aber doch weit über das hinaus, was der EuGH bisher an Bedingungen aufgestellt hat. Zum einen ist zu bedenken, dass der Gesetzgeber nach der Interpretation des BFH eben auf die

[1413] Siehe dazu 2. Kapitel C. II. 2. c) Besonderheiten bei der Freistellung von Netto-Einkünften.

Besteuerung der Schachteldividenden auf DBA-Ebene verzichtet hat, ohne damit eine bestimmte Behandlung der Aufwendungen zu verbinden. Der BFH und das ihm folgende Schrifttum hat § 3c EStG notgedrungen als daran anschließendes Abzugsverbot interpretiert, um der missglückten Vorschrift überhaupt eine sinnvolle Interpretation zu geben[1414]. Zum anderen sind die ungeschriebenen, vom EuGH anerkannten Rechtfertigungsgründe stets eng auszulegen[1415]. Speziell die Kohärenz erfordert einen unmittelbaren Zusammenhang zwischen be- und entlastender Regelung. Etwas anderes kann auch nicht aus der Entscheidung Keller Holding abgeleitet werden, in der es gerade auch um die Prüfung des § 3c EStG ging. Im Gegenteil hält der EuGH dort konsequent an der benannten Voraussetzung einer strengen Wechselbeziehung zwischen be- und entlastender Regelung fest und verneint bereits die Kohärenz der rein nationalrechtlichen Behandlung von Schachteldividenden, die die Abzugsfähigkeit der Aufwendungen eben inkohärent mit der faktischen Entlastung der Einnahmen durch Anrechnung verknüpft[1416]. Ausführungen zur DBA-rechtlichen Ebene und daran nun auch noch gewissermaßen beitretend zu § 3c EStG bedurfte es daher in der Entscheidung Keller Holding nicht. Meines Erachtens würde die Kohärenz durch eine solche Modifikation, dass eine kohärente Steuerregelung auch durch die Kombination von originär nationalen Steuervorschriften und DBA-Regelungen erzeugt werden kann, der Beliebigkeit ausgesetzt, was gerade auch im Hinblick auf die restriktive Anwendung des Kohärenzprinzips nicht mit der gängigen Rechtsprechungspraxis übereinstimmen würde.

Aber selbst wenn man insofern eine kohärente Steuerregelung unterstellen wollte, hergestellt durch ein Zusammenwirken von DBA und § 3c EStG, wäre diese doch schließlich darauf zu untersuchen, ob eine Gleichbehandlung des Auslandssachverhalts mit dem reinen Inlandssachverhalt der Zielsetzung der diskriminierenden Vorschrift widersprechen würde. Das Ziel des § 3c EStG in Verbindung mit der Freistellungsmethode ist es, eine doppelte Geltendmachung der Aufwendungen zu verhindern[1417]. Ob man der ratio der jeweils zu prüfenden Regelung von vornherein nur dann gemeinschaftsrechtliche Beachtung schenken will, wenn es besonderen, mit dem Gemeinschaftsrecht konform gehenden Anforderungen entspricht[1418], kann dahinstehen. Denn hinsichtlich der Gefahr einer

---

[1414] Vgl. zur Kritik an § 3c EStG deutlich *Wassermeyer*, Zuordnung, 49.

[1415] Vgl. beispielsweise EuGH, Urt. v. 15.7.2004, Rs. C-242/03, Weidert und Paulus, IStR 2004, 686, Rn. 20. Vgl. auch *Spengel/Braunagel*, StuW 2006, 34 [35] m. w. N.

[1416] EuGH, Urt. v. 23.2.2006, Rs. C-471/04, Keller Holding GmbH, http://curia.eu.int/de/, Rn. 41 f.

[1417] Vgl. dazu ausführlich oben 2. Kapitel C. III. 2. a) Grundzüge zur Behandlung ausländischer Aufwendungen.

[1418] Siehe zu diesen Erwägungen oben 3. Kapitel C. I. 3. c) aa) Grundzüge des Kohärenzprinzips.

doppelten Verlustnutzung hat der EuGH in der Entscheidung Marks & Spencer „anerkannt, dass die Mitgliedstaaten dies verhindern können müssen“[1419]. Dem Ziel der in Frage stehenden Vorschriften des deutschen Steuerrechts, eine doppelte Geltendmachung der Aufwendungen zu verhindern, würde es dagegen hier nicht widersprechen, wenn die mit Einnahmen aus stiller Beteiligung oder partiarischen Darlehen zusammenhängenden Aufwendungen im Ansässigkeitsstaat berücksichtigt würden. Denn eine Geltendmachung im Sitzstaat der Tochtergesellschaft kommt keinesfalls in Betracht; der Sitzstaat der Tochter besteuert lediglich diese Gesellschaft, ohne die Besteuerung der Muttergesellschaft zu berücksichtigen. Das Ziel der als kohärent unterstellten Steuerregelung kann somit selbst dann erreicht werden, wenn der Abzug der Aufwendungen im Ansässigkeitsstaat der Muttergesellschaft zugelassen wird. Jedenfalls aus diesem Grund kann die derzeitige Praxis, mit Einnahmen aus stillen Einlagen oder partiarischen Darlehen, die als Schachteldividenden vom Ansässigkeitsstaat Deutschland freigestellt werden, zusammenhängende Aufwendungen im Inland nicht von der Bemessungsgrundlage abzuziehen, nicht mit der Notwendigkeit gerechtfertigt werden, die Kohärenz der Steuerregelung zu wahren.

4. Ergebnis zu den Schachteldividenden

Im Ergebnis sind damit die Aufwendungen für Einnahmen, die mit einer stillen Beteiligung oder partiarischen Darlehen zusammenhängen entgegen § 3c EStG zum Abzug zuzulassen, auch wenn die Einnahmen gemäß der DBA-rechtlichen Freistellung keiner Besteuerung unterliegen[1420].

Zu dem Gesichtspunkt, dass der im Inland ansässigen Gesellschaft damit ein *doppelter Steuervorteil* zugute kommt, die Einnahmen aus stiller Beteiligung bzw. partiarischen Darlehen einerseits steuerfrei zu erzielen und damit zusammenhängenden Aufwendungen auch noch steuermindernd geltend machen zu können, entgegnet der EuGH in ständiger Rechtsprechung, dass eine steuerliche Benachteiligung, die gegen die Grundfreiheiten verstößt, nicht durch das etwaige Bestehen anderweitiger Steuervorteile gerechtfertigt werden kann[1421].

[1419] EuGH, Urt. v. 13.12.2005, Rs. C-446/03, Marks & Spencer, IStR 2006, 19, Rn. 47. Diese Erwägung zu Verlusten kann ohne weiteres auch auf Aufwendungen übertragen werden. Insoweit gilt zu bedenken, dass Verluste lediglich einen Überschuss von Aufwendungen über die Bezüge darstellen. Vgl. zur Anerkennung des Ziels, eine doppelte Geltendmachung zu vermeiden auch *Görden*, GmbH-StB 2006, 3; *Scheunemann*, RIW 2006, 79 [80].

[1420] Im Ergebnis offenbar zustimmend *Schnitger*, FR 2003, 1149 [1152]; offen gelassen von *Wagner*, DStZ 2004, 185 [187].

[1421] Deutlich EuGH, Urt. v. 6.6.2000, Rs. C-35/98, Verkooijen, EuGHE 2000, I-4071, Rn. 54 und 61 m. w. N.; siehe dazu auch bereits oben Fn. 1382. Vgl. aber auch GA *Maduro*, Schlussanträge v. 7.5.2005, Rs. C-446/03, Marks & Spencer, http://curia.eu.int/de/, Rn. 72 ff.

Dem Bedenken, dass damit *Einnahmeausfälle* zulasten des deutschen Fiskus verbunden sind, ist ebenfalls die ständige Rechtsprechung des EuGH entgegenzuhalten, die Steuermindereinnahmen nicht als zwingenden Grund des Allgemeininteresses anerkennt[1422].

Dieses Ergebnis entspricht der bisherigen Rechtsprechung des EuGH auch insofern, als dass er eine drohende Keinmalberücksichtigung von Verlusten als nicht mit den Grundfreiheiten vereinbar ansieht[1423]. Vorgaben dahin, welcher Staat jeweils die Aufwendungen zu berücksichtigen hat, lassen sich dem Gemeinschaftsrecht dagegen nicht entnehmen[1424]; dies bleibt der Gesetzgebung der Mitgliedstaaten vorbehalten[1425]. Die Grundfreiheiten können den Mitgliedstaaten lediglich Diskriminierungen verbieten und aufzeigen, dass eine Berücksichtigung gleichermaßen zu gewähren ist. Jedenfalls hinsichtlich des Abzuges von Aufwendungen, die mit der persönlichen Lage des Steuerpflichtigen verbunden sind[1426], geht die Rechtsprechung des EuGH dahin, den Ansässigkeitsstaat in die Pflicht zu nehmen[1427].

II. Einkünfte aus nichtselbständiger Tätigkeit

Damit ist aber keineswegs gesagt, dass auch die Nichtabziehbarkeit von Aufwendungen im Wohnsitzstaat, die mit einer nichtselbständigen Tätigkeit im Ausland zusammenhängen den Grundfreiheiten widerspricht. Deren Behandlung soll im Folgenden unter Berücksichtigung ihrer Besonderheiten, aber auch der bereits gefundenen Ergebnisse zu den Grundfreiheiten untersucht werden.

[1422] EuGH, Urt. v. 16.7.1998, Rs. C-264/96, ICI, EuGHE 1998, I-4695, Rn. 28; v. 6.6.2000, Rs. C-35/98, Verkooijen, Rn. 52 und 59; v. 8.3.2001, verb. Rs. C-397/98 und C-410/98, Metallgesellschaft und Hoechst, EuGHE 2001, I-1727, Rn. 59; v. 11.3.2004, Rs. C-9/02, Hughes de Lasteyrie du Saillant, IStR 2004, 236, Rn. 60 v. 7.9.2004, Rs. C-319/02, Manninen, IStR 2004, 680, Rn. 49; v. 13.12.2005, Rs. C-446/03, Marks & Spencer, IStR 2006, 19, Rn. 44. Kritisch dazu *Wagner*, DStZ 2004, 185 [187].

[1423] Vgl. EuGH, Urt. v. 14.12.2000, Rs. C-141/99, AMID, EuGHE 2000, I-11619; Beschl. v. 12.9.2002, Rs. C-431/01, Mertens, EuGHE 2002, I-7073.

[1424] Vgl. dazu noch ausführlich und m. w. N. unten 3. Kapitel C. V. 2. Offene Probleme im Zusammenhang mit Aufwendungen und Verlusten.

[1425] Vgl. auch *Reimer*, Auswirkungen, 58 f.; *von Wilmowsky* in Ehlers, Grundfreiheiten^2, § 12, Rn. 20.

[1426] Vgl. dazu noch Fn. 1448.

[1427] Deutlich EuGH, Urt. v. 12.12.2002, Rs. C-385/00, de Groot, EuGHE 2002, I-11819, Rn. 98, im Anschluss an Urt. v. 14.2.1995, Rs. C-279/93, Schumacker, EuGHE 1995, I-225, Rn. 32; ferner EuGH, Urt. v. 14.9.1999, Rs. C-391/97, Geschwind, EuGHE 1999, I-5451. Siehe dazu ausführlich noch unten 3. Kapitel C. V. 2. Offene Probleme im Zusammenhang mit Aufwendungen und Verlusten.

1. Laufende Aufwendungen

Nach dem Verständnis des BFH und seiner Anhänger sind Einkünfte aus nichtselbständiger Arbeit als Brutto-Einnahmen zu werten. Die damit zusammenhängenden Aufwendungen werden von der Freistellungsmethode des DBA nicht erfasst. Vielmehr ergibt sich das diesbezügliche Abzugsverbot erst aus § 3c EStG[1428]. Dagegen können die auf eine rein innerstaatliche, nichtselbständige Tätigkeit bezogenen Aufwendungen selbstverständlich als Werbungskosten geltend gemacht werden. Es stellt sich damit die Frage, ob diese Praxis eine Verletzung der Arbeitnehmerfreizügigkeit darstellt.

a) Anwendbare Grundfreiheit

Nach der Rechtsprechung des EuGH steht die Arbeitnehmerfreizügigkeit jeder nationalen Regelung entgegen, die die Gemeinschaftsbürger dann benachteiligen könnte, wenn sie ihre nichtselbständige Tätigkeit über das Hoheitsgebiet eines Mitgliedstaates hinaus ausdehnen wollen[1429]. Wie schon die Kapitalverkehrsfreiheit, wird auch die von Art. 39 EG gewährleistete Arbeitnehmerfreizügigkeit durch sekundärrechtliche Regelungen konkretisiert. So bestimmt Art. 7 Abs. 2 der Verordnung über die Freizügigkeit der Arbeitnehmer innerhalb der Gemeinschaft[1430], dass Arbeitnehmer aus anderen Mitgliedstaaten im Aufenthaltsstaat „die gleichen sozialen und steuerlichen Vergünstigungen wie die inländischen Arbeitnehmer" genießen[1431]. Der EuGH hat mittlerweile deutlich gemacht, dass die Vorschrift auch für Grenzgänger, also nicht im Beschäftigungsstaat Ansässige einerseits gilt sowie andererseits für solche Personen, die noch nicht in den Arbeitsmarkt des Mitgliedstaates integriert sind, sondern erst auf der Suche nach einer Beschäftigung sind[1432]. Zu den gleichermaßen zu gewährenden steuerlichen Vergünstigungen zählt freilich auch die Abziehbarkeit von Werbungskosten[1433] und ähnlichen Abzugsbeträgen. Dies wird auch aus der Entscheidung Vestergaard deutlich, in der es der EuGH als nicht mit den Grundfreiheiten vereinbar ansah, Herrn Vestergaard den Abzug seiner Aufwendungen für eine Fort-

---

[1428] Siehe zum Ganzen 2. Kapitel C. III. b) bb) Aufwendungen für übrige Einkünfte.

[1429] EuGH, Urt. v. 7.7.1988, Rs. 143/87, Stanton und L'Étoile 1905, EuGHE 1988, 3877, Rn. 13; v. 7.7.1992, Rs. C-370/90, Singh, EuGHE 1992, I-4265, Rn. 16; Beschl. v. 12.9.2002, Rs. C-431/01, Mertens, EuGHE 2002, I-7073, Rn. 36.

[1430] Verordnung (EWG) Nr. 1612/68 des Rates v. 15.10.1968, ABl. 1968 L Nr. 257, S. 2.

[1431] Vgl. dazu EuGH, Urt. v. 14.2.1995, Rs. C-279/93, Schumacker, EuGHE 1995, I-225, Rn. 23 f.

[1432] EuGH, Urt. v. 27.11.1997, Rs. C-57/96, Meints, EuGHE 1997, I-6689, Rn. 50 f.; v. 12.5.1998, Rs. C-85/96, Martínez Sala, EuGHE 1998, I-2691; v. 21.2.2006, Rs. C-152/03, Ritter-Coulais, BB 2006, 525, Rn. 31 ff.; *Becker* in Ehlers, Grundfreiheiten^2, § 9, Rn. 15 und 19; *Wölker/Grill* in G/S^6, Art. 39, Rn. 55.

[1433] *Becker* in Ehlers, Grundfreiheiten^2, § 9, Rn. 22; *Wölker/Grill* in G/S^6, Art. 39, Rn. 55.

bildungsveranstaltung in einem anderen Mitgliedstaat zu verwehren[1434]. Indem die hier fragliche Konstellation schließlich auch voraussetzt, dass der Steuerpflichtige die Tätigkeit als Gebietsfremder im Tätigkeitsstaat ausübt (nur dann kommt es zur Freistellung, vgl. Art. 15 i. V. m. Art. 23 AOECD-MA), erfüllt sie zugleich das natürlich auch von der Arbeitnehmerfreizügigkeit geforderte grenzüberschreitende Element[1435]. Damit ist die Arbeitnehmerfreizügigkeit auf das Abzugsverbot von Aufwendungen für eine nichtselbständige Tätigkeit anwendbar.

b) Beeinträchtigung

Eine Verletzung der Grundfreiheiten kommt aber nur dann in Betracht, wenn das Abzugsverbot als Beeinträchtigung der Freiheit in Form einer Diskriminierung oder Beschränkung zu bewerten ist. Da eine Diskriminierung nach der Staatsangehörigkeit ausscheidet, steht eine *versteckte Diskriminierung* in Frage. Eine Ungleichbehandlung ist jedenfalls darin zu erblicken, dass das Abzugsverbot der Art. 15 und 23 A OECD-MA i. V. m. § 3c Abs. 1 EStG nur den grenzüberschreitenden Sachverhalt erfasst und diesen damit schlechter behandelt als einen rein inländischen. Eine versteckte Diskriminierung setzt aber nach den oben dargestellten Grundsätzen zusätzlich voraus, dass der grenzüberschreitende und der rein innerstaatliche Sachverhalt, auf den die unterschiedlichen Regelungen angewandt werden, vergleichbare Situationen darstellen[1436]. Lässt sich diese Frage bei Unternehmen und besonders bei juristischen Personen oftmals relativ unproblematisch bejahen[1437], zeigen sich die Schwierigkeiten, die von dieser inzidenten Vergleichbarkeitsprüfung ausgehen, besonders bei natürlichen Personen[1438]. Zur Besteuerung von Grenzpendlern hat der EuGH in der Rechtssache Schumacker festgestellt, dass eine solche Vergleichbarkeit der Situationen (jedenfalls hinsichtlich der Aufwendungen, die mit der persönlichen Lage des Steuerpflichtigen verbunden sind)[1439] dann nicht vorliegt, wenn die Einkünfte, die ein Steuerpflichtiger als Gebietsfremder im Hoheitsgebiet eines Mitglied-

---

[1434] EuGH, Urt. v. 28.10.1999, Rs. C-55/98, Vestergaard, EuGHE 1999, I-7641, einschlägig war dort allerdings wegen der Selbständigkeit der Tätigkeit die Dienstleistungsfreiheit. Zur Vergleichbarkeit der Grundfreiheiten siehe EuGH, Beschl. v. 12.9.2002, Rs. C-431/01, Mertens, EuGHE 2002, I-7073, Rn. 24.

[1435] Dazu *Becker* in Ehlers, Grundfreiheiten^2, § 9, Rn. 22; *Hahn*, DStZ 2005, 469 [470].

[1436] Siehe oben ab Fn. 1300.

[1437] Der Grund dafür liegt offenbar darin, dass der EuGH bislang lediglich zu natürlichen Personen einen besondere Dogmatik entwickelt hat, während er die Vergleichbarkeit bei juristischen Personen und Betriebsstätten oftmals zügig bejaht, vgl. *Reimer*, Auswirkungen, 47. Aus diesem Grunde konnte die Auseinandersetzung mit der Vergleichbarkeit soeben bei den Schachteldividenden verhältnismäßig kurz behandelt werden.

[1438] Vgl. *Reimer*, Auswirkungen, 47; *Thömmes* in GS Knobbe-Keuk, 807.

[1439] Dazu sogleich Fn. 1448.

staates erzielt, nur einen Teil seiner Gesamteinkünfte darstellen. Dann verfüge im Allgemeinen der Wohnsitzstaat über die erforderlichen Informationen, um die Gesamtsteuerkraft des Steuerpflichtigen zu beurteilen. Eine vergleichbare Situation liege dagegen vor, wenn der Steuerpflichtige in seinem Wohnsitzstaat keine nennenswerten Einkünfte hat und sein Einkommen im Wesentlichen aus einer Tätigkeit bezieht, die er im anderen Mitgliedstaat ausübt[1440]. Damit ließe sich hier vorschnell eine vergleichbare Situation bejahen, wenn man unterstellt, dass der Steuerpflichtige seine wesentlichen Einkünfte im Tätigkeitsstaat erzielt[1441].

Die Übertragung dieser vom EuGH erstmals in der Rechtssache Schumacker aufgestellten Grundzüge auf die hier in Frage stehende Konstellation erweist sich allerdings in zweifacher Hinsicht als problematisch. Erstens ging es in der Rechtssache Schumacker um den Abzug von mit der Person des Steuerpflichtigen zusammenhängenden Beträgen und damit um Aspekte des *subjektiven Nettoprinzips*, während es hier um den Abzug von Aufwendungen geht, die mit der Einkünfteerzielung zusammenhängen (objektives Nettoprinzip).

Unterstellt man zunächst die Übertragbarkeit dieser Doktrin auch auf den Anwendungsbereich des objektiven Nettoprinzips, gilt es zweitens zu berücksichtigen, dass sich in der Rechtssache Schumacker die Frage der Vergleichbarkeit von *Gebietsfremden* und Gebietsansässigen stellte. Steht hier dagegen die Vergleichbarkeit der Situation von zwei gebietsansässigen Arbeitnehmern in Frage, ließe sich zum einen argumentieren, dass die Schumacker-Doktrin auf dieses Vergleichspaar nur eingeschränkt übertragbar sei und beide in jedem Fall vergleichbar sein müssten, da gleichermaßen der Ansässigkeitsstaat den „besseren" Zugriff auf den Steuerpflichtigen habe[1442]. Wurde in der Rechtssache Schu-

---

[1440] EuGH, Urt. v. 14.2.1995, Rs. C-279/93, Schumacker, EuGHE 1995, I-225, Rn. 32 ff.; v. 14.9.1999, Rs. C-391/97, Gschwind, EuGHE 1999, I-5451, Rn. 27; v. 12.12.2002, Rs. C-385/00, de Groot, EuGHE 2002, I-11819, Rn. 98 ff.; v. 12.6.2003, Rs. C-234/01, Gerritse, EuGHE 2003, I-5933, Rn. 43.

[1441] Eine solche Situation kommt der hier in Frage stehenden auch schon deshalb Nahe, weil es im Hinblick auf die Voraussetzungen von Art. 15 Abs. 2 lit. a) OECD-MA nur dann zur Freistellung der Einkünfte aus nichtselbständiger Arbeit kommt.

[1442] So auch GA *Alber*, Schlussanträge v. 8.6.2000, Rs. C-141/99, AMID, EuGHE 2000, I-11619, 11621, Rn. 34 sowie im Anschluss EuGH, Urt. v. 14.12.2000, Rs. C-141/99, AMID, EuGHE 2000, I-11619, Rn. 28 ff. Vgl. ferner EuGH, Beschl. v. 12.9.2002, Rs. C-431/01, Mertens, EuGHE 2002, I-7073, Rn. 31 und 33. In ähnlich gelagerten Fällen verzichtet der EuGH zuweilen vollständig auf die Prüfung der Vergleichbarkeit der Situationen, vgl. EuGH, Urt. v. 8.5.1990, Rs. C-175/88, Biehl, EuGHE 1990, 1779; v. 28.1.1992, Rs. C-204/90, Bachmann, EuGHE 1992, I-249, Rn. 9 ff; v. 28.1.1992, Rs. C-300/90, Kommission/Belgien, EuGHE 1992, I-305, Rn. 7 ff; v. 16.7.1998, Rs. C-264/96, ICI, EuGHE 1998, I-4695, Rn. 21 ff. Vgl. ferner EuGH, Urt. v. 12.6.2003, Rs. C-234/01, Gerritse, EuGHE 2003, I-5933, Rn. 27.

macker also der Grundsatz aufgestellt, dass sich Gebietsansässige und Gebietsfremde nicht in einer vergleichbaren Situation befinden, so gälte im Umkehrschluss der Grundsatz, dass zwischen Gebietsansässigen eine vergleichbare Situation vorliegt. Zum anderen könnte man die vom EuGH aufgestellte Schumacker-Doktrin dahin übertragen, dass, wenn die wesentlichen Einkünfte im Tätigkeitsstaat erzielt werden, sich die beiden Gebietsansässigen eben nicht mehr in einer vergleichbaren Situation befänden, weil der grenzüberschreitend Tätige dann enger mit dem Tätigkeitsstaat verbunden sei. Dies zumindest dann, wenn er den ganz überwiegenden Teil seiner Einkünfte nicht im Wohnsitzstaat, sondern im Tätigkeitsstaat erzielt. Dabei bleibt der Steuerpflichtige in der hier fraglichen Freistellungskonstellation allerdings trotzdem auf jeden Fall in der Bundesrepublik Deutschland ansässig und damit unbeschränkt steuerpflichtig. Versucht man daran anknüpfend eine Abstufung vorzunehmen, inwieweit dem *nationalen Gesetzgeber* noch unterstellt werden kann, dass er selber von der Vergleichbarkeit der Situationen ausgeht, gilt es, sich an der von ihm vorgenommen Ausgestaltung seines Steuerrechts zu orientieren und diese dahin zu untersuchen, inwieweit die beiden Vergleichspaare national-rechtlich gleich behandelt werden[1443]. Dabei ist auf die rechtlichen Gegebenheiten abzustellen und die zu prüfende Regelung mit ein- bzw. auszublenden[1444]. Danach ergibt sich Folgendes: Allein aufgrund der Ansässigkeit in der Bundesrepublik Deutschland unterliegt auch der grenzüberschreitend tätige Arbeitnehmer kraft seiner unbeschränkten Steuerpflicht dem Welteinkommensprinzip. In der Konsequenz behandelt der deutsche Fiskus den international agierenden Steuerpflichtigen zunächst vollkommen identisch im Vergleich zum nur im Wohnsitzstaat tätigen und unterwirft ihn den gleichen Besteuerungsvorschriften (insbesondere über die Ermittlung der Besteuerungsgrundlage[1445]). Erst auf Ebene der DBA stellt er die ausländischen Einkünfte steuerfrei, wobei sie weiterhin einem Progressionsvorbehalt unterliegen, um die Leistungsfähigkeit innerstaatlich umfassend abzubilden. Insbesondere verbleibt es bei der Steuerbarkeit der Einkünfte in Deutschland, was den EuGH bereits in der Sache Saint-Gobain ZN dazu veranlasste, von der Vergleichbarkeit auszugehen[1446]. Selbst wenn man also die - durchaus fragliche[1447] - Übertragbarkeit der vom EuGH aufgestellten Grundsätze zum subjek-

[1443] In diese Richtung EuGH, Urt. v. 28.1.1986, Rs. C-270/83, avoir fiscal, EuGHE 1986, 273, Rn. 19 f. ; v. 29.4.1999, Rs. C-311/97, Royal Bank of Scotland, EuGHE 1999, I-2651, Rn. 28 f.; v. 21.9.1999, Rs. C-307/97, Saint-Gobain ZN, EuGHE 1999, I-6161, Rn. 47 ff. Ferner *Ribbrock*, Dreieckssachverhalte, 175 f.; *Thömmes* in GS Knobbe-Keuk, 806.

[1444] Ähnlich bereits *Reimer*, Auswirkungen, 48.

[1445] Vgl. dazu auch EuGH, Urt. v. 29.4.1999, Rs. C-311/97, Royal Bank of Scotland, EuGHE 1999, I-2651, Rn. 28.

[1446] EuGH, Urt. v. 21.9.1999, Rs. C-307/97, Saint-Gobain ZN, EuGHE 1999, I-6161, Rn. 48.

[1447] Vgl. *Hahn*, DStZ 2005, 469 [471] mit dem allerdings unzutreffenden Nachweis (Fn. 213) auf eine insofern herrschende Ansicht.

tiven Nettoprinzip auch auf das objektive Nettoprinzip unterstellt[1448], so könnte man, vor dem Hintergrund des mit der Ansässigkeit verbundenen Welteinkommensprinzips und des grundsätzlichen Zugriffs des Wohnsitzstaats auf das Steuerobjekt, durchaus zu dem Ergebnis gelangen, dass sich zwei in der Bundesrepublik Deutschland ansässige Steuerpflichtige in einer vergleichbaren Situation befinden, gleichgültig, wo sie ihre Einkünfte erzielen[1449].

Sieht man dagegen mit einem Teil des Schrifttums die Schumacker-Doktrin als auf das subjektive Nettoprinzip beschränkt an, kommt man hier letztlich zu dem gleichen Ergebnis, da dann hinsichtlich des objektiven Nettoprinzips stets von der Vergleichbarkeit der Situationen ausgegangen werden könne[1450]. In diese Richtung geht jetzt auch der EuGH in seiner Entscheidung zur Rechtssache Ritter-Coulais. Dort prüft er die Vereinbarkeit der Anwendung des § 2a EStG (im Rahmen des negativen Progressionsvorbehalts) mit der Arbeitnehmerfreizügigkeit. Die in Frankreich ansässigen Eheleute Ritter-Coulais begehrten den Abzug ihres in Frankreich erzielten Vermietungsverlustes bei der Bestimmung des Steuersatzes im Rahmen ihrer Veranlagung in Deutschland. In Frage stand damit eine Ungleichbehandlung der gebietsfremden[1451] Kläger im Verhältnis zu Gebietsansässigen und zwar bei der Berücksichtigung eines von der Person losgelösten, mithin objektiven Abzugspostens. Der EuGH bejaht hier eine versteckte Diskriminierung der Gebietsfremden, ohne auf ihre Vergleichbarkeit zu den Gebietsansässigen überhaupt einzugehen[1452]. Indem er zur Begründung der versteckten Diskriminierung immerhin feststellt, dass Gebietsfremde „häufiger Eigentümer eines außerhalb des deutschen Hoheitsgebiets liegenden Hauses sind“, deutet er mittelbar sogar an, dass es im Rahmen der Prüfung einer Diskriminierung nur darauf ankommt, dass die ungünstigere steuerliche Behandlung „häufiger“ grenzüberschreitend Tätige trifft als nur im Wohnsitzstaat Tätige, dass bei grenzüberschreitenden Sachverhalten also regelmäßig von der Vergleichbarkeit mit dem nicht-grenzüberschreitenden ausgegangen werden kann und es einer besonderen Vergleichbarkeitsprüfung grundsätzlich nicht bedarf[1453]. Ihr Anwendungsbereich beschränkt sich - sofern man überhaupt an der Schumacker-Entscheidung festhalten will - auf die Prüfung der Ungleichbehandlung bezüg-

---

[1448] Dafür ausdrücklich GA *Léger*, Schlussanträge v. 1.3.2005, Rs. C-152/03, Ritter-Coulais, http://curia.eu.int/de/, Rn. 93 ff.

[1449] Vgl. auch zu dieser Argumentation *Schön* in GS Knobbe-Keuk, 776. Ferner *Dautzenberg*, FR 2001, 809 [810 f.]; *Kessler*, Betriebsstättenverluste, 104 f.; *ders.*, Berücksichtigung, 32; indirekt *Loukota*, SWI 2001, 466 [468]; *Wichterich*, Verlustausgleich, 188.

[1450] *Schön* in GS Knobbe-Keuk, 760 f.; *ders.* in FS Wassermeyer, 512; vgl. ferner *Seer*, IWB, F. 11, Gr. 2, 573 [583 ff.].

[1451] EuGH, Urt. v. 21.2.2006, Rs. C-152/03, BB 2006, 525, Rn. 31. Die Kläger waren zwar ausschließlich im Tätigkeitsstaat erwerbstätig, behielten ihren Wohnsitz aber im Ausland.

[1452] EuGH, Urt. v. 21.2.2006, Rs. C-152/03, BB 2006, 525, Rn. 36 f.

[1453] Vgl. auch *Thömmes*, IWB, F. 11a, Gr. 2, 972 [973 f.].

lich subjektiver Abzugselemente. Vor diesem Hintergrund wäre auch die Situationen *zweier Gebietsansässiger*, von denen der eine grenzüberschreitend tätig ist, ohne weiters als vergleichbar zu bewerten, da sich das Abzugsverbot aus der Freistellungsmethode und § 3c EStG freilich nur gegen den grenzüberschreitenden Tätigen richtet und nur objektive Merkmale des Steuergegenstandes betrifft.

Sieht man die Situation eines rein innerstaatlich tätigen Arbeitnehmers also mit der eines im EU-Ausland tätigen als vergleichbar an, wird er aber dennoch in Bezug auf die Abziehbarkeit der Aufwendungen schlechter behandelt, läge damit eine die Arbeitnehmerfreizügigkeit beeinträchtigende Diskriminierung vor - entweder begründet damit, dass man auch bei Anwendung der Schumacker-Doktrin auf das objektive Nettoprinzip bei Ansässigen generell von deren grundsätzlichen Vergleichbarkeit ausgeht oder - wenn man die Anwendung der Schumacker-Doktrin auf das objektive Nettorprinzip ablehnt - weil hinsichtlich des Abzuges von mit der Einkünfteerzielung zusammenhängenden Aufwendungen stets Vergleichbarkeit gegeben ist. Dagegen müsste man eine versteckte Diskriminierung ablehnen, wenn man - entgegen der Entscheidung zur Sache Ritter-Coulais - der Auffassung ist, dass die Schumacker-Doktrin zwar auf das objektive Nettoprinzip übertragen werden kann, dann aber eine Unvergleichbarkeit der Situationen in entsprechender Anwendung deshalb vorliegt, weil der grenzüberschreitend Tätige den ganz überwiegenden Teil seiner Einkünfte im Tätigkeitsstaat erzielt.

Unabhängig davon, dass sich in der Allgemeinheit, in der hier das Abzugsverbot einer Überprüfung der Europarechtskonformität unterzogen werden soll, nicht feststellen lässt, ob die zuletzt genannten Voraussetzungen vorliegen, die zu einer Ablehnung einer Diskriminierung führen könnten - schließlich sind durchaus auch Fälle denkbar, in denen zwar die Einkünfte aus nichtselbständiger Tätigkeit überwiegend in einem anderen oder gar mehreren anderen Mitgliedstaaten erzielt werden, daneben aber noch weitere Einkünfte im Inland vorliegen - ist zu bedenken, dass der EuGH gerade in den Fällen einer möglichen Beeinträchtigung lediglich hinsichtlich des grenzüberschreitend Tätigen im Vergleich zum nur inländisch Tätigen zuweilen einen anderen Lösungsweg einschlägt. So bejaht der EuGH in den Vergleichsfällen zweier Gebietsansässiger in manchen Entscheidungen nicht das Vorliegen einer Diskriminierung, sondern prüft lediglich, ob eine *Beschränkung* gegeben ist[1454]. Auch in der hier zu untersuchenden

---

[1454] Vgl. beispielsweise EuGH, Urt. v. 11.3.2004, Rs. C-9/02, Hughes de Lasteyrie du Saillant, IStR 2004, 236, Rn. 46 ff., wo der EuGH zunächst von einer für eine Diskriminierung sprechenden Benachteiligung ausgeht, im Anschluss aber eine Beschränkung bejaht. Ferner EuGH, Urt. v. 14.10.1999, Rs. C-439/97, Sandoz, EuGHE 1999, I-7041, Rn. 19 und 31, wo der EuGH von Diskriminierung und „abschreckender" Beschränkung zugleich spricht. Vgl. außerdem Beschl. v. 12.9.2002, Rs. C-431/01, Mertens, EuGHE 2002, I-7073, Rn. 33. Auch

Konstellation ließe sich argumentieren, dass Gebietsansässige durch ein auf ausländische Aufwendungen bezogenes Abzugsverbot davon abgehalten werden, grenzüberschreitend tätig zu werden[1455]. Dies wird besonders in den Fällen vorbereitender und erfolgloser Aufwendungen deutlich, in denen zu befürchten steht, dass die Aufwendungen gänzlich unberücksichtigt bleiben, ist doch regelmäßig nicht zu erwarten, dass der vermeintliche Tätigkeitsstaat solche Aufwendungen zum Abzug zulässt[1456]. Dort stellt sich nämlich schon die Frage, wovon die Aufwendungen abgezogen werden sollten, liegen verrechenbare Einnahmen doch gerade nicht vor. Bejaht man aus diesen Gründen das Vorliegen einer Beschränkung, umgeht man gleichzeitig die vom EuGH im Rahmen der Diskriminierungsprüfung aufgeworfene Frage nach der Vergleichbarkeit der Situationen. Gerade dieser Aspekt der unterschiedlich hohen Anforderungen an eine Beeinträchtigung, je nachdem, ob eine Diskriminierung oder eine Beschränkung in Frage steht, spricht meines Erachtens dafür, die Grenzen an das Vorliegen der Vergleichbarkeit der Situationen - zumindest beim Vergleich zweier Gebietsansässiger - nicht zu überstrapazieren. Es steht ansonsten zu befürchten, eine erst auf der Ebene der Rechtfertigung vorzunehmende Wertungsfrage im Rahmen der Beeinträchtigung zu verwischen[1457]. Auf der Rechtfertigungsebene hat sich dagegen ein System unterschiedlicher Rechtfertigungsgründe mit im Einzelnen konkretisierten Voraussetzungen herausgebildet, das zudem durch Verhältnismäßigkeitserwägungen gestützt wird[1458]. Vor diesem Hintergrund und dem der bisherigen Rechtsprechung des EuGH ist eine Beein-

---

das Schrifttum subsumiert die Beeinträchtigung Gebietsansässiger oftmals unter den Beschränkungstatbestand, vgl. *Hahn*, Vereinbarkeit, 94; *Thömmes*, StbJb. 1998/1999, 173 [175], vgl. bereits Fn. 1307. Kritisch zur Umgehung der Frage der Vergleichbarkeit durch den BFH *Kessler*, Betriebsstättenverluste, 103.

1455 In diese Richtung hinsichtlich der Verlustberücksichtigung auch *Cordewener*, DStR 2004, 1634 [1636]; *Kessler/Schmitt/Janson*, IStR 2001, 729 [736]; *Zorn*, SWI 2001, 456 [457].

1456 Siehe dazu noch unten 3. Kapitel C. V. 2. Offene Probleme im Zusammenhang mit Aufwendungen und Verlusten.

1457 Vgl. auch *Cordewener*, Grundfreiheiten, 557 f. und 657. Zu Art. 3 GG auch *Rüfner* in BK, Art. 3 GG, Rn. 12 (Stand: 67. Lfg. 10/1992). Kritisch ist allerdings mit *Lang, M.*, SWI 2005, 411 [413 ff.] festzustellen, dass Entwicklungen in der Rechtsprechung des EuGH zu bemerken sind, Kohärenzaspekte nicht mehr auf der Ebene der Rechtfertigung, sondern der Beeinträchtigung im Rahmen der Vergleichbarkeitsprüfung aufzuwerfen, um offenbar einen Widerspruch zu Rechtfertigungserwägungen der bisherigen Rechtsprechung zu vermeiden, vgl. GA *Stix-Hackl*, Schlussanträge v. 12.5.2005, Rs. C-512/03, Blanckaert, http://curia.eu.int/de/, Rn. 62; ferner EuGH, Urt. v. 12.7.2005, Rs. C-403/03, Schempp, http://curia.eu.int/de/. Dagegen findet die Ausführlichkeit der Schlussanträge von GA *Léger* v. 1.3.2005, Rs. C-152/03, Ritter-Coulais, http://curia.eu.int/de/, Rn. 90 ff. zur Vergleichbarkeit ihre Begründung in der Besonderheit des Falles, dass von vornherein keine Einnahmen erzielt werden konnten und damit eine wirtschaftliche Betätigung im Sinne der Grundfreiheiten fraglich war.

1458 Vgl. auch die ähnlichen Erwägungen von *Hey*, GmbHR 2006, 113 [114].

trächtigung der Arbeitnehmerfreizügigkeit durch das Abzugsverbot bezüglich ausländischer Einkünfte zu bejahen.

c) Rechtfertigung

Im Hinblick auf die obigen Ausführungen kommt zur Rechtfertigung dieser Beeinträchtigung allenfalls das Kohärenzprinzip in Betracht. Es stellt sich wiederum die Frage, ob das Abzugsverbot damit gerechtfertigt werden kann, dass die Abziehbarkeit von Aufwendungen in unmittelbarem Zusammenhang zur Besteuerung der Einnahmen steht. Problematisch erscheint auch hier wieder die Freistellung der Einnahmen durch das DBA.

Die *Auslegung des BFH und Schrifttums*, nach der die Freistellung der Einkünfte (Art. 23 A OECD-MA) bei Einkünften aus nichtselbständiger Arbeit nur die Brutto-Einnahmen erfasst, die Aufwendungen durch die Freistellung dagegen unberührt bleiben, trennt die Einnahmen- von der Aufwandsseite. Damit stellt das DBA die Einnahmen unabhängig von der Behandlung der Aufwendungen frei. Deutschland als Ansässigkeitsstaat verzichtet also auf die Besteuerung der Einnahmen, gleichgültig, ob die Aufwendungen berücksichtigt werden oder nicht. Eine solche Interpretation der Freistellungsmethode zugrunde gelegt, stimmt hinsichtlich der Kohärenzerwägungen des GA und des EuGH mit der Rechtssache Wielockx weitgehend überein: Auf DBA-Ebene stellt Deutschland als Ansässigkeitsstaat lediglich die Einnahmen frei, ohne damit den Abzug oder ein Abzugsverbot zu verbinden. Die noch im originär innerstaatlichen Recht vorzufindende Verknüpfung des Abzugverbots mit der Steuerfreiheit der Einnahmen (§ 3c EStG) wird durch das DBA entkoppelt. Die Bundesrepublik Deutschland „verzichtet" durch die Freistellung nur der Einnahmen auf eine kohärente Besteuerung. Auch vermag die originär innerstaatliche Vorschrift des § 3c EStG aus den oben dargelegten Gründen[1459] nicht an den auf völkerrechtlicher Ebene zwischen den Vertragsparteien vereinbarten Besteuerungsverzicht anzuknüpfen und eine „kombinierte" Kohärenz herzustellen. Das aus der Freistellungsmethode in Verbindung mit § 3c EStG resultierende Abzugsverbot von laufenden Aufwendungen, die mit Einkünften aus nichtselbständiger Arbeit zusammenhängen, lässt sich folglich nicht mit der Notwendigkeit rechtfertigen, eine kohärente Besteuerung zu wahren. Da auch andere Rechtfertigungsgründe nicht in Betracht kommen, verletzt es somit die gemeinschaftsrechtlich gewährleistete Arbeitnehmerfreizügigkeit.

Zu einem anderen Ergebnis könnte man hingegen gelangen, wenn man die *streng-abkommensautonome Interpretation* des Einkünftebegriffs zugrunde legt.

[1459] Siehe oben 3. Kapitel C. I. 3. c) bb) Subsumtion.

Danach stellt die Freistellungsmethode Einkünfte und Aufwendungen gleichermaßen frei. Das Abzugsverbot des § 3c EStG kommt bei Einkünften aus nichtselbständiger Tätigkeit nicht mehr zur Anwendung. Die Diskriminierung folgt damit unmittelbar aus der Freistellung auf DBA-Ebene, die gleichsam die Aufwendungen erfasst und deren Berücksichtigung im Inland verhindert. Es stellt sich damit die Frage, ob die Freistellungsmethode vor dem Hintergrund eines solches Verständnisses des Einkünftebegriffs eine kohärente Steuerregel darstellt. Diese Frage ist meines Erachtens zu bejahen. Die Besteuerung der Einnahmen ist mit der Abziehbarkeit der Aufwendungen unlösbar verbunden. Das trifft auf die originär innerstaatliche Regelung ebenso zu wie auf die DBA-Ebene. Unter Zugrundlegung der streng-abkommensautonomen Auslegung ist eine Freistellung der Einnahmen aus nichtselbständiger Tätigkeit unabhängig von den Aufwendungen nicht möglich. Gleiches gilt für den umgekehrten Fall der Besteuerung von Einkünften aus nichtselbständiger Tätigkeit eines Gebietsfremden in Deutschland. Aus diesem Grunde lässt sich auch nicht das Ergebnis des EuGH in der Rechtssache Wielockx, in der das DBA der Kohärenz gerade entgegenstand, auf die hier betroffenen Einkünfte aus nichtselbständiger Tätigkeit übertragen. Dort regelte das DBA nur die Behandlung der Einnahmenseite und verzichtet auf deren Besteuerung ohne damit die Behandlung der Aufwendungen mit zu regeln[1460]. Bei Einkünften aus nichtselbständiger Tätigkeit kommt der streng-abkommensautonome Ansatz dagegen zu dem auch vom Kommentar zum OECD-MA vorgeschlagenen Ergebnis[1461], dass der Netto-Betrag freizustellen ist, also Einnahmen und Aufwendungen gleichermaßen. Insoweit unterscheidet sich die hier fragliche Konstellation von der Rechtssache Wielockx sowohl hinsichtlich der Vorgaben von Seiten des OECD-MA - an dem der EuGH oftmals seine Entscheidungen orientiert[1462] - als auch in der konkreten Anwendung. Damit wird entsprechend dem Ziel der DBA, eine doppelte Besteuerung der Einnahmen zu vermeiden, zugleich der doppelte Abzug von Aufwendungen verhindert. Dieses Ziel könnte dagegen nicht erreicht werden, wenn Gebietsansässigen in Deutschland der Abzug von Aufwendungen, die mit ihren im Aus-

[1460] Vgl. bereits 3. Kapitel C. I. 3. c) bb) Subsumtion.

[1461] MK, Art. 23, Nr. 39 f.

[1462] Der EuGH hat bisher in den folgenden Entscheidungen die Vorgaben des OECD-MA in seine Erwägungen miteinbezogen und seine Entscheidung, vor allem im Falle des Übereinstimmens des konkreten DBA mit dem OECD-MA, aber auch unabhängig von einem konkreten DBA daran ausgerichtet: EuGH, Urt. v. 14.2.1995, Rs. C-279/93, Schumacker, EuGHE 1995, I-225, Rn. 32; v. 11.8.1995, Rs. 80/94, Wielockx, EuGHE 1995, I-2493, Rn. 8; v. 27.6.1996, Rs. C-107/94, Asscher, EuGHE 1996, 3089, Rn. 47; v. 12.5.1998, Rs. C-336/96, Gilly, EuGHE 1998, I-2793, Rn. 24, 31 f. und 41; v. 14.9.1999, Rs. C-391/97, Gschwind, EuGHE 1999, I-5451, Rn. 24; v. 6.6.2002, Rs. C-436/00, X und Y, EuGHE 2002, I-10832, Rn. 54; v. 3.10.2002, Rs. C-136/00, Danner, EuGHE 2002, I-8147, Rn. 41; v. 12.12.2002, Rs. C-385/00, de Groot, EuGHE 2002, I-11819, Rn. 98; v. 12.6.2003, Rs. 234/01, Gerritse, EuGHE 2003, I-5933, Rn. 45. Vgl. dazu *Jones*, ET 1996, 46 [49]; *Reimer*, Auswirkungen, 68.

land erzielten Einnahmen aus nichtselbständiger Tätigkeit zusammenhängen, im Hinblick auf die Arbeitnehmerfreizügigkeit ermöglicht würde. Daher sind die Freistellung von Einnahmen und Aufwendungen und das damit einhergehende Abzugsverbot hinsichtlich Aufwendungen im Ansässigkeitsstaat notwendig, um eine kohärente Besteuerung zu gewährleisten. Die damit bedingte Beeinträchtigung der Arbeitnehmerfreizügigkeit ist folglich gerechtfertigt.

2. Vorbereitende und erfolglose Aufwendungen

Allerdings führt das streng-abkommensautonome Verständnis auch dazu, dass sowohl vorbereitende als auch erfolglose Aufwendungen im Ansässigkeitsstaat nicht geltend gemacht werden können. Unabhängig davon, ob Einnahmen (bereits) vorliegen, sind die Aufwendungen ihrer jeweiligen Einkunftsart zuzuordnen, so dass diese auch dann freizustellen sind, wenn jene (noch) nicht vorliegen. Auch insoweit ist eine Diskriminierung der Arbeitnehmerfreizügigkeit gegeben, ist doch der Abzug solcher Aufwendungen bei rein inländischen Tätigkeiten regelmäßig möglich. Wie bereits oben dargelegt, kommt es bezüglich der Anwendbarkeit der Arbeitnehmerfreizügigkeit auch nicht darauf an, ob der Steuerpflichtige bereits eine Tätigkeit im anderen Mitgliedstaat aufgenommen hat oder dies erst zukünftig tun möchte[1463].

Eine Rechtfertigung unter dem Gesichtspunkt der Kohärenz erweist sich in dieser Konstellation als problematisch. Zwar kommt bei vorbereitenden Aufwendungen gegebenenfalls eine nachträgliche Berücksichtigung im Tätigkeitsstaat in Betracht. Jedenfalls bei erfolglosen Aufwendungen, die für den Tätigkeitsstaat niemals in Erscheinung treten, scheidet eine Geltendmachung dort allerdings aus. Zumindest erfolglose Aufwendungen wären damit weder im Ansässigkeitsstaat noch im vermeintlichen Tätigkeitsstaat abziehbar und blieben folglich gänzlich unberücksichtigt. Insofern ist die Behandlung der Aufwendungen an der Zielsetzung des Abzugsverbots zu messen. Die streng-abkommensautonome Interpretation ist darauf ausgelegt, das Ziel der DBA, die Vermeidung einer doppelten Besteuerung der Einnahmen wie auch der Aufwendungen, zu gewährleisten. Dieser Zielsetzung widerspräche es aber nicht, wenn der Wohnsitzstaat einen Abzug ebenso wie in einem rein inländischen Sachverhalt zuließe. Ein doppelter Abzug der erfolglosen Aufwendungen droht nicht. Denn eine Geltendmachung im vermeintlichen Tätigkeitsstaat ist dort nicht möglich: Da es sich um erfolglose Aufwendungen handelt, entstehen die erhofften ausländischen Einnahmen nicht; dann wird das Steuersubjekt im Tätigkeitsstaat aber auch nicht steuerpflichtig, und es fehlt von vornherein an einer Steuerschuld, von der die Aufwendungen abgezogen werden könnten. Folglich kann

[1463] Siehe oben Fn. 1432.

das Abzugsverbot insoweit nicht als notwendig angesehen werden, um eine kohärente Besteuerung zu erhalten[1464]. Die aus dem Abzugsverbot folgende Diskriminierung der Arbeitnehmerfreizügigkeit ist folglich nicht gerechtfertigt.

III. Netto-Einkunftsarten

Dieses Ergebnis lässt sich nunmehr auf die verbleibenden, von der Freistellungsmethode erfassten Einkunftsarten übertragen. Angesprochen sind damit insbesondere die Betriebsstätteneinkünfte, Einkünfte aus selbständiger Tätigkeit und aus Vermietung und Verpachtung. Bei diesen gelangen der BFH und die streng-abkommensautonome Auslegung zu gleichen Ergebnissen. Laufende Aufwendungen sind eben diesen Einnahmen zuzuordnen und gleichsam der deutschen Besteuerung durch die Anwendung der Freistellungsmethode entzogen. Auch Währungsverluste, vorbereitende oder erfolglose Aufwendungen sowie teilweise auch Gemeinkosten sind im Ansässigkeitsstaat nicht zum Abzug zugelassen.

1. Laufende bzw. erfolglose Aufwendungen und Gemeinkosten

Einschlägig ist diesbezüglich die Niederlassungsfreiheit. Sie gewährleistet das Recht, in jedem Mitgliedstaat „nach den Bestimmungen des Aufnahmestaates" in einer dort begründeten Niederlassung eine selbständige Erwerbstätigkeit aufzunehmen und auszuüben (vgl. Art. 43 EG). Eine Niederlassung versteht der EuGH als die „tatsächliche Ausübung einer wirtschaftlichen Tätigkeit mittels einer festen Einrichtung auf unbestimmte Zeit"[1465]. Geschützt ist damit sowohl die Errichtung von primären (Stammhaus, Muttergesellschaft) als auch sekundären Niederlassungen (Zweigniederlassung, Vertretung, Repräsentanz) und zwar in rechtlich selbständiger (juristische Person, Tochtergesellschaft) wie auch unselbständiger Form (Betriebsstätte)[1466]. Der Begriff der Niederlassung ist im Interesse der Effektivität der Grundfreiheiten (Art. 10 EG) weit zu verstehen[1467]. Er umfasst auch den Erwerb von Grundstücken zur Erzielung von Mieteinnahmen[1468]. Lediglich entgeltlose Tätigkeiten, die keine wirtschaftliche Betätigung

---

[1464] In früheren Entscheidungen betonte auch der BFH, dass die Anwendbarkeit des Abzugsverbots des § 3c EStG durch seine Zweckbestimmung, einen doppelten steuerlichen Vorteil zu vermeiden, begrenzt ist, Urt. v. 4.3.1977, VI R 213/75, BStBl. II 1977, 507, 508 und v. 30.1.1986, IV R 247/84, BStBl. II 1986, 401, 402.

[1465] EuGH, Urt. v. 25.7.1991, Rs. C-22/89 und C-221/89, Factortame, EuGHE 1991, I-3905, Rn. 20.

[1466] Vgl. *Eckhoff* in Birk, Handbuch, 560 ff.; *Tiedje/Troberg* in G/S[6], Art. 43, Rn. 32 ff.

[1467] *Tietje* in Ehlers, Grundfreiheiten[2], § 10, Rn. 21 m. w. N.

[1468] BFH, Beschl. v. 13.11.2002, I R 13/02, BStBl. II 2003, 795 [796 f] (beim EuGH geführt als Rs. C-152/03, Ritter-Coulais). Ansatzweise EuGH, Urt. v. 12.4.1994, Rs. C-1/93, Halliburton Services, EuGHE 1994, I-1137, Rn. 14; GA *Lenz*, Schlussanträge v. 10.2.1994, Rs. Caufweisen, unterfallen nicht der Niederlassungsfreiheit[1469]. Daher ist es konsequent, wenn der EuGH in der Rechtssache Ritter-Coulais, die den Fall der Eigennutzung eines Grundstücks betrifft, bei dem lediglich aus steuerrechtlichen Gründen ein Leistungsentgelt angenommen wird, weder die Niederlassungs- noch die Kapitalverkehrsfreiheit anwendet, sondern am Schwerpunkt der wirtschaftlichen Betätigung orientiert die Arbeitnehmerfreizügigkeit heranzieht[1470]. Auf das Ergebnis hat dies letztlich keinen Einfluss. Für die hier im Vordergrund stehenden wirtschaftlichen Betätigungen ist auf die Niederlassungsfreiheit abzustellen, knüpfen sie doch allesamt an eine feste Einrichtung im anderen Staat an[1471].

Im Übrigen lassen sich die zu den Einkünften aus nichtselbständiger Arbeit gefundenen Ergebnisse ohne weiteres auf die hier in Frage stehenden Einkunftsarten übertragen. Denn Unterschiede in der steuerrechtlichen Behandlung zeigen sich insoweit nicht. So liegt auch bei diesen Einkunftsarten eine versteckte Diskriminierung darin, dass Aufwendungen anders als bei rein inländischer Tätigkeit nicht im Wohnsitzstaat von der Bemessungsgrundlage abgezogen werden können. Gerechtfertigt ist diese Beeinträchtigung lediglich insoweit, als ein Abzug der Aufwendungen bereits im Quellenstaat möglich ist, wie das bei laufenden Aufwendungen regelmäßig der Fall sein wird. Nicht vom Kohärenzprinzip gedeckt ist es dagegen, auch erfolglose Aufwendungen nicht zum Abzug im Wohnsitzstaat zuzulassen. Denn eine doppelte Geltendmachung solcher Aufwendungen im Quellen- und Wohnsitzstaat droht insofern nicht. Daher steht es der Ratio des Abzugsverbots nicht entgegen, den grenzüberschreitend Tätigen insoweit mit dem rein inländisch tätigen Steuerpflichtigen gleich zu behandeln. Mithin gebietet es das Gemeinschaftsrecht, erfolglose Aufwendungen, die im Zusammenhang mit einer Betriebsstätte, einem Vermietungsobjekt oder einer

---

1/93, Halliburton Services, EuGHE 1994, I-1151, 1139, Rn. 18 und 22. Für die Anwendbarkeit auch der Kapitalverkehrsfreiheit EuGH, Urt. v. 1.6.1999, Rs. C-302/97, Konle, EuGHE 1999, I-3099, Rn. 21 ff.; v. 5.3.2002, verb. Rs. C-515/99 u. a., Reisch u. a., EuGHE 2002, I-2157, Rn. 28 ff. sowie ausführlich GA *La Pergola*, Schlussanträge v. 23.2.1999, Rs. C-302/97, Konle, EuGHE 1999, I-3099, 3103, Rn. 15 ff.; GA *Geelhoed*, Schlussanträge v. 20.11.2002, verb. Rs. C-515/99 u. a., Reisch u. a., EuGHE 2002, I-2157, 2161, Rn. 39 ff. und 59 ff. Dafür spricht insbesondere auch, dass die Nomenklatur der Richtlinie über die Liberalisierung des Kapitalverkehrs (vgl. oben Fn. 1277) den Immobilienerwerb ausdrücklich benennt. Dies kann hier dahinstehen.

1469 *Tietje* in Ehlers, Grundfreiheiten^2, § 10, Rn. 22 m. w. N.

1470 EuGH, Urt. v. 21.2.2006, Rs. C-152/03, Ritter-Coulais, BB 2006, 525, Rn. 19 ff., 22 ff. und 28 ff., im Anschluss an GA *Léger*, Schlussanträge v. 1.3.2005, Rs. C-152/03, Ritter-Coulais, http://curia.eu.int/de/, Rn. 24 ff.

1471 Vgl. für Betriebsstätteneinkünfte Art. 7 Abs. 1 i. V. m. Art. 5 OECD-MA, für Einkünfte aus selbständiger Tätigkeit Art. 14 Abs. 1 OECD-MA a. F. sowie für Vermietungseinkünfte Art. 6 OECD-MA.

selbständigen Tätigkeit entstanden sind, im Wohnsitzstaat von der Bemessungsgrundlage zum Abzug zuzulassen.

2. Währungsverluste

Aufwandsposten, die durch Währungsumrechnungen verursacht sind, können nicht von der Bemessungsgrundlage des Steuerpflichtigen im Wohnsitzstaat abgezogen werden, weil sie durch die ausländische Tätigkeit veranlasst und ihr zuzuordnen sind und daher entweder - je nach Einkunftsart bzw. Auslegung der DBA - gemäß § 3c EStG oder aus Gründen der Systematik der DBA zusammen mit den Einnahmen freigestellt werden[1472]. Fraglich ist, ob diese Rechtspraxis mit den Grundfreiheiten vereinbar ist.

Gleichgültig bei welcher Einkunftsart solche Aufwendungen anfallen, sind sie doch stets so eng mit der grenzüberschreitenden Tätigkeit verbunden, dass sie jedenfalls vom Anwendungsbereich der entsprechenden Grundfreiheit mit umfasst sind[1473]. Insofern mag hier dahinstehen, welche Grundfreiheit im konkreten Fall anwendbar ist. Indes kann eine Diskriminierung bei diesen Aufwandsposten nicht in Betracht kommen. Ein Vergleich zu einem rein inländisch tätigen Steuerpflichtigen kann nicht angestellt werden, weil diese Aufwandposition für den rein inländisch tätigen Steuerpflichtigen nicht denkbar ist. Währungsverluste entstehen eben zwangsläufig nur bei grenzüberschreitender Aktivität. In Frage steht damit eine *Beschränkung*[1474]. Deren Inhalt umschreibt der EuGH als Maßnahmen, die den Zugang zu einem anderen Markt erschweren[1475], als Rechtsakte der Exekutive oder auch Judikative, die geeignet sind, die Ausübung der Grundfreiheiten „weniger attraktiv“[1476] zu machen, davor „abhalten“[1477] oder gar „abschrecken“[1478]. Verluste aus der Umrechnung einer Währung entstehen bei einer grenzüberschreitenden Tätigkeit zwar zwangsläufig. Dies betrifft auch den EU-

[1472] Zuletzt bestätigt durch BFH, Urt. v. 7.11.2001, I R 3/01, BStBl. II 2002, 865 [866], wo der BFH den Abzug ausschließlich aus bilanzierungstechnischen Besonderheiten zuließ.
[1473] Dementsprechend hält Frotscher, DStR 2001, 2045 [2054] im Bereich der Betriebsstätteneinkünfte die Niederlassungsfreiheit für einschlägig. Im Hinblick auf ihre besondere Verbundenheit mit der Wirtschafts- und Währungsaspekten (vgl. *Schön* in FS Wassermeyer, 510 f.) kommt auch die Kapital- und Zahlungsverkehrsfreiheit nach Art. 56 EG in Betracht.
[1474] Zu diesem Ergebnis kommt auch *Schnitger*, IWB. F. 3, Deutschland, Gr. 2, 1029 [1035].
[1475] EuGH, Urt. v. 7.5.1991, Rs. C-340/89, Vlassopoulos, EuGHE 1991, I-2357, Rn. 7; v. 15.12.1995, Rs. C-415/93, Bosman, EuGHE 1995, I-4921, Rn. 90.
[1476] EuGH, Urt. v. 12.12.2002, Rs. C-324/00, Lankhorst-Hohorst, EuGHE 2002, I-11779, Rn. 32.
[1477] EuGH, Urt. v. 21.11.2002, Rs. C-436/00, X und Y, EuGHE 2002, I-10829, Rn. 36 und 70; v. 26.1.1999, Rs. C-18/95, Terhoeve, EuGHE 1999, I-345, Rn. 33.
[1478] EuGH, Urt. v. 6.6.2000, Rs. 35/98, Verkooijen, EuGHE 2000, I-4071, Rn. 34; v. 11.3.2004, Rs. C-9/02, Hughes de Lasteyrie du Saillant, IStR 2004, 236, Rn. 47.

Raum, sofern der jeweilige Mitgliedstaat der Währungsunion noch nicht beigetreten ist[1479]. Der Steuerpflichtige, der sich grenzüberschreitend betätigen möchte, begibt sich daher gewissermaßen bewusst der Gefahr, Aufwendungen für die Umrechung in seine Währung tragen zu müssen. Eine beeinträchtigende Wirkung der Währungsunterschiede stellt damit ein naturgegebenes Hindernis dar, das schwerlich als Beeinträchtigung im Sinne der Grundfreiheiten gedeutet werden kann oder doch jedenfalls als souveräne Entscheidung des Mitgliedstaates, nicht der Währungsunion beizutreten, gerechtfertigt sein muss. Davon zu unterscheiden ist aber das steuerrechtliche Abzugsverbot, dass den Steuerpflichtigen noch zusätzlich belastet. Diese zusätzliche Belastung des Steuerpflichtigen, entstandene Währungsverluste nicht im Wohnsitzstaat steuerlich geltend machen zu können, stellt zweifellos eine Maßnahme dar, die geeignet ist, von einer grenzüberschreitenden Betätigung abzusehen. Zwar mag man den Grundfreiheiten nicht die Konsequenz entnehmen können, die Belastung durch Währungsumrechnungen auszugleichen. Insofern ist es aufgrund ihrer nationalen Souveränität allein den Mitgliedstaaten vorbehalten, der Währungsunion beizutreten oder nicht. Die Grundfreiheiten gebieten es aber doch, ihre Besteuerungsbefugnisse im Rahmen der Grundfreiheiten auszuüben. Daher ist das Verbot, die Verluste aus Währungsumrechnungen nicht steuerlich geltend zu machen, als Beschränkung der Grundfreiheiten zu werten.

Als einziger Grund, der diese Beschränkung der Grundfreiheiten rechtfertigen könnte, kommt erneut das Kohärenzprinzip in Betracht. Der BFH begründet das Abzugsverbot damit, dass der Währungsverlust den ausländischen Einnahmen zuzuordnen sei und daher gleichsam mit der Freistellung der Einnahmen der deutschen Besteuerung entzogen sei. So wie die Freistellung der positiven Einnahmen und auch eines Umrechnungsgewinnes den Steuerpflichtigen begünstige, habe dieser eben umgekehrt den Nachteil zu tragen, dass im Falle eines Währungsverlustes dieser die Bemessungsgrundlage nicht mindern könne[1480]. Dieser Argumentation liegt wiederum die Auffassung zu Grunde, dass der Wohnsitzstaat zugunsten des Quellenstaates auf die Ausübung seiner Besteuerungsbefugnis hinsichtlich der Einnahmen verzichtet und es aus diesem Grund an dem Quellenstaat ist, die damit zusammenhängenden Aufwendungen zu berücksichtigen. Ansonsten wäre eine doppelte Geltendmachung der Aufwendungen zu befürchten. Der damit letztlich hinter der Freistellung eines Nettobetrages stehende Zweck, den Steuerpflichtigen nicht zweifach zu begünstigen, greift aber auch bezüglich des Verbotes des Abzuges von Währungsverlusten nicht durch. Denn die im Quellenstaat erzielten Einkünfte werden ja üblicherweise

---

[1479] Angesprochen sind damit das Vereinigte Königreich, Dänemark sowie die zum 1.5.2005 beigetretenen Mitgliedstaaten, vgl. zum weiteren Verfahren hinsichtlich des Beitritts zur Wirtschafts- und Währungsunion Art. 122 Abs. 2 und 3 EG.

[1480] Siehe dazu oben 2. Kapitel C. II. 2. c) aa) Währungsverluste.

erst nach ihrer Besteuerung dort in den Wohnsitzstaat transferiert. Der Aufwand durch die Währungsumrechnung entsteht also erst im Wohnsitzstaat und tritt im Rahmen der Besteuerung durch den Quellenstaat zu keinem Zeitpunkt in Erscheinung. Das Verbot des Abzuges im Wohnsitzstaat führt dann dazu, dass die Aufwendungen gänzlich unberücksichtigt bleiben[1481]. Umgekehrt ist eine doppelte Geltendmachung des Währungsverlustes sowohl im Quellenstaat als auch im Wohnsitzstaat regelmäßig nicht zu befürchten. Damit kann das Ziel der Interpretation des Einkünftebegriffs als Netto-Betrag, einen zweifachen Abzug der Aufwendungen zu vermeiden, auch dann erreicht werden, wenn man den Abzug im Wohnsitzstaat zulässt, denn zum Abzug im Quellenstaat wird es üblicherweise nicht kommen. Damit vermag das Kohärenzprinzip das Abzugsverbot für Währungsverluste nicht zu rechtfertigen. Das Verbot zum Abzug von Währungsverlusten im Wohnsitzstaat ist folglich nicht mit den Grundfreiheiten vereinbar[1482].

IV. Negative Einkünfte

Ging es bisher um die Frage der Pflicht des Wohnsitzstaates, die für die ausländische Tätigkeit aufgewandten Mittel steuerlich zu berücksichtigen, gilt es auch im Rahmen der europarechtlichen Prüfung davon die Frage der Berücksichtigung von negativen Einkünften zu unterscheiden[1483]. Zwar stellen gerade die soeben behandelten Aufwandsposten oftmals unmittelbar auch einen Verlust dar. Dennoch kann sich zunächst bereits aus systematischen Gründen erst im Anschluss an die Frage der Aufwandsbehandlung die der Verlustbehandlung stellen[1484]. Darüber hinaus hat diese in der Regel eine umfassende Regelung in den Mitgliedstaaten der EU gefunden und ist deshalb möglicherweise anders zu

---

[1481] Siehe zur Kritik unabhängig vom Europarecht bereits Fn. 753. Der EuGH sieht diesen Einwand ausdrücklich als unbedeutend an, vgl. BFH, Urt. v. 16.2.1996, I R 46/95, BFH/NV 1997, 111, 113.

[1482] Im Ergebnis ebenso *Frotscher*, DStR 2001, 2045 [2054]; offen gelassen von *Schnitger*, IWB. F. 3, Deutschland, Gr. 2, 1029 [1035].

[1483] Eine Verletzung der Grundfreiheiten durch die Praxis des BFH bzw. auch den streng-abkommensautonomen Ansatz, ausländische Verluste von der Bemessungsgrundlage im Wohnsitzstaat nicht abzuziehen, bejahten bisher GA *Léger*, Schlussanträge v. 1.3.2005, Rs. C-152/03, Ritter-Coulais, http://curia.eu.int/de/, Rn. 114 f.; *Dautzenberg*, FR 2001, 809 [814]; *Schnitger*, IWB, F. 11, Gr. 2, 469 [472]; *Schön*, IStR 2004, 289 [294]. Zweifelnd hinsichtlich der Europarechtskonformität der bisherigen Praxis auch BFH, Beschl. v. 13.11.2002, I R 13/02, BStBl. II 2003, 795 [797] (beim EuGH geführt als Rs. C-152/03, Ritter-Coulais) sowie *Lang, M.*, SWI 2002, 86 [94]. Kritisch *Birk*, FR 2005, 121 [125]; *Seiler*, StuW 2005, 25 [31]. Eine Verletzung der Grundfreiheiten verneinen schließlich *Bernhard*, IStR 2001, 366 [367]; *Hahn*, IStR 2002, 681 [685 f.]; *ders.*, IStR 2003, 734 ff.; in diese Richtung auch *Tumpel*, Besteuerungsmaßstäbe, 348 f.; *Wagner*, DStZ 2005, 325 [330].

[1484] Siehe bereits oben 2. Kapitel C. II. 1. Terminologie.

beantworten als jene. Nichtsdestotrotz kann auch hier auf die im Rahmen der Untersuchung der Aufwandsberücksichtigung gefundenen Grundlagen, insbesondere zum Kohärenzprinzip zurückgegriffen werden.

1. Beeinträchtigung einer Grundfreiheit

So hängt die Beantwortung der Frage nach der einschlägigen *Grundfreiheit* freilich auch hier wieder davon ab, um welche Tätigkeit es sich im Einzelnen handelt[1485]. Im Hinblick auf die oben gefundenen Ergebnisse kann aber davon ausgegangen werden, dass für die hier betrachteten steuerlichen Aktivitäten, die der Freistellungsmethode unterfallen - konkret eine Investition der Mutter- in eine Tochtergesellschaft, eine nichtselbständige Arbeit oder eine Tätigkeit über eine Betriebsstätte, ein unbewegliches Vermietungsobjekt oder eine feste Einrichtung für eine selbständige Tätigkeit - in jedem Fall die Kapitalverkehrsfreiheit, Arbeitnehmerfreizügigkeit oder auch die Niederlassungsfreiheit anwendbar sind[1486]. Auch eine *Diskriminierung* ist zweifellos zu bejahen[1487], sofern nach den im 2. Kapitel dargelegten Grundsätzen im Ausland erwirtschaftete Verluste als negative Einkünfte gleichsam den positiven Einkünften freigestellt und daher im Wohnsitzstaat lediglich im Rahmen des Progressionsvorbehalts berücksichtigt werden, nicht aber bei der Ermittlung der Bemessungsgrundlage. Denn aus einer inländischen Tätigkeit entstandene Verluste können nach den Vorgaben des EStG die Bemessungsgrundlage mindernd geltend gemacht werden[1488]. Be-

---

[1485] Vgl. auch die Abgrenzung des EuGH in Urt. v. 21.2.2006, Rs. C-152/03, Ritter-Coulais, BB 2006, 525 ff.

[1486] Welche der Grundfreiheiten jeweils anwendbar ist, hängt vom konkreten Fall ab und kann bzw. braucht an dieser Stelle nicht entschieden werden, weil es auf die weitere Prüfung ohne Auswirkung ist. In der Rechtssache Ritter-Coulais ging der BFH davon aus, dass hinsichtlich des Vermietungsobjektes die Niederlassungs- und die Kapitalverkehrsfreiheit anwendbar seien, BFH, Beschl. v. 13.11.2002, I R 13/02, BStBl. II 2003, 795, 796 f. (beim EuGH geführt als Rs. C-152/03, Ritter-Coulais). Dies verneinte GA *Léger*, Schlussanträge v. 1.3.2005, Rs. C-152/03, Ritter-Coulais, http://curia.eu.int/de/, Rn. 24 ff. wohl im Hinblick darauf, dass es sich letztlich nur um eine Vermietung „an sich selbst" handelt und zieht daraufhin die Arbeitnehmerfreizügigkeit heran. Vgl. auch *Schaumburg/Schaumburg*, StuW 2005, 306 [310] m. w. N.

[1487] So auch BFH, Beschl. v. 13.11.2002, I R 13/02, BStBl. II 2003, 795 [797] (beim EuGH geführt als Rs. C-152/03, Ritter-Coulais); aus dem Schrifttum beispielsweise *Birk*, FR 2005, 121 [125]; *Schön*, StbJb. 2003/2004, 27 [40 f.]; *ders.*, IStR 2004, 289 [294]; *Seiler*, StuW 2005, 25 [31]. Vgl. bereits oben Fn. 1483.

[1488] Von dem hiervon zu unterscheidenden Ansatz, auf einen Vergleich zwischen der Behandlung einer Betriebsstätte und der einer Tochtergesellschaft abzustellen, soll im Hinblick auf die Zweifelhaftigkeit eines solchen grundfreiheitsrechtlichen Gebots der Rechtsformneutralität abgesehen werden; kritisch in diesem Sinne auch *Cordewener*, Grundfreiheiten, 831 ff.; *ders.*, IStR 2003, 413 [416]. Der von *Lechner*, Auswirkungen, 94 f. vorgeschlagene Vergleich eines DBA-Falls mit Freistellungsmethode zu einem DBA mit Anrechnungsmethode führt zur troffen können davon nach der Auslegung des BFH nur die sog. Netto-Einkunftsarten sein, da bei Brutto-Einkunftsarten lediglich „Einnahmen“ freizustellen sind[1489]. Da der streng-abkommensautonome Ansatz eine solche Differenzierung nicht vornimmt, sondern stets von einem freizustellenden Netto-Begriff ausgeht, sind nach ihm alle Verluste von der Besteuerung im Wohnsitzstaat ausgenommen, gleichgültig, aus welcher Einkunftsarten sie stammen[1490].

2. Rechtfertigung

Eine Rechtfertigung dieser durch das Richterrecht des BFH konstituierten, diskriminierenden Rechtspraxis könnte allein darin bestehen, zur Wahrung einer kohärenten Besteuerung notwendig zu sein[1491]. Hier kann an die Überlegungen zur Freistellung der Aufwendungen bei Netto-Einkunftsarten angeknüpft werden[1492]. Wie dort resultiert auch hier das Abzugsverbot unmittelbar aus dem DBA selbst und insoweit unabhängig von den Normen des originär innerstaatlichen Steuerrechts. Nimmt man eine das DBA umfassende Betrachtung vor, stellt sich das Verständnis, negative wie positive Einkünfte von der Besteuerung des Wohnsitzstaates ausgenommen zu sehen, in der Tat als (extern) kohärent dar. Denn unter Zugrundelegung eines Netto-Verständnisses des Einkünftebegriffs ist das Verlustabzugsverbot unmittelbar mit dem Vorteil verbunden, auch einen positiven Saldo von Erwerbsbezügen und -aufwendungen, also positive Einkünfte im Wohnsitzstaat nicht besteuern zu müssen. Nach diesem Verständnis ist eine Freistellung nur der positiven Einkünfte unabhängig von den negativen nicht möglich (Symmetrie-These). Genauso ist umgekehrt nach dieser Interpretation des Einkünftebegriffs mit der Befugnis des Quellenstaats zur Besteuerung positiver Einkünfte die DBA-rechtliche Verpflichtung verbunden, auch negative Einkünfte bei der Besteuerung zu berücksichtigen. Die EuGH-Entscheidung zur Rechtssache Wielockx steht dem aus den oben benannten Gründen nicht entgegen[1493]. Anders als dort, lässt sich hier zwar nicht mit entsprechenden Ausführungen des Musterkommentars zum - für den EuGH stets beachteten - OECD-MA argumentieren. Der Musterkommentar zum OECD-MA schlägt bezüglich

---

Problematik des Meistbegünstigungsprinzips, dazu bereits oben 3. Kapitel B. II. Verletzung der Grundfreiheiten - Meistbegünstigungsprinzip.

[1489] Siehe bereits oben 2. Kapitel C. III. 5. Konsequenzen aus der Behandlung der Erwerbsaufwendungen für negative Einkünfte.

[1490] Siehe oben 2. Kapitel C. IV. 2. c) Streng-abkommensautonome Interpretation.

[1491] Vgl. auch *Schön*, StbJb. 2003/2004, 27 [41].

[1492] Denn der BFH kommt nur bei ihnen zu einem DBA-rechtlichen Verlustverrechnungsverbot und der streng-abkommensautonome Ansatz geht stets von einem Netto-Verständnis aus. Siehe daher oben 3. Kapitel C. II. 1. c) Rechtfertigung.

[1493] Siehe oben 3. Kapitel C. II. 1. c) Rechtfertigung.

der Verlustbehandlung allerdings überhaupt keine Vorgehensweise vor und steht dem hier zugrunde gelegten Ansatz daher auch nicht entgegen.

a) Vermeidung doppelter Verlustnutzung

Basiert die Symmetrie-These damit an sich auf einem dem Kohärenzprinzip entsprechenden unmittelbaren Zusammenhang zwischen be- und entlastender Regelung, stellt sich schließlich noch die Frage, ob die mit der Regelung verfolgten Ziele auch erreicht werden könnten, wenn der grenzüberschreitend Tätige mit dem rein inländischen Tätigen dennoch gleichgestellt würde. Nach den Angaben des BFH zielt das von ihm vertretene Verlustverrechnungsverbot darauf ab, eine doppelte Geltendmachung des Verlustes im Quellenstaat und zusätzlich im Wohnsitzstaat zu vermeiden. Bei einer anderen Interpretation der Freistellungsklausel würde es häufig zu einer doppelten Verlustberücksichtigung kommen, die durch das DBA ebenso wenig gewollt sei wie die doppelte steuerliche Erfassung positiver Einkünfte[1494]. Diesbezüglich ist festzustellen, dass es - unterstellt, der Wohnsitzstaat ließe die Verrechnung im Ausland erwirtschafteter Verluste zu - tatsächlich regelmäßig zu einer Berücksichtigung der Verluste auf Ebene der Bemessungsgrundlage sowohl im Quellenstaat als auch im Wohnsitzstaat käme. Denn es ist von der grundsätzlichen Möglichkeit auszugehen, innerhalb des EU-Raums stets die im jeweiligen Mitgliedstaat erlittenen Verluste mit Gewinnen aus einer anderen Einkunftsart im selben Veranlagungszeitraum (Verlustausgleich) oder auch mit Gewinnen aus derselben Einkunftsarten früherer Veranlagungszeiträume (Verlustrücktrag[1495]) auch als beschränkt Steuerpflichtiger ausgleichen zu können[1496]. Sind die Modalitäten auch überaus verschieden ausgestaltet und nicht in jedem Mitgliedstaat ein Verlustvor- und rücktrag möglich, ist doch generell die Möglichkeit gegeben, den Verlust jedenfalls einmal im Quellenstaat auf Ebene der Bemessungsgrundlage geltend zu machen[1497]. Dies ist im DBA-Österreich sogar ausdrücklich klargestellt[1498]. Letztlich ist das Ziel der Vermeidung einer doppelten Verlustnutzung daher grundsätzlich nicht er-

---

[1494] Zur Argumentation des BFH ausführlich oben 2. Kapitel C. II. 3. a) Rechtsprechung des BFH.

[1495] Zum Verlustvortrag sogleich 3. Kapitel C. IV. 2. c) Nur zukünftige Verlustnutzung im Quellenstaat.

[1496] So *Wichterich*, Verlustausgleich, 183. Vgl. insbesondere die Übersicht bei *Roser/Tesch*, IStR 1999, 385 ff., in der die Verfasser zu dem Ergebnis kommen, dass es sich beim Verlustabzug um ein international anerkanntes Prinzip handelt, wenn auch Unterschiede in der Ausgestaltung bestehen. Ferner *Vogel*, StuW 1983, 180 [182 ff.]. Gemeinschaftsrechtlich ist eine unbedingte Verlustberücksichtigung zugunsten des beschränkt Steuerpflichtigen nach den Ausführungen des EuGH, Urt. v. 15.5.1997, Rs. C-250/95, EuGHE 1997, I-2471, Rn. 18 ff. offenbar nicht erforderlich, *Schön*, StbJb. 2003/2004, 27 [41]; *ders.*, IStR 2004, 289 [294 f.].

[1497] Vgl. auch *Görden*, GmbH-StB 2006, 3.

[1498] Nr. 12 lit. b) Protokoll zum DBA-Österreich 2000.

reichbar, wenn man dem grenzüberschreitend tätigen Steuerpflichtigen die Geltendmachung auch im Wohnsitzstaat erlaubte. Insofern ist das mit der Symmetrie-These einhergehende Verbot des Abzuges ausländischer Verluste im Wohnsitzstaat und die damit bewirkte Beeinträchtigung der Grundfreiheiten durch die Notwendigkeit, die Kohärenz der Steuerregelung zu bewahren, gerechtfertigt[1499].

b) Unmöglichkeit der Verlustnutzung im Quellenstaat

Etwas anderes muss allerdings jedenfalls in solchen Fällen gelten, in denen eine doppelte Verrechnung des ausländischen Verlustes *unmöglich* ist[1500]. Dies ist insbesondere dann der Fall, wenn im Quellenstaat keine verrechenbaren positiven Einkünfte zu erwarten sind und daher eine Steuerschuld nie entsteht. Daher bleibt es bezüglich erfolgloser Aufwendungen bei dem bereits im Rahmen der Aufwandsproblematik gefundenen Ergebnis, dass solche Aufwandsposten, die letztlich gleichsam einen Verlust darstellen, im Wohnsitzstaat zum Abzug zuzulassen sind. Gleiches gilt für die steuerliche Berücksichtigung von Währungsverlusten, und zwar unabhängig davon, ob sie die Einnahmen überwiegen und negative Einkünfte bilden, soweit eine Geltendmachung im Quellenstaat unmöglich ist. Maßgeblich kann nur sein, ob eine Verlustverrechnung im Quellenstaat vernünftigerweise in Betracht kommt. Dies ist zweifellos dann nicht der Fall, wenn im Quellenstaat keine positiven Einkünfte vorhanden sind und weder in unmittelbarer Vergangenheit gegeben waren noch zukünftig zu erwarten sind (also weder nachträglich noch vorab die Steuerschuld mindern könnten); es entspricht dem Territorialitätsprinzip, dass der Quellenstaat dann nicht zur Verlustberücksichtigung heranzuziehen ist[1501]. In solchen Konstellationen droht aber auch keine doppelte Verlustnutzung, wenn der Wohnsitzstaat die negativen Einkünfte von der Bemessungsgrundlage abzieht. Daher vermag das Kohärenzprinzip eine durch das Abzugsverbot bewirkte Beeinträchtigung der Grundfreiheiten insofern nicht zu rechtfertigen, als der Zweck des Abzugsverbotes durch die Gleichbehandlung nicht ausgehebelt wird. Folglich ist die durch das Abzugsverbot bewirkte Beeinträchtigung der Grundfreiheiten in solchen Ausnahmefällen nicht gerechtfertigt. Die Grundfreiheiten stehen dem Verbot der Verrechnung ausländischer Verluste im Wohnsitzstaat insoweit entgegen.

[1499] Ähnlich auch *Tumpel*, Besteuerungsmaßstäbe, 348 f. Vgl. ferner *Hahn*, IStR 2001, 465 [469]. Missverständlich lehnt *Lechner*, Auswirkungen, 95 f. in diesem Fall eine Diskriminierung ab, dazu sogleich Fn. 1503.

[1500] Deutlich EuGH, Urt. v. 13.12.2005, Rs. C-446/03, Marks & Spencer, Rn. 55.

[1501] Siehe dazu oben 3. Kapitel C. I. 3. b) Territorialitätsprinzip.

c) Nur zukünftige Verlustnutzung im Quellenstaat

Oftmals werden sich die ausländischen Verluste in einer Grauzone zwischen sofortiger Berücksichtigungsmöglichkeit im Quellenstaat und gänzlicher Unmöglichkeit zur Berücksichtigung im Quellenstaat befinden, so vor allem dann, wenn der Mitgliedstaat einen *Verlustvortrag* gewährt. Diesbezüglich sieht ein Teil des Schrifttums eine gemeinschaftsrechtliche Pflicht, die Verluste stets noch im Entstehungsjahr zu berücksichtigen. Es reiche nicht aus, wenn die Verluste im Quellenstaat mit Gewinnen aus noch zu entstehenden Jahren verrechnet werden könnten. Denn der im Ausland tätige Steuerpflichtige unterläge dann einem Liquiditäts- und Zinsnachteil gegenüber dem nur im Inland tätigen Steuerpflichtigen[1502]. Allerdings ist meines Erachtens insoweit zunächst fraglich, ob überhaupt eine Diskriminierung vorliegt[1503]. Denn betrachtet man beispielsweise einen in Deutschland ansässigen Steuerpflichtigen, der in einem Veranlagungszeitraum 01 lediglich einen Verlust aus Vermietung und Verpachtung erwirtschaftet, trifft ihn der Nachteil, diesen Verlust erst im folgenden Veranlagungszeitraum 02 mit dann entstandenen Gewinnen verrechnen zu können unabhängig davon, ob das Vermietungsobjekt im Inland oder im Ausland belegen ist. Ein Liquiditäts- und Zinsnachteil, wie ihn der EuGH zur Begründung einer Diskriminierung ausreichen lässt[1504], entsteht zulasten des grenzüberschreitend Tätigen erst dann, wenn man auf Seiten des nur im Inland Tätigen weitere Einkünfte annimmt, mit denen dieser den Verlust noch im selben Veranlagungszeitraum 01 verrechnen kann. Damit modifiziert die Gegenansicht aber das Vergleichspaar einseitig zugunsten des nur im Inland Tätigen. Richtigerweise müsste man dann auch auf Seiten des im Ausland tätigen Steuerpflichtigen positive Einkünfte einer anderen Einkunftsart unterstellen, dem dann aber ebenso die Verrechnung seiner ausländischen Verluste im Quellenstaat möglich wäre. Dies wird üblicherweise erst dann nicht mehr der Fall sein, wenn die ausländischen negativen Einkünfte und die ausländischen positiven Einkünfte in verschiedenen Quellen-

---

[1502] So *Cordewener*, DStR 2004, 1634 [1637]; *Dautzenberg*, FR 2001, 809 [813]; *Kessler/Schmitt/Janson*, IStR 2001, 729 [736]; *Schnitger*, IWB, F. 11, Gr. 2, 469 [472]; vgl. ferner *Zorn*, SWI 2001, 456 [457]. A. A. *Tumpel*, SWI 2001, 58 ff.

[1503] Natürlich betrifft dies nur den hier fraglichen Nachteil der Liquiditäts- und Zinsnachteile. Hinsichtlich des Nachteils, die Verluste nicht im Wohnsitz zum Abzug bringen zu können, bleibt es bei der Diskriminierung der grenzüberschreitenden Aktivität, denn die Diskriminierungsprüfung kann nur auf die Behandlung des Steuerpflichtigen durch den einen Staat abstellen, ohne die Behandlung durch den anderen Staat mit einzubeziehen, vgl. Fn. 1316. Zumindest missverständlich daher *Lechner*, Auswirkungen, 95 f., der eine Diskriminierung in diesem Fall ablehnt.

[1504] EuGH, Urt. v. 8.3.2001, verb. Rs. C-397, C-410/98, Metallgesellschaft und Hoechst, EuGHE 2001, I-1727, Rn. 43 ff. und 54; v. 13.12.2005, Rs. C-446/03, Marks & Spencer, Rn. 32 f. Vgl. zur Entscheidung Marks & Spencer in diesem Zusammenhang auch *Hey*, GmbHR 2006, 113 [116].

staaten A und B entstehen. Jetzt hat der grenzüberschreitend Tätige in der Tat Liquiditäts- und Zinsnachteile dadurch zu tragen, dass er den Verlust im Quellenstaat A erst mit späteren Gewinnen im selben Quellenstaat A verrechnen kann.

Sofern verrechenbare positive Einkünfte zukünftig überhaupt nicht entstehen, bleibt es bei dem gefundenen Ergebnis: Eine doppelte Geltendmachung des Verlustes ist unmöglich, der Abzug aus gemeinschaftsrechtlichen Gründen daher im Wohnsitzstaat zuzulassen[1505]. Sind verrechenbare positive Einkünfte dagegen zukünftig zu erwarten, begründet der Liquiditäts- und Zinsnachteil eine Diskriminierung des im Ausland engagierten Steuerpflichtigen gegenüber dem nur im Inland Tätigen, die auf der Grundlage der bisherigen Rechtsprechung des EuGH schwerlich zu rechtfertigen ist. Einerseits ließe sich zwar argumentieren, dass die Diskriminierung nicht aus dem nationalen Recht eines Mitgliedstaates fließt, sondern in der bilateralen Aufteilung der Besteuerungsbefugnisse durch DBA begründet liegt. Denn der Liquiditäts- und Zinsnachteil hängt weniger mit der Freistellung der Einkünfte durch den Wohnsitzstaat zusammen, als mit der periodischen Besteuerung durch den Quellenstaat nach der Zuteilung der Besteuerungsbefugnis für eine Einkunftsart an ihn. Die Notwendigkeit, die Besteuerungsbefugnisse für die aus grenzüberschreitenden Aktivitäten fließenden Einkünfte durch bilaterale Abkommen aufzuteilen, hat der EuGH aber bereits mehrfach berücksichtigt und der Wirkungsweise der Grundfreiheiten entzogen[1506]. Andererseits ließe sich aber argumentieren, dass es auch im Bereich der DBA gilt, der Wirkung der Grundfreiheiten, gleiche Verhältnisse bezüglich in- und ausländischer Aktivitäten herzustellen, Geltung zu verschaffen. Selbst wenn man eine kohärente Regelung auch insofern vor dem Hintergrund der obigen Ausführungen bejahen wollte - immerhin kann der Verlust im Quellenstaat letztlich doch die Bemessungsgrundlage mindernd geltend gemacht werden - stellt sich die Frage, ob es angesichts des Verhältnismäßigkeitsgrundsatzes nicht eines milderen Mittels zur Verlustverrechnung bedarf, um Liquiditäts- und Zinsnachteile bei grenzüberschreitenden Tätigkeiten zu vermeiden[1507]. Auf der Grundlage der bisherigen EuGH-Rechtsprechung ist jedenfalls kaum zu erwarten, dass eine Diskriminierung durch Liquiditäts- und Zinsnachteile als mit den Grundfreiheiten vereinbar gesehen werden kann.

[1505] Dazu soeben 3. Kapitel C. IV. 2. b) Unmöglichkeit der Verlustnutzung im Quellenstaat.

[1506] Vgl. insbesondere EuGH, Urt. v. 12.5.1998, Rs. C-336/96, Gilly, EuGHE 1998, I-2793, Rn. 30 und v. 5.7.2005, Rs. C-376/03, D., IStR 2005, 483, Rn. 49 ff. In diese Richtung auch *Hahn*, IStR 2002, 681 [686].

[1507] Vgl. ebenso *Kessler/Schmitt/Janson*, IStR 2001, 729 [736]; *Schnitger*, IWB, F. 11, Gr. 2, 469 [472].

V. Ergebnis zur Freistellung von Erwerbsaufwendungen und negativen Einkünften

Im Ergebnis lässt sich also nicht pauschal sagen, dass es den Grundfreiheiten entgegensteht, mit ausländischen Einkünften zusammenhängende Aufwendungen oder Verluste im Wohnsitzstaat nicht zu berücksichtigen[1508]. Dies ist vielmehr nur dann der Fall, wenn das Ziel, eine doppelte Geltendmachung zu vermeiden auch dann erreicht werden kann, wenn ein Abzug im Wohnsitzstaat ermöglicht wird. Auf diese Weise verhindert man mittelbar, dass Aufwandsposten bzw. Verluste vollkommen unberücksichtigt bleiben. Dieses Ergebnis liegt damit auf einer Linie mit den Entscheidungen zu den Rechtssachen AMID und Mertens, in denen der EuGH bereits im Tenor betonte, dass ein Verlustverrechnungsverbot insofern den Grundfreiheiten entgegensteht, „als ein... Verlust in keinem Mitgliedstaat vom steuerpflichtigen Einkommen abgezogen werden kann"[1509]. Zugleich berücksichtigt es aber auch die Zielsetzung des Aufwands- bzw. Verlustabzugsverbots, eine doppelte Geltendmachung zu verhindern und liegt damit auf einer Linie mit der Entscheidung des EuGH zur Rechtssache Marks & Spencer[1510], in der er herausgestellt hat, dass eine doppelte Berücksichtigung der Verluste durchaus verhindert werden kann[1511].

[1508] Vgl. *Schön*, IStR 2004, 289 [294].

[1509] EuGH, Urt. v. 14.12.2000, Rs. C-141/99, AMID, EuGHE 2000, I-11619; Beschl. v. 12.9.2002, Rs. C-431/01, Mertens, EuGHE 2002, I-7073. In beiden Rechtssachen ging es um die Behandlung inländischer Verluste, über die steuerliche Berücksichtigung von im Ausland erlittenen Verlusten sagen die Entscheidungen unmittelbar nichts aus; dies betonen auch *Bernhard*, IStR 2001, 366 [368]; *Hahn*, IStR 2001, 465 [467 ff.]; *Schön*, StbJb. 2003/2004, 27 [41]; für eine Übertragung dieser Entscheidungen auf die hier in Frage stehende Konstellation auch *Cordewener*, IStR 2003, 413 [416]. Von einer Pflicht zur Berücksichtung von persönlichen Umständen in zumindest einem Mitgliedstaat ging der EuGH bereits in aus in Urt. v. 14.2.1995, Rs. C-279/93, Schmucker, EuGHE 1995, I-225, v. 14.9.1999, Rs. C-391/97, Gschwind, EuGHE 1999, I-5451; v. 12.12.2002, Rs. C-385/00, de Groot, EuGHE 2002, I-11819; v. 13.6.2003, Rs. C-234/01, Gerritse, EuGHE 2003, I-5933. Kritisch zur „Einmalberücksichtigung" *Cordewener*, Grundfreiheiten, 890 ff.; *ders.*, DStR 2004, 1634 [1637], demnach der EuGH diesen Ansatz bisher nur in den der Schumacker-Entscheidung entsprechenden Fällen verfolgte.

[1510] EuGH, Urt. v. 13.12.2005, Rs. C-446/03, Marks & Spencer, IStR 2006, 19; GA *Maduro*, Schlussanträge v. 7.5.2005, Rs. C-446/03, Marks & Spencer, http://curia.eu.int/de/, Rn. 74 ff.

[1511] Zustimmend insofern auch *Schönfeld*, IStR 2005, 575.

1. Ergebnisse im Einzelnen

Im Einzelnen müssen somit

- Aufwendungen, die mit Einkünften aus stiller Beteiligung oder partiarischen Darlehen zusammenhängen, im Wohnsitzstaat der die Dividende empfangenden Gesellschaft entgegen der bisherigen Rechtsprechung zu § 3c EStG zum Abzug zugelassen werden, soweit - wie regelmäßig - ein Abzug im Sitzstaat der Gesellschaft, an der die Beteiligung gehalten wird, unmöglich ist.

- Aufwendungen, die mit Einkünften aus nichtselbständiger Arbeit zusammenhängen, im Wohnsitzstaat des Steuerpflichtigen grundsätzlich nicht berücksichtigt werden, es sei denn, eine Berücksichtigung im Tätigkeitsstaat kommt nicht in Betracht, wie dies insbesondere bei vorbereitenden und erfolglosen Aufwendungen regelmäßig der Fall ist.

- Aufwendungen im Zusammenhang mit Einkünften aus einer Betriebsstätte, einer festen Einrichtung einer selbständigen Tätigkeit oder einem Vermietungsobjekt im Wohnsitzstaat grundsätzlich nicht berücksichtigt werden, es sei denn, eine Berücksichtigung im Tätigkeitsstaat kommt nicht in Betracht, wie dies insbesondere bei vorbereitenden und erfolglosen Aufwendungen regelmäßig der Fall ist.

- Währungsaufwendungen im Wohnsitzstaat des Steuerpflichtigen zum Abzug zugelassen werden, soweit ein Abzug im Quellenstaat nicht in Betracht kommt, wie dies insbesondere dann der Fall ist, wenn die Umrechnung erst bei der nachträglichen Überführung des Einkünfteergebnisses in den Wohnsitzstaat erfolgt.

Verluste schließlich, die im Rahmen einer ausländischen Tätigkeit entstanden sind müssen grundsätzlich nicht zur Verrechnung mit anderen positiven Einkünften im Wohnsitzstaat zugelassen werden, es sei denn eine Berücksichtigung auf Ebene der Bemessungsgrundlage ist im Quellenstaat ausnahmsweise unmöglich. Anzunehmen ist, dass ein Abzug im Wohnsitzstaat auch dann zu ermöglichen ist, wenn im Quellenstaat (statt einer Verrechnung mit anderen Einkünften im selben Veranlagungszeitraum oder einem Verlustrücktrag) nur ein Verlustvortrag mit zukünftig zu erwartenden Einkünften möglich ist, da den Steuerpflichtigen ansonsten ein Liquiditäts- und Zinsnachteil treffen würde.

Insgesamt betrachtet kommt man damit zu einer ausgewogenen Gleichbehandlung mit dem Inlandsfall[1512]. Immer dann, wenn die Aufwendungen im Quellenstaat berücksichtigt werden können, wie dies bei laufenden Einnahmen bzw. Verlusten regelmäßig der Fall ist, stellt sich die Nichtberücksichtigung im Wohnsitzstaat als Regelung dar, die notwendig ist, um den Zusammenhang zur Steuerfreiheit der Einnahmen zu wahren[1513]. Dem steht im reinen Inlandsfall die Steuerpflicht der Einnahmen bei Abziehbarkeit der Aufwendungen gegenüber. Kommt ein Abzug der Aufwendungen im Quellenstaat dagegen nicht in Frage, wie dies vor allem bei erfolglosen Aufwendungen der Fall ist, bedarf es auch des Abzugsverbotes nicht, da eine doppelte Geltendmachung der Aufwendungen nicht droht. Auch im reinen Inlandssachverhalt stehen dann der Abziehbarkeit der Aufwendungen keine steuerpflichtigen Einnahmen gegenüber.

Eine Sonderstellung nehmen dagegen die Schachteldividenden ein. Führen die deutschen DBA bei stillen Beteiligungen oder partiarischen Darlehen über die Definition als Dividendeneinkünfte und die Anwendung des Schachtelprivilegs zur Freistellung, so sind die daraus fließenden Einnahmen im Wohnsitzstaat der Muttergesellschaft steuerfrei, im reinen Inlandsfall dagegen steuerpflichtig. Das Gemeinschaftsrecht führt dann zur Privilegierung grenzüberschreitender Investitionen, indem es zusätzlich zur Steuerfreiheit der Einnahmen den Abzug der damit zusammenhängenden Aufwendungen ermöglicht. Verkürzt betrachtet entsprechen sich bei den übrigen Einkunftsarten im Vergleichspaar reiner Inlandsfall gegenüber grenzüberschreitende Aktivität die Ergebnisse:

bei *laufenden* Einnahmen

reiner Inlandsfall	grenzüberschreitende Aktivität
steuerpflichtige Einnahmen	steuerfreie Einnahmen
und	und
Abziehbarkeit des Aufwands	Abzugsverbot bzgl. Aufwands

bzw. bei *erfolglosen* Aufwendungen

keine Einnahmen	keine Einnahmen
und	und
Abziehbarkeit des Aufwands	Abziehbarkeit des Aufwands

[1512] Vgl. dazu sogleich die Gegenüberstellung des Inlandsfalls mit dem grenzüberschreitenden Fall.

[1513] Im Ergebnis offenbar ebenso *Schön*, StbJb. 2003/2004, 43 f.

Dagegen ist das Verhältnis bei Einkünften aus stiller Beteiligung und partiarischen Darlehen ein anderes, nämlich:

reiner Inlandsfall	grenzüberschreitende Aktivität
steuerpflichtige Einnahmen	**steuerfreie** Einnahmen
und	und
Abziehbarkeit des Aufwands	**Abziehbarkeit** des Aufwands

Im Inlandssachverhalt ist die Steuerpflicht der Einnahmen mit der Abziehbarkeit der Aufwendungen verbunden, im grenzüberschreitenden Sachverhalt profitiert die steuerpflichtige Gesellschaft dagegen doppelt von der Freistellung der Einnahmen bei gleichzeitiger Abziehbarkeit der Einnahmen. Damit führt das Gemeinschaftsrecht unumgänglich zu einer Besserstellung und zwar deshalb, weil auch die Einnahmenseite besser gestellt ist, sind doch inländische Einnahmen aus stiller Beteiligung und partiarischen Darlehen steuerpflichtig. Insofern steht zu überdenken, ob nicht Einkünfte aus stiller Beteiligung und partiarischen Darlehen aus dem Anwendungsbereich des DBA-Schachtelprivilegs ausgenommen werden sollten. Dies führte zu einer Gleichbehandlung mit dem rein inländischen Sachverhalt, wären dann doch auch die ausländischen Einnahmen aus solchen Einkunftsarten im Ansässigkeitsstaat steuerpflichtig und die Aufwendungen, wie im Inlandssachverhalt abziehbar.

2. Offene Probleme im Zusammenhang mit Aufwendungen und Verlusten

Problematisch bleibt bei der hier gefundenen Lösung ferner, welcher der beteiligten Staaten zur Aufwands- bzw. Verlustberücksichtigung verpflichtet ist. Meines Erachtens lassen sich den Grundfreiheiten auf der Grundlage der bisherigen Rechtsprechung dazu keine Vorgaben entnehmen[1514]. Als einzig in Betracht kommendes Mittel könnte im Rahmen der Vergleichbarkeitsprüfung eine Vorauswahl dahin vorgenommen werden, dass die Vergleichbarkeit der Situationen und damit bereits eine Diskriminierung nicht gegeben wäre, wenn die Einkünfte überwiegend im Quellenstaat erzielt werden, weil sonst folglich der Wohnsitzstaat - von Rechtfertigungsmöglichkeit abgesehen - zur Berücksichtigung der mit ausländischen Einkünften zusammenhängenden Aufwendungen bzw. Verluste gezwungen wäre[1515]. Zwar ging der EuGH in der der Schumacker-Entscheidung folgenden Rechtsprechung zum Vergleichspaar Gebietsfremder und Gebietsanässiger tatsächlich in diese Richtung. Unabhängig von der Kritik an dieser Rechtsprechung scheint ihre Übertragbarkeit auf das Ver-

[1514] Ähnlich und kritisch gegenüber dem EuGH *Schön*, StbJb. 2003/2004, 66 f. Ferner *Schön* in GS Knobbe-Keuk, 761 f.

[1515] Vgl. auch *Dautzenberg*, FR 2001, 809 [810 f.]. Vgl. dazu ausführlich oben 3. Kapitel C. II. 1. b) Beeinträchtigung.

gleichspaar zweier Gebietsansässiger von denen einer grenzüberschreitend tätig ist einerseits sowie vom subjektiven auf das objektive Nettoprinzip andererseits aber überaus fraglich und wurde vom EuGH auch bisher nicht erwogen[1516]. Gelangt man damit zur Ebene der Rechtfertigung kann den Grundfreiheiten auf der Grundlage der bisherigen Rechtsprechung des EuGH zu den Rechtfertigungsgründen, insbesondere zum Kohärenzprinzip, die Verpflichtung eines *bestimmten* Staates zur Berücksichtigung der Aufwendungen bzw. Verluste nicht entnommen werden. Die Grundfreiheiten können somit lediglich aufzeigen, dass eine bestimmte Rechtspraxis mit ihren auf Herstellung eines gemeinsamen Marktes angelegten Zielsetzungen nicht vereinbar ist, konkret also eine Einmalberücksichtigung der Aufwands- bzw. Verlustposten geboten ist. Im Übrigen obliegt es aber allein den Mitgliedstaaten, durch gesetzgeberisches Tätigwerden, eine einen finanziellen Ausgleich zwischen den beteiligten Staaten bewirkende Regelung zu schaffen. Einen ersten Schritt dazu liefern die Zuteilungen der Besteuerungsbefugnisse der Mitgliedstaaten in den DBA[1517], die ohne eine Detailregelung hinsichtlich der Aufwands- und Verlustbehandlung vorzunehmen, doch immerhin eine Grobaufteilung bezüglich laufender Einkünfte vornehmen. In dieser Zuteilung sind die Mitgliedstaaten nach der bisherigen Rechtsprechung des EuGH frei[1518]. Eine Regelung bezüglich der oben angesprochenen Problemfälle lässt sich den DBA dagegen nicht entnehmen. Man mag zwar auch beispielsweise bei erfolglosen Aufwendungen geneigt sein, dem angestrebten zukünftigen Tätigkeits- bzw. Belegenheitsstaat die Verpflichtung zum Abzug der Aufwendungen aufzuerlegen[1519]. Schließlich steht ihm im Falle des Erfolges der Aufwendungen, wenn also aus diesen Investitionen auch Einnahmen fließen, die Besteuerungsbefugnis zu. Eine so weit reichende Rechtsfolge lässt sich indes bisher weder den Regelungen der DBA noch dem Gemeinschaftsrecht entnehmen. Diesbezüglich ist es an den Mitgliedstaaten, eine entsprechende Aufteilung der Verpflichtung zur Aufwands- bzw. Verlustberücksichtigung vorzunehmen.

Damit zusammen hängt das weitere Problem, inwiefern die Regelungen des Quellenstaates die Gemeinschaftsrechtskonformität der Regelungen des Wohnsitzstaates beeinflussen können. Zwar gelangte man in den hier untersuchten Konstellationen durch die Anwendung des Kohärenzprinzips zu weithin systemgerechten Lösungen - was vor allem auch dadurch bedingt ist, dass die Berücksichtigung der laufenden Aufwendungen bzw. Verluste im Quellenstaat durch entsprechende Regelungen regelmäßig gesichert ist. Dem entspricht es auch, wenn der EuGH bereits in der Rechtssache Manninen die Maßnahmen des ande-

---

1516 Siehe oben 3. Kapitel C. II. 1. b) Beeinträchtigung, insbesondere Fn. 1442.

1517 Vgl. auch *Bernhard*, IStR 2001, 366 [368].

1518 Siehe oben 3. Kapitel A. I. 2. Besonderheiten bei befugnisaufteilenden Regelungen.

1519 Vgl. zu Schachteldividenden ähnlich *Maiterth/Wirth*, DStR 2004, 433 [437].

ren Staates hinsichtlich der Regelung in seine Erwägungen mit einbezog[1520]. Hätte dort Schweden als Sitzstaat der die Dividende zahlenden Gesellschaft die wirtschaftliche Doppelbesteuerung der Dividenden vermieden, hätte Finnland als Wohnsitzstaat den Kläger Petri Manninen vom Anrechnungsverfahren ausschließen dürfen[1521]. Entsprechend verhielt es sich auch in anderen Entscheidungen des EuGH[1522]. Letztlich hätte es damit aber der jeweils andere Mitgliedstaat in der Hand, durch Schaffung oder Streichung einer entsprechenden Norm die Europarechtskonformität einer Regelung des anderen Mitgliedstaates zu beeinflussen[1523]. Mag man auch in den hier diskutierten Aufwands- und Verlustfällen auf diese Problem nicht stoßen, weil sich alle Mitgliedstaaten der EU am objektiven Nettoprinzip bzw. der Leistungsfähigkeit des Steuerpflichtigen orientieren, dürften sich Schwierigkeiten zumindest dann ergeben, wenn entweder der diskriminierende Wohnsitzstaat im Fall reiner Inlandstätigkeit ein besonders günstiges Recht einräumt, dass andere Staaten den in ihnen beschränkt Steuerpflichtigen nicht gewähren oder sich umgekehrt der Quellenstaat in eine äußerst belastenden Steuerpolitik übt und von anderen Mitgliedstaaten als Quellenstaat gewährte Rechte nicht einräumt[1524]. Es bleibt abzuwarten, wie der EuGH in solchen Fällen verfahren wird.

[1520] EuGH, Urt. v. 7.9.2004, Rs. C-319/02, Manninen, IStR 2004, 680, Rn. 34.

[1521] So bereits *Wagner*, DStZ 2005, 325 [330].

[1522] Beispielsweise EuGH, Urt. v. 12.7.2005, Rs. C-403, Schempp, DStR 2005, 1265; vgl. *Wernsmann/Nippert*, FR 2006, 153 [157 ff., Fn. 36] m. w. N.

[1523] Kritisch in diesem Sinne auch *Schuch*, Verlustbehandlung, 69, der daher davon ausgeht, dass eine Diskriminierung nur unter Beachtung der Rechtslage eines Mitgliedstaates zu prüfen ist. Allerdings geht es hier um die Prüfung der Rechtfertigung, in der der EuGH, durchaus auch die Rechtslage des von der grenzüberschreitenden Aktivität ebenfalls betroffenen Mitgliedstaates mit einbezieht. Vgl. ferner *Wernsmann/Nippert*, FR 2006, 153 [157].

[1524] Vgl. dazu auch *Thömmes*, IWB, F. 11a, Gr. 2, 938 f., der von einem drohenden „Schwarzer Peter-Spiel" um steuerliche Verluste spricht.

4. Kapitel - Zusammenfassung und Ausblick

Hinsichtlich der zuletzt aufgezeigten Schwierigkeiten zeigt sich die beschränkte Problemlösungskapazität der Grundfreiheiten[1525]. Sie können nur auf Regelungen aufmerksam machen, die dem Ziel eines einheitlichen Binnenmarktes widersprechen, ohne eigene Lösungen zu bieten. Sie zwingen die nationalen Gesetzgeber damit zu einer europaweit koordinierten Steuerpolitik. Denn ohne ein einheitliches Vorgehen in diesem Bereich, drohen die Grundfreiheiten weiterhin nur die allein auf das nationale Anliegen ausgerichteten Steuernormen zu eliminieren und damit die Haushalte der Mitgliedstaaten der Planungslosigkeit auszusetzen. Es ist an den Mitgliedstaaten, gemeinschaftsrechtskonformen Ersatz zu normieren. Dies betrifft besonders auch den Bereich der DBA.

A. Ausgestaltung deutscher DBA

Die überaus unterschiedliche Ausgestaltung der deutsch-europäischen DBA führt zweifellos zu Rechtsunsicherheiten, wie sich beispielsweise bei der Anwendung der sog. Rückfallklauseln gezeigt hat. Hilfreich wäre es insofern, zukünftigen Abschlüssen neuer DBA und Überarbeitungen bereits bestehender DBA ein deutsches Muster-DBA zugrunde zu legen. Allein davon ausgehend sollten Abweichungen an die jeweiligen national-rechtlichen Gegebenheiten angepasst und entsprechend dem Verlauf der Abkommensverhandlungen vereinbart werden. Dabei sollte ein deutsches Muster-DBA auf einer einheitlichen Politik hinsichtlich der verschiedenen Vorbehaltsklauseln beruhen. Auf diesem Wege ließen sich Unterschiede sowohl bezüglich des Tatbestandes und der Rechtsfolge der Abkommensnormen vermeiden als auch bezüglich des Standortes, an dem eine Norm aufzufinden ist. Zu begrüßen ist insofern, dass im neuen DBA-Polen 2003 der Aktivitätsvorbehalt, der im zuvor geltenden DBA noch im Protokoll versteckt war, nun in den Methodenartikel übertragen worden ist[1526].

Aus europarechtlicher Sicht ist zweifellos ebenfalls wünschenswert, die europäischen DBA auf einander anzupassen. Indes zwingen weder die Grundfreiheiten noch das Beihilferecht zu einer Vereinheitlichung der deutsch-europäischen

---

[1525] Dagegen bezieht *Hahn*, GmbHR 2003, 1245 [1249] die beschränkte Problemlösungskapazität auf den EuGH, der m. E. aber nur das ausführende Organ ist. Die Ursache der beschränkten Problemlösung liegt vielmehr in den Grundfreiheiten selbst.

[1526] Vgl. dazu sowie zu den übrigen Neuerungen im DBA-Polen *Bernhardt/Piekielnik*, IStR 2005, 366 [369].

DBA. Zumindest im Bereich der Freistellungsklausel entsprechen die deutschen DBA umgekehrt den Zielen des EG-Vertrages und sind unter Berücksichtigung der bisherigen Rechtsprechung des EuGH nicht zu beanstanden.

B. Folgen deutscher DBA im Ertragsteuerrecht

Anders als die Behandlung der Erwerbsbezüge und positiven Einkünfte stellt sich die Behandlung der Erwerbsaufwendungen und der negativen Einkünfte bereits unabhängig vom Europarecht als überaus problematisch dar. Während der BFH - den Wortlaut der deutschen Abkommen auf seiner Seite - zwischen den Einkunftsarten differenziert und über die Jahre langsam zu einer einheitlichen Rechtsprechung zu gelangen scheint, weist der streng-abkommensautonome Ansatz auf die Schwachstellen einer solchen an den Buchstaben der DBA orientierten Interpretation hin und zeigt auf, wie es eigentlich sein müsste. Seine Lösung führt aber insbesondere im Bereich vorbereitender und erfolgloser Aufwendungen sowie im Verlustfall zu mit dem Europarecht unvereinbaren Ergebnissen. Vermag dem Kohärenzprinzip nach hier vertretener Auffassung unter Zugrundelegung der bisherigen Rechtsprechung des EuGH durchaus rechtfertigende Wirkung bei laufenden Aufwendungen und Verlusten zuzukommen, so zwingt es doch dazu, dass ein Aufwandsposten bzw. Verlust zumindest einmal auf der Ebene der Bemessungsgrundlage zu berücksichtigen ist.

Mit diesem Befund bleibt nunmehr noch die Frage offen, wie eine sachgerechte Regelung der Aufwands- bzw. Verlustberücksichtigung auszugestalten ist[1527]. Dazu gilt es zunächst festzustellen, wo letztlich das Problem der Nichtabziehbarkeit zu verorten ist. Meines Erachtens resultiert dieses Problem weder aus dem DBA bzw. der Freistellungsmethode selbst[1528], noch aus dem nationalen Recht[1529], sondern vielmehr aus der Interpretation des Einkünftebegriffs als Netto-Betrag[1530].

[1527] Denkbare Lösungen können und sollen im Folgenden nur angesprochen, nicht abschließend untersucht werden.

[1528] Wenn auch die Erhebung der Anrechnungsmethode das Problem im Ursprung beheben würde.

[1529] So aber offenbar GA *Léger*, Schlussanträge v. 1.3.2005, Rs. C-152/03, Ritter-Coulais, http://curia.eu.int/de/, Rn. 111 und 86. Zuzustimmen ist dem lediglich insofern, als dass letztlich das nationale Recht, namentlich § 2a EStG, unabhängig vom Ergebnis nach DBA-Recht durchaus einer Verlustverrechnung entgegenstehen kann.

[1530] So offenbar auch *Cordewener*, DStR 2004, 1634 [1635].

I. Aufgezeigte Alternativlösungen

Auf der Grundlage einer solchen Abkommensauslegung führen die im 2. Kapitel jeweils aufgezeigten Gegenvorschläge einer Gesamtbetrachtung bei vorbereitenden Aufwendungen für eine nichtselbständige Tätigkeit und der Bedingung der Existenz einer Betriebsstätte bezüglich der Freistellung erfolgloser Aufwendungen nicht zu einem gemeinschaftsrechtskonformen Ergebnis. Nach den allein unter Berücksichtigung des DBA-Rechts und der Rechtsprechung des BFH entwickelten Lösungsalternativen bleiben erfolglose Aufwendungen bei nichtselbständiger Tätigkeit nicht abziehbar[1531]. Gleiches gilt für solche Aufwendungen, die mit einer stillen Beteiligung oder einem partiarischen Darlehen einer juristischen Person zusammenhängen, soweit ihnen steuerfreie Dividenden gegenüberstehen sowie für die Aufwendungen einer Betriebsstätte, die bereits im Quellenstaat errichtet ist, aber (noch) keine Einnahmen erzeugt hat. Schließlich können auch Verluste auf der Grundlage der bestehenden DBA-rechtlichen Systematik nicht im Wohnsitzstaat geltend gemacht werden, wie der streng-abkommensautonome Ansatz zu Recht nachweist.

II. Abweichende Abkommensauslegung

Zu fragen ist daher, ob es aufgrund des Europarechts nicht einer von der bisherigen Praxis abweichenden Auslegung bedarf, nach der Aufwendungen und Verluste abziehbar bleiben. Eine Europarechtskonforme Auslegung, wie sie der EuGH fordert[1532] könnte entweder am Einkünftebegriff ansetzen und beispielsweise dahin gehen, Einkünfte stets als Brutto-Begriff zu verstehen und die Behandlung der Aufwendungen dem originär nationalen Recht zu überlassen. Dem hält der BFH zu Recht den Wortlaut und die Struktur der DBA entgegen[1533]; eine solche Auslegung wäre außerdem nicht mit den - schon im Hinblick auf das Gebot der Entscheidungsharmonie - beachtenswerten Aussagen des Musterkommentars vereinbar.

Einen anderen Ansatz verfolgen *Kessler/Schmitt/Janson*, indem sie vorschlagen, das „Ausnehmen" von der Besteuerung als ein Verbot der Erhebung einer positiven Steuer zu verstehen[1534]. Eine einkommensmindernde Berücksichtigung von

---

[1531] Siehe dazu oben 2. Kapitel C. III. 5. Konsequenzen aus der Behandlung der Erwerbsaufwendungen für negative Einkünfte.

[1532] EuGH, Urt. v. 5.10.1994, Rs. C-165/91, van Munster, EuGHE 1994, I-4661, Rn. 34; v. 26.9.2000, Rs. 262/97, Engelbrecht, EuGHE 2000, I-7321, Rn. 38 ff.

[1533] Vgl. BFH, Beschl. v. 13.11.2002, I R 13/02, BStBl. II 2003, 795 ff. (beim EuGH geführt als Rs. C-152/03, Ritter-Coulais), wo der EuGH die Möglichkeit einer europarechtskonformen Auslegung verneint.

[1534] *Kessler/Schmitt/Janson*, IStR 2001, 729 [732].

Verlusten sei dann nicht ausgeschlossen. Allerdings drohte dann tatsächlich eine doppelte Berücksichtigung der Verluste im Quellen- und Wohnsitzstaat, der die EG-Mitgliedstaaten über konkretere Regelung begegnen müssten. Darüber hinaus haftet jeder Auslegungsalternative das Problem an, dass sie die von den Grundfreiheiten geforderte Abziehbarkeit der Aufwendungen bzw. der Verluste automatisch auch auf Drittstaaten erstrecken würde. Damit würden auch Nicht-EU-Staaten grundlos begünstigt, gelten die Grundfreiheiten doch nur für die EG-Mitgliedstaaten - von der Kapitalverkehrsfreiheit einmal abgesehen, deren Reichweite noch nicht abschließend durch den EuGH geklärt ist[1535].

III. Gesamt-europäisches DBA

Berücksichtigt man das besonders im Völkerrecht zu beachtende Gebot, den Wortlaut der Abkommen zu achten und hält mit dem BFH den Weg einer europarechtskonformen Auslegung für nicht gangbar, so verbleiben nur zwei Möglichkeiten: Entweder man ändert den Wortlaut der DBA oder man erzeugt die gewollten Rechtsfolgen über spezielleres, originär innerstaatliches Recht.

Hinsichtlich der erstgenannten Lösungsmöglichkeit ist im DBA-Österreich mittlerweile ausdrücklich bestimmt[1536]:

> „... Ab dem Wirtschaftsjahr 1998 (1997/98) entstehende Verluste [Anm.: angesprochen sind vorher Verluste zulasten einer in der Bundesrepublik Deutschland ansässigen Person durch eine österreichische Betriebsstätte] sind auf der Grundlage der Gegenseitigkeit im Betriebsstättenstaat zu berücksichtigen. Die vorstehenden Regelungen sind nur insoweit wirksam, als dies nicht zu einer Doppelberücksichtigung der Verluste führt.“

Nun ließen sich auf diese Weise alle deutsch-europäischen DBA überarbeiten, eine dem Gemeinschaftsrecht entsprechende Regelung wäre damit allerdings noch nicht gefunden, bezieht sich die Vorschrift doch nur auf Betriebsstätteneinkünfte. Auch vermag sie weder das Problem der Verlustberücksichtigung grundlegend an der Wurzel des Einkünftebegriffs noch europaweit einheitlich zu lösen. Einer individuellen Änderung der deutsch-europäischen DBA ist jedenfalls insofern der Abschluss eines gesamt-europäischen DBA vorzuziehen. Die Vereinbarung eines solchen multilateralen DBA scheint noch unter einem ande-

---

[1535] Vgl. dazu EuGH, Urt. v. 23.2.2006, Rs. C-513/03, van Hilten, http://curia.eu.int/de/. Außerdem aus dem Schrifttum *Dautzenberg*, FR 2001, 809 [815]; *Röhrbein/Eicker*, BB 2005, 465 ff.; *Schön* in FS Wassermeyer, 489 ff.; *Sullivan/Wallner/Wübbels-mann*, IStR 6 [12 f.]. Aus der Rechtsprechung insbesondere BFH, Urt. v. 29.1.2003, I R 6/99, BFH/NV 2003, 969 ff. aber auch v. 26.5.2004, I R 54/03, BStBl. II 2004, 767 ff. sowie FG Düsseldorf, Urt. v. 14.9.2004, 6 K 3796/01 K, F, EFG 2005, 538 ff., Revision anhängig beim BFH unter I R 116/04.

[1536] Nr. 12 lit. b) Protokoll zum DBA-Österreich 2000.

ren Gesichtpunkt dringend geboten. Art. 293 EG fordert die Mitgliedstaaten auf, die Doppelbesteuerung innerhalb der Gemeinschaft zu beseitigen. Zwar ist die Reichweite der Norm überaus umstritten. In der umfangreichsten und noch immer wegweisenden Kommentierung der Vorschrift, kommt *Schwartz* allerdings zu dem Ergebnis, dass aus der Vorschrift die Verpflichtung der Mitgliedstaaten abgeleitet werden kann, ein multilaterales Abkommen zu vereinbaren, dass die Doppelbesteuerung nicht nur vermeidet, sondern gänzlich ausschließt[1537]. Nun könnte man meinen, dass Art. 293 EG schon deshalb nicht eingreife, weil die Norm nur subsidiär anwendbar sei, „soweit [es] erforderlich" ist und zumindest im Bereich der Einkommen- und Körperschaftsteuer ein dichtes Netz von Doppelbesteuerungsabkommen zwischen den Mitgliedstaaten bestehe[1538]. Abgesehen davon, dass zwar von deutscher Seite, nicht aber von Seiten aller anderen Mitgliedstaaten mit jedem europäischen Partner ein DBA in ertragsteuerrechtlichen Bereich vereinbart worden ist[1539], gilt es sich indes zu vergegenwärtigen, dass die bestehenden DBA die Doppelbesteuerung keinesfalls „beseitigen", wie es Art. 293 EG fordert. Selbst wenn man die Nichtberücksichtigung bestimmter Aufwands- und Verlustposten nicht als „Doppelbesteuerung" verstehen wollte, kommt es sogar bei einem lückenlosen Netz europäischer DBA weiterhin allein schon deshalb zur Doppelbesteuerung, weil die jeweiligen Vertragsstaaten den freizustellenden Betrag stets nach ihrem eigenen Recht ermitteln[1540]. Denn von der auf DBA-Ebene vorgenommenen *Einkünftezuordnung*, die über die Aufteilung der Besteuerungsbefugnis entscheidet, ist die *Einkünfteermittlung* zu trennen[1541]. Diese vollzieht sich streng nach dem nationalen Recht[1542]. Bildlich gesprochen, entscheiden die DBA über die Aufteilung des Kuchens. Die Größe des Kuchens und insbesondere das Volumen des zugeteilten Stückes davon, bestimmt dagegen nicht das Abkommensrecht, sondern das nationale Steuerrecht der Vertragsstaaten[1543]. Also auch, wenn beispielsweise bei Betriebsstätten nach dem DBA und der Gewinnermittlung im Betriebsstättenstaat ein bestimmter Betrag dort besteuert werden kann, stellt die Bundesrepublik Deutschland im Rah-

---

[1537] *Schwartz* in G/T/E^5, Art. 220 EGV, Rn. 18, 24 ff., 74 ff.

[1538] In diese Richtung beispielsweise *Rädler* in FS Debatin, 342 f.

[1539] Zum überaus lückenhaften Bestand von DBA zum Erbschaftsteuerrecht vgl. *Müller-Etienne*, Europarechtswidrigkeit, 121 f.

[1540] Zu weiteren Schwierigkeiten in der Anwendung der bestehenden DBA, insbesondere in Betriebsstätten-Konstellationen beispielsweise *Steichen* in FS Debatin, 432 f.

[1541] *Debatin*, DB 1989, 1692 [1695].

[1542] Siehe bereits oben Fn. 525; ebenso im Zusammenhang mit Betriebsstätteneinkünften *Frotscher*, IntStR, 138; *Kroppen* in B/H/G/K, Teil 2, Art. 7, Rn. 206 (Stand: 10. Lfg. 2002).

[1543] Darin zeigt sich zugleich ein wesentlicher Unterschied zur Besteuerung einer ausländischen Tochtergesellschaft. Indem diese aus dem nach dortigem Recht berechneten Gewinn Dividenden ausschüttet, übernimmt der Ansässigkeitsstaat der Muttergesellschaft implizit die Einkünfteermittlungsvorschriften des Ansässigkeitsstaats der Tochtergesellschaft, vgl. *Heinsen* in Löwenstein/Looks, Rn. 586.

men der Besteuerung des Stammhauses in Bezug auf die Betriebsstätte regelmäßig einen anderen Betrag frei[1544]. Die Höhe der im Ausland zu versteuernden Einkünfte kann daher nicht mit dem im Wohnsitzstaat freizustellenden bzw. anzurechnenden Steuerbetrag gleichgesetzt werden[1545]. Gilt abkommensrechtlich also nur das Gebot der übereinstimmenden Einkünftezordnung, nicht aber das der übereinstimmenden Einkünfteermittlung ist eine doppelte Besteuerung von Einkünften selbst bei Bestehen eines lückenlosen DBA-Netzes unter den EG-Mitgliedstaaten unvermeidbar[1546]. Wollte man Art. 293 beim Wort nehmen, wäre ein multilaterales Handeln der Mitgliedstaaten insofern dringend geboten. Dies scheint die EU in früheren Jahren ebenso gesehen zu haben, als sie im Hinblick auf Art. 293 EG im Jahr 1968 einen Vorentwurf eines einheitlichen gesamt-europäischen DBA ausarbeiten ließ[1547].

Indes dürfte schon aus normgeschichtlichen Gründen in praxi der Abschluss eines multilateralen Abkommens begründet auf Art. 293 EG nicht zu erwarten sein. Zunächst ist zu beachten, dass die Norm den Mitgliedstaaten aus *entstehungsgeschichtlichen* Gründen keinerlei Mittel zur Beseitigung der Doppelbesteuerung an die Hand gibt. Art. 293 EG wurde erst ganz am Ende der Verhandlungen über den EG-Vertrag als Zielvorschrift aufgenommen[1548]. Die Vertragsgeber sahen sich nicht mehr in der Lage, spezifische Vorgaben zu Beseitigung der Doppelbesteuerung und Erreichung der übrigen Ziele des Art. 293 EG zu machen, wollten aber vorsorglich sicherstellen, dass die genannten Ziele überhaupt unter der Ägide der EG angegangen werden, notfalls eben intergouvernemental durch Abkommen[1549]. Dementsprechend existiert bislang nur ein einziges, von den Mitgliedstaaten auf der Grundlage von Art. 293 2. Spiegelstrich EG vereinbartes multilaterales Abkommen, nämlich die Schiedskonvention[1550]. Im Übrigen scheinen die Mitgliedstaaten auf den Bestand bereits abgeschlossener Abkommen zur Beseitigung der Doppelbesteuerung vertraut zu haben[1551]. Nur so ist es *entwicklungsgeschichtlich* erklärlich, dass Art. 293 EG im Entwurf eines Vertrages über eine Verfassung für Europa vom 29.10.2004[1552] nicht mehr

---

1544 Vgl. auch MK, Art. 23, Nr. 39.
1545 Vgl. *Bendlinger* in FS Loukota, 61.
1546 Vgl. dazu auch *Bendlinger/Remberg/Hilchenbach-Dahlbruch/Kuckhoff*, IStR 2002, 40 [45]; *Debatin*, DB 1989, 1692 [1695]; *Schaumburg*, IntStR², Rn. 18.18. Speziell zu Verlusten *Zorn*, SWI 2001, 456 [463 f.].
1547 Vgl. *Scherer* in D/W, Vor Art. 1 MA, Rn. 141 (Stand: 82. Lfg. 9/2000) m. w. N.
1548 Vgl. *Schwartz* in G/T/E⁵, Art. 220 EGV, Rn. 38.
1549 *Vedder*, Einwirkungen, 10.
1550 Siehe bereits oben 3. Kapitel A. II. Unmittelbare Bezugnahmen des Europarechts auf DBA.
1551 So auch *Steichen* in FS Debatin, 432.
1552 ABl. EG 2004 C Nr. 310, S. 1 ff.

enthalten ist[1553]. Damit scheidet Art. 293 EG als Grundlage dafür, die Mitgliedstaaten zum Abschluss eines gesamt-europäischen DBA zu verpflichten, zukünftig aus.

Aber auch unabhängig von Art. 293 EG gibt es deutliche Bestrebungen ein multilaterales DBA auf EU-Ebene zu verwirklichen[1554]. Die Argumente, die für oder gegen ein gesamt-europäsisches DBA sprechen, sind vielschichtig[1555]. Es dürfte jedenfalls zu erwarten sein, dass die aufgezeigten Probleme hinsichtlich der Rechtsunsicherheit durch Vorbehaltsklauseln einerseits sowie der Aufwands- und Verlustberücksichtigung andererseits durch ein gesamt-europäisches DBA gelöst würden. Allerdings dürfte sich der Abschluss eines solchen europäischen Abkommens vor dem Hintergrund der überaus unterschiedlichen Abkommenspolitik der Mitgliedstaaten als überaus schwierig erweisen[1556].

IV. Europäisches Musterabkommen

Wesentlich einfacher dürfte dagegen - möglicherweise als Vorstufe zu einem gesamt-europäischen DBA - die Vereinbarung eines europäischen Musterabkommens sein. Aus wirtschaftswissenschaftlicher Sicht hat *Klapdor* einen entsprechenden Entwurf ausgearbeitet. Dort werden durch die grundsätzliche Anwendung der Anrechungsmethode Schwierigkeiten bei der Aufwands- und Verlustberücksichtigung überwiegend vermieden. Auch in diesem Bereich ist die EU derzeit tätig[1557].

Auf rechtstheoretischer Ebene wird als alternativer Ansatz außerdem eine Abkehr vom bisherigen System der Welteinkommensbesteuerung diskutiert[1558]. Durch eine rein territoriale Markteinkommensteuer würden nicht nur Schwierigkeiten hinsichtlich der Ausgestaltung von DBA einerseits sowie der Berücksichtigung von Auslandsverlusten andererseits vermieden, sondern letztlich eine am Leistungsfähigkeitsprinzip orientierte Besteuerung sichergestellt[1559]. Dass sich die europäischen Fiski aber freiwillig zu einer Beschränkung ihres Steueran-

---

[1553] Kritisch zur fehlenden Implementierung des Art. 293 EG in die Verfassung *Lehner*, IStR 2005, 397 f.

[1554] Mitteilung der Kommission der Europäischen Gemeinschaften an den Rat, das Europäische Parlament und den Wirtschafts- und Sozialausschuss: Ein Binnenmarkt ohne steuerliche Hindernisse v. 23.10.2001, KOM (2001) 582, siehe in BR-Drucks. 971/01, 23. Vgl. dazu auch *Hey*, StuW 2004, 193 [203]; *Reith*, IntStR, Rn. 4.72.

[1555] Zur Diskussion bereits *Flick*, FA Bd. 21 (1961), 87 f.; *Lang, M.*, Multilaterale DBA, m. w. N.; *Schaumburg*, Besteuerung, 284 f. m. w. N.

[1556] So auch *Scherer* in D/W, Vor Art. 1 MA, Rn. 142 (Stand: 82. Lfg 9/2000).

[1557] Siehe zum ganzen bereits oben Fn. 91.

[1558] Vgl. bereits oben Fn. 35.

[1559] Siehe dazu ausführlich *Beiser*, StuW 2005, 295 ff.

spruches auf das am Markt des jeweiligen Staates erzielte Einkommen durchringen können, ist jedenfalls derzeit nicht zu erwarten.

V. National-rechtliche Regelung

Zügige Abhilfe könnte schließlich eine Regelung im originär nationalen Recht bieten. Sowohl hinsichtlich der Vorbehaltsklauseln als auch der Aufwands- bzw. Verlustproblematik vermögen Normierungen im AStG oder EStG bzw. KStG relative Rechtssicherheit im Verhältnis zur bestehenden DBA-Rechtslage herbeizuführen. So ist mit einer Regelung wie § 20 Abs. 2 AStG zumindest klar gestellt, dass Betriebsstätteneinkünfte stets nur unter Vorbehalt freizustellen sind - wobei allerdings das steuersystematische und europarechtliche Problem des treaty overriding solcher Normen zu beachten ist[1560]. Auch bezüglich der Aufwands- und Verlustberücksichtigung sollte der Gesetzgeber eine klare Regelung finden. Allein im Element der freizustellenden „Einkünfte" ein Abzugsverbot für Aufwendungen und Verluste zu erblicken, scheint kaum mit dem Grundsatz der Bestimmtheit belastender Gesetze vereinbar. Immerhin geht man auch im deutschen Einkommensteuergesetz nicht automatisch davon aus, dass mit der Steuerfreistellung bestimmter Einkünfte nach § 3 EStG gleichsam damit zusammenhängende Aufwendungen vom Abzug ausgeschlossen sind, sondern normiert diese gewünschte Rechtsfolge ausdrücklich in § 3c Abs. 1 EStG. Die derzeitige Rechtslage zwingt die Rechtsprechung dazu, über das Instrument der Auslegung eine Lösung zur Behandlung von Aufwendungen und Verlusten finden, was schwerlich mit dem Gewaltenteilungsprinzip vereinbar ist. Eine konkrete Regelung durch den Gesetzgeber ist daher in jeder Hinsicht wünschenswert.

Als Anhaltspunkt dafür, wie eine Normierung der Verlustberücksichtigung im Freistellungsfall aussehen könnte, wird vom Schrifttum oftmals § 2a Abs. 3 a. F. genannt[1561]; freilich unter dem Hinweis, dass nicht nur Verluste aus gewerblicher Tätigkeit, sondern auch alle übrigen Einkunftsarten zur Verrechnung zugelassen werden sollten[1562]. Mit der in § 2a Abs. 4 a. F. vorgesehenen Nachversteuerung ließe sich eine Korrektur ermöglichen, wenn es schließlich doch zu einer Verlustberücksichtigung im Quellenstaat gekommen ist[1563].

1560 Siehe zur Europarechtswidrigkeit nationalen Steuervorschriften oben Fn. 994.

1561 Siehe bereits oben Fn. 899. Ferner Cordewener, IStR 2003, 413 [417]; Dautzenberg, FR 2001, 809 [814]; *Hahn*, IStR 2001, 465 [469]; Schaumburg, IntStR², Rn. 16.539; *Schnitger*, IWB, F. 11, Gr. 2, 469 [472]; Zorn, SWI 2001, 463 [467].

1562 *Hellwig*, StbJb. 1976/1977, 427 [440]; *Schaumburg*, IntStR², Rn. 16.539.

1563 Beachte aber auch, dass die Regelung der Hinzurechnung in § 2a Abs. 3 und 4 EStG a. F. im Detail möglicherweise nicht mit dem Gemeinschaftsrecht vereinbar war, FG Berlin, Urt. v. 11.4.2005, 8 K 8101/00, IStR 2005, 571 ff. (Revision beim BFH anhängig unter I R 46/05)

Um auch die Behandlung der Aufwendungen normativ zu klären, könnte erwogen werden, statt punktueller Regelungen im EStG eine Gesamtnormierung aller aus europarechtlichen Gründen zu berücksichtigenden Besonderheiten in einem DBA-Einführungsgesetz voranzustellen, wie es zeitweise auch in Österreich geplant war[1564]. Darin könnte auch eine einheitliche Linie zur Freistellung unter Vorbehalt sowie zur Einkünfteermittlung festgeschrieben werden. Um dabei zu einer europaweit einheitlichen Lösung zu gelangen, sollte den originär innerstaatlichen Regelungen eine EG-Richtlinie vorangestellt werden. Dabei kann auf frühere Entwürfe in diesem Bereich zurückgegriffen werden[1565].

Aktuell gehen die Überlegungen der Kommission tatsächlich in diese Richtung[1566]. Die Lösung über eine Richtlinie in Verbindung mit entsprechenden Regelungen im originär innerstaatlichen Recht ist damit am ehesten zu erwarten. Sie sollte als Chance ergriffen werden, die Handhabung der bestehenden europäischen DBA an die Anforderungen des EG-Vertrages umfassend anzupassen. Zwar können dabei die deutschen Vorbehaltsklauseln im Hinblick auf ihr Ziel, dem Abkommensmissbrauch zu begegnen durchaus - sowohl in grundfreiheitlicher als auch in beihilferechtlicher Hinsicht - Bestand haben. Eine einheitliche Linie ist aber zweifelsohne *wünschenswert*, dies ist auch im Verhaltenskodex des Ecofin-Rates angeklungen[1567]. Bezüglich der Berücksichtigung von im Quellenstaat entstandenen Aufwendungen und Verlusten besteht dagegen aus grundfreiheitlichen Gründen *zwingender* Handlungsbedarf dahin, dass ihre Einmalberücksichtigung europaweit sichergestellt sein muss.

---

mit Anmerkung *Schönfeld*, IStR 2005, 575 ff. Zur praktischen Durchführung der Nachversteuerung in Österreich *Pölzl* in FS Loukota, 389 ff.

1564 Siehe dazu *Lang M.*, Betriebsstättenverluste, 147.

1565 Vgl. zu den ehemaligen und den aktuelleren Überlegungen auf europäischer Ebene in diesem Bereich die Hinweise bei *Hahn*, IStR 2001, 465 [469].

1566 Mitteilung der Kommission v. 24.11.2003, Ein Binnenmarkt ohne unternehmensteuerliche Hindernisse: Ergebnisse, Initiativen, Herausforderungen, KOM (2003) 726, unter Rn. 3.3. Vgl. zur Harmonisierungsstrategie der Kommission auch *Hey*, GmbHR 2006, 113 [122 f.]; *Jahn*, PIStB 2006, 4 [6]; *Spengel/Braunagel*, StuW 2006, 34 [45 ff.].

1567 Siehe dazu oben 3. Kapitel B. II. 2. c) Selektivität der Zuwendung.

Abkürzungsverzeichnis

a. A.	anderer Ansicht
ABl. EG	Amtsblatt der Europäischen Gemeinschaft
Abs.	Absatz
Absn.	Abschnitt
a. E.	am Ende
a. F.	alter Fassung
AIG	Auslandsinvestitionsgesetz
Anm.	Anmerkung
ASA	Archiv für Schweizerisches Abgabenrecht (Zeitschrift)
AWD	Außenwirtschaftsdienst des Betriebs-Beraters (Zeitschrift)
B/H/G/K	Becker/Höppner/Grotherr/Kroppen (siehe dort im Literaturverzeichnis)
BB	Betriebs-Berater (Zeitschrift)
Bd.	Band
Beschl.	Beschluss
BFH	Bundesfinanzhof
BFHE	Sammlung der Entscheidungen des Bundesfinanzhofs
BGBl.	Bundesgesetzblatt
BK	Bonner Kommentar (siehe im Literaturverzeichnis unter Dolzer, R.)
BMF	Bundesministerium der Finanzen
BR	Bundesrat
BRD	Bundesrepublik Deutschland
BStBl.	Bundessteuerblatt
BT	Bundestag
BVerfG	Bundesverfassungsgericht
BVerfGE	Sammlung der Entscheidungen des BVerfG
bzgl.	bezüglich
bzw.	beziehungsweise
C/R	Calliess/Ruffert (siehe dort im Literaturverzeichnis)
D/W	Debatin/Wassermeyer (siehe dort im Literaturverzeichnis)
DB	Der Betrieb (Zeitschrift)
DBA	Doppelbesteuerungsabkommen
ders.	derselbe
dies.	dieselbe
Drucks.	Drucksache
DStJG	Deutsche Steuerjuristische Gesellschaft (Reihe)

DStR	Deutsches Steuerrecht (Zeitschrift)
DStZ	Deutsche Steuerzeitung (Zeitschrift)
DStZ/A	Deutsche Steuerzeitung, Ausgabe A (Zeitschrift)
EG	Europäische Gemeinschaft bzw. Vertrag zur Gründung der Europäischen Gemeinschaft in der Fassung vom Vertrag von Amsterdam v. 2.10.1997
EGV	Vertrag zur Gründung der Europäischen Gemeinschaft in der Fassung vom Vertrag von Maastricht v. 7.2.1992
ESt	Einkommensteuer
EStB	Der Ertrag-Steuer-Berater (Zeitschrift)
EStG	Einkommensteuergesetz
etc.	et cetera
ET	European Taxation (Zeitschrift)
EU	Europäische Union
EuG	Europäisches Gericht erster Instanz
EuGRZ	Europäische Grundrechte Zeitschrift (Zeitschrift)
EuGH	Gerichtshof der Europäischen Gemeinschaften
EuGHE	Sammlung der Entscheidungen des EuGH
EuR	Europarecht (Zeitschrift)
EuZW	Europäische Zeitschrift für Wirtschaftsrecht (Zeitschrift)
EWGV	Vertrag über die Europäische Wirtschaftsgemeinschaft v. 25.3.1957
EWS	Europäisches Wirtschafts- und Steuerrecht (Zeitschrift)
F/W/W/K	Flick/Wassermeyer/Wingert/Kempermann (siehe dort im Literaturverzeichnis)
f./ff.	folgende
F.	Fach
FA	Finanzarchiv (Reihe)
FR	Finanz-Rundschau (Zeitschrift)
FS	Festschrift
G/H	Grabitz/Hilf (siehe dort im Literaturverzeichnis)
G/S	von der Groeben/Schwarze (siehe dort im Literaturverzeichnis)
G/T/E	von der Groeben/Thiesing/Ehlermann (siehe dort im Literaturverzeichnis)
GA	Generalanwalt
GATT	General Agreement on Tarrifs and Trade
GewStG	Gewerbesteuer-Gesetz
Gr.	Gruppe

GmbH...........	Gesellschaft mit beschränkter Haftung
GmbH-StB......	GmbH-Steuerberater (Zeitschrift)
H/H/R..............	Hermann/Heuer/Raupach (siehe dort im Literaturverzeichnis)
h. A./M./L.	herrschende Ansicht/Meinung/Lehre
Hrsg.	Herausgeber
IFA..............	International Fiscal Association
IFSt..................	Institut „Finanzen und Steuern" e. V. (Reihe)
insbes.	insbesondere
i. S. d.	im Sinne des
i. S. e.	im Sinne einer/eines
i. V. m.	in Verbindung mit
IStR.................	Internationales Steuerrecht (Zeitschrift)
IRC..................	Internal Revenue Code
IWB.............	Internationale Wirtschaftsbriefe (Zeitschrift)
JbFfSt.............	Jahrbuch der Fachanwälte für Steuerrecht (Reihe)
Kap.	Kapitel
KStG.............	Körperschaftsteuergesetz
L/B/P..............	Littmann/Bitz/Pust (siehe dort im Literaturverzeichnis)
Lfg.	Ergänzungslieferung
lit.	litera
MA..............	Musterabkommen
m. E.	meines Erachtens
MK..............	Kommentar zum OECD-MA
MTRL.............	Mutter-Tochter-Richtlinie
m. w. N.	mit weiteren Nachweisen
n. F.	neuer Fassung
Nr.	Nummer
OECD...........	Organization for Economic Cooperation and Development (Organisation für wirtschaftliche Zusammenarbeit und Entwicklung)
OEEC...........	Organization for European Economic Cooperation (Europäische Organisation für wirtschaftliche Zusammenarbeit)
ÖZöffR.........	Österreichische Zeitschrift für öffentliches Recht (Zeitschrift)
ÖVwGH..........	Österreicherischer Verwaltungsgerichtshof

PIStB............... Praxis Internationale Steuerberatung (Zeitschrift)

RIW................. Recht der Internationalen Wirtschaft (Zeitschrift)
RStBl. .... Reichssteuerblatt

S. .... Seite
SchweizBG..... Schweizerisches Bundesgericht
Sec. .... Section
Sp. .... Spalte
StbJb. .... Steuerberater-Jahrbuch (Reihe)
StBp................. Steuerliche Betriebsprüfung (Zeitschrift)
SteuerStud....... Steuer und Studium (Zeitschrift)
StuB............. Steuern und Bilanzen (Zeitschrift)
StuW............ Steuer und Wirtschaft (Zeitschrift)
SWI................. Steuer und Wirtschaft International (Zeitschrift)

T/K.................. Tipke/Kruse (siehe dort im Literaturverzeichnis)
T/L.................. Tipke/Lang (siehe dort im Literaturverzeichnis)

u. a. .... und andere
Urt. .... Urteil
u. U. .... unter Umständen

v. .... vom/von
V/L................. Vogel/Lehner (siehe dort im Literaturverzeichnis)
verb. .... verbundene
Vfg. .... Verfügung
vgl. .... vergleiche
v. H. .... vom Hundert
VJSchrStFR.... Vierteljahresschrift für Steuer- und Finanzrecht (Zeitschrift)
VO................... Verordnung
VStG............. Vermögensteuergesetz

WTO............ World Trade Organization
WÜRV............ Wiener Übereinkommen über das Recht der Verträge v. 23.5.1969

z. B. .... zum Beispiel
z. T. .... zum Teil
z. v. E. .... zu versteuerndes Einkommen

Literaturverzeichnis

Ahmann, K.-R. Das Ertragssteuerrecht unter dem Diktat des Europäischen Gerichtshofs? Können wir uns wehren?
DStZ 2005, Seite 75 - 80

Andresen, U. Einschränkung des § 3c Absatz 1 und des § 9 EStG durch Doppelbesteuerungsrecht - Zuordnung von Aufwendungen zu in- bzw. auslän-dischen Einnahmen bei Auslandsentsendungen
IStR 2001, Seite 497 - 502

Bader, A./ Klose, C. Steuerliche Behandlung vergeblicher Auftragskosten für ausländische Bauprojekte
IStR 1996, Seite 318 - 322

Bahr, C./ Loest, T. Die Beurteilung von Vereinbarungen über Forschung und Entwicklung nach europäischem Kartellrecht
EWS 2002, Seite 263 - 271

Balmes, F./ Brück, M. J. J./ Ribbrock, M. Das EuGH-Urteil Marks & Spencer: Grenzüberschreitende Verlustnutzung kommt voran!
BB 2006, Seite 186 - 189

Baranowski, K.-H. Zur Ermittlung und Umrechnung ausländischer Einkünfte
DB 1992, Seite 240 - 243

Baranowski, K.-H. Besteuerung von Auslandsbeziehungen
2. Auflage, Herne, Berlin 1996
(zitiert: Baranowski, Auslandsbeziehungen[2])

Baranowski, K.-H. Praktiker-Handbuch Außensteuerrecht
Bd. 2, 28. Auflage Düsseldorf 2004
(zitiert: Baranowski, Außensteuerrecht)

Becker, H./ Höppner, H.-D./ Grotherr, S./ Kroppen, H.-K. DBA-Kommentar
Loseblatt, Herne, Berlin, Stand: 9/2003
(zitiert: Bearbeiter in B/H/G/K)

Becker, H./ Thömmes, O.	Treaty Shopping und EG-Recht - Kritische Anmerkungen zu Art. 28 des neuen deutsch-amerikanischen Doppelbesteuerungsabkommens DB 1991, Seite 566 - 568
Beiser, R.	Das Leistungsfähigkeitsprinzip im Licht des Gemeinschaftsrechts StuW 2005, Seite 295 - 305
Bender, T.	Verlustverrechnungsbeschränkungen im EStG Frankfurt am Main 2002, zugleich Dissertation Universität Bamberg 2001 (zitiert: Bender, Verlustverrechnungsbeschränkungen)
Bendlinger, S.	Die ertragsteuerliche Ergebnisaufteilung zwischen inländischem Stammhaus und ausländischer Betriebsstätte. Besonderheiten bei in-ternationalen Anlagenerrichtungen in Lang, M./Jirousek, H. (Hrsg.) Festschrift für Helmut Loukota, Wien 2005, Seite 45 - 79 (zitiert: Bendlinger in FS Loukota)
Bendlinger, S./ Remberg, M./ Kuckhoff, H.	Betriebsstättenbesteuerung im Großanlagenbau IStR 2002, Seite 40 - 45
Bernhard, W.	Einkünfte aus ausländischen Betriebsstätten im Lichte des Europarechts - Anmerkung zu dem Urteil des EuGH vom 14.12.2000, Rs. C-141/99 (AMID) IStR 2001, Seite 366 - 368
Bernhardt, L./ Piekielnik, T.	Das neue Doppelbesteuerungsabkommen mit Polen IStR 2005, Seite 366 - 369
Bichler, F.	Besteuerung von Dividenden vor dem Hintergrund des Gemeinschaftsrechts in Lang, M./Konezny, G./Zehetner, U. (Hrsg.), Die Auswirkungen der Diskriminierungsverbote in der Praxis, Schriftenreihe zum Internationalen Steuerrecht, Band 28, Wien 2003, Seite 103 - 122 (zitiert: Bichler, Dividenden)

Bieg, T. Der Gerichtshof der Europäischen Gemeinschaften und sein Einfluss auf das deutsche Steuerrecht
Frankfurt am Main, Berlin, Bern, New York, Paris, Wien 1997, zugleich Dissertation Universität Bayreuth 1996
(zitiert: Bieg, Einfluss)

Birk, D. Handbuch des Europäischen Steuer- und Abgabenrechts
Herne, Berlin 1995
(zitiert: Bearbeiter in Birk, Handbuch)

Birk, D. Steuerrecht
6. Auflage, Heidelberg 2003
(zitiert: Birk, Steuerrecht^{6})

Birk, D. Das sog. „Europäische" Steuerrecht
FR 2005, Seite 121 - 127

Bizek, B. Anwendung der Grundfreiheiten auf Doppelbesteuerungsabkommen
in Lang, M./Konezny, G./Zehetner, U. (Hrsg.), Die Auswirkungen der Diskriminierungsverbote in der Praxis, Schriftenreihe zum Internationalen Steuerrecht, Band 28,
Wien 2003, Seite 59 - 83
(zitiert: Bizek, Anwendung)

Bosch, U. Meistbegünstigung und Staatshandeln
Berlin 1971, zugleich Dissertation Universität Bonn 1970
(zitiert: Bosch, Meistbegünstigung)

Breuninger, E. G. Abschied vom Betriebsausgabenabzug bei DBA-Schachtelbeteiligung?
FR 1995, Seite 561 - 568

Brezing, K. Abzugsverbot für Schulden und Schuldzinsen, die in wirtschaftlichem Zusammenhang mit steuerfreien Vermögensgegenständen bzw. Einnahmen stehen
FR 1972, Seite 73 - 77

Brinkmann, J. — Der Einfluss des Europäischen Rechts auf die Unternehmensbesteuerung
Baden-Baden 1996, zugleich Dissertation Universität Konstanz 1996
(zitiert: Brinkmann, Einfluss)

Calliess, C./ Ruffert, M. — Kommentar des Vertrages über die Europäische Union und des Vertrages zur Gründung der Europäischen Gemeinschaft
2. Auflage, Neuwied, Kriftel 2002
(zitiert: Bearbeiter in C/R^2)

Classen, D. — Auf dem Weg zu einer einheitlichen Dogmatik der EG-Grundfreiheiten?
EWS 1995 Seite 97 - 106

Cloer, A. — EuGH erteilt Meistbegünstigung eine Absage
PIStB 2005, Seite 189

Cordewener, A. — Europäische Grundfreiheiten und nationales Steuerrecht
Köln 2002, zugleich Dissertation Universität Bonn 2001
(zitiert: Cordewener, Grundfreiheiten)

Cordewener, A. — Auslandsverluste und EG-Grundfreiheiten: Kurskorrektur am falschen Fall?
IStR 2003, Seite 413 - 418

Cordewener, A. — DBA-Freistellung von Auslandsverlusten und EG-Grundfreiheiten: Klärung aufgeschoben, aber (hoffentlich) nicht aufgehoben!
DStR 2004, Seite 1634 - 1638

Cordewener, A./ Schnitger, A. — Europarechtliche Vorgaben für die Vermeidung der internationalen Doppelbesteuerung im Wege der Anrechnungsmethode
StuW 2006, Seite 50 - 78

Dahnke, H. — Keine Berücksichtigung von Gewinnminderungen im Zusammenhang mit DBA-Schachtelbeteiligungen?
IStR 1993, Seite 465 - 466

Dahnke, H. Gewinnaufteilung zwischen Stammhaus und Betriebsstätte
PIStB 1999, Seite 13 - 18

Dautzenberg, N. EG-rechtswidrige Behandlung von negativen ausländischen Einkünften nach den EuGH-Entscheidungen Vestergaard und AMID
FR 2001, Seite 809 – 815

Dautzenberg, N./ Herzig, N. Der EWG-Vertrag und die Doppelbesteuerungsabkommen
DB 1992, Seite 2519 - 2524

De Bont, G. Taxation and the Free Movement of Captial and Payments
EC Tax Review 1995, Seite 136 - 142

Debatin, H. Perspektiven im internationalen Steuerrecht
StbJb. 1964/1965, Seite 399- 432

Debatin, H. Einkommens- und Vermögensverlagerungen in sog. Steueroasenländer unter Ausnutzung des zwischenstaatlichen Steuergefälles (Teil I)
DB 1965, Seite 1022 - 1025

Debatin, H. Internationale Steueraspekte in der deutschen höchstrichterlichen Rechtsprechung
DStZ/A 1966, Seite 161 - 168

Debatin, H. System und Auslegung der Doppelbesteuerungsabkommen
DB 1985, Beilage 23, Seite 1 - 8

Debatin, H. Das Betriebsstättenprinzip der deutschen Doppelbesteuerungsabkommen
DB 1989, Seite 1692 - 1697 und Seite 1739 - 1744

Debatin, H. Subjektiver Schutz unter Doppelbesteuerungsabkommen
BB 1989, Beilage 2, Seite 1 - 10

Debatin, H. Zur Behandlung von Beteiligungen an Personengesellschaften unter den Doppelbesteuerungsabkommen im Lichte der neueren Rechtsprechung des Bundesfinanzhofs,
BB 1992, Seite 1181 - 1188

Debatin, H./ Wassermeyer, F.	Doppelbesteuerung Kommentar, Loseblatt, München, Stand: 96. Lfg. 5/2005 (zitiert: Bearbeiter in D/W)
Djanani, C./ Brähler, G./ Hartmann, T.	Die Finanzverwaltung und die autonome Abkommensauslegung IStR 2004, Seite 481 - 485
Dörr, I.	Praxisfragen zur Umsetzung der Zins- und Lizenzrichtlinie in § 50g EStG IStR 2005, Seite 109 - 117
Dolzer, R./ Vogel, K./ Graßhof, K.	Bonner Kommentar zum Grundgesetz Loseblatt, Heidelberg, Stand: 117. Lfg. 10/2005 (zitiert: Bearbeiter in BK)
Dorn, H.	Das Recht der internationalen Doppelbesteuerung VJSchrStFR 1927, Seite 190 - 249
Drüen, K.-D./ Kahler, B.	Die nationale Steuerhoheit im Prozess der Europäisierung StuW 2005, Seite 171 - 184
Ebling, K.	Unilaterale Maßnahmen gegen die internationale Doppelbesteuerung bei den Steuern vom Ertrag Mainz 1970, zugleich Dissertation Universität Mainz 1970 (zitiert: Ebling, Unilaterale Maßnahmen)
Ebling K.	Die unilateralen Maßnahmen zur Ausschaltung der internationalen Doppelbesteuerung DStR 1976, Seite 231 - 237
Eggers, W.	Verluste ausländischer Betriebsstätten und Nachversteuerung in Pitz, D. J./Schaumburg, H. (Hrsg.), Aufwand und Verluste bei internationalen Steuersachverhalten, Forum der Internationalen Besteuerung, Band 16, Köln 1999, Seite 123-136
Ehlers, D.	Europäische Grundrechte und Grundfreiheiten 2. Auflage, Berlin 2005 (zitiert: Bearbeiter in Ehlers, Grundfreiheiten[2])

Eicker, K./ Stockburger, L. — Internationale Verfahren zur Beseitigung der Doppelbesteuerung - Überblick und Folgerungen für die Praxis anlässlich des rückwirkenden Wiedereintritts der EU-Schiedskonvention zum 1.11.2004
IWB v. 23.2.2005, Fach 11, Gruppe 2, Seite 661 - 672

Eilers, S./ Nowack, R. — Ausgabenabzug und Teilwertabschreibung bei Schachtelbeteiligungen - Zum (Un-) Verhältnis von § 3c EStG und § 8b KStG nach Verabschiedung des Standortsicherungsgesetzes
IStR 1994, Seite 218 - 222

Elicker, M. — Die „steuerrechtliche Kohärenz" in der Rechtsprechung des Europäischen Gerichtshofes
IStR 2005, Seite 89 - 92

Englisch, J. — Zur Dogmatik der Grundfreiheiten des EGV und ihren ertragsteuerlichen Implikationen
StuW 2003, Seite 88 - 97

Englisch, J. — Anmerkung zu EuGH, Urt. v. 7.9.2004, Rs. C-319/02, Manninen
IStR 2004, 684 - 686

Englisch, J. — Dividendenbesteuerung. Europa- und verfassungsrechtliche Vorgaben im Vergleich der Körperschaftsteuersysteme Deutschlands und Spaniens
Köln 2005, zugleich Dissertation Universität Köln 2003
(zitiert: Englisch, Dividendenbesteuerung)

Epiney, A. — Umgekehrte Diskriminierungen,
Köln 1995, zugleich Habilitation, Universität Mainz 1994
(zitiert: Epiney, Umgekehrte Diskriminierungen)

Europäische Kommission — Bericht des unabhängigen Sachverständigenausschusses zur Unternehmensbesteuerung
Luxemburg 1992
(zitiert: Europäische Kommission, Ruding-Bericht)

Fischer, P. — Europa macht mobil - bleibt der Verfassungsstaat auf der Strecke,
FR 2005, Seite 457 - 468

Flick H.	Methoden zur Ausschaltung der internationalen Doppelbesteuerung bei den direkten Steuern FA Bd. 21 (1961), Seite 86 - 116
Flick H.	Recht und Gerechtigkeit im internationalen Steuerrecht FR 1961, Seite 171 - 174
Flick, H. / Wassermeyer, F./ Wingert, K.-D./ Kempermann, M.	Doppelbesteuerungsabkommen Deutschland-Schweiz Kommentar, Loseblatt, Köln, Stand: 26. Lfg 11/2004 (zitiert: Bearbeiter in F/W/W/K)
Förster, J.	Betriebsausgabenabzug bei Schachteldividenden DStR 1994, Seite 643 - 645
Forst, P./ Busch, C.	Die Umsetzung der Zins- und Lizenzrichtlinie in Deutschland EStB 2005, Seite 35 - 38
Freundling, F.	Progressionsvorbehalt und Ausgleich mit ausländischen Verlusten im Recht der Doppelbesteuerungsabkommen AWD 1971, Seite 34 - 36
Freundling, F.	Zum Ausgleich mit ausländischen Verlusten im Recht der Doppelbesteuerung AWD 1972, Seite 287 - 289
Friedrich, K./ Nagler, J.	Anmerkung zu BFH, Beschl. v. 14.7.2004, I R 17/03 DB 2004, Seite 2617 - 2618
Frischmuth, M.	§ 3c EStG im Zusammenhang mit steuerfreien Beteiligungserträgen auf dem Prüfstand des EuGH StuB 2005, Seite 493 - 496
Frotscher, G.	Gedanken zum Betriebsausgabenabzug bei steuerfreien ausländischen Einkünften in Kleineidam, H.-J. (Hrsg.), Festschrift für Lutz Fischer, Berlin 1999, Seite 549 - 565 (zitiert: Frotscher in FS Fischer)

Frotscher, G.	Kommentar zum Einkommensteuergesetz Loseblatt, Freiburg, Stand: 107. Lfg. 2001 (zitiert: Bearbeiter in Frotscher)
Frotscher, G.	Internationales Steuerrecht München 2001 (zitiert: Frotscher, IntStR)
Frotscher, G.	Ausgabenabzugsbeschränkung nach § 3c EstG und ihre Auswikrungen auf Finanzierungsentscheidungen DStR 2001, Seite 2045 - 2054
Frotscher, G./ Maas, E.	Körperschaftsteuergesetz, Umwandlungssteuergesetz Kommentar, Loseblatt, Freiburg, Stand: 80. Lfg. 8/2005 (zitiert: Bearbeiter in Frotscher/Maas)
Förster, J.	Betriebsausgabenabzug bei Schachteldividenden DStR 1994, Seite 643 - 645
Füger, R.	Steuerpflicht italienischer Einkünfte bei Arbeitnehmerentsendung PIStB 1999, Seite 27 - 28
Geiger, R.	EUV/EGV Kommentar, 4. Auflage, München 2004 (zitiert: Geiger, EUV/EGV[4])
Geiger, A.	Die Leitlinien der Kommission zur Anwendbarkeit von Art. 81 EG auf Vereinbarungen über horizontale Zusammenarbeit EuZW 2000, Seite 325 - 328
Gloria, C.	Das steuerliche Verständigungsverfahren und das Recht auf diplomatischen Schutz Berlin 1988, zugleich Dissertation Universität Bochum 1987 (zitiert: Gloria, Verständigungsverfahren)
Görden, L.	Grenzüberschreitende Verlustberücksichtigung im Konzern GmbH-StB 2006, Seite 3

Götz, V.	Steuervergünstigungen als Gegenstand der europäischen Beihilfeaufsicht in Kirchhof, P./Lehner, M./Raupach, A./Rodi, M. (Hrsg.), Festschrift für Klaus Vogel, Heidelberg 2000, Seite 579 – 591 (zitiert: Götz in FS Vogel)
Gosch, D.	Anmerkung zu BFH, Urt. v. 29.5.1996, I R 15/94 DStR 1996, Seite 1164 - 1165
Gosch, D.	Anmerkung zu BFH, Beschl. v. 17.12.1998, I B 80/98 StBp 1999, Seite 135 - 136
Goschler, C.	Die „Einkünfte" nach Art. 23 OECD-MA in Lang, M. (Hrsg.), Freistellung- und Anrechnungsmethode in den Doppelbesteuerungsabkommen, Schriftenreihe zum Internationalen Steuerrecht, Band 24, Wien 2002, Seite 55 – 71 (zitiert: Goschler, Einkünfte)
Grabitz, E./ Hilf, M.	Das Recht der Europäischen Union Kommentar, Loseblatt, München, Stand: 27. Lfg. 6/2005 (zitiert: Bearbeiter in G/H)
Graf, M.	Neuerungen beim EU-Schiedsübereinkommen SteuerStud 2005, Seite 98 - 102
von der Groeben/ Scharze	Kommentar zum Vertrag über die Europäische Union und zur Gründung der Europäischen Gemeinschaft 6. Auflage, Baden-Baden 2003 (zitiert: Bearbeiter in G/S[6])
von der Groeben/ Thiesing/ Ehlermann	Kommentar zum EU-/EG-Vertrag 5. Auflage, Baden-Baden 1997 (zitiert: Bearbeiter in G/T/E[5])
von Groll, R.	Die Verlustkompensation im System des deutschen Einkommensteuerrechts in Lehner, M. (Hrsg.), Verluste im nationalen und Internationalen Steuerrecht, Münchener Schriften zum Internationalen Steuerrecht, Heft 24, München 2004, Seite 23 - 51 (zitiert: von Groll, Verlustkompensation)

Gross, I. — Subventionsrecht und „schädlicher Steuerwettbewerb“: Selektivität von Steuervergünstigungen als gemeinsames Kriterium
RIW 2002, Seite 46 - 55

Grotherr, S. — Zweifelsfragen bei der Anwendung der Rückfallklauseln („subject to tax clause“) gemäß DBA
IWB v. 12.3.1997, Fach 3, Deutschland, Gruppe 2, Seite 689 - 717

Grotherr, S. — Handbuch der internationalen Steuerplanung
2. Auflage, Herne, Berlin 2003
(zitiert: Bearbeiter in Grotherr, Handbuch[2])

Grotherr, S. — Zweifelsfragen zur Ausgabenberücksichtigung bei der Ermittlung ausländischer Einkünfte
in Gocke, R./Gosch, D./Lang, M. (Hrsg.) Festschrift für Franz Wassermeyer, München 2005, Seite 303 - 321
(zitiert: Grotherr in FS Wassermeyer)

Grotherr, S./ Herfort, C./ Strunk, G. — Internationales Steuerrecht
Achim 1998
(zitiert: Bearbeiter in G/H/S, IntStR)

Grube, F./ Behrendt, L. — Nutzung steuerlicher Verluste einer ausländischen gewerblichen Betriebsstätte im Inland
SteuerStud 2003, Seite 593 - 600

Grützner, D. — Doppelbesteuerungsabkommen
Herne 1978
(zitiert: Grützner, DBA)

Günkel, M. — Internationales Steuerrecht, Diskussionsleitung
StbJb. 1997/1998, Seite 493 - 536
(zitiert: Teilnehmer in Günkel, Diskussion)

Gundel, J. — Die Rechtfertigung von faktisch diskriminierenden Eingriffen in die Grundfreiheiten des EGV
Jura 2001, Seite 79 - 85

Haarmann, W. — Auslegung von Doppelbesteuerungsabkommen, Diskussionsleitung

	in Haarmann W. (Hrsg.), Auslegung und Anwendung von Doppelbesteuerungsabkommen, Forum der Internationalen Besteuerung, Band 26, Köln 2004, Seite 23 - 30 (zitiert: Teilnehmer in Haarmann, Diskussion)
Haas, W.	Fall 6: Währungsverluste und DBA-Schachtelprivileg JbFfSt 2001/2002, Seite 641 - 651 (zitiert: Referent bzw. Diskussionsteilnehmer in Haas, Fallbesprechung)
Häger, M./ Forst, P.	Betriebsausgabenabzug beim nationalen Schachtelprivileg EStB 2001, Seite 154 - 157
Hahn, H.	Die Vereinbarkeit von Normen des deutschen internationalen Steuerrechts mit EG-Recht IFSt-Schrift Nr. 378, Bonn 1999 (zitiert: Hahn, Vereinbarkeit)
Hahn, H.	Das AMID-Urteil - belgisches Internum oder Aufbruch zu neuen Ufern? IStR 2001, Seite 465 - 469
Hahn, H.	Grenzüberschreitende Berücksichtigung von Betriebsstättenverlusten? IStR 2002, Seite 681 - 687
Hahn, H.	Nochmals: Betriebsstättenverluste, Verfassungs- und Europarecht IStR 2003, Seite 734 - 736
Hahn, H.	Der Bosal-Fall und die beschränkte Problemlösungskapazität des EuGH GmbHR 2003, Seite 1245 - 1249
Hahn, H.	Zur Auslegung von Doppelbesteuerungsabkommen: Der Grundsatz der Entscheidungsharmonie im Crash-Test in Gocke, R./Gosch, D./Lang, M. (Hrsg.) Festschrift für Franz Wassermeyer, München 2005, Seite 631 - 645 (zitiert: Hahn in FS Wassermeyer)
Hahn, H.	Gemeinschaftsrecht und Recht der direkten Steuern DStZ 2005, Seite 433 - 442, 469 - 481, 507 - 515

Harden, I.	State Aid: Community Law and Policy Köln 1993 (zitiert: Bearbeiter in Harden, State Aid)
Heidenhein, M.	Handbuch des Europäischen Beihilfenrechts München 2003 (zitiert: Bearbeiter in Heidenhein, Beihilfenrecht)
Hellwig, P.	Die Verlustproblematik bei Auslandsbeziehungen StbJb. 1976/1977, Seite 427 - 454
Herdegen, M.	Europarecht 6. Auflage, München 2004 (zitiert: Herdegen, Europarecht[6])
Herrmann C./ Heuer G./ Raupach A.	Einkommensteuer- und Körperschaftsteuergesetz Kommentar, Loseblatt, Köln, Stand: 217. Lfg. 3/2005 (zitiert: Bearbeiter in H/H/R)
Herzig, N.	Aktuelle Entwicklungen bei § 8b KStG und § 3c EStG DB 2003, Seite 1459 - 1468
Herzig, N./ Wagner, T.	EuGH-Urteil „Marks & Spencer" - Begrenzter Zwang zur Öffnung nationaler Gruppenbesteuerungssysteme für grenzüberschreitende Sachverhalte DStR 2006, Seite 1 - 12
Hey, F. E. F.	Anmerkung zu BFH, Urt. v. 11.6.1996, I R 8/96 RIW 1997, Seite 82 - 84
Hey, J.	Perspektiven der Unternehmensbesteuerung in Europa StuW 2004, Seite 193 - 211
Hey, J.	Erosion nationaler Besteuerungsprinzipien im Binnenmarkt? StuW 2005, Seite 317 - 326
Hey, J.	Die EuGH-Entscheidung in der Rechtssache Marks & Spencer und die Zukunft der deutschen Organschaft GmbHR 2006, Seite 113 - 123

Heydt, V. | Das Verbot der Doppelbesteuerung - ein rechtsverbindlicher Bestandteil des Binnenmarktes
EuZW 2000, Seite 33

Heydt, V. | Einfluss des Gemeinschaftsrechts auf die Doppelbesteuerung
in Haarmann, W. (Hrsg.), Auslegung und Anwendung von Doppelbesteuerungsabkommen, Forum der Internationalen Besteuerung, Band 26, Köln 2004, Seite 31 - 54
(zitiert: Heydt, Einfluss)

Hinnekens, L. | Compatibility of Bilateral Tax Treaties with European Community Law
EC Tax Review 1994, Seite 146 - 166

Hirsch, G. | Wichtige Einflüsse der EuGH-Rechtsprechung auf das deutsche Steuerrecht
DStZ 1998, Seite 489 - 495

Hirsch, G. | Verhältnis des deutschen Verfassungsrechts zum Europarecht
in Pelka, J. (Hrsg.), Europa- und verfassungsrechtliche Grenzen der Unternehmensbesteuerung, DStJG Band 24, Köln 2000, Seite 175 - 185
(zitiert: Hirsch, Verhältnis)

Höhn, E. | Handbuch des internationalen Steuerrechts der Schweiz
2. Auflage, Bern, Stuttgart, Wien 1993
(zitiert: Bearbeiter in Höhn, Handbuch[2])

Hofbauer, I. | Das Meistbegünstigungsprinzip in den deutschen und österreicherischen Doppelbesteuerungsabkommen
IStR 2004, Seite 667 - 672

Hofbauer, I. | Das Prinzip der Meistbegünstigung im grenzüberschreitenden Ertragsteuerrecht
Wien 2005, zugleich Dissertation Universität Wien 2005
(zitiert: Hofbauer, Meistbegünstigung)

Hofmann, K.-W./ Otto, U. B. — Erschwernis der Freistellung von Arbeitslohn gem. DBA nach Einführung einer nationalen Rückfallklausel durch das StÄndG 2003
FR 2004, Seite 826 - 830

Holthaus, J. — Die Änderungen der Freistellungspraxis im StÄndG 2003 beim ausländischen Arbeitslohn in § 50d EStG – Auswirkungen einer globalen Rückfallklausel in allen Anwendungsfällen der DBA
IStR 2004, Seite 16 - 18

Holthaus, J. — Aktuelle Anwendung der Rückfallklauseln der DBA in der Praxis - Wo und wann kann die Finanzverwaltung trotz geänderter Rechtsauffassung des BFH noch „weiße Einkünfte“ verhindern?
IStR 2005, Seite 337 - 339

van Hoorn, J. — Einige Gedanken über die Entwicklung auf dem Gebiet des internationalen Steuerrechts
StuW 1960, Sp. 201 - 214

Ipsen, K. — Völkerrecht
3. Auflage, München 1990
(zitiert: Ipsen, Völkerrecht[3])

Ipsen, K. — Völkerrecht
5. Auflage, München 2004
(zitiert: Ipsen, Völkerrecht[5])

Jacob, F. — Das deutsch-amerikanische Doppelbesteuerungsabkommen von 1989
DStZ 1992, Seite 669 - 675

Jacob F. — DBA-Schachtelbefreiungen für Dividenden: Welche Beteiligungsschwelle?
FR 2002, Seite 1355 - 1356

Jacob, F. — Anmerkung zu BFH, Urt. v. 17.12.2003, I R 14/02
IStR 2004, Seite 242 - 244

Jacobs, O. H. | Internationale Unternehmensbesteuerung
5. Auflage, München 2002
(zitiert: Jacobs, Unternehmensbesteuerung[5])

Jacobs, O. H./ Schmidt, F. | The Allowance for Corporate Equity as a Method of Harmonizing Corporate Taxation
Intertax 1995, Seite 232 - 246

Jahn, R. | Anmerkung zu BFH, Urt. v. 7.11.2001, I R 3/01
PIStB 2002, Seite 123 - 124

Jahn, R. | Anmerkung zu BFH, Urt. v. 15.5.2002, I R 40/01
PIStB 2002, Seite 296 - 298

Jahn, R. | Verluste ausländischer Tochtergesellschaften sind nur in engen Grenzen verrechenbar
PIStB 2006, Seite 4 - 6

Jarass, H. D. | Elemente der Dogmatik der Grundfreiheiten II
EuR 2000, Seite 705 - 723

Jones, J. F. A. | Carry on Discriminating
ET 1996, Seite 46 - 51

Kempermann, M. | Anmerkung zu BFH, Urt. v. 7.11.2001, I R 3/01
FR 2002, Seite 416

Kerath, A. | Maßstäbe zur Auslegung und Anwendung von Doppelbesteuerungsabkommen unter besonderer Berücksichtigung des Verständigungsverfahrens
Hamburg 1995, zugleich Dissertation Universität Hamburg 1995
(zitiert: Kerath, Maßstäbe)

Graf Kerssenbrock, | § 8b Abs. 5 KStG nach der „Lankhorst-Hohorst"-Entscheidung des EuGH
BB 2003, Seite 2148 - 2157

Kessler, W. | DBA-Schachtelprivileg und § 3c EStG - Steuerwirkung der unterschiedlichen Lösungsalternativen
IStR 1994, Seite 299 - 304

Kessler, W	Ausländische Betriebsstättenverluste in Lehner, M. (Hrsg.), Verluste im nationalen und Internationalen Steuerrecht, Münchener Schriften zum Internationalen Steuerrecht, Heft 24, München 2004, Seite 83- 113 (zitiert: Kessler, Betriebsstättenverluste)
Kessler, W.	Inländische Berücksichtigung ausländischer Betriebsstättenverluste IFSt-Schrift Nr. 421, Bonn 2004 (zitiert: Kessler, Berücksichtigung)
Kessler, W./ Schmitt, C. P./ Janson, G.	Berücksichtigungsverbot abkommensrechtlich „befreiter" Betriebsstättenverluste? IStR 2001, Seite 729 - 737
Kessler, W./ Schmitt, C. P./ Janson, G.	Nochmals: Berücksichtigungsverbot abkommensrechtlich „befreiter" Betriebsstättenverluste? IStR 2003, Seite 307 - 309
Kessler, W./ Sinz, A.	Änderung der Mutter-Tochter-Richtlinie: Ende der „Quellensteuerfalle" im Verhältnis zu Frankreich absehbar IStR 2004, Seite 789 - 791
Kirchhof, P.	Einkommensteuer Kompaktkommentar 3. Auflage, Heidelberg 2003 (zitiert: Bearbeiter in Kirchhof, EStG[3])
Kischel, D.	Der „wesentliche Inhalt" der EU-Richtlinie zur Harmonisierung der Zinsbesteuerung IWB v. 28.2.2001, Fach 11, Gruppe 2, Seite 459 - 468
Kischel, U.	Zur Dogmatik des Gleichheitssatzes in der Europäischen Union EuGRZ 1997, Seite 1 - 11
Kischel, D.	Anmerkung zu EuGH, Urt. v. 12.5.1998, Rs. C-336/96, Gilly IWB v. 24.6.1998, Fach 11a, Seite 282 - 284
Klapdor, R. H.	Effiziente Steuerordnung durch ein europäisches Musterabkommen?

Bielefeld 2000, zugleich Dissertation Universität Duisburg 2000
(zitiert: Klapdor, Musterabkommen)

Klösters, A. — Kompetenzen der EG-Kommission im innerstaatlichen Vollzug von Gemeinschaftsrecht
Köln, Berlin, Bonn, München, 1994
(zitiert: Klösters, Kompetenzen)

Kluge, V. — Das Internationale Steuerrecht
4. Auflage, München 2000
(zitiert: Kluge, IntStR^4)

Knauer, M. — Verlustausgleich und Doppelbesteuerungsabkommen
StuW 1964, Spalte 155 - 162

Körner, A. — Europarecht und CFC-Regelungen - Anrufung des EuGH im Verfahren „Cadbury Schweppes“
IStR 2004, Seite 697 - 706

Kokott, J. — Die Bedeutung der europarechtlichen Diskriminierungsverbote und Grundfreiheiten für das Steuerrecht der EU-Mitgliedstaaten
in Lehner, M. (Hrsg.), Grundfreiheiten im Steuerrecht der EU-Staaten,Münchener Schriften zum Internationalen Steuerrecht, Heft 23, München 2000, Seite 1 - 24
(zitiert: Kokott, Grundfreiheiten)

Kolb, A. — Übergang der Schweiz zum Verfahren der Entlastung an der Quelle bei Dividenden im Mutter-Tochter-Verhältnis
IWB v. 9.2.2005, Fach 5, Schweiz, Gruppe 2, Seite 587 – 590

Konezny, G./ Züger, M. — Ist die internationale Schachtelbeteiligung „europatauglich“?
SWI 2000, Seite 218 - 223

Korn, K. / Carlé, D./ Stahl, R. / Strahl, M. — Einkommensteuergesetz, Kommentar
Bonn, Berlin 2000
(zitiert: Bearbeiter in Korn)

Krabbe, H.	Steuerliche Behandlung ausländischer Verluste nach § 2a EStG RIW 1983, Seite 40 - 44
Krabbe, H.	Zuordnung von Betriebsausgaben zu Schachteldividenden FR 1984, Seite 473 - 475
Krabbe, H.	Verlustberücksichtigung bei Auslandseinkünften in Vogel, K. (Hrsg.), Grundfragen des Internationalen Steuerrechts, Köln 1985, Seite 79 - 90 (zitiert: Krabbe, Verlustberücksichtigung)
Krabbe, H.	Betriebsausgaben im Zusammenhang mit ausländischen Schachtelbeteiligungen DB 1994, Seite 242 - 245
Krabbe, H.	Anmerkung zu BFH, Urt. v. 29.5.1996, I R 21/95 IStR 1996, Seite 387 - 388
Krabbe, H.	Aufwand und Verluste bei grenzüberschreitenden Sachverhalten in Piltz, D. J./Schaumburg, H. (Hrsg.), Aufwand und Verluste bei internationalen Steuersachverhalten, Forum der Internationalen Besteuerung, Band 16, Köln 1999, Seite 1 - 12 (zitiert: Krabbe, Aufwand)
Krabbe, H.	Anmerkung zum BMF-Schreiben vom 10.1.2000 IStR 2000, Seite 55
Kraft, B.	Remittance-Base-Prinzip: Lohn für die Tätigkeit in Zypern im Inlandsteuerpflichtig? PIStB 2001, Seite 123 - 126
Kraft, C./ Kraft, G.	Die Rechtsprechung des Bundesfinanzhofs zu § 3c EStG und dem DBA-Schachtelprivileg in Burmester, G./Endres, D. (Hrsg.), Festschrift für Helmut Debatin, München 1997, Seite 235 - 254 (zitiert: Kraft, C./Kraft, G. in FS Debatin)
Krawitz/ Büttgen-Pöhland/ Hick	Aktivitätsvorbehalte bei Einkünften aus ausländischen Kapitalgesellschaften und Betriebsstätten FR 2003, Seite 109 - 127

Kreft, V. — Vorab veranlasste Erwerbsaufwendungen im Einkommensteuerrecht
Berlin, Heidelberg u. a. 2000, zugleich Dissertation Universität Bielefeld 1999
(zitiert: Kreft, Erwerbsaufwendungen)

Kröner, M./Köhler, S. — Änderungen in § 8b KStG: Standortsicherung im Rückwärtsgang
IStR 1999, Seite 268 - 273

Kroppen — Betriebsstätte – Quo vadis?
IWB v. 10.8.2005, Fach 10, Gruppe 2, Seite 1865 - 1878

Krüger, D. — Drei Beweise für gesetzliche Unsystematik
FR 1988, Seite 517

Kruse, H. W. — Steuerrecht, I. Allgemeiner Teil
3. Auflage, München 1973
(zitiert: Kruse, Steuerrecht[3])

Kruse, H. W. — Über Werbungskosten
FR 1981, Seite 473 - 479

Kussmaul, H. — Methoden zur Vermeidung einer möglichen Doppelbesteuerung im Rahmen des Einkommensteuergesetzes
StuB 2000, Seite 706 - 716

Lademann, F. — Kommentar zum Einkommensteuergesetz
Loseblatt, Stuttgart, München u. a., Stand: 127. Lfg. 4/2000
(zitiert: Bearbeiter in Lademann)

Lamminger, E./Traxel, W. — Nachträgliche Werbungskosten und Leistungsfähigkeitsprinzip
DStZ 1995, Seite 429 - 431

Lang, M. — Die Interpretation des Doppelbesteuerungsabkommens zwischen Deutschland und Österreich
RIW 1992, Seite 573 - 578

Lang, M. — Die Bindung der Doppelbesteuerungsabkommen an die Grundfreiheiten des EU-Rechts
in Gassner, W./Lang, M./Lechner, E. (Hrsg.), Doppelbesteu-

erungsabkommen und EU-Recht, Wien 1996, Seite 25 - 42
(zitiert: Lang, M., DBA)

Lang, M. | Die Zuordnung von Finanzierungsaufwendungen im DBA-Recht
SWI 1995, Seite 289 - 293

Lang, M. | Kein Verstoß von Doppelbesteuerungsabkommen gegen die Grundfreiheiten des EGV?
IWB v. 24.7.1996, Fach 11, Gruppe 2, Seite 255 - 258

Lang, M. | Multilaterale Doppelbesteuerungsabkommen: die Zukunft des internationalen Steuerrechts
Bonn 1997
(zitiert: Lang, M., Multilaterale DBA)

Lang, M. | Steuerliche Behandlung von Betriebsstättenverlusten aus deutsch-österreicherischen Wirtschaftsbeziehungen in Österreich
in Piltz, D. J./Schaumburg, H. (Hrsg.), Aufwand und Verluste bei internationalen Steuersachverhalten, Forum der Internationalen Besteuerung, Band 16, Köln 1999, Seite 137 - 162
(zitiert: Lang, M., Betriebsstättenverluste)

Lang, M. | Einführung in das Recht der Doppelbesteuerungsabkommen
2. Auflage, Wien 2002
(zitiert: Lang, M, Einführung²)

Lang, M. | Ausländische Betriebsstättenverluste und DBA-Auslegung
SWI 2002, Seite 86 - 94

Lang, M. | Konsequenzen der neuen Judikatur des Verwaltungsgerichtshofs zu den Auslandsverlusten, Diskussionsleitung
SWI 2002, Seite 428 - 440
(zitiert: Teilnehmer in Lang, M., Diskussion)

Lang, M. | Das EuGH-Urteil in der Rechtssache D. - Gerät der Motor der Steuerharmonisierung ins Stottern?
SWI 2005, Seite 365 - 374

Larenz, K. | Methodenlehre in der Rechtswissenschaft
6. Auflage, Berlin, Heidelberg u. a. 1991
(zitiert: Larenz, Methodenlehre[6])

Lechner, E. | Befreiungsmethode und Einkommensermittlung
in Gassner, W./Lang, M./Lechner, E. (Hrsg.), Die Methoden zur Vermeidung der Doppelbesteuerung, Wien 1995, Seite 137 - 152
(zitiert: Lechner, Befreiungsmethode)

Lechner, E. | Die Auswirkungen des EU-Rechts auf die „Befreiung“ von Verlusten nach den Doppelbesteuerungsabkommen
in Gassner, W./Lang, M./Lechner, E. (Hrsg.), DBA und EU-Recht, Wien 1996, Seite 85 - 98
(zitiert: Lechner, Auswirkungen)

Lehner, M. | EU-Recht und die Kompetenz zur Beseitigung der Doppelbesteuerung
in Gassner, W./Lang, M./Lechner, E. (Hrsg.), Doppelbesteuerungsabkommen und EU-Recht, Wien 1996, Seite 11 - 24
(zitiert: Lehner, Kompetenz)

Lehner, M. | Diskussionsleitung
in Vogel, K. (Hrsg.), Freistellung im internationalen Steuerrecht, Münchener Schriften zum Internationalen Steuerheft, Heft 21, München 1996, Seite 55 - 86
(zitiert: Teilnehmer in Lehner, Diskussion)

Lehner, M. | Anmerkung zu EuGH, Urt. v. 12.5.1998, Rs. C-336/96, Gilly
IStR 1998, Seite 341 - 342

Lehner, M. | Begrenzung der nationalen Besteuerungsgewalt durch die Grundfreiheiten und Diskriminierungsverbote des EG-Vertrages
in Pelka, J. (Hrsg.), Europa- und verfassungsrechtliche Grenzen der Unternehmensbesteuerung, DStJG Band 24, Köln 2000, Seite 263 - 285
(zitiert: Lehner, Begrenzung)

Lehner, M.	Der Einfluss des Europarechts auf die Doppelbesteuerungsabkommen IStR 2001, Seite 329 - 337
Lehner, M.	Beseitigt die neue Verfassung für Europa die Verpflichtung der Mitgliedstaaten zur Vermeidung der Doppelbesteuerung? IStR 2005, Seite 397 - 398
Littmann, E./ Bitz, H./ Pust, H.	Das Einkommensteuerrecht Kommentar, Loseblatt, Stuttgart, Stand: 67. Lfg. 8/2005 (zitiert: Bearbeiter in L/B/P)
Löwenstein, U./ Looks, C.	Betriebsstättenbesteuerung München 2003 (zitiert: Bearbeiter in Löwenstein/Looks)
Loukota, H.	Sensationelle Neuerung bei DBA-Auslandsverlusten SWI 2001, Seite 466 - 472
Ludewig, K./ Libudda, M.	Welche Bedeutung haben Rückfallklauseln in Doppelbesteuerungsabkommen nach Einführung des § 50d Abs. 8 EStG? RIW 2005, Seite 344 - 348
Maiterth, R.	Der Einfluss der Besteuerung auf die internationale Wettbewerbsfähigkeit von Unternehmen StuW 2005, Seite 47 - 60
Maiterth, R./ Wirth, H.	Anmerkungen zur unendlichen Diskussion über Beteiligungsaufwendungen bei Kapitalgesellschaften aus steuersystematischer Sicht DStR 2004, Seite 433 - 438
Malinski, P.	Währungsprobleme in Piltz, D. J./Schaumburg, H. (Hrsg.), Unternehmensfinanzierung im Internationalen Steuerrecht, Forum der Internationalen Besteuerung, Band 9, Köln 1995, Seite 88 - 93 (zitiert: Malinski, Währungsprobleme)
Manke, K.	Angeklagt: § 2a EStG DStZ 1984, Seite 235 - 244

Martha, R. S. J. The Jurisdiction to Tax in International Law zugleich Dissertation Universität Leiden (Niederlande) 1989, Deventer, Boston 1989 (zitiert: Martha, Jurisdiction)

Meier, W. Kranbau in Colon - Steuerliche Folgen des Auslandseinsatzes in Nicht-DBA-Staaten PIStB 2003, Seite 98 - 101

Meilicke, W./ Portner, R. Grenzen für den Übergang von der Freistellungs- zur Anrechnungsmethode IStR 2004, Seite 397 - 402

Menck, T. Welteinkommen und Territorialität der Besteuerung nach deutschem Recht und in deutscher Sicht in Vogel, K. (Hrsg.), Steuern auf ausländische Einkünfte, Münchener Schriften zum Internationalen Steuerrecht, Heft 7, München 1985, Seite 28 ff. (zitiert: Menck, Welteinkommen)

Mössner, J. M. Der Begriff des internationalen Steuerrechts in der neueren Literatur ÖZöffR 1974, Seite 255 - 287

Mössner, J. M. Die Methoden zur Vermeidung der Doppelbesteuerung in Vogel, K. (Hrsg.), Grundfragen des Internationalen Steuerrechts, DStJG Band 8, Köln 1985, Seite 135 - 169 (zitiert: Mössner, Methoden)

Mössner, J. M. Beschränkungen des Verlustausgleichs und des Verlustabzuges in Wassermeyer, F. (Hrsg.), Grundfragen der Unternehmensbesteuerung, DStJG Band 17, Köln 1994, Seite 231 - 266 (zitiert Mössner, Beschränkungen)

Mössner, J. M./ Baumhoff, H. u.a. Steuerrecht international tätiger Unternehmen 2. Auflage, Köln 1998 (zitiert: Bearbeiter in Mössner^2)

Morsch, A. — Überlegungen zur steuerlichen Abzugsfähigkeit von Aufwendungen für die Berufsaus- und Fortbildung,
DStR 2004, Seite 73 - 77

Müller, P. — Deutsche Steuerhoheit über ausländische Tochtergesellschaften
Herne, Berlin 1970
(zitiert: Müller, Steuerhoheit)

Müller-Etienne, D. — Die Europarechtswidrigkeit des Erbschaftsteuerrechts
Baden-Baden 2003, zugleich Dissertation Universität Hamburg 2001
(zitiert: Müller-Etienne, Europarechtswidrigkeit)

Musgrave, R. A./
Musgrave, P. B. — Public Finance in Theory and Practice
5. Auflage, New York u. a.
(zitiert: R. und P. Musgrave, Public Finance[5])

OECD — The Application of the OECD Model Tax Convention to Partnerships Issues on International Taxation No. 6, Paris 1999
(zitiert: OECD, Partnership-Bericht)

OEEC — Die Vermeidung der Doppelbesteuerung
Herne, Berlin 1959
Englische Originalfassung: The Elimination of Double Taxation, Paris 1958
(zitiert: OEEC, Bericht)

Oppermann, T. — Europarecht
3. Auflage, München 2005
(zitiert: Oppermann, Europarecht[3])

Paetsch, R. — Grenzüberschreitende Verlustberücksichtigung im Europäischen Binnenmarkt
Köln 2004, zugleich Dissertation Universität Kiel 2004
(zitiert: Paetsch, Verlustberücksichtigung)

Pampel, G. — Europäisches Wettbewerbsrecht - Rechtsnatur und Rechtswirkungen von Mitteilungen der Europäischen Kommission im europäischen Wettbewerbsrecht
EuZW 2005, Seite 11 - 13

Perstel, R. Freistellungsmethode und innerstaatliche Einkommensermittlung
in Lang, M./Sutter F. P./Wimpissinger C. (Hrsg.), Freistellung- und Anrechnungsmethode in den Doppelbesteuerungsabkommen, Schriftenreihe zum Internationalen Steuerrecht, Band 24, Wien 2002, Seite 127 - 154
(zitiert: Perstel, Freistellungsmethode)

Petereit, A. Die sog. switch-over-Klausel in den deutschen Doppelbesteuerungsabkommen
IStR 2003, Seite 577 - 586

Philipp, A. Probleme der Doppelbesteuerung auf Grund der Verschiedenheit der Steuersysteme der Vertragsstaaten und der Verschiedenheit von Vertragstypen
DStZ/A 1967, Seite 245 - 250

Pölzl, H. Die Nachversteuerung ausländischer Betriebsstättenverluste
in Lang, M./Jirousek, H. (Hrsg.), Festschrift für Helmut Loukota, Wien 2005, Seite 385 - 397
(zitiert: Pölzl in FS Loukota)

Pohl, D./Raupach, A. Einwirkung des Europarechts auf das Internationale Steuerrecht
in Bundesrechtsanwaltskammer/Bundesnotarkammer (Hrsg.), Festschrift 50 Jahre Deutsches Anwaltsinstitut e.V., Recklinghausen 2003, Seite 489 - 513
(zitiert: Pohl/Raupach in FS DAI)

Portner, R. Zwei bemerkenswerte Entscheidungen zur Verrechnung von Auslandsverlusten im Wohnsitzstaat bei DBA-Freistellung des der Auslandsbetriebsstätte zuzurechnenden positiven Ergebnisses
IStR 2005, Seite 376 - 379

Pyszka, T. Durchbrechung des Halbeinkünfteverfahrens bei steuerfreien ausländischen Beteiligungserträgen einer Organgesellschaft?
GmbHR 2002, Seite 468 - 471

Pyszka, T./ Schmedt, M. — Gestaltungsüberlegungen zum grenzüberschreitenden Ausgleich von Betriebsstättenverlusten bei DBA mit Aktivitätsklausel
IStR 2002, Seite 342 - 346

Rädler, A. J. — Meistbegünstigung im europäischen Steuerrecht?
in Burmester, G./Endres, D. (Hrsg.), Festschrift für Helmut Debatin, München 1997, Seite 335 - 348
(zitiert: Rädler in FS Debatin)

Rainer, A. — Doppelbesteuerungsabkommen und die EuGH-Rechtsprechung zu den direkten Steuern
IStR 1995, Seite 474 - 476

Reimer, E. — Die Auswirkungen der Grundfreiheiten auf das Ertragsteuerrecht der Bundesrepublik Deutschland - Eine Bestandsaufnahme -
in Lehner, M. (Hrsg.), Grundfreiheiten im Steuerrecht der EU-Staaten, Münchener Schriften zum Internationalen Steuerrecht, Heft 23, München 2000, Seite 39 - 101
(zitiert: Reimer, Auswirkungen)

Reith, T. — Internationales Steuerrecht
München 2004
zitiert: Reith, IntStR

Ribbrock, M. — Dreieckssachverhalte im Internationalen Steuerrecht
Hamburg 2004, zugleich Dissertation Universität Berlin 2004
(zitiert: Ribbrock, Dreieckssachverhalte)

Ribbrock, M./ Sedemund, J. — Anmerkung zu EuGH, Urt. v. 21.2.2006, Rs. C-152/03, Ritter-Coulais
BB 2006, Seite 528 - 529

Ritter, W. — Das Prinzip Rücksicht - Zu den internationalen Grenzen der Steuerhoheit
BB 1984, Seite 1109 - 1115

Ritter, W. — Steuerfreiheit ausländischer Schachteldividenden
BB 1994, Seite 509 - 516

Rödder, T. | Deutsche Unternehmensbesteuerung im Visier des EuGH DStR 2004, Seite 1629 - 1634

Rödder, T./ Schönfeld, J. | Meistbegünstigung und EG-Recht: Anmerkung zu EuGH vom 5.7.2005, C-376/03 („D."), IStR 2005, 483 IStR 2005, Seite 523 - 527

Röhrbein, J./ Eicker, K. | Verlustberücksichtigung über die Grenze - Aktuelle Rechtslage BB 2005, Seite 465 - 478

Rose, G. | Gegenwartsprobleme bei der Besteuerung von Kapitalgesellschaften StbJb. 1965/1966, Seite 245 - 306

Rose, G. | Steuerentlastungsgesetz 1999/2000/2002: Betriebsausgabenabzug im Zusammenhang mit Schachtelerträgen DB 1999, Seite 1038 - 1040

Roser, F./ Tesch, B. | Verlustnutzung im internationalen Vergleich IStR 1999, Seite 385 - 392

Ruess, S. | Abzugsfähigkeit von Betriebsstättenverlusten bei Freistellung durch Doppelbesteuerungsabkommen? in Haarmann W. (Hrsg.), Auslegung und Anwendung von Doppelbesteuerungsabkommen, Forum der Internationalen Besteuerung, Band 26, Köln 2004, Seite 55 - 76 (zitiert: Ruess, Abzugsfähigkeit)

Sachs, | Grundgesetz Kommentar, 3. Auflage, München 2003 (zitiert: Bearbeiter in Sachs, GG[3])

Saß, G. | Zu den Auswirkungen des EU-Vertrags auf die bilateralen Doppelbesteuerungsabkommen DB 1998, Seite 1482 - 1484

Saß, G. | Einfluss des Europarechts auf die deutschen Ertragsteuern in der Währungsunion StuW 1999, Seite 164 - 174

Saß, G. Die geänderte steuerliche EU-Fusionsrichtlinie vom 17.2.2005
DB 2005, Seite 1238 - 1240

Sauren, M. M./ Schultze, M. Der Konflikt zwischen § 2a EStG und den Doppelbesteuerungsabkommen
RIW 1989, Seite 553 - 557

Schäfer, A. E. H. Ausgewählte Probleme des Internationalen Schachtelprivilegs
in Vogel, K. (Hrsg.), Freistellung im internationalen Steuerrecht, Münchener Schriften zum Internationalen Steuerheft, Heft 21, München 1996, Seite 29 -38
(zitiert: Schäfer, Schachtelprivileg)

Schaumburg, H. Das Leistungsfähigkeitsprinzip im internationalen Steuerrecht
in Lang, J. (Hrsg.) Festschrift für Klaus Tipke, Köln 1995, Seite 125 - 151
(zitiert: Schaumburg in FS Tipke)

Schaumburg, H. Internationales Steuerrecht
2. Auflage, 1998
(zitiert: Schaumburg, IntStR^2)

Schaumburg, H. Diskussionsleitung
in Piltz, D. J./Schaumburg, H. (Hrsg.), Aufwand und Verluste bei internationalen Steuersachverhalten, Forum der Internationalen Besteuerung, Band 16, Köln 1999, Seite 79 - 85
(zitiert: Teilnehmer in Schaumburg, Diskussion)

Schaumburg, H. Brennpunkte aus dem Steuerentlastungsgesetz, § 8b Abs. 7 KStG
JbFStR 1999/2000, Seite 126 - 148

Schaumburg, H. Besteuerung von Kapitalerträgen - Vollzugsdefizite und Vorgaben des Europäischen und Internationalen Steuerrechts
in Ebling, I. (Hrsg.), Besteuerung von Einkommen, DStJG Band 24, Köln 2001, Seite 225 - 285
(zitiert: Schaumburg, Besteuerung)

Schaumburg, H./ Schaumburg, H.	Steuerliche Leistungsfähigkeit und europäische Grundfreiheiten im Internationalen Steuerrecht StuW 2005, Seite 306 - 316
Scherer, T. B.	Doppelbesteuerung und Europäisches Gemeinschaftsrecht München 1995 (zitiert: Scherer, DB und EG-Recht)
Scheunemann	Anmerkung zu EuGH, Urt. v. 13.12.2005, Rs. C-446/03, Marks & Spencer RIW 2006, Seite 79 - 81
Schild, C.	Diskussionsleitung in Haarmann W. (Hrsg.), Auslegung und Anwendung von Doppelbesteuerungsabkommen, Forum der Internationalen Besteuerung, Band 26, Köln 2004, Seite 77 - 81 (zitiert: Teilnehmer in Schild, Diskussion)
Schmidt, J.	Aufwandszuordnung bei ausländischen Betriebsstätten in Pitz, D. J./Schaumburg, H. (Hrsg.), Aufwand und Verluste bei internationalen Steuersachverhalten, Forum der Internationalen Besteuerung, Band 16, Köln, 1999, Seite 53 - 78 (zitiert: Schmidt, Aufwandszuordnung)
Schmidt, L.	Einkommensteuergesetz 23. Auflage, München 2004, (zitiert: Bearbeiter in Schmidt, EStG^{23})
Schnitger, A.	Behandlung von grenzüberschreitenden Währungsverlusten IWB v. 24.7.2002, Fach 3, Deutschland, Gruppe 2, Seite 1029 - 1036
Schnitger, A.	Die Rechtssache AMID und ihre Folgen für die Freistellungs- und Anrechnungsmethode IWB v. 13.6.2001, Fach 11, Gruppe 2, Seite 469 - 474
Schnitger, A.	Anmerkung zu BFH, Urt. v. 15.5.2002, I R 20/01 IStR 2002, Seite 638

Schnitger, A.	Anmerkung zu EuGH, Urt. v. 12.12.2003, Rs. C-385/00, de Groot FR 2003, Seite 148 - 151
Schnitger, A.	Teilweise Aufgabe des Territorialitätsprinzips als europarechtlicher Rechtfertigungsgrund? FR 2003, Seite 1149 - 1152
Schnitger, A.	Internationale Aspekte des Entwurfs eines Gesetzes zum Abbau von Steuervergünstigungen und Ausnahmeregelungen (Steuervergünstigungsabbaugesetz - StVergAbG) IStR 2003, Seite 73 - 78
Schnitger, A.	Anmerkung zu Schlussanträgen v. 26.10.2004, Rs. 376/03, D. IStR 2004, Seite 801 - 802
Schnitger, A./ Papantonopoulos,	Deutsche Vorabentscheidungsersuchen zu den direkten Steuern des Jahres 2004 BB 2005, Seite 407 - 412
Schön, W.	Europäische Kapitalverkehrsfreiheit und nationales Steuerrecht in Schön, W. (Hrsg.), Gedächtnisschrift für Brigitte Knobbe-Keuk, Köln 1997, Seite 743 - 778 (zitiert: Schön in GS Knobbe-Keuk)
Schön, W.	„Wettbewerb" der europäischen Steuerordnungen als Rechtsproblem in Pelka, J. (Hrsg.), Europa- und verfassungsrechtliche Grenzen der Unternehmensbesteuerung, DStJG Band 23, Köln 2000, Seite 191 - 225 (zitiert: Schön, Wettbewerb)
Schön, W.	Steuerliche Beihilfen in Koenig, C./Roth, W.-H./Schön, W. (Hrsg.), Aktuelle Fragen des EG-Beihilfenrechts, ZHR Beiheft 69, Heidelberg 2001, Seite 106 - 132 (zitiert: Schön, Beihilfen)

Schön, W. Unternehmensbesteuerung und Europäisches Gemeinschaftsrecht
StbJb. 2003/2004, Seite 27 - 67

Schön, W. Besteuerung im Binnenmarkt - die Rechtsprechung des EuGH zu den direkten Steuern,
IStR 2004, Seite 289 - 300

Schön, W. Der Kapitalverkehr mit Drittstaaten und das internationale Steuerrecht
in Gocke, R./Gosch, D./Lang, M. (Hrsg.), Festschrift für Franz Wassermeyer, München 2005, Seite 489 - 521
(zitiert: Schön in FS Wassermeyer)

Schönfeld, J. Anmerkung zu FG Berlin, Urt. v. 11.4.2005, 8 K 8101/00
IStR 2005, Seite 575 - 576

Schönfeld, J./ Lieber, B. Nun auch schwedische Hinzurechnungsbesteuerung auf dem Prüfstand des EG-Rechts
FR 2005, Seite 927 - 933

Schönhaus, M. Die Behandlung der stillen Gesellschaft im Recht der Doppelbesteuerungsabkommen unter besonderer Berücksichtigung des OECD-Partnership-Reports
Frankfurt am Main, Berlin u. a. 2005, zugleich Dissertation Universität Münster 2004
(zitiert: Schönhaus, Gesellschaft)

Schreiber, U. Vertragsneutrale Erfolgsbesteuerung der Unternehmen
StuW 1987, Seite 1 - 10

Schreiber, U. Unternehmensbesteuerung im Europäischen Binnenmarkt
StuW 1994, Seite 238 - 254

Schrettl, A. B. Rechtsfragen der beschränkten Steuerpflicht
Frankfurt am Main 1994, zugleich Dissertation Universität Augsburg
(zitiert: Schrettl, Steuerpflicht)

Schröder, S. Ertragsteuerliche Behandlung von Aufwendungen für gescheiterte Auslandsinvestitionen,
StBp 1988, Seite 218 - 223

Schuch, J. Werden die Doppelbesteuerungsabkommen durch EU-Recht zu Meistbegünstigungsklauseln?
in Gassner, W./Lang, M./Lechner, E. (Hrsg.), Doppelbesteuerungsabkommen und EU-Recht, Wien 1996, Seite 99 - 137
(zitiert: Schuch, Meistbegünstigungsklauseln)

Schuch, J. The Methods for the Elimination of Double Taxation in a Multilateral Tax Treaty
in Lang, M./Loukota, H./Rädler, A. J./Toifl, G./Schuch, J./ Urtz, C./Wassermeyer, F./Züger, M. (Hrsg.), Multilateral Tax Treaties - New Developments in International Tax Law, London, Wien 1997, Seite 129 - 152
(zitiert: Schuch, Methods)

Schuch, J. Verluste im Recht der Doppelbesteuerungsabkommen
Schriftenreihe zum Internationalen Steuerrecht, Band 8, Wien 1998, zugleich Dissertation Universität Wien 1998
(zitiert: Schuch, Verluste)

Schuch, J. Europarechtliche und abkommensrechtliche Vorgaben für die Verlustbehandlung
in Lehner, M. (Hrsg.), Verluste im nationalen und Internationalen Steuerrecht, Münchener Schriften zum Internationalen Steuerrecht, Heft 24, München 2004, Seite 63 - 82
(zitiert: Schuch, Vorgaben)

Schütte, N. Die Zuordnung von (Re-) Finanzierungskosten und anderen Aufwendungen zu DBA-freigestellten und –anrechnungsbegünstigten Auslandseinkünften
in Lang, M./Sutter F. P./Wimpissinger C. (Hrsg.), Freistellung- und Anrechnungsmethode in den Doppelbesteuerungsabkommen, Schriftenreihe zum Internationalen Steuerrecht, Band 24, Wien 2002, Seite 267 - 292
(zitiert: Schütte, Zuordnung)

Schwarze, J. EU-Kommentar
Baden-Baden 2000
(zitiert: Bearbeiter in Schwarze)

Schweda, M. Die Bindungswirkung von Bekanntmachungen und Leitlinien der Europäischen Kommission
WuW 2004, Seiten 1133 - 1144

Sedemund, J. Steuerneutrales Ausscheiden aus der deutschen Steuerpflicht auf EG-Ebene möglich!
DStZ 2003, Seite 407 - 412

Seer, R. Grenzen der Zulässigkeit eines treaty overridings am Beispiel der Switch-over-Klausel des § 20 AStG (Teil I und II)
IStR 1997, Seite 481 - 486 und 510 - 525

Seer, R. Nationales Recht, Doppelbesteuerungsabkommen und Europarecht aus deutscher Sicht
in Brzezinski, B. (Hrsg.), Festschrift für Apoloniusz Kostecki, Torun 1998, Seite 201 - 215
(zitiert: Seer in FS Kostecki)

Seer, R. Die beschränkte Steuerpflicht aus dem Blickwinkel des Gemeinschaftsrechts
IWB v. 8.10.2003, Fach 11, Gruppe 2, Seite 573 - 589

Seer, R./ Kahler, B./ Rüping, H./ Thulfaut, K. Die Rechtsprechung des EuGH auf dem Gebiet der direkten Besteuerung in den Jahren 2003 und 2004
EWS 2005, Seite 289 - 309

Seidel, M. Das Beihilferecht der Europäischen Gemeinschaften
Saarbrücken 1984
(zitiert: Seidel, Beihilferecht)

Seiler, C. Das Steuerrecht unter dem Einfluss der Marktfreiheiten
StuW 2005, Seite 25 - 36

Seiler, D. Transparenz bei Zinseinkünften im europäischen Raum
IStR 2004, Seite 781 - 786

Semmler, E. Änderungen bei der Körperschaftsteuer
NWB, Fach 4, Seite 4941 - 4948

Sieker, K. Steuervergünstigungsabbaugesetz: Vorgesehene Verschärfung der Rechtsfolgen der Hinzurechnungsbesteuerung
IStR 2003, Seite 78 - 84

Sinnaeve, A. — Die ersten Gruppenfreistellungen: Dezentralisierung der Beihilfenkontrolle?
EuZW 2001, Seite 69 - 77

Sorgenfrei, U. — Zur Reichweite von „Subject to tax"-Klauseln
IStR 1999, Seite 201 - 202

Sørensen, K. E. — Direct Taxation and the WTO Agreements
ET 2002, Seite 206 - 213

Spengel, C./ Braunagel, R. U. — EU-Recht und Harmonisierung der Konzernbesteuerung in Europa
StuW 2006, Seite 34 - 49

Spitaler, Armin — Das Doppelbesteuerungsproblem bei den direkten Steuern
2. Auflage (Abdruck der 1. Auflage von 1936), Köln 1967
(zitiert: Spitaler, Doppelbesteuerungsproblem)

Stapperfend, T. — Über Betriebsausgaben und Werbungskosten
in Drenseck, W./Seer, R. (Hrsg.), Festschrift für Heinrich Wilhelm Kruse, Köln 2001, Seite 533 - 554
(zitiert: Stapperfend in FS Kruse)

Steichen, A. — Der Gleichheitssatz im Europäischen Steuerrecht
in Burmeister G./Endres D. (Hrsg.), Festschrift für Helmut Debatin, München 1997, Seite 416 - 429
(zitiert: Steichen in FS Debatin)

Steinberg, P. — Zur Konvergenz der Grundfreiheiten auf Tatbestands- und Rechtfertigungsebene
EuGRZ 2002, Seite 13 - 25

Stern, K. — Das Staatsrecht der Bundesrepublik Deutschland
Band I, Grundbegriffe und Grundlagen des Staatsrechts, Strukturprinzipien der Verfassung, 2. Auflage, München 1994
(zitiert: Stern, Staatsrecht I^2)

Stoschek, U./ Reichel, O./ Peter, A. F. — Besteuerung des Vermögensgewinns aus unbeweglichem Vermögen in Großbritannien
IWB v. 12.9.2001, Fach 5, Großbritannien, Gruppe 2, Seite 379 - 396

Strasser, C.	Die Auslegung von Quellenstaatsregelungen in Doppelbesteuerungsabkommen Wien 2005, zugleich Dissertation Universität Wien 2005 (zitiert: Strasser, Auslegung)
Sträuli, P. A.	Progressive Steuern im Doppelbesteuerungsrecht Zürich 1973 (zitiert: Sträuli, Dopplebsteuerungsrecht)
Streinz, R.	Europarecht 6. Auflage, Heidelberg 2003 (zitiert: Streinz, Europarecht[6])
Streinz, R.	EUV/EGV München 2003 (zitiert: Bearbeiter in Streinz, EUV/EGV)
Sullivan, M./ Wallner, R./ Wübbelsmann, S.	Die deutsche Hinzurechnungsbesteuerung auf dem europäischen Prüfstand IStR 2003, Seite 6 - 14
Sutter, F. M.	Die DBA-Freistellungsmethode als unzulässige Beihilfe i. S. d. Art. 87 EG? SWI 2004, Seite 4 - 13
Teupe, H.	Abzugsverbot für Verluste aus ausländischen Betriebsstätten: Verstößt § 2a Abs. 1 Satz 1 Nr. 2 EStG gegen Europarecht? - Anmerkung zum Beschluss des Niedersächsischen Finanzgerichts vom 14.10.2004, 6 V 655/04, EFG 2005, 286 IStR 2005, 482
Thiel, J.	Der fortschreitende Einfluss des EuGH auf die Ertragsbesteuerung der Unternehmen - Aktuelle Urteile und anhängige Verfahren DB 2004, Seite 2603 - 2609
van Thiel, S./ Achilles, C.	Die Beseitigung ertragsteuerlicher Hindernisse im Binnenmarkt: Eine Darstellung der Einflüsse der Rechtsprechung des EuGH auf die Ertragsbesteuerung in der Europäischen Union IStR 2003, Seite 530 - 534 und 553 - 558

Thömmes, O. Das EuGH-Urteil in der Rechtssache Wielockx - Abschied vom Rechtfertigungsgrund der „steuerlichen Kohärenz"? IWB v. 10.1.1996, Fach 11, Gruppe 2, Seite 221 - 228

Thömmes, O. Tatbestandsmäßigkeit und Rechtfertigung steuerlicher Diskriminierungen nach EG-Recht
in Schön, W. (Hrsg.), Gedächtnisschrift für Brigitte Knobbe-Keuk, Köln 1997, Seite 795 - 834
(zitiert: Thömmes in GS Knobbe-Keuk)

Thömmes, O. Stand und Entwicklungstendenzen der EuGH-Rechtsprechung zu den direkten Steuern
StbJb. 1998/1999, Seite 173 - 193

Thömmes, O. Anmerkung zu GA Colomer, Schlussanträge v. 26.10.2004, Rs. C-376/03, D
IWB v. 24.11.2004, Fach 11a, Seite 804 - 806

Thömmes, O. Anmerkung zu EuGH, Urt. v. 5.7.2005, Rs. C-376/03, D.
IWB v. 27.7.2005, Fach 11a, Seite 701 - 702

Thömmes, O. Anmerkung zu EuGH, Urt. v. 13.12.2005, Rs. C-446/03, Marks & Spencer
IWB v. 28.12.2005, Fach 11a, Seite 938 - 939

Thömmes, O. Sieg der Vernunft oder Kniefall vor den Mitgliedstaaten? Das EuGH-Urteil Marks & Spencer
EWS 2006, Seite 1

Thömmes, O. Anmerkung zu EuGH, Urt. v. 21.2.2006, Rs. C-152/03, Ritter-Coulais
IWB v. 8.3.2006, Fach 11a, Seite 972 - 974

Tipke, K. Verständigungsverfahren: Rechtsanspruch auf Beseitigung der Folgen einer Doppelbesteuerung oder bloßer Rechtsreflex
AWD 1972, Seite 589 - 593

Tipke, K. Zur Abgrenzung der Betriebs- oder Berufsspähre von der Privatspähre im Einkommensteuerrecht,
StuW 1979, Seite 193 - 208

Tipke, K. | Bezüge und Abzüge im Einkommensteuerrecht
StuW 1980, Seite 1 - 11

Tipke, K. | Die Steuerrechtsordnung
Band I, 2. Auflage, Köln 2000
(zitiert: Tipke, Steuerrechtsordnung I[2])

Tipke, K./ Kruse, W. | AO
Kommentar, Loseblatt, Köln, Stand: 107. Lfg. 9/2005
(zitiert: Bearbeiter in T/K)

Tipke, K./ Lang, J. | Steuerrecht
17. Auflage, Köln 2002
(zitiert: Bearbeiter in T/L[17])

Tochackova, A. | Freistellungs- und Anrechnungsmethode als Methoden zur Vermeidung der Doppelbesteuerung
in Lang, M./Sutter F. P./Wimpissinger C. (Hrsg.), Freistellung- und Anrechnungsmethode in den Doppelbesteuerungsabkommen, Schriftenreihe zum Internationalen Steuerrecht, Band 24, Wien 2002, Seite 17 - 34
(zitiert: Tochackova, Methoden)

Tumpel, M. | Betriebsstättenverluste in der Europäischen Union
SWI 2001, 55 - 61

Uhrmann, K. | Zur bilanziellen Erfassung inländischer Devisengeschäfte
DB 1992, Seite 1791 - 1794

Valová, D./ Bodenloher, C./ Koch, D. | Die Rückfallklausel in Doppelbesteuerungsabkommen
IStR 2002, Seite 405 - 407

Vanistendael, F. | Steuerliche Hilfsmaßnahmen und schädliche Steuerkonkurrenz
in Pelka, J. (Hrsg.), Europa- und verfassungsrechtliche Grenzen der Unternehmensbesteuerung, DStJG Band 24, Köln 2000, Seite 299 - 319
(zitiert: Vanistendael, Steuerkonkurrenz)

Vedder, C. | Einwirkungen des Europarechts auf das innerstaatliche Recht und auf internationale Verträge der Mitgliedstaaten:

die Regelung der Doppelbesteuerung
in Vogel, K. (Hrsg.), Europarecht und Internationales Steuerrecht, Münchener Schriften zum Internationalen Steuerrecht Heft 19, München 1994, Seite 1 - 18
(zitiert: Vedder, Einwirkungen)

Visser, K.-J. — Commission expresses its view on the relation between state aid and tax measures
EC Tax Review 1999, Seite 224 - 228

Vogel, K. — Theorie und Praxis im Internationalen Steuerrecht
IStR 1968, Seite 427 - 434

Vogel, K. — Ausländische Gerichtsentscheidungen als Anregung für den deutschen Steuerrechtler
StuW 1982, Seite 66 - 70

Vogel, K. — Verbot des Verlustausgleichs für bestimmte Verluste
BB 1983, Seite 180 - 188

Vogel, K. — Steuerumgehung nach innerstaatlichem Recht und nach Abkommensrecht
StuW 1985, Seite 369 - 381

Vogel, K. — Die Besteuerung von Auslandseinkünften
in Vogel, K. (Hrsg.), Grundfragen des Internationalen Steuerrechts, DStJG Band 8, Köln 1985, Seite 3 - 31
(zitiert: Vogel, Auslandseinkünfte)

Vogel, K. — Doppelbesteuerungsabkommen
2. Auflage, München 1990
(zitiert: Bearbeiter in Vogel²)

Vogel, K. — Harmonisierung des Internationalen Steuerrechts in Europa als Alternative zur Harmonisierung des (materiellen) Körperschaftsteuerrechts
StuW 1993, Seite 380 - 388

Vogel, K. Über „Besteuerungsrechte" und über das Leistungsfähigkeitsprinzip im Internationalen Steuerrecht in Kirchhof P./ Offerhaus K./Schöberle H. (Hrsg.) Festschrift für Franz Klein, Köln 1994, Seite 361 - 376 (zitiert: Vogel in FS Klein)

Vogel, K. Der Grundsatz der Rücksichtnahme im deutschen innerstaatlichen Recht und im Völkerrecht in Kley, D./Sünner, E./Willemsen, A. (Hrsg.), Festschrift Ritter, Köln 1997, Seite 771 - 788 (zitiert: Vogel in FS Ritter)

Vogel, K. Wesen und Wirkung der Freistellung. Besonders bei negativen Einkünften und Vermögenswerten in Vogel, K. (Hrsg.), Europarecht und Internationales Steuerrecht, Münchener Schriften zum Internationalen Steuerrecht, Heft 19, München 1994, Seite 1 - 28 (zitiert: Vogel, Freistellung)

Vogel, K. Besteuerung fiktiver Einkünfte in Wendt, R./Höfling, W./Karpen U./Oldiges M. (Hrsg.), Festschrift für Karl Heinrich Friauf, Heidelberg 1996, Seite 825 - 832 (zitiert: Vogel in FS Friauf)

Vogel, K. Wesen und Wirkungen der Freistellung in Vogel, K. (Hrsg.), Freistellung im internationalen Steuerrecht, Münchener Schriften zum Internationalen Steuerheft, Heft 21, München 1996, Seite 1 - 20 (zitiert: Vogel, Freistellung)

Vogel, K. Die Mär von den „Rückfall-Klauseln" in Doppelbesteuerungsabkommen Beihefter zu IStR 1997, Heft 24, Seite 1 - 10

Vogel, K. Auslegung von Doppelbesteuerungsabkommen in Haarmann W. (Hrsg.), Auslegung und Anwendung von Doppelbesteuerungsabkommen, Forum der Internationalen Besteuerung, Band 26, Köln 2004, Seite 1 - 21 (zitiert: Vogel, Auslegung)

Vogel, K. | Zur Dogmatik der Verteilungsnormen in Doppelbesteuerungsabkommen
in Lang, M./Jirousek H. (Hrsg.), Festschrift für Helmut Loukota, Wien 2005, Seite 621 - 628
(zitiert: Vogel in FS Loukota)

Vogel, K. | Völkerrechtliche Verträge und innerstaatliche Gesetzgebung
IStR 2005, Seite 29 - 30

Vogel, K. | Der EuGH und die direkten Steuern
StuW 2005, Seite 373 - 377

Vogel, K./Lehner, M. | Doppelbesteuerungsabkommen
4. Auflage, München 2003
(zitiert: Bearbeiter in V/L[4])

Wacker, W. H./Seibold, S. | Vorbehalte in Steuerabkommen
in Kleineidam, H.-J. (Hrsg.), Festschrift für Lutz Fischer, Berlin 1999, Seite 285 - 298
(zitiert: Wacker/Seibold in FS Fischer)

Wagner, S. | Das „Bosal"-Urteil des EuGH und die Abzugsfähigkeit von Finanzierungskosten bei grenzüberschreitenden Konzernstrukturen
DStZ 2004, Seite 185 - 189

Wagner, S. | Die Zukunft des internationalen Steuerrechts nach dem Manninen-Urteil
DStZ 2005, Seite 325 - 333

Wassermeyer, F. | Anmerkung zu FG Baden-Württemberg, Beschl. v. 8.4.1991, 3 V 27/90
IStR 1992, Seite 74

Wassermeyer, F. | Anmerkung zu BFH, Beschl. v. 1.10.1992, I B 42 und 43/92
IStR 1992, Seite 103 - 104

Wassermeyer, F. | Die Auslegung völkerrechtlicher Verträge - Haltung des BFH -
in Blumenwitz, D. (Hrsg.), Doppelbesteuerungsabkommen und nationales Recht, München 1995, Seite 19 - 27
(zitiert: Wassermeyer, Auslegung)

Wassermeyer, F. Anmerkung zu BFH, Urt. v. 29.5.1996, I R 167/94
 IStR 1996, Seite 338

Wassermeyer, F. Aufwandsabzug bei Schachtelbeteiligungen
in Vogel, K. (Hrsg.), Freistellung im internationalen Steuerrecht, Münchener Schriften zum Internationalen Steuerheft, Heft 21, München 1996, Seite 21 - 28
(zitiert: Wassermeyer, Schachtelbeteiligungen)

Wassermeyer, F. Anmerkung zu BFH, Urt. v. 27.8.1997, I R 127/95
IStR 1998, Seite 84 - 85

Wassermeyer, F. Zuordnung von Aufwand gegenüber Dividenden
in Pitz, D. J./Schaumburg, H. (Hrsg.), Aufwand und Verluste bei internationalen Steuersachverhalten, Forum der Internationalen Besteuerung, Band 16, Köln, 1999, Seite 37 - 52
(zitiert: Wassermeyer, Zuordnung)

Wassermeyer, F. Wann stammen Einkünfte oder Vermögen aus einem anderen Vertragsstaat?
in Kirchhof, P./Lehner, M./Raupach, A./Rodi, M. (Hrsg.), Festschrift Klaus Vogel, Heidelberg 2000, Seite 987 - 998
(zitiert: Wassermeyer in FS Vogel)

Wassermeyer, F. Der Wirrwarr mit den Aktivitätsklauseln im deutschen Abkommensrecht
IStR 2000, Seite 65 - 70

Wassermeyer, F. Anmerkung zu ÖVwGH, Erkenntnis v. 25.9.2001, 99/14/0217 E
IStR 2001, Seite 755 - 756

Wassermeyer, F. Dealing at arm's length bei der Betriebsstättengewinnermittlung
in Lang, M./Jirousek, H. (Hrsg.) Festschrift für Helmut Loukota, Wien 2005, Seite 651 - 669
(zitiert: Wassermeyer in FS Loukota)

Watermeyer, H. J./ Wiesemann, M. GmbH mit Auslandsverlusten
GmbH-StB 2003, Seite 321 - 325

Weggenmann, H. EG-rechtliche Aspekte steuerlicher Meistbegünstigung im Abkommensrecht
IStR 2003, Seite 677 - 684

Weiß, W. Nationales Steuerrecht und Niederlassungsfreiheit - Von der Konvergenz der Grundfreiheiten als Beschränkungsverbote zur Auflösung der Differenzierung zwischen unterschiedslosen und unterschiedlichen Maßnahmen
EuZW 1999, Seite 493 - 498

Weitbrecht, A Das neue EG-Kartellverfahrensrecht
EuZW 2003, Seite 69 - 73

Wichterich, R. Verlustausgleich unbeschränkt Steuerpflichtiger und Gemeinschaftsrecht
in Lang, M./Konezny, G./Zehetner, U. (Hrsg.), Die Auswirkungen der Diskriminierungsverbote in der Praxis, Schriftenreihe zum Internationalen Steuerrecht, Band 28, Wien 2003, Seite 181 - 200
(zitiert: Wichterich, Verlustausgleich)

Wienands, H.-G. Entsendung von inländischen Arbeitnehmern in das Ausland (Art. 15 OECD-MA)
PIStB 1999, Seite 19 - 26

Winandy, J.-P. Deutsche Betriebsstättenverluste müssen in Luxemburg zum Abzug zugelassen werden
IStR 2005, Seite 594 - 597

Wolff, U. Generalthema I: Doppelte Nicht-Besteuerung
IStR 2004, Seite 542 - 549

Wunderlich, N./ Albath, L. Der Europäische Gerichtshof und die direkten Steuern
DStZ 2005, Seite 547 - 554

Zorn, N. Verwertung von Auslandsverlusten bei DBA mit Befreiungsmethode
SWI 2001, Seite 456 - 465

Bochumer Schriften zum Steuerrecht

Herausgegeben von Roman Seer

Band	1	Roman Seer / Burkhard Kämper (Hrsg.): Bochumer Kirchensteuertag. Grundlagen, Gestaltung und Zukunft der Kirchensteuer. 2004.
Band	2	Roman Seer (Hrsg.): Bochumer Lohnsteuertag. Die Lohnsteuer im Spannungsfeld zwischen Unternehmerfreiheit und Fiskalinteresse. 2005.
Band	3	Frank-André Mönkemöller: Die Zurechnung der Überschusseinkünfte bei Personengesellschaften. 2005.
Band	4	Kai Thulfaut: Die Besteuerung international tätiger Anwaltssozietäten. 2005.
Band	5	Jens Hoffmann: Die Besteuerung von Kapitalgesellschaften und ihren Anteilseignern in Irland im Vergleich zu Deutschland. Zugleich ein Beitrag zu den Grenzen des Steuerwettbewerbs in der Europäischen Union. 2005.
Band	6	Theresa Franz: Körperschaftsteuerliche Behandlung der grenzüberschreitenden Betätigung von Kapitalgesellschaften innerhalb der EG. Eine Betrachtung unter Berücksichtigung der Rechtsprechung des EuGH, der geplanten 14. gesellschaftsrechtlichen Richtlinie und der Societas Europaea. 2006.
Band	7	Jan Michaelis: Die territoriale Zuordnung von Beteiligungsaufwand im Europäischen Unternehmenssteuerrecht. Zugleich zur Verfassungsmäßigkeit des § 8b Abs. 5 KStG in der Fassung des ProtErklG. 2006.
Band	8	Hans Anders: Die Überschussrechnung nach § 4 Abs. 3 EStG im System der steuerlichen Einkünfteermittlung. 2007.
Band	9	Björn Kahler: Die Freistellungsmethode in deutschen Doppelbesteuerungsabkommen und ihre Vereinbarkeit mit dem EG-Vertrag. Betrachtung der Freistellungsmethode in deutschen Doppelbesteuerungsabkommen, Untersuchung ihrer Folgen im Ertragsteuerrecht und Prüfung ihrer Vereinbarkeit mit dem EG-Vertrag. 2007.

FSC
www.fsc.org
MIX
Papier | Fördert
gute Waldnutzung
FSC® C083411

Kolibri 360 GmbH
Ferdinand-Jühlke-Straße 7
99095 Erfurt, Deutschland
produktsicherheit@kolibri360.de

Druck:
CPI Druckdienstleistungen GmbH
im Auftrag der
Kolibri 360 GmbH
Ferdinand-Jühlke-Str. 7
99095 Erfurt